工业大数据工程丛书

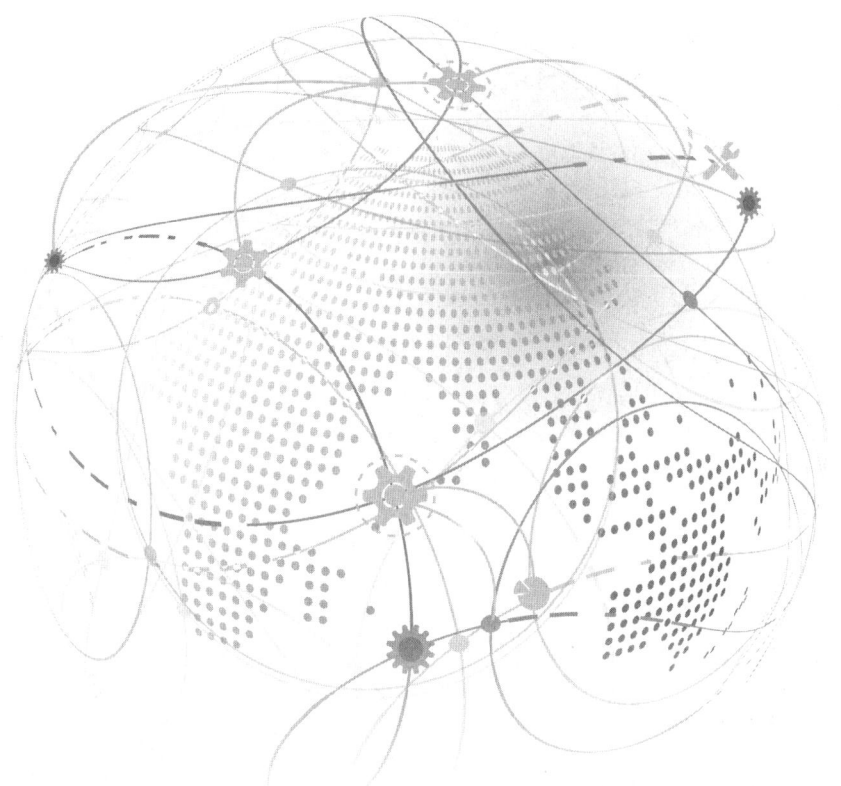

数据治理 第2版
Data governance

工业企业数字化转型之道

祝守宇 蔡春久 等著
工业大数据应用技术国家工程实验室
重庆工业大数据创新中心

电子工业出版社
Publishing House of Electronics Industry
北京·BEIJING

内 容 简 介

本书是一本全面关注工业企业数据治理方面的工具书，主要内容分为趋势篇、体系篇、工具篇、实施篇及案例篇。其中趋势篇主要介绍工业企业数据治理的基本概念、主流数据治理标准及框架、数据治理的发展趋势等；体系篇主要介绍数据管控、数据战略、数据架构、主数据管理等的基本原理与管理体系；工具篇主要介绍数据资产运营工具、数据模型管理工具、主数据管理工具等；实施篇主要介绍数据治理实施策略和路径选择、数据治理顶层架构规划与设计、数据资产运营实施等；案例篇主要介绍电力、能源化工、制造、战略投资等行业的数据治理案例，为读者提供专业、丰富、可信的数据治理实施范例。

本书是工业大数据应用技术国家工程实验室多年潜心研究的重要科研成果的总结和凝聚，既具有理论高度，也具备面向中国工业企业的可实操性。参与本书编著的作者均为国内各企业的数据治理专家，所有案例均来自这些企业的实践。

对企业基层管理者或初入职场的人士来说，本书是充分认识数据治理意义、组织实施数据治理的具体方案和工具手册；对企业中层管理者来说，本书是一本配合企业数据治理的纲领性指南；对企业高层管理者来说，本书是一本推动企业数据治理的方法论。本书还适合作为高校的 MBA、EMBA 教材。

未经许可，不得以任何方式复制或抄袭本书之部分或全部内容。
版权所有，侵权必究。

图书在版编目（CIP）数据

数据治理：工业企业数字化转型之道 / 祝守宇等著. —2 版. —北京：电子工业出版社，2023.11
（工业大数据工程丛书）
ISBN 978-7-121-46552-9

Ⅰ．①数… Ⅱ．①祝… Ⅲ．①数字技术－应用－工业企业管理 Ⅳ．①F406-39

中国国家版本馆 CIP 数据核字（2023）第 201769 号

责任编辑：王　静
印　　刷：三河市良远印务有限公司
装　　订：三河市良远印务有限公司
出版发行：电子工业出版社
　　　　　北京市海淀区万寿路 173 信箱　邮编：100036
开　　本：787×980　1/16　印张：38.5　字数：808 千字
版　　次：2020 年 11 月第 1 版
　　　　　2023 年 11 月第 2 版
印　　次：2024 年 1 月第 2 次印刷
定　　价：158.00 元

凡所购买电子工业出版社图书有缺损问题，请向购买书店调换。若书店售缺，请与本社发行部联系，联系及邮购电话：(010) 88254888，88258888。
质量投诉请发邮件至 zlts@phei.com.cn，盗版侵权举报请发邮件至 dbqq@phei.com.cn。
本书咨询联系方式：faq@phei.com.cn。

本书编委会

编委会成员（成员按姓氏拼音排序，排名不分先后）：

蔡春久　曹禹　陈彬　陈争胜　程华军　陈伟　巢禹　丁文军　褚幼鸿　甘腊梅　高伟
黄平　黄金和　胡小林　侯巧燕　蒋蕊　蒋文英　金凯伟　李剑锋　李朋　李然辉　李天白
李学东　刘博　刘大炜　刘宇　刘骊　娄山　金凯伟　骆阳　聂学明　马子鹏　彭秀东
乔慧　欧阳森山　宋清波　史森　谭海华　陶超　陶建辉　马子鹏　万婵　王琤　王建峰
王轩　王彦博　肖鹏　肖青华　辛华　邢镔　徐刚　杨春荣　杨更更　易连成　杨秋昊
于洪伟　于万钦　张华　张康华　张云　张洁　张莹莹　祝守宇

案例编者及所属单位：

案例01（第38章）　娄山　陈彬　中国南方电网有限责任公司
案例02（第39章）　于洪伟　张华　国家电力投资集团有限公司
案例03（第40章）　陈争胜　甘腊梅　张洁　陕西延长石油（集团）有限责任公司
案例04（第41章）　丁文军　刘宇　杨秋昊　中建三局数字工程公司
案例05（第42章）　巢禹　徐刚　上海智共荟智能科技有限公司
案例06（第43章）　金凯伟　张云　中核核电运行管理有限公司
案例07（第44章）　杨春荣　曹禹　乔慧　张莹莹　中国航天科工集团有限公司
案例08（第45章）　欧阳森山　刘大炜　成都飞机工业（集团）有限责任公司
案例09（第46章）　李学东　中国一重集团有限公司
案例10（第47章）　宋清波　中国外运股份有限公司
案例11（第48章）　陶超　黄金和　马子鹏　广州越秀集团股份有限公司
案例12（第49章）　王前　王喜升　黄韶杰　陈伟　中国中煤能源集团有限公司
案例13（第50章）　肖青华　蒋蕊　聂学明　国家开发投资集团有限公司

编辑组： 成炜琳

美工组： 吴海燕

致谢

（排名不分先后）

中国南方电网有限责任公司	京东数字科技集团
中国航天科工集团有限公司	北京中天鹏宇科技发展有限公司
中国航空工业集团有限公司	成都飞机工业（集团）有限责任公司
国家开发投资集团有限公司	国投智能科技有限公司
中国建筑集团有限公司	中建三局数字工程公司
国家电力投资集团有限公司	国家电投集团科学技术研究院
中国中煤能源集团有限公司	中煤信息技术（北京）有限公司
中国一重集团有限公司	中国外运股份有限公司
陕西延长石油（集团）有限责任公司	广州越秀集团股份有限公司
中核核电运行管理有限公司	北京发那科机电有限公司
上海智共荟智能科技有限公司	石化盈科信息技术有限责任公司
数治云（北京）科技有限责任公司	重庆工业大数据创新中心有限公司
北京数语科技有限公司	广州市华矩商业信息科技有限公司
重庆斯欧信息技术股份有限公司	杭州安恒信息技术股份有限公司
广州信安数据有限公司	北京涛思数据科技有限公司
上海企源科技股份有限公司	重庆斯欧智能科技研究院有限公司
龙盈智达（北京）科技有限公司	数据工匠（北京）科技有限公司
北京数博智云信息技术有限公司	

推荐语

本书较好地满足了读者理解工业大数据治理框架的需要，系统地阐述了工业大数据治理的体系、工具、实施等，提出和分析了主要类别工业大数据治理的解决方案；通过对典型行业工业大数据治理实践的考察，深入浅出地介绍了当今主流的工业大数据技术与平台。本书具有可参照性、可操作性和可读性，是工业大数据治理领域少见的参考书，值得一读。

中国工程院院士、中国工业互联网研究院技术专家委员会主任，高金吉

数据是企业的核心资产，要加大数据治理工作的力度，建立数据资产化管理体系，明确数据采集和管理职责，制定统一的数据标准，搭建集成、统一的数据管理平台，实现数据的资产化、集中化、平台化管理，确保数据的及时性、准确性和完整性，提高数据集成共享能力，充分挖掘数据资产价值，夯实数字化转型基础。本书结合工业大数据、区块链、移动互联、人工智能等前沿技术，在数据治理和数据共享交换等方面为企业提供相关的建议和技术指南，值得有志于数据治理技术研究与应用的企业和个人一读。

中国工程院院士、中国科学院计算技术研究所研究员，倪光南

本书借助国内工业大数据领域的国家级工程技术研究平台——工业大数据应用技术国家工程实验室在工业大数据、工业数据治理等方面的技术积累和研究能力，对工业企业数据治理体系进行了系统、深入的阐释，展示了工业企业大数据治理、大数据应用、大数据管理的基础理论和实践体系，是一本值得工业界同仁认真研读的专业性指导图书。

国家信息中心信息化和产业发展部主任、国家大数据发展专家咨询委员会秘书长，单志广

随着信息化技术的演进，网络技术的进步和应用的普及，产生了海量的数据。这些海量数据的生成为智能化技术的发展奠定了基础，也为经济、社会的发展提供了新的契机，同时也带来了新的挑战，比如如何利用与开发数据？如何保护个人隐私？数据的所有权与数据共享的平衡点到底在哪里？数据作为资产如何确权？数据治理是一个难题也是一个迫切需要解决的问题。而当前工业互联网的发展方兴未艾。本书的出版就像一场及时雨，它系统地回答了人们关心的一些问题，比如工业企业数据治理的核心价值、概念，以及主要内容、标准和框架等，它是值得广大读者认真阅读和研究的图书。阅读本书可以给人以启发和思考，有利于指导我们的实际工作，有效提高工业企业数据治理的水平，促进工业互联网和智能制造产业的发展。

中国互联网协会副理事长、国家计算机网络与信息安全管理中心原主任，黄澄清

国际上的普遍共识是：数据是数字经济和第四次工业革命的新生产要素。智能制造、工业互联网、互联工业等各类名词，虽然阐述的角度有所不同，但其共同点都是数据驱动与传统行业机理、知识相结合而形成的智能化发展，而实现这一智能化转型的重要基石就是数据治理。从全球看，数据治理还处在起步的阶段，在技术、商业及法律等方面仍面临一系列的挑战，而工业数据的治理更是任重道远，亟须实现从理论到实践的突破。本书对工业企业的数据治理进行了系统阐述，几乎涵盖了数据治理的各个方面，既有理论层面的分析，也有实战经验的总结，可以指导工业企业建立健全工业数据治理体系，为更好地释放数据生产要素的价值，为实现数字化、智能化升级奠定坚实基础。

中国信息通信研究院院长、工业互联网产业联盟秘书长，余晓晖

数据不仅是新生产要素，也是新生产力——数据生产力。数据生产力用"数据+算力+算法"定义世界，是知识创造者借助智能工具，基于能源、资源及数据这一新生产要素，构建的一种认识、适应和改造自然的新能力。今天人们对数据的价值创造、运行规律和本质特征的认知才刚刚开始。本书是对工业数据治理的理念、路径、方法进行的一次全面系统的探索和研究，有很多独到的见解，对数字化工作者具有非要重要的启示意义。

阿里研究院副院长、数字化企业研习社副理事长、中国信息化百人会执行委员，安筱鹏

本书对工业数据治理的对象、主题、框架和方式等进行了分析，使读者认识到数字经济时代数据流动的重要性和巨大意义。从国内、国际标准、工具、最佳实践等多方面进行阐述，详细介绍了工业数据治理的方式、方法及数据治理策略，并通过典型的实际案例，分析验证工业数据治理体系，使得本书具有较大的理论意义和应用推广价值。

中国科学技术大学计算机科学与技术学院院长、IEEE Fellow、
ACM Fellow、ACM 杰出科学家，李向阳

本书以国际视角对数据治理的发展、演变及工业领域的实际应用进行阐述，涵盖了数据治理的方方面面，可以指导工业企业从无到有地建立健全工业数据治理体系，全面支撑高质量的工业数据分析与应用。本书对企业数据治理具有指导作用。

美国密歇根州立大学计算机系系主任及
大学基金讲席教授、IEEE Fellow、ACM Fellow，刘云浩

工业互联网是 5G 通信技术最主要的应用领域之一，它将开创一个万物互联的时代，物均流量将是消费互联网人均流量的几百倍。数据量的爆增将会带来云计算、大数据技术架构的新一轮转变，同时现有的数据治理模式也会受到严重挑战。本书从体系架构到治理工具，从实施路径到具体案例，给我们提供了不可多得的经验分享与专家意见。希望读者能够从中得到启发，制定出适合工业企业数据治理的发展规划。

中国联通大数据首席科学家，范济安

在数字化工业中，如果说数据是原油，那么数据治理则是输油管、炼油厂、储油库。数据治理实现了数据服务的互通、互信、互惠，使数据真正发挥价值。本书从工业企业数字化转型的战略和需求出发，系统地阐述了工业数据治理的要素、体系、工具和实施，通过大量案例介绍实战经验。本书视野宽广、立足前沿、内容翔实、深入浅出，是工业企业数字化转型的决策者、实施者和研究者难得的参考书。

哈尔滨工业大学人工智能研究院院长、
IEEE Fellow、ACM 杰出科学家，刘劼

本书融合了国内外数据治理的权威理论和技术体系，涵盖了工业企业数字化转型过程中所需要的数据治理技术架构、实施路径和参考案例，可以有效指导工业企业全方位开展高质量的数据治理，是企业培训、员工培养的优选图书。

华中科技大学电子信息与通信学院院长、IEEE Fellow，邱才明

《数据治理：工业企业数字化转型之道》一书有大量央企的数据治理实践案例，是在泛工业企业领域实践落地的典范图书，具有很强的实操性和指导性，是数据治理从业人员的必备图书。

中国信息协会副会长，李红

序

70多年来，伴随着信息革命和信息化的飞速发展，数据量急剧增长，数据利用和管理的重要性与日俱增，数据在信息化这个大舞台上扮演着越来越重要的角色。

早期，数据处理（data processing）解决的是利用计算机技术对数据进行采集、存储、加工、转换和传输等的技术问题，其目的在于，将原始的、看似无序的和非结构化的数据，通过格式化的方法，转换为结构化的数据，并存储于计算机系统之中，以便进行数据的高效检索、管理和利用。其后，随着数据的不断增加和其重要性的凸显，计算机中的数据管理（data management）和数据管治（data administration）成为焦点。前者解决的是对于计算机数据的存储、检索、控制的管理，包括文件和数据库的接入、数据处理系统的管理等；后者关注的则是一个组织机构的计算机系统中所存储的数据、信息作为组织机构的资源的管理，包括数据的分析、分类、维护、流动、应用等。

进入21世纪以来，基于互联网的企业信息系统（企业内部网和外部网）的发展，企业数据的管理和管治更为复杂，其不仅包含了企业内部的各种产品设计、生产、管理数据，还包含了与企业外部运行环境和竞争环境相关的一切数据；数据不仅要支撑企业的运行和管理，更要为企业对环境的把握和决策服务。在这样的背景下，企业数据治理（data governance）的概念及其理论、方法和工具等应运而生，其目的在于，对企业所需数据的可获得性、相关性、可用性、整体性、安全性等，实现全面、有效的管理，将数据作为企业的战略资产加以重视和综合利用，为实现企业长期的发展战略和增长目标服务。

不过，值得注意的是，数据治理是一个宽泛的概念，在国际、国家、地区、企事业单位，乃至个人等层面，都存在着内涵各不相同的数据治理问题。

在数据时代来临之际，本书的适时推出，无论是对推动中国企业的数据管理和利用水平的提高，还是对推动工业大数据的应用发展，无疑都是一件非常有意义的大事。

本书对于工业企业数据治理的讨论非常全面而系统。正如书中所介绍的，完整的数据治理包括战略、组织、制度、流程、绩效、标准、工具，以及数据价值、数据共享、数据变现等许多方面。全书既介绍了工业企业数据治理的概念和内涵、标准和框架（特别是主流数据治理的标准及框架）；也从系统工程的角度，介绍了工业企业数据治理体系的各个关键环节，以及现有的、可获得的各种数据治理工具；而且，书中所给出的大量中国工业企业数据治理的实践和经验，非常具有启发性、实践性和可操作性。鉴于本书的编著者之一工作于中国工业大数据领域唯一的国家级工程技术研究平台，对于工业大数据的应用技术、工业大数据的管理和治理，有着长期、深入的研究和丰富的实践经验，因此，本书对于工业数据治理体系的顶层设计提出的一系列推进中国大数据应用和治理的建议，特别具有创新性和指导性，值得中国工业界相关领域的同行认真研究和讨论。

数据治理是现代企业在信息化和全球化的大环境下，谋求竞争优势和向高端发展进程中难得的一个机遇，也是一个无可回避的挑战。对中国企业更是如此。根据国际数据公司（IDC）2018 年年末的测算，2025 年，中国将成为全球五个分区[1]中，最大的数据资源拥有地区（占比为 28%，数据总量为 49ZB），数据总量将是美国（排名第四，占比为 18%）的 1.56 倍。实际上，2019 年，中国的数据总量已经超过了美国。但是，本书的研究指出，中国工业企业的数据资源存量普遍不大，宝贵的数据资源由于缺乏科学的数据管理而随意流失；工业企业数据总量低下，与企业规模极不相称；半数以上的工业企业仍在使用纸质或更原始的方式进行数据的存储和管理；数据孤岛几乎是所有工业企业都面临的困境。此外，无论是数据管理还是数据治理，中国工业企业的状况也不容乐观。调查显示，仅有 37.84% 的大型工业企业、46.67% 的中型工业企业、13.64% 的小型工业企业开展了数据管理工作；大多数工业企业仍缺乏专门的数据管理部门，投入数据管理的人力和财务资源非常有限，更谈不上进行顶层规划和战略管理了。凡此种种都说明，中国工业企业的数据拥有量、数据管理和治理水平比较落后。这些，都从侧面证明了中国工业企业在数据管理和数据治理方面亟待迎头赶上。否则，中国制造业的转型升级将无从谈起。

中国企业与发达国家的企业对标，其中所显露出来的差距并不可怕。正是这些差距，向我们揭示了大多数中国企业进一步发展和努力的方向，告诉我们中国企业数字化转型的方向和道

---

[1] 这五个分区是：①中国；②欧洲、中东、非洲地区（EMEA）；③亚太国家，指除中国之外的、包括日本在内的亚太地区所有国家（APJxC）；④美国；⑤世界其他地区。

路何在。"欲致鱼者先通水，欲致鸟者先树木"。中国企业的数字化转型，只有充分利用"大数据、人工智能、全联网、云计算"等新一代信息技术提供的条件，以新的形态实现企业业务活动的数字化和网络化，并且在这个过程中不断认识和强化企业的数据治理，向着智能化的方向进发，才有可能走上一条与时俱进的发展快车道，跨入现代企业的行列。

衷心期盼本书的出版，能让中国工业界从中获益，有效推动工业企业数据治理的发展，并促使企业的信息化扎扎实实迈向一个数据驱动的、新的发展阶段。

周宏仁
国家信息化专家咨询委员会常务副主任

目录

第1篇 趋势篇

第1章 工业企业需要数据治理 2
- 1.1 工业革命的演变与发展趋势 2
- 1.2 工业大数据是工业智能化的核心基础 6
- 1.3 主要工业国家地区的工业大数据战略 8
- 1.4 企业工业数据的核心价值 9
- 1.5 我国各行业数据治理现状 11
- 1.6 数据治理是实现工业数据价值的基础 13
- 1.7 工业企业数据治理面临的困难与挑战 13

第2章 工业企业数据治理概述 17
- 2.1 相关概念和定义 17
  - 2.1.1 数据与数据管理 17
  - 2.1.2 大数据内涵及其特征 17
  - 2.1.3 工业大数据的定义及其独特属性 18
  - 2.1.4 狭义数据治理与广义数据治理 19
  - 2.1.5 数据资产与数据资产管理 20
  - 2.1.6 数据运营、运营准备和数据流通 21
  - 2.1.7 工业互联网和工业数据 21
- 2.2 工业数据的分类 22
- 2.3 数据治理的顶层架构 25
  - 2.3.1 数据治理"五域模型"：管理视角 25
  - 2.3.2 数据治理"黄金屋"：技术视角 26
  - 2.3.3 数据全生命周期 27
- 2.4 数据治理的核心内容 28

第3章 主流数据治理标准及框架介绍 30
- 3.1 国际标准 30
- 3.2 国内标准及模型 30
- 3.3 专业组织及理论框架 32
- 3.4 数据治理体系比较 34

第4章 数据治理的发展趋势 37
- 4.1 国内外数据治理体系的演变与发展 37
- 4.2 以组织为核心的数据治理体系建设 38

- 4.3 从传统式数据治理到资产化数据治理 38
- 4.4 从企业级数据治理到产业级数据治理 39
- 4.5 新一代信息技术促进数据治理的发展 39
- 4.6 数据文化与伦理道德建设是重要一环 43
- 4.7 数据运营是数据资产价值的实现过程 45

第5章 本书阅读导引 48
- 5.1 数据治理是一个系统工程 48
- 5.2 工具是数据治理的保障 49
- 5.3 实施数据治理有路线可循 49
- 5.4 数据治理已在诸多行业成功实施 49

第2篇 体系篇

第6章 数据管控 55
- 6.1 数据管控概述 55
- 6.2 组织架构 57
  - 6.2.1 数据治理组织架构 57
  - 6.2.2 数据治理组织模式 59
  - 6.2.3 数据治理职责分工 61
- 6.3 制度规范 64
  - 6.3.1 数据治理制度框架 64
  - 6.3.2 数据治理管理制度的修订 67
- 6.4 执行流程 69
  - 6.4.1 数据治理总体流程框架 69
  - 6.4.2 数据治理典型场景的流程 70
- 6.5 设计机制 73
- 6.6 考核体系 75
- 6.7 标准体系 77

第7章 数据战略 79
- 7.1 数据战略概述 79
- 7.2 数据战略规划 79
  - 7.2.1 数据战略愿景和目标 80
  - 7.2.2 数据战略规划基本原则 81
  - 7.2.3 数据战略举措选择 82
  - 7.2.4 数据战略模型工具 82
- 7.3 数据战略实施 84
  - 7.3.1 实施策略 84
  - 7.3.2 实施路径 84
  - 7.3.3 实施步骤 85

第8章 数据架构 88
- 8.1 数据架构概述 89
  - 8.1.1 数据架构组成 90
  - 8.1.2 企业数据架构的主要问题 91
  - 8.1.3 做好数据架构的意义 92
- 8.2 数据目录 92
  - 8.2.1 数据目录类型 93
  - 8.2.2 数据目录管理 95
- 8.3 数据模型 96
  - 8.3.1 数据模型中的基本概念与数据关系 97
  - 8.3.2 主题域模型 101

8.3.3 概念数据模型.................................103
  8.3.4 逻辑数据模型.................................103
  8.3.5 物理数据模型.................................105
  8.3.6 数据模型设计和建模方法.................105
 8.4 数据标准..107
  8.4.1 对象类数据标准.............................107
  8.4.2 基础类数据标准.............................111
 8.5 数据分布与流向......................................112
  8.5.1 数据分布...113
  8.5.2 数据流向...113
  8.5.3 数据资产全景图.............................114
  8.5.4 数据地图分布应用.........................115
 8.6 数据架构评价指标..................................116

第9章 主数据管理.................................118

 9.1 主数据和主数据管理..............................118
  9.1.1 主数据的特征.................................118
  9.1.2 主数据管理的基本概念.................119
 9.2 主数据规划管理......................................119
 9.3 主数据识别管理......................................120
 9.4 主数据标准管理......................................123
 9.5 主数据全生命周期管理..........................124
 9.6 主数据应用管理......................................125
  9.6.1 统一源头集中共享.........................125
  9.6.2 主数据应用需求管理.....................125
  9.6.3 主数据应用质量管理.....................126
  9.6.4 主数据应用服务管理.....................127
 9.7 主数据评价指标......................................128
 9.8 企业常用的几类主数据..........................130
  9.8.1 物料主数据.....................................130
  9.8.2 设备主数据.....................................130

  9.8.3 固定资产主数据.............................131
  9.8.4 会计科目主数据.............................132
  9.8.5 组织机构和员工主数据.................132

第10章 元数据管理.................................134

 10.1 元数据的定义..134
 10.2 元数据分类..134
  10.2.1 业务元数据...................................135
  10.2.2 技术元数据...................................135
  10.2.3 管理元数据...................................135
 10.3 元数据相关概念理解............................136
 10.4 元数据管理关键活动............................140
 10.5 元数据管理内容....................................141
 10.6 主动元数据管理....................................144
 10.7 元数据的价值..146
 10.8 元数据管理评价指标............................147

第11章 数据指标管理.............................148

 11.1 数据指标管理概述................................148
  11.1.1 数据指标应用和管理中的挑战.........148
  11.1.2 指标体系框架设计目的...............149
  11.1.3 指标体系框架设计思路...............149
 11.2 指标体系框架..150
  11.2.1 典型的指标定义框架...................151
  11.2.2 指标选取原则及方法...................151
  11.2.3 指标体系框架层级设计...............153
  11.2.4 指标体系评价方法.......................153
 11.3 找指标..154
 11.4 理指标..156
 11.5 管指标..157
 11.6 用指标..158

第 12 章 时序数据管理 ... 160
12.1 时序数据管理概述 ... 160
12.2 时序数据的特点 ... 161
12.3 时序数据的应用 ... 162
12.3.1 技术挑战 ... 163
12.3.2 典型的技术架构及特点 ... 164
12.3.3 系统核心功能 ... 164

第 13 章 数据质量管理 ... 166
13.1 数据质量需求分析 ... 167
13.2 数据质量检查 ... 168
13.3 数据质量分析 ... 168
13.4 数据质量提升 ... 169
13.5 数据质量评估 ... 171
13.5.1 数据质量问题的起因 ... 172
13.5.2 数据质量管理技术指标 ... 173
13.5.3 数据质量管理业务指标 ... 174

第 14 章 数据安全管理 ... 176
14.1 数据安全管理概述 ... 176
14.2 数据安全体系框架 ... 177
14.3 数据安全防护策略 ... 179
14.4 数据安全审计 ... 181
14.5 数据安全风险评估 ... 182
14.6 数据应急保障 ... 184

第 15 章 数据交换与服务 ... 186
15.1 数据交换与服务的意义 ... 187
15.2 数据交换与服务技术演进 ... 187
15.2.1 文件共享技术 ... 188
15.2.2 数据库中间表技术 ... 188
15.2.3 点对点接口技术 ... 188
15.2.4 消息队列技术 ... 189
15.2.5 企业服务总线交换技术 ... 191
15.2.6 ETL 数据交换技术 ... 192
15.2.7 物联网数据采集交换技术 ... 192
15.3 工业企业数据交换与服务标准体系架构 ... 193
15.3.1 CPS 信息交换模型 ... 195
15.3.2 设备互联总线 ... 195
15.3.3 服务总线 ... 196
15.3.4 数据总线 ... 198
15.3.5 开放互联 API 网关 ... 199

第 16 章 数据共享与开放 ... 201
16.1 数据共享与开放概述 ... 201
16.2 数据资源目录 ... 203
16.3 数据资源准备 ... 203
16.3.1 数据采集 ... 204
16.3.2 数据加工 ... 204
16.3.3 数据保密 ... 204
16.3.4 数据装载 ... 205
16.3.5 数据发布 ... 206
16.4 数据服务 ... 206
16.5 数据共享与开放评价 ... 207

第 17 章 数据管理成熟度评估 ... 209
17.1 数据管理成熟度评估模型 ... 209
17.2 数据管理成熟度等级定义 ... 213
17.3 数据管理成熟度评估指标 ... 216
17.4 数据管理成熟度评估实施 ... 217

第 3 篇 工具篇

第 18 章 数据治理工具概述 220

第 19 章 数据资产运营工具 223
19.1 数据资产目录 223
19.1.1 总体概述 224
19.1.2 数据资产目录系统构建 224
19.1.3 数据资产目录能力评估模型 226
19.2 数据资产价值评估 228
19.2.1 总体概述 228
19.2.2 数据资产价值评估模型 230
19.2.3 数据资产价值评估工具 238

第 20 章 数据模型管理工具 240
20.1 数据模型管理工具概述 240
20.2 企业级数据模型管控 241
20.3 数据标准管控 243
20.3.1 数据标准的发布和工具访问 243
20.3.2 数据模型设计中的数据标准应用 243
20.3.3 数据标准应用情况的自动检核 244
20.3.4 自定义数据标准的发布管理 244
20.4 数据字典的质量检核 245

第 21 章 数据指标管理工具 246
21.1 指标库管理 246
21.2 指标体系管理 247
21.3 指标评价管理 248
21.4 指标应用管理 248

第 22 章 主数据管理工具 251
22.1 主数据标准管理 251
22.2 主数据模型管理 252
22.3 主数据清洗管理 252
22.3.1 主数据清洗的内容 252
22.3.2 主数据清洗的一般过程 253
22.4 主数据全生命周期管理 255
22.5 主数据质量管理 257
22.6 主数据发布与共享 259

第 23 章 元数据管理工具 261
23.1 元数据管理工具概述 261
23.2 元数据管理工具组成 261
23.3 元数据管理工具的架构 265
23.4 元数据管理工具的发展趋势 267

第 24 章 时序数据处理工具 269
24.1 通用的大数据处理工具的不足 269
24.2 时序数据处理工具应具备的功能和特点 270
24.3 时序数据的采集 272
24.4 时序数据处理工具 273

第 25 章 数据质量管理工具 276
25.1 数据质量管理工具概述 276
25.2 数据质量稽核规则设置 277
25.3 数据质量任务管理 278
25.4 数据质量报告 278

第 26 章 数据交换与服务工具 280
26.1 数据交换与服务工具概述 280
26.2 数据采集 281
26.3 数据交换 283
26.3.1 前置交换子系统 283

26.3.2 交换传输子系统 283
26.3.3 交换管理子系统 284
26.4 数据加工服务 284
26.5 数据共享服务 286
26.6 工业大数据技术平台 286
　　26.6.1 工业大数据的采集 287
　　26.6.2 工业大数据的交换 288
　　26.6.3 工业大数据的处理 289

第 27 章 数据安全管理工具 292

27.1 数据安全管理工具概述 292
27.2 数据采集安全管理工具 292
　　27.2.1 数据分类分级工具 293
　　27.2.2 数据采集内容及策略 294
　　27.2.3 数据采集人员管理 294
　　27.2.4 数据采集安全审计 294
　　27.2.5 数据源鉴别及记录 294
27.3 数据传输安全管理工具 295
　　27.3.1 加密算法 295
　　27.3.2 对称加密 295
　　27.3.3 非对称加密 296
　　27.3.4 传输安全审计 296
27.4 数据存储安全管理工具 296
　　27.4.1 数据存储介质管理 297
　　27.4.2 数据存储安全 297
　　27.4.3 数据备份和恢复 297
　　27.4.4 灾难恢复能力等级划分 298
　　27.4.5 数据存储安全审计 299
27.5 数据处理安全管理工具 299
27.6 数据交换安全管理工具 300
　　27.6.1 数据导入/导出安全保障 301
　　27.6.2 数据交换安全 301
　　27.6.3 数据销毁安全管理 302

27.7 统一的身份认证系统 303
27.8 API 接口安全管控系统 304
27.9 人工智能技术赋能数据安全 305

第 28 章 大数据平台 307

28.1 大数据平台的演变与现状 307
　　28.1.1 大数据平台的演变 307
　　28.1.2 大数据平台的新内涵 308
28.2 大数据平台的作用与建设 308
　　28.2.1 大数据平台的作用 308
　　28.2.2 大数据平台的建设思路 309
　　28.2.3 大数据平台的建设路径 309
28.3 大数据平台功能架构 310
　　28.3.1 湖仓一体大数据平台的产生和
　　　　　总体架构 310
　　28.3.2 数据采集 311
　　28.3.3 数据存储 312
　　28.3.4 数据计算 314
　　28.3.5 数据分析与挖掘 315
　　28.3.6 数据服务 316
　　28.3.7 数据应用与可视化 317
　　28.3.8 作业调度系统 317
　　28.3.9 数据治理 318
　　28.3.10 集成开发门户 320
28.4 大数据平台的主要技术 321
28.5 大数据平台团队建设 321
　　28.5.1 大数据平台团队的职能 321
　　28.5.2 大数据平台实施团队构成 322
28.6 大数据平台的能力评估 323
28.7 大数据平台发展趋势 324
　　28.7.1 数字经济中的发展与安全的
　　　　　平衡 325
　　28.7.2 信息与大数据技术的迭代发展 325

第4篇 实施篇

第29章 数据治理实施策略和路径选择 328
29.1 数据治理实施内容 328
29.2 数据治理路径选择 329

第30章 数据治理顶层架构规划与设计 332
30.1 数据治理顶层架构规划与设计实施内容 332
30.2 数据治理顶层架构规划与设计步骤和方法 334
30.2.1 数据治理顶层架构设计总体思路 334
30.2.2 数据治理顶层架构设计要点 336
30.3 数据治理顶层架构规划与设计成熟度评估 346

第31章 数据资产运营实施 349
31.1 数据资产运营实施内容 349
31.2 数据资产运营实施步骤和方法 356

第32章 主数据管理实施 358
32.1 主数据管理实施内容 358
32.2 主数据管理实施步骤和方法 358
32.2.1 主数据管理实施步骤 358
32.2.2 主数据管理实施方法 360

第33章 元数据管理实施 365
33.1 元数据管理实施内容 365
33.2 元数据管理实施步骤和方法 365

第34章 数据指标管理实施 369
34.1 数据指标管理实施内容 369
34.2 数据指标收集步骤和方法 370
34.3 数据指标模板 372
34.3.1 数据指标项定义 372
34.3.2 形成数据指标卡片及数据指标模板 372
34.3.3 数据需求规划 373

第35章 数据质量管理实施 375
35.1 数据质量管理实施内容 375
35.2 数据质量管理实施步骤和方法 376
35.2.1 数据剖析 376
35.2.2 数据质量诊断 377
35.2.3 数据处理规则 378
35.2.4 数据质量优化 378
35.2.5 数据质量监管 379
35.2.6 实施数据质量管理时要注意的问题 379

第36章 数据安全管理实施 381
36.1 数据安全管理实施内容 381
36.2 数据安全管理实施步骤 381
36.2.1 第一阶段：统筹规划 382
36.2.2 第二阶段：数据全生命周期监管 382
36.2.3 第三阶段：稽核检查 383
36.3 数据安全管理实施框架 384

第37章 数据治理常见误区 388

第 5 篇 案例篇

第 38 章 电力行业：夯实数字化转型基础——南方电网数据资产管理行动实践 392
38.1 背景介绍 392
38.2 项目实施 394
38.3 项目成果 407
38.4 项目亮点和洞察 409
38.5 数据治理愿景 411

第 39 章 电力行业：支撑集团产业数字化转型——国家电投集团数据治理实践 412
39.1 背景介绍 412
39.2 数据治理工作实践 414
    39.2.1 五凌电力数据治理实践——水电领域 417
    39.2.2 黄河公司数据治理实践——光、风、水领域 421
    39.2.3 云南国际数据治理实践——风电领域 423
39.3 经验总结 427
39.4 总结与展望 428

第 40 章 能源化工行业：数据治理助百年油企数字化转型 429
40.1 背景介绍 429
40.2 工作概况 431
40.3 组织保障 436
40.4 主要成果 437
40.5 物资集团数据治理实践 439
40.6 总结与展望 441

第 41 章 建筑行业：中建三局园区数据治理实践 443
41.1 背景介绍 443
41.2 愿景目标 444
41.3 总体规划 445
41.4 项目成果 447
41.5 未来展望 455

第 42 章 钢铁行业：产线时序数据治理实践 457
42.1 背景介绍 457
42.2 项目目标 457
42.3 项目实施 458
42.4 项目总结 464
42.5 未来展望 465

第 43 章 核工业：主数据治理助力中核供应链管理升级 466
43.1 背景介绍 466
43.2 目标现状 467
43.3 项目实践 469
43.4 项目成果 475
43.5 未来展望 479

第 44 章 航天行业：军工企业的"三位一体"数据治理体系建设实践 480
44.1 背景介绍 480
44.2 数据治理体系建设实践 481
44.3 项目成效 484
44.4 未来展望 486

第 45 章 航空行业：基于全局模型的数据赋能业务实践 487

45.1 背景介绍 487
45.2 工作历程 488
45.3 项目成果 491
45.4 后续规划 498

第 46 章 重型装备制造行业：数据标准，装备中国——中国一重的数据标准化管理项目 499

46.1 背景介绍 499
46.2 数据治理概况 503
46.3 数据治理成果 505
46.4 总结与成效 507

第 47 章 交通物流行业：数据治理助力中国外运数字化转型 ... 509

47.1 背景介绍 509
47.2 主数据管理项目实施 511
47.3 数据资产目录项目实施 514
47.4 项目成果 519
47.5 未来展望 524

第 48 章 多元化集团：越秀集团以数据为驱动，提升产品和服务竞争力，支撑高质量发展 525

48.1 背景介绍 525
48.2 整体方案 528

48.2.1 悦数通 529
48.2.2 悦分析 530
48.2.3 悦观察 532
48.2.4 悦资产 533
48.2.5 主数据 535
48.2.6 悦探索 537
48.2.7 悦数研 538
48.3 创新成果 541
48.4 项目亮点 542

第 49 章 煤炭行业：大海则煤矿数据标准体系及数据湖建设 544

49.1 背景介绍 544
49.2 项目实施 547
49.3 项目成果 553
49.4 未来展望 556

第 50 章 战略投资行业：国投集团的数据标准化管理实践 557

50.1 背景介绍 557
50.2 工作概况 559
50.3 组织保障 562
50.4 项目成果 562
50.5 工作价值 570
50.6 经验分享 571

附录 A 工业英文缩写术语表 574

附录 B 数据治理 221 个重要名词术语 578

第1篇 趋势篇

第 1 章

工业企业需要数据治理

如今,以大数据和人工智能为核心的第四次工业革命已在全球范围内展开,数字经济已成为推动经济增长的主要引擎之一。工业企业可以依靠具有智能感知、信息挖掘、网络协同、认知决策、优化调度功能的智能化系统来解决规模化生产与定制化生产、效率提升、成本控制等的平衡的问题。智能化的基础是数据。数据变得越来越重要,无论是国家还是企业,都已经把数据提升到战略性资源层面来对待。但数据并非天生就具有应用价值,以及资源属性。数据治理是企业从数字化到智能化的必由之路和重要环节。

1.1 工业革命的演变与发展趋势

按照经济史教科书中的说法,第一次工业革命发生于 18 世纪 60 年代,人类由手工劳动进入蒸汽时代,由农业文明进入了工业文明。第二次工业革命发生于 19 世纪 70 年代,以 1866 年德国人西门子研制成发电机为标志,人类从此由蒸汽时代进入电气时代。第二次工业革命对世界政治、经济产生了巨大的影响,生产力的迅猛发展改变了社会经济结构和世界秩序。第三次工业革命发生于 20 世纪四五十年代,这一时期的主要成就在原子能技术、航天技术、电子计算机等方面,人类由电气时代进入信息时代。

目前学术界并没有对"第四次工业革命"的权威解释。各个国家对第四次工业革命的定义也不同,德国将其命名为"工业 4.0",我国及欧洲其他国家也采用了这一概念,美国将其称为"再工业化",日本则称其为"工业智能化"。

每一次工业革命的直接驱动力都源自日益增长的物质需求和落后的生产力之间的矛盾,每一次生产力的变革都是缓解这一矛盾的过程。第四次工业革命首先要解决的是规模化生产和定制化需求的矛盾。消费者越来越追求个性化,如何低成本地满足个性化需求?即要解决个性和共性之间的矛盾。其次要解决大规模生产与定制化生产产生的巨大成本差异,即解决设备和工艺的多样性造成技术的普适性和特殊性难以兼顾的矛盾，其核心是要解决自适应和柔性制造问题。再次，要解决宏观和微观之间的矛盾，即要解决集体活动和个体活动之间的矛盾，其核心是要解决协同优化问题。随着第四次工业革命的深入开展，世界上的发达国家在实践中采用了不同的技术路线和实施策略。

1. 代表性国家的技术路线

第四次工业革命是以智能化为核心的工业价值创造革命，为了满足客户个性化的需求，必须将传统的刚性生产模式转变为柔性生产模式。因此，仅靠在现有的控制系统与信息系统基础上升级满足不了智能化的要求。德国工业 4.0 工作项目包括"智能工厂""智能生产""智能物流""智能电网""智能建筑"等项目。其中"智能工厂"部分是根据德国自身在制造业中的优势，从产品的制造端提出了智能化转型方案。其核心是利用物联网和网络物理生产系统（Cyber-Physical Production System，CPPS）等技术，为生产过程中的每个环节建立信息化的链接，实现"人、机、物、法、环"信息的高度透明。其相应技术如表 1-1-1 所示。

表 1-1-1 智能工厂的相应技术

对象	客户需求	商业流程	生产过程	产品	设备	人员	供应链
目标	定制化、可重构的生产线	动态快速响应	透明化	生产全流程的可追溯	相互连接、监控、智能化	高效配置	按需配给
技术	3D 打印、智能设备	ERP 等管理信息系统	实现生产线监控、可视化	RFID（射频识别）、产品数据库	监控系统、PLC（可编程逻辑控制器）控制、实时控制技术	人员追溯和通信系统	供应链管理系统

在实施方案的规划上，德国提出了"二维战略"的发展思路，即从纵向和横向两个维度推进工业体系的智能化。纵向指的是企业内部"端到端的信息融合"，实现从底层的驱动器和传感器信号到高层战略决策的无缝连接；横向指的是企业内部价值链及上下游产业链的整合和协同优化。

不同于德国在制造业和控制领域具有深厚的功底，美国在互联网技术及应用上有先天的优势，因此其发展的方向是智能互联。美国国家科学基金会（NSF）早在 2006 年就提出了信息物理系统（Cyber-Physical Systems，CPS）的概念，即从实体空间的对象、环境、活动中进行大数据的采集、存储、建模、分析、挖掘、评估、预测、优化、协同，并与对象的设计、测试和运行性能表征相结合，产生与实体空间深度融合、实时交互、互相耦合、互相更新的网络空间，从而通过自感知、自记忆、自认知、自决策、自重构和智能支持促进对象的全面智能化。以 CPS 为核心的智能化体系，正是根据工业数据环境中的分析和决策要求而设计的，其特征是智能感知、数据到信息的转换、网络的融合、自我的认知、自由的配置。

根据这 5 个特征，美国构建了 5 层技术模型。第一层是智能感知层，即高效和可靠地采集数据。第二层是数据到信息的转换层，也就是信息的挖掘层，即把各个传感器、控制器及管理信息系统中的数据抽取出来转换成信息。第三层是网络层，这里的网络不同于信息系统中的网络，其指的是网络化的协同管理，是面向设备集群及整个企业的运营及经营活动的横向数据挖掘。第四层是认知层，也就是识别与决策层，其通过 CPS 的网络感知，根据机器健康状况的历史性分析及通过某种特定的算法预测潜在的故障，为决策提供依据。第五层是配置层，也就是执行层，其可以根据历史数据及实时采集到的数据动态调整参数，从而动态优化配置，达到自适应的目的。

2．中国的技术路线

为了推动第四次工业革命，中国也相继推出了一系列政策，重点强调信息化和工业化深度融合、工业互联网创新发展等。2016 年，在工业和信息化部（下文简称工信部的主导下，《智能制造发展规划（2016—2020 年）》《大数据产业发展规划（2016—2020 年）》及《工业互联网体系架构（版本 1.0）》正式发布，其中将实现智能制造作为中国制造业升级发展的长期战略任务，将构筑工业互联网作为实现智能制造的核心技术基础，并将提升工业大数据智能化作为工业互联网创新发展的重要目标方向。2019 年，工业互联网产业联盟（AII）修订发布了《工业互联网体系架构（版本 2.0）》，其中强调了工业数据智能优化闭环对智能制造的核心驱动作用。

2020 年，《中共中央、国务院关于构建更加完善的要素市场化配置体制机制的意见》发布，其中明确提出数据是生产要素，并倡导要加快培育数据要素市场，提升数据资源价值，培育数字经济新产业、新业态和新模式。随后国资委印发《关于加快推进国有企业数字化转型工作的通知》，进一步强调数据在经济生产中的重要性，提出国有企业要加快构建数据治理体系，明确数据治理归口管理部门，加强数据标准化、元数据和主数据管理工作，定期评估数据治理能力成熟度。

为了保障数据要素在经济生产过程中发挥真正、有效的作用，规范数据处理活动，保障数据安全，促进数据的开发与利用，保护个人、组织的合法权益，维护国家主权、安全和发展利益，2021 年，我国相继出台了《中华人民共和国数据安全法》和《中华人民共和国个人信息保护法》，明确了数据安全是保障数据要素价值的前提，也是数字经济发展的安全基石。工信部通过发布《工业数据分类分级指南（试行）》，指导工业企业提升工业数据管理能力，促进工业数据的使用、流动与共享，释放工业数据潜在价值，赋能工业高质量发展。

2022 年，《中共中央 国务院关于构建数据基础制度更好发挥数据要素作用的意见》（简称"数据二十条"）发布，其中指出数据基础制度建设事关国家发展和安全大局，要维护国家数据安全，保护个人信息和商业秘密，促进数据高效流通使用、赋能实体经济，统筹推进数据产权、流通交易、收益分配、安全治理，加快构建数据基础制度。数据作为新型生产要素，是数字化、网络化、智能化的基础，已快速融入生产、分配、流通、消费和社会服务管理等各环节，深刻改变着生产方式、生活方式和社会治理方式。为充分发挥我国数据规模和丰富应用场景优势，激活数据要素潜能，"数据二十条"以构建数据基础制度，保障数据要素的安全和发展为主旨，明确数据要素改革发展的总体目标、方向和指导思想。其强调把安全贯穿数据治理全过程，构建政府、企业、社会多方协同的治理模式，明确各方主体责任和义务，落实企业的数据治理责任，形成中国数据基础制度的"四梁八柱"（见图1-1-1），以鼓励社会各方积极参与数据要素市场建设，做强做优做大数字经济。

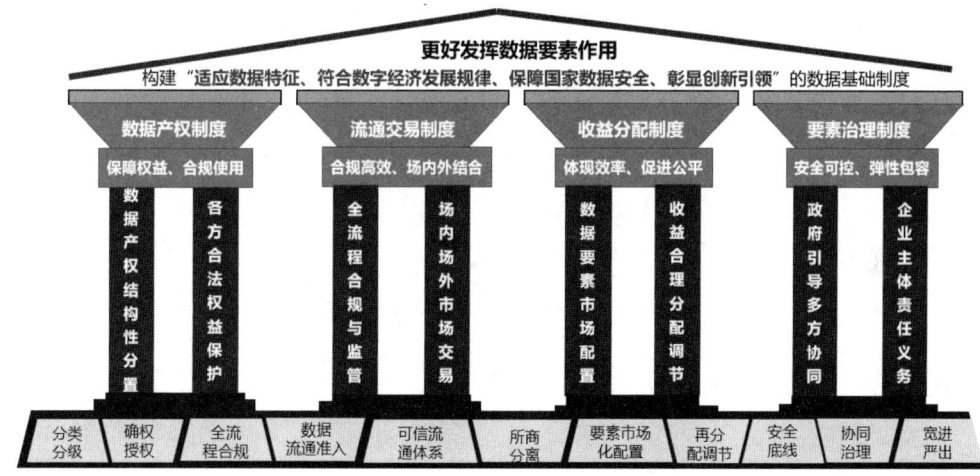

图1-1-1　中国数据基础制度的"四梁八柱"

2023年1月4日，中国通信标准化协会大数据技术标准推进委员会在其发布的《数据资产管理实践白皮书（6.0版）》中提出，企业要以提升数据资源化效率，创新数据资产化模式，融入数据要素市场发展，加速数据资产价值释放为目的；要通过外部形势研判和内部资源起底，打造适配自身数字化转型的企业级数据治理体系，形成数据治理战略目标、规划体系、重点举措和阶段目标；要从战略规划、组织架构、制度体系、平台工具、长效机制5个方面入手，为任务执行和资源配置提供评估准则，体系化开展数据资产管理工作。

2023年，由中共中央、国务院印发的《数字中国建设整体布局规划》全面论述了中国未来数字建设的发展目标、前景规划和具体方略。图1-1-2为作者整理的数字中国建设的整体框架。

这个框架完整表达了数字中国建设的整体布局，即在"数据治理生态"等环境建设的前提下，强化数字技术创新体系和数字安全屏障"两大能力"，夯实数字基础设施和数据资源体系"两大基础"，推进数字技术与数字经济、数字政务、数字文化、数字社会、数字生态文明领域"五位一体"建设深度融合。

《数字中国建设整体布局规划》也给国家数据局提出了明确的工作任务，即自上而下统一协调推进关于数据要素的顶层设计，促进数据资源在全国范围内的流通，推进数字中国、数字经济、数字社会的规划和建设；统筹数字经济发展与经济社会其他领域发展之间的关系，支撑构建现代化新型经济体系；提升国家治理能力和完善数据治理体系，加快数据要素流动和价值开发，为经济社会发展赋能；发挥数字经济发展的边际效益递增效应，大幅提升社会资源的配置效率，释放数据要素价值。此外，国家数据局在国家发展和改革委员会的管理下，将主要负责协调推进数据基础制度建设，统筹数据资源整合共享和开发利用，统筹推进数字中国、数字经济、数字社会规划和建设等。

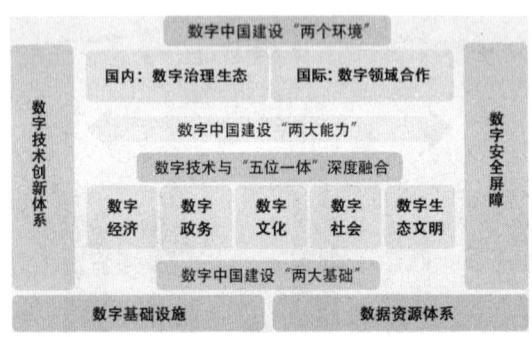

图 1-1-2　数字中国建设的整体框架

2023 年 8 月 21 日由财政部正式发布了《企业数据资源相关会计处理暂行规定》（以下简称"暂行规定"）。暂行规定主要围绕数据资源是否可以作为资产入表，数据资源及相关交易如何进行会计处理，如何在财务报表中列示，以及需要做出何等程度的披露等方面进行规范。该规定自 2024 年 1 月 1 日开始施行，对数据资源的确认范围和会计处理适用准则，以及列示和披露要求等作出规定，将数据确认为企业资产负债表中"资产"一项在财务报表中体现其真实价值与业务贡献，要求企业应当根据重要性原则并结合实际情况增设报表子项目，通过表格方式细化披露，并规定企业可根据实际情况自愿披露数据资源（含未作为无形资产或存货确认的数据资源）的应用场景，引导企业主动加强数据资源相关信息披露。

1.2　工业大数据是工业智能化的核心基础

第四次工业革命以智能化为特征，以 CPS 作为实施核心技术。CPS 的主要特征表现为以下 5 个方面。

（1）智能的感知：从信息来源、采集方式和管理方式上保证数据的质量和全面性，建立支持 CPS 上层建筑的数据环境基础。

（2）数据到信息的转换：可以对数据进行特征提取、筛选、分类和优先级排序。

（3）网络的融合：将机理、环境与群体有机结合，构建能够指导实体空间的网络环境，包括精确同步、关键建模、变化记录、分析预测等。

（4）自我的认知：将机理模型和数据驱动模型相结合，保证数据的解读符合客观的物理规律，并从机理上反映对象的状态变化。

（5）自由的配置：根据活动目标进行优化，进而通过执行优化后的决策实现价值的应用。

物理世界和数字世界的同步必须依赖数据的传递，没有数据就没有 CPS，更谈不上智能化。另外，从应用的角度来看，工业数据为工业企业带来的主要价值体现在以下 4 个方面。

（1）支持用户直连制造定制（Customer to Manufacturer，C2M），以较低成本满足用户个性化需求。

（2）使制造过程的信息透明化，从而提升效率、提高质量、降低成本和能耗。

（3）提供设备的全生命周期健康管理，使设备的使用更加高效、节能，提高设备的使用寿命。

（4）实现全产业链的信息整合，使整个生产系统协同优化，让生产系统变得更加智能，进一步提高生产效率并降低生产成本。

第四次工业革命的另一个重要技术体系就是工业互联网。工业互联网是新一代信息技术与工业系统全方位深度融合所形成的产业和应用生态，是工业智能化发展的关键综合信息基础设施。其本质是，以机器、原材料、控制系统、信息系统、产品及人之间的网络互联为基础，通过对工业数据的全面深度感知、实时传输交换、快速计算处理和高级建模分析，实现智能控制、运营优化和生产组织变革。网络、平台及安全是构成工业互联网的三大体系，其中网络是基础，平台是核心，安全是保障。而工业数据是工业互联网平台的核心，是驱动工业智能化的关键要素和原动力。

工业大数据是工业领域产品从生产到服务全生命周期中涉及数据的总称。企业的信息化和工业物联网中机器产生的海量时序数据，以及与企业运营相关的外部跨界数据，是工业数据的主要来源，且规模巨大。工业大数据涉及研发设计、生产制造、经营管理、销售配送、运维服务等环节中生成和使用的数据。工业大数据日渐成为工业发展中最宝贵的战略资源，是推动工业企业数字化、网络化、智能化发展的关键生产要素。

我国的工业大数据资源极为丰富。近年来，随着新一代信息技术与工业融合的不断深化，特别是工业互联网的创新发展，让工业大数据应用从理念研究走向落地实施，在需求分析、流程优化、预测运维、能源管理等环节，数据驱动的工业新模式、新业态不断涌现。但相比于互联网服务领域大数据应用的普及和成熟，工业大数据更加复杂，且还面临数据采集汇聚不全面、流通共享不充分、开发应用不深化、治理安全短板突出等问题，总体上亟待拓展和深化。

随着新一代信息技术的发展，工业大数据将迈入深度发展阶段，迎来快速发展的时期，全球主要国家和领军企业将向工业大数据发力，积极发展数据驱动的新型工业发展模式，全球工业企业的竞争将变得更为激烈。

1.3　主要工业国家地区的工业大数据战略

美国是全球较早关注大数据的国家之一。2009 年美国即开通政府数据网站，要求各联邦机构将需要依法公开的数据和文件按照统一标准分类整合，上传至该网站，从而实现了政府信息的集中、开放和共享，为启动国家大数据战略奠定了思想基础、技术基础和数据基础。2019 年美国发布了《联邦数据战略与 2020 年行动计划》，其中描绘了美国联邦政府未来十年的数据愿景，并初步确定了各政府机构在 2020 年需要采取的关键行动计划，涵盖了一系列支持美国工业大数据的举措，涉及大型企业、中小企业、创新型初创企业、研究中心、服务供应商和社会公共机构等。

欧盟委员会认为日益增长的数据对经济和社会发展越来越重要，数据能重塑生产、消费和生活方式。欧盟委员会于 2020 年发布了《欧洲数据战略》，积极推进数字化转型工作，打造欧盟单一数据市场，强化技术主权，提升企业竞争力，以期在新一轮的数字化革命中先发制人。

日本领导人在 2019 年达沃斯会议上强调"经济增长的动力不再是汽油，而是数字数据"，并首次提出"要建立针对 DFFT（Data Free Flow with Trust，值得依赖的自由数据流通）的体制"。

2015 年中国首次提出"国家大数据战略"，并发布了《促进大数据发展行动纲要》。2017 年工信部发布了《大数据产业发展规划（2016—2020 年）》，对工业大数据建设制定了加快工业大数据基础设施建设、推进工业大数据全流程应用和培育数据驱动的制造业新模式三大重点工作规划。2020 年 4 月，工信部发布了《关于工业大数据发展的指导意见》，其中指出为促进工业数字化转型，激发工业数据资源要素潜力，须加快工业大数据产业发展。

从各国工业大数据战略上可看出，发展工业大数据是一项复杂的系统工程：既要构建工业大数据采集、汇聚、流通、分析、应用的价值闭环，推动创新发展，也要提升数据治理和数据安全防护能力，保障工业大数据发展安全；既需要在宏观层面加强体系化布局，建立全面、系统的工业大数据生态，也需要在微观层面务实着力，提升企业的数据管理能力；既要重视在需求侧促进工业大数据与实际业务深度融合，也要在供给侧推动工业大数据技术和产业创新发展。但有一点是明确的，即各工业发达地区和国家对工业大数据都非常重视。

1.4 企业工业数据的核心价值

1. 以价值创造为核心的数字化转型

在前三次工业革命中,以硬实力为代表的技术概念成为价值创造的重要源泉,而第四次工业革命的价值创造源泉正在向软实力倾斜。老子说过"有之以为利,无之以为用",意思是说既要看到有形实体的价值,也要看到真正隐藏在背后的无形价值。这种思想在工业企业的商业模式设计和产品设计上非常有用。比如在制造业中,依靠工业互联网平台,不仅能实现客户的个性化定制,也能通过后续的服务提升价值,由单一的产品销售模式向产品+服务模式转变。在采矿业中,企业可以通过产业互联网平台,实现采矿机械的产业链协同,即把整机生产、供应、备件销售,设备维护,金融租赁等相关企业与产业互联网平台连接,从而衍生出新的商业模式。

2. 数据驱动下的智能制造

2012年11月美国通用公司(下文简称GE)发布了《工业互联网:打破智慧与机器的边界》白皮书,其中首次提出了工业互联网的概念,其代表的是一个开放的、全球化的,将人、数据和机器连接起来的网络。其核心三要素包括智能设备、先进的数据分析工具,以及人与设备的交互接口。利用智能设备产生的海量数据是工业互联网的一个重要功能,只有从联网的智能设备中获得数据,才有可能利用大数据及人工智能技术得到"智能信息"(即工业互联网的第一个层级),供决策者使用。工业互联网的数据循环如图1-4-1所示。

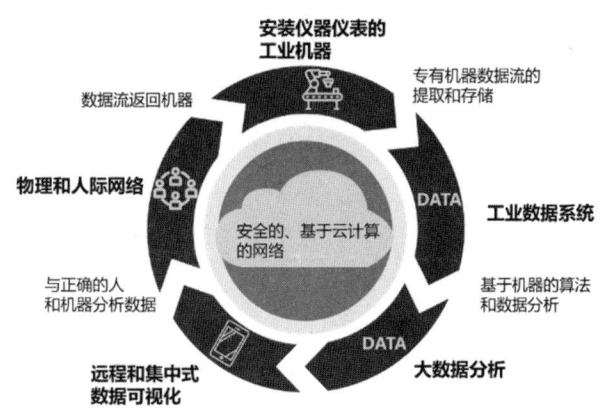

图 1-4-1 工业互联网的数据循环

工业互联网的第二个层级是智能系统,包括整合广泛的机器、仪器仪表及系统上部署的软件,以及运营网络优化、预测性维护、系统快速恢复、机器自学习等。

工业互联网的第三个层级是智能决策,当智能设备和系统收集到足够的信息以促进数据驱动的学习时,智能决策就出现了。数据是核心,没有对数据进行采集和分析、利用,就没有智能化和通过客户订单来驱动供应链、生产等一系列活动。

3．数据成为企业的核心资产

数据给工业企业带来的价值可以从企业内部经营管理和外部市场两个方面来分析。企业内部经营管理的核心要素是降低运营成本和提高科学决策水平。

比如对煤电行业来说，60%以上的成本是燃料成本，能否提高能效直接决定了企业成本的高低。因此，此类企业需要构建影响能效的知识图谱，找出影响能效的相关性因子，通过大数据分析确定能效和相关因子的函数关系，制定科学的燃煤掺烧比。

对钢铁、机械制造、油气管网等重资产行业来说，如何延长设备的寿命，减少因为非计划性停机而产生的损失则是企业经营者重点考虑的问题。如何通过数据分析由传统应急性维护转为预测性维护？首先找出产生零部件和整机缺陷的相关因子，并构建临界缺陷和相关因子的函数关系。通过对使用传感器实时采集的状态数据和历史维修记录进行综合分析，预测设备可能出现故障的时间和故障点，并提前维护。国内某特大型加工企业主要给苹果等品牌手机做代加工，其中 3C 加工刀具的磨损是影响企业成本的重要因素。因此减少刀具磨损、延长刀具的使用寿命能显著提高该企业的经济效益。工程师们知道刀具切削面的磨损会导致切削阻力变大，相应地也会使机床主轴电机的电流、电压上升。通过构建刀具切削面的磨损和电流、电压变化的函数关系，在测量机床主轴电机电流、电压的变化后就能知道刀具切削面的磨损情况，然后反馈给控制系统，由控制系统发出指令让全自动数控机床调整刀具切削面，从而做到对刀具各个切削面的均衡使用，以达到延长刀具使用寿命的目的。单这一项改变，每年就节约成本数千万元。

4．数据带给企业新的商业模式

数据给工业企业带来的价值甚至能改变企业的商业模式，如由传统的产品销售模式变为服务模式，由重资产运营模式变为轻资产运营模式。例如 GE，其生产的航空发动机的市场占有率超过 50%。在工业互联网被提出前，他们单纯地向飞机生产商销售发动机。对航空公司来说，减少因发动机故障导致的航班延误及降低安全风险是其核心诉求点。GE 利用其所具有的行业经验开发了一套智能运营系统，帮助航空公司监控发动机的运行情况：这样不仅做到了对发动机的预测性维护，而且通过优化发动机的燃油消耗，把燃油成本降低了 5%。GE 通过对后续的这些附加服务进行收费，由单纯地销售产品，变成了产品+服务的收费模式，大大提升了产品的附加值。类似的国内案例有宁德时代。其建立了一套电池监控平台，通过监控电池的使用状况不仅可以优化电池设计，而且能给整机厂提供及时的电池维修服务，同时把平台开放给 4S 店，让 4S 店进行众包维修服务。

2022 年，国家工业信息安全发展研究中心发布《中国数据要素市场发展报告（2021—

2022)》，其中指出数据要素使得工业企业的业务增长平均增加 41.18%，生产效率平均提高 42.8%，产品研发周期平均缩短 15.33%，能源利用率平均提高 10.19%。工业企业依托于传感器、工业软件、网络通信系统，形成数据要素支撑下的物—物、人—人和人—机交互方式，实现人、设备、产品、服务等要素和资源的相互识别、实时联通，提升全链条资源配置效率，使长链条多场景智能制造系统引领产业融合发展和效率提高。

1.5 我国各行业数据治理现状

不同行业的信息化发展水平不一样，数据治理水平不一样，对数据的依赖程度不一样，导致其数据应用能力和水平也不一样。相对而言，金融行业及电信行业是我国数据治理起步较早并且数据应用较好的行业，这两个行业具有一定的代表性。下面重点介绍这两个行业的数据治理情况。

1. 金融行业的数据治理

金融行业是数据密集型行业，也是数字化转型较早的行业。说到大数据应用所带来的颠覆性变革，没有一个行业比金融行业更加明显。从客户画像到精准营销，从风险管控到运营优化，几乎所有的业务环节都与大数据息息相关。

数据治理机制与体系建设是保证数据被有效管理并发挥价值的基石。为实现将金融行业在业务发展过程中积累的客户、交易等海量数据转化为有价值的"数据资产"，推动科技创新和数字化变革，中国人民银行、中国银行保险监督管理委员会（以下简称银保监会）等机构将数据治理提升到了前所未有的高度，其将数据治理体系框架、数据治理实施要求与方法指导、数据治理建设成效，以及数据质量与安全事件等相关内容全部纳入监管范畴。

2018 年 5 月，银保监会发布《银行业金融机构数据治理指引》，从数据治理架构、数据管理、数据质量控制、数据价值实现、监督管理等方面规范银行业金融机构的数据管理活动。这是银保监会首次将数据治理提高到银行常规管理的战略高度，明确要将银行数据治理工作常态化、持久化。这标志着我国银行业数据治理新时代的正式启幕。

2022 年 2 月，中国人民银行会同市场监督总局、银保监会、证监会联合印发《金融标准化"十四五"发展规划》，提出标准化引领金融行业数字生态建设，夯实金融行业标准化发展基础，推动金融行业标准化工作数字化转型，加强金融行业标准化人才队伍建设。

在中国人民银行、银保监会等机构的强监管驱动下，金融行业的数据治理体系已初步建立，大部分银行已达到或超过国家标准 GB/T 36073-2018《数据管理能力成熟度评估模型》（DCMM）3 级水平，为整个银行业的数字化转型奠定了良好的基础。

2. 电信行业的数据治理

近年来，随着国家大数据发展战略的加快实施，大数据技术创新与应用日趋活跃，产生和聚集了类型丰富多样、应用价值不断提升的海量网络数据，成为数字经济发展的关键生产要素。与此同时，数据过度采集与滥用、非法交易及用户数据泄露等数据安全问题日益凸显，做好电信行业网络数据的管理尤为迫切。为此，电信行业展开了以下几项重要工作。

（1）加快完善网络数据安全制度标准。针对《电信和互联网用户个人信息保护规定》等法律规定的要求，出台《网络数据安全标准体系建设指南》，建立网络数据分类分级保护、数据安全风险评估、数据安全事件通报处置、数据对外提供使用报告等制度，完善网络数据安全标准体系。

（2）开展合规性评估和专项治理。通过出台网络数据安全合规性评估要点，针对物联网、车联网、卫星互联网、人工智能等新技术、新应用带来的重大互联网数据安全问题，及时开展评估工作。

（3）推进 App 违法违规收集使用个人信息专项治理行动，深化 App 违法违规专项治理，强化网络数据安全监督执法。

（4）强化行业网络数据安全管理。通过明确企业网络数据安全职能部门的职责，对网络数据资源实施"清单式"管理，以及创新推动网络数据安全技术防护能力建设。通过加强网络数据安全技术手段建设，推动网络数据安全技术创新发展，完善数据防攻击、防窃取、防泄露、数据备份和恢复等安全技术保障措施，提升企业网络数据安全保障能力。

虽然其他行业也在陆续开展数据治理工作，但相对而言，金融行业和电信行业做了更多的尝试，积累了大量的经验，给其他行业树立了标杆，并已初步显现出数据治理带来的效益和前景。

3. 数据治理的重要行业在工业

我国数据资源丰富，总规模居全球第二位（截至 2022 年）。数据要素价值释放进入初级阶段，数据驱动经济发展的能力逐渐显现，数据赋能产业发展仍有较大潜力。

数字经济与实体经济融合的重点在工业。目前，我国工业数字化水平依然较低，工业数字化渗透率仅为德国的 1/2、美国的 2/3，尤其是我国量大、面广的中小微工业企业数字化基础差，并面临技术、资金和人才等多重限制。因此，要加快数字经济与实体经济融合，应在工业数字化转型方面重点发力。在《国民经济和社会发展第十四个五年规划和 2035 年远景目标纲要》中将"加快数字化发展，建设数字中国"单列成篇，围绕数据治理能力现代化及工业企业数字化转型要求，以互联网、大数据、人工智能、数字孪生、元宇宙为支撑，通过数字赋能，全面提升政府经济调节、企业转型升级、行业科学治理的能力。

1.6 数据治理是实现工业数据价值的基础

工业大数据有别于其他行业的大数据,是由智能化时代需要人机协同的特点所决定的。它不仅有企业经营数据、人员行为数据,更重要的是还有来自传感器采集的海量时序数据。其主要特点如下:

(1)数据来源的多样性。其中既有经营管理数据,也有人员行为数据,更有多种设备状态、控制数据。

(2)数据的实时性。生产现场的数据具有连续性、实时性、海量的特点,时间敏感性高。其中数据的采集、清洗、存储和处理所使用的技术也不一样,尤其需要进行实时分析。

(3)工业机理的复杂性对知识图谱的构建提出了很高的要求,相应地,数据之间的相关性分析非常重要,要围绕产品全生命周期、企业全价值链甚至产业链去构建。

(4)从技术层面讲,工业大数据中以非结构化数据、时序数据居多,对数据的存储和处理能力有更高的要求。

(5)从应用层面讲,工业智能化应用是建立在对工业数据的分析、处理和模型训练基础上的,所以,其对工业大数据的质量保障、安全性、一致性、完整性和互通性等都有较高要求。

基于以上这些特点,工业大数据的高效开发和利用涵盖了数据的采集、传输、存储、使用、共享、销毁等全生命周期各个环节。不同环节的特性也不同,其中都有不同的数据价值和安全风险。因此,必须构建以数据为中心的数据治理体系,根据具体的业务场景和全生命周期中的各个环节,有针对性地识别、分析、提取数据价值,规避其中存在的数据安全问题,防范数据安全风险。所以,构建完善的数据治理体系是工业大数据发挥价值的基础、前提和保障,否则基于工业大数据的智能化、资产化将无从谈起。传统生产要素对企业发展具有边际效益递减效应,但数据资源作为新型生产要素,对促进企业发展具有边际效益递增效应,可以大幅提升企业资源的配置效率。

企业发展的核心动力来源于两点:一是科技的创新、技术的进步,二是资源配置效率的提升。因此,要充分发挥数据提升资源配置效率的作用,首先要实现数据的联通。只有建立数据的互联标准、形成数据规范,才能让数据"说话"。企业的数据治理工作,旨在统筹数据资源的整合共享和开发利用,推动整个企业资源配置效率的大幅提升,加快数据要素流动和释放数据要素价值,为企业经济增长和快速发展带来新动能。

1.7 工业企业数据治理面临的困难与挑战

推动以数据为核心的工业转型升级,已成为国家和产业层面的共识,同时也给工业企业带来了实际效益。但是，工业领域的信息化起步相对较晚，数据也更为复杂，涉及研发、生产、管理、运维、服务等多个环节，数据管理工作的推进相对滞后。随着工业互联网的发展，在工业生产领域推进数据管理工作的重要性日益突出。根据行业信息化发展的现状，结合当今行业数据治理的要求，工业企业现阶段在数据应用和数据治理方面依然存在诸多挑战，与金融和通信等行业的差距不小。

目前，工业企业的数据状态与数据管理水平并不匹配，普遍存在着"重创造轻管理、重数量轻质量、重利用轻增值利用"的现象，在数据质量、服务创新、开放共享、安全合规、隐私保护，以及数据伦理道德规范等方面面临着越来越严峻的挑战。数据管理中出现的问题，究其根源在于在数据治理的缺失或混乱。

1. 数据基础薄弱

目前，我国工业企业的数据资源存量普遍不大，管理手段比较落后，许多企业仍在使用纸质文件或更原始的方式进行数据管理，数据孤岛几乎是所有企业都面临的困境。从单一企业内部来看，普遍存在着不同时期由不同供应商开发建设的客户管理、生产管理、销售采购、订单仓储、财务人力等众多 IT 系统，可谓烟囱林立。而要深度推进智能化，不仅要横向打通 IT（Information Technology）系统，还要进一步纵向打通 IT 和 OT（Operation Technology）两界的数据，推进难度非常大。而且，企业越大，管理和技术包袱越重。

从产业链来讲，工业企业的上下游供应链之间缺少数据的互联互通。大部分企业并没有实现供应链协同，销售订单和采购订单还依赖于传统的电子邮件甚至纸质文件传递。对于这种传统的方式，我们很难做精准的销售预测，更不用说进行个性化的生产定制。

2. 数据治理滞后

随着工业企业信息化的普及，以及工业互联网的快速发展，工业企业对于数据治理的重要性认识正逐步提高，但实际进行的数据治理工作不容乐观。工业企业的数据治理工作滞后主要有以下 4 点原因。

（1）对数据标准化的难度和工作量估计不足。

数据标准化是一个长期的过程，不是一蹴而就的。很多工业企业一上来就说要做数据标准化，却不知道数据标准化的范围很大，很难通过一个项目都做完，这是一个持续推进的长期过程。结果是企业越做标准化，遇到的阻力就越大，困难就越多。最后，企业没有了信心，把前期梳理的成果束之高阁。

（2）缺乏落地的制度和流程保驾护航。

大多数工业企业缺乏专门的数据管理组织，投入数据管理的人力也有限，而且大部分做的是数据操作基础工作，缺少顶层规划和管理的组织架构和人员。虽然有一部分企业建立了数据管理的相关制度、标准、流程及绩效管理机制，但很多企业在这方面是缺失的。

数据标准的落地需要多个系统、业务部门的配合才能完成。如果只梳理出数据标准，但是没有规划具体的落地方案，缺乏技术部门、业务部门、系统开发商的支持，尤其是缺乏领导层的支持，那么数据标准无论如何也是不可能落地的。

（3）组织管理水平不足甚至，组织管理缺失。

数据管理的缺失，会导致企业的数据质量难以得到保障，数据共享困难，数据的价值不能得到充分的挖掘和变现。

数据标准落地的长期性、复杂性、系统性特点，决定了推动数据标准落地的组织机构的管理能力必须保持在很高的水平上，且架构必须持续稳定，这样才能有序地不断推进。

（4）数据治理的工具投入不够，技术手段落后。

大多数工业企业的数据管理技术手段相对落后，虽然有一部分大型企业实施了主数据管理平台，但是只有极少数企业实施了数据治理平台，而绝大部分企业并没有任何数据管理的工具，对元数据、主数据、指标数据、交易数据等缺乏标准管理、质量管理、安全管理、全生命周期管理的手段。

3. 数据交易法规尚不完善

工业企业的数据价值体现在跨企业、跨行业的数据流通和共享，数据在流动过程中才能产生价值。从全行业看，发展工业互联网，实现从单一企业内部的局部优化，到整个产业链的全局优化的跨越，必然能够实现整个供应链上下游企业的数据流通，实现产业链上的企业数据的共享。

目前，虽有多家活跃于市场的数据交易中心，国家也出台了"数据二十条"，提出构建数据产权、流通交易、收益分配、安全治理等制度，但数据流通的合法、合规性仍未得到应有的重视，现行法律对于数据流通的很多问题都没有明确，许多工作仍以行业自律的模式开展。工业企业的数据流通需求与日俱增，规范数据的共享和开放刻不容缓。德国工业4.0已经计划把数据流通作为重点议题，在构建工业数据空间方面进行模式上的探索。我国工业企业如何打破数据孤岛，促进工业数据流通，需要有关方面的高度重视，并有待相关的法律法规和政策的完善。

4. 数据价值难以量化评估

尽管有很多人都意识到数据是工业企业的核心资产，但是无形资产的评估比较困难，尤其是数据资产的量化和评估。首先，企业缺乏财务量化模型，不知道如何评价数据价值；其次，数据要在交易过程中才能变现，而在企业内部流通的过程中数据不能被折算成财务意义上的价值，因此其在企业内的价值无法体现在财务报表上。

数据在制造业领域的流动，横向可以贯穿设计、采购、生产、销售、售后服务等价值链，纵向可以贯穿从战略层到设备控制层。工业企业的特点是数据量大，不同类型、不同层级数据产生的价值不一样。如何准确地评价这些数据的价值，需要相关机构来研究和解决。

数据治理的投入大，在短期内很难看到成效，而数据价值的评估又很难被量化。因此，很多企业投入数据治理的意愿不大，这反过来又影响了企业数据的使用。

本章精要

本章通过四次工业革命的演变过程，介绍了主要发达国家和地区的数据战略，以及国内金融、电信行业及工业企业的数据治理现状。第四次工业革命以智能化为特征，以数据驱动工业生产，数据的重要性和价值越来越大。我国的数字经济战略也明确了，数据已成为核心生产要素和推动经济发展的核心力量。数据要素价值得到释放，将极大地提高生产效率。但目前工业企业的数据治理滞后，数据管理的组织、制度、流程及技术手段离智能化的要求差距很大，这严重制约了工业企业智能化发展。工业企业需要高度重视数据治理工作，更要用科学的方法尽快开展数据治理工作。

第 2 章 工业企业数据治理概述

对工业企业来说，数据越来越重要，但大部分企业的数据治理水平有待提高。本书涉及数据治理的内容多、范围广，其中概念和术语众多，为了便于读者理解，避免产生歧义，并且对数据治理的内容有总体的认识，本章先简单介绍一下数据治理的相关概念及主要内容。

2.1 相关概念和定义

2.1.1 数据与数据管理

本书中所涉及的"数据"是指所有能输入到计算机中并被计算机程序处理的符号的介质的总称，是组成信息系统的最基本要素。

数据管理的概念是 20 世纪 80 年代由于数据随机存储技术和数据库技术的使用，计算机系统中的数据可以方便地存储和访问而提出的。2015 年，国际数据管理协会在《DAMA 数据管理知识体系指南（原书第 2 版）》中将其扩展为 11 个管理职能，分别是数据治理、数据架构、数据建模与设计、数据安全、数据存储与操作、数据集成与互操作性、文件和内容管理、参考数据和主数据管理、数据仓库和商务智能、元数据管理、数据质量管理。

数据管理指为了交付、控制、保护并提升数据和信息资产的价值，在其整个生命周期中制订计划，以及制定制度、规程和实践活动，并执行和监督的过程。其目的在于充分有效地发挥数据的作用。

2.1.2 大数据内涵及其特征

关于什么是大数据，研究机构 Gartner 的定义是："它是具有海量、高增长率和多样化的信息资产，并需要全新的处理模式来增强决策力、洞察力和流程优化能力。"维基百科上给出的定义和解释是："大数据主要是指传统数据处理应用软件无法处理的太大或太复杂的数据集。不过，目前所说的大数据往往是指使用预测分析、用户行为分析或某些其他高级数据分析方法，从数据中提取价值，而很少仅指代特定大小的数据集。虽然现在可用的数据量确实很大，但这已不是这个数据生态系统本质的特征。"

大数据的特征通常被人们用 6 个 "V" 来描述。

- Volume：即生成和存储的数据体量巨大。数据量的大小决定了数据价值和潜在的洞察力，以及它是否可以被认为是大数据。大数据的规模通常为 TB 或 PB 级别。
- Variety：即数据的模态多样。大数据技术主要的发展目标之一是捕获、存储和处理以高速和巨大规模生成的半结构化和非结构化（多样性的）数据，从而有效利用通过社交媒体、日志文件、传感器、监控器等收集的文字、图片、音频、视频数据，挖掘其中隐藏的信息。此外，大数据还可以通过数据融合完成信息缺失的部分。
- Velocity：即数据生成和处理速度快。快速生成和处理数据可以满足社会生产、生活中不断增长的需求挑战，大数据通常是实时可用的，也更加连续。
- Veracity：即数据具有精准性和准确性。数据的精准性或准确性决定数据质量和数据价值。大数据不仅要大，而且要可靠，这样才能在分析中实现价值。但在大数据场景下捕获的数据质量可能会有很大的差异，从而影响分析的准确性。
- Value：即价值密度一般比较低。但因数据规模庞大，而价值巨大。通过处理和分析大数据可以实现数据价值，但大数据的价值密度较低，因此需要专业技术以支持大数据的价值开发。
- Variability：即大数据充满各种变化的可能——大数据的格式、结构、来源、用途等不断变化。大数据可以包括结构化、半结构化和非结构化数据的组合，可以整合来自多个来源的原始数据，还可以将非结构化数据转换为结构化数据，等等。

2.1.3　工业大数据的定义及其独特属性

工业大数据是指在工业领域中，围绕典型智能制造模式，从客户需求到销售、订单、计划、研发、设计、工艺、制造、采购、供应、库存、发货和交付、售后服务、运维、报废或回收再制造等整个产品全生命周期各个环节所产生的各类数据及相关技术和应用的总称。工业大数据以产品数据为核心，极大地延展了传统工业数据的范围，同时包括工业大数据相关技术和应用。

工业大数据按数据对象及功能分为 5 类：参考数据、主数据、业务活动数据、分析数据和工业时序数据。其中工业时序数据是工业企业所具有的典型数据类型，指时间序列数据，是按时间顺序记录的数据。在同一时序数据列中的数据必须是同口径的，以便数据具有可比性。在工业企业中，实时数据是时序数据的一种，例如设备运行监测类数据、安全类监测数据、环境监测数据等。

工业大数据具备双重属性：价值属性和产权属性。一方面，通过工业大数据分析等关键技术能够提升设计、工艺、生产、管理、服务等各个环节的智能化水平，满足用户定制化需求，提高生产效率并降低生产成本，为企业创造可量化的价值；另一方面，这些数据具有明确的权属关系和资产价值，企业能够决定数据的具体使用方式和边界，数据的产权属性明显。工业大数据的价值属性实质上指的是基于工业大数据采集、存储、分析等关键技术，对工业生产、运维、服务过程中的数据实现价值提升或变现；工业大数据的产权属性则偏重于通过管理机制和管理方法帮助工业企业明晰数据资产目录与数据资源分布，确定所有权边界，为其价值的深入挖掘提供支撑。

2.1.4　狭义数据治理与广义数据治理

（1）数据治理。

不同的机构对数据治理的定义不一样。

- IS/IEC 对数据治理的定义：数据治理是关于数据采集、存储、利用、分发、销毁过程的活动的集合。
- GB/T4960.5-2018 对数据治理的定义：数据治理是数据资源及其在应用过程中相关管控活动、绩效和风险管理的集合。
- 国际数据管理协会（DAMA）对数据治理的定义：数据治理是指对数据资产管理行使权力和控制的活动集合（规划、监督和执行）。
- 国际数据治理研究所（DGI）对数据治理的定义：数据治理是一个通过一系列信息相关的过程来实现决策权和职责分工的系统，这些过程按照达成共识的模型来执行，该模型描述了谁能根据什么信息，在什么时间和情况下，用什么方法，采取什么行动。

（2）狭义的数据治理。

狭义的数据治理指数据资源及其应用过程中相关管控活动、绩效和风险管理的集合，以保证数据资产的高质量、安全及持续改进。狭义的数据治理的驱动力最早源自两个方面：

- 内部风险管理的需要，内部风险包括数据质量差影响关键决策等。
- 为了满足外部监管和合规的需要，比如《萨班斯-奥克斯利法案》、《巴塞尔协议》、《健康保险流通与责任法案》等。

但随着全球越来越多的企业认识到信息资产的重要性及其价值，在过去几年中，数据治理的目标也在发生一些转变，如何通过数据治理来创建业务价值备受关注。

（3）广义的数据治理。

广义的数据治理是围绕将数据作为企业资产而展开的一系列具体化工作，数据治理是保证数据的可信、可靠、可用，满足业务对数据质量和数据安全的需求的一系列举措。

广义的数据治理是对整个企业的业务、数据、信息化、组织架构的认知、理解、梳理、重定义的过程，诸如明确数据相关方的责权、协调数据相关方达成数据利益一致、促进数据相关方采取联合的数据行动。广义的数据治理指的是通过有效的数据资源控制手段，对数据进行管理和控制，以提高数据质量进而提升数据变现能力，最终实现"四个正确"，即获得正确的数据，采用正确的方式，处于正确的时机，传递给正确的人或设备。

广义的数据治理的含义大于狭义的数据治理的含义，广义的数据治理包含数据管理和数据价值变现，它是数据架构、主数据、数据指标、时序数据、数据质量、数据安全等一系列数据管理活动的集合。

本书后面所用到的"数据治理"的概念均指广义的数据治理。

根据数据治理的对象不同，数据治理可以分为面向业务系统的数据治理和面向分析系统的数据治理。

（1）面向业务系统的数据治理：主数据管理就是典型的面向业务系统的数据治理，其主要解决的是跨业务、跨系统和跨流程的企业核心数据的一致性、正确性和权威性问题。

（2）面向分析系统的数据治理：主要解决的是数据分析过程中，指标数据计算的口径一致性、数据质量、标准规范、成本优化及安全管控问题。

因为数据本身还是来源于业务系统的，所以面向业务系统的数据治理是面向分析系统的数据治理的前提。如果面向业务系统的数据治理没做好，则面向分析系统的数据治理就很难从根本上做好。

数据平台的核心思想是构建统一的指标管理体系和企业级共享数据模型层，打破烟囱式的数据架构，其本质还是面向分析系统的数据治理。所以，从数据治理是企业所有数据管理活动的集合的定义来看，也可以将数据平台的构建纳入面向分析系统的数据治理范畴。

2.1.5 数据资产与数据资产管理

（1）数据资产。

数据资产是指由企业拥有或者控制的，未来能够为企业带来经济利益的，以物理或电子的方式记录的数据资源，如文件资料、电子数据等。在企业中，并非所有的数据都构成数据资产，数据资产是能够为企业产生价值的数据资源。在这个定义中包含 3 个要素。

- 拥有或者控制：除企业内部的数据外，通过各种渠道合法获取的外部数据也属于企业数据资产。
- 经济利益：体现了资产的经济属性，未来能给企业带来经济利益。

- 数据资源：包括各种以物理或电子的方式记录的数据、软件、服务等。

（2）数据资产管理。

数据资产管理是指规划、控制和提供数据及信息资产的一组业务职能，包括开发、执行和监督有关数据的计划、政策、方案、项目、流程、方法和程序，从而控制、保护、交付和提高数据资产的价值。数据资产管理需要充分融合业务、技术和管理，以确保数据资产的保值、增值。

2.1.6 数据运营、运营准备和数据流通

（1）数据运营。

数据运营也被称为数据化运营。它是一种将数据作为新型经济资产来经营、管理的能力和行为，以数据存储和分析、挖掘应用作为核心支撑，广泛采集和融合组织内外部的各类数据，通过数据逻辑关联和分析应用，挖掘其中蕴藏的业务价值，并将其内涵信息和潜在价值作为服务或商品，提供给组织内外部的数据消费者。数据运营包括运营准备和数据流通两个部分。

（2）运营准备。

运营准备主要包括数据资源梳理与确权授权。数据资源梳理包括数据目录梳理、数据脱敏脱密、目录活化、制作资源图谱、进行资源画像等内容。通过确权授权，可以明确数据所有权的归属；通过对数据进行存储备份，可以保证数据的完整性，在使用时通过进一步加工可以形成新的数据与服务，保证非公开信息的安全。

（3）数据流通。

数据流通包含数据共享、数据开放和数据交易，可以为企业提供企业数据资源点到点、点到中心、中心到中心的各种业务场景下的数据交换、数据共享服务。可以通过无条件开放和契约式开放两种形式，将企业中的数据对企业内部的各部门、企业外部的供应链或社会进行开放，利用数据生产、数据流通、数据应用等环节开展数据交易，实现数据的使用价值。

2.1.7 工业互联网和工业数据

（1）工业互联网。

工业互联网（Industrial Internet）由美国通用电气公司于 2012 年提出，它是把人、数据和机器连接起来，以激活传统工业的方法和过程。工业互联网的核心是数据，它以数据为要素，以网络为基础，以平台为中枢，以安全为保障，通过对人、机、物、系统等的全面连接，实现对生产制造过程中数据的采集、管理和处理，构建基于工业数据的全新制造和服务体系。工业互联网是实现智能制造的支撑，是工业数字化、网络化、智能化转型的基础设施。2020 年 4 月，

我国颁布的《工业互联网体系架构（版本2.0）》中指出，工业互联网的核心功能是实现基于数据驱动的物理系统与数字空间的全面互联与深度协同，以及在此过程中的智能分析与决策优化。工业互联网以数据为核心，其数据功能体系主要包含感知控制、数字模型、决策优化3个层次，以及一个由自下而上的信息流和自上而下的决策流构成的工业数字化应用优化闭环。工业互联网不是互联网在工业领域的简单应用，而是具有更为丰富的内涵和外延。它以网络为基础、以平台为中枢、以数据为要素、以安全为保障，既是工业数字化、网络化、智能化转型的基础设施，也是互联网、大数据、人工智能与实体经济深度融合的应用模式。它是一种新业态、新产业，将重塑企业形态、供应链和产业链。

（2）工业数据。

工业数据是指在工业领域中，企业在产品全生命周期的各个阶段中开展各类业务活动所产生的数据的总和，具体包括以下几部分。

- 企业运营相关的业务数据：如源于企业内部信息化管理系统（包括 PLM、ERP、MES、SCM 和 CRM 等）的数据。这类数据（诸如产品、工艺、生产、采购、订单、服务等数据）是企业的核心数据资产，以结构化数据为主，数据量不大，却有极大的挖掘价值。
- 产线设备互联数据：主要指生产过程中设备、物流等的工况（如压力、温度、振动、应力等）、运行状态、环境参数等数据，一般采集自设备，以及部分外接传感器。这类数据以时序数据为主，数据量大，采集频率高。
- 企业外部数据：包括产品交付给用户之后的工况、运营及维修等相关数据，还包括大量来自市场、环境、社区、产业链、金融及检测等第三方专业机构的外部数据。其中，产品运营服务数据以结构化数据为主。如果这些外部数据能与企业内部的业务数据融合，则能产生极大的业务价值。

由于具有体量大、来源多、分布广、种类多、结构复杂、关联性强、准确性和实时性要求高等特点，因此，工业数据也常被称为工业大数据。目前，基于工业互联网架构，业界已形成一整套工业大数据采集、存储和处理技术体系。

2.2 工业数据的分类

工业数据的分类维度有很多种，目前业内还没有特别通用的标准，通常可以按照数据对象划分，也可以按照数据的存储形式划分，还可以按照数据库的类型划分等。下面介绍的是常见的4种分类方式。

1. 按照数据对象划分

按照数据对象，工业数据可以被分成如下5类。

（1）参考数据。

参考数据是指对其他数据进行分类和规范的数据，如国家、地区、货币、计量单位等产业通用的数据及各产业特色基础配置数据。为了简化，有的企业称这类数据为配置型主数据，也有的企业称这类数据为通用基础类数据。它是相对稳定、静态的数据，基本上不会变化，往往通过系统配置文件给予规范并固化在信息管理系统中。

（2）主数据。

主数据是指满足跨部门业务协同需要的、反映核心业务实体状态属性的基础信息。

主数据是用来描述企业核心业务实体的数据，是企业核心业务对象、交易业务的执行主体，是在整个价值链上被重复或共享应用于多个业务流程、跨越多个业务部门和系统，且具有高价值的基础数据，也是各业务应用和各系统之间进行数据交互的基础。从业务角度看，主数据是相对固定、变化缓慢的，但它是企业信息系统的神经中枢，是业务运行和决策分析的基础，如供应商、客户、企业组织机构和员工、产品、客户、供应商、物料等主数据（见《数据资产管理实践白皮书（6.0版）》）。

（3）业务活动数据。

业务活动数据（又称交易数据）是指在业务活动过程中产生的数据，是企业日常经营活动的直接体现，也是围绕主数据实体产生的业务行为和结果型数据，如采购订单、销售订单、发票、会计凭证等数据。业务活动数据存在于联机事务处理系统中，具有瞬间生成和动态的特点。

（4）分析数据。

分析数据（又称统计数据、报表数据或指标数据等）是组织在经营分析过程中衡量某一个目标或事物的数据，一般由指标名称、时间和数值等组成。

（5）时序数据。

时序数据是指时间序列数据。它是按时间顺序记录的数据列，在同一个数据列中的各个数据必须是同口径的，要求具有可比性。在工业企业中，实时数据是时序数据的一种，如设备运行监测类数据、安全类监测数据、环境监测类数据。

2. 按照数据的存储形式划分

按照数据的存储形式，工业数据可以被分为结构化数据、非结构化数据、半结构化数据（下面的名词解释来自《管理科学技术名词》）。

（1）结构化数据。

结构化数据是指数据元素之间具有统一且确定关系的数据。它由明确定义的数据类型组成。结构化数据的一般特点是数据以行为单位，一行数据表示一个实体的信息，每一行数据的属性是相同的。结构化数据的分析更为便利，且存在成熟的分析工具。

（2）非结构化数据。

非结构化数据是指数据元素之间没有统一和确定关系的数据。它是具有内部结构，但不通过预定义的数据模型或模式进行结构化的数据，如各种格式的图片、视频等。非结构化数据占企业全部数据的80%以上，但直接分析非结构化数据得有很强的专业性技术。

（3）半结构化数据。

半结构化数据是指数据元素之间的关系介于结构化数据和非结构数据之间的数据。它是非关系模型的、有基本固定结构模式的数据，例如日志文件、XML 文档、JSON 文档、E-mail 等。

3. 按照数据库的类型划分

按照数据库的类型，工业数据可以被分为关系型数据库、非关系型数据库、图数据库、时序数据库。

（1）关系型数据库。

关系型数据库是采用关系数据模型的数据库。关系数据模型实际上是表示各类实体及其之间联系的由行和列构成的二维表结构。一个关系型数据库由多个二维表组成。表中的每一行为一个元组（或称一个记录），每一列为一个属性。属性的取值范围被称为域。对关系型数据库进行操作通常采用结构化查询语言（SQL）（见《管理学大辞典》）。

（2）非关系型数据库。

非关系型数据库是对不同于传统的关系型数据库的数据库的统称。非关系型数据库和关系型数据库存在许多显著的不同点，其中最重要的是非关系型数据库使用 NoSQL 而不使用 SQL 作为查询语言。其数据存储不需要固定的表格模式，也经常会避免使用 SQL 的 JOIN 操作，一般有水平可扩展性的特征（来自维基百科）。

（3）图数据库。

图数据库是以图结构来表示和存储信息的数据库（见《计算机科学技术名词》）。

（4）时序数据库。

时序数据库是指时间序列数据库。时序数据是按时间顺序记录的数据列，在同一个数据列中的各个数据必须是同口径的，要求具有可比性。时序数据可以是时期数，也可以是时点数。

4. 按照权属类型划分

按照权属类型，工业数据可分为私有数据和公有数据。

（1）私有数据。

私有数据指有明确归属的数据，归属方为可决定数据使用目的的自然人、法人或其他组织，如私人数据、企业数据等。

（2）公有数据。

公有数据指具有公共财产属性且可被公众访问的数据，如天气数据、人口数据等。

2.3 数据治理的顶层架构

2.3.1 数据治理"五域模型"：管理视角

企业中不同层级的人对数据治理的关注点不一样，因此各自的视角也不一样。下面从管理者视角来看数据治理的顶层架构。

站在管理视角，数据治理的管理者视图可以被概括为"五域模型"，即管控域、过程域、职能域、技术域、价值域，如图 2-3-1 所示。

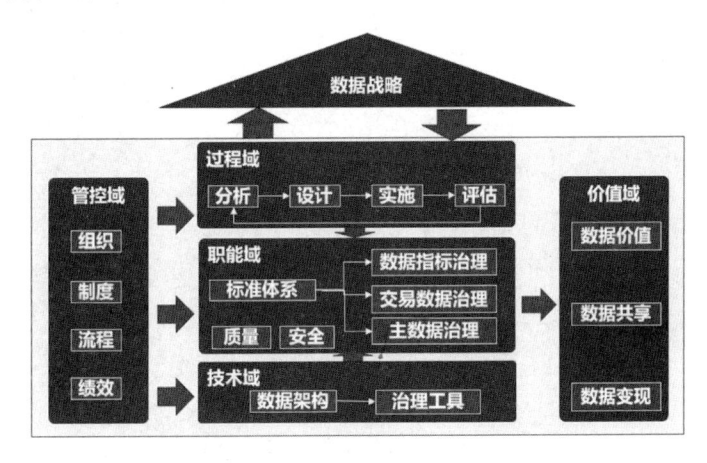

图 2-3-1 数据治理五域模型：管理视角

企业在开展数据治理之前，首先要基于企业战略和 IT 战略制定数据治理的战略目标，在明确战略目标的基础上再细化"五域模型"内容。

（1）管控域：在数据治理战略指导下制定企业数据治理组织，明确组织的责、权、利、岗位编制及技能要求。一般在大中型企业中会设立由企业高层领导及相关专家组成的数据治理委员会，审批数据治理相关的重大决策，并制定数据治理的相关制度、流程，建立数据认责及绩效考核机制，以支撑数据治理活动。

（2）职能域：是数据治理的主体，明确数据治理的对象和目标。根据数据资产的构成，企业数据治理又分为主数据治理、交易数据治理和数据指标治理。

（3）技术域：数据治理的支撑手段，提供数据治理所需的数据架构、数据治理工具平台，包括元数据管理、主数据管理、数据指标管理、数据模型管理、数据质量管理、数据安全管理等功能模块。

（4）过程域：是数据治理的方法论。数据治理过程包括评估与分析、规划与设计、实施的 PDCA 循环（即 Plan、Do、Check 和 Action 循环，也称戴明环）。在评估与分析阶段，要评价现有数据治理的成熟度、风险及合规性，业务对数据治理的需求。在规划与设计阶段，要明确数据治理的目标和任务，制定数据治理的相关制度和流程，设计数据标准、数据模型、数据架构及数据治理的实施路径。在实施阶段，要制定数据治理的相关制度、流程细节，选择合适的数据治理工具并通过定制化开发来满足数据治理要求。

（5）价值域：数据治理的目标就是通过对数据资产的管控，挖掘数据资产的价值，并通过数据的流动、共享、交易，实现数据资产的变现。具体包括以下 3 个方面。

- 数据价值：对数据价值进行财务建模及数据价值评估。
- 数据共享：通过实现信息整合和分发机制，支持跨业务、跨部门、跨行业、跨企业的信息流通和共享。
- 数据变现：通过数据的共享和交易，将数据转变成财务意义上的资产。

2.3.2 数据治理"黄金屋"：技术视角

站在技术视角，数据治理的技术视图包括数据战略、数据管理、数据运营和数据流通共 4 大管理职能模块，以及组织保障和技术支撑共两个支撑模块，如图 2-3-2 所示。

数据治理框架主要由数据生命周期的管理职能活动和支撑保障两部分构成。其中，管理职能活动体现了数据治理管理体系各环节需要开展的具体工作，包括数据战略、数据管理、数据运营、数据流通 4 个模块，共 23 项管理职能。其通过界定各项管理职能活动的定位和内在联系，相对完整地覆盖工业企业的数据治理管理工作。支撑保障则定义了确保管理职能活动有效开展所应具备的前提条件和支撑能力，包括组织保障和技术支撑 2 个模块，共 6 项支撑手段。其具备较好的协同性、开放性和扩展性，通过与管理职能活动相结合，可以有针对性地提出各种细化管理要求，确保执行过程准确到位，实现工业企业的转型升级目标。

（1）数据战略模块为数据管理模块、数据运营模块、数据流通模块提供指导与监督。

（2）数据管理模块是所有业务的基础，是数据运营模块和数据流通模块发挥作用的必要前提。

（3）数据运营模块是在数据管理模块的基础上，建设与打造数据应用与服务能力，既包括对内支撑，也包括对外服务。

（4）数据流通模块是健全、优化数据管理模块和数据运营模块职能的驱动力和动能。

（5）组织保障模块是企业开展数据治理的重要保障，为组织实施各项管理职能活动提供制度规范、管理机制和人才团队等基础资源，是数据资产管理得以开展的重要基石。组织保障模块包括组织架构、制度规范、管理机制和人才培养等内容。

（6）技术支撑模块是保障管理职能活动有效执行及配合组织管理机制正常运转的基础，它需要提供技术先进、功能完善、运行高效和安全可靠的支撑能力。技术支撑模块包括平台工具和新技术创新两方面内容。

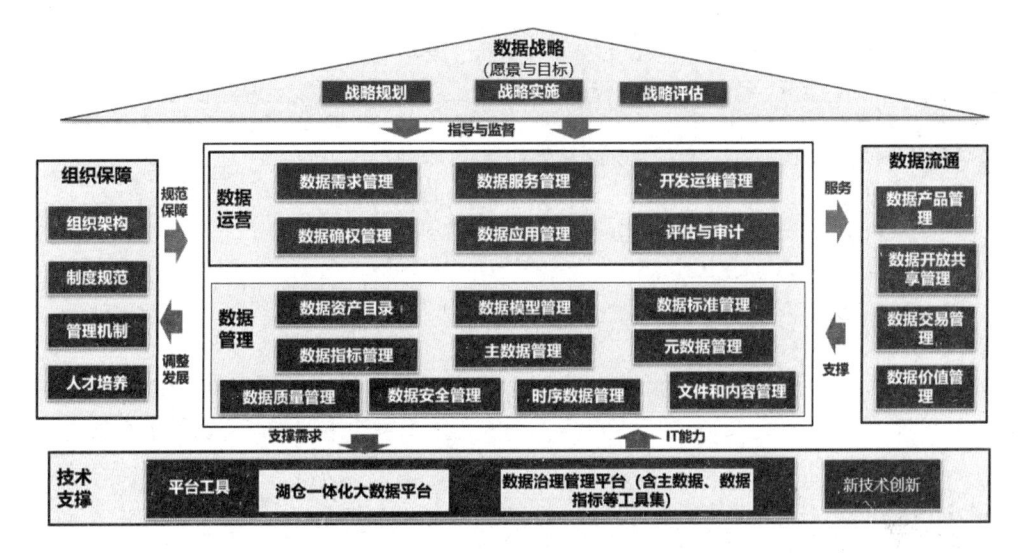

图 2-3-2 企业数据治理"黄金屋"：技术视角

2.3.3 数据全生命周期

数据如同企业中的其他资产一样，也具有生命周期。工业企业在进行大数据治理时需要管理数据资产，也就是要管理数据的生命周期。

数据生命周期包括数据的规划、创建、传输、存储、加工、发布、使用、归档和销毁 9 个环节，如图 2-3-3 所示。

数据生命周期管理需要对数据从产生、存储、维护、使用到销毁的整个过程进行监控和管理。例如，工业企业的数据管理人员需要决定数据如何被创建、如何被修改、如何演变，哪些数据应保留在业务和分析系统中，哪些数据要予以存档，哪些数据要予以删除。数据生命周期管理需要对数据的压缩和存档的政策、工具进行权衡，以降低数据存储成本，提高绩效。另外，需要结合工业企业当前业务的需求，合理摒弃不再需要的数据。工业企业数据治理的 10 大职能领域都是嵌入数据生命周期管理中的。

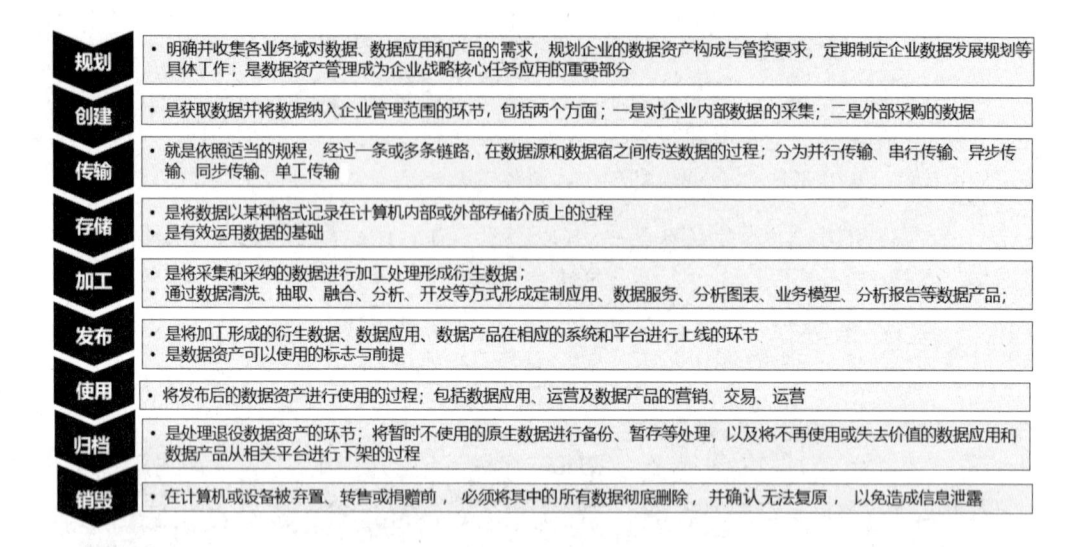

阶段	说明
规划	• 明确并收集各业务域对数据、数据应用和产品的需求，规划企业的数据资产构成与管控要求，定期制定企业数据发展规划等具体工作；是数据资产管理成为企业战略核心任务应用的重要部分
创建	• 是获取数据并将数据纳入企业管理范围的环节，包括两个方面：一是对企业内部数据的采集；二是外部采购的数据
传输	• 就是依照适当的规程，经过一条或多条链路，在数据源和数据宿之间传送数据的过程；分为并行传输、串行传输、异步传输、同步传输、单工传输
存储	• 是将数据以某种格式记录在计算机内部或外部存储介质上的过程 • 是有效运用数据的基础
加工	• 是对采集和采纳的数据进行加工处理形成衍生数据； • 通过数据清洗、抽取、融合、分析、开发等方式形成定制应用、数据服务、分析图表、业务模型、分析报告等数据产品；
发布	• 是将加工形成的衍生数据、数据应用、数据产品在相应的系统和平台进行上线的环节 • 是数据资产可以使用的标志与前提
使用	• 将发布后的数据资产进行使用的过程；包括数据应用、运营及数据产品的营销、交易、运营
归档	• 是处理退役数据资产的环节；将暂不使用的原生数据进行备份、暂存等处理，以及将不再使用或失去价值的数据应用和数据产品从相关平台进行下架的过程
销毁	• 在计算机或设备被弃置、转售或捐赠前，必须将其中的所有数据彻底删除，并确认无法复原，以免造成信息泄露

图 2-3-3　数据生命周期

2.4　数据治理的核心内容

完整的数据治理包括战略、组织、制度、流程、绩效、标准、工具及数据价值、数据共享、数据变现。其中数据价值、数据共享及数据变现等不是本书论述的重点，这里就不赘述了。

1．战略

数据治理的首要任务是制定数据治理战略目标，否则缺乏目标和行动纲领，数据治理就难以开展。企业的信息化是为了服务于业务，因此，企业的信息化战略必须与业务战略匹配。数据战略是信息化战略的重要组成部分，企业要清晰地定义数据治理的使命、愿景、中长期目标及行动计划，用以指导企业的数据治理。企业的数据战略一般根据 IT 战略的制定而制定，随着IT 战略的修订而修订，由企业的信息化负责人及业务负责人共同主导制定。

2．组织

建立合适的数据治理组织是企业数据治理的关键。数据治理的组织建设一般包括组织架构设计、部门职责、人员编制、岗位职责及能力要求、绩效管理等内容。

3．制度

企业的数据治理必须有相关的制度，否则将无法可依，再好的技术工具也没有用。因此，建立完善的数据治理制度很重要。企业的数据治理制度通常根据企业的 IT 制度的总体框架和指导原则制定，往往包含数据质量管理、数据标准管理、数据安全管理、数据绩效管理等制度，以及元数据管理、主数据管理、交易数据管理、数据指标管理等办法及若干指导手册。

4. 流程

制定数据治理的流程框架及流程也是数据治理的重要工作。数据治理流程主要包括在数据生命周期过程中所遵循的活动步骤，以及元数据管理、主数据管理、数据指标管理等流程。

5. 绩效

要使数据治理的体系运转好，必须有好的激励体系。数据绩效管理包括数据管理指标、数据认责机制、数据考核标准、数据管理相关的奖惩机制，以及绩效管理过程中的一系列活动的集合。

6. 标准

数据标准是实现数据标准化、规范化的前提，是保证数据质量的必要条件。数据标准一般分为元数据标准、主数据标准、交易数据标准、数据指标标准、数据分类标准、数据编码标准、数据集成标准等。数据标准管理是规范数据标准的内容、程序和方法的活动，分为标准制定、标准实施和控制、标准修订等。

7. 工具

数据治理是一个系统工程，不是一个阶段性的管理或流程改善活动。企业需要一套软件工具来支撑数据治理组织的日常工作，落实数据标准，管理数据全生命周期的流程，从源头数据的采集、数据汇聚、数据加工到数据应用，使数据使用者和数据供应者对数据有一致性的理解，促进用数据进行运营、用数据进行管理。

数据治理工具对数据治理来说是必不可少的。建设湖仓一体化大数据平台，形成数据底座，是企业数字化转型的基础。湖仓一体大数据平台面向数据的采集、存储计算、分发共享，以及开发和支撑各种数据的应用，使数据治理的成果得以释放。数据治理管理平台工具位于大数据平台上层，通常包括数据架构工具、元数据管理工具、数据指标管理工具、主数据管理工具、时序数据管理工具、数据交换与服务工具、质量管理工具和安全管理工具等。

本章精要

本章主要介绍了与数据治理相关的重要概念和内容，其中简要介绍了数据治理的核心内容，使读者对这些概念有了清晰的了解，并对数据治理内容框架有了初步的认识。

第 3 章
主流数据治理标准及框架介绍

3.1 国际标准

2015 年，国际标准化组织 IT 服务管理和 IT 治理分技术委员会制定了 ISO/IEC 38500 系列标准，提出了 IT 治理的通用模型和方法论。

在 ISO/IEC 38505 标准中，阐述了基于原则驱动的数据治理方法论，提出了通过评估现在和将来的数据利用情况，指导企业进行数据治理的准备及实施工作，并监督数据治理的实施等。其中的数据治理框架模型如图 3-1-1 所示。

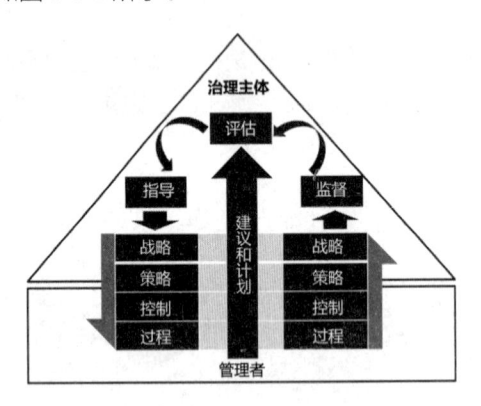

图 3-1-1 数据治理框架模型

3.2 国内标准及模型

1. 数据管理能力成熟度评估模型（DCMM）

DCMM（Data Management Capability Maturity Model，数据管理能力成熟度评估模型）是在

工信部、国家标准化管理委员会的指导下,由全国信息技术标准化技术委员会大数据标准工作组组织编写的国家标准,也是我国首个数据管理领域国家标准。DCMM 借鉴了国内外数据管理的相关理论思想,并充分结合了我国大数据行业的发展趋势,创造性地提出了符合我国企业实际情况的数据管理框架。该框架将组织数据管理能力划分为 8 个能力域:数据战略、数据治理、数据架构、数据标准、数据质量、数据安全、数据应用和数据生命周期,如图 3-2-1 所示。

图 3-2-1　数据管理能力成熟度评估模型

DCMM 新增了数据生命周期管理功能域,这是一个进步,它考虑到了原始数据转化为可用于行动的知识的整个过程,包括数据需求、数据设计与开发、数据运维、数据退役。只有让数据治理贯穿数据的整个生命周期,才能将数据治理做到位。

DCMM 的优点在于它不只是理论和知识体系,还可以直接应用。而且 DCMM 已经在工业企业中有很多成功应用的案例。为了推进 DCMM 的落地实施,指导相关组织提升数据管理能力,全国信息技术标准化技术委员会大数据标准工作组在全国范围内组织开展了数据管理能力成熟度评估试点示范工作,涵盖金融、能源、互联网和工业等多个领域的 30 余家企事业单位。当然,DCMM 的缺点也很突出:通过数据管理能力成熟度评估只能了解组织的数据管理现状,包括已取得的成果和现存的不足,但是并不提供提升数据管理能力的方法,还需要数据管理专家给出提升建议、方法论和实施路线图。

2. GB/T 34960 数据治理规范

GB/T 34960《信息技术服务 治理 第 5 部分:数据治理规范》(以下简称《数据治理规范》)是我国信息技术服务标准(ITSS)体系中的服务管控领域标准,该标准根据 GB/T 34960.1-2017《信息技术服务 治理 第 1 部分:通用要求》中的治理理念,在数据治理领域进行了细化,提出了数据治理的总则、框架,明确了数据治理的顶层设计、数据治理环境、数据治理域及数据治理的过程,可对组织数据治理现状进行评估,指导组织建立数据治理体系,并监督其运行和完善。

《数据治理规范》将数据治理划分为顶层设计、数据治理环境、数据治理域和数据治理过程4大部分，如图 3-2-2 所示。

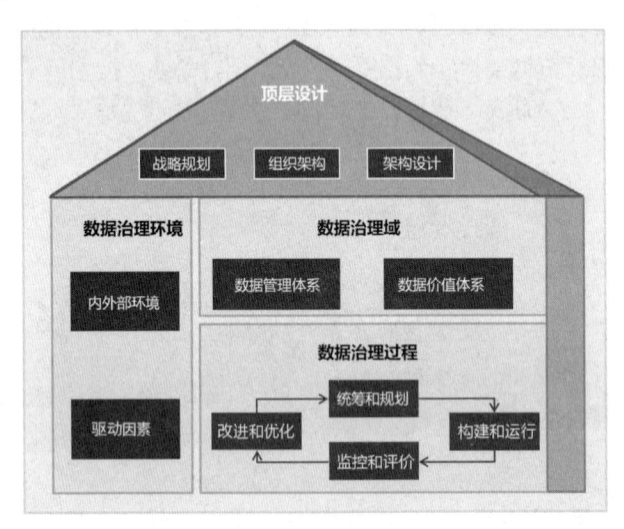

图 3-2-2 《数据治理规范》的数据治理框架

- 顶层设计包括制定战略规划、建立组织架构、进行架构设计等，是数据治理实施的基础。
- 数据治理环境包括分析业务、市场和利益相关方需求，适应内外部环境变化，营造企业内部数据治理文化，评估自身数据治理能力及驱动因素等。数据治理环境是数据治理实施的保障。
- 数据治理域包括数据管理体系和数据价值体系，是数据治理实施的对象。
- 数据治理过程包括统筹和规划、构建和运行、监控和评价、改进和优化，是数据治理实施的方法。

《数据治理规范》开创性地把数据价值实现作为数据治理的核心目标，并通过数据价值体系明确了数据价值实现的方式，帮助企业实现数据驱动业务的战略转型。

在《数据治理规范》附录中对数据治理涉及的核心治理域提出了明确的管理要求，为数据治理的实施提供参考，为评估数据治理的成效提供评价依据。正文和附录的结合，有利于数据治理的落地实施。

3.3 专业组织及理论框架

1. 国际数据管理协会

成立于 1988 年的国际数据管理协会（Data Management Association International，DAMA）

是一个非营利组织，其致力于推广信息与数据管理的概念和实践。DAMA 在全球设立了 40 多个分会，拥有 7500 余名会员，在数据管理领域中累积了丰富的知识和经验，是全球公认的数据管理权威组织之一。其先后出版了《DAMA 数据管理字典》和《DAMA 数据管理知识体系指南》（简称 DAMA-DMBOK）的第 1 版和第 2 版。

DAMA 的数据管理理论框架的核心是数据治理（见图 3-3-1），其通过 10 个数据治理的职能域建立一个能够满足企业需求的数据决策体系，为企业的数据管理提供指导和监督。其优点在于充分考虑了功能与环境要素对数据本身的影响，但考虑到数据资产化已成为企业的核心竞争力，这 10 个职能域尚不能全面覆盖数据资产管理的业务职能。

图 3-3-1　DAMA 的数据管理理论框架

2. 数据资产管理实践白皮书

为了落实国家大数据战略，中国信息通信研究院联合相关知名企业共同编写了《数据资产管理实践白皮书（6.0 版）》。

《数据资产管理实践白皮书（6.0 版）》基于 DAMA-DBMOK 中定义的数据管理理论框架，弥补了数据资产管理特有功能的缺失，并结合数据资产管理在各行业中的实践经验，形成了数据资产管理的 8 个管理职能和 5 个保障措施，如图 3-3-2 所示。其中管理职能是指落实数据资产管理的一系列具体行为，保障措施是为了支持管理职能实现的一些辅助的组织架构和制度体系。

在 DAMA 的数据管理理论框架中并没有把数据标准单独作为一项重要的数据管理功能；而《数据资产管理实践白皮书（6.0 版）》将数据标准管理放在第一位，体现了"标准先行"的管理思想，另外，其中还增加了数据价值管理和数据共享管理两项内容。

数据价值管理是对数据内在价值的度量，包括数据成本和数据应用价值。

数据共享管理主要是指开展数据共享和交换，实现数据内外部价值的一系列活动。数据共享管理包括数据内部共享（企业内部跨组织、跨部门的数据交换）、外部流通（企业之间的数据交换）和对外开放。

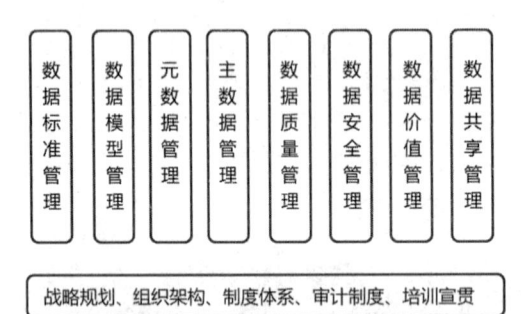

图 3-3-2 《数据资产管理实践白皮书（6.0 版）》的数据管理理论框架

3.4 数据治理体系比较

国内外各相关机构都提出或演进了自己的数据治理体系，但各体系之间存在一定的差异。表 3-4-1 从主流数据治理体系的构成要素、治理特点、优势和不足 4 个方面进行了分析。

表 3-4-1 主流数据治理体系对比分析

体系分类	体系名称	构成要素	治理特点	优势	不足
国际标准	ISO 8000 数据质量的国际标准	包括规范和管理数据质量活动、数据质量原则、数据质量术语、数据质量特征（标准）和数据质量测试。数据质量标准由以下 4 个部分组成： 一般原则：第 0~99 部分。 主数据质量：第 100~199 部分。 交易数据质量：第 200~299 部分。 产品数据质量：第 300~399 部分。	基于国际协议；对于使用哪些数据特征来定义和衡量其质量得到了世界各地的行业专家认可；适用于各类工业数据，包括主数据、交易数据和产品数据	在数字供应链方面能够发挥重要作用，在整个产品或服务的周期内高质量地交换、分享和存储数据	主要关注数据的质量，只是整个数据治理体系的一部分功能
国际标准	ISO 38500 IT 治理国际标准	包括 IT 治理的目标、原则和模型。5 项基本原则是指职责、策略、采购、绩效合规和人员行为；在模型方面，认为企业的领导者应该重点关注 3 项核心任务： 一是评估现在和将来的 IT 利用情况；	第一个 IT 治理的 ISO 标准；跳出了 PDCA 等生命周期的概念，采用了 Direct-Evaluate-Monitor 模型（DEM 模型）	确保所有 IT 风险和活动都有明确的责任分配，尤其是分配和监控 IT 安全责任、策略和行为，以便采取适当的措	聚焦于更广的 IT 治理，虽然其号称也适用于数据治理，但是相对来讲针对性并不强；如果企业将 IT 业务外包，则无法把一些针对 IT 管理者的特殊要

续表

体系分类	体系名称	构成要素	治理特点	优势	不足
国际标准		二是对治理准备和实施的方针、计划做出指导；三是建立"评估—领导—监督"的循环模型		施和机制，对当前和计划的IT建立报告和响应机制	求强加给企业管理者；虽然其中介绍了好的工厂治理所需要的一些特征和治理流程，但是离真正的实施还有距离，需要COBIT、ITIL或者其他的标准、框架的补充
国内标准	DCMM 数据管理能力成熟度评估模型	定义了8个能力域：数据战略、数据治理、数据架构、数据标准、数据质量、数据安全、数据应用和数据生命周期	企业可以清楚地定义企业内的数据管理能力水平，并以模型为标准确定组织内数据管理的改进方向	量化评估企业数据管理能力水平；指明企业数据管理能力缺陷；通用性较高	只提出了数据管理应该具备什么能力，但是并未指明应该怎么做，落地效果不明显
国内标准	GB/T 34960.5-2018《信息技术服务 治理 第5部分：数据治理规范》	包含顶层设计、数据治理环境、数据治理域和数据治理过程4大部分。数据治理域是数据治理的对象，包括数据管理体系和数据价值体系两个部分。其中，数据管理体系包含数据标准、数据质量、数据安全、元数据和数据生命周期；数据价值体系涵盖数据流通、数据服务和数据洞察	通过正文和附录相结合的方式，解决了国际数据治理标准不易落地的问题	增加了数据价值体系，提出了面向数据价值实现的治理目标；也对数据治理体系的实施路径提出了要求，解决了治理与管理脱节的问题	高屋建瓴地指出了数据治理体系应该包含的内容和落地实施的路径，但是缺乏具体实施办法，在具体工作开展中仍需要大量的细化工作
专业组织	DAMA 数据管理知识体系	总结了数据治理、数据架构、数据建模和设计、数据存储和操作、数据安全、数据整合和互操作、文档和内容管理、参考数据和主数据、数据仓库和商务智能、元数据、数据质量11个职能域，以及目标和原则、活动、主要交付物、角色和责任、技术、实践和方法、组织和文化7大环境要素，并建立了11个职能域和7大环境要素之间的对应关系	以数据管理为主导，数据管理的核心是数据治理，解决了数据治理各项功能与环境要素的匹配问题	充分考虑到功能与环境要素对数据本身的影响，并建立了对应的关系	全面建设11个职能域的复杂度较高；全面实施企业级数据治理的难度较高；11个职能域尚不能满足未来数据治理，尤其是数据资产管理的需求

续表

体系分类	体系名称	构成要素	治理特点	优势	不足
	《数据资产管理实践白皮书（6.0版）》	包括数据标准管理、数据模型管理、元数据、数据安全管理等8个方面	是一套针对数据资产的管理体系，引入了数据资产价值管理和运营等内容，并囊括了数据资产管理过程中的一些管理工具	偏重数据资产管理方面的国家标准；实践案例丰富，可参考价值较高	偏重行业实践案例研究与风险，理论指导性稍弱；提出的时间较短，所以经过企业验证的不多

不同的数据治理框架和标准适用于不同行业或不同企业。企业应根据自身特点，选择适合自己的标准体系。数据治理体系也不是一成不变的，因为数据治理是一个动态过程，过于僵化的体系不仅不会给工作带来便捷，还会增加应用的复杂度。

本章精要

本章介绍了与数据治理相关的国际、国家标准，以及行业组织和协会的数据治理框架，并对各个框架的优、缺点及适用场景做了比较，便于读者根据企业的实际情况进行比较。

数据治理框架是指为了实现数据治理的总体战略和目标，将数据治理域所蕴含的基本概念（如原则、组织架构、过程和规则）组织起来的一种逻辑结构。本章先从国际、国内相关标准和专业组织3个方面，全面介绍了数据治理框架，之后对各个框架进行了对比分析，以便于企业进行选择。

第 4 章

数据治理的发展趋势

目前，随着数据治理理论体系的逐步完善，技术方法和工具的日趋成熟，数据治理被越来越多的企业所学习和实际应用。数据已成为工业企业的战略资产。企业从只关注数据的某个方面，到关注全生命周期的数据治理；从只关注数据质量，到同时关注数据安全合规及用户隐私数据的管理，同时引入更多新技术和新理念。因此，数据治理自身的内涵和外延也一直处于不断的演变和发展中。

4.1 国内外数据治理体系的演变与发展

1. 国外数据治理的发展

自"数据治理"的概念被首次提出以来，数据治理已在政府、企业、公共服务性机构等领域中得到了广泛的关注、研究和实践。根据国际数据管理协会发布的调研报告，数据是企业最为宝贵的资产之一，已成为共识。然而，目前企业的数据状态与数据管理水平并不匹配，普遍存在着"重创造轻管理、重数量轻质量、重利用轻增值利用"的现象，在数据质量、服务创新、开放共享、安全合规、隐私保护，以及数据伦理道德规范等方面面临着越来越严峻的挑战。数据管理中出现的问题，究其根源，在于更深的层面——数据治理的缺失或混乱。

事实上，以欧洲、北美洲、日本和澳大利亚等为代表的地区和国家，都高度重视数据治理工作，自 2012 年以来都密集出台了多项政策支持和指导该项工作。从各国的举措来看，其中的着力点主要在 3 个方面：其一是开放数据，给予产业界高质量的数据资源；其二是在前沿及共性基础技术上增加研发投入；其三是积极推动大数据的共享与应用。

2. 中国数据治理的发展

在中国，大数据已上升到国家战略层面，大数据技术及其应用对国家的数字化治理和企业的智能化升级都产生着深刻的影响。

近年来数据治理在中国的蓬勃发展更偏重于实践，更聚焦于数据治理工程项目的落地实施和技术工具的设计开发。在金融、电信、能源、互联网等信息化较为成熟的行业中，多年前就已经积极开展相关的数据治理工作，并积累了一定的数据资产管理经验。这些经验的总结对于补充及完善数据治理理论体系、推进数据资产管理在各个行业的普及和发展有着重要的指导意义。

中国信息通信研究院、中国通信标准化协会大数据技术标准推进委员会（CCSA TC601）及众多的技术研究社团和机构，通过白皮书、技术论坛和研讨会的形式，就数据治理相关的内容和目标、实施步骤、实践模式、技术工具及需要注意的要素等问题进行研究和讨论，为政府和企业开展数据治理工作提供参考，为相关服务商和工具产品开发提供指导。

目前，各级政府和中央大型企业在数据治理方面担任了关键主体，其既是数据治理的重要推动者也是执行者。在推进数据治理和大数据应用的过程中，有一批数据服务型企业脱颖而出，他们提供了完整的技术方案和工具产品。除大型企业外，也有许多中小企业开始关注和实践数据治理，成功实现数字化转型。可以说，中国的数据治理理论体系正逐步完善，实施工具越来越丰富，工业企业的数据治理热潮已经到来，并形成了促进中国企业开展数据治理的实践经验和工作思路。

4.2 以组织为核心的数据治理体系建设

随着"数据二十条"的发布，企业将在原基础上对数据治理展开新一轮的关于理论、方法论的研究与探讨。

在海量、跨行业的大数据发展趋势下，方法举措、落地实施等多方面的难题让企业加快了数据治理的进展。开展构建管理组织、建设管理制度、完善管理流程等体系化工作，可以实现跨行业数据的高质可信、安全可控、高效流通、保值增值，具体包括以下一系列工作。

（1）设立覆盖企业各层级、业务线的数据治理实体组织（或为现有组织赋予数据治理职能），并以先进、智能的 IT 平台支撑数据管理各项工作。

（2）以企业最高政策文件形式表达高层对数据治理工作的重视。

（3）统一数据语言和数据标准，保障数据质量。

4.3 从传统式数据治理到资产化数据治理

在制造企业中，数据资产根据不同的管理范围被划分，由不同的角色进行管理。编制数据资产目录可以给出业务场景和数据资源的关联关系，降低员工使用数据的门槛；通过语义层解决业务人员"理解数据"的问题、通过目录服务解决业务人员"查找数据"的问题、通过数据安全解决业务人员"使用权限"的问题，打破数据壁垒，极大地简化数据使用流程，全面提升数据治理质量和数据共享效率，确保数据安全可靠、使用规范、共享高效，为加快推进企业数字化转型奠定良好的基础。资产化数据治理具体包括以下内容。

（1）登记机制。数据成为资产后，要建立入库登记机制。确保每一条数据都能够准确、及时、有效地登记造册，这样才能全面统计制造企业所拥有的数据资产总量。

（2）确权认责。要确立数据资产的内部权属和权益，同时建立与之对应的数据认责体系，形成"权责统一"的管理机制，实现数据治理的"各司其职"。

（3）价值评估。数据价值是数据资产交易定价的基础，企业对数据资产价值的评估是企业数据治理的新课题，其对制造企业数据资产的保值、增值尤为重要。

4.4 从企业级数据治理到产业级数据治理

数据治理工作是随着数据应用的深化而逐步推进的。随着数据量、数据复杂度及系统架构的爆发式增长，产业级数据治理在推动数据技术的发展。明确各类数据生态伙伴的角色，要求各类数据生态伙伴共同实现数据的协同治理、多环节治理，可以更好地发挥数据价值，促进数字经济和数字社会的高质量发展。而制造企业的数据治理要从企业级数据治理向产业级数据治理发展。下面具体介绍什么是企业级数据治理、行业级数据治理与产业级数据治理。

（1）企业级数据治理：在单一制造企业范围内，由企业最高层领导直接主导或推动开展的数据治理工作，打破企业内部的数据壁垒，确保数据可信、可用。

（2）行业级数据治理：在同一制造行业内，多家企业为了实现数据的互通和互利，基于统一数据标准，统筹开展数据治理活动，保证行业内的数据共享顺畅。

（3）产业级数据治理：站在产业级的视角，对同一产业领域内的跨行业的企业数据进行归集和整合，打破行业壁垒，实现数据自由流通，促进产业级生产力的提升。

4.5 新一代信息技术促进数据治理的发展

目前，物联网、云计算、增强现实、虚拟现实、机器学习、机器视觉等新兴技术取得了跳跃式的发展。一方面，新一代信息技术的发展和应用，使数据迎来爆发式增长，为数据治理带来了新的挑战；另一方面，新技术也促进了数据治理的理念、手段、工具的变革和工作效率的提升。

1. 从人工到智能化数据治理

随着新技术的不断成熟，以人工智能为代表的智能化技术得到广泛应用。人工智能不仅在数据应用端,也在数据管理端发挥着越来越重要的作用。有了人工智能技术的加持,数据治理将变得更加高效和智能。相信在未来,人工智能和数据治理将会擦出越来越多的火花。

(1)数据智能采集。利用图像识别、语音识别、自然语言处理等人工智能技术,可以自动化采集各种半结构化和非结构化的数据,例如文本、图像、音视频等数据。

(2)数据标准智能生成。利用机器学习、语义分析等人工智能技术,可以实现数据标准的智能制定和动态优化调整。

(3)元数据智能感知。利用动态数据内容识别技术,可以在数据流动过程中,通过智能触点实现对新增元数据的快速感知、抓取与采集,并通过知识图谱进行关系探查。

(4)数据智能分类分级。传统的基于关键词、正则匹配技术的敏感数据识别方法,对于非结构化数据识别存在局限性。基于少量数据样本的机器学习技术可以对数据样本进行管理及持续规则学习;引入相似度计算、监督学习、自然语言处理等智能方法,可以提升数据分类分级自动识别能力与检测效果。

(5)数据质量智能纠错。基于不断积累的知识库,利用机器学习等技术,可以实现数据质量的自动纠错。

(6)数据安全智能防护。利用语义计算、特征匹配、区块链等技术,可以实现对数据安全的智能分级、智能审计等。

2. 区块链技术与数据治理

工业企业的数据治理的目的是盘活企业的数据资产,挖掘和利用数据的潜在价值,进行商业化应用和变现。区块链中涉及的自治、匿名、可溯源及不可篡改的分布式账本技术,非常适合应用于多主体参与、多流程的复杂过程的机制重塑及流程改造,可以提高各参与方的信任度与系统效率。另外,区块链的这些技术特性,对于工业企业在数据治理中涉及的提高数据质量、保障数据安全、促进数据共享等工作可以起到很好的支撑作用,具体介绍如下。

(1)分布式可追溯数据系统有助于提高数据的质量。区块链可在不同企业主体之间(甚至在企业内的各业务部门之间)构建点对点分布式数据系统。各企业主体通过访问此数据系统,将各项生产经营和交易活动录入区块链,可以保证数据资产交易、转移事件及生产、经营信息能快速被广泛传播、校验和确认,保证数据的真实性与完整性,提高数据的质量。

(2)非对称加密与分散式数据库技术可以提升数据的安全性。区块链运用数据的非对称加密、哈希算法等技术,可以实现数据安全和隐私保护。数据的使用者和监管机构使用相应的公钥访问数据库,解密并读取数据。由于时间戳记录了读取数据的时间,当任何一方发现数据有问题时,可随时随地通过区块数据和时间戳来追溯历史数据。

(3)点对点技术与智能合约有助于实现数据共享。作为一种"去中心化"的分布式账本系统，区块链中的每个参与主体都能单独地写入、读取和存储数据，并在区块链全网迅速广播和及时查证。经全体成员确认及核实后，数据作为某一事件的唯一、真实的信息在区块链全网中实现共享。因此，点对点技术与智能合约会扩大数据共享的范围和程度，提高数据共享的及时性和标准化程度。

3．AIGC 技术与数据治理

近年来，微软、Meta、百度、华为等企业都在布局生成式 AI（AIGC）技术的研究和产业应用，并已在诸多方面，如在代码生成、药物研究、蛋白质结构预测、通用技术咨询等方面实现了应用，形成了重要的产业变革和经济效益。随着 ChatGPT 的发布，AIGC 技术更是促进了行业的转型升级，其在工业、媒体、教育、金融、医疗、娱乐、营销等领域都显示出广阔的应用前景。AIGC 作为新的数据（内容）生产模式，具有数据多样、可控性强与生产效率高的特点，并且在逐渐改变传统的数据生产模式，具体介绍如下。

（1）AIGC 可成为开展数据采集与标注的工具，以高效处理图片、语音、文本等非结构化数据。基于 AIGC 技术可开发各种数据治理组件，管理多源异构数据，使其形成数据资产，从而提高数据质量。

（2）在数据治理经验不断丰富的背景下，企业可依托 AIGC 技术着手开展面向 AI 的数据治理业务，依托于自身的 AI 技术与业务理解，通过数据治理让数据源更加契合 AI 应用模型的要求，以提升模型拟合效果，实现数据价值。

（3）AIGC 数据治理产品可以为企业的数据治理团队提供高效的技术指导，也可以为数据治理工具提供更为友善的人机界面支持，降低数据治理的实施门槛，让更多的数据相关者参与数据治理活动。

4．数据编织与数据治理

数据编织（Data Fabric）是一种跨平台的数据整合手段，同时具备数据和连接两个核心概念：数据既是编织的对象又是业务的表征；连接既是实体的数据获取工具又是屏蔽数据复杂性的手段。通过访问数据或支持数据动态整合，可以发现可用数据之间独特的、与业务相关的关系。数据编织利用对现有、可发现（未知）的元数据资产的持续和动态分析，以支持异构、泛在、智能的、多云化的基础设施和数据服务生命周期的持续打造。因此，数据编织是一种数据管理的全新架构，也是一种自动化、智能化数据治理的理想解决方案，其从数据架构层面增强了企业数据管理的能力，是传统数据治理的重要补充。

5．数据网格与数据治理

数据网格（Data Mes）是一种用在复杂和大规模环境中共享、访问、管理和分析数据的技术，其主要目标是超越数据仓库和数据湖的传统集中式数据管理方法，通过赋予数据生产者和数据消费者访问和管理数据的能力来强调组织的敏捷性,从而提供一种更具弹性的方法,以有效地响应引入新数据源、遵守不断变化的监管要求或满足新的分析要求等数据管理需求。

数据网格可以与数据编织结合,为数据所有者提供数据产品创建功能(例如,对数据资产进行编目,将数据资产转化为数据产品,以及遵循联合治理策略),使数据所有者和数据消费者能够以各种方式使用数据产品(例如,搜索和查找数据产品,以及利用数据虚拟化,或者使用 API 查询或可视化数据产品)。表 4-5-1 中显示了集中式数据治理模式(数据湖、数据仓库)与网格化数据治理模式的对比。

表 4-5-1 集中式数据治理模式与网格化数据治理模式的对比

模　　式	集中式数据治理模式	网络化数据治理模式
对比项目	中心化团队	联合团队
	负责数据质量	负责定义如何对构成质量的内容进行建模
	负责数据安全	负责定义数据安全的各个方面,即平台自动构建和监控的数据敏感度级别
	负责遵守法规	负责定义平台自动构建和监控的法规要求
	数据集中保管	按域对数据进行联合托管
	负责全球规范的数据建模	负责建模——跨越多个领域边界的数据元素
	团队独立于域	团队由领域代表组成
	以定义明确的静态数据结构为目标	旨在实现有效的网格操作,包括网格的连续变化和动态拓扑
	单体湖/仓库使用的集中技术	每个域使用的自助平台技术
	根据管理数据(表格)的数量衡量成功与否	基于网络效应衡量成功与否
	人工干预的手动流程	平台实现的自动化流程
	人工防止错误	通过平台的自动化处理检测错误并恢复

6. 数据虚拟化技术与数据治理

数据虚拟化(Data Virtualization)是一种描述所有数据管理方法的术语,这些方法允许应用程序检索及管理数据,并且不需要了解数据相关的技术细节。数据虚拟化的目的是通过开展数据整合,获得更多的、全景化的数据信息。越来越多的企业希望执行正确的数据访问协议,确保合规并降低数据隐私风险。数据虚拟化可支持数据治理工作正确统筹和组织数据,使其不受部门或具体要求限制地向用户呈现最有效的数据。为保障运营的成效,企业需要洞悉数据的来龙去脉,包括数据拥有者、数据沿袭,以及该数据与其他数据的关系等。企业将主数据管理平台与数据虚拟化结合使用,以提供数据及数据沿袭的完整视图。这使得企业各组织得以在部门和不同数据源之间建立关联,还使组织能够轻松整理所有数据,并跨部门、系统和地理边界实时呈现这些数据。数据虚拟化使用数据访问元数据来提供对数据源的无缝、实时的访问。通过集中存储相同的元数据，数据虚拟化使组织不仅可以确定每个数据集的数据沿袭，还可以通过单一控制点在整个组织范围内实施数据治理协议。

随着企业对数据的认识越来越深入、对数据管理的要求越来越高，也涌现了很多数据管理和处理的技术，如隐私计算、数据供应链、数据湖等。对于这些技术的应用同样也需要在开展数据治理时予以重视。

4.6 数据文化与伦理道德建设是重要一环

1. 数据文化与伦理问题

数据文化是指企业中各层级人员对数据治理工作具有一致的价值观及态度，他们愿意推进及支持数据的使用，并认为数据可以驱动企业做出决策。

数据素养（Data Literacy）是指具备数据意识和数据敏感性，能够有效且恰当地获取、分析、处理、利用和展现数据，并对数据具有批判性思维的能力。数据素养这个概念是对媒介素养、信息素养等概念的一种延续和扩展，至少包括以下5个方面的维度：对数据的敏感性；数据的收集能力；数据的分析及处理能力；利用数据进行决策的能力；数据的批判性思维。数据素养远不止包括读和写的能力，它的定义在很大程度上反映了我们获取和掌握知识的能力，并为我们掌握知识提供了机会和基础。

伦理是建立在对错观念上的行为准则。伦理准则通常侧重于公平、尊重、责任、诚信、质量、可靠、透明等方面。

在大数据时代，数据文化和技术同等重要。各组织必须思考数据文化，并持续推进企业各级单位的数据文化建设、加强数据文化理念宣传、培育数据思维、构建数据话语环境，将数据融入各级单位的运营模式、思维方式中，在各级单位中营造良好的数据文化氛围。在打造数文化时要注意以下几点。

- 强有力的数据文化和人才是在数字化经济中取得成功的关键要素。仅依靠数据战略和技术不足以使组织真正成为数据驱动的组织。
- 数据文化可以逐步打造，各种效益随着各组织落实承诺而呈现出指数式增长。
- 转变思维模式可带来立竿见影的改进效果。
- 高层管理人员的以身作则和支持能显著加快数据文化的成熟。
- 在衡量数据文化改进成果时，不应仅限于财务指标。

大数据技术的迅速发展对社会变革的驱动力越来越大，而各国的数据伦理制度和规范相对滞后。其中，数字鸿沟是主要特征。因此，要实现对数字鸿沟的有效治理，就必须不断完善相关的伦理制度和规范，并努力弘扬公平参与及协作精神、共享精神、契约精神和人文精神。

数据处理伦理指如何以符合伦理准则的方式获取、存储、管理、使用和销毁数据。基于伦理准则处理数据，对任何希望从数据中持续获得价值的组织来说都是必要的。违反数据处理伦理准则会导致组织声誉受损及失去客户，在某些情况下，其甚至面临触犯法律的风险。

《通用数据保护条例》（General Data Protection Regulation，GDPR）为欧盟的数据保护条例，其前身是欧盟在 1995 年制定的《计算机数据保护法》。2018 年 5 月 25 日，欧洲联盟出台《通用数据保护条例》，对违法企业的罚金最高可达 2000 万欧元或者其全球营业额的 4%。网站经营者必须事先向客户说明会自动记录客户的搜索和购物记录，并获得用户的同意，否则按"未告知记录用户行为"进行违法处理。表 4-6-1 中显示了 GDPR 准则。

表 4-6-1 GDPR 准则

GDPR 准则	描述
公平、合法、透明	数据主题中的个人数据应以合法、公平透明的方式进行处理
目的限制	必须按照指定、明确、合法的目标采集个人数据，并且不得将数据用于收采集目标之外的其他方面
数据最小化	采集的个人数据必须足够相关，并且仅限于与处理目的相关的必要信息
准确性	个人数据必须准确，有必要保持最新的数据。必须采取合理步骤，确保在处理个人数据时，能及时删除或更正不准确的个人数据
存储限制	数据必须以可以识别的数据主体（个人）的形式保存，保存时间不得超过处理个人数据所需的时间
诚信和保密	必须确保个人数据得到安全妥善的处理，包括使用适当技术和组织方法防止数据被擅自或非法处理，防止意外丢失、破坏或摧毁等。
问责制度	控制数据的人员应负责并能够证明符合上述这些原则

DAMA 在《数据管理知识体系》中表示，数据道德文化是一项社会责任，不仅要保护数据，还要管理数据质量。由于数据会影响决策，因此数据的完整性和准确性尤为重要，应当避免数据被滥用、误解。

数据伦理问题包括以下 5 个方面：

（1）当数据被共享时需要妥善保护、处理的隐私和保密问题。

（2）数据使用方与数据供给（被采集）方可能在时间和地点上都离得比较远，数据使用方是否会顾及数据供给方的意愿，即"道德距离"（Moral Distance）问题。

（3）当数据的使用场景还不明晰时，数据的采集能否获得数据供给方认同的问题。

（4）当数据被泄露后，发生的与社会公正有关的诸如污名和歧视的问题。

（5）数据在未来使用时，对公众信任的影响及对未知事件、流程、规则的影响问题。

因此，大数据的整体框架不仅包括物质层、行为层、制度层，也包括精神层，其使大数据具有思维属性。大数据的互通共享与资产化，带来了诸多使社会、商业及亿万人受益的创新，但同时也带来了风险和新的文化与伦理道德问题，我们必须能鉴定其中的风险，平衡创新所带来的利益与风险。

2. 数据的伦理道德治理

数据的伦理道德治理应提供所有利益相关者关于数据价值实现的意见，由数据使用者在开展数据需求、数据质量、数据安全和数据价值实现时进行有关伦理道德的影响和风险评估。企业负责人在不断深入开展的数据治理实践过程中，应清醒地认识到：

（1）越坚持规范数据道德的企业，越具有商业竞争力优势。

（2）在数据道德规范下处理和使用数据，可以提升企业的可信度，建立更好的客户关系。

（3）企业要通过设置必要的岗位制度和职责权限来控制数据道德风险，防止未经授权或不当的数据访问及操作。

总之，企业对于数据操作的监督，要上升到伦理道德规范和法律范畴，要通过数据治理制定基于伦理道德及规范的政策、标准、工作流程，且严格监督和执行。

4.7 数据运营是数据资产价值的实现过程

数据运营是通过管理企业数据资产的配置、使用和维护，从而改善企业内部的响应效率，提升数据资产效益的重要手段。数据运营核心能力包括：数据确权管理、数据需求管理、数据服务管理、开发运维管理、数据应用管理、评估与审计管理等内容。

数据资产的价值将在数据运营过程中得以实现。所以，在很多企业的数据治理工作中，也把对数据运营的要求和规范纳入其中。数据运营包括两个方面：一是数据运营的核心活动职能；二是确保这些活动职能能够落地实施的保障措施（包括组织架构、制度体系）。数据运营的定位如图 4-7-1 所示。

数据运营可以为企业运营带来以下 5 个方面的价值。

（1）客户管理。

通过数据运营，可以融合客户通过社交网络、电子商务、终端媒介等产生的非结构化数据，构建客户 360°视图。

（2）产品管理。

通过数据运营，可以获取客户的反馈信息，及时获取客户需求，再经过深入分析，可以合理设计企业的产品与服务。

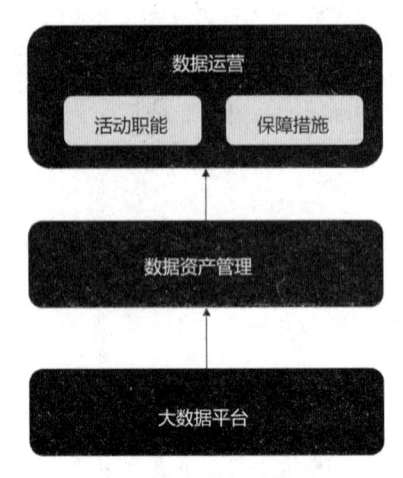

图 4-7-1　数据运营的定位

（3）营销管理。

借助数据运营，通过挖掘、追踪、分析客户数据，可以提升企业的精准营销水平。

（4）风险管理。

数据运营能够帮助企业了解客户的自然属性和行为属性，结合客户情绪分析、客户行为分析、客户价值度分析、客户风险分析及客户信用分析，及时识别风险，建立完善的风险防范体系。

（5）组织管理。

数据运营能增强企业内部机构的透明度，使得企业上下级之间的信息流通更加顺畅。同时数据运营可以优化企业内部的各种流程，提高企业的运营效率。

数据运营管理框架包含 5 个职能活动和 2 个保障措施，如图 4-7-2 所示。

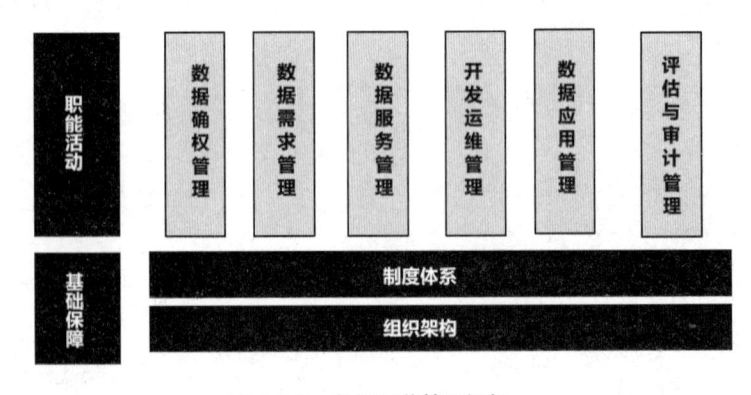

图 4-7-2　数据运营管理框架

本章精要

本章对主要发达国家的数据治理情况进行了介绍,对人工智能、区块链、数据编织等新技术对数据治理的影响进行了分析,并倡导企业要重视数据的相关伦理道德和隐私保护,注重通过数据运营实现数据资产的价值。

第 5 章 本书阅读导引

为了便于有不同关注点的读者阅读本书,本章对本书各章的主要内容进行了概述,编成阅读导引,读者可以根据导引直接阅读自己感兴趣的内容。

5.1 数据治理是一个系统工程

数据治理知识体系涉及管理、技术等多个学科领域,是一个非常复杂的系统工程,如何全面而系统地构建数据治理体系,是企业实施数据治理的关键课题。

本书第 2 篇 "体系篇" 从企业数据治理的全视角系统性地论述了数据治理的知识领域,通过 11 个维度,科学地构建了数据治理体系框架。同时,为了帮助企业更好地评估数据资产管理能力和水平,第 2 篇提出了可行的数据资产管理能力成熟度评估方法。

第 2 篇共分 12 章,包括数据管控、数据战略、数据架构、主数据管理、元数据管理、数据指标管理、时序数据管理、数据质量管理、数据安全管理、数据交换与服务、数据共享与开放、数据管理能力成熟度评估,如表 5-1-1 所示。

表 5-1-1 第 2 篇各章一览表

章	主要内容
第 6 章 数据管控	数据治理组织、制度、流程、设计机制、绩效体系及标准体系等
第 7 章 数据战略	数据战略规划、数据战略实施等
第 8 章 数据架构	数据架构概述、框架设计、数据建模等
第 9 章 主数据管理	主数据标准管理、主数据全生命周期管理、主数据应用管理及企业常用的几类主数据
第 10 章 元数据管理	元数据定义、元数据分类、元数据核心能力等
第 11 章 数据指标管理	指标体系框架、找指标、理指标、管指标和用指标等
第 12 章 时序数据管理	时序数据的特点、时序数据的应用等

续表

章	主要内容
第 13 章 数据质量管理	数据质量需求、数据质量检查、数据质量分析、数据质量评估等
第 14 章 数据安全管理	数据安全体系框架、数据安全防护策略、数据安全审计、数据安全风险评估、数据应急保障等
第 15 章 数据交换与服务	数据交换与服务的意义、数据交换与服务的技术演进等
第 16 章 数据共享与开放	数据资源目录、数据资源准备、数据服务等
第 17 章 数据管理成熟度评估	数据管理成熟度评估模型、数据管理成熟度等级定义、企业如何开展数据管理成熟度评估、数据管理成熟度评估实施等

5.2 工具是数据治理的保障

工业大数据治理需要多种数据治理软件及工具的支撑。本书第 3 篇"工具篇"聚焦在数据治理不同领域中常用工具的介绍，内容包括以主数据为核心的套装软件、以数据资源目录为核心的数据资源管理工具、以元数据和数据模型为核心的大数据平台，此外还有针对时序数据、数据交换处理的工具。这些工具各有侧重，需要根据实际需求进行取舍。

主数据管理工具可以实现对数据治理组织、数据标准、主数据的有效管理。数据指标工具可以使企业系统梳理的数据指标标准落地，以及规范企业业务统计分析语言。数据交换平台属于中间件，IT 技术人员要熟练驾驭。时序数据记录了工业过程，用于作为对工艺与质量的控制的支撑。大数据平台是基于数据治理过程的成果面向数据共享与开发的平台。

5.3 实施数据治理有路线可循

工业企业实施数据治理是有路线可循，有方法论支撑的。本书第 4 篇"实施篇"，通过对国际数据管理协会、数据治理学院和国际商业机器公司（IBM）数据治理理事会的方法论进行分析、研究及大量实践，总结出数据治理实施策略，并就数据资产运营实施、主数据管理实施、元数据管理实施、数据指标管理实施、数据质量管理实施、数据安全管理实施及数据治理常见误区进行介绍，为工业企业的数据治理实施提供了包括内容、方法、路径、模板等方面可参考的意见。

5.4 数据治理已在诸多行业成功实施

工业企业的数据治理需求迫在眉睫。为了促进企业有序开展数据治理工作，进一步厘清工业企业转型升级的主要痛点和关键需求，本书第 5 篇"案例篇"总结了数据治理解决方案在重点行业、典型企业中落地应用的经验，并梳理了应用成效和价值，包括电力、能源化工、钢铁、重型装备制造、建筑、煤炭、制造、航天、核工业、战略投资、交通物流、多元化集团等有代表性的 13 家企业的数据治理实践案例。其中每个案例主要包括企业简介、数据治理中的痛点及难点、实施步骤、应用效果及交流分享等，具体如表 5-4-1 所示。

表 5-4-1　案例名称一览表

章	行　业	单位（简称）	包含业务领域	案例名称
第 38 章	电力	南方电网	负责投资、建设和经营管理南方区域电网，参与投资、建设和经营相关的跨区域输变电和联网工程，服务广东、广西、云南、贵州、海南五省（自治区）和港澳地区	夯实数字化转型基础——南方电网数据资产管理行动实践
第 39 章	电力	国家电投	火电、水电、风电、光伏发电等全部发电类型	支撑集团产业数字化转型——国家电投集团数据治理实践
第 40 章	能源化工	延长石油	油气探采、加工、储运、销售，石油炼制，煤油气综合化工，煤炭与电力，工程设计及施工、新能源、装备制造、金融服务等领域	数据治理助百年油企数字化转型
第 41 章	建筑	中国建筑	投资开发（地产开发、建造融资、持有运营）、工程建设（房屋建筑、基础设施建设）、勘察设计、新业务（绿色建造、节能环保）等	中建三局园区数据治理实践
第 42 章	钢铁	某钢铁集团	钢铁生产制造	钢铁工业产线生产数据治理案例
第 43 章	核工业	中核集团	核电、核燃料循环、核技术应用、核环保工程等领域的科研开发、建设和生产经营	主数据治理助力中核供应链管理升级
第 44 章	航天	航天科工	航天、建筑、医疗、汽车、食品、化工、石油装备	军工企业的"三位一体"数据治理体系建设实践
第 45 章	航空	成飞集团	航空武器装备研制生产和出口主要基地、民用飞机零部件重要制造商	基于全局模型的数据赋能业务实践
第 46 章	重型装备制造	中国一重	重大成套技术装备、高新技术产品和服务、国际贸易	数据标准，装备中国——中国一重的数据标准化管理项目
第 47 章	交通物流	中国外运	海运、空运、国际快递、公路和铁路运输、船务代理、仓储及配送、码头服务等	数据治理助力中国外运数字化转型
第 48 章	多元化集团	越秀集团	金融、房地产、交通基建、食品、造纸等行业	越秀集团：以数据为驱动，提升产品和服务竞争力，支撑高质量发展
第 49 章	煤炭	中煤集团	煤矿	大海则煤矿数据标准体系及数据湖建设

续表

章	行业	单位（简称）	包含业务领域	案例名称
第 50 章	战略投资	国投集团	基础产业（电力、交通、矿产），制造业、大健康、城市环保、生物质能源，金融及服务业和国际业务	国投集团的数据标准化管理实践

希望这些企业在数据治理方面的理论介绍及实践经验，能为众多工业企业在数据治理的研究和实践提供参考和借鉴价值，以期达到少走弯路、打好基础、快速取胜的效果。

第 2 篇　体系篇

本书在借鉴国际数据管理协会（DAMA International）数据管理知识体系的基础上，结合行业标杆企业的最佳实践经验，形成了具有行业特色的工业企业数据治理体系，如下图所示。本体系架构以数据管控为核心，通过数据管控统领数据治理的 10 大职能领域，包含数据战略、数据架构、主数据管理、元数据管理、数据指标管理、时序数据管理、数据质量管理、数据安全管理、数据交换与服务、数据开放与共享。

工业企业数据治理体系（车轮图）

1. 数据管控

数据管控是数据治理体系的基础。这 10 大数据治理的职能领域都需要具有数据管控能力，数据管控能力直接影响数据治理目标的达成，以及制度、流程、绩效和相应的标准规范的落地执行，所以数据管控也是整个数据治理体系的核心。

2．数据战略

数据战略是企业数据工作开展的目标指引，定义了数据工作的方向、愿景和原则。数据战略要从管理层出发，自顶向下地全局部署数据管理规范，从而形成全面的标准规则体系和落地执行流程。

3．数据架构

数据架构是用于定义数据需求，整合和控制数据资产，并与业务战略相匹配的一套整体构件规范，主要包括企业数据模型设计和数据资源分布管理。

4．主数据管理

主数据是指满足跨部门业务协同、反映核心业务实体状态属性的基础信息。主数据相对于交易数据而言，属性更稳定，准确度更高，且可唯一识别。

主数据管理主要通过一系列规则、应用和技术对主数据进行控制，使得企业可以跨系统地使用和共享一致的主数据，以及提供来自权威数据源的、协调一致的高质量主数据，降低运维成本和管理复杂度。

5．元数据管理

元数据是描述数据的数据，用于对信息资源进行描述、解释、定位等，便于用户检索、管理数据。例如数据的责任人、存取路径、保密级别、访问权限等信息都是元数据。

元数据管理是关于元数据的定义、采集、存储、管理和应用的方法、工具和流程的集合，以便用户能够访问高质量的集成元数据。

6．数据指标管理

数据指标是衡量目标的方法，即预期中打算达到的指数、规格、标准，一般用数据表示。例如销售收入活期存款金额、委托贷款余额等是数据指标。

数据指标管理是指通过对与企业若干个核心和关键业务环节相互联系的统计数据指标进行全面化、结构化、层次化和系统化的构建，满足企业找指标、理指标、管指标、用指标的需要。

7．时序数据管理

时序数据是指时间序列数据，是按时间顺序记录的数据列，在同一数据列中的各个数据必须是同口径的，要求具有可比性。时序数据可以是时期数，也可以是时点数。

时序数据管理主要通过对时序数据的采集、处理和分析来帮助企业实时监控企业的生产与经营过程。

8. 数据质量管理

数据质量指在特定的业务环境下，数据满足业务运行、管理与决策的程度。

数据质量管理包括规划和实施质量管理技术，以测量、评估和提高数据在组织内的适用性，提高数据对业务和管理的满足度。

9. 数据安全管理

数据安全是指通过采取必要措施，确保数据处于有效保护和合法利用的状态，以及具备保障数据处于持续安全状态的能力。

数据安全管理是为了确保数据隐私和机密性得到维护，数据不被破坏，数据能被适当访问。通过采用各种技术和管理措施，可以保证数据的机密性、完整性和可用性。

10. 数据交换与服务

数据交换与服务是指与数据存储、应用程序和组织之间的数据移动及整合相关的过程。制定相应的数据交换与服务标准，针对不同的场景合理采用相应的数据交换与服务技术，可以将各业务系统的能力进行整合，为企业新的管理模式和业务模式提供灵活、可靠的数据支撑。

11. 数据开放与共享

数据开放与共享主要是指开展数据共享与交换，实现数据的内外部价值的一系列活动。数据共享管理包括数据内部共享（企业内部跨组织、部门的数据交换）、数据对外开放（企业之间的数据交换）。

第6章 数据管控

6.1 数据管控概述

数据治理对任何企业来说都是一项复杂且规模浩大的体系化工程，需要充分调动企业相关的所有资源，只有形成全面、有效的管控体系，才能确保数据治理各项工作在企业内部得以有序推进。

数据管控是一套以数据治理相关组织和人员为核心的，涵盖企业数据治理制度、流程、考核等各个方面的执行保障机制，其本质是通过建立高质量的人才队伍和严格的制度体系来确保数据战略被正确落实。

因此，数据管控是企业开展数据治理的重要基础性保障，为企业实施数据治理各项职能活动提供人才团队、制度规范、文化氛围等基础资源。

一般来说，企业的数据管控体系包括数据治理的组织架构、制度规范、执行流程、人才培养、管理机制、绩效体系和数据文化等内容。

（1）组织架构：指企业中从事和涉及数据治理各项职能活动的人员的组织方式。由于数据治理工作具有重要性和复杂性，通常应该自上而下形成专业化且各司其职的团队，并在企业内部形成有效的沟通、协调、合作机制。由于数据治理工作是跨部门、跨专业的，因此，这个团队一般会是虚拟的，但其执行力必须统一且高效，这样才能为数据治理各项工作的落地实施夯实基础。

（2）制度规范：指企业为了规范和约束企业数据治理各项职能活动的相关管理办法、实施细则、指导意见、操作指南等制度性文件。制定覆盖全面并与实际工作结合良好的制度规范，一方面有利于明确和固化数据治理团队组织内部的职责分工和协调机制，另一方面有利于理顺企业内部相关部门和岗位之间的工作关系，也为开展数据认责及考核评价提供依据。

（3）执行流程：指企业为落实制度规范等相关管理要求，针对数据治理具体的职能活动场景，结合企业自身的组织架构制定的一系列规范性和标准化的工作实施和流转过程。有了规范的执行流程，企业内部的相关部门和人员就可以按照统一的程序和方法进行数据治理的各项工作，从而有利于促进相互之间的高效协作，避免出现凭个人经验办事、一人一种做法、工作互不统一的混乱状况。

（4）人才培养：指企业为了培养数据治理相关专业人才，在企业内部营造良好的数据治理氛围所采取的重要措施。人才是企业实施数据治理的根本，缺乏数据治理专业人才会严重影响企业数据治理各项工作的顺利推进。企业应为人才的成长搭建良好的平台，并逐步打造"金字塔"结构的人才体系，满足管理、执行、监督等多个岗位的工作要求。除专业人才培养外，还应在企业内部开展广泛的数据文化和知识传播，为数据治理工作的整体协作营造良好的氛围。

（5）管理机制：指企业为了达成数据治理的工作目标，在组织架构、制度规范和执行流程的基础上形成的各类管理和保障过程。管理机制包括决策机制、监督机制、认责机制、沟通机制、激励机制等，帮助企业数据治理管理者有效掌控数据治理各项工作的具体执行情况，激发执行人员的主观能动性。

（6）绩效体系：指企业在既定的数据战略目标下，通过设定特定的衡量和评价指标，对团队和人员已完成的数据治理工作及取得的工作业绩进行全面评价，并根据评价结果对团队和人员未来的工作和业绩进行正面引导的过程和方法。绩效体系的建立是数据管控体系构建完成的重要标志之一，也是数据管控体系形成闭环，以及可持续性、常态化执行的基础。同时，设计一套科学、合理且让各方信服的绩效体系是企业数据治理管理者所面临的最大挑战之一。

（7）数据文化：指企业各个层级人员对数据治理工作具有一致的价值观及态度，他们愿意推进及支持数据的使用，并认同数据可以驱动企业做出决策。越来越多的企业正意识到，要使数据转化为信息、知识及洞察，则必须建立数据文化，即培育全员的数据思维，营造良好数据文化氛围，提升全员的数据资产认知水平；重构"用数据说话、用数据决策思维模式，在企业各级单位构建数据话语环境；积极开展数据文化活动，充分调动内部员工"认识数据、了解数据、使用数据"的积极性，促进业务、技术人员参与。

需要充分认识到的是，任何企业的数据管控体系的构建都不是一蹴而就的，也不是一成不变的。不同行业、不同企业都有其特点，在充分尊重企业特点的基础上，构建行之有效的数据管控体系是一项长期性、计划性和连续性的工作，也是一个不断持续改进的过程，其目的是形成一套与企业运作机制完全匹配的管控模式。

由此可见，每家企业的数据管控体系都应该是独一无二的，本章内容只基于数据治理的职能活动要求，提出通用性的数据管理体系。在具体落实过程中，需要结合企业的特点进行细化设计，确保数据管控体系能与实际情况结合，保障企业数据治理工作落到实处。

6.2 组织架构

数据治理是一项需要企业通力协作的工作,而有效的组织架构是企业数据治理能够成功的有力保障。为达到企业的数据战略目标,企业有必要建立体系化的组织架构,明确职责分工。

数据治理组织架构的搭建需要充分考虑企业内部 IT 系统、数据资源、人力资源及业务应用的现状。企业数据治理的管理人员应当基于通用组织架构的分层要求,细化设计一套有针对性、符合企业运作机制的数据治理组织,力求与企业日常各项工作进行良好的衔接。

6.2.1 数据治理组织架构

经过多年的数据治理实践,业界已经充分认识到,仅仅依靠技术部门来推动和开展数据治理工作是无法取得所期望的成果的,其原因在于数据治理涉及企业各个部门的业务和资源,只有来自企业更高层的驱动力,才能保证企业内部的高效协作。

因此,数据治理组织的通用架构需要自上而下形成完整的组织体系,从形式上看,这种组织架构已经与企业的经营管理架构非常相似了。企业的数据治理组织架构主要分为决策层、管理层、执行层和监督层 4 个层级,如图 6-2-1 所示。

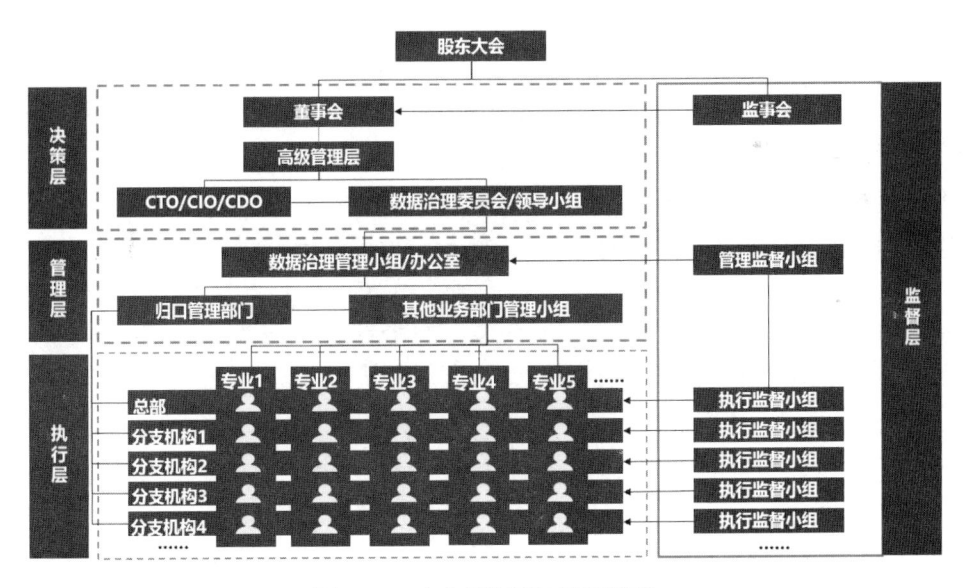

图 6-2-1　企业的数据治理组织架构

1. 决策层

董事会作为企业经营管理的最高权力机构,同样应当作为企业开展数据治理工作的最终决策机构。企业数据治理与经营管理相关的重大事项均应由董事会讨论决策。董事会有权将企业数据治理相关事项的决策权全权委托或授权给数据治理委员会或领导小组。事实上，企业的数据治理委员会或领导小组的负责人一般也是董事会成员。

高级管理层负责企业的日常经营管理，以及负责对日常实施数据治理过程中需要高级管理层支持的相关事项做出决策。这些事项虽很重要，但尚无提交董事会决策的必要。因此，在实际开展数据治理的过程中，高级管理层的分管领导需要针对工作的具体方向和目标进行决策。同样地，高级管理层的分管领导一般也会是数据治理委员会或领导小组的重要成员。

企业的首席技术官（CTO）、首席信息官（CIO）和首席数据官（CDO）是数据治理组织架构中领导力的重要来源。首席数据官的设置目前尚未普及，这就需要企业在开展数据治理时，由首席技术官或首席信息官来承担相应的职责。如果数据治理是由企业的首席技术官、首席信息官或首席数据官直接发起并驱动的，则有利于后续各项工作的执行和协调。

数据治理委员会或领导小组代表董事会、高级管理层对数据治理日常工作中的各种事项进行决策，其拥有在企业范围中管理数据治理组织的管理层和执行层的权力，通常由董事会、高级管理层的分管领导担任负责人，企业各部门的经理担任成员。数据治理委员会或领导小组应当是一个高效的即时决策机构，这不同于董事会或高级管理层需要通过定期的董事会或经营办公会进行重大事项的决策，更具灵活性和实时性。

2. 管理层

数据治理管理小组/办公室是企业内部组织开展日常数据治理工作并对整个过程进行管理协调的专职机构，一般由数据治理归口管理部门的领导担任负责人，各相关部门的数据治理负责人或接口人担任成员。数据治理管理小组/办公室是主持企业数据治理日常工作的虚拟机构。

数据治理归口管理部门是企业内部负责数据治理体系构建并组织开展数据治理实施的部门。一般情况下，企业内部的数据治理归口管理部门是单一部门，如技术部门、独立的数据部门或者某个业务部门，但也存在多个部门同时作为数据治理归口管理部门的情况。这种情况比较少见，因为从管理层面来看，容易出现职责不清、相互"扯皮"的问题。

对企业内部除数据治理归口管理部门以外的相关部门来说，每个部门内部应当成立相应的管理小组，负责统一组织和协调本专业内部的数据治理工作。对存在分支机构的大型企业来说，各专业内部的数据治理管理小组尤其重要，关系到决策层和数据治理办公室的相关要求是否能够在专业内部得到很好的执行。各部门管理小组一般由部门分管领导担任负责人，数据治理负责人或接口人作为成员，如果存在分支机构，则分支机构的专业部门负责人也应作为小组的成员，参与本专业数据治理实施管理工作。

3. 执行层

数据治理组织的执行层是由"机构+专业"双维度构成的矩阵式组织体系。

从机构维度看，企业内部的每一个独立机构，包括总部，都应该根据管理层的要求构建本机构内部负责执行数据治理各项工作的团队。这些团队可以由数据治理归口管理部门在本机构的下级单位牵头，并吸纳各专业部门的数据治理执行人员（甚至外部合作单位的相关人员），共同推动本机构内部的数据治理工作。

从专业维度看，根据数据治理过程中对业务专业性的要求，各专业自上而下在各分支机构建立负责开展数据治理的执行小组。这些小组在专业内部接受本专业数据治理管理小组的指导和管理，在本机构内部接受数据治理归口管理部门在本机构的下级单位的组织和安排。

4．监督层

监事会是代表股东大会对企业的业务活动进行监督和检查的法定必设和常设机构。数据治理作为企业数据业务的重要组成部分，也必然接受监事会对决策层的监督，确保数据治理的决策过程符合法律法规和企业制度的要求，保障决策内容符合企业的数据战略方向。

管理监督小组是对数据治理组织的管理层进行监督的机构。管理监督小组一般由企业内部审计、法律、人力资源等部门的相关专业人员组成，其并不直接接受监事会的领导，而是为了监督数据治理组织的管理层是否按照企业的数据战略组织开展数据治理工作，具有相对的专业性和独立性。

执行监督小组是针对数据治理组织的执行层进行监督的机构。对不存在分支机构的企业来说，其职能可以并入管理监督小组，即不必再设执行监督小组；对存在分支机构的企业来说，每个分支机构的执行团队都应设立相应的执行监督小组，其成员可以由本机构相关部门人员担任，也可以从企业总部层面进行统一安排。执行监督小组接受管理监督小组的指导和管理，主要监督执行团队是否按照管理层要求落实执行，确保按时、保质完成工作。

6.2.2　数据治理组织模式

数据治理组织架构与企业的组织架构存在着极强的关联性。因此，小企业的数据治理组织架构和大型集团企业的数据治理组织架构必然存在着巨大的差异。即使同为大型集团企业，数据管理力度、范围、标准化程度不同，其数据治理组织架构各层级的组成及职责分工也会不同。

经过多年的发展和实践，得到业界普遍认可的数据治理组织模式主要有 4 种，基本可以包含和匹配当前各行业、各类型企业的数据治理组织的构建需求。这 4 种模式分别为分散模式、归口模式、半集中模式和全集中模式，如图 6-2-2 所示。

	分散模式	归口模式	半集中模式	全集中模式
模式内容	各职能部门、分支机构自行组建数据团队负责本业务领域、本单位的数据治理工作	成立数据治理归口管理部门，各业务部门数据团队仍然归属业务部门，但同时报告给归口管理部门，组成虚拟的企业级数据治理专业团队	成立统一的企业级数据治理团队，采用面向业务部门、分支机构派驻团队的模式，构建与业务部门的合作关系，业务单元保留少量专家资源	成立全集中的企业级数据治理团队，从各业务部门、分支机构抽调数据治理相关人员，全部整合到专职的数据部门中，统一管理
特点	数据治理工作最大限度满足本单位实际需求	兼顾数据治理的统筹管理和业务自主性；统一的规划设计、财务预算和绩效考核	专业资源的高效利用；全面掌控各业务部门实际的数据治理工作进展；有利于数据治理的统筹推进	最大限度地共享和使用专业人力与技术资源；集中力量解决影响面广的重要问题
挑战	跨专业、跨单位数据问题难以解决；没有跨部门的数据信息整合、质量与管控机制	对归口部门的专业能力、组织能力、协调能力和管理能力要求较高；对人力资源的需求较高	企业组织机制需要调整转型；业务部门的自主性和参与度较低	末端需求响应速度的下降；业务部门和分支机构几乎置身事外；企业组织机制的变更

图 6-2-2　数据治理组织模式

1．分散模式

分散模式是指企业内部各部门根据数据战略自行组建数据治理团队，负责各自专业范围内的数据治理工作。团队之间相互独立，仅存在少量的沟通和协同，也没有总体统筹负责的组织机构。

该模式的特点在于数据治理工作可以最大限度地满足本单位的实际需求，但是由于缺乏跨专业协同和统筹管理，跨专业、跨单位的数据问题难以解决，也无法建立起企业级的数据整合和质量管控机制。

2．归口模式

归口模式是指企业内部明确数据治理工作的归口管理部门，其他业务部门成立数据治理团队，虽然数据治理团队在组织关系上仍归属本业务部门，但其数据治理相关工作应同时向归口管理部门报告，接受归口管理部门的工作指导和安排。两者共同组成数据治理的虚拟团队。

该模式的特点在于在一定程度上兼顾了数据治理工作的统筹管理和业务自主性，有利于进行统一的规划设计、财务预算和绩效考核。但该模式对归口管理部门的专业能力、组织能力、协调能力和管理能力均提出了较高要求，对人力资源管理的要求也相对较高。

归口模式是当前各企业构建数据管控体系时采用较多的模式，具备较强的可落地性和可复制性。

3．半集中模式

半集中模式是指企业内部有明确、统一的数据治理工作的归口管理部门，并且由归口管理部门向其他业务部门派驻分团队或小组,再结合业务专家构建与业务部门的合作关系。派驻的分团队或小组接受归口管理部门的统一管理,并指导和负责业务部门的数据治理工作。

该模式的特点在于可以高效利用数据治理专业的资源,并全面掌控各业务部门实际的数据治理工作进展,有利于整个企业数据治理工作的统筹推进。但该模式涉及企业组织机制的调整和转型,这一点在大型国有企业中很难实现,并且业务部门的自主性和参与度较低,不利于充分利用业务部门的专家资源。

4. 全集中模式

全集中模式是指在企业内构建完全集中化运作的数据治理团队,除技术部门的数据治理人员外,将各业务部门、各分支机构相关的业务专家和数据治理团队、人员全部整合到专职的数据治理团队中,并由该团队全面负责整个企业的数据治理工作。

该模式的特点在于可以最大限度地共享和使用数据治理专业的人力资源和各类技术资源,可以结合企业的业务实际需要统筹安排各项工作的优先级,并集中力量解决影响面广的重要问题。但完全集中化必然会带来末端需求响应速度的下降,业务部门和分支机构几乎置身事外,不利于数据治理的常态化管控,并且涉及企业组织机制的变更,挑战极大。

不管采用以上哪一种组织模式,企业都必须根据组织架构构建包含决策层、管理层、执行层和监督层的团队,并进一步明确各层级、各岗位的职责分工,才能确保数据治理工作的有序推进。

6.2.3 数据治理职责分工

根据数据治理组织架构的分层设计,各层级机构在数据治理工作中所承担的职责有所不同,界面清晰、分工明确的职责定位是让所有参与其中的角色各司其职、有条不紊地开展各项工作的重要基础。

对存在分支机构的大型企业来说,其数据治理的组织架构也应该是多级的。例如,某集团公司在各省均设置了分公司,在集团公司统一开展数据治理工作的过程中,集团总部按照 4 层架构从整个企业的角度构建了企业级数据治理团队,而各分公司也会从本公司需求出发,构建包含 4 层架构的本地级数据治理团队。这两个团队的人员可能是复用的,但其职责和定位不应出现较大偏差。

1. 决策层职责

决策层是企业数据治理各项重大事项的决策机构,负责制定企业数据战略,审批或授权审批数据治理相关重大事项,全面协调、指导和推进企业的数据治理工作,督促管理层不断提升数据治理的有效性,对企业数据治理承担最终责任。

决策层的主要职责如下：

（1）贯彻落实国家有关数据治理的相关法律、规定、方针和政策。

（2）负责制定和发布企业数据治理及数据资产管理相关的战略规划。

（3）负责对企业数据治理相关的重大事项进行决策。

（4）负责审批和发布企业数据治理相关的管理制度、流程及相关标准规范。

（5）负责指导、督促管理层和执行层开展数据资产管理工作，组织、协调跨部门的数据治理重大事项。

2. 管理层职责

管理层主要负责建立企业数据治理的完整体系，制订企业数据治理的实施计划，统筹数据治理资源配置，建立数据质量常态化控制机制，组织评估数据治理工作的有效性和执行情况，制定并实施问责和激励机制，定期向董事会报告。

管理层的主要职责如下：

（1）贯彻落实决策层各项决策部署，行使日常数据治理工作管理职责。

（2）负责基于企业战略规划制定数据治理工作的发展规划，并报决策层批准、发布。

（3）负责组织制订企业数据治理的年度投资计划和年度工作计划。

（4）负责制定、修订和发布数据治理相关的管理办法、实施细则和业务指导书，构建企业的数据治理制度体系。

（5）负责组织制定企业级数据标准，并对数据标准执行情况进行监督和定期抽样检查。

（6）负责规划、构建和管控企业的数据架构，统筹开展数据模型、数据分布、数据目录和元数据等管理工作。

（7）负责识别和确定企业主数据明细，并建立主数据应用管理机制。

（8）负责制定数据质量基础规则，明确管理要求，制定检查和考核指标，并提供数据质量问题的指导和协调。

（9）负责组织制定数据安全基础策略，构建企业级数据安全管控体系，配合企业安全和审计部门开展数据安全的监督和审计工作。

（10）负责受理跨部门、跨机构或重要的数据需求，组织开展数据需求的评审、实施和成果交付工作。

（11）负责接受监督层的管理监督小组的工作监督，配合开展定期监督检查。

（12）负责定期组织评价数据治理工作效果，制定考核制度。

3. 执行层职责

执行层在管理层的统筹安排下，根据数据治理相关制度规范的要求，具体执行各项数据治理工作。执行层主要负责落实数据治理体系建设和运行机制，推动数据治理各项流程与日常工作相结合，并根据数据治理各职能域的管理要求承担具体执行工作。

各业务部门是本专业数据治理执行工作的责任主体，负责本专业领域的数据治理执行工作，管控业务数据源，确保数据被准确记录和及时维护，落实数据质量管控机制。

执行层的主要职责如下：

（1）负责落实企业数据战略和数据治理规划的相关要求，根据战略规划目标组织具体工作的开展。

（2）负责落实数据治理相关制度规范、数据标准和工作流程的要求，确保各项执行工作符合企业要求。

（3）负责根据管理层建立的数据架构落实本专业、本单位的数据模型管理、数据分布管理、数据目录管理和元数据管理等工作。

（4）负责基于管理层明确的主数据管理应用机制开展主数据消费、维护等工作，保障主数据的准确性、一致性和及时性。

（5）负责执行本区域、本专业数据质量管理，制定数据质量提升工作方案，落实数据质量管控机制，开展数据质量问题的识别、分析与整改。

（6）负责落实管理层制定的数据安全管理要求，配合开展数据安全监督与审计工作。

（7）负责处理本单位数据需求，开展需求分析、业务逻辑梳理等工作，对交付成果进行效果验证。

（8）负责接受监督层的执行监督小组的监督，配合开展定期检查工作。

（9）负责接受管理层数据质量相关的考核评价，并根据结果优化工作机制。

执行层一般除包括企业自有人员外，还会包括大量的外部合作单位人员，他们的职能主要是帮助自企业有人员完成其岗位职责明确的工作内容。

4. 监督层职责

监督层是相对独立的，主要行使除决策层、管理层和执行层外的监督职责，负责对企业开展的数据治理工作的战略符合性、行为合规性等进行内部审计、检查，可对重大事项出具监督意见。

监督层的主要职责如下：

（1）负责对决策层针对数据治理重大事项做出决策的过程进行监督，确保决策过程符合法律及企业规章制度的相关规定。

（2）负责对管理层制定的工作计划、各项预算、管理制度等工作进行监督，确保管理过程合法合规，且与企业数据战略方向一致。

（3）负责对执行层具体落实数据治理各项工作的过程进行监督，确保执行结果符合预期。

（4）负责定期配合审计部门对数据治理相关项目、操作行为、资金流向等进行全面审计，及时发现违规行为或潜在风险。

（5）负责在考核评价过程中提出在监督过程中发现的问题，并参与实际的考核评价过程。

6.3 制度规范

2022年，《中共中央 国务院关于构建数据基础制度更好发挥数据要素作用的意见》（又称"数据二十条"）对外公布。"数据二十条"的出台，有利于充分激活数据要素价值，赋能实体经济，推动高质量发展。"数据二十条"鼓励企业创新内部数据合规管理体系，不断探索完善数据基础制度，以及提出构建数据产权、流通交易、收益分配、要素治理等制度。

为了响应国家的各项政策指导，保障组织架构的正常运转和数据治理各项工作的有序实施，企业需要建立一套涵盖不同管理颗粒度、不同适用对象，以及覆盖数据治理过程的制度体系，从"法理"层面保障数据治理工作有据、可行、可控。数据治理制度包括对数据治理工作管理初衷的简要说明和相关基本规则。不同组织的数据制度差异很大，数据治理制度应该相对较少，并且尽量采用简单、直接的表述。

6.3.1 数据治理制度框架

企业可将数据治理制度融入企业数据治理制度体系，以及参考业界经验，根据数据治理组织架构的层次和授权决策次序形成统一的数据治理制度框架。数据治理制度框架分为数据政策（或管理规定、管理大纲）、管理办法（或管理制度）、实施细则（或管理细则、规范）和操作手册（或操作规范）共4个梯次。该框架标准化地规定了数据治理各职能域内的目标、遵循的行动原则、完成的任务、实行的工作方式、采取的一般步骤和具体措施，如图6-3-1所示。

1. 数据政策

数据政策是企业数据治理的纲领性文件，是最高层级的数据管理制度决策，是落实数据资产管理各项活动必须遵循的最根本原则。

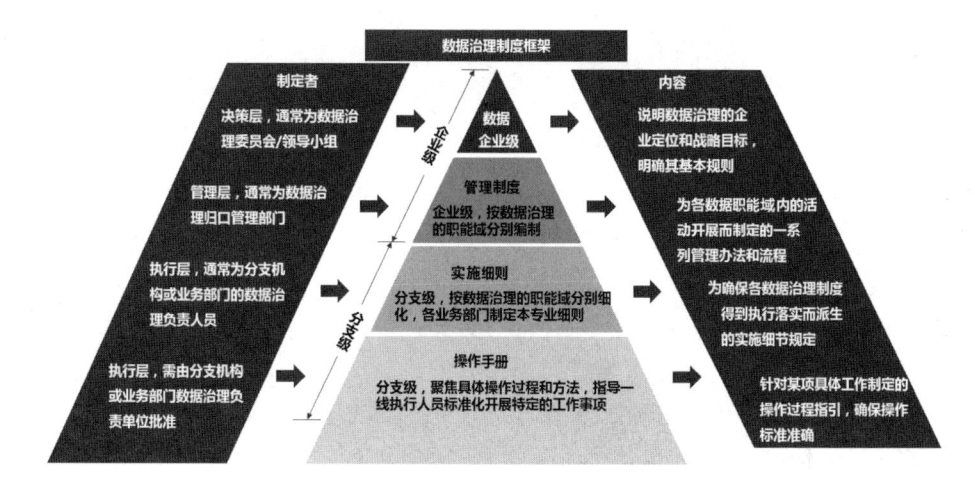

图 6-3-1 数据治理制度框架

数据政策既贯穿于整个企业的组织和业务结构，也贯穿于企业数据创造、获取、整合和使用等过程，其内容包括数据资产管理及相关职能的意义、目标、原则、组织、管理范围等，从最根本、最基础的角度规定了企业在数据方面的规范和要求。

数据政策应当符合企业的数据战略目标，数量不宜太多，内容描述应当言简意赅、直击要点。

数据政策一般由企业决策层的数据治理委员会/领导小组发起，组织相关专业人员起草，并在整个企业范围内进行广泛讨论、评审、完善。数据治理委员会/领导小组负责进行终审，并正式发布执行。数据治理委员会/领导小组也可以授权委托数据治理归口管理部门组织执行以上工作。

2. 管理制度

数据治理的管理制度是基于数据政策的原则性要求，且结合企业和业务特点制定的数据治理职能范围内的总体性管理制度。它的目的是确保数据治理的管理层对准备开展或正在开展的数据治理相关活动进行有效控制，并作为行为的基本准则为后续各角色的职责问责建立依据。

数据治理管理制度清晰地描述了数据资产管理各项活动中所遵循的原则、要求和规范，各级单位和机构在数据治理工作中必须予以遵守。数据治理管理制度从形式上包含章程、规则、管理办法等。

数据治理管理制度一般根据职能域进行划分，与企业准备开展的数据治理实际工作相关。例如《数据标准管理办法》《数据质量管理办法》《元数据管理办法》《主数据管理办法》《数据安全管理办法》等。这些文件为数据治理不同职能域建立了规范性要求，内容一般包括目标、意义、组织职责界定、主要管理要求、监督检查机制等。

数据治理管理制度中的所有规定和要求都必须符合数据政策规定，不应与数据政策所确立的基本原则相违背。

一般情况下，企业开展数据治理的相关活动会早于数据治理管理制度的制定。因此，数据治理管理制度需要对已开展的数据治理活动进行引导：从纷乱无章向统一有序引导。数据治理管理制度的建立并不是推翻现有的工作机制，而是在标准化要求下对当前各项数据治理活动的规范化构建和重组。

数据治理管理制度由数据治理归口管理部门负责组织编写。考虑到数据治理职能活动的差异，应当成立一个专门的制度编制小组承担具体的编制工作。由于数据治理活动的开展通常早于数据治理管理制度的制定，不少的业务部门或分支机构中的人员也广泛参与其中，所以制度编制小组的成员不应该仅仅来源于归口管理部门或技术部门。企业应该更多地吸纳其他业务部门和分支机构中的人员，允许其为了本机构、本专业的利益对数据治理管理制度提出相应的要求。但最终，数据治理管理制度必须站在整个企业的高度和角度来评判和衡量数据治理管理措施的有效性，目的是保证企业数据质量符合数据需求方的使用要求。

3．实施细则

数据治理的实施细则是已有的企业级数据治理管理制度的从属性文件，用于补充、解释特定活动或任务中描述的具体内容，进一步确定后续步骤里的具体方法或技术，或管理制度相关要求与不同业务部门、分支机构实际情况的结合和细化，以便促进特定领域或范围内具体工作的可操作化。

实施细则一般是本地化的。但这并不意味着组织结构比较简单、不存在分支结构的企业不需要实施细则。

实施细则可以分成两类。一类是针对企业级数据治理管理制度在各业务领域落地的细化要求，需要结合各业务领域的数据现状、组织架构、工作方式等，不同业务领域存在一定的差异。这些实施细则是在企业统一要求的基础上由业务部门本地化定制的，是所有企业都应当制定的。另一类是企业级数据治理管理制度在各分支机构的细化要求，其同样是企业统一的管理要求与各分支机构的实际情况结合后指导具体落地工作的文件。这些对不存在分支机构的企业来说是不需要考虑的。

从另外一个角度看，实施细则是管理制度的进一步细化，可依据实际情况而建立，不是所有的制度都必须制定单独的细则。如果一家企业制定的管理制度足够详细，足以指导整个企业具体的数据治理执行工作，那么并不一定需要实施细则。具体衡量的标准还是现有的规范性文件能否约束和指导实际的工作，是否需要通过实施细则来进一步补充细节。

实施细则一般由业务部门或分支机构的数据治理负责人组织编制，参与人员为本单位与数据治理相关的专业人员。实施细则的编制必须符合该领域管理制度的规定，各种细化的、本地化的执行要求不应确立的企业级数据治理要求相违背。

4．操作手册

操作手册是针对数据治理执行活动中的某个具体工作事项制定的，用于指导具体操作的文件，是在执行特定活动中需要遵守的操作技术规范。

操作手册的内容和形式均不固定，一般包括需要不同角色遵循同样的标准化要求的场景，或多个制度执行活动中共同调用的相关标准。

操作手册的内容应当符合管理制度和实施细则中的要求，可根据在实际执行数据治理过程中的标准化需求而不断新增、删减及持续优化完善。

企业可以参考业界经验，根据数据治理组织架构的层次和授权决策次序形成统一的数据治理制度体系。如图 6-3-2 所示为某制造业的数据治理制度体系范例。

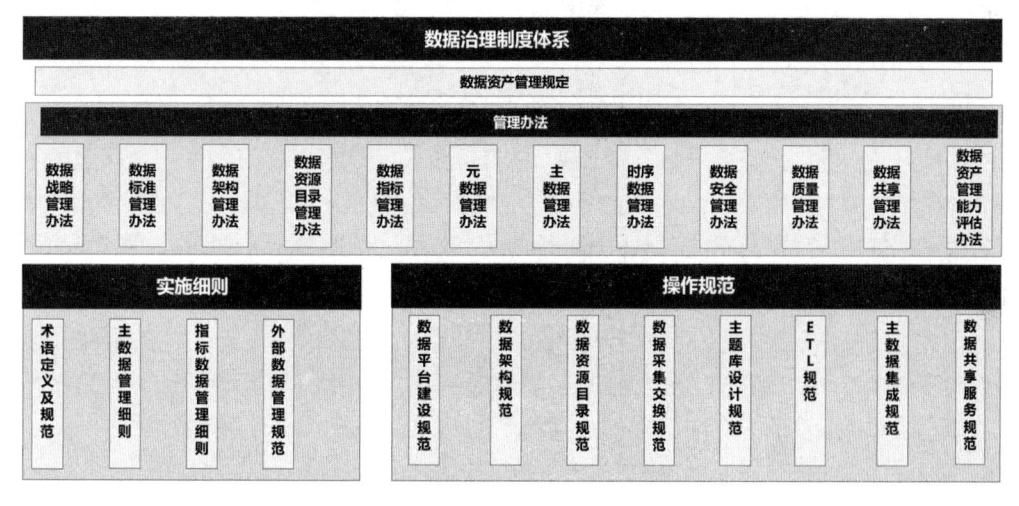

图 6-3-2　某制造业数据治理制度体系范例

6.3.2　数据治理管理制度的修订

数据治理管理制度的制定并不是终点，只是对企业开展数据治理工作进行约束和管控的开始。从这个意义上看，数据治理管理制度需要根据企业自身及数据治理工作的需求变化而变化，这就要求企业对数据治理管理制度进行适时的修订，以符合实际工作的发展需要。所以，数据治理管理制度与数据治理实施总是处在不断的匹配过程中，而且数据治理管理制度往往是滞后的一方。

1. 修订的时机

数据治理制管理度的修订需要适当的时机，过于频繁的修订会对日常工作造成不良影响，而过于滞后的修订会造成实际工作与制度不匹配，无法实现有效的约束。

通常比较合理的修订时机有如下几个：

（1）当与数据管理相关的法律、规程废止、修订或新颁布，对企业数据治理工作产生较大影响时。

（2）当企业组织结构和运营体制发生重大变化时。

（3）当内外部监督或审计单位提出相关整改意见时。

（4）当在安全检查、风险评价过程中发现涉及规章制度层面的问题时。

（5）当分析重大事故和重复事故原因，发现是由制度性因素造成的时。

（6）其他相关时机。

2. 修订的原则

企业在修订数据治理管理制度时，应遵循以下 3 个原则：

（1）辩证统一原则。坚持"稳"与"变"的辩证统一。数据治理管理制度在修订过程中既要有针对新需求的内容新增，也要保持较强的一致性和稳定性。一方面，企业要不断适时地用最新、最适用的制度代替已不适应现状的制度；另一方面，数据治理管理制度的变化应当循序渐进，尤其是层级越高的制度的修订应当越谨慎。

（2）先立后破原则。对企业数据治理管理制度的修订要采取"先立新，再破旧"的顺序。在条件尚不成熟，新制度尚未出台之前，应继续按原有制度执行，待新制度正式确定以后再废除旧制度，以保持制度的连贯性、稳定性，保证企业数据治理活动的正常开展。

（3）消除例外原则。数据治理管理制度的修订要能准确识别"例外"和"偶然"事件。因此，在出现"例外"和"偶然"事件的情况下，管理者要善于运用标准化原理，用管理制度来指导对"例外"与"偶然"事件的处理，并适时将"例外"和"偶然"事件纳入管理制度，使其成为常规管理的一部分。

3. 修订的过程

在实际工作中，在制度内容修订比例不高的情况下，数据治理管理制度的修订过程主要有以下 5 步。

（1）明确修订目标，即明确本次修订需要适应或解决当前制度存在的什么问题，通过修订达到什么效果。

（2）补充必要数据及信息，针对本次修订的内容补充日常工作中积累的相关数据、材料或信息，为修订提供基础。

（3）起草修订稿，并对制度修订前后的效果进行对比分析。

（4）征求意见，即在合理的范围内对修订的内容进行意见征集，采纳合理意见并进一步完善修订稿。

（5）签审发布。

在起草修订稿时，需要特别慎重，要充分考量修订部分的内容怎样才能与企业各方面的制度保持协调，怎样避免出现顾此失彼的情况。如果对一个制度的修订造成了同其他管理制度矛盾，则势必给企业数据治理工作带来混乱。

在特殊情况下，企业可随时对制度进行修订，但一般不宜过于频繁。如果无特殊情况，则企业可在每年年末对现有制度进行年审，并根据年审结果考虑是否需要进行修订。

6.4 执行流程

6.4.1 数据治理总体流程框架

要想真正把数据作为企业有价值的资产来管理，就必须像管理财务、人力资源等业务一样进行数据治理，这就要求企业需要在明确数据治理管控目标的基础上，建立数据治理相关的工作流程。例如，财务的日常工作由多个核心业务流程组成，包括应付账款、应收账款和财务计划等。合理设计数据治理的核心工作流程，将极大地帮助和规范各部门、各机构在数据治理的各个阶段、各个领域的任务衔接和协调。

在具体的执行工作中，数据治理工作包含了众多的业务流程，包括标准和规则的制定，预期的数据清洗、修复、保护、协调、授权等一系列工作流程。但从数据治理整体工作来看，这些具体的工作流程又可以被归纳并划分为 4 个环节，包括定义、发现、实施、衡量与监测。这 4 个环节可重复执行，形成一个闭环的数据治理流程体系，并且这 4 个环节并不是严格意义上的前后衔接关系，而是可以根据企业业务的不同和数据治理阶段的不同，包含一些并行的活动，如图 6-4-1 所示。

（1）定义。定义环节首先定义数据与业务相关的背景、分类及相互之间的关联关系，其次定义实施数据治理工作所需的政策、规则、标准、流程及评价策略。如上所述，此环节与发现环节可阶段性迭代并行。

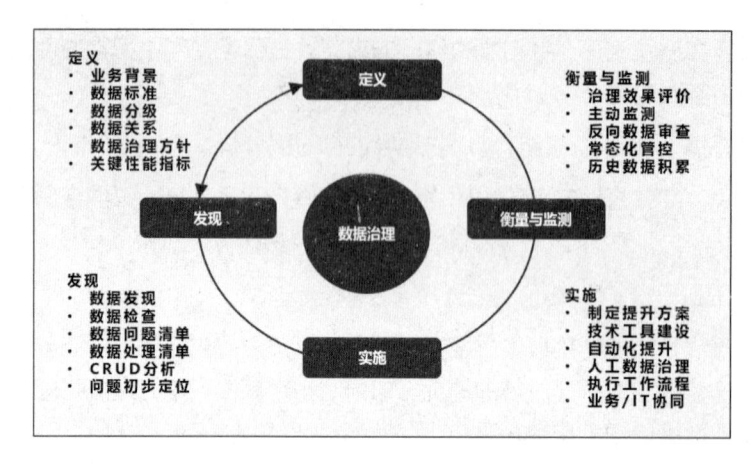

图 6-4-1　数据治理总体工作流程

（2）发现。发现环节主要获取当前企业数据在其生命周期中的状态、相关业务流程、组织和技术支持能力，以及数据本身的状态，并根据定义阶段明确的数据治理策略、标准、规则等来对企业现状进行全面对比检查，发现数据治理工作需要解决的问题，形成问题清单，然后通过 CRUD 分析方法初步定位问题的原因，为后续数据治理工作的实施建立基础。此环节以"发现驱动定义"的形式与定义环节可阶段性迭代并行。

（3）实施。实施环节的目标是根据前两个环节的结果来执行具体的数据治理工作，并确保数据治理工作与定义和发现环节确立的所有数据治理政策、业务规则、管理流程、工作流程、角色职责相符，最终解决问题，提升数据治理的水平。

（4）衡量与监测。衡量环节主要是获取并衡量数据治理和管理工作的有效性及价值；监测环节主要是建立后向的实时管控机制，形成对数据治理过程及其后续各项工作的常态化闭环管理机制，使数据资产及其生命周期透明并可审核。

以上是企业开展各个领域数据治理工作的完整过程，通常情况下，这 4 个环节中如果有缺失的环节，则数据治理工作是无法达到预期效果的。

以改进数据项（比如"电话号码"字段）的质量或安全性的实验性数据治理项目为例，必须要按照数据治理总体工作流程的 4 个环节来制定相应的解决方案，并在实际工作中执行。其过程包含对"电话号码"这个字段的业务定义、规则定义、关系建立、质量检查、问题发现、问题验证、质量改进、常态化监测等一系列过程，最终确保对"电话号码"这个字段的数据质量有明显提升。

6.4.2　数据治理典型场景的流程

在实际工作中，根据涉及的数据范围、应用类型、业务专业领域的不同，数据治理存在着多样化的实施场景。这些场景表面上看起来差异很大，但其核心过程仍旧遵循数据治理总体工作流程。

本节选择数据治理的 3 个即典型流程来详细介绍。

（1）数据标准管理流程：即定义、审批、颁布、使用、反馈与维护全局数据标准的工作流程。

（2）数据质量管理流程：即数据质量检查项制定，以及数据质量问题发现、分析、改善、反馈的工作流程。

（3）数据安全分级和授权流程：即数据安全分级和授权工作的标准制定、审批、落实、反馈与维护的工作流程。

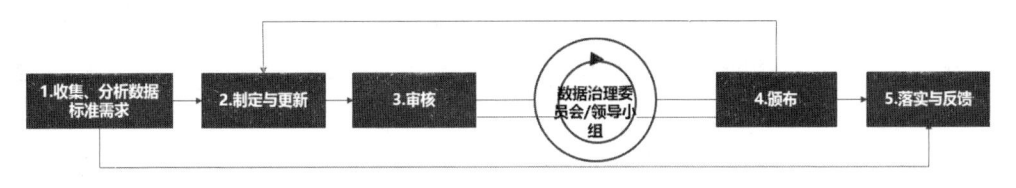

1．数据标准管理流程

数据标准管理流程是一套相对稳定的工作流程。数据标准管理流程可以分为 5 大阶段，如图 6-4-2 所示。

图 6-4-2　数据标准管理流程

数据标准管理流程各阶段的具体说明如下。

（1）收集（定义、发现）、分析数据标准需求：数据标准管理单位收集和分析数据标准定义的需求，判断是否需要新增或修改数据标准定义。

（2）制定与更新（实施）：数据标准管理单位在各业务部门的参与下，初步制定或修改数据标准定义，提交数据治理委员会/领导小组会议审核。

（3）审核（实施）：由数据治理委员会/领导小组对新的数据标准定义进行审核；根据审核中提出的意见，由数据标准管理单位进行相关定义的调整。

（4）颁布（实施）：数据标准管理单位颁布更新后的数据标准定义。

（5）落实与反馈（衡量与监测）：技术部门将数据标准定义落实到具体工作中，在落实过程中发现并反馈存在的问题，在结束之后进入下一个循环。

2．数据质量管理流程

数据质量管理流程是一套以可衡量的数据质量标准为基准的数据质量问题处理流程。

数据质量管理流程可以分为 6 大阶段，如图 6-4-3 所示。

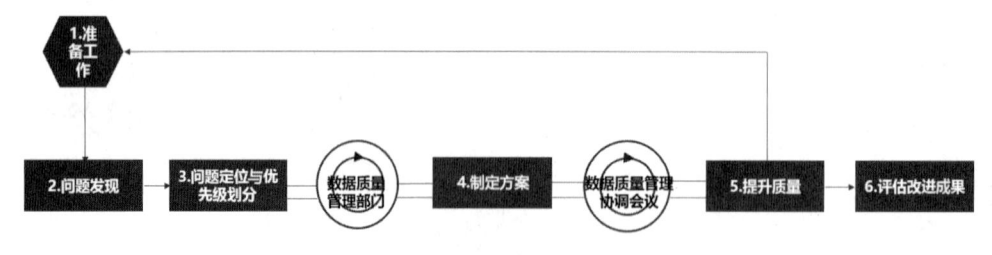

图 6-4-3　数据质量管理流程

数据质量管理流程各阶段的具体说明如下。

（1）准备工作（定义）：由数据质量管理部门牵头，协同业务部门和技术部门的相关人员制定数据质量指标、设置检查点并开展其他准备工作。

（2）问题发现（发现）：通过设定的数据质量标准和规则，由技术部门和业务部门检查、发现并反馈数据质量问题。

（3）问题定位与优先级划分（发现）：由数据质量管理部门收集数据质量问题，与作为数据使用者的业务部门一起确定数据质量问题的实际情况，根据问题的影响程度等多方因素，初步划分问题解决的优先级。

（4）制定方案（实施）：梳理需要优先解决的数据质量问题，由数据质量管理部门制定初步解决方案后，组织相关业务部门、归口管理部门、技术部门等共同评审，并确定最终解决方案。

（5）提升质量（实施）：组成专题工作小组，数据质量管理部门召集业务部门和技术部门的相关人员一起分析解决方案，由专题工作小组负责落实解决方案，提升数据质量。

（6）评估改进成果（衡量与监测）：业务部门负责评估数据质量的改进成果，数据管理员更新数据质量问题的追踪状态，结束之后进入下一个循环。

3．数据安全分级和授权流程

数据安全分级和授权流程是一套相对稳定的工作流程。此处涉及比较通用的数据安全分级和授权工作的流程。

数据安全分级和授权流程可以分为 5 大阶段，如图 6-4-4 所示。

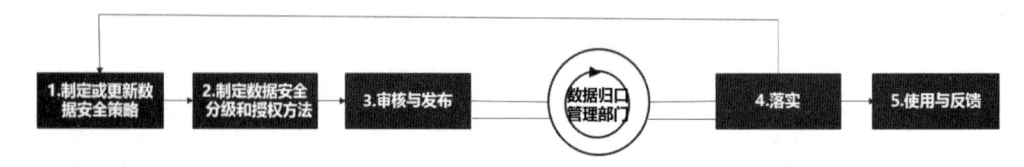

图 6-4-4　数据安全分级和授权流程

数据安全分级和授权流程各阶段的具体说明如下。

（1）制定或更新数据安全策略（定义）：数据安全管理部门根据业务需求对应的数据需求，制定数据安全策略，继而制定与具体数据对应的数据安全分级与用户授权。

（2）制定数据安全分级和授权方法（发现）：根据业务部门在使用数据中反馈的相关意见更新数据安全策略及相关清单，并把制定或更新的结果提交给归口管理部门审核。

（3）审核与发布（发现）：归口管理部门审核数据安全策略及相关清单，做出必要调整，经有关管理层审批之后，签署发布。

（4）实施（落实）：技术部门通过系统开发等方式，落实数据安全策略，实现数据安全分级，制定授权清单。

（5）使用与反馈（衡量与监测）：业务部门在日常工作中也需要根据权限落实与之相关的数据安全分级和授权方法，并且通过使用信息系统等方式，评估数据安全策略及相关方法中数据安全分级和授权的合理性和有效性等，对数据安全策略及相关方法的整体效用进行评估，并提出必要的反馈意见。

6.5 设计机制

所谓数据管控机制，即通过建立数据治理的组织、角色、制度、流程，使数据治理这项工作得到执行和落实。它是数据治理工作得以有效开展的重要保障。数据治理执行的最终效果是衡量机制落实的标准。

数据管控通常包括以下 6 种机制。

1．决策机制

决策机制是其他机制的基础，而且又贯穿于各机制的始终。决策机制在组织中主要体现为：决策层应裁决重大争议、审批各项规划，以及各职能的管理办法；管理层应统一准备决策所需的材料；执行层应按照管理组织的要求提供信息和素材等。

2．监督机制

在执行数据治理各项工作时，需要对执行过程和结果进行监督。监督层应出具年度监督计划，根据数据资产管理工作进度，监督数据治理工作是否有效执行，出具监督报告，并保存整改报告或记录文档。

3．保障机制

数据治理工作的开展需要依赖技术平台的支撑，对数据治理相关技术平台的管控需要建立相应的技术规范。技术规范是保障可持续管理技术平台的重要基础。技术平台和技术规范将为数据管控的有效运行提供强有力的保障。

此外，资金的保障也是保障机制中的重要一环。由于数据治理工作内容繁多，项目也相应较多，企业在制订资金计划时应当充分考虑保障重点工作的开展，并建立资金统筹优化机制，及时根据数据治理工作的开展情况对资金进行再分配。

4. 认责机制

认责机制是根据关键数据治理对象，确定各数据治理对象的最终负责部门，由其负责数据资产标准的建立、数据质量问题的发现和分析、数据资产的日常维护等工作。

数据治理工作覆盖整个数据生命周期，因此数据责任也必然存在于数据生命周期的各个环节中，应当由参与到数据生命周期中的数据提供方、业务管理方、数据操作方及技术支撑方等角色分担。

- 数据提供方：主要负责提供高质量的数据、维护数据供应目录、分配合理的数据权限等。
- 业务管理方：主要负责明确统一的数据定义，制定数据标准、安全保障要求和规则，监控业务系统相关数据问题并及时解决。
- 数据操作方：主要在数据录入、加工、处理等操作过程中负责执行数据管理规则，生成各项数据并解决相关数据问题。
- 技术支撑方：主要负责为数据管理提供技术支持，推动数据架构、标准和规则等内容的落地，对因技术缺陷、性能缺陷等问题造成的数据问题负有直接责任。

对于数据认责工作的开展主要有以下通用步骤。

首先，梳理认责数据范围，即明确对哪些数据进行认责管理。企业必须根据自身的数据量来制定数据认责的范围，尤其对数据量巨大的企业来说，这一步不可能一蹴而就，需要分批次进行。在认责数据项的梳理和筛选上可采用"问题+价值"双驱动的策略，即优先对问题多发且对业务影响较大的数据项开展认责管理，通过责任落实提升数据质量，从而控制和解决问题。

其次，建立数据认责矩阵，即建立各项数据责任与机构、岗位、人员之间的对应关系，将相关数据责任落实到对应岗位人员的日常工作和操作中。

最后，数据责任的落实通常可以与数据质量整治工作结合进行，在明确各岗位人员的数据责任的同时，还要明确责任落实要求。例如数据录入责任与数据项录入规范同步执行，通过规范录入行为及纠正录入错误强化员工的责任意识。

5. 激励机制

运用多种激励手段可以使各岗位员工的行为规范化和标准化。激励手段包括精神激励、薪酬激励等。决策层应建立相应的激励机制，并发布明确的激励标准和原则。

企业可以建立数据治理工作的奖励机制，对在数据治理工作中表现突出、业绩优秀的集体和个人予以精神及物质层面的表彰。

企业也可以建立数据治理创新激励机制，鼓励各部门和单位推进数据治理方法的创新，以及推广典型经验，对产生明显提升效果的创新案例进行奖励。

6．沟通机制

沟通机制用于明确各组织的日常沟通方式、沟通频次、沟通内容，至少需要包括管理层向决策层的汇报机制和执行层向管理层的汇报机制。沟通内容包括但不限于数据治理整体及部分工作的开展状况，如数据质量专项提升情况、主数据质量提升情况、数据安全管理达标改进状况等。

在实际工作开展中，管理层至少应当在组织执行层建立月度例会机制，及时掌握各部门和单位的工作进展，讨论和解决实际工作中存在的问题。

6.6　考核体系

数据治理工作考核用于保障数据治理制度的落实，是一种正式的员工工作评估制度，其通过系统的方法、原理来评定和测量员工在一段时间内与数据治理相关的工作行为和工作效果，进一步激发员工的积极性和创造性，提高员工的责任心和基本素质。

数据治理工作考核的最终目的是引导和激励员工承担数据治理工作责任，使员工的行为符合企业的核心理念，在企业中形成"竞争、激励、淘汰"的良性工作氛围，在实现数据治理目标的同时，提高员工的满意程度和成就感，从而确保企业的战略目标的有效实现，最终达到企业和个人发展的"双赢"。

企业应构建明确的数据治理工作考核体系，制定相应的考核办法，并把数据治理工作考核纳入企业的年度考核中。通常由数据治理归口管理部门负责制定数据治理工作考核指标，在上报企业决策层审批后下发执行。

在实施考核之前，需要具备以下前提条件。

（1）企业高层必须对考核工作予以高度重视和支持，否则即使有好的方案也会流于形式。

（2）必须要有清晰、明确并且可量化的数据治理目标，通过组织内部自上往下地逐层传递，使各部门、各岗位的员工目标统一，共同实现数据治理目标。

（3）合理的组织结构、清晰的责权利及流畅的业务流程也是成功构建数据治理工作考核体系的关键因素，完善的岗位职责体系是衡量各岗位员工绩效的基础。

结合以上3点前提条件，数据治理工作考核体系的构建需注意以下几个方面：

（1）以数据质量提升目标为根本，以结果为导向。

（2）考核指标尽量量化，并且能有客观的数据和技术支撑。

（3）所有与数据治理相关的人员都应积极参与。

（4）结果与过程考核相结合，既要看最终结果，又要看过程。

（5）多种考核方法综合运用，例如KPI考核+关键事件法+360°综合评价。

（6）考核结果要与薪酬挂钩，达到激励作用。

（7）加强沟通和培训，因为沟通是贯穿整个考核管理始终的，只有通过有效沟通，才能引导员工积极主动地改进数据治理工作。

在明确以上前提条件及注意事项后，需要有具体的实施步骤和措施，可归纳为4个步骤：制定考核方案、确定考核指标、明确考核标准、开展考核评估。

1．制定考核方案

考核方案是考核的纲领性文件，不仅要制定好，还要进行广泛的宣传；不仅要让各级管理者清楚，还要让全体员工清楚；不仅要让领导同意，还要让绝大多数员工接受。

年度考核方案一般要在上一年年末完成，主要包括考核的基本原则、考核形式、考核内容、考核分工、考核程序、考核周期、考核数据来源、数据审核部门；还需要明确考核周期、考核指标调整原则，以及对各级统计人员、数据人员、考核组成员的纪律要求。

除以上内容外，还要同时向各单位、各部门下达考核表，考核表中包括具体的考核指标、考核标准；还要明确"分级考核"的原则，企业考核只面对各个单位，分公司考核只面对部门，部门考核要落实到个人。

2．确定考核指标

考核指标设定的原则是"量化为主、定性为辅"，能量化的考核指标就纳入考核方案，不能量化但有明确标示且不被误解的考核指标就定性描述，否则就不要纳入考核方案。考核指标主要包括两个方面：一是主要控制指标，二是基本工作任务。

考核指标的设定非常重要：设定过低，考核没有意义；设定过高，执行人员完成不了，反而没有了工作的动力。所以，考核指标的具体设定需要基于"适当先进"和"够一够"的原则，对各部门、各单位及各层级人员进行区分对待。

各项考核指标由数据治理归口管理部门制定并提交，由数据治理办公室审核，再经绩效考核专业组核查，然后上报决策层审定。同时，关于考核指标的准确性问题，由负责审核的职能部门进行判断。

3. 明确考核标准

考核指标确定后，可确定考核指标的权重和标准。对于考核项目，采取"只扣不加"的原则，即完成下达的指标和任务是必需的，完不成是不可以的，完不成就要接受处罚。各项规章制度不能只有原则，而没有具体的处罚标准。

4. 开展考核评估

数据治理工作的考核评估由数据治理归口管理部门负责，企业考核委员会的成员、考核组的成员参与评估，评估的内容就是对各个考核对象提报的考核结果进行审议，并对考核问题进行研究决策。

考核评估完成之后，要做两件事：一是下发考核通报文件，通报的内容有绩效考核、行为考核、专业考核的结果，明确改进意见，对下一次的重点事项提出要求；二是下发考核通知单，把具体的奖金数额，以及惩罚事项，分别发给各个被考核单位。

6.7 标准体系

数据标准是数据质量管理的基础与前提。长期以来，大多数工业企业重应用系统的建设，轻标准规范的制定，严重制约了企业内部数据的打通与共享。

企业可以参考《DAMA 数据管理知识体系指南（原书第 2 版）》《数据管理能力成熟度评估模型》（DCMM）、《大数据标准化白皮书》，以及《数据资产管理实践白皮书（6.0 版）》，并结合多家大型集团公司的数据标准管理实践，设计数据标准体系框架图。如图 6-7-1 所示为工业企业典型数据标准体系框架图，其中包含技术标准、数据标准、应用标准与管理标准（管控制度流程体系）。

- 技术标准：主要包括术语、总则、参考架构、技术架构等基础标准，以及描述大数据集、数据全生命周期中各环节的技术标准，如描述模型、质量模型、分类方法等。
- 数据标准：包括元数据、数据指标、主数据、数据代码、数据规范、时序数据、数据交易与数据共享等标准。目前，大型工业企业对于数据指标与主数据标准做得比较完善。数据指标覆盖企业经营管理与安全生产的方方面面，包含采购、生产、销售、库存、财务、人事、资产、设备、投资、市场、HSE（健康安全、环境管理体系的简称）、项目、工程等领域。主数据按主题分包括通用基础、单位、人事、财务、资产、物料、质量、项目、合同等领域，按行业分包括能源化工、航空航天等领域。
- 应用标准：按工业行业来编制，覆盖工业企业的各部门。一般而言，技术标准与数据标准可以参考国际标准和行业标准或者直接采标，但是具体的应用标准需要企业按照自身业务特点与需求来编制。

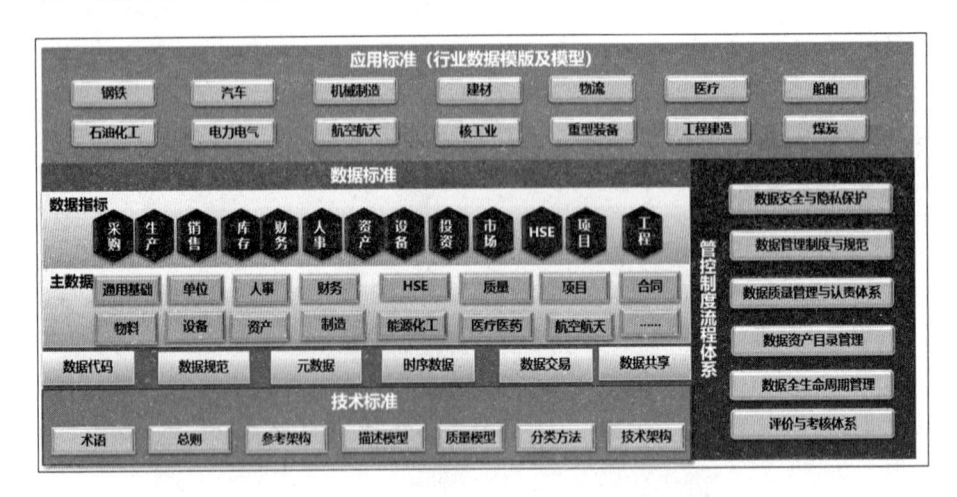

图 6-7-1　工业企业典型数据标准体系框架图

- 管理标准（管控制度流程体系）：是企业数据资产管理体系建设与落地的基本保障，主要包括数据管理制度与规范、数据安全与隐私保护、数据质量管理与认责体系、数据资产目录管理及数据全生命周期管理等。而评价与考核体系是闭环管理中最为重要的一环，特别是集团型企业，需要对各层级的数据治理工作进行评价、考核与激励。

本章精要

本章从企业构建有效的数据管控的需求出发，围绕数据治理管控的组织架构、制度规范、执行流程、设计机制、考核体系 5 个主要方面来具体阐述企业数据管控体系构建的过程及相关的管理要求，并结合实际案例，探讨在实现数据管控建设落地的过程中遇到的实际问题及应对方法，为企业构建符合自身特点的数据管控体系提供更好的参考，从而帮助企业有序地构建数据管控体系。

第 7 章 数据战略

7.1 数据战略概述

数据战略已成为企业精细化数据管理不可或缺的基础,只有切实落实好数据战略工作,才能提升企业数据质量、实现企业数据价值的升华,为企业数字化转型奠定基础。

数据战略是整个数据治理体系的首要任务,是企业开展数据治理工作首先应该考虑的事情。数据战略应由数据治理组织中的决策层制定,需要指明数据治理的方向,包括数据治理的方针、政策等。

战略是根据选择和决策的集合绘制出的一个高层次的行动方案,以实现高层次的目标。通常,数据战略是一个关于数据管理计划的战略,是提高数据质量,保证数据的完整性、安全性和可用性的计划。然而,数据战略可能还包括利用信息达到竞争优势和支持企业目标的业务计划。数据战略是企业数据资产管理的总体目标和发展路线图,指导企业在各阶段根据路线图中的工作重点开展数据治理和运营工作。

7.2 数据战略规划

随着企业对数据越来越重视,企业的数据治理发生了根本性的变化,它不再是一个完全在 IT 部门中实施的技术规程,而是在业务管理方面扮演着日益重要的角色。如今,对于"数据是企业重要的数据资产"这一理念,企业的各级领导已经基本达成共识,企业也逐渐接受单独编制数据战略的观点。数据由业务产生,又服务于业务,还能创造新业务,并支撑企业数字化转型。

简单地收集数据,甚至分析数据,并不是数据战略的终极任务。数据战略的核心在于如何从数据中获取有价值的信息。

要在企业中培育数据文化，最有效的一种方法就是让关键人员参与制定数据战略和实施数据战略。数据战略规划为数据管理工作定义愿景、目标和原则，是所有利益相关者达成的共识。企业要从宏观及微观两个层面确定开展数据管理及应用的动因，并综合反映数据提供方和消费方的需求。

7.2.1 数据战略愿景和目标

愿景是制定企业战略的起点，愿景的实现是企业的长期战略；目标是企业在短期内要达成的明确任务，目标的实现是企业的短期战略。企业数据战略目标的规划设计不仅要考虑"诗和远方"，也要考虑"眼前的苟且"。

例如一家零售企业，其数据战略是围绕零售业务开展的，即利用客户的数据，提升企业的客户服务的水平。其数据战略目标是提高开发客户/会员的能力和客户服务的水平，那么客户画像、行为预测、精准营销无疑该是该企业数据战略关注的重点。

企业首先要建立数据战略目标，维护和遵循数据管理战略；然后针对所有业务领域，在整个数据治理过程中维护此目标；接着基于数据的业务价值和数据管理目标，识别利益相关者，分析各项数据管理工作的优先权；最后制订、监控和评估后续计划，用于指导数据战略规划的实施。

企业的数据战略目标大致可以分为 3 个层次：满足基本的管理决策和业务目标（短期目标）、进行创新与转型（中期目标）、定义企业在数字化竞争生态中的角色和地位（长期目标）。这 3 个层次并不是不同企业制定的不同的数据战略目标，而是企业的数据战略在不同阶段、不同成熟度下的 3 个具体形态，如图 7-2-1 所示。

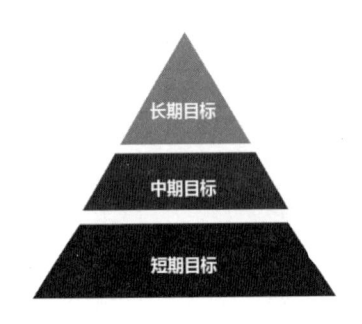

图 7-2-1 数据战略的 3 个层次

1. 第一个层次——短期目标

第一个层次是满足基本的管理决策和业务协同。通过解决企业在数据管理中的各类问题，可以满足决策分析和业务协同的需要。该层次的战略目标是解决企业最基础、最迫切需要解决、最能击中企业痛点的问题。随着多年的信息化建设，企业中建设了多套业务系统，而这些业务系统是由业务部门驱动建设的，如果缺乏顶层规划，则各系统各自为政、各成体系，成为信息孤岛，系统之间的数据不标准、不一致，导致应用集成困难、数据分析不准确。可以说，目前国内绝大部分企业都处于这个状态。而信息技术的发展速度又太快，如今已逐步形成了技术倒逼企业数字化转型的趋势。而高质量的数据资产无疑是企业数字化转型的基石。

2．第二个层次——中期目标

第二个层次是创新与转型。基于数据实现企业管理的升级和业务的创新，通过数据拓展新业务、构建新业态、探索新模式是企业数据战略的第二个层次，也是企业数据战略的中期目标。数据战略不再是企业战略的支撑，而是引导，或者说两者相互作用，"IT即业务"！对于传统制造企业，利用数据治理可以加速管理创新、产品创新、销售模式创新，例如利用数据治理加强集团管控、基于数据实现供应链协同和优化、基于市场预测实现创新的产品设计与快速上市等。对于服务行业，利用大数据探索服务的新模式，可以拓宽视野，实现服务模式的横向拓展、服务精度的纵向延伸。未来服务业的竞争将更加白热化，而数据资产的价值将愈发明显。

3．第三个层次——长期目标

第三个层次是定义企业在数字化竞争生态中的角色和地位。科技的变革将改变企业的业务形态和竞争模式，在未来的数字化竞争中，数字化将是不可被忽视的核心因素，企业数据战略的部署和实施，将决定企业在未来的竞争和数字化生态中是领导者、挑战者还是被淘汰出局者。"什么样的愿景，决定了什么样的未来"，企业数据战略规划一定要有未来的"诗和远方"。要将数据战略愿景融入企业行动方针和核心价值观中，勾勒出企业未来的蓝图。

7.2.2 数据战略规划基本原则

一般企业的数据战略按照下述基本原则进行规划。

1．数据战略与业务战略保持一致

企业的业务战略影响数据战略的方向和设计，数据战略目标应与业务目标和更高级别的治理目标保持一致。角色、收入共享、信任和控制是数据治理中的关键。数据治理中的角色指的是一种责任明确的数据认责方式，它允许企业保护数据和数据所有者、使用者的权利。收入共享是要求平台所有者应该考虑对数据贡献者的奖励。信任被认为是成功的先决条件，为了提高信任度，数据的高透明度在数据治理中至关重要。可以通过与平台用户共享决定权来提高信任度，否则，必须由平台所有者实施严格的控制机制，并且决策的结果或过程必须向所有用户开放。

2. 企业各级领导高度重视

明确数据战略规划不仅是企业"一把手"的任务，更是各级领导的重点任务。各级领导应对数据战略规划高度重视，进而确保数据战略规划能够顺利推行；要定期召开工作会议，及时了解项目进展状况，并按实施阶段参与项目审查、评估；同时抽调业务骨干与管理负责人加入数据战略设计项目组。

3. 业务全面配合

业务管理部门应积极配合项目实施，不应单纯地认为数据战略规划是 IT 部门的任务，而应认为它是一次业务管理上的革新。业务管理部门要与 IT 部门共同组成项目组，业务管理部门人员从未来业务开展与部门运营管理的角度提出建议，协助 IT 部门开展业务需求分析。业务部门要深度参与详细的流程梳理与优化工作，使优化后的流程满足业务管理部门的业务执行要求。

4. 加强规范管理

对于数据战略规划应做到统一领导、职责清晰、制度规范、流程优化。企业的数据治理工作应严格遵照企业统一制定的数据战略规划开展。在制度建设与流程优化方面，应由企业统一制定管理制度与流程规范，下属单位贯彻执行，企业总部对数据战略执行情况定期进行考核。

企业只有制定科学的数据战略，才能让数据治理工作循序渐进地进行，并持续优化，达到"数以致用"的目标。

7.2.3 数据战略举措选择

数据治理的范围和内容该如何选择，是摆在企业面前不得不回答的问题。企业应充分考虑以下几点因素：企业数据管理的痛点是什么？希望实现的目标是什么？实施数据治理能解决哪些痛点？数据治理项目的投资计划是什么？期望的投资回报率是多少？把以上问题都想清楚了，企业的数据战略定位也就清晰了——或选择全域治理，或选择个别亟待治理的主题。

比如企业先进行主数据治理，通过该项目建立财务类、客商类、物料类主数据标准，提升数据质量。之后，企业通过梳理、建立数据指标，可以更好地支撑企业数据指标共享与应用，提升数据指标质量，满足企业内部分析和外部监管要求。

7.2.4 数据战略模型工具

数据战略规划工具（包括方法和模型）有很多，例如战略地图、差距分析、SWOT 分析、PEST 分析、5W1H 分析、发展驱动力分析、波特五力分析、BCG 矩阵分析等。本书引用业界数据战略规划的两个经典模型：战略一致性模型和阿姆斯特丹信息模型。

1. 战略一致性模型

战略一致性模型将各种数据管理方法的基本驱动因素抽象化。模型的中心是数据和信息之间的关系。信息通常与业务战略、组织和流程相关。数据通常与信息系统、IT 战略相关，如图 7-2-2 所示。

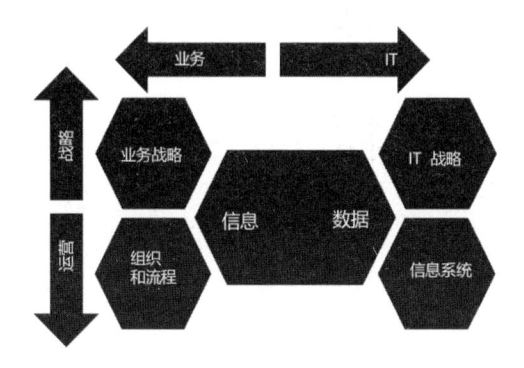

图 7-2-2　战略一致性模型

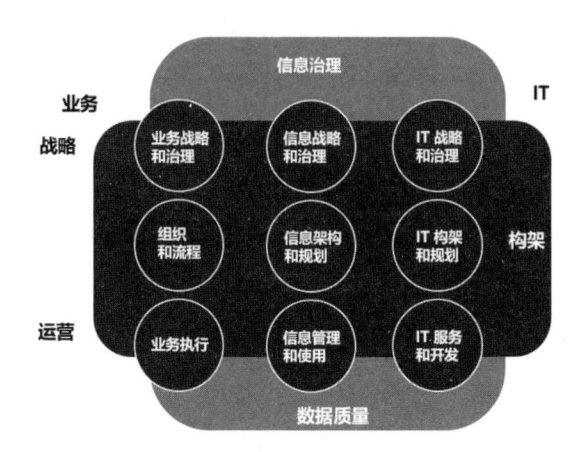

2. 阿姆斯特丹信息模型

阿姆斯特丹信息模型于 2010 年在商业 IT 联盟博客中被发布。阿姆斯特丹信息模型从战略角度考虑业务和 IT 的一致性，强调信息架构规划，提出信息治理和数据质量是必要性支撑。阿姆斯特丹信息模型中包含 9 个组件，其从横向（业务—IT）和纵向（战略—运营）描述了组件之间的关系，如图 7-2-3 所示。

图 7-2-3　阿姆斯特丹信息模型

7.3 数据战略实施

规划数据战略仅仅是第一步，如何在整个企业中落实和合理执行数据战略是难点。企业高层管理者应带头在企业内部培养数据文化，将数据视为企业最关键的资产之一。数据文化的建立必须从顶层驱动，并向下逐级贯穿到企业的每个层级。通过加强对业务部门信息化能力的培养，开展数据资产管理系列课程培训，可以培养员工的数据管理能力，提升全员对数据资产的全面认识。

数据战略的正确执行，需要从企业高层管理者开始。只有在高层管理者的支持下，才能创造出自上而下的连锁反应，让"数据就是核心资产"的意识渗透到企业的每一个角落。

数据战略的实施过程是企业完成数据战略规划并逐渐实现数据职能框架的过程。在实施过程中要评估企业数据管理和数据应用的现状，确定现状与愿景、目标之间的差距；依据数据职能框架制定阶段性任务，并确定实施步骤。

7.3.1 实施策略

数据战略实施策略回答了怎么做、由谁做、做的条件、成功的原因等问题，是数据战略的核心内容，也是"制胜逻辑"。数据治理项目涉及的业务范围广、系统范围大、参与人员多，并且是一个需要不断迭代、持续优化的过程，不能一蹴而就。那么数据治理项目该从何处入手？由谁来主导？谁来配合？怎样才能保证项目成功实施并能够取得效果？这些问题不好回答。根据笔者这些年见到、听到或亲身经历的数据治理项目，其成功或失败很大程度上是由这个"制胜逻辑"决定的。大多数失败的项目都可能会有以下几个特点：目标不明确、范围不清晰、主导人员分量不足、参与人员不够积极、过分迷信技术和工具、过度依赖外部资源等。做正确的事远比正确地做事更加重要，事前想清楚数据战略的"制胜逻辑"，要比事后总结教训的成本低很多。数据治理项目的成功一定是将以上因素有机整合，忽视任意一个因素都可能会影响数据治理的成效。

7.3.2 实施路径

数据战略实施路径是为落实数据战略目标或指导方针而采取的具有"协调性"的行动计划。行动计划解决了"谁""在什么时间""做什么事""达成什么目标"的具体问题。行动计划要具备可执行性、可量化、可度量，遵循 PDCA 的闭环管理，要定期进行复盘和检讨。数据治理项目建设过程需要企业高层管理者的高度重视并给予足够的资源支持，以及有经验丰富的顾问团队，需要技术部门和业务部门的通力协作，只有这样才能提高数据治理项目建设的成功率。然而，数据治理项目建设阶段的成功并不代表数据治理的成功，建设阶段的成功不是企业数据治理项目的终点，而是企业数据治理项目的起点。路漫漫其修远兮，企业数据治理需要的是持续运营。将数据治理形成规则融入企业文化，是企业数据治理的根本之道。

7.3.3 实施步骤

数据战略实施分为 6 大步骤，如图 7-3-1 所示。

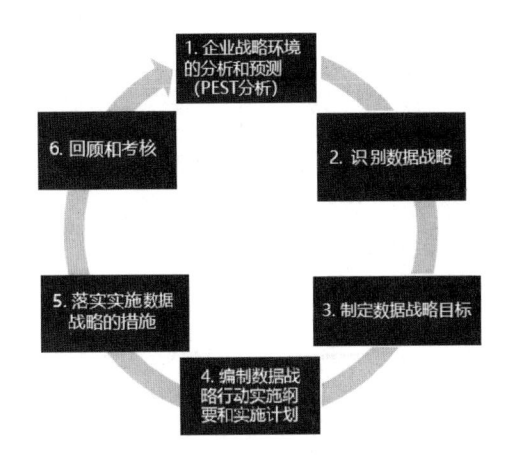

图 7-3-1　数据战略实施步骤

1. 第 1 步：企业战略环境的分析和预测

企业要分析影响企业数据战略的内外部环境。内部环境包括：企业的业务战略、相关政策，业务部门的现状和未来的发展方向；企业数据治理的成熟度，以及现行的数据治理对业务的支撑程度，要找出差距，明确改进和提升方向。外部环境包括：社会、经济、政治、文化、技术等各个领域现在或将来可能发生的变化情况。数据战略的制定要包括内外部环境的各个相关因素，使数据战略成为企业战略不可分割的重要组成部分。

2. 第 2 步：识别数据战略

企业还需要根据自身发展业务战略、信息化战略的要求来识别本企业的数据战略，因为数据战略来源于业务并服务于业务。例如一家生产制造企业，其数据战略是紧紧围绕企业的生产开展的，即通过数据治理实现"降低成本、提高效率、质量"的目标。其数据治理的需求始于数据所承载的业务价值，而非由技术或者 IT 驱动的，如图 7-3-2 所示。

3. 第 3 步：制定数据战略目标

数据是企业各部门共同拥有的资源和资产，数据不能"私有化"，应对数据资产进行集中管理，统一治理，按需使用，从而使数据资产的效用最大化。数据战略目标要以业务应用为目标，以数据管理为手段，在实现数据标准化管理的同时提升数据的应用效率，并确保数据的合规应用。

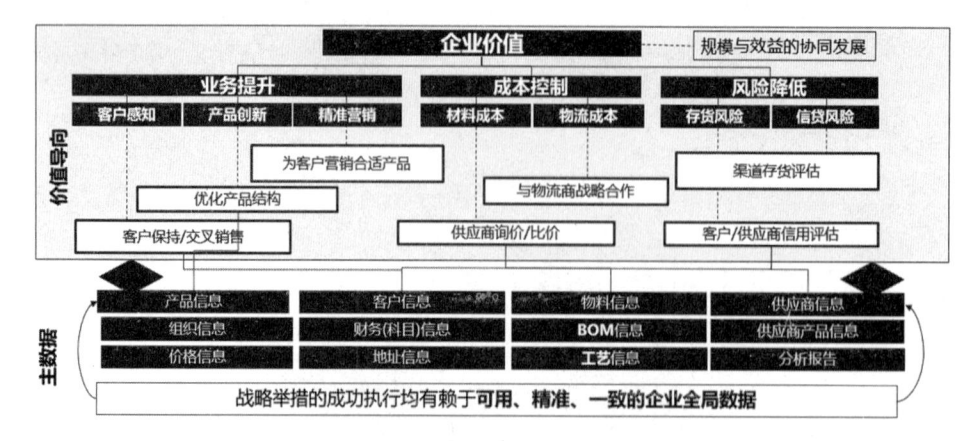

图 7-3-2　业务驱动的数据战略识别

现阶段，很多企业的数据资产管理仍是分散模式，各个部门在自己的业务领域内推进不同的应用场景，缺乏牵头部门对不同应用场景的整合管理。企业可根据自身的特点，提出数据战略的总体目标和阶段目标，并将其拆解为可评估、可衡量、可操作的目标。

4. 第 4 步：编制数据战略实施纲要和实施计划

企业要按单位、按部门进行数据战略目标的分解和细化，并制订每个细化目标的实施时间点和详细行动计划，确定每个行动计划的起止时间、负责部门/岗位/角色/人员、明确输入/输出成果。行动计划的制订要与企业实际情况相结合，做到可执行，可量化，可评估。

企业要编制数据战略实施纲要和实施计划，列明为实现各子目标应采取的具体行动措施，以及相应的责任。

数据战略实施纲要主要包括：

（1）实施数据战略纲要的现状和基础；

（2）指导思想、基本原则；

（3）总体目标、阶段目标；

（4）主要任务；

（5）配套机制及保障措施。

实施计划主要包括：

（1）按部门进行细化，并按具体时间段制订详尽的行动计划；

（2）对照数据战略目标的实现日期，确定每个行动步骤明确的起始时间；

（3）以各部门职责分工为基础，确定行动步骤的负责人；

（4）明确分阶段的短期目标。

5. 第 5 步：落实实施数据战略的措施

实施数据战略的措施是指为实现数据战略而建立的相关保障措施，主要包括数据管控体系和技术工具体系。数据管控体系包括数据治理组织、数据标准规范体系、数据管理流程、数据管理制度等。

6. 第 6 步：回顾和考核

数据治理的绩效考核主要是指对各相关部门的数据治理工作进行定性和定量的衡量、打分，并公布考核结果。绩效考核一方面是为了促进数据治理工作的有效开展，另一方面也是为了对数据战略目标进行验证，以发现问题和不足并及时实施改进措施，从而使数据战略目标不断地完善和优化。

下面总结了数据战略实施难点。

（1）与业务战略的关联关系不强；

（2）仅仅是"纸面工作"；

（3）目标太高、太大；

（4）缺少配套的资源；

（5）缺少可实施的路线图。

本章精要

数据战略不仅是企业"一把手"的任务，更是各级领导的重点任务，各级领导应对数据战略规划高度重视，进而确保数据战略能够顺利推行。本章首先阐述了数据战略规划的目标、基本原则、主要活动和主要内容；其次介绍了数据战略实施策略、实施路径和实施步骤。

第 8 章

数据架构

数据架构是数据管理和企业架构（Enterprise Architecture，EA）两大知识体系共同关注的重要内容，如图 8-0-1 所示。数据架构是用于定义企业数据需求、指导企业对数据资产的整合和控制、使企业的数据投资与业务战略相匹配的一套整体构建和规范。数据架构包括数据目录、数据模型、数据标准和数据分布与流向 4 个部分。数据架构的主要目标是，构建有效地管理数据，以及有效地管理存储和使用数据的系统。

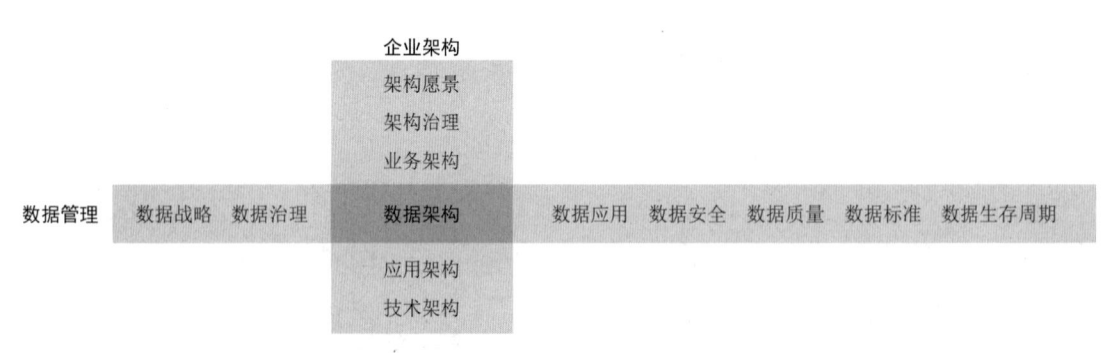

	企业架构	
	架构愿景	
	架构治理	
	业务架构	
数据管理　数据战略　数据治理	**数据架构**	数据应用　数据安全　数据质量　数据标准　数据生存周期
	应用架构	
	技术架构	

图 8-0-1　数据架构在两大知识体系中的重要位置

企业架构是指对企业信息管理系统中具有体系的、普遍性的问题而提供的通用解决方案，它是基于业务导向和驱动的架构来理解、分析、设计、构建、集成、扩展、运行和管理信息系统的。复杂系统是基于架构（或体系）的集成，而不是基于部件（或组件）的集成。指导企业架构的方法常见有 4 种：Zachman Framework、TOGAF、FEAF 及 Gartner 方法，其中，Zachman Framework 方法是把企业架构应该包含哪些内容说得最完整、最清楚的一个。

企业架构通常包含业务架构、数据架构、应用架构和技术架构等不同层次的架构领域，如图 8-0-2 所示。数据架构上承业务架构；数据是关于业务对象（注：业务对象是指业务管理的对象，如人、财、物、事等）的描述，应用产生数据，数据又在应用之间引用和流转；同时，数据的产生、收集、存储、处理和流转都需要技术架构的支撑。

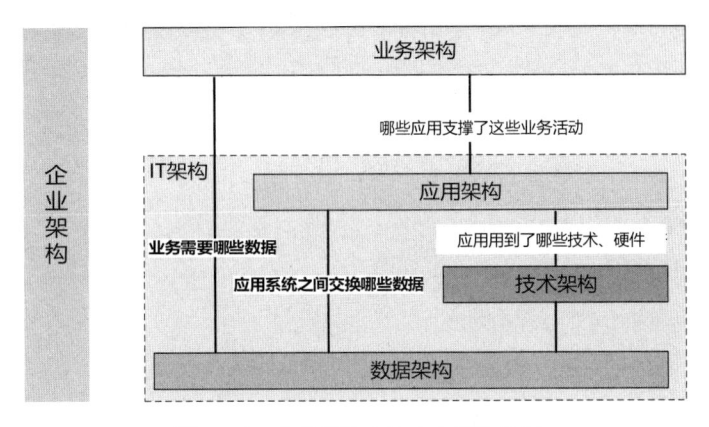

图 8-0-2　企业架构中的 4 大架构关系

数据架构的主要目标是有效地管理数据，以及有效地管理存储和使用数据的系统。数据架构是数据管理的基础。由于大多数组织拥有的数据超出了个人可以理解的范围，因此，企业有必要在不同抽象层级上描述组织的数据，以便让个人更好地了解数据，帮助管理层做出决策。

如今，"数据驱动"普遍成为企业的战略，企业架构和数据管理的终极目标就是打造更高效的价值流动，让正确的数据能够在正确的时间、正确的地点提供给正确的对象使用，为企业创造最大的价值。

8.1　数据架构概述

在国际标准 ISO/IEC/IEEE 42010:2011 中，将架构定义为描述了系统的基本结构，包括架构构成中的组件、组件之间的相互关系，以及管理其设计和演变的原则。

数据架构是一套规则、政策、标准和模型，用于管理和定义收集的数据类型，以及如何在组织及其数据库系统中使用、存储、管理和集成数据。数据架构是实现数据规划的载体，是揭示业务本质、描述企业中数据关系的全景视图，是统一数据语言、理顺数据关系、消除信息孤岛、建立数据互联的基础。企业数据架构的建立是一项系统化的工程，需要考虑到战略、沟通与文化、组织、工作方法、结果等多方面的内容。

数据架构的构件包括当前状态描述、数据需求定义、数据整合指引、数据管控策略中要求的数据资产管理规范。组织的数据架构是指不同抽象层级主要设计文档的集合，其中主要包括数据的收集、存储、规则、使用和删除等标准。

最为详细的数据架构设计文件是正式的企业数据模型，包含数据名称、数据属性和元数据定义、概念和逻辑实体、关系，以及业务规则。物理数据模型也属于数据架构文件，但物理数据模型是数据建模和设计的产物,而不是数据架构的产物。

在产品设计团队中,应该包括数据管理人员(如企业数据架构师或者战略数据管理员)。新产品的设计要以数据为基础,数据架构师通常要能承担这方面的职责。

数据架构师还要以一种能够为组织带来价值的方式对组织的数据架构进行设计,这种价值主要体现在合适的技术应用、有效的运营、项目效率的提升,以及数据应用能力的加强。数据架构师需要定义和维护的具体事宜如下。

(1)定义组织中数据的当前状态,提供数据和组件的标准业务词汇。

(2)确保数据架构与企业战略及业务架构保持一致。

(3)定义和描述组织范围内的数据战略需求、整合企业数据架构蓝图。

(4)高层级的数据整合概要设计。

8.1.1 数据架构组成

数据架构包括数据目录、数据模型、数据标准,以及数据分布与流向,具体介绍如下。

1. 数据目录

数据目录是以核心元数据为主要描述方式,按照资源分类索引和目录条目格式要求,对数据库中不同类型、不同层次的数据按照一定的分类体系进行编目,用以描述数据的特征,实现对数据的检索、定位。数据目录是企业数字化转型、构建数字孪生的基础;是实现数据共享、服务的基础;也是企业数据资产化、数据资产运营的基础。

通过数据目录,可以解决数据在哪里、数据由谁负责、数据如何用等一系列问题。数据目录就是按照数据的关联关系进行逐层汇聚,形成企业数据资产的分层框架。数据目录通常有 3 个主要作用:

(1)通过分层架构表达对企业数据的分类和定义。

(2)厘清企业数据资产,以便于对数据资产进行检索、定位、获取和使用。

(3)是建立企业级数据模型的输入。

2. 数据模型

数据模型是一种工具,用来描述数据的结构、数据的语义、数据之间的关系,以及数据的约束等。

从模型覆盖的内容颗粒度看,数据模型一般分为主题域模型、概念数据模型、逻辑数据模型和物理数据模型。

从模型的应用范畴看，数据模型分为组织级数据模型和系统应用级数据模型。组织级数据模型包括主题域模型、概念数据模型和逻辑数据模型；系统应用级数据模型包括逻辑数据模型和物理数据模型两类。

3. 数据标准

数据标准就是数据的命名、定义、结构和取值的规则。数据标准是指保障数据的内外部使用和交换的一致性和准确性的规范性约束，用于描述企业层面需要共同遵守的属性层数据含义和业务规则。

数据标准包括对象类数据标准和基础类数据标准。对象类数据标准包括数据分类、指标数据、主数据和参考数据、数据元和数据标签。基础类数据标准包括业务术语标准、业务规则、命名规范和代码标准。数据标准通常有以下 3 个主要作用：

（1）规范业务定义。

（2）统一语言，消除歧义。

（3）为数据资产梳理提供标准的业务含义和规则。

4. 数据分布与流向

数据分布就是针对组织级数据模型中数据的定义，明确数据在组织、系统和流程等方面的分布关系，以及权威的数据源。数据流向就是数据从一个系统中传递到另一个系统中，通过系统交互及存储的路径。从数据传递和加工的角度看，数据流向体现了控制流和数据流的方向。通过对数据分布与流向的梳理，可以定义数据相关工作的优先级，指定数据的责任人，并进一步优化数据的集成关系。数据分布与流向通常有以下 3 个主要作用：

（1）是数据在业务流程和 IT 系统中流动的全景视图。

（2）用于识别数据的"来龙去脉"。

（3）是定位数据问题的导航，包括信息链、数据流、数据源。

8.1.2 企业数据架构的主要问题

工业企业中具有大量的业务系统，如经营管理系统、客户关系系统、销售订单系统、生产控制系统、设备监控系统等。但大多数企业中并没有完整的数据架构管理策略，数据被分散在各个部门之间，没有统一的数据标准，横向打通十分困难，多年积累的大量数据不能对企业经营发挥应有的指导作用，严重影响了企业数字化转型的进展。其中主要存在的问题介绍如下。

（1）数据孤岛现象严重。不同部门和业务系统之间存在着大量的数据孤岛，数据无法有效地共享和集成，导致信息流通不畅和决策困难。

（2）数据标准不一，缺乏企业级的数据标准。各个系统自成体系，造成企业上下游之间的数据无法有效连通，例如，工程建设数据无法传递到业务运营阶段，加大了运营的难度。

（3）数据对企业来说不可知，缺乏企业数据全貌视图。数据被散落在各个部门、各个系统之间，企业对自身所拥有的数据资源不了解，更谈不上对数据的有效利用。

（4）数据模型不统一，缺乏企业级数据模型。企业中有大量外购的套装软件和委托第三方开发的软件，例如 ERP 软件、财务软件等，这些软件的数据模型大多是不开放的，掌握在厂家和开发商手中。企业如何管理这些数据模型，也是一个需要抉择的问题。

8.1.3　做好数据架构的意义

做好数据架构对企业来说具有以下几个重要的意义。

（1）支持数据驱动决策：在信息时代，用数据驱动决策成为企业成功的关键。良好的数据架构能够提供准确、一致和及时的数据，为决策者提供可靠的信息和洞察力，帮助企业迅速响应市场变化、发现商机和制定有效的战略。

（2）降低成本和风险：企业面临着大量的数据，如果没有有效的数据架构，数据可能被分散在不同的系统和部门中，导致产生数据孤岛、数据冗余和数据不一致的情况。通过建立统一的数据架构，可以消除数据孤岛，实现数据的集成和共享，降低数据管理和维护的成本。此外，数据架构还能提高数据的质量和可靠性，减少错误的决策和业务风险。

（3）促进创新和业务增长：数据架构能够支持企业的创新和业务增长。通过清晰的数据组织和关系，企业可以更好地发现数据中的价值和洞察，挖掘新的商机和创新点。此外，数据架构还能够提供灵活性和可扩展性，支持企业应对数据增长和新的业务需求，促进业务的拓展和创新。

（4）提高组织的协作和效率：数据架构不仅包括数据本身，还包括数据流向与分布。通过建立统一的数据架构，不同部门和业务系统之间可以实现数据的无缝集成和共享，促进组织内部的协作和信息流通。这有助于提高工作效率、减少重复的劳动，并加强团队之间的协同作业，推动企业的整体运营效率和生产力的提升。

8.2　数据目录

以数字化场景需求为切入点，构建以"数据"为核心的组织能力，最终实现数据驱动业务，是企业数字化转型的核心工作。如今，企业数据资产的应用由以传统的内部应用为主，发展为支撑内部和服务外部并重。数据资产在企业内部的应用场景一般包括管理优化、成本管控、决策支持、风险监控等；在企业外部的应用场景包括智能推荐、精准营销、舆情和风控、公共服务等。

然而，在数据驱动业务的过程中，企业遇到的普遍问题是找不到、看不懂、拿不到、用不好业务需要的数据！其中的主要困难包括企业的数据源种类庞杂、数据量及数据复杂度持续增长、数据质量良莠不齐、数据应用场景日趋复杂且多元化等，这个时候就需要使用数据目录。

数据目录以核心元数据为主要描述方式，按照资源分类索引和目录条目格式的要求，对数据库中不同类型、不同层次的数据按照一定的分类体系进行编目，用以描述数据的特征，实现数据的检索、定位与获取功能。

8.2.1 数据目录类型

数据目录是所有数据的系统性列表，以目录的形式展示企业中所有数据的组成。可以自动或者手动从不同的信息资源中抽取数据并生成需要的数据目录。信息资源包括任何数据湖、数据仓库、数据集市、生产系统数据库，以及其他被确定为有价值、可共享的数据资产实体。数据目录也可以是一种以用户友好的方式进行数据管理的工具，它提供了多层次的图形化展现，并具备适当的控制能力，满足业务使用、数据管理、开发运维等不同应用场景的查询和辅助分析需求。数据目录分为数据资源目录、数据共享与开放目录、数据资产目录和数据服务目录，如图 8-2-1 所示。

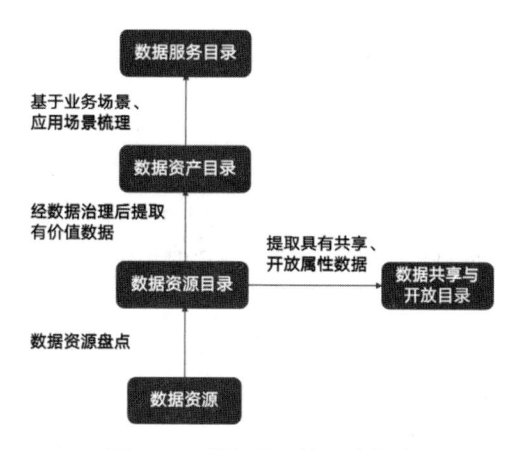

图 8-2-1 数据目录的 4 种类型

1. 数据资源目录

数据资源目录是依据规范的元数据描述数据资源，站在全局视角对组织所拥有的全部数据资源进行编目，以便对数据资源进行管理、识别、定位、发现、共享的一种分类组织方法，从而达到对数据的浏览、查询、获取等目的。

建立数据资源目录能够让用户准确浏览组织内所记录或拥有的线上、线下原始数据资源，如电子文档索引、数据库表、电子文件、电子表格、纸质文档等。数据资源目录是实现组织内部数据资产管理、业务协同、数据共享、数据服务,以及组织外部数据开放、数据服务的基础和依据。

要建立数据资源目录,首先要定义数据资源目录的元数据、目录分类编码等,以及制定元数据和目录分类编码标准,然后对组织内部的数据资源进行全面的调查和盘点,依据事先约定好的元数据和目录分类编码标准梳理数据资源目录。

2. 数据共享与开放目录

数据共享是组织内部因履行职责、开展相关业务需要使用组织内部所掌控的数据的行为。数据共享的主要目的是打破组织内部壁垒、消除数据孤岛,提高组织的数据供给能力、运营效率,以及降低组织的运营成本。数据共享目录即组织内部使用的数据目录。

数据开放是指组织按照统一的管理策略向组织外部有选择地提供组织所掌控的数据的行为。数据开放是实现数据跨组织、跨行业流转的重要前提,也是数据价值最大化的基础。对政府而言,数据开放主要是指公共数据资源的开放,对企业而言,数据开放主要是指披露企业运行情况、推动政企数据融合等。数据开放目录即组织提供给外部使用的数据目录。

数据共享目录和数据开放目录的主要区别在于数据属性和应用主体的不同。在数据资源目录的基础上,可以提取出带有共享属性和开放属性的目录,从而形成数据共享与开放目录。目前,数据共享与开放目录在政务领域的应用相对广泛。

如图 8-2-2 所示是某企业发布的新版数据共享与开放目录。

数据目录信息						数据共享属性		
数据资产编号	数据资产名称	数据资产英文名	一级系统分类	二级系统分类	三级系统分类	共享类型	共享条件/不共享原因	共享范围
DB001	水电站信息表	DABA_STATION	生产管理	运行管理	大坝观测	有条件共享	需求部门向责任部门申请经审批后可共享	公司内
DB002	大坝信息表	DABA_DAM_INFO	生产管理	运行管理	大坝观测	有条件共享	需求部门向责任部门申请经审批后可共享	公司内

图 8-2-2 数据共享与开放目录示例

3. 数据资产目录

数据资产目录是对组织中有价值、可用于分析和应用的数据进行提炼而形成的目录。在构建数据资产目录时应该站在管理的角度,根据不同的数据资产管理范围的划分,由不同的角色进行数据资产目录管理。编制数据资产目录可以给出业务场景和数据资源的关联关系,降低人们理解数据的门槛。

数据资产目录建设要在数据资源目录建设的基础之上进行,需要经过数据标准化处理、数据安全分类分级、数据质量提升、数据认责等数据治理工作,提取出贴近业务、标准统一、具有经济或社会价值的数据,从而形成数据资产目录。一般通过以下 5 个方面来识别企业自身的数据资产。

（1）业务权重：用于识别这类数据是否属于核心业务的运营范畴，比如营销、财务、风险、监管。

（2）决策权重：用于识别这类数据对高层管理者的决策是不是会带来直接的影响。

（3）指标数据：一般情况下，95%的数据指标都可以被归为数据资产。

（4）使用频率：使用频率越高，说明数据的重要性越高。

（5）技术可控性：通过技术手段能够对数据进行管控的程度。

数据资产目录分为 5 个层级（L1～L5），从高到低（L1～L5）能够涵盖企业所有的业务数据资产，如图 8-2-3 所示。

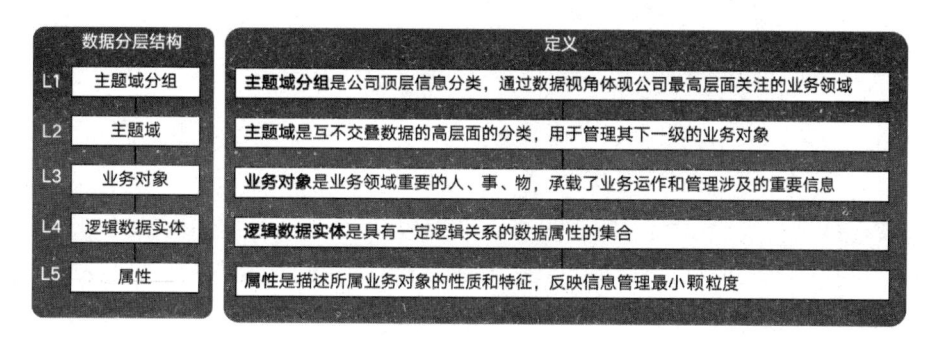

数据分层结构		定义
L1	主题域分组	主题域分组是公司顶层信息分类，通过数据视角体现公司最高层面关注的业务领域
L2	主题域	主题域是互不交叠数据的高层面的分类，用于管理其下一级的业务对象
L3	业务对象	业务对象是业务领域重要的人、事、物，承载了业务运作和管理涉及的重要信息
L4	逻辑数据实体	逻辑数据实体是具有一定逻辑关系的数据属性的集合
L5	属性	属性是描述所属业务对象的性质和特征，反映信息管理最小颗粒度

图 8-2-3　数据资产的 5 个层级

4．数据服务目录

数据服务目录是依据规范的元数据描述，按照特定的业务场景对数据服务进行排序和编码的一组信息，用以描述各个数据服务的特征，以便于数据服务的使用和管理。

从业务视角看，业务部门在数字化转型过程中要以客户为中心，考虑"如何用好数据"，需要与实际业务结合来考虑；尤其是业务创新要以数据资产为基础，以场景为驱动。数据服务目录建设就是基于数据资产目录建设，通过梳理业务场景、应用场景而进行编制的。

数据服务目录主要分为两类，一类是数据应用服务，包括指标报表、分析报告等可以直接使用的数据应用；另一类是数据接口服务，具有鉴权、加密、计量、标签化等功能，提供给外部使用。组织在对外提供数据服务时，需要严格遵守《中华人民共和国数据安全法》《中华人民共和国个人信息保护法》等相关法律法规，明确数据的安全属性和权属问题。

8.2.2　数据目录管理

通常，企业先将原始数据转变为数据资源，再将数据资源转变为数据资产。企业在数据资源化和资产化的发展进程中必须建立数据资源的使用流程，让企业能够规范地创建数据，以及规范地使用数据。

在数据资源管理过程中主要管理数据供应方与需求方的 3 种主要活动。

（1）数据资产创建（供应方）：在标准、规范的体系下，业务部室门可进行新的数据资源创建。

（2）数据资源申请（需求方）：可查询并提出所需数据的授权使用。

（3）数据资源使用（需求方）：根据数据资产的管理机制，合理使用数据。

下面以某集团数据目录管理办法为例，说明数据采集，目录编制、审核、发布和变更的具体要求。

（1）集团数据实行统一目录管理。数据目录应当明确数据内容、提供单位、共享属性、更新频率、安全等级、使用范围等基本信息。

集团数据共享工作主管部门制定集团数据目录编制规范，统筹全集团及下属单位数据目录编制和发布工作。

（2）集团各职能部门和各下属单位按照集团数据目录编制规范编制本单位的数据目录，并报本单位数据共享工作主管部门审核。

下属单位数据共享工作主管部门应当将审核后的数据目录进行汇集，编制形成本单位的数据目录，并统一发布。

（3）下属单位数据共享工作主管部门应当依据集团数据目录，确定各职能部门及下属单位数据采集内容和范围，并分解形成数据采集责任清单。

各职能部门及下属单位应当按照数据采集责任清单，以数字化方式采集、记录和存储本单位数据，非数字化信息应当按照相关技术标准进行数字化改造。对于可以通过共享方式获取的数据，不得重复采集、多头采集。

8.3 数据模型

数据模型是一套规则、政策、标准和模型，用于管理和定义收集的数据类型，以及如何在组织及其数据库系统中使用、存储、管理和集成数据。它提供了创建和管理数据流，以及处理整个组织 IT 系统和应用程序的方法。数据模型分为主题域模型、概念数据模型、逻辑数据模型和物理数据模型 4 层。主题域模型是一系列主题域的列表，表达了组织中最关键的业务领域，根据顶层的业务领域来形成对应的数据主题域；对于跨业务领域的、由多个部门共同管理的数据需要专门整理出来，形成公共数据主题域。其余层级的模型都通过主题域模型来组织。

数据模型管理是指在企业架构管理和信息系统设计时，参考逻辑数据模型，使用标准化用语、单词等数据要素设计数据模型，并在企业架构管理、信息系统建设和运行维护过程中，严格按照数据模型管理制度，审核和管理新建和存量的数据模型。

8.3.1 数据模型中的基本概念与数据关系

1. 基本概念

（1）业务对象。

业务对象是简单的对真实世界的抽象。成为业务对象必须满足 3 个条件：一是由状态和行为组成；二是表达了来自业务域的一个人、地点、事物或概念；三是可以重用。

业务对象可以分为以下 3 类。

实体业务对象：表达一个人、地点、事物或者概念。它是根据业务中的名词从业务域中提取的，如客户、订单、物品。

过程业务对象：表达应用程序中业务处理过程或者工作流程任务，通常依赖于实体业务对象。它是根据业务中的动词从业务域中提取的。

事件业务对象：表达应用程序中由于系统的一些操作造成或产生的一些事件。

（2）逻辑实体。

逻辑实体描述了业务对象的某种业务特征属性的集合。它是指现实世界中客观存在的并可以相互区分的对象或事物。就数据库而言，实体往往指某类事物的集合，可以是具体的人、事物，也可以是抽象的概念、联系。数据实体对象往往包含指标数据、交易数据、主数据及参考数据等。企业中常见的实体有采购订单、产品、服务、客户等。在 ER 实体关系模型中，实体显示为圆角矩形，其名称位于上方，其属性列在实体形状的主体中。图 8-3-1 显示了一个实体用例。

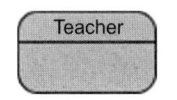

图 8-3-1 一个实体用例

（3）属性。

属性是描述所属业务对象的性质和特征，反映信息管理最小颗粒度（可以将其简单理解为表单中的字段），也称为数据项。如果数据项较多，则可以增加一个"数据项分类"的层级，对数据项进行分类管理。

属性描述了实体所具有的特性。一个实体可以由若干个属性来描述，包括组成实体的数据定义、格式和值域，例如采购订单编号、产品编号、客户电话等。属性也被称为列（Row）。键属性是指可唯一识别数据实体实例和数据库表行记录的属性，如通过客户 ID 可识别不同客户。每个实体一般都有主键属性，也可能会有外键属性。

一个属性中通常包含属性的名称和属性的类型。图 8-3-2 显示了一个包含属性的实体。

（4）关系。

关系用于在信息世界中反映实体内部的联系和实体之间的联系。实体内部的关系被称为一元关系；两个实体之间的关系被称为二元关系；多个实体之间的关系被称为多元关系。关系在 ERD（实体关系图）中以连线表示。关系可以帮助标示主键和外键。例如，学生可能参加课程，因此实体"学生"与"课程"相关。

图 8-3-3 是 ERD 数据建模中常用的图形符号。

图 8-3-2　一个包含属性的实体　　　　图 8-3-3　ERD 数据建模中常用的图形符号

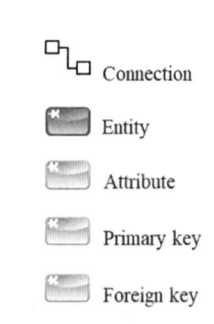

（5）主键。

主键（Primary Key，PK），是一种特殊的实体属性，用于界定数据库表中的记录的独特性。例如在身份证明表中，两个人即使姓名相同，ID 也会不一样，那么 ID 便是主键。图 8-3-4 显示了实体"Product"拥有主键属性"ID"，以及在数据库表中，第三个记录是无效的，因为主键 ID"PDT-0002"的值已被另一个记录使用了。

图 8-3-4　主键示例

（6）外键。

外键（Foreign Key，FK），是对主键的引用，用于识别实体之间的关系。请注意，有别于主键，外键不必是唯一的，多个记录可以共享相同的值。图 8-3-5 显示了一系列的实体，其中一个外键用于引用另一个实体。

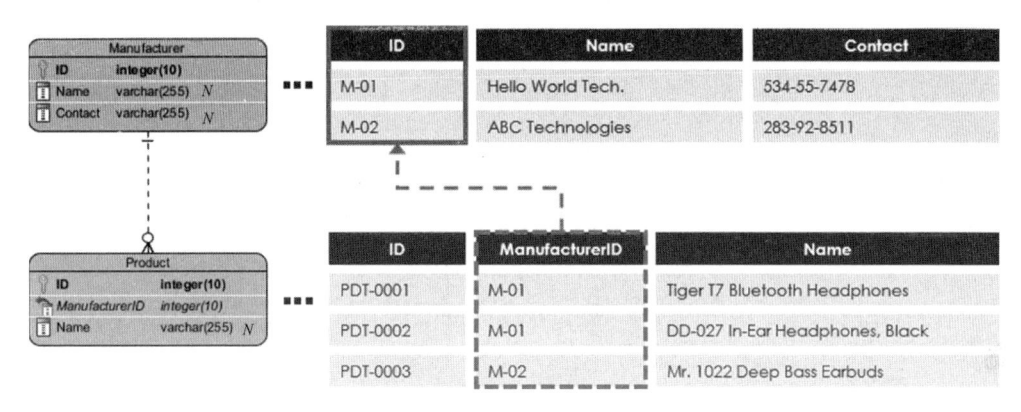

图 8-3-5　外键示例

（7）基数。

基数定义了在一个实体与另一个实体的关系里，某方可能出现的次数。例如，一个团队有许多球员，若把这一关系呈现于 ERD 中，那么团队和球员之间就是一对多的关系。

（8）范式。

范式规范了实体的属性之间的依赖和分解关系，如第一范式（1st Normal Form，1NF）强调的是属性的原子性，即属性不能够再被分解成其他属性。第二范式（2nd Normal Form，2NF）要求实体的属性完全依赖于主关键字。

在设计数据库时，一般都要求能符合第三范式（3rd Normal Form，3NF）。第三范式必须满足第二范式，所有非主键属性必须能直接依赖于主键，而且其他属性之间不能存在传递依赖关系。

符合第三范式可保证数据的完整性和一致性。在特殊情况下（例如为了提高系统性能），允许不符合第三范式，但是数据的完整性和一致性需要通过特殊控制来保证。

2. ERD 中的 3 种关系

在 ERD 中，有 3 种常见的关系：一对一、一对多和多对多。

（1）一对一关系。

一对一关系主要用于将实体分成两部分，简洁地进行信息呈现，使读者更容易理解。图 8-3-6

显示了一对一关系示例。

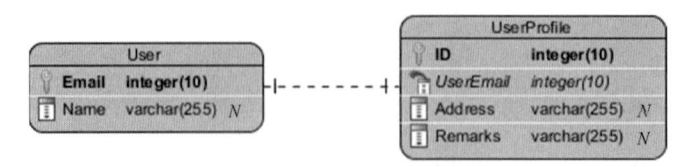

图 8-3-6　一对一关系示例

（2）一对多关系。

一对多关系是指两个实体 X 和 Y 之间的关系，其中 X 的一个实例可以连接 Y 的许多实例，而 Y 的一个实例仅可以连接 X 的一个实例。图 8-3-7 显示了一对多关系示例。

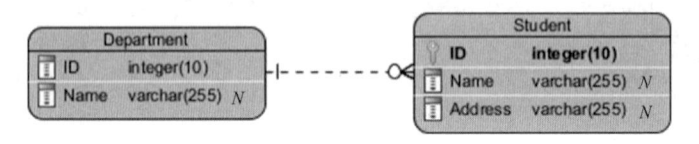

图 8-3-7　一对多关系示例

（3）多对多关系。

多对多关系是指两个实体 X 和 Y 之间的关系，其中 X 可以连接 Y 的许多实例，反之亦然。图 8-3-8 显示了多对多关系示例。请注意，多对多关系在物理 ERD 中被定义为两个一对多的关系。

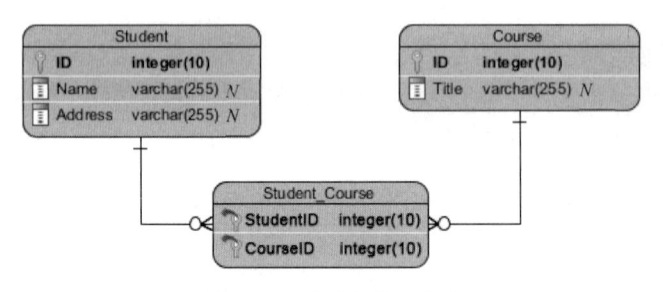

图 8-3-8　多对多关系示例

3．数据血缘关系

数据血缘又被称为数据血统、数据起源、数据谱系，是指在数据的全生命周期中，从数据产生、处理、加工、融合、流转到最终消亡，数据之间自然形成的一种关系。数据血缘关系记录了数据产生的链路关系。

和人类社会血缘关系不同的是，同一个数据可以有多个来源（多个"父亲"）。一个数据可以是由多个数据经过加工而生成的，而且这种加工过程可以有多个。

（1）表级血缘关系：针对表结构的情况，最终用户和运维用户最需要关注目标表中每个字段数据的来源有哪些。即建立源表、源字段之间与目标表、目标字段的映射关系。一张目标表可以对应多张来源表中的字段，比如姓名字段，可能来自户籍人口表，也可能来自流动人口表，这也就意味着这两张表合并起来的人口，才是这个区域的所有人口。

（2）字段级血缘关系：从当前记录出发，可以按时间查看该记录所有的变更过程。一条记录的生成可能对应两张表中的两条记录，这种对应是可跟踪的。

8.3.2 主题域模型

主题是在较高层次上将企业信息系统中某一范围的分析对象的数据进行整合、归类并分析。它属于一个抽象概念。每一个主题对应一个宏观分析领域。

主题域模型是一系列主要主题域的列表，共同反映了企业中最关键的领域。

数据主题域是以各个主题概念及其之间的关系为基本构成单元的数据主题（Subject）集合。企业应划分统一的数据主题域，形成统一的企业数据视图。

主题域下面可以有多个主题，主题还可以被划分成更多的子主题。

图 8-3-9 显示了一个工业企业数据主题域示例。

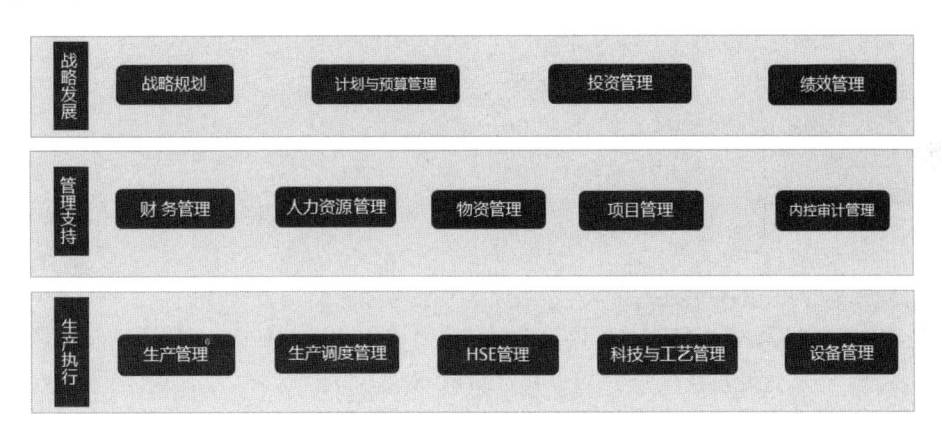

图 8-3-9 工业企业数据主题域示例

1. 战略发展类主题

战略发展类主题主要涵盖以下主题。

- "战略规划"主题：包括战略规划编制信息、规划执行信息、股本结构信息、债权人信息、股权人员信息、高管人员信息。
- "计划与预算管理"主题：包括计划编制维度信息、计划编制信息、计划执行信息、计划考核信息、预算科目信息、预算编制信息、预算目标信息、预算执行信息、预算考评信息。
- "投资管理"主题：包括投资需求信息、投资执行信息、投资方案信息、投资评估信息、市场兼并收购信息、投资后评估信息。
- "绩效管理"主题：包括企业绩效目标信息、考核标准信息、考核指标信息、考核结果信息。

2. 管理支持类主题

管理支持类主题主要涵盖以下主题。

- "财务管理"主题：包括会计凭证信息、会计科目信息、金融机构信息、应付账款信息、应收账款信息、固定资产信息、内部订单信息、成本费用信息、财务三大报表信息。
- "人力资源管理"主题：包括组织机构信息、岗位信息、员工信息、薪酬福利信息、招聘信息、员工考勤信息、培训课程信息、职业生涯规划信息、员工绩效考评信息。
- "物资管理"主题：包括采购计划信息、采购方案信息、寻源文件信息、采购订单信息、采购合同信息、出入库单信息、物资领料单信息、物资调拨单信息、配送计划信息、物资配送信息、承运商信息、配送监控信息、合同监造信息、到货接收单信息。
- "项目管理"主题：包括项目基本信息、项目科研信息、项目计划信息、项目进度信息、项目施工信息、项目成本信息、项目安全质量信息、项目效益评估信息。
- "内控审计管理"主题：包括风险评估标准信息、风险事件库信息、风险评估报告信息、审计信息、审计项目信息、控制活动信息、专项检查信息。

3. 生产执行类主题

生产执行类主题主要涵盖以下主题。

- "生产管理"主题：包括生产年度/月度计划信息、日排产计划信息、生产工单信息、作业指令信息、物料消耗信息、生产成本信息、产品化验结果信息等。
- "生产调度管理"主题：包括生产调度计划、调度标准指令集信息、标准问题集信息、调度指令下达信息、调度问题信息、调度日志信息、应急事件信息。
- "HSE管理"主题：包括风险/隐患信息、事故/事件信息、安全检查计划信息、安全检查记录信息、应急预案信息、应急物资与装备信息、职业病记录信息、污染源检测信息、节能减排计划信息、节能减排量信息。
- "科技与工艺管理"主题：包括生产技术标准信息、工艺专利信息、科技项目信息。
- "设备管理"主题：包括设备台账信息、设备功能位置信息、设备配套计划信息、设备采购计划信息、设备领用记录信息、设备维修计划信息、故障类型信息、设备维修记录信息、设备资产折旧信息。

8.3.3 概念数据模型

概念数据模型（Concept Data Model，CDM）是用一系列相关主题域的集合来描述高阶数据需求，其中仅包括给定的领域和职能中基础和关键的业务实体，同时也给出实体和实体之间关系的描述。概念数据模型用于信息世界的建模，是现实世界到信息世界的第一层抽象，是数据库设计人员进行数据库设计的有力工具，也是数据库设计人员与用户之间进行交流的语言。

高阶的概念数据模型可以包括数据实体和相关主题域的目录清单及组成关系。图 8-3-10 描述了产品主题域、采购主题域、库存主题域，以及各主题域包含的数据实体。

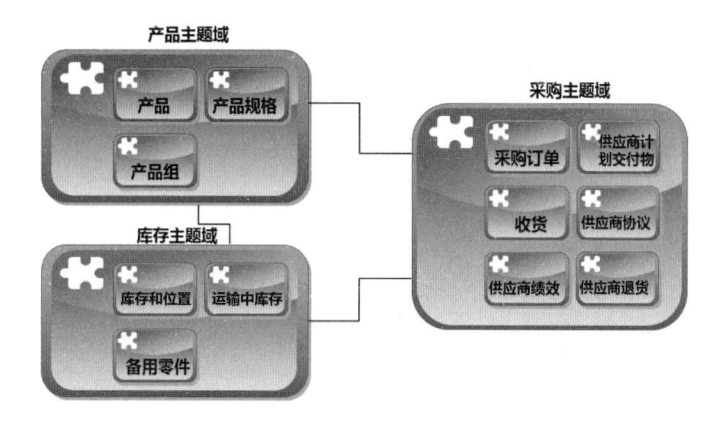

图 8-3-10　概念数据模型

8.3.4 逻辑数据模型

逻辑数据模型（Logical Data Model，LDM）是对数据需求的详细描述，通常用于支持特定用法的语境中（如应用需求）。逻辑数据模型不受任何技术或特定实施条件的约束。逻辑数据模型通常是从概念数据模型扩展而来的。逻辑数据模型设计包括分析信息需求、分析现有文档、添加关联实体、添加属性、指定域、指定键 6 个步骤。

例如，从概念数据模型中选取与采购订单实体相关的产品及其库存和位置，分析每个实体的属性、主键和外键，可以得到简化的逻辑数据模型。图 8-3-11 中未列出所有的实体属性，如采购时间、订单状态、到货时间、交货地点、财务信息等。

逻辑数据模型在转换为物理数据模型时，必须解决实体之间的多对多关系，常用的方法就是将多对多关系转换成关联型实体（Associative Entity）。例如将图 8-3-11 中的采购订单和产品之间的多对多关系转换为"采购订单×产品"实体和两个一对多关系，范例如图 8-3-12 所示。

图 8-3-11　逻辑数据模型

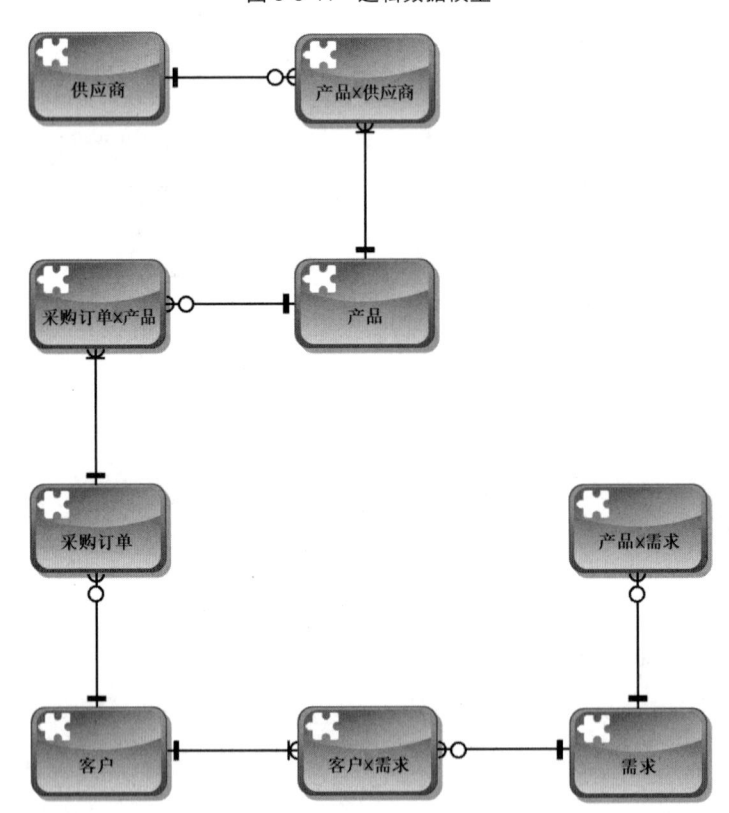

图 8-3-12　优化的逻辑数据模型

实体"采购订单×产品"是采购订单录入流程的主要数据源,实体"产品×供应商"是产品供应流程的数据源,实体"产品×需求"是产品开发流程的数据源,而实体"客户×需求"是客户需求分析流程的数据源。

8.3.5 物理数据模型

物理数据模型（Physical Data Model，PDM）描述了一种详细的技术解决方案，其通常以逻辑数据模型为基础，与某一系统硬件、软件和网络工具相匹配。物理数据模型与特定技术相关。

物理数据模型也可以用统一建模语言（UML）的类图表示，需要将逻辑数据模型中的属性细化，例如库存位置编号可被分解为通道（Aisle）、货架（Shelf）、层（Level）、容器（Bin）等；逻辑数据模型中的采购订单为了符合第三范式，需要被分解为两个实体——采购订单表头和采购订单细项。

对于图 8-3-13 所示的物理数据模型，市场上的许多数据建模工具都可以生成这样的模型，例如用 SQL 的数据定义语言（Data Definition Language，DDL）建立数据库，来支持应用系统的开发。在产生 SQL 数据定义语言之前，需要先定义属性/字段的详细信息。例如"产品编号"的数据类型是字符，长度是 10 字节，需要将 CHAR() 修改为 CHAR(10)。

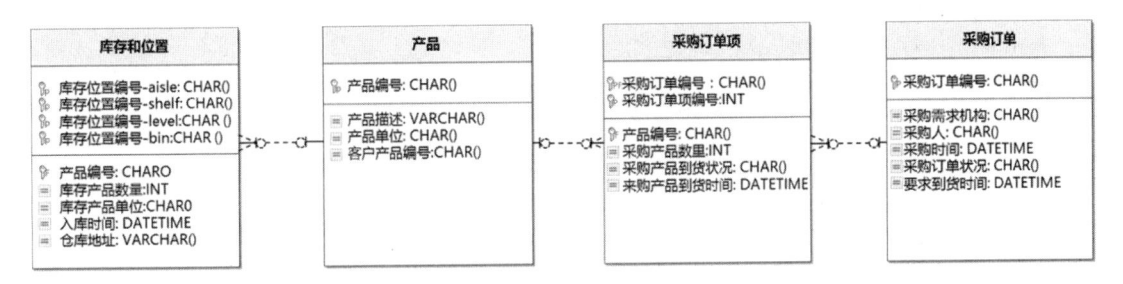

图 8-3-13　物理数据模型

8.3.6 数据模型设计和建模方法

数据模型设计有两种工作思路：

- 一种是自上而下方式，即从业务需求分析开始逐步完成概念数据模型、逻辑数据模型的设计，然后进行数据的溯源、认责，与现有应用系统的数据模型衔接。
- 另一种是自下而上方式，即从现有应用级模型开始，逐渐整合，形成物理数据模型，再从中剥离出与具体数据库实现有关的元素，将其整合成逻辑数据模型并进一步抽象成概念数据模型。

自上而下方式的好处是得到的数据模型很容易保障全域数据模型协调一致，不存在重复定义、相互冲突的现象，但当组织的业务非常复杂时，要对全部业务进行需求分析，则工作量巨大。

自下而上方式则复用了现有应用级模型的设计，省去了对组织的全部业务进行需求分析的巨大工作量。但由于应用级模型是在不同历史时期、由不同团队建设而成的，这些数据模型之间可能普遍存在重复定义、相互冲突等问题,需要对这些不一致问题进行大量的人工核对与整合。

企业中的数据模型设计通常采用自上而下与自下而上相结合的方式:

在进行主题域模型、概念数据模型等相对高阶的数据模型设计时,以自上而下的基于业务的需求分析为主,为实现逻辑层面的数据模型一致性提供指导。

而在逻辑层面,以自下而上的应用级模型的整合为主,基于使用自上而下方式建立的主题域模型及概念数据模型的框架,并结合应用级模型中的业务信息,构建逻辑数据模型。

同时,在企业之间相对通用的领域也可以参考业界通用的数据模型进行设计补充与提升,如表 8-3-1 所示。

表 8-3-1 模型构建方法

模型层次	业务流程分析方法	物理库表分析方法	参考通用数据模型方法
主题域模型	分析主要业务活动; 划分业务领域; 辨识业务领域对应的数据主题	—	可根据数据管理的需求,参考业界通用的数据模型中各业务共用的数据领域的划分,作为公共数据主题的划分依据
概念数据模型	通过业务调研及业务流程分析; 辨识主要业务流程中的业务对象并作为数据实体; 理清业务对象之间的关系	通过整理物理库表及设计文档,提取高业务价值的库表作为数据实体; 通过库表之间的主外键,推导数据实体之间的关系	根据实际数据情况参考通用的数据模型设计,使用其中实体与关系的设计
逻辑数据模型	数据模型中的属性信息补全并规范化处理; 数据模型范式化,使数据模型符合第三范式; 数据模型抽象,将具有共性的实体根据业务需求进行合并		

常见的 6 种数据建模方法是关系建模、维度建模、面向对象建模、基于事实建模、基于时间建模、非关系型建模。在关系建模方法中,三层数据模型仅适用于关系型数据库。非关系型建模方法有 4 种,对应 4 种不同的数据库技术,包括文档数据库、列数据库、图数据库和键值数据库。

在数据建模时,正向工程和逆向工程是经常被使用的,正向工程是从 ER 图到 DDL(数据定义语言)或者数据库中的表。逆向工程是从 DDL 或者数据库中的表到 ER 图。逆向工程对元数据的管理至关重要。一个好的习惯是对最新的物理数据模型进行逆向工程,并确保它与相应的逻辑数据模型保持一致。数据模型需要保持最新的状态。当业务需求或流程发生变化时,都需要对数据模型进行更新。当数据模型的级别需要更改时,也意味着相应的更高级别的数据模型需要更改。

8.4 数据标准

随着信息技术的迅速发展，以及企业对不同层次的信息的整合，如何以一种有序的方式高效地管理海量的信息已经成为企业面临的一大挑战。不同来源的数据可能因为相应的数据标准不一致，进而会增加数据共享、交换、服务的难度。数据标准是保障数据的内外部使用和交换的一致性和准确性的规范性约束。数据标准管理的目标是通过制定和发布由数据利益相关方确认的数据标准，结合制度约束、过程管控、技术工具等手段，推动数据的标准化，进一步提升数据质量。

最佳实践表明，全面的数据标准化体系应包括应用类数据标准、架构类数据标准、对象类数据标准、基础类数据标准、作业类技术规范、数据标准化保障机制和数据标准化管理工具。数据标准是数据标准化体系的核心，包括数据管理中核心的标准内容。本书重点介绍与企业数据比较相关的对象类数据标准和基础类数据标准，关于详细的数据标准介绍可以参考《数据标准化：企业数据治理的基石》一书。

8.4.1 对象类数据标准

对象类数据标准是组织进行数据标准化建设遵循的标准，是组织核心数据资产在形成阶段需要遵循的规范和标准。对象类数据标准包括数据分类标准、主数据标准、数据元标准、交易数据标准、指标数据标准、标签数据标准及主题数据标准。

1. 数据分类标准

在数字化时代，数据分类成为数据资产管理的重要组成部分。通过数据分类，可有效使用和保护数据，使数据更易于定位和检索，满足数据风险管理、数据合规性和安全性等要求，实现对组织的商业秘密、关键数据和个人数据的差异化管理和安全保护。

在国际层面、国家层面、行业层面和地方层面都分别发布了很多数据分类标准，按照相关类别组织数据，对分类类型和级别进行分别描述，让数据更易于定位和检索。

国际上有影响的分类方法主要有《杜威十进分类法》(DDC)、《国际十进分类法》(UDC)、《美国国会图书馆图书分类法》(LCC)、《冒号分类法》(CC)、《书目用图书分类法》(BC)等；同时，相关的国家标准中也提出了数据分类分级要求和建议，比如 GB/T 21063.4—2007《政务信息资源目录体系 第4部分：政务信息资源分类》列出了政务数据的分类方法和主题分类类目；GB/T 38667—2020《信息技术 大数据 数据分类指南》列出了数据分类过程、数据分类视角、数据分类维度和数据分类方法，指导大数据分类。

在行业数据管理方面，我国出台了一系列针对各行业数据管理的政策文件，工业和信息化部办公厅印发了《工业数据分类分级指南（试行）》，从工业数据使用、流动与共享等角度，对工业数据分类维度、分级管理和安全防护工作提出了明确要求，指导工业企业提升工业数据管理能力，促进工业数据的使用、流动与共享，释放数据潜在价值，赋能制造业高质量发展，如图 8-4-1 所示。

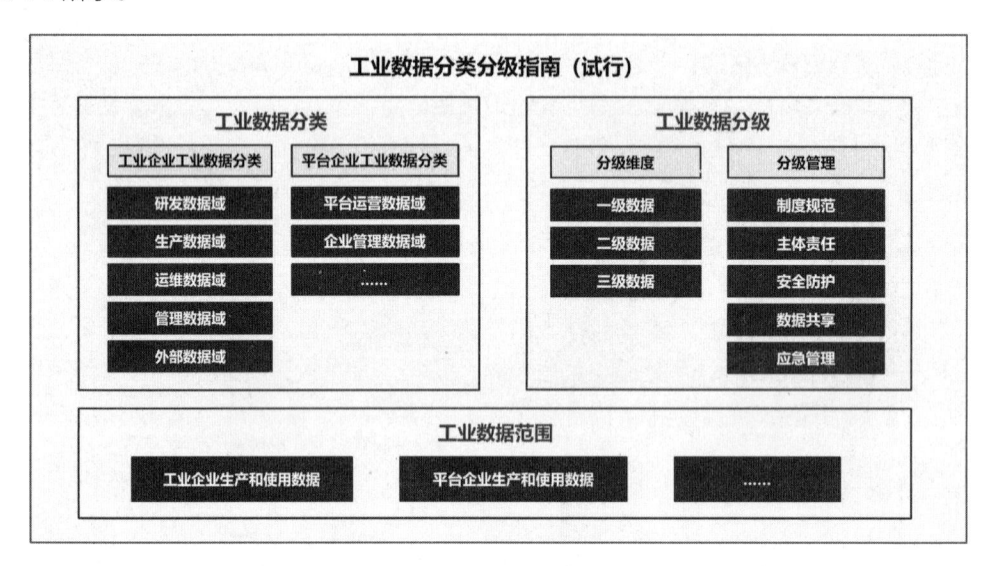

图 8-4-1　工业数据分类分级指南

针对政务数据分类，目前贵州、上海、青岛、浙江等也出台了相关标准或文件，对本地区的政务/公共数据分类分级提出建议或要求。

2. 数据元标准

数据元是通过定义、标识及允许值等一系列属性描述的数据单位，在特定的语义环境中被认为是不可再分的最小数据单位。

数据元标准是通过对数据元的中文名称、英文名称、定义、对象类词、特性词、表示词、数据类型、数据格式等进行规范化，为实现各部门之间的信息共享和交换发挥重要的作用，同时也方便其他部门使用本部门的数据。

数据元标准能够最大限度地消除因对数据的命名、描述、分类和编码不一致所造成的混乱现象，为数据采集、处理、统计和检索提供了方便，使复杂的信息处理工作系统化、规范化、简单化，保证了信息的准确性、有效性和一致性，推动了各部门之间的数据交换与共享。

数据元标准通过业务属性、技术属性和管理属性进行定义，具体介绍如表 8-4-1 所示。

表 8-4-1　数据元标准的业务属性、技术属性和管理属性

业务属性	
数据主题	标准项所属的主题
数据子主题	标准项所属的子主题
标准编码	标准项对应的标准编号。为便于对标准的标识和索引，对标准进行统一编号，该编号是标准的唯一技术识别码
中文名称	数据的统一中文命名。标准的中文名称应从业务上区分不同的数据，以易于被数据使用人员理解和识别
英文名称	数据的统一英文命名，主要是根据中文名称的含义翻译而来的，可作为数据库中数据字段名称的参考
标准别名	数据的常用名称，是区别于中文名称以外的业务或技术上针对该数据项的常用名称，用于帮助业务部门快速查找、理解和使用数据。例如数据在主要来源系统中使用的名称、业务人员使用的常用名称
业务定义	是基于创建数据的业务流程对数据业务口径和相关业务场景的详细描述，也是对数据的业务含义的自然语言表述
业务规则	是业务对数据的约束条件的具体描述，包括相关业务的政策规定，以及政策规定发生作用的业务场景，例如数据的计算方法、数据的编码规则等。业务规则主要来源于外部监管机构的规定、企业的业务制度、信息系统的业务需求等。每项规则都应有实际含义、可执行的描述
值域	是数据可接受的业务取值范围，即数据的允许值的集合
技术属性	
数据类型	是根据数据的业务定义、业务规则和常见表现形式定义所采用的数据类型。数据类型包括编码类、代码类、指示器类、文本类、金额类、数值类、比例类、日期类、时间类、日期时间类
数据格式	描述数据在精度、长度、形态上的定义，包括所允许的最大和/或最小字符长度，数据的表示格式等
管理属性	
标准版本	指标准当前的版本信息
标准颁布日期	指数据标准在企业正式颁布启用的日期，格式为"YYYY-MM-DD"，例如"2023-10-01"
标准废止日期	指数据标准在企业正式停止使用的日期，格式为"YYYY-MM-DD"，例如"2023-10-01"
标准起草单位	指具体起草本项标准的组织
标准责任单位	指对数据的业务属性拥有最终解释权的组织或个人。标准制定者通常为该数据所涉及的相关业务的主管业务部门
标准管理单位	指对数据管理负责的组织。标准管理者为企业的数据管理部门，对该数据的相关业务流程和管理流程具备相当的知识和理解，能够很好地分析和理解各种变更对数据标准的影响
已采标信息系统	指当前已直接或映射采标的信息系统
相关标准	格式为"标准编码.标准中文名称"，如果相关标准有多个，则用顿号"、"隔开；如果没有相关标准，则用"/"填写，表示本属性不适用
与相关标准的关系	指标准项与相关标准的关联关系类型，可据此分析标准项发生变更时对其他数据项的影响
制定依据	描述标准的依据来源，包括但不限于国家法律法规、国家标准、行业标准、外部监管要求、国际标准、国外先进标准、企业内部制度和系统规范、行业惯例等

3. 主数据标准

主数据作为企业的核心基础数据，其质量非常重要。因此，主数据标准的制定是全面提升主数据的质量、实现主数据规范化与信息共享的前提。主数据管理的首要任务就是制定主数据标准和规范，统一主数据定义，以及定义主数据模型。

主数据标准内容包含业务标准（分类标准、编码规则、属性描述规范、编制提报指南）和主数据模型标准，如图 8-4-2 所示。

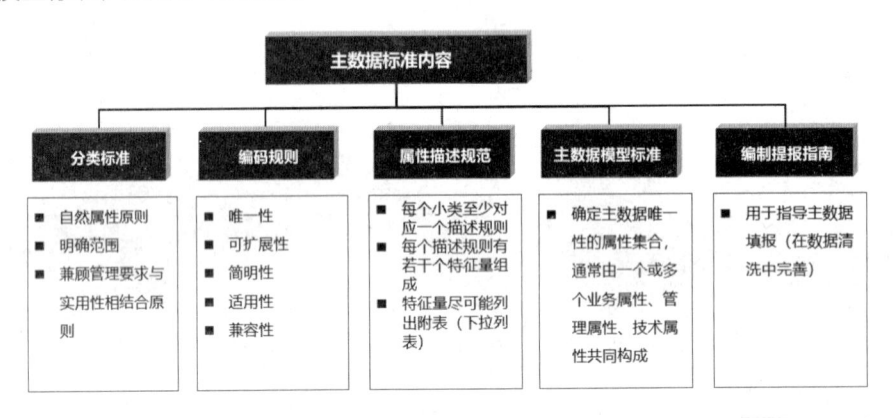

图 8-4-2 主数据标准内容

4. 指标数据标准

指标是衡量目标的方法，预期中打算达到的指数、规格、标准，一般用数据表示。一个完整的指标数据通常包含指标名称、定义、计算单位、计算方法、维度和指标数值等要素。

一般来说，指标数据分为基础指标、复合指标和派生指标 3 类，如图 8-4-3 所示。

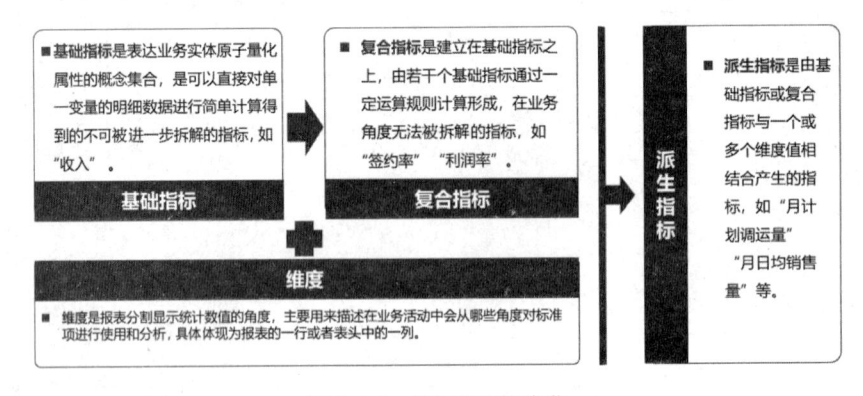

图 8-4-3 指标数据的分类

指标数据标准规定了指标数据的业务属性、技术属性和管理属性标准，其可被应用在企业报表编制、数据资产管理等相关领域。

可以根据数据管控需求和业务运营情况，同时考虑标准编制参与人员、分期制定过程、标准应用场景等诸多因素，设置属性梳理优先级，其中由业务人员提供或确认的属性被称为基础属性，需要结合技术人员、管理人员后续进行补充的属性被称为扩展属性，如图 8-4-4 中虚线框中的属性所示。

```
                        指标数据标准
         ┌──────────────┼──────────────┐
      业务属性         技术属性        管理属性
       ├─ 一级主题      ├─ 数据类型     ├─ 指标编码
       ├─ 二级主题      ├─ 数据格式     ├─ 数据主责部门
       ├─ 三级主题      ├─ 数据源系统   ├─ 标准管理部门
       ├─ 指标名称      ├─ 数据源表名   ├─ 颁布日期
       ├─ 业务定义      ├─ 数据源字段名 ├─ 废止日期
       ├─ 处理逻辑      └─ ……          └─ ……
       ├─ 维度
       ├─ 基础计量单位
       ├─ 参考标准
       ├─ 统计频度
       ├─ 提报时间
       ├─ 指标类别
       └─ ……
```

图 8-4-4　基础属性和扩展属性示例

- 业务属性：是指标数据在业务层面的定义，描述数据和企业业务相关联的特性，是数据业务含义的统一解释及要求。
业务属性包括一级主题、二级主题、三级主题、指标名称、业务定义、处理逻辑、维度、基础计量单位、参考标准、上报频度、统计时间、映射类型等。
- 技术属性：是指标数据在技术层面的定义，描述了数据与信息技术实现相关联的特性。
技术属性包括数据类型、数据格式、数据源系统、数据源表名、数据源字段名等。
- 管理属性：是指标数据在管理层面的定义，描述了数据与数据管理相关联的特性。
管理属性包括指标编码、数据主责部门、标准管理部门、颁布日期、废止日期等。

8.4.2　基础类数据标准

基础类数据标准是建立数据标准规范的基石。基础类数据标准包括业务术语、命名规范和代码标准。

1. 业务术语

业务术语通常是由业务术语表来予以管理的。由于数据代表的是自身之外的事务，因此，对数据的明确定义尤为重要。此外，许多组织会使用个性化的内部词汇，业务术语表是在组织内部共享词汇的一种方法，用来开发、记录标准数据的定义，减少歧义，提升沟通效率。因此，业务术语表的定义必须要清晰、措辞要严谨，并解释任何可能的例外、同义词或者变体。业务术语表的批准人要包括来自核心用户组的代表。

2. 命名规范

为统一各数据主题对同一业务概念的定义与解释，在企业数据模型各层级的设计过程中需要建立并维护统一的业务术语表，将各数据主题中涉及的专业名词的中、英文全称与简称，以及业务中的解释进行统一定义。

命名规范要求在数据对象（实体、属性）中具有唯一性（引用其他实体属性的除外），要做到同名同义，没有歧义，具体包括以下要求。

- 名称能够完整、准确表述业务含义。
- 名称符合行业内的通用命名习惯。
- 原则上名称中不使用介词（如从、以、为、在等）、助词（如的、得、着、了等）、语气词（如吗、呢、吧、啊等）之类的虚词。
- 英文名称中尽量避免使用各数据库中的保留字（如 where、select、update 等）。
- 名称中禁止使用标点符号（如#、%、（、！等）。
- 原则上名称末尾禁止使用数字（以避免、减少出现新的歧义）。

3. 代码标准

代码标准主要是指国内或国际公认的标准化组织发布的代码标准或规范。从标准化专业角度来看，在代码标准引用、采用、引进工作过程中，国际代码标准是一个相对广义的概念，是指国际标准化组织（ISO）和国际电工委员会（IEC）所制定的标准，以及已列入《国际标准题内关键词索引》中的 27 个国际组织制定的标准和公认具有国际先进水平的其他国际组织制定的某些标准。代码标准一般按使用范围被划分为国际代码标准、区域代码标准、国家代码标准、专业代码标准。

我国标准一般按照标准对象、级别、行业三个维度进行分类。其中，国家标准由中国国家标准化管理委员会批准发布，分强制性与推荐性两类标准，标准代号分别为 GB 和 GB/T。

8.5 数据分布与流向

在工业企业的采购、生产、销售、客户服务等过程中，无不伴随着数据的产生、流转和运用。通过有效的组织、存储、分发和管理可实现在不同业务线之间的数据共享。数据分布包括数据业务分布与数据系统（应用）分布。数据业务分布指数据在业务各环节的 CRUD（Create，创建；Read，读取；Update，更新；Delete，删除）关系；数据系统分布指在单一系统中数据与系统各功能模块的引用关系，以及数据在多个系统之间的引用关系。数据业务分布是数据系统分布的基础和驱动。

8.5.1 数据分布

数据分布用于识别核心数据，明确核心数据在业务部门、应用系统中的分布关系，识别数据唯一生成源头，以及数据归属与认责部门，为履行数据管理相关工作提供依据。根据在数据资源梳理过程中业务实体与物理库表之间的映射关系，可以梳理出数据与系统、部门之间的分布关系，具体介绍如下（以人力资源主题域为例）。

（1）数据—系统分布关系矩阵。

根据业务系统盘点结果，可以梳理出业务域实体在信息化管理系统中的分布情况，并在此基础上分析及识别核心数据，明确核心数据在系统中的分布关系。

（2）数据—业务分布关系矩阵。

结合业务系统的盘点结果和业务输入，可以在人力资源主题域下的实体与系统、业务责任部门、操作责任部门之间构建分布关系矩阵。

（3）数据—系统操作关系矩阵。

根据业务系统盘点结果可知，人力资源主题域下的实体主要分布在人力资源（HR）管理系统中，通过对业务流程、实际业务操作、系统之间的接口清单进行分析，可以发现人力资源主题域中的数据与人力资源管理系统、集中报销平台、财务共享平台和党建平台存在交互关系，将人力资源主题域下的实体与各系统之间构建数据—系统（CRUD：Create，创建；Read，读取；Update，更新；Delete，删除）操作关系矩阵。示例如表 8-5-1 所示。

表 8-5-1　人力域数据—系统操作关系矩阵示例

二级业务域名称	三级业务域名称	LDM 实体名称	HR 系统	财务系统
档案管理	人事档案管理	人事档案馆信息	CRUD	
档案管理	人事档案管理	人事档案信息	CRUD	
考勤与绩效管理	考勤管理	计划工作时间	CRUD	
考勤与绩效管理	考勤管理	加班	CRUD	
人力资源管理	专业技术人员管理	专家信息	CRUD	RUD
人力资源管理	专业技术人员管理	专业技术任职资格及证书信息	CRUD	RUD

8.5.2 数据流向

数据流向体现了系统各环节输入和输出的信息项，以及数据通过系统交互及存储的路径；从数据传递和加工的角度看，数据流向还体现了控制流和数据流的方向。

数据流转线路表现的是数据流转路径。数据流转路径是从数据流入节点向主节点汇聚，又从主节点流出向数据流出节点扩散。

数据流转线路表现了 3 个维度的信息，分别是方向、数据更新量级、数据更新频次。

- 方向默认为从左到右流转。
- 数据更新量级通过线条的粗细来表现——线条越粗则表示数据量级越大，线条越细则表示数据量级越小。
- 数据更新频次用线条中线段的长度来表现，线段越短则表示更新频次越少，线段越长则表示更新频次越多，一根实线则表示只流转一次。

数据通过系统之间的接口进行交换和传输。如图 8-5-1 所示是一个典型的企业数据流转架构示例，其中业务系统中的数据由统一的数据交换平台流转分发给传统关系型数据库和非关系型大数据平台，数据库和大数据平台在汇总这些数据后，供各个应用集市分析使用。

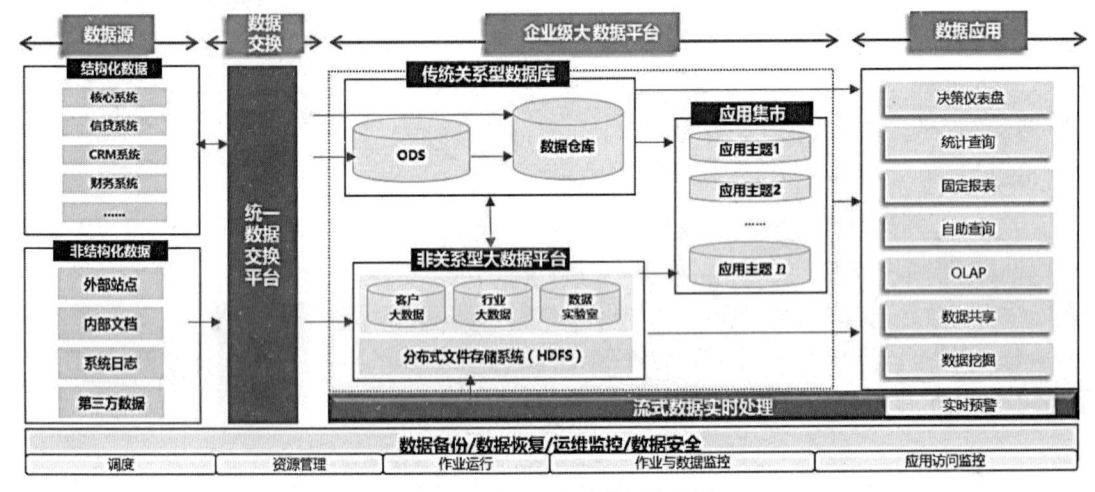

图 8-5-1 企业数据流转架构示例

数据流转图具有不同的层次，如图 8-5-1 所示是从企业层面高度概括的数据流转图，如图 8-5-2 所示为物资供应链数据流转示例，是基于物资域盘点收集的系统之间的接口数据，流入和流出系统、表、字段的示例。若关于某一接口对应的字段在流入和流出系统中存在，则代表这两个系统之间有通过该接口的数据流转关系。

8.5.3　数据资产全景图

数据资产全景图是企业全部数据资产的总体视图，既包括数据分布、流向和交互关系，又包括数据治理、数据服务和数据后期应用的完整视图，是企业资产管理和运营的重要基础。数据资产全景图示例如图 8-5-3 所示。

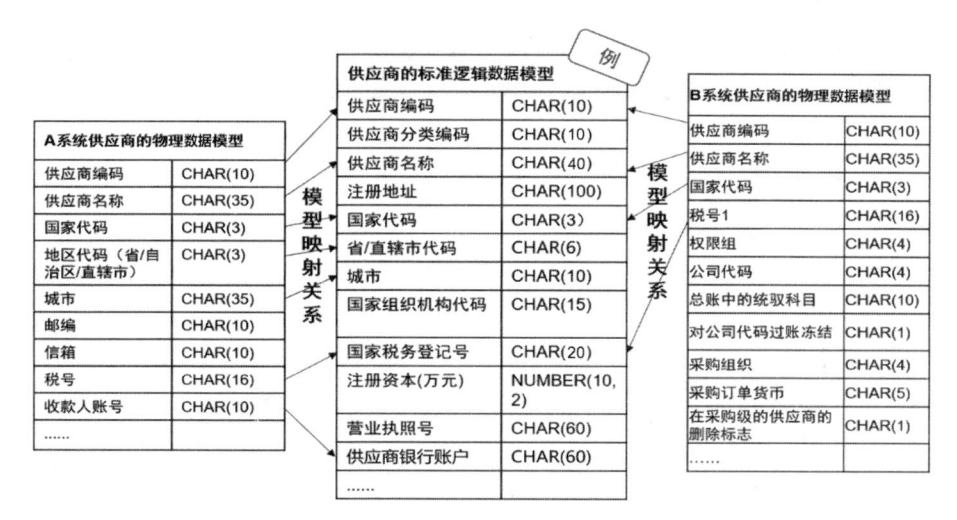

图 8-5-2 物资供应链数据流转示例

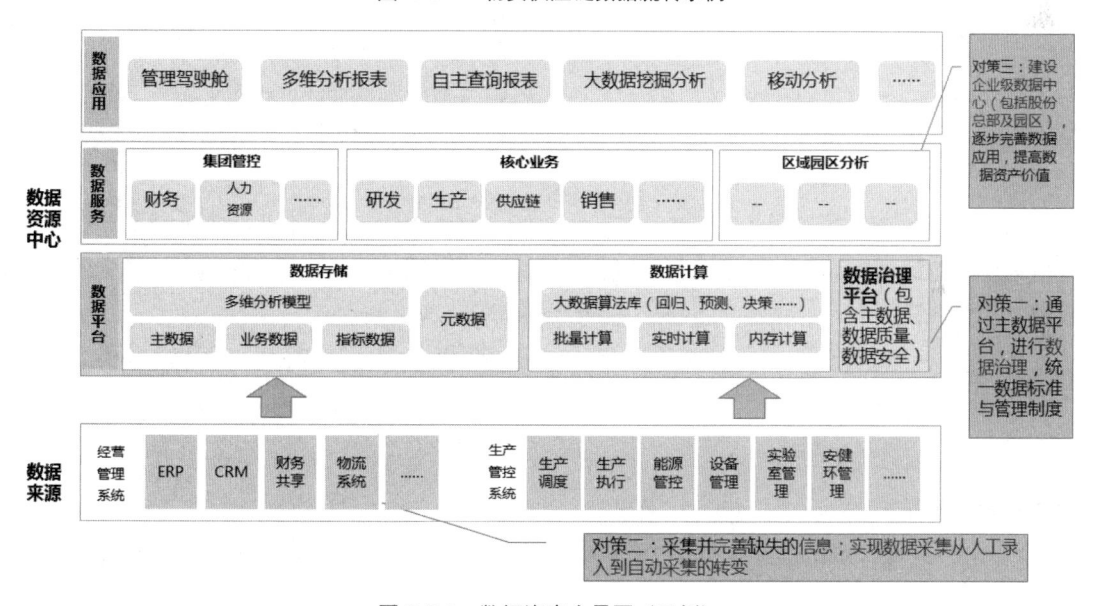

图 8-5-3 数据资产全景图（示例）

8.5.4 数据地图分布应用

数据地图分布应用是指站在数据资产全景图的视角查看企业各数据域，在每一个数据域下，可以识别企业各项业务的核心数据主题，明确各个主题之间的交互关系，将数据实体分类，形成企业级数据地图。

构建企业数据地图的意义在于弄清楚企业的数据资产，未来可在此基础上明晰数据在系统和业务中的分布和流向，保证企业内部的信息系统之间共享数据的一致性，亦可在此基础上开展数据建模、主数据管理、数据标准化等数据管控、治理工作。

8.6　数据架构评价指标

数据架构包括数据目录、数据模型、数据标准和数据分布与流向 4 个部分内容，评价数据架构的好坏需要从业务、管理和技术等几个方面来进行。

（1）数据架构管理组织、制度、流程：是否有专职的数据架构管理人员，管理人员的职责是否清晰明了及涵盖数据架构的各个组成部分；是否有完善的数据架构管理制度、管理流程、考核机制，并以制度的方式固化下来。

（2）数据架构管理工具：企业是否具有数据资产目录工具、数据建模工具、数据标准工具和数据地图等工具；是否能完全支持数据架构的管理内容。

（3）全局数据模型：企业是否通过全局数据模型的设计，划分业务主题域模型、概念数据模型、逻辑数据模型等（L1~L3 级别的数据模型）；各业务部门及业务应用是否根据全局数据模型设计详细的逻辑数据模型和物理数据模型（L4~L5 级别的数据模型），以及应用系统数据模型对企业全局数据模型的遵从度。

（4）数据目录的使用情况：企业是否根据企业主题数据域的划分，形成企业数据目录；是否包含企业资源数据目录、数据资产目录、数据服务共享目录等；数据目录能否提高企业内部及外部对数据的需求满足程度，是否提高了数据共享的效率。

（5）制定数据标准：企业数据模型是否完全定义了数据标准，以及各个业务应用系统对数据标准的遵从程度。

（6）数据架构管理的成熟度：按照数据管理能力成熟度模型的数据架构评估标准，企业数据架构管理能够达到的成熟度等级。

（7）企业对重要数据的分布和流向的掌握程度：是否具有全局的数据地图、数据流向图和 CRUD 分布图。

（8）数据架构的使用情况：企业中有多少人使用数据架构，多少信息化项目在设计阶段参考并引用数据架构；不同数据架构部分被企业使用的频率，调用、查询的次数等。

本章精要

数据架构便于企业运营决策者以数据视角分析整个企业的数据分布与业务域之间的关系，是企业了解自身价值和制定战略决策的最重要依据。数据架构从跨业务、跨级层、跨应用系统的视角统一对数据进行组织和规划，提高数据集中存储和跨系统之间数据共享的效率。

数据架构设计可满足企业信息化各层级要求：

一是让经营管理更加集中，实现业务集约化管理；

二是让业务更加融合，按照业务主线深度集成所有业务流程，实现企业整体资源共享与业务协作；

三是让决策更加智能，实现经营决策智能分析、管理控制智能处理、业务操作智能作业，深化数据分析利用能力，提高对管理决策的支撑能力。

第 9 章 主数据管理

随着互联网和信息技术应用的日益普及，很多企业为了有效解决日趋复杂的业务经营和管理问题，都在持续大力推进信息化建设工作，陆续开发部署如 OA、HR、PMS、PLM、ERP、MES 等信息系统，以提高企业经营效率和管理水平。但在越来越多的信息系统投入运行后，企业会发现这些系统在数据互联互通、融合协同等方面存在着严重的问题，形成诸多信息孤岛和数据烟囱，阻碍了企业由信息化向数字化的换代升级。

构建完整的主数据管理体系可以对主数据实施统一、规范、高效的管理，确保分散的系统之间的主数据的一致性，改进数据合规性。不仅如此，主数据还是数据标准落地的关键载体，是企业实施全面数据治理的核心基础，成功实施主数据管理可以很好地推动企业全面建设数据治理体系。

9.1 主数据和主数据管理

9.1.1 主数据的特征

主数据（Master Data，MD）：指满足跨部门业务协同需要的、反映核心业务实体状态属性的基础信息。相对而言，主数据属性相对稳定，准确度要求更高，且可唯一识别。

主数据具有以下几个方面的特征。

（1）跨部门。

主数据不是局限于某个具体职能部门的数据，而是满足跨部门业务协同需要的、各个职能部门在开展业务过程中都需要的数据，也是所有职能部门及其业务过程的"最大公约数据"。

（2）跨流程。

主数据不依赖某个具体的业务流程，但是主要业务流程都需要的。主数据的核心是反映对象的状态属性，它不随某个具体流程而发生改变，而是整个完整流程中不变的要素。

（3）跨主题。

与信息工程方法论[1]中通过聚类方法选择主题数据不同，主数据是不依赖于特定业务主题却又服务于所有业务主题的、有关业务实体的核心信息。

（4）跨系统[2]。

主数据管理系统是信息系统建设的基础，应该保持相对独立，它服务于但是高于其他业务信息系统。因此对主数据的管理需要集中化、系统化、规范化。

（5）跨技术。

由于主数据要满足跨部门的业务协同，它必须适应采用不同技术规范的不同业务系统，所以，主数据的实施必须通过一种能够被各类异构系统所兼容的技术。从这个意义上讲，面向微服务架构为主数据的实施提供了有效的工具。

9.1.2 主数据管理的基本概念

主数据管理（Master Data Management，MDM）是一系列规则、应用和技术，用以协调和管理与企业的核心业务实体相关的系统记录数据[3]。

主数据管理的关键活动包括：理解主数据的整合需求，识别主数据的来源，定义和维护数据整合架构，实施主数据解决方案，定义和维护数据匹配规则，根据业务规则和数据质量标准对收集到的主数据进行加工清理，建立主数据创建、变更的流程审批机制，从而实现各个关联系统与主数据存储库的数据同步，方便修改、监控、更新关联系统的主数据变化。

主数据管理通过对主数据值进行控制，使企业可以跨系统地使用一致的和共享的主数据，提供来自权威数据源的、协调一致的高质量主数据，降低成本和复杂度，从而支撑跨部门、跨系统的数据融合应用。

9.2 主数据规划管理

主数据规划管理是通过对企业的主数据管理组织、制度、流程、标准、工具、运营体系等进行统一规划，明确主数据各项工作的内容、工作方法、工作步骤，并结合企业实际业务情况，

---

1 高复先. 信息资源规划——信息化建设基础工程，北京：清华大学出版社，2002
2 王波等. 通过标准化主数据实现高效数据交换. 管理技术，2008年第12期
3 《数据资产管理实践白皮书（6.0版）》，中国信息通信研究院

运用方法论来制定主数据整体实施路线图，包括主数据项目卡片、项目实施时间计划、项目实施策略、项目实施费用估算等。

（1）主数据管理组织体系主要包括企业各类主数据管理的组织分工、岗位角色、职责规划和运营模式。组织体系规划必须明确主数据管理机构和组织体系，落实各级部门的职责和可持续的主数据管理组织与人员，建立自上而下形成专业化且各司其职的团队，并在企业内部形成顺畅的沟通、协商、合作机制。只有建立健全主数据管理组织体系，并充分配合主数据管理制度流程，才能有效地开展主数据管理的日常工作。

（2）主数据管理制度及流程规定了主数据管理工作的内容、流程及方法，是进行主数据管理活动的行为规范和准则，也是主数据治理工作常态化稳步推进的重要保障。通过制定主数据管理办法来明确主数据管理制度规范和管理流程，以及各类主数据牵头部门及其工作职责，能够最大限度地约束岗位职责执行力度，使主数据管理工作有法可依、有据可循，持续提升企业的主数据管理水平。

（3）主数据管理标准体系包括主数据管理标准、应用标准和技术标准三大类。主数据管理标准主要包括主数据管理组织与制度规范、管理流程规范、应用及评价管理规范；主数据应用标准主要包括编码规则、分类标准、命名规范、主数据模型、提报审核指南等；主数据技术标准主要包括主数据格式规范、集成技术选择规范、集成技术规范、开发规范等。

（4）主数据管理工具是用来定义、管理和共享企业的主数据全生命周期的平台，需要具备企业级主数据存储、整合、清洗、监管及分发这五大能力，并保证主数据在各个信息系统之间的准确性、一致性、完整性。主数据管理工具应具备主数据提取整合管理、主数据查询管理、主数据模型管理、主数据质量管理、主数据全生命周期管理、主数据分发与共享、主数据智能搜索、主数据智能推荐、主数据智能匹配与拆分、主数据智能纠错、主数据智能查重、主数据智能清洗等核心功能。

（5）主数据运营体系是主数据管理工具上线运行后，需要在业务和技术层面持续提供保障服务的管理机制。主数据运营体系包括建立主数据标准化运维组织，明确各岗位职责；明确统一的主数据运营机制，针对不同主数据类型配备维护人员和审核人员；严格管控主数据创建、审核、启用、修改、停用、废止等；结合企业实际业务需求，定期修订主数据管理制度、主数据管理流程及主数据管理维护细则等。

9.3 主数据识别管理

在对数据进行挖掘和深度分析应用时，因为需要采集多个系统中的数据，所以增大了数据集成整合的难度，影响了数据质量及实际应用效果。因此，主数据建设就尤为重要，而其中首先要做的工作就是对主数据进行识别。主数据识别有以下两种方法。

（1）方法一：自上而下，基于业务流程进行识别。

基于业务流程进行识别是通过梳理、分析企业端到端的业务流程节点，识别出跨越两个或两个以上信息系统的业务对象，然后将识别出的业务对象与企业主题域进行映射，构建逻辑数据模型和物理数据模型，从而识别出企业核心的、稳定的、长期有效的数据。

（2）方法二：自下而上，基于信息系统进行识别。

基于信息系统进行识别是通过梳理企业核心系统中的数据实体，运用主数据 U-C 矩阵，识别出各类主数据在企业核心系统中的生产者和使用者，进一步梳理主数据的分布与流向，构建企业主数据地图，从而识别出企业高度共享的、稳定的、长期有效的数据。

主数据识别一般分为以下几个步骤。

步骤一：依据主数据的特征，确定主数据识别指标。主数据具体包括以下特征。

（1）高价值性：主数据具备极高的业务价值，是所有业务处理都离不开的实体数据，与大数据相比价值密度非常高。

（2）数据共享性：主数据是在不同部门、不同系统之间高度共享的数据，并形成统一规范。

（3）特征一致性：主数据的特征被用作业务流程的判断条件和数据分析的具体维度层次，因此，保证主数据的关键特征在不同应用、不同系统中的高度一致，是将来实现企业各层级应用整合、企业数据仓库成功实施的必要条件。

（4）识别唯一性：在一个系统、一个平台甚至一家企业范围内，同一个主数据要求具有唯一的识别标志（编码、名称、特征描述等），用以明确区分业务对象、业务范围和业务的具体细节。

（5）交易稳定性：主数据作为用来描述业务对象的关键信息，在业务过程中，其识别信息和关键特征会被交易过程中产生的数据所继承、引用和复制。但是，无论交易过程如何复杂和持久，除非主数据本身的特征发生变化，否则主数据本身的属性通常不会随交易的过程而被修改。

（6）长期有效性：主数据通常贯穿业务对象的整个生命周期甚至更长。换而言之，只要该主数据所代表的业务对象仍然继续存在或仍然具有意义，则该主数据就需要在系统中继续保持有效性。

步骤二：基于主数据识别指标，确定各指标权重并构建评分体系。

如表 9-3-1 所示是主数据识别指标权重评分体系示例。

表 9-3-1　主数据识别指标权重评分体系示例

评价指标	评价标准	占比权重	备注
业务价值性	1分；2分；3分	20%	
数据共享性	1分；2分；3分	30%	
特征一致性	1分；2分；3分	20%	
识别唯一性	1分；2分；3分	10%	
交易稳定性	1分；2分；3分	10%	
长期有效性	1分；2分；3分	10%	

步骤三：开展企业的业务调研、信息化现状调研和数据资源收集，根据调研结果确定数据参评范围，具体介绍如下。

（1）企业的业务调研。

对企业的业务进行收集与梳理，了解各业务的重要程度，以及业务战略、业务现状、业务模型、业务IT系统支撑等信息，输出业务架构图，结合各数据实体在业务中的对应关系，为主数据识别中的业务价值性提供评价依据。

（2）企业的信息化现状调研。

对企业的信息化现状进行调研包括收集各个在用、在建及规划建设的业务系统的情况，然后输出应用架构图，以及结合数据实体的分布情况，为主数据识别中的数据共享性提供评价依据。

（3）依据评分标准，识别出企业主数据。

依据数据实体的分布情况，对各数据实体进行评分，并对识别结果进行反复验证与确认，识别出企业主数据。

主数据识别要在企业对现有数据资源有全面、系统的认识与分析的基础上，进行全面的主数据管理建设咨询工作，这样可大大减少投入的人力、物力、成本和周期。若企业在进行主数据建设时，已明确主数据建设的范围，则可在指定范围内，反向进行数据的梳理与调研：输出数据实体的归属业务，识别其在各业务系统中的分布情况、数据结构组成，以及厘清其来源与去向、质量情况等，再依据主数据的评分标准，识别、验证、确认出主数据。

（4）识别主数据的产生源头和消费者。

识别产生主数据的应用系统和消费主数据的应用系统，有助于企业完全了解主数据实施的范围，受影响的系统数量及数据的流向。

在这个过程中——基于主数据识别结果，结合企业的业务需求，确定主数据的产生源头和使用者，明确主数据的来源和去向，一个重要的输出物是主数据的U-C矩阵，其中C表示创建，是对应主数据的产生源头；U表示使用，对应主数据的消费者。通过U-C矩阵可以反映主数据管理的范围和主数据的流向。

9.4 主数据标准管理

主数据标准管理的目标是通过统一的标准制定和发布，以及结合制度约束、系统控制等手段，为主数据的唯一性、完整性、有效性、一致性、规范性管理提供支持和保障。

主数据标准管理是主数据管理的重要内容，也是主数据全生命周期管理、主数据质量管理和主数据应用管理的重要基础。成功实施主数据标准管理，是主数据管理的首要要求。

主数据标准包含业务标准（编码规则、分类规则、描述规则等）、主数据模型标准。主数据标准体系在梳理、建设的过程中，一般会衍生出一套代码体系表（或称主数据资产目录）。

1．主数据业务标准

主数据业务标准是对主数据业务含义的统一解释及要求，包括主数据的来源、管理级次、统一管理的基础数据项、数据产生过程的描述及含义解释、数据之间的制约关系、数据产生过程中所要遵循的业务规则。

主数据业务规则包含主数据各数据项的编码规范、分类规则、描述规则等。

- 编码规则：主数据代码的编码规则。例如，物料代码采用以"1"开头的 8 位无含义数字流水码。
- 分类规则：依据相关业务环境和管理需求形成的分类规则。例如，根据物料的自然属性及所包括范围的大小，可以将物料分为大、中、小 3 类。
- 描述规则：又被称为命名规范。例如，物料描述规则包括具体物料描述规则的定义，主要解决物料描述的规范化问题。

2．主数据模型标准

主数据模型标准包含主数据逻辑模型和主数据物理模型。

- 主数据逻辑模型：将高级的业务概念以主数据实体/属性及其关系的形态在逻辑层面上更详细地表达出来，主要表现形式是 ERD（实体关系图）。
- 主数据物理模型：又被称为主数据的存储结构表。在应用环境中业务对数据的统一技术要求包括数据长度、数据类型、数据格式、数据的默认值、可否为空的定义、索引、约束关系等，以保证数据模型设计的结果能够真正落地到某个具体的数据库中，并提供系统初始设计所需要的基础元素，以及相关元素之间的关系。

3．主数据代码体系表

主数据代码体系表（在某些领域内，又被称为主数据资产目录）是描述企业的信息化建设过程中所使用的主数据代码种类，各类主数据代码名称、代码属性（分类、明细、规则等）、采（参）标号及代码建设情况的汇总表。它是企业主数据代码查询和应用的依据，同时也是主数据代码的全局性和指导性文件。主数据代码体系表结合了企业的经营管理特点，服务于企业的信息化建设，主要包括两部分内容：第一是企业信息代码体系表的框架结构及分类，第二是所有分类下的信息代码标准明细及建设情况。

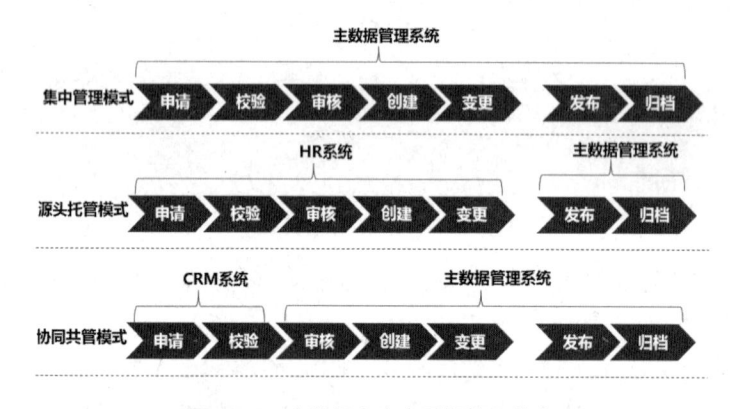

9.5 主数据全生命周期管理

主数据全生命周期管理是指采用必要的管理工具，依据管理职责，按照规范的流程对主数据生命周期的各环节实施管理行为。它是确保主数据质量的重要手段。主数据全生命周期管理不但对主数据系统中的数据进行管理，而且对所有承担主数据管理的系统进行管理，包括代管主数据的业务系统（如 HR 系统）、主数据采集和预处理系统等，这样才能确保主数据全生命周期管理的完整性，不留死角。根据企业自身的情况和特点，建立符合企业实际应用情况的主数据全生命周期管理流程，是保证主数据标准规范得到有效执行，实现主数据的持续、长效治理的关键。

主数据全生命周期管理通常包括申请、校验、审核、创建、变更、发布、归档等。由于不同的主数据具有各自的情况和特点，各类主数据在企业内的全生命周期管理流程都不尽相同，因此，需要对每类主数据按照不同的流程进行全生命周期管理的设计，以实现对主数据管理的合理分工和协同。通常，主数据全生命周期管理有以下几种模式（见图 9-5-1）。

图 9-5-1 主数据全生命周期管理模式

1. 集中管理模式

集中管理模式就是主数据全生命周期管理都在主数据管理系统内完成，不依赖其他业务系统的支持和协同，如物料代码主数据管理。

2. 源头托管模式

源头托管模式是指将主数据全生命周期管理全部委托给业务系统，如员工主数据管理和内部组织主数据管理。源头托管模式又分为单源托管和多源托管，单源托管是指主数据来源于单个系统，多源托管是指主数据来源于多个系统。单源托管直接接入主数据即可，多源托管在接入主数据时要做数据整合。

3. 协同共管模式

协同共管模式是指源头业务系统和主数据管理系统按照协同规则对主数据全生命周期共同管理。这种模式适用于源头系统参与部分管理的主数据管理，如客户主数据管理。

9.6 主数据应用管理

主数据是被业务系统广泛共享、重复使用的标准化基准数据。主数据管理只有被广泛而准确地实施，才能解决企业内部各业务系统之间数据不一致的问题，从而体现主数据管理的价值。因此，主数据应用管理是企业主数据管理的重要内容，也是主数据价值管理的核心。

主数据应用管理就是利用各种技术和管理手段对主数据共享和应用进行有效管理，确保主数据被准确、便捷地使用；在有效满足各业务系统的主数据共享需求的同时，确保主数据在应用过程中的隐私保护和数据安全。

9.6.1 统一源头集中共享

企业实施主数据管理就是要解决数据一致性的问题。能否确保将数据一致性贯彻始终，是决定主数据管理成败的关键。通常，规模较大的企业的内部业务系统都比较多且数据关系复杂，如果不对主数据共享源头进行统一管理，则会带来诸多数据不一致的问题，包括数据代码不一致、数据完整性不一致、数据时效性不一致和数据状态不一致等。采用统一源头集中共享的方式，可以有效避免这些问题，为主数据在应用环节的一致性提供保障。

要实现统一源头集中共享，需要建立统一的主数据代码库，将集中管理和分散管理的各类主数据代码完整汇集到统一的主数据代码库中，并以此为基础构建统一的主数据共享资源视图，部署统一的主数据共享平台。所有业务系统都通过统一的主数据共享平台来获取主数据资源，真正实现主数据同源共享，消除主数据在应用过程中出现不一致的情况，确保主数据的一致性。

9.6.2 主数据应用需求管理

企业的主数据应用要靠业务需求来驱动，没有需求就没有应用。通过一套标准的制度和流程对来自不同业务和不同系统的需求进行管理，可以有效识别需求，确定满足需求的主数据类型、对接方式和数据共享机制等，为主数据应用提供可行的实施方案，以及对主数据应用过程中的需求变化进行管控，合理驱动主数据的应用方式和策略不断改进。

主数据管理是标准化的，但主数据应用需求往往是个性化的。如何解决标准化和个性化的矛盾，使主数据在应用中最大限度地满足业务需求，充分发挥主数据价值，是企业主数据应用需求管理必须要解决的问题。通过主数据应用需求管理识别个性化需求的合理性，消除不合理的差异性需求，对合理需求进行抽象和归并，形成统一标准，可以很好地化解标准化和个性化之间的矛盾，避免主数据管理与主数据应用出现"两张皮"现象。

9.6.3 主数据应用质量管理

实施主数据应用质量管理就是建立一套机制，从数据一致性、有效性、完整性、合规性等方面进行审计，检查业务系统的主数据应用在质量方面存在的问题，督促对问题的整改，并对存在的问题和整改情况进行有效的管理和监控，确保主数据被业务系统正确使用。

主数据应用质量管理一般分事前管理、事中管理和事后管理 3 个阶段：

- 事前管理就是在业务没有发生之前对业务系统的主数据应用环境、主数据副本等是否存在影响主数据应用质量的情况进行管理；
- 事中管理就是在业务操作过程中对业务数据引用的主数据是否存在质量问题进行管理；
- 事后管理就是在业务操作完成后对业务数据是否存在主数据应用质量问题进行管理。

对于主数据应用质量的提升可以从以下两个方面入手。

（1）建立"一数一源"的确权和认责机制。以员工主数据为例，要明确人事管理类数据源头部门为人事处，其中人事处负责员工主数据。在对外提供服务和采集中均按照统一的标准规范进行维护。

（2）确定数据一致性核查、数据校验纠错机制（数据校核机制，见图 9-6-1）。在对外提供数据时，要保证进行数据一致性的比对和综合校验工作，确保"数入一库、数出一库"，并将数据关联整合，形成跨部门融合的数据模型。

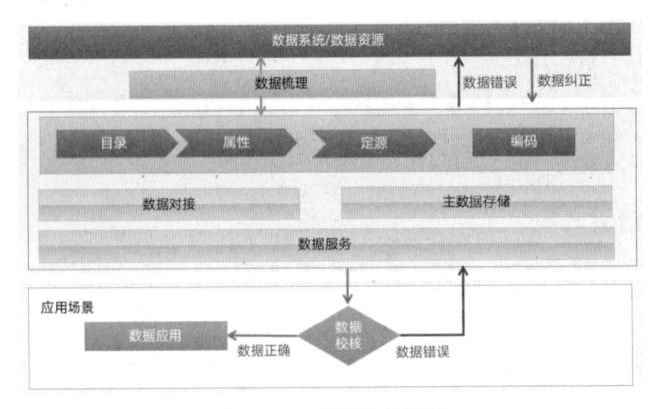

图 9-6-1　数据校核机制

下面以消防支队人员数据纠错试点应用为例，介绍如何对人员基本信息进行补全、纠错。

存在的数据问题：人员基本信息在支队的不同信息系统之间存在差异较大、信息变更不同步的问题。

纠正场景：战训部门在编制某次培训人员信息清单时，查询人员主数据的，发现部分人员信息错误或不全，提出数据纠错或补全的场景。

其中主数据纠正规则及流程如图 9-6-2 所示。

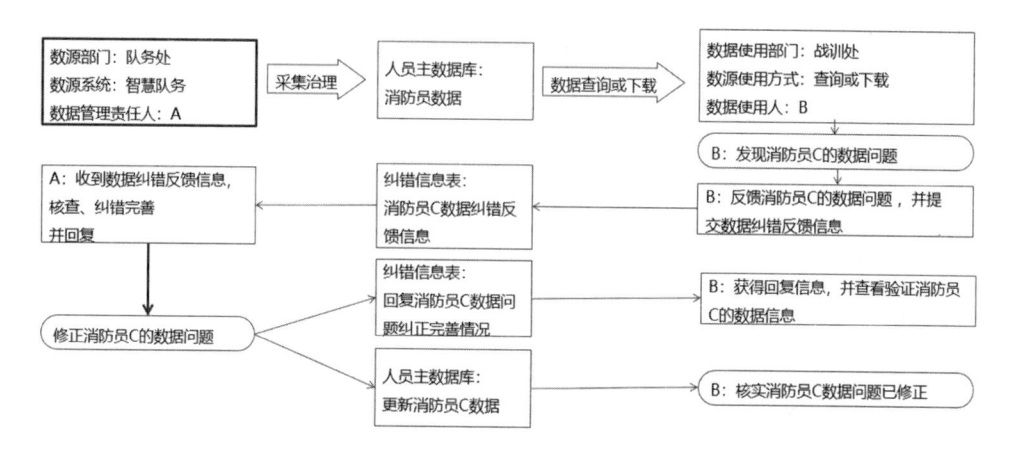

图 9-6-2　主数据纠正机制示例

9.6.4　主数据应用服务管理

不同业务、不同系统的主数据应用方式会有所不同，比如 CRM 系统需要存储客户主数据以支持销售管理、信用管理和客户服务管理等业务需求，而订单管理系统一般只是用主数据核实客户数据，不需要将主数据保留在本地系统中使用。为满足不同应用场景和需求，提高主数据共享服务的运行效率，主数据应用集成平台中一般会部署多个应用服务，主数据应用服务管理可以保证为每个业务和系统匹配最合适的主数据应用服务。

根据企业主数据应用常见的业务场景和需求，主数据应用服务一般需要提供以下几种方式的服务。

（1）主数据查询服务。

主数据查询服务为用户提供主数据在线查询服务，用户通过检索条件查询到需要查看的主数据。

（2）主数据调用服务。

主数据调用服务为业务系统提供实时调用主数据服务，一般由业务人员直接调用主数据。

（3）主数据同步服务。

主数据同步服务提供业务系统的主数据副本与主数据代码库的数据同步服务，确保数据的一致性，其通常采用订阅/分发的方式。

（4）主数据即时服务。

主数据即时服务为各个业务系统提供主数据智能检索（模糊、精准等）和即时调用服务，一般支持主数据"只用不存"的业务需求，减少业务系统的数据冗余，保证业务数据的高一致性、高可靠性。

（5）主数据资源服务。

主数据资源服务是利用数据资源提供的数据只读服务，通过数据库视图等方式，满足业务系统等应用需求，也便于数据分析系统大批量使用主数据，以弥补在线服务难以支持大批量数据操作的不足。

9.7　主数据评价指标

为确保主数据的可用性、一致性、可获取性及与其相关的数据质量的安全性和可靠性等，企业需要对其主数据标准化工作进行评价考核。考核采用日常考核与定期考核相结合，系统自动考核与人工考核相结合的模式进行，明确考核奖惩措施，强化主数据治理考核机制。

日常考核是考核主数据管理的相关干系人创建的主数据是否符合标准，以及是否审核过主数据的唯一性、及时性、完整性、准确性、规范性，以防范主数据安全风险。

定期考核是主数据归口管理部门定期开展主数据质量稽查，通过制定主数据质量稽查规则，明确稽查内容、稽查周期、稽查方法，以检查主数据是否完整、及时、准确、唯一。定期考核可以分为抽样数据稽查和全面数据稽查两种方式。

系统自动考核是将梳理的主数据质量规则在技术工具中进行贯彻，采用自动考核的方式进行数据质量问题的检查。主数据质量自动考核工具要具备数据质量检查规则等配置功能，提供数据质量任务的分派、处理、审核、监控功能，以及数据质量问题报表的展示和查询功能等。

人工考核是根据审核人员的经验及填报对象的信息，采用人机结合的方式对已录入系统中的数据进行检查和审核，进而判断数据是否符合要求。人工考核的数据主要是无法形成量化指标和技术工具难以发现的异常数据。

企业主数据管理评价工作需要遵要循一定的评价原则，应用主数据管理能力成熟度评估模型，覆盖企业主数据管理工作对象与内容，根据评价流程和方法而进行。

主数据管理评价工作应遵循客观公正、务实求效、确保安全的原则，按需求制定可量化、可执行、可度量的主数据评价指标体系。表 9-7-1 为主数据评价指标维度举例。

表 9-7-1　主数据评价指标维度举例

序号	一级指标	二级指标	指标说明	考核对象
1	主数据管理组织	主数据产生者、使用者、管理者履行相关职责情况	相关人员是否履行岗位职责检查	主数据归口管理部门
2		主数据管理人员接受培训次数	相关人员参与主数据管理工作的积极性检查	包括但不限于全职或兼职主数据管理工作的人员
3		参与主数据管理工作相关会议的频次	相关人员参与主数据管理工作的积极性检查	全职或兼职主数据管理工作的人员
4	主数据质量问题及处理情况	数据规范性	数据模型、数据标准、业务规则、内容格式	主数据管理工具
5		数据完整性	非空值检查，内容完整性、参照完整性、接收完整性检查	主数据管理工具
6		数据一致性	外键检查，内容一致性、交叉验证、聚合日期汇总一致性、测量单位一致性检查	主数据管理工具
7		数据准确性	主键检查，有效性、重复性、逻辑关系、波动性检查	主数据管理工具
8		数据及时性	数据接收、数据处理、数据更新、数据访问的及时性检查	主数据管理工具
9		数据可用性	数据的可用性、可访问性检查	主数据管理工具
10		发现的数据质量问题的总个数	工具监测并反馈的问题数量	主数据管理工具
11		数据录入环节发现的数据质量问题个数	技术工具在数据录入、产生过程中监测到的问题数量	主数据管理工具
12		数据质量问题的影响范围	该数据质量问题所涉及的业务范围、系统范围、数据范围评估	主数据管理工具
13		数据质量问题的严重程度	该数据质量问题对企业业务、系统、数据的影响程度评估	主数据管理工具
14		数据质量问题处理个数	数据质量问题执行情况检查	主数据管理工具
15		数据质量问题处理及时性	数据质量问题处理的时间检查	主数据管理工具
16		主数据质量问题预警及分发的及时性	数据质量问题在事前、事中和事后的处理时间是否及时检查	主数据管理工具
17	主数据管理情况	主数据稽查频次	定期对主数据管理工具在规定时间期限内自动或手动开展数据稽查的次数的检查	主数据管理工具

9.8 企业常用的几类主数据

9.8.1 物料主数据

物料数据标准化是加强物料分类管理、提高物资采购管理水平、实现信息共享的基础工作。物料数据由物料主数据和业务属性数据组成，物料主数据是物料数据核心的属性，包含物料分类编码、物料明细编码等，而业务属性数据体现各业务部门在各业务环节上对物料管理的需求。

物料是指包括与产品生产有关的所有物品，如原材料、辅料、成品等。对于信息化系统而言，物料特指企业中的物资、产品和服务的总和。物料按用途可分成物资类物料、产品类物料（成品、中间产品和废次品）和服务类物料。ERP 系统将同一类物料业务的相关参数划分到不同的视图（界面）中，如物料基本视图、采购视图、销售视图、生产视图和财务视图。物料基本视图中的信息包括物料编码、物料名称及规格型号、计量单位等，如图 9-8-1 所示。

图 9-8-1 物料基本视图

9.8.2 设备主数据

设备指可供企业在生产中长期使用，并在反复使用中基本保持原有实物形态和功能的劳动资料和物质资料的总称。

设备主数据包含的信息有基本信息、位置信息、组织机构信息、结构信息、技术参数信息、相关文档资料等，如图 9-8-2 所示。

设备主数据是设备管理系统的基础。为确保设备管理系统的有效运行，建设设备主数据管理系统非常重要。设备主数据管理系统通过企业设备主数据管理人员与外部 EPC（工程总承包）合作伙伴及供应商的合作请求、企业数据收集人员的现场数据校对、用户在日常使用中对数据问题的发现及警示，来保障设备管理系统所用的功能位置、设备、备品备件清单、维修任务清单、测量点各类文档资料等数据的及时性、完整性和准确性；并通过将各类设备管理系统进行集成，在建立和修改各类设备主数据的同时，触发这些系统中各类设备主数据的同步更新，确保各系统中各类设备主数据的一致性，从而保证业务处理和分析结果的正确性。设备基础数据是用来定义在企业设备管理中所用到的全部静态数据，主要包含以下 8 大类数据，如图 9-8-3 所示。

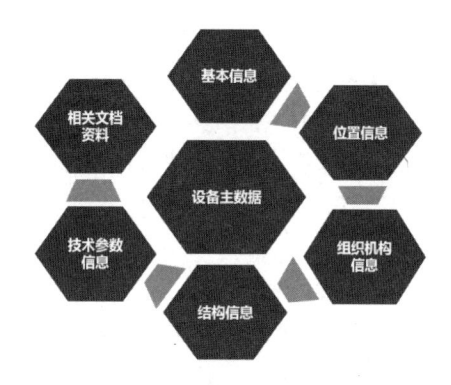

图 9-8-2 设备主数据包含的信息

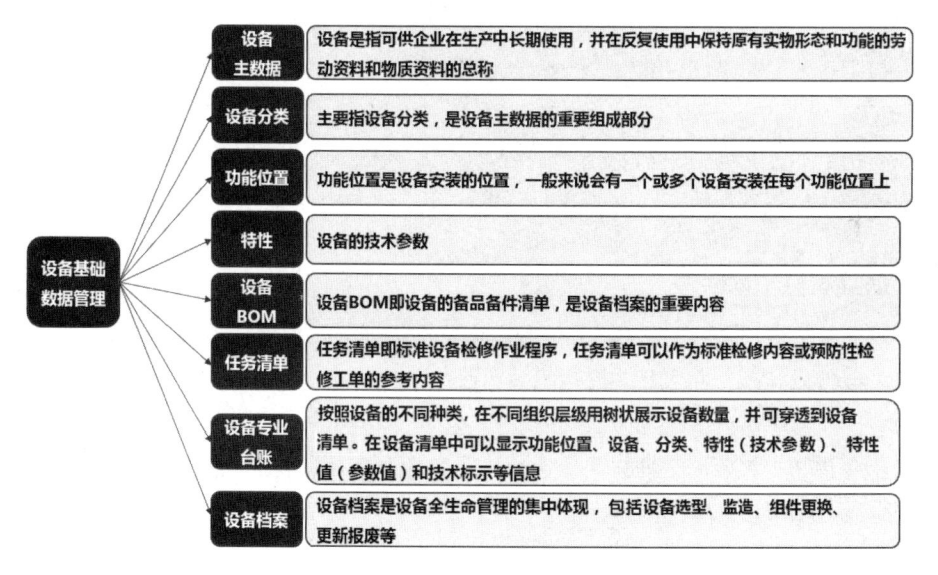

图 9-8-3 设备基础数据管理

9.8.3 固定资产主数据

企业固定资产是指企业为生产产品、提供劳务、出租或者经营管理而持有的、使用时间超过 12 个月的、价值达到一定标准的非货币性资产，包括建筑物、机器、运输工具，以及其他与生产经营活动有关的设备、器具、工具等。

固定资产主数据是企业资产管理的应用基础，固定资产编码包括固定资产分类编码和固定资产明细编码。固定资产分类编码适用于固定资产的管理、清查、登记、统计等工作。固定资产明细编码是对固定资产数据进行系统识别和检索的唯一标示。固定资产分类编码应包括企业所拥有的全部固定资产，并以资产的自然属性为第一分类原则，兼顾管理要求与实用性。自然属性是指资产的物理或者化学方面的属性，如经济用途、所有权、使用情况等。

固定资产分类还应适应固定资产全生命周期管理的需求，以及满足信息系统集成、整合、应用一体化管理的要求，做到实用、适用、方便。在固定资产分类制定过程中，应遵循以下原则。

（1）执行、参照国家标准、国际标准或行业标准，做到有据可依；

（2）固定资产分类一经制定，不要随意调整；

（3）一个固定资产对应一个分类，避免不同审批人员的审批尺度不统一；

（4）同一大类下的中类或同一中类下的小类的划分维度要一致，便于使用人员理解和查找，避免分类交叉和混淆；

（5）同一类别下的子类，要将使用频率、价值较高的物资放在较前面，便于查找。

《固定资产分类与代码》（GB/T 14885—2010）中规定了固定资产的分类、代码及计量单位。企业在规划制定本企业适用的固定资产分类标准时，要根据《企业会计准则》和国家相关法规，在现行的《固定资产分类与代码》（GB/T 14885—2010）的基础之上，进行细化和补充调整。

9.8.4　会计科目主数据

会计科目主数据是企业财务核算与财务预算的应用基础。国家一级会计科目包括资产类、负债类、所有者权益类、成本类和损益类，且国家已对一级会计科目的编码进行了统一编制。企业在对会计科目主数据进行编码管理时，应在执行国家统一的一级会计科目的基础上，制定满足本企业经营需要的会计明细科目。会计科目主数据应采用审批制进行管理，其编制标准主要包括编码规则和属性信息两部分内容。

9.8.5　组织机构和员工主数据

组织机构主数据一般被应用于企业的生产经营管理、人事管理、财务管理，以及企业的决策支持分析。对组织机构主数据进行统一管理，可以为不同部门、不同业务、不同信息系统提供沟通的"统一语言"，确保企业组织机构主数据的一致性、正确性和共享性，从而提升企业管理水平和信息系统质量，降低信息传递与使用成本。组织机构主数据管理分为组织机构分类编码管理和明细编码管理。

企业员工应包括企业所有用工人员，如正式员工、临时工，以及实习生等。员工主数据包含企业员工的基本信息，应结合员工行政隶属单位与组织机构主数据使用。

对组织机构和员工主数据进行统一管理，直接为企业人力资源组织管理、招聘管理、人事管理、薪酬管理、绩效考核、培训管理和统计分析奠定了数据基础，同时，也为企业应用信息系统、信息安全项目、信息系统集成建设提供统一、标准化的组织机构数据和员工数据。

本章精要

主数据是数据之源，是企业数据资产管理的核心，是信息系统互联互通的基石，也是企业信息化和数字化的重要基础。管好、用好主数据是实施企业数据治理的重要内容。本章针对工业企业主数据管理的特点从 4 个方面进行了阐述：主数据的概念和基本特征；主数据规划管理；主数据应用管理；主数据标准管理；主数据全生命周期管理；主数据应用管理。此外，为了便于读者更好地认识和理解主数据，本章还对工业企业中常见的几类主数据进行了详细讲解。

第 10 章

元数据管理

随着工业企业的数字化转型，物联网（IoT）设备与数字化平台的普遍应用，工业企业每年收集和使用的数据在成倍增长。另外，大多数工业企业中的数据形态多样，标准不统一，多种数据源之间的采集、传播和共享遇到了瓶颈。元数据管理作为大数据治理的核心基础设施，是有效管理这些海量数据的基础和前提，其在工业企业数字化转型中发挥着重要的作用，并日益得到工业企业的重点关注。同时，以元数据为核心的大数据治理也被企业广泛认可和实施部署。

10.1 元数据的定义

元数据最常见的定义是"关于数据的数据（Data about data）"，该定义很简单也非常不容易让人理解。元数据的信息范围很广，主要是描述数据的各种属性信息，包括技术属性、业务属性和管理属性。它描述了数据本身（如数据库、数据表、字段、数据模型、索引等）、数据表示的概念（如业务流程、业务术语、应用系统、软件代码等）、数据之间的联系（数据从哪里来，供给谁使用等）、数据的历史版本、数据需遵循的质量标准、数据的所有者，以及数据的管理方式等。

在 ISO/IEC 11179 标准中提供了用于定义元数据注册的框架，其用于基于数据的精确定义，从数据元素开始，实现元数据驱动的数据交换。

元数据可以帮助企业理解其自身的数据、系统和流程，也可以帮助用户评估数据质量。对数据库与其他应用程序的管理来说，元数据是不可或缺的。元数据有助于处理、维护、集成、保护、审计和治理其他数据。

10.2 元数据分类

通常我们把元数据分为 3 种类型：业务元数据；技术元数据；管理元数据。

业务元数据主要是对数据中的业务语义的描述；技术元数据主要是对实现技术的描述；管理元数据主要是对数据在处理、质量和安全等方面的要求的描述。这 3 种元数据的结合能够很好地表述企业信息的全貌。例如在企业数据中，存储客户信息的数据库表字段为"CustomerName"，其业务含义为"客户名称"，这是业务元数据；其类型是 String，长度是 100 位，这是技术元数据；该表通过 ETL 过程从客户关系管理系统中抽取而来，该数据的责任人是销售部，对企业的所有人员完全开放，这些是管理元数据。

10.2.1 业务元数据

业务元数据（Business Metadata）主要关注数据的内容和条件，描述数据的业务含义、业务规则等。业务元数据面向业务人员，主要描述数据的业务属性和特征，包括实体及属性的业务名称、业务定义、业务术语、所属主题域、计算公式、业务规则、业务指标、值域范围等方面，便于用户理解及访问数据的业务属性。

与技术元数据相比，业务元数据能让用户更好地理解和使用企业中的数据，比如，用户通过查看业务元数据，就可以清晰地理解各指标的含义、指标的计算方法等信息。

10.2.2 技术元数据

技术元数据（Technical Metadata）提供有关数据的技术细节、存储数据的系统，以及在系统内和系统之间数据流转过程的信息。技术元数据面向技术人员，具体描述有关数据的技术属性和特征，包括数据结构、数据的存储位置、数据处理方面的特征，以及数据源接口、数据仓库、数据集市、存储等数据处理环节的信息。针对上例中的客户名称，在数据库表中存储的字段数据类型（字符串）、长度（100 位）、与销售系统的客户名称进行的关联引用等信息都属于技术元数据。

10.2.3 管理元数据

管理元数据是专门对信息资源实施管理与维护的元数据，包括数据对象的加工、存档、结构、技术处理、存取控制，以及相关系统等方面信息的描述。管理元数据面向数据管理人员，描述数据在处理、质量、安全这 3 个方面的属性和特征，包括与数据相关的组织、岗位、职责、流程、版本，以及与该数据相关的日常运行操作规则和记录等。针对上例中的客户名称，数据责任人是销售部的数据管理员，其负责客户名称的输入和准确性；客户名称应该在每天夜里 12 点从销售系统同步到数据仓库；客户名称属于公司机密，只有通过授权的人员才能查阅。这些都属于管理元数据。

如图 10-2-1 所示是某家企业的元数据收集内容，从中可以清晰地理解这 3 种不同类型的元数据。

数据域	一级数据主题	二级数据主题	字段描述	字段英文名	字段中文名	数据类型	长度（位）	精度	非空	主键	创建者	管理员	责任部门	是否共享	是否开放	版本信息
经营管理	供应商管理	供应商	供应商公司的正式名称，来源于工商局注册信息	Company_name	公司名称	String	100		是	否	张三	李四	市场部	是	否	1.2
经营管理	供应商管理	供应商	公司编码	Company_id	公司编码	String	64		是	是	张三	李四	市场部	是	否	1.2
经营管理	供应商管理	供应商	统一社会信息代码	Unified_Social_Credit_code	统一社会信用代码	String	20		是	否	张三	李四	市场部	是	否	1.2
经营管理	供应商管理	供应商	公司法人	Corporate_person	公司法人	String	64		是	否	张三	李四	市场部	否	否	1.2
经营管理	供应商管理	供应商	公司账号	Bank_Account	公司账号	String	20		是	否	张三	李四	市场部	否	否	1.2
经营管理	供应商管理	供应商	注册地址	Address	注册地址	String	256		是	否	张三	李四	市场部	否	否	1.2

图 10-2-1　某家企业的元数据收集内容

10.3　元数据相关概念理解

在谈起元数据的时候，经常有几个相关的概念，如数据元、数据标准、数据模型、数据字典、数据目录、元模型等，下面通过一个例子来说明它们的区别。

首先看下面这个供应商数据示例，如图 10-3-1 所示。

表 10-3-1　供应商数据示例

公司名称	公司代码	统一社会信用代码	公司法人	公司账号	注册地址
北京 A1 公司	G0001	91110108MA7LHQHY9M	张三	110949314510806	北京市海淀区幸福里 1 号
上海 B2 公司	G0002	91310105MA7LHQHY1M	李四	320172727276354	上海市奉贤区长江路 2 号
广州 C3 公司	G0003	91440102MA7LHQHY2M	王五	436372772267435	广州市天河区滨河路 3 号

1. 数据元

数据元即数据元素，按照《数据标准化：企业数据治理的基石》一书的定义，数据元是通过定义、标识及允许值等一系列属性描述的数据单位，被认为是不可分割的最小数据单元。因此，表 10-3-1 中表示供应商的各个属性（公司名称、公司编码、统一社会信用代码、公司法人、公司账号、注册地址）都是数据元。所以，在数据库知识领域，可以简单地认为数据元就是属性。

元数据是描述数据的数据。在数据库领域，数据对象包括字段（即属性或数据元）、数据表、表空间、数据库、索引、分区等，这些数据对象都需要使用元数据来描述。

例如，属性（数据元）的元数据包括字段中文名、字段英文名、字段描述、数据类型、长度、精度等，如表 10-3-2 所示。

表 10-3-2　属性的元数据示例

字段描述	字段英文名	字段中文名	数据类型	长度（位）	精度	非空	主键
供应商公司的正式名称，来源于工商局注册信息	Company_name	公司名称	String	100		是	否
公司编码	Company_id	公司编码	String	64		是	是

表的元数据包括表的中文名、表的英文名、表的描述、现有记录数、存储周期等，如表 10-3-3 所示。

表 10-3-3　表的元数据示例

技术元数据					
表的英文名	表的中文名	创建时间	现有记录数（条）	存储周期	最新记录时间
Supplier	供应商	3月22日	2688	永久	4月18日

2. 数据标准

根据《数据标准化：企业数据治理的基石》一书中的定义，数据标准分为对象类数据标准和基础类数据标准，其中对象类数据标准包含数据元标准。从上文中可以看出，数据元实际上是最小的数据单元。如果企业把某一领域的数据元全部提取出来，并且定义了数据元的标准，那么某一领域的数据标准实际上就是该领域数据元标准的集合。例如，经营管理数据标准就是经营管理领域所有数据元标准的集合。当然，其中还会加上行业数据标准和基础数据标准，这些标准也都是通过数据元来定义的。

3. 数据模型

数据模型（Data Model）是数据特征的抽象，它从抽象层次上描述了系统的静态特征、动态行为和约束条件，通常是为数据库系统的信息表示与操作提供的一个抽象的框架。数据模型所描述的内容有 3 个部分：数据结构、数据操作和数据约束。

数据模型从抽象层次上分为概念数据模型、逻辑数据模型和物理数据模型。在逻辑数据模型中，其数据结构就是通过一组属性来表示的。为达到数据标准化的目的，在数据建模时应当从数据标准集合中选择若干数据元来描述某一实体的属性。例如，在前面举例的经营管理数据标准集合中，这里挑选数据元公司名称、公司代码、统一社会信用代码、公司法人、公司账号、注册地址来表示供应商信息，然后指明公司编码为主键等约束信息，这样就形成了供应商信息的数据模型（逻辑数据模型），如表 10-3-4 所示。

表 10-3-4　供应商信息的数据模型

字段描述	字段英文名	字段中文名	数据类型	长度	精度	非空	主键
供应商公司的正式名称	Company_name	公司名称	String	100		是	否
公司编码	Company_id	公司编码	String	64		是	是
统一社会信息代码	Unified_Social_Credit_code	统一社会信用代码	String	20		是	否
公司法人	Corporate_person	公司法人	String	64		是	否
公司账号	Bank_Account	公司账号	String	20		是	否
注册地址	Address	注册地址	String	256		是	否

在数据元的定义中是无法描述约束信息的（例如，上例中的主键、外键），或者是结束日期必须大于开始日期等，数据元的集合仅描述数据模型中的数据结构。

4. 数据字典

数据字典在不同的语境下有不同的含义，而且也没有标准的定义，其主要用途就是将数据按照某种方式编目，方便人们快速检索和参考。数据字典是指对数据的数据项、数据结构、数据流、数据存储、处理逻辑等进行定义和描述，其目的是对数据流程图中的各个元素做出详细的说明。数据字典是描述数据的信息集合，是对系统中使用的所有数据元素的定义的集合。例如某企业的数据字典包括通用枚举值等，其中详细记录了每个数据元的定义及取值范围，如图 10-3-1 所示。

标准中文名称	客户编码	→ 数据来源	主数据
业务含义	指合作客户的中文名称所对应的代码标识，在公司全业务链中唯一，由字母和数字组成，长度：13 位		
枚举值	/		
编码规则	13 位，3 个编码段，"CUS+客户类别（2 位数字）+8 位流水号"		
取值范围	/	数据精度	/
度量单位		最新维护日期	2018-12-20
备注	/		

图 10-3-1　某企业的数据字典

而在常见的关系数据库中，从技术角度来说，数据字典包括了一个数据库系统中（或一个应用中）所有表的建表语句（包括各个字段的定义、表的约束、表的存储特点、视图等）。从广义上来讲，数据字典表示所有的数据库管理信息，例如在 Oracle 数据库中，所有以"DBA"开头的表或所有以"v$"开头的视图，都被叫作数据字典表或视图，其包含的内容包括：

（1）数据库中所有模式对象的信息，如表、视图、索引和簇等。

（2）逻辑和物理的数据库结构。

（3）对象的定义和空间分配。

（4）用户、角色和权限。

（5）用户访问或使用的审计信息。

（6）列的默认值、约束信息的完整性。

（7）其他数据库信息。

5. 数据目录

数据目录指的是以核心元数据为主要描述方式，按照资源分类索引和目录条目格式要求，对不同类型、不同层次的数据按照一定的分类体系进行编目，用以描述数据的特征，实现数据检索、定位与获取功能。由以上定义可知，数据目录实际上是元数据的一种应用，其展现的内容就是元数据。根据数据的不同，数据目录可以分为数据资源目录、数据共享和开放目录、数据资产目录和数据服务目录。

6. 元模型

元模型是描述模型的模型，MOF（Meta Object Framework，元对象框架）中有 4 层元模型结构：

- M0 层是信息层，就是实际的对象数据，如表 10-3-1 所示。
- M1 层是模型层，即对所有数据进行抽象，描述数据的结构，如表 10-3-2 所示。可以这么理解，M1 模型层的一个具体实例就是一个供应商对象。
- M2 层是元模型层，即对上述数据结构进行抽象，描述如何定义一个数据模型，一般可以表示为：数据模型（[属性名，属性定义]…）。数据模型是元模型的一个实例，即它是抽象所有数据模型的特征所形成的通用模型。
- M3 层是元元模型层，即对元模型进行抽象，实际上只是对组成元模型的各个组件进行定义。

为了便于理解元模型，下面以数据库系统来进行类比。在一个关系数据库中，通过 Create Table Supplier 建表语句，创建供应商表，描述一个供应商信息的数据模型。表里面的任何一行数据都是供应商的一个实例，代表一个具体的供应商：

```
Create Table Supplier（
```

```
Company_name String(100),
Company_id String(64),
…..);
```

而 Create Table 语句的语法就是对建表语句的抽象，实际就是对数据模型的抽象，可以使用它创建任意的数据模型（数据表），其表示的就是元模型：

```
Create [temporary] table [if not exists] tbl_name
(create_definition) [table_options] [parttion_options]
```

关于 create_definition、table_options 的语法，有兴趣的读者可以查阅相关数据库使用手册。

由此可见，元模型是对模型的抽象，而元数据是描述数据的数据。元数据本身也是数据，因此，元数据也可以用数据模型来表示，读者需要区分清楚元数据的数据模型和元模型的区别。

10.4 元数据管理关键活动

元数据管理是关于元数据的定义、采集、存储、管理和应用的方法、工具和流程的集合，涵盖元数据的定义，元数据的存储、处理，元数据的管理原则、管理模式、管理流程和管理方法，元数据相关的组织、制度、规范和流程，元数据管理技术工具，以及元数据管理的评价考核体系。元数据管理是一个以元数据规范、制度为基础，以元数据管理平台为技术支撑，与应用系统的开发、设计和版本控制流程紧密结合的完整体系。

按照《数据资产管理白皮书（6.0 版）》的定义，元数据管理（Meta Data Management）是数据资产管理的重要基础，是为获得高质量、整合的元数据而进行的规划、实施与控制行为。

元数据管理的关键活动包括以下内容。

（1）元数据管理计划：明确元数据管理相关参与方，采集元数据管理需求；确定元数据类型、范围、属性，设计元数据架构，使技术元数据与数据模型、主数据、数据开发相关架构一致；制定元数据规范。

（2）元数据管理执行：依托元数据管理平台，采集和存储元数据；可视化数据血缘关系；应用元数据，包括非结构化数据建模、自动维护数据资产目录等。

（3）元数据管理检查：包括元数据质量检查与治理；元数据治理执行过程的规范性检查与技术运维；保留元数据检查结果，建立元数据检查基线。

（4）元数据管理改进：根据元数据检查结果，召集相关利益方，明确元数据的优化方案；制订改进计划，持续改进元数据管理的方法、架构、技术与应用等内容。

元数据贯穿企业数据资产管理的全流程，是支撑数据资源化和数据资产化的核心。首先，元数据从业务视角和管理视角出发，通过定义业务元数据和管理元数据，增强了业务人员和管理人员对于数据的理解与认识。其次，技术元数据通过自动从数据仓库、大数据平台、ETL 中解析数据存储和流转过程，追踪和记录数据血缘关系，及时发现因数据模型变更而带来的影响，有效识别数据模型变更的潜在风险。最后，元数据可作为自动化维护数据资产目录、数据服务目录的有效工具。

10.5　元数据管理内容

元数据管理是从数据仓库中发展而来的，其最初管理的对象就是与关系型数据库和数据仓库相关的上下游系统。随着互联网和大数据的发展，其管理的对象越来越丰富。在现代企业中，数据资产的种类五花八门，可能是关系型数据库或 NoSQL 数据库中的表、实时流数据，指标平台中的指标，数据可视化工具中的仪表板等。企业的元数据管理应当包含本企业所有的数据资产，并使管理人员可以高效地使用这些元数据。

1. 管理哪些对象的元数据

对于以下工业企业所涉及的数据对象，都需要管理其元数据。

（1）业务应用系统：如 ERP 系统、CRM 系统、财务系统、人事系统等，对于这些业务应用系统，需要记录其名称、业务描述、管理部门、开发部门、版本号、运维部门、联系人、联系方式等。

（2）数据库管理系统：包括各类关系型数据库、对象数据库、MPP 数据库、分析型数据库和数据仓库等，如 Oracle、DB2、MySQL、MongoDB、Vertica 等。对于数据库对象，一般需要记录其名称、品牌、版本、厂商、分区、表数量、数据量、访问权限、联系方式等。

（3）数据库中的下级对象：包括数据表、字段、索引、主/外键、存储过程等，一般需要记录其名称、别名、类型、长度、精度、约束条件等。

（4）文件：一般需要记录其文件名、路径、类型、业务内容、关键词、大小、所有人、安全属性等。

（5）服务接口：主要包括通过 ESB（企业服务总线）提供的公共访问接口，以及通过微服务网关提供的微服务接口。通常企业会将接口也作为数据资产进行管理，一般需要记录其接口名称、地址、端口、功能描述、协议、参数、管理人、权限等信息。

（6）大数据平台：主要包括 Hbase、Hive、数据湖等。

（7）业务指标：一般记录其名称、定义、业务说明、分类、计算规则等。

2. 元数据的内容

元数据一般包括业务元数据、技术元数据、管理元数据 3 个方面的内容，具体示例如表 10-5-1 所示。

表 10-5-1　元数据主要内容示例

序　号	主要内容示例
业务元数据	√ 业务术语 √ 数据集、表和字段的定义和描述 √ 业务规则、转换规则、计算公式和推导公式 √ 业务指标 √ 数据模型 √ 数据质量规则和检核结果 √ 数据的更新计划 √ 数据溯源和数据血缘 √ 数据标准 √ 有效值约束
技术元数据	√ 物理数据库表名和字段名 √ 字段属性 √ 数据库对象的属性 √ 访问权限 √ 数据 CRUD（增、删、改、查）规则 √ 物理数据模型，包括数据表名、键和索引 √ 记录数据模型与实物资产之间的关系 √ ETL 作业详细信息 √ 文件格式模式定义 √ 源到目标的映射文档 √ 数据血缘文档，包括上游和下游变更影响的信息 √ 程序和应用的名称和描述 √ 周期作业（内容更新）的调度计划和依赖 √ 恢复和备份规则 √ 数据访问的权限、组、角色
管理元数据	√ 数据责任部门 √ 利益相关方联系信息（如数据所有者、数据管理专员） √ 数据的安全/隐私级别 √ 已知的数据问题 √ 数据使用说明 √ 备份、保留、创建日期、灾备恢复预案 √ 服务水平协议（SLA）要求和规定 √ 容量和使用模式 √ 数据归档、保留规则和相关归档文件 √ 数据共享规则和协议 √ 技术人员的角色、职责和联系信息

3. 元数据的来源

企业对元数据的管理是贯穿数据的整个生命周期的，因此，元数据的来源也涉及数据全生命周期中的所有工具和系统，主要包括如下来源。

（1）应用程序的配置库：通常指应用程序的配置信息。该信息可以存放在文件中，也可以存放在数据库中。

（2）应用程序后台数据库：通常指应用程序的业务数据。元数据一般被存储在数据库管理系统的系统管理表中，如存储在 Oracle 中的 sys_tables 等一系列以"sys"开头的表中。数据库中的存储过程用来对数据进行后台的转换和加工，数据在同一个数据库中的关联关系可以从主/外键和存储过程获取。

（3）数据库建模工具：这些工具用于设计数据实体的逻辑数据模型，并能转换为数据库的建库语句，在数据库中生成实际的库和表。通过建模工具可以获得数据模型的元数据。

（4）ETL 工具：使用 ETL 工具，可将数据从源数据库中抽取出来，经过加工转换，并装载到目标数据库或数据仓库中。ETL 工具也支持在数据仓库的不同层次之间的数据转换。使用 ETL 工具，可以获得数据从业务系统的源数据库到数据仓库中不同层次之间的转换关系。

（5）报表和 BI 工具：如今的报表和 BI 工具都包括数据可视化工具，都具有从多个数据库中抽取数据并建模的功能。数据从数据仓库的应用集市层到报表工具之间的转换和关联关系，可以从这些工具中获得。

（6）大数据平台：包括 Hadoop、Hbase、Hive、数据湖等。可以像在数据库中采集一样，对这些大数据平台的元数据进行采集。但目前大数据平台的发展很快，新的产品和工具层出不穷，大数据平台和数据湖系统一般都有自己的统一元数据工具。例如 Atlas，可以直接从 Atlas 中获取整体数据湖的元数据信息。

（7）格式化文件：如 Excel 文件、SQL 脚本、CSV 文件等。很多业务元数据和管理元数据需要经过人工梳理，并存放在格式化文件中。元数据工具可以读取并解析这些文件，获得元数据信息。

（8）数据字典：通常包括数据项、数据结构、数据流、数据存储和处理过程 5 个部分。其中数据项是数据的最小组成单位，若干个数据项可以组成一个数据结构。数据字典通过对数据项和数据结构的定义来描述数据流和数据存储的逻辑内容。数据字典实际上记录的就是元数据，其一般被存储在数据库中。

（9）服务注册工具：一般指 ESB 或者微服务网关。从数据安全性出发，如今的很多软件都不允许使用 ETL 工具直接读取软件的数据库，而是通过服务接口的方式传递数据。元数据工具需要能够解析接口参数来识别数据的关联关系。

4. 非结构化数据的元数据

非结构化数据的类型和表现形式多种多样，其元数据没有统一的模型。在实际管理中，通常根据企业的需要提取其特征标签来进行元数据管理。

对于 Office 文件，可以将记录其操作系统一级的属性作为元数据，包括文件名、路径、大小、创建时间、修改时间等，还可以获取其标准的信息属性，包括标题、标记、备注、作者、修改者、编辑时间、主题等内容。

对于图形图像文件，例如数码照片，每一张数码照片，不管是用哪个品牌的照相机拍摄的，通常都包含 EXIF（可交换图像文件格式）信息，记录着拍摄这张照片所使用的照相机、型号、厂商、光圈、快门及拍摄时间、GPS 位置等信息。这些都是技术元数据。想要了解其拍摄主题和内容，可以人工添加标签，或者通过人工智能算法自动识别其拍摄主题。

对于网页等半结构化数据，可以从 meta 标签中获取其元数据，包括应用名称、关键字、页面描述、作者、版权、编辑器、根 URL 等信息。

对于自身不包含元数据的数据，一般只能通过人工标注的方式生成元数据。

10.6　主动元数据管理

Gartner 在 2021 年将其传统的《元数据管理工具市场报告》，改为《主动元数据管理工具市场报告》，这标志着主动元数据管理时代的到来。那么，什么是主动元数据管理呢？它和传统的元数据管理有什么不同呢？

主动元数据是相对于被动元数据来说的。传统的元数据管理工具用来采集企业中各个数据对象的元数据，并集中进行存储、展示和分析。用户必须登录元数据管理工具，才能浏览、使用、分析企业的元数据及数据资产目录。

实际上，主动元数据管理工具就是要主动发挥元数据的价值，将元数据推送到需要它的地方，根据元数据的分析来采取一定的业务操作。实际上，目前的元数据管理工具也能做一部分上述工作。

Gartner 最新发布的《主动元数据市场指南》中指出，主动元数据管理工具是一个始终在线的、智能驱动的、面向行动的、API 驱动的系统，与其被动的、静态的前身相反。

主动元数据主要具有以下 4 个特点。

1. 始终在线

主动元数据管理工具始终处于采集元数据的状态，不像传统元数据管理工具那样定时采集元数据。始终在线就意味着能够随时发现元数据的变化，从而可以采取正确的行动。

2. 智能驱动

主动元数据管理工具使用人工智能的方式处理元数据，例如自动的关联分析、数据血缘分析，从非结构化数据中提取元数据等。随着时间的推移，主动元数据管理工具会变得更智能。

3. 面向行动

主动元数据管理工具不局限于智能。它能够给出建议、生成警报，帮助人们进行决策并采取行动，甚至在没有人为干预的情况下自动做出决策，比如在检测到数据质量问题时，停止向下游传送数据。

4. API 驱动

主动元数据平台使用 API 来连接数据管理平台的上下游工具。这使得在数据生命周期的全过程中都可以使用元数据来进行嵌入式协作，从而能带来更好的用户体验。比如，在 BI 工具中可以随时获得数据的业务元数据，使得数据分析更加有意义。

下面简单介绍几个主动元数据管理工具的应用场景。

（1）清除过时数据资产。

使用主动元数据管理工具，可以定期计算每项数据资产（例如数据表、仪表板等）上次使用的时间或使用它的人数。如果某项数据资产在过去 60 天内未被使用，则自动将其存档。如果在过去 90 天或 120 天内没有人使用该数据资产，则将其清除。

（2）数据资产评估。

使用主动元数据管理工具，可以为数据资产定义相关性评估分值。可以基于查询日志、血缘分析和 BI 仪表板等的使用信息进行评估。之后，最受欢迎的相关数据资产应该更频繁地出现在搜索中，并更频繁地检查其数据质量问题。

（3）丰富报表信息。

通过主动元数据管理工具将相关元数据（如业务术语、描述、所有者和数据血缘关系）传入 BI 工具中，之后在查看仪表盘报表时，可以了解到报表数据的所有者、数据来源等信息。

（4）通知下游用户。

主动元数据管理工具可以在数据存储发生变化时发现问题，并向下游数据用户通知存在的潜在风险。例如，对新采集到的元数据和以前的元数据进行比较，如果存在重大更改（例如添加或删除列），则可以通过数据血缘关系查找此数据的所有者，并通过微信、电子邮件等通知他们，或者在数据被损坏时，停止向下游数据仓库的 ETL 操作。

10.7 元数据的价值

为了理解元数据在数据管理中的重要作用，可以试想有一个大型图书馆，其中有成千上万册的图书和杂志，但是没有目录卡片。如果没有目录卡片，那么读者将不知道如何寻找一本特定的图书甚至是一个特定的主题。

目录卡片提供了必要的信息（图书馆拥有哪些图书和资料，以及它们被存放在哪里），这使读者可以使用不同的方式（主题领域、作者或者书名）来查找资料。如果没有目录卡片，那么寻找一本特定的书将是一件不可能的事情。一家企业没有元数据与一个图书馆没有目录卡片是一样的。

那么工业企业的元数据管理究竟能给企业带来哪些好处？下面举 3 个例子来说明。

1. 自动采集企业元数据，全面梳理企业信息资产

企业数据通常呈现碎片化分布，企业中一共有多少个系统，各个系统之间有什么关系，系统中都有哪些表，哪些表是孤立的且可以删掉，是很多企业很难直接弄清楚的问题。

合适的元数据管理工具可以通过自动化的方式，帮助企业完成数据信息、服务信息与业务信息的采集，自动化抽取企业内部的所有元数据，为企业展现完整的数据资产视图，从而帮助企业集中管理所有数据资产，并在方便数据交互和共享的同时很好地解决了上述一系列问题。

2. 分析数据流向，迅速响应业务数据问题

在企业中，往往会遇到这样的问题：业务人员发现分析报表中的数据有问题，要求 IT 部门尽快修改。但由于数据加工链路很长，此次修改会涉及多个部门，甚至多个下属公司，其中涉及的技术手段各式各样，因此，相关人员很难定位到该问题数据的相关表和字段。

而使用元数据管理工具，就可以帮助企业分析数据流向，具体到字段级的数据解析可以帮助企业分析数据之间的上下游关系，通过可视化的方式可以展现数据之间的上下游关系图，快速定位问题字段，帮助企业降低数据问题定位的难度。

3. 通过多场景对比分析，消除系统上线隐患

通常，企业系统建设会分为开发、测试与生产 3 种场景。在开发过程中，往往会出现开发库、测试库已经通过测试，而在上线过程中又出现问题的情况。

若通过元数据管理系统进行上线变更、自动采集并管理这 3 种场景中的元数据，保证各个场景中元数据的及时性和准确性，对比上线场景与测试场景中的元数据，分析上线系统对其他系统的影响，就能够避免此类问题发生。

10.8 元数据管理评价指标

元数据管理包括相关的组织、制度、规范和流程，元数据管理技术工具，以及元数据管理的评价考核体系。对于元数据管理工作，可以从以下几个方面进行评价。

（1）元数据管理组织：是否有专职的元数据管理人员，管理人员的职责是否清晰明了。涵盖元数据管理的整个生命周期。

（2）元数据管理制度：是否有完善的元数据管理制度，针对元数据的管理内容，是否设计了具体的管理流程。对元数据管理进行考核，并以制度的方式固化下来。

（3）元数据管理工具：企业是否具有元数据管理工具，管理工具的功能覆盖是否完整，能否完全支持元数据的管理内容。

（4）元数据管理的成熟度：按照数据管理能力成熟度模型的元数据管理评价标准，元数据管理所能够达到的成熟度等级。

（5）元数据管理对象的覆盖度：企业中的任何数据对象都有元数据，包括业务应用、数据库、表、字段、文件、接口、程序模块等，元数据是否覆盖这些数据对象；而对于同一类数据对象，是否覆盖了企业的所有数据。

（6）元数据应用的完备性：如元数据浏览、搜索、血缘分析、影响分析、数据地图等功能是否完全具备，实现的程度如何。

（7）元数据的集成：元数据能否可以自动化采集，并与其他元数据工具进行集成，集成是否有统一的标准和流程。

（8）元数据的使用情况：企业中有多少人使用元数据；不同元数据被企业使用的频率，以及这些元数据被调用、被查询的次数等。

本章精要

元数据管理是数据治理的重要抓手，也是数据治理成果呈现的最佳工具。企业若能做好元数据管理，就可以解决数据查找难、理解难的问题。元数据是数据的说明书，有了完善的元数据，数据使用者才能了解企业都有什么数据，它们分布在哪里，数据的业务含义是什么，数据口径与颗粒度是怎样的，以及若想使用应该向谁提出、如何获取。要达到这样的目标，需要做好元数据采集、存储、变更控制和版本管理。在此基础上，实现数据血缘分析、关系分析、影响分析等元数据的高级应用，通过可视化的方式展现数据之间的上下游关系图，快速定位问题字段，以帮助企业降低数据问题定位的难度。

第 11 章

数据指标管理

对企业数据治理来说，实现数据指标标准化、统一数据指标标准，可以规范企业的业务统计分析，进而提高企业的数据质量和数据资产价值。

11.1 数据指标管理概述

11.1.1 数据指标应用和管理中的挑战

企业在数据指标（以下简称"指标"）应用方面经常存在数据不一致、不规范等问题。对集团公司而言，还存在下属公司数据重复填报等问题，具体介绍如下。

1. 指标口径不统一

在企业管理和业务活动中，经常存在指标的名称相同，但统计口径、计算方法有较大差异的情况；或者反过来，指标的计算方法相同，但名称各异。定义不统一的指标会带来极大的沟通障碍，让沟通效率降低。

2. 指标体系不完整

企业各部门根据自身的业务需求，都会设置一部分的量化指标，但不够全面，也缺乏方法论指导。这不利于提升企业整体的数据分析和应用能力，且在使用过程中会孤立地强调某些指标的重要性，而忽略综合分析、长期跟踪与定期比对指标的重要性。缺乏整体考量而设置的指标体系，以及错误的指标分析方法，会产生错误的分析结果，进而影响运营层面、产品改进方面的决策。

3. 指标问题追溯难

指标大多经过多重计算得出，有些指标需要经过很长的加工过程才能得出，如果无法追溯指标的加工过程，就不知道指标所用的数据来源，也无法快速找出指标出错的原因和对应的责任部门。指标的一致性、完整性、准确性和可追溯性得不到保证，出现问题时各部门之间相互推诿的情况时有发生，这些都导致了指标问题难以解决。

11.1.2 指标体系框架设计目的

指标可以打通信息壁垒，加大信息共享的力度。指标体系框架设计需从企业发展战略与目标出发，要满足各职能部门的业务管理需求，构建"横向协同、纵向贯通"的指标体系。

- 横向协同：集团相关职能部门结合业务决策、分析、管理等工作的需要，持续更新、完善、扩展指标体系框架内容，以满足集团化经营管理。
- 纵向贯通：下属企业提供集团级经营管理所需的数据指标源，支撑集团级业务决策分析和管理；同时，要结合自身业务特点，扩展和完善自身业务指标体系框架内容。

11.1.3 指标体系框架设计思路

企业级的指标体系并不是一些指标的简单堆积和重组，而是基于业务管理职能的原则建立的。指标体系框架的设计是否科学合理，很大程度上与指标体系框架设计的构建思路相关。在构建指标体系框架时，应理顺指标体系构建的基本思路。

1. 指标体系框架设计原则

指标体系框架设计是一项系统工程，其基本设计原则包括 5 个方面：系统性、全面性、结构性、差异性和重要性，如图 11-1-1 所示。

图 11-1-1　指标体系框架设计原则

- 系统性原则：充分承接整个企业的战略目标，形成以战略目标为核心的指标体系，指标之间有清晰的关联逻辑，有效促进战略执行。
- 全面性原则：全面覆盖企业管理相关因素，含外部环境、核心资源、业务活动、产品服务与经营业绩等方面，推动企业整体的运营优化。
- 结构性原则：以数据和信息为基础，将指标划分为战略层、管理层相互支撑的结构。
- 差异性原则：区别于下属企业的指标体系，结合企业的实际业务特点，企业可以有针对性地建立落地的指标体系。
- **重要性原则**：选取核心业务，明确与之相关的关联业务，关注管理瓶颈与重点，推动集团公司各部门之间的管理协同。

指标体系建设工作的目标和内容见表11-1-1。

表11-1-1 指标体系建设工作的目标和内容

建设内容	说　　明
建立指标体系	建立指标涉及的业务域划分、数据指标字典元数据、人员/组织/流程体系
定义指标内容	整理指标的业务属性、技术属性和管理属性，构建指标关系体系和分析体系
建立指标规划	持续发展能够支撑横向业务领域划分、纵向加工计算逻辑分层的指标架构体系
制定相关规范	建立公司级指标搜集、整理、维护流程，为各类数据应用夯实坚实基础

2. 指标体系框架设计原理

企业在遵循系统性、全面性、结构性、差异性和重要性原则的基础上，要以企业指标体系框架设计相关理论为指导，从企业战略及运营管理的各层级考虑，构建支撑企业战略决策的指标体系框架，以保障企业战略目标的实现。指标体系要素框架如图11-1-2所示。

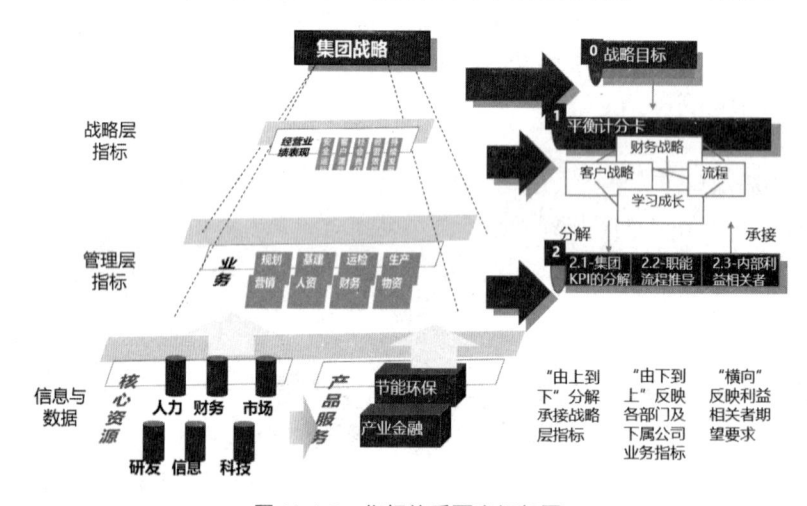

图11-1-2 指标体系要素框架图

11.2 指标体系框架

指标体系框架全面反映了企业的整体情况，而不是局限于某些具体方面。它是以企业战略为核心，以各部门的工作职能为出发点，对核心业务逐层分解、分类梳理，并归纳核心和关键业务环节而进行的指标分类选取的体系化设计。

11.2.1 典型的指标定义框架

指标标准定义框架规范了指标的分类和属性,如图 11-2-1 所示。

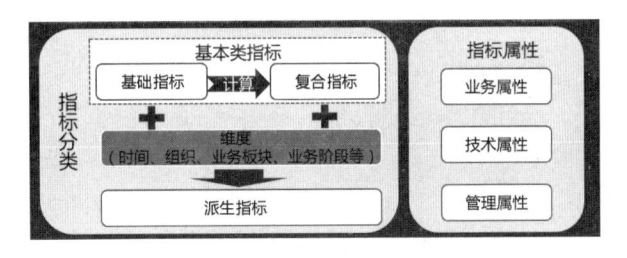

图 11-2-1 指标定义框架

1. 指标分类

- 基础指标是表达业务实体"原子量化"属性的概念集合,是直接通过对单一变量的明细数据进行简单计算得到且不可被进一步拆解的指标,如调运量、销售量等。
- 复合指标是建立在基础指标之上,由若干个基础指标通过一定运算规则计算得到且在业务角度无法拆解的指标,如签约率、利润率等。
- 派生指标是基础指标或复合指标与一个或多个维度值相结合产生的指标,如月计划调运量、月/日均销售量等。

2. 指标属性

- 业务属性是数据在业务层面的定义,描述了数据和企业业务相关联的特性。业务属性包括指标名称、业务定义、业务规则、主题、一级子主题、二级子主题、参考标准、计量单位、维度、上报频率、数据层次、映射类型、处理逻辑、统计时间。
- 技术属性是数据在技术层面的定义,描述了数据与信息技术实现相关联的特性。技术属性包括数据类型、数据格式、数据源系统、数据源表名、数据源字段名。
- 管理属性是数据在管理层面的定义,描述了数据与数据管理相关联的特性。管理属性包括指标编码、数据提出者、数据使用者、数据负责人、颁布日期、废止日期。

11.2.2 指标选取原则及方法

指标的选取需要遵从科学的选取原则,保证指标的正确性、完整性和有效性,同时应遵循数据指标梳理的方法论。

1. 指标选取原则

指标的选取在指标体系框架设计中至关重要。指标选取是否合适,直接影响到指标体系框架的完整性和有效性。指标过多,事实上是指标重复,会产生干扰;指标过少,则可能选取的指标缺乏代表性，会产生片面性。所以，指标选取应当以如下原则为基准。

（1）正确性：每项指标都必须正确，能够科学地反映评价对象某一个方面的信息。

（2）唯一性：保证指标选取的全面，避免指标重复。

（3）完整性：指标的信息应避免缺项，保证内容完整。

2．指标选取步骤

指标的选取包括以下 3 个步骤。

（1）借鉴行业最佳管理实践，综合考虑内外部环境因素及上级单位要求，建立企业指标体系的总体框架，保证指标体系框架的完整性。

（2）通过对企业战略、管理层及下属企业业务的全面梳理，识别企业生产运作中关键和主要业务环节中的要素，初步形成企业级指标体系框架。

（3）进一步筛选、合并同类指标，去除重复和不重要的指标，通过专家法调整指标，使指标体系框架更加科学、合理。

3．指标选取依据

指标体系框架设计要结合行业发展趋势和高层管理者的关注点，形成基于战略引领、价值创造的指标体系框架。图 11-2-2 为某大型集团指标体系高阶框架，其中包括增长引擎、运营卓越、财务表现、创新驱动、人员保障、宏观环境和绿色发展 7 大核心主题指标框架体系。

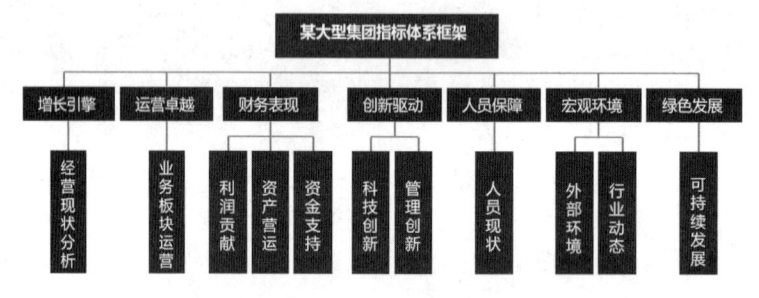

图 11-2-2　某大型集团指标体系高阶框架

（1）增长引擎：关注内外部环境条件分析与战略目标选择、经营现状分析、现有业务与新业务增长路径的选择等。

（2）运营卓越：关注集团特色，并按照价值链进行区分。核心的运营活动包括从产业链协同层面进行专项分析，同时关注各业务板块运营的规模、效率、效益和安全。

（3）财务表现：关注利润贡献（价值成果—战略实现）、资产营运、资金保障（价值创造）等。

（4）创新驱动：关注管理及制度创新、科技创新的环境、方向、体系、投入及产出等。

（5）人员保障：关注人员现状、人工效能、培训成长、分配激励等。

（6）宏观环境：关注宏观的政治经济要素（外部环境）、行业动态的分析及竞争策略等。

（7）绿色发展：关注经济增长与发展、环境可持续发展、能源获取和安全等。

11.2.3 指标体系框架层级设计

指标体系框架具有递阶层次结构，通常被划分为 3 级，如图 11-2-3 所示。

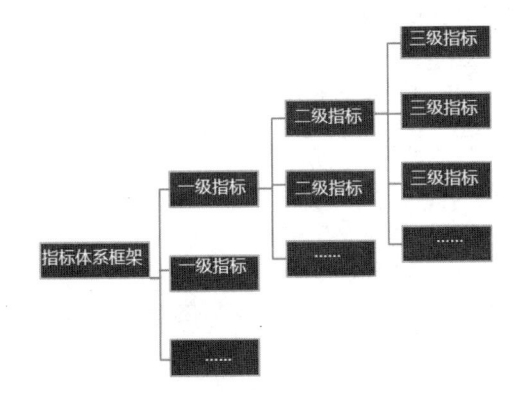

图 11-2-3 指标体系框架的层级结构

（1）一级指标为战略决策和规划发展类指标，依据指标体系框架的第一级框架来确定。每项一级指标下设多项二级指标。

（2）二级指标为集团管控类指标，依据指标体系框架的第二级框架来选取和设计。每项二级指标下设立多项三级指标。

（3）三级指标为具体业务类指标，在二级指标体系框架下设计。

三级指标用于数据采集与测算，二级指标与一级指标为指数型指标。

（注：指数型指标是指其数值是由下一级指标根据一定的算法计算而得到的指标，不直接用于数据采集。）

11.2.4 指标体系评价方法

指标体系评价是基于一定的评价目标，使用评价指标对特定的评价对象进行评价，并结合专家知识对获得的测算结果进行研判，最终得出科学评价结果的一系列过程，如图 11-2-4。

指标体系评价的目标是评价指标体系实施的正确性和有效性，以帮助其持续改进。

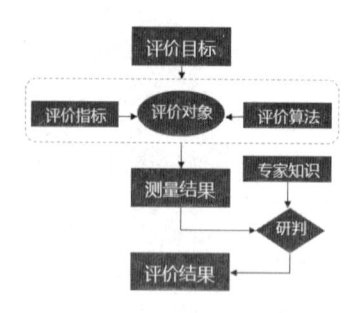

图 11-2-4　指标体系评价

在梳理指标体系的过程中，应结合企业层面的指标管理范围，明确各层级单位的指标项责任，统一各指标项的定义、口径及取数来源，保证企业各级管理层和决策层能够获得一致的数据理解和数据来源，逐步完善企业的指标体系。

11.3　找指标

找指标主要采用自上而下与自下而上相结合的方式。其中指标分类应从业务管理需求出发，自上而下逐层展开。而具体指标的梳理则以业务系统为导向，自下而上逐层筛选，如图 11-3-1 所示。

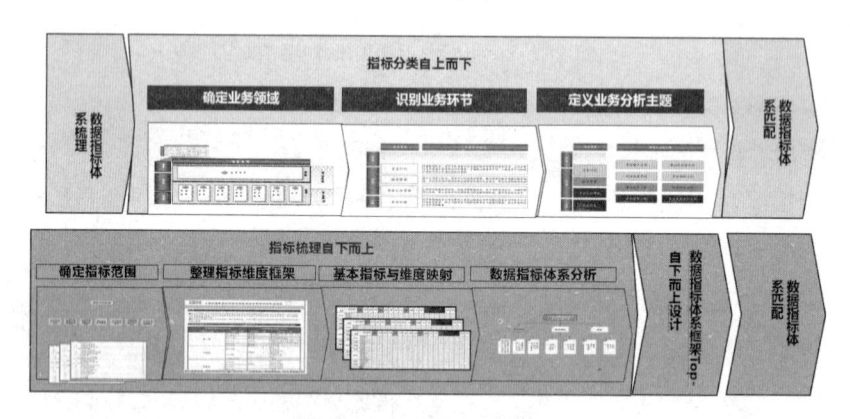

图 11-3-1　找指标示意图

下面是一个指标梳理过程的示例，如图 11-3-2 所示。

自上而下：一般先将一级业务域划分为财务、人力资源、销售等，然后划分二级业务域，如将销售划分为市场、客户、订单等（是否需要划分三级业务域视业务复杂程度而定），这样我们就得到了一个指标分类的初步框架。

自下而上：从业务系统出发，从系统中识别其功能模块，从这些功能模块包含的业务单据中可以找到相应的数值字段，然后挑选出可以作为指标展示的。如果这些系统中有单独的统计报表功能,那么我们的工作会相对简单,只需要从报表中找到相应的指标即可。

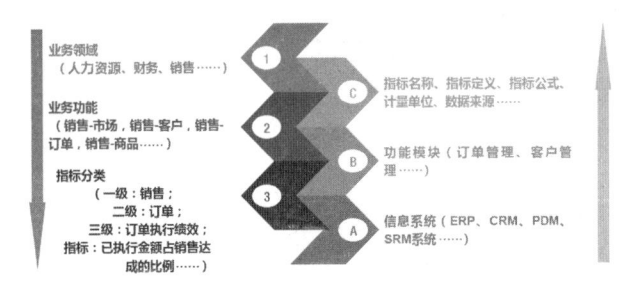

图 11-3-2　指标梳理示例

此时只是找到了指标的名称,还需要找到指标的各项属性。指标的属性分为业务属性和技术属性两类:业务属性包含业务人员所关心的指标说明、展现等;技术属性包含技术运维人员所关心的口径规范、技术属性等,如图 11-3-3 所示。

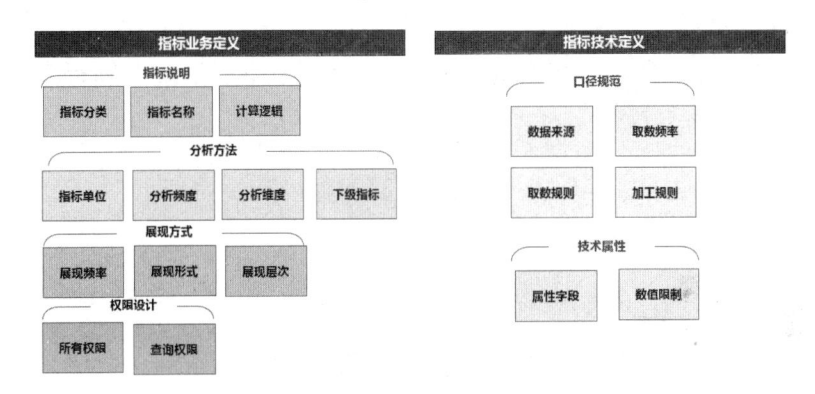

图 11-3-3　指标属性识别

将找到的指标及其属性形成一张总表,即指标字典,如图 11-3-4 所示。具体字段的选取工作最好能让业务人员和技术人员共同参与。

图 11-3-4　指标字典

11.4 理指标

搭建指标体系是一项系统工程，需要从战略及愿景分析、价值因素分析与 KPI（业绩考核指标）设计、指标体系框架设计、指标分析体系设计、指标设计展现 5 个方面着手，具体介绍如下。

（1）访谈高层管理者和各职能部门，理解战略愿景。

（2）逐步分解战略价值因素，并设计关键 KPI 体系。

（3）基于业务能力模型设计指标体系框架，并实现 KPI 指标的归集。

（4）设计符合企业管理决策需求的指标分析体系。

（5）将指标以图形化、多维化、互动性展示（指标设计）。

通过找指标，可以获得企业中的指标列表。但是这些指标并不能被称为体系，因为没有被分类，指标没有业务含义，指标和指标之间也没有任何逻辑。此时还需要梳理指标。图 11-4-1 为指标体系梳理最佳实践示例。在梳理指标时，需要结合企业战略和岗位职责，设定全面的衡量指标，并将指标分解到具体的业务过程中，如图 11-4-2 所示。

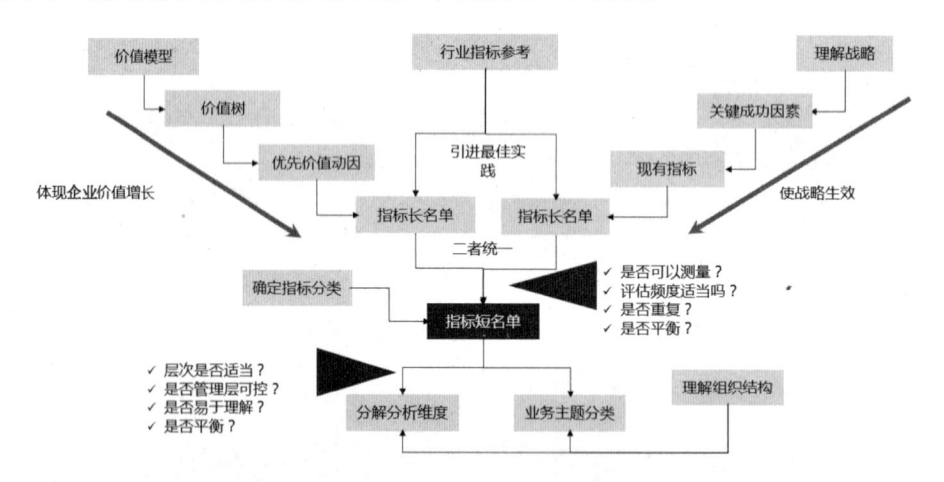

图 11-4-1 指标体系梳理最佳实践示例

还需要将企业中的各业务职能域进行划分，定义业务主题域（如果是集团企业，那么还应该进行行业板块的划分），如图 11-4-3 所示。

上面只是对业务域进行了大的划分，接下来企业需要对各业务域中的业务流程的管控目标进行细化，与指标一起形成功能矩阵，标注出指标的产生、引用关系，从而发现指标字典中存在的重复统计、统计口径不同等各种问题。在对其进行处理后，将形成含有分类和业务目标的指标字典。

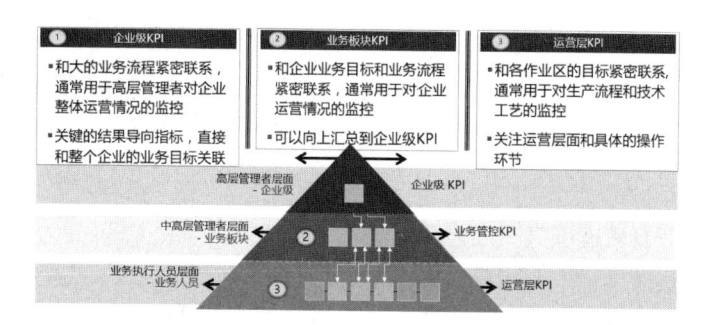

图 11-4-2　全面衡量指标

图 11-4-3　定义业务主题域

指标字典可能会非常庞大，有时可以通过指标树的方式进行表示，每棵树表示一个业务域的指标关系，通过超链接可以跳转到相应的详细指标定义信息。图 11-4-4 是财务域的局部指标明细示例。

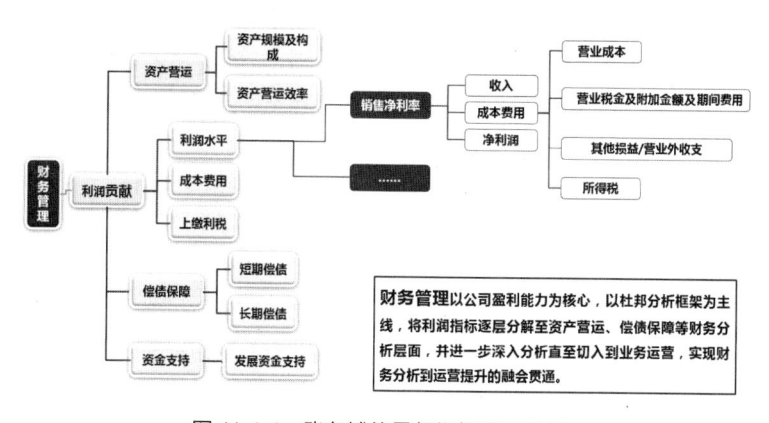

图 11-4-4　账务域的局部指标明细示例

11.5　管指标

指标管理工作和其他数据管理工作并无太大差别，即通过推动数据治理体系建设，制定主数据、业务数据、统计数据的标准和规范，提升数据质量。

类似基础数据标准管理，在指标标准管理中，同样需要数据治理归口管理部门来牵头负责指标标准的制定工作，并建立业务归口部门与技术主管部门的协作机制。其中主要涉及以下 3 种管理部门。

（1）数据治理归口管理部门：作为牵头者的角色，需要组织数据治理小组，将技术管理与业务管理的相关人员协同起来，完成数据标准制定工作；为数据标准制定提供资源协调、统筹安排等便利。

（2）指标标准业务归口管理部门：作为指标所属领域的业务主管部门，对指标标准进行归口管理。对于业务涉及多个板块的指标，以指标产生部门对数据标准进行归口管理；对于多个部门同时计算的指标，以业务牵头主管部门进行归口管理。其职责主要包括确定指标的使用部门、基础属性、业务含义和业务口径等标准，并对指标的技术口径统计结果进行测试和确认。

（3）技术主管部门：作为指标标准管理的技术支撑，对指标的取数方式和指标条件进行确认，并统筹指标标准的落地实施工作。

通过制定指标管控制度和流程，可以明确指标责任人、指标用户、指标管控团队在各项管控活动中应遵循的管理要求和工作流程。在信息系统（尤其是数据中心、智能报表等分析类应用）的建设中，各方需要遵从企业在指标管控领域提出的细化要求。

11.6 用指标

企业仅仅制定指标体系并不能起到规范数据的作用，只有将指标体系落实到信息系统中才能发挥其作用，因此，构建指标体系往往与应用系统建设同步进行。指标体系包含但不限于如图 11-6-1 所示的应用场景。

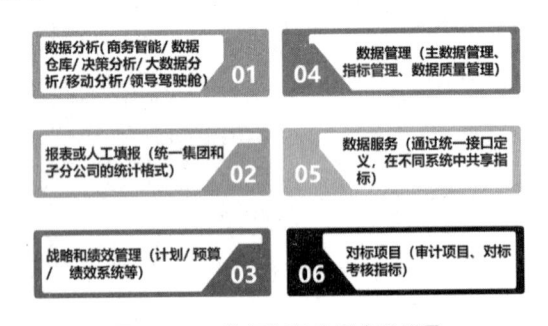

图 11-6-1　数据指标体系应用场景

通过数据指标体系的应用，可以规范企业内指标的使用，提高数据的准确性、一致性和可追溯性。

本章精要

企业要实现经营精细化，需要强化关键指标管控，充分挖掘存量资产的价值潜力。企业要提升数据价值，需要完善标准体系、统计体系、指标体系。细节决定成败，指标为企业精细化管理提供了强有力的工具支撑。本章首先详细阐述了如何构建指标标准定义框架，规范了指标标准的分类和属性；然后系统论述了指标体系的建立和应用步骤，即找指标、理指标、管指标、用指标4步。

第 12 章

时序数据管理

12.1 时序数据管理概述

工业企业为了监测设备、生产线及整个系统的运行状态,在各个关键点都配有传感器,采集各种数据。这些数据有的采集频率高,有的采集频率低,一般被发送至服务器中进行汇总并实时处理,对系统的运行做出实时监测或预警。这些数据也可以被长期保存下来,用以进行离线数据分析,比如分析状态,即分析每个时刻的状态是什么,是正常的还是有故障的;分析产能,即统计一段时间内的运行节奏与产出,并分析如何进一步优化配置来提升生产效率;分析能耗,即统计一段时间内生产过程中的成本分布,并分析如何降低生产成本;分析风险,即统计一段时间内的异常值,并结合业务挖掘潜在的安全隐患。图 12-1-1 为典型的时序数据大屏展示。

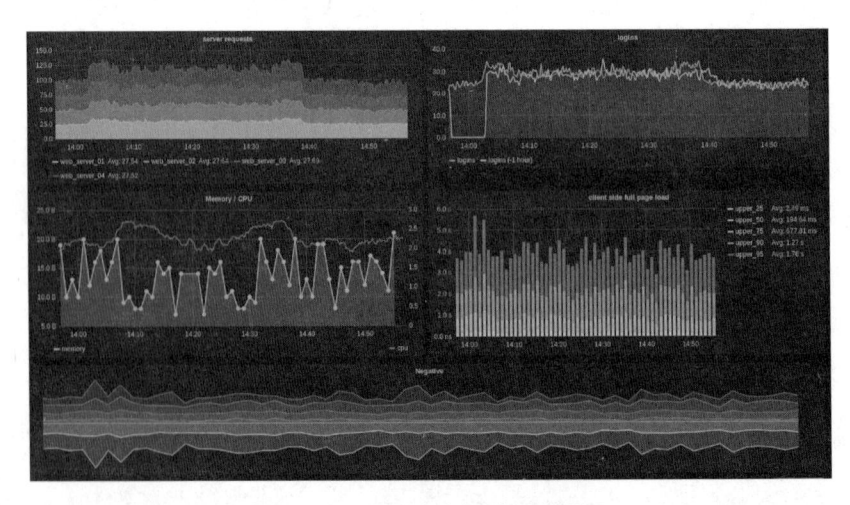

图 12-1-1 典型的时序数据大屏展示

这些通过设备、传感器采集来的数据是按照时间顺序产生的，是一个按时间分布的序列数据，因此被称为时序数据（Time-Series Data）。时序数据有别于企业 ERP、CRM 系统里的数据，其有很多显著的特点。其中一点就是数据量大，因为它是机器自动产生的，只要机器在运行，就会源源不断地产生。在一座数字化工厂中，90%以上的数据都是通过各种渠道采集的时序数据。

12.2 时序数据的特点

工业领域的时序数据具有鲜明的特点。

（1）数据是时序的，一定带有时间戳：联网的设备按照设定的周期，或受外部事件的触发，会源源不断地产生数据。每个数据点是在哪个时间点产生的，这对于数据的计算和分析十分重要，必须要记录。

（2）数据是结构化的：微博、微信中的海量数据都是非结构化的，其中包括文字、图片、视频等。但物联网设备产生的数据往往是结构化的，而且是以数值型、枚举型为主的，比如智能电表采集的电流、电压数据就可以用标准的 4 字节的浮点数来表示，如表 12-1-1 所示。

表 12-1-1　智能电表采集的数据

采集时间	电流（A）	电压（V）	相位	设备 ID	城市	区域	类型
2023-01-01 00:00:00.000	3.13	220.1	0.32	FF0016	北京	朝阳	A
2023-01-01 00:00:01.000	3.11	221.0	0.31	FF0016	北京	朝阳	A
2023-01-01 00:00:02.000	3.13	219.8	0.33	FF0016	北京	朝阳	A

（3）数据极少有更新操作：物联网设备产生的数据是机器日志数据，一般不允许修改而且没有修改的必要。很少有场景需要对采集的原始数据进行修改。但在一个典型的互联网应用中，其中记录的数据一定是可以被修改或删除的。

（4）数据源是唯一的：从一个物联网设备中采集的数据与从另外一个设备中采集的数据是完全独立的。一台设备中的数据一定是由这台设备产生的，不可能是由人工或其他设备产生的，即一台设备中的数据只有一个生产者，数据源是唯一的。

（5）相对互联网应用，读写比更低：在互联网应用中，一条数据记录往往是一次写、多次读。比如一条微博内容或一篇微信公众号文章，可能会是一次写、上百万人读，读写比达到上百万数量级。但物联网设备产生的数据不一样，一般是计算、分析程序自动读，而且计算、分析的次数不多，读写比为上百数量级。对于原始数据，只有在分析事故等场景中才会有人主动查看。

（6）用户更关注一段时间内的数据：对于一条银行交易记录，或者一条微博内容，对其用户而言，每一条都很重要。但对于物联网数据，数据点与数据点之间的变化并不大，一般是渐变的，大家更关心的是一段时间（比如过去 5 分钟、过去 1 小时）内数据的变化趋势，一般对某一特定时间点的数据值并不关注。

（7）数据是有保留期限的：从物联网设备中采集的数据一般都有基于时长的保留策略，比如保留一天、一周、一个月、一年，甚至更长时间，为节省存储空间，系统最好能自动删除过期数据。

（8）数据的查询和分析往往是基于某一个时间段和某一组设备的：对于物联网数据，在做计算和分析时，一定会指定时间范围，很少有只针对一个时间点或者整个时间段进行计算和分析的。而且往往需要根据分析的维度，对物联网设备的一个子集采集的数据进行分析，比如某个地理区域的设备，某个型号、某个批次的设备，某个厂商的设备等。

（9）除存储、查询外，还需要实时分析计算：对于大部分互联网应用，更多的是进行离线分析，即使需要实时分析，要求也不高，比如用户画像，可以在积累一定的用户行为数据后进行分析。但是对于物联网应用，对数据的实时计算要求通常很高，往往在单条数据到达后就需要计算，因为业务根据计算结果进行实时报警越早越好，从而可以避免事故的发生。

（10）流量平稳、可预测：给定了物联网设备的数量、数据采集频次，就可以较为准确地估算出所需要的带宽和流量、每天新生成的数据大小和需要的服务器资源。

（11）数据处理具有特殊性：对于时序数据，还有不一样的数据处理需求。比如要检查某个具体时间点某个设备的采集量，但传感器实际采集的时间不是这个时间点，这时往往需要做插值处理。还有很多场景需要基于采集量进行复杂的数学函数计算。

（12）数据行数巨大：以智能电表为例，一台智能电表每隔 15 分钟采集一次数据，每天自动生成 96 条记录。全国有接近 5 亿台智能电表，每天生成近 500 亿条记录。一辆联网的汽车每隔 10~15 秒就采集一次数据并发送到云端，一辆汽车一天就能产生约 6000 条记录。如果有 2 亿辆汽车全部联网，那么每天将产生约 12000 亿条记录。

时序数据是典型的流式数据，就像视频流，而且单个数据点的价值很低，甚至丢失一小段时间内的数据也不影响分析的结论及系统的正常运行。但是，由于系统记录的数据量巨大，数据的实时写入成为瓶颈，并且查询和分析数据极为缓慢，从而成为新的技术挑战。而传统的关系型数据库、NoSQL 数据库及流式计算引擎由于没有充分利用物联网数据的特点，性能提升极为有限，只能依靠集群技术，投入更多的计算资源和存储资源来处理时序数据，从而使得系统的运营维护成本急剧上升。

12.3　时序数据的应用

对时序数据进行实时处理和分析后，可以得到很多有价值的信息。以某数字化工厂为例，其中建立了轻量化的生产管理云平台（见图 12-3-1），运用物联网和大数据技术，采集、分析生产过程中产生的各类时序数据，实时呈现生产现场的生产进度、目标达成状况，以及人、机、料的利用状况，让生产现场完全透明，从而可以提高生产效率、降低安全风险、增强决策的科学性。

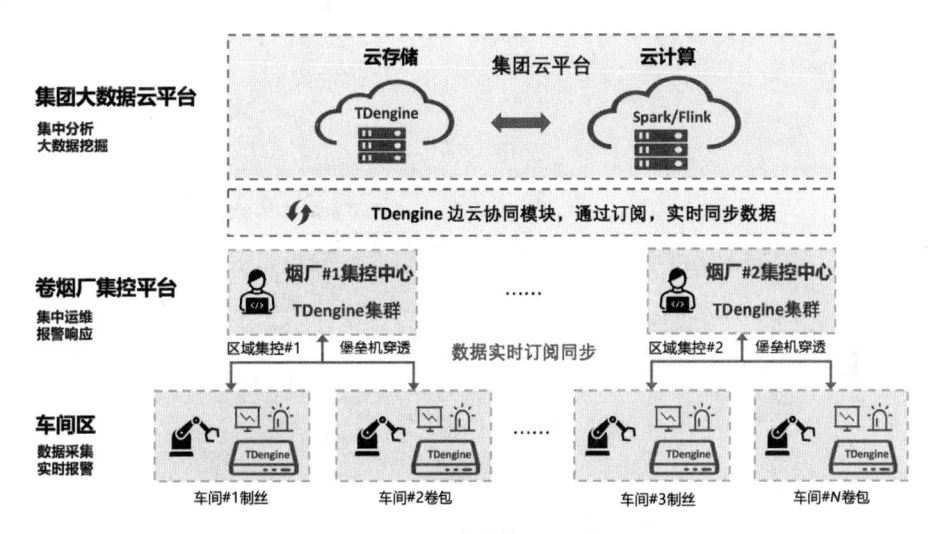

图 12-3-1 生产管理云平台

12.3.1 技术挑战

数字化工厂产生的时序数据的数量是巨大的，处理它们有相当大的困难。以数控机床加工生产为例，根据工业行业的要求，需要将各种工况数据存储起来。假设企业的每个厂区设有 2000 个监测点，5 秒为一个采集周期，全国一共 200 个厂区。粗略估算，每年将产生几十万亿个数据点。假设每个数据点的大小为 0.5KB，每年的数据总量将达 PB 级别（如果每台服务器的硬盘容量是 10TB，那么总共需要 100 多台服务器）。这些数据不仅要实时生成，写入存储器，还要支持快速查询、可视化展示，帮助管理者分析决策；并且能够用来做大数据分析，发现深层次的问题，帮助企业节能减排，增加效益。这样看来，其中需要解决的关键技术问题如下。

（1）高并发、高吞吐量的写入能力：如何支持每秒上千万个数据点的写入，这是最关键的技术能力。

（2）数据高速聚合：如何支持以秒为单位对上亿条数据进行分组聚合运算，如何能高效地在大数据量的基础上将满足条件的原始数据查询出来并聚合。要统计的原始值可能因为时间比较久远而未被存储在内存中，因此这可能是一个非常耗时的操作。

（3）低存储成本：要降低海量数据存储的成本，就需要时序数据库提供高压缩率。

（4）多维度的查询能力：时序数据通常会用多个维度的标签来刻画一条数据，而根据几个维度进行高效查询就是必须要解决的一个问题。

12.3.2 典型的技术架构及特点

传统的做法是使用 Hadoop 体系来处理时序数据，但现在流行的做法是使用专门的时序数据处理工具（如 TDengine）来处理。以某企业开发的数控机床监控云平台为例，其架构如图 12-3-2 所示。

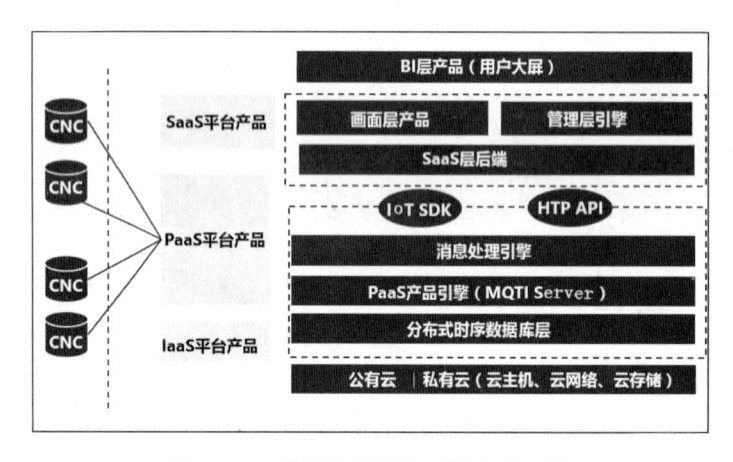

图 12-3-2 数控机床监控云平台架构示例

此软件架构分为 IaaS 层、PaaS 层和 SaaS 层架构，其中分布式时序数据库位于 PaaS 层的核心位置，用于实现数据的存储和分析等功能。CNC 数据采集器（SMART NC BOX）采集的数控机床监控数据被汇集到 PaaS 层的 MQTI Server 上。随后，数据存储模块实时从 MQTI Server 上抽取数据，将其转换为时序数据库能理解的 SQL 语句并写入引擎。时序数据库可以支持接入各种应用，以实时查询最新数据。另外，各种配置信息等也会经过内置模块的转换被写入一个关系型数据库中，方便各个应用查询使用。

12.3.3 系统核心功能

时序数据一般被用于实时监控生产线、生产环节等经营过程，而且基于历史时序数据分析，可以对资源的使用和生产的配置做出科学的决策。

以图 12-3-2 所示的数控机床监控云平台为例，其具有如下核心功能。

（1）生产线状态监控：监控每台数控机床实时状态，完成故障及瓶颈告警；实时监控指标执行情况，即时发现，即时处理，减少损失；基于电子邮件、短信、大屏等多种方式实时主动告知生产中的异常状况；采集并发布每条生产线的实时生产数据，让用户可以实时了解生产进度、产品不良率、人员生产效率等。

（2）生产环节监控：实时采集各岗位的生产数据，由人工录入数据变为扫描采集数据或者自动采集数据，减少误差，使用户可以直观地了解每个生产环节的进度、效率、产品不良率及存在的瓶颈。

（3）智能生产排程：实现订单生产管理导向式的配置，根据生产线配置情况，轻松完成生产排程；可按订单、批次等进行生产设置，满足企业的多样化要求；在订单生产过程中，对订单生成的数据进行监控，实时掌控生产进度、产品不良率、生产效率等，以及订单完成情况，实现事后追溯。

（4）生产配置管理：对产品、原料、生产线、人员等建立完整的生产数据档案，以及完整的物料标示；可根据编码进行产品正反向追溯并界定责任，减少因召回产品所带来的损失，提高产品质量的稳定性。

本章精要

工业企业在生产经营过程中，会运用物联网技术采集大量的数据并进行实时处理。这些数据都是时序数据，而且具有显著的特点，比如带有时间戳、结构化、没有更新、数据源唯一等。

由于数据量巨大，对时序数据的处理具有相当大的技术挑战，因此一般要使用专业的大数据平台来进行处理。对时序数据的实时处理能够帮助企业实时监控生产与经营过程。对历史时序数据的分析有助于对资源的使用和生产的配置做出科学的决策。因此，时序数据的采集和处理有助于提高企业的生产效率，并降低安全风险。

第 13 章 数据质量管理

互联网、智能手机、可穿戴设备及智能家居的快速普及，使得每一个人和每一台接入互联网的设备都在产生数据。这些数据被相关企业或组织通过合法的渠道收集、存储并加以分析，进而产生价值。"数据即资产"的理念得到了企业的广泛认同，并且企业对数据的重视程度被提到前所未有的高度。然而，不是所有的数据都能成为资产，数据的价值与数据质量密切相关。

数据质量指在特定的业务环境下，数据满足业务运行、管理与决策的程度。它是衡量数据满足明确或隐含信息适用程度的标准，是保证数据应用效果的基础。数据质量管理是指运用相关技术来衡量和确保数据质量的规划、实施与控制等一系列活动，以满足用户对数据的质量要求。衡量数据质量的指标包括完整性、一致性、准确性、有效性、唯一性、及时性。数据质量问题是指在数据产生、流转、整合、应用等重要环节中，由于业务信息录入、交换及传输、整合、技术及平台转换、加工和存储所产生的完整性、一致性、准确性、时效性等（非系统基础环境及性能）问题，导致数据不能满足现行业务数据应用要求。所谓的数据质量问题是相对的。

数据质量管理应遵循源头治理、问责管理及闭环管理 3 个核心原则。

- 源头治理：主要指在新建业务系统或 IT 系统的过程中，明确数据标准或质量规则，采用"一数一源"原则，并与数据生产方和数据使用方确认。源头治理常用于对数据时效性要求不高的场景。
- 问责管理：主要指关键利益相关者应理解和审核指标。当数据度量结果显示质量不符合预期时，业务数据所有者会收到通知并对此负责，并由数据管理专员采取适当的纠正措施。
- 闭环管理：主要指形成覆盖数据质量需求、问题发现、问题检查、问题整改的良性闭环，对数据采集、流转、加工、使用全流程进行质量校验管控，持续根据业务部门的数据质量需求，优化数据质量管理方案、调整数据质量规则库，构建数据质量和管理过程的度量指标体系，不断改进数据质量管理策略。

源头治理、问责管理及闭环管理是数据质量管理中的最佳实践。

数据质量管理贯穿数据全生命周期，其中覆盖数据质量需求分析、数据探查、数据诊断、数据质量评估、数据监控、数据清洗、数据质量提升等方面。

13.1 数据质量需求分析

在现阶段，大中型企业已经开始了数据化运营的实践，而其中存在的问题不容忽视，这就要求企业采用各种措施和方法，加强对数据质量的控制，使数据真正发挥出应有的价值，为企业的数字化转型提供可靠的支撑。

近年来，随着人工智能技术的兴起，数据质量管理技术和人工智能技术开始融合，这使得数据质量管理开始走向"智能化"。

（1）在检查数据质量时，可以针对少量、核心的检查规则，从大数据中选取训练数据样本，利用机器学习算法进行深度分析，提取公共特征和模型，定位影响数据质量的因素，预测数据质量问题，并进一步形成知识库，进而增强企业的数据质量管理能力。

（2）在数据模型的管理过程中，通过机器学习算法可以分析数据库中数据实体的引用热度，通过聚类算法可以识别数据模型之间的内在关系，也可以对数据模型质量进行检测和评估。

（3）在数据传输监控中，利用机器学习算法可以对数据的历史到位情况进行分析，预测数据的到位时间，为保证数据处理的及时性和应对数据晚到带来的影响提供支撑。

（4）在数据问题发现方面，可以应用自然语言处理算法对住址、单位名称等数据进行词性、句式、语义分析，避免隐私数据泄漏；在出现数据不一致等问题时，提供数据质量管理线索，增强企业的数据质量和数据安全管理能力。

利用人工智能技术还能提取数据质量评估指标。改善数据质量最理想的模式是从数据源中剔除脏数据，但是这在现实中并不可行，因为：

（1）数据源众多且难以控制数据源中的数据质量。

（2）直接从数据源中改善数据质量付出的成本过大。

因此，根据业务部分的需求，企业应有针对性地提升各个业务线上数据流的数据质量。利用机器学习可以提取有效的数据质量评估指标，最大化地提升该指标下的数据质量。同时，利用监督学习、深度学习算法也可以实现对数据清洗效果和数据质量的评估，进而改善转换规则和数据质量评估维度，并随着数据量和业务部门的需求的逐渐变化，动态更新数据质量提升方案。

13.2 数据质量检查

通过数据质量检查，企业能够了解各种数据的状况，轻松确定数据与具体业务规则和既定数据标准的符合程度（主要针对数据的完整性、一致性、准确性、有效性、唯一性、及时性等）。通过数据探查和数据剖析可以检查数据质量情况。

在实施数据质量管理及数据治理的过程中，首先需要对数据进行全面、有效的探查。而数据探查与剖析作为数据质量检查的核心技术，在数据清洗及优化规则发现方面扮演着重要的角色。在大数据时代，透过数据剖析可以发现业务关联关系，寻找业务创新的关键线索，驱动业务变革及创新。

数据质量检查可以帮助企业全面了解数据质量，并确定这些数据的可用性。数据质量检查主要包括以下几项。

（1）数据内容及背景分析；

（2）数据结构及路径分析；

（3）数据成分及业务规则合规分析；

（4）数据之间的关系及相关资源匹配；

（5）识别数据转换机制；

（6）建立数据有效性及准确性规则；

（7）校验数据之间的依赖性。

13.3 数据质量分析

数据质量通常是指数据值的质量，包括准确性、完整性和一致性。数据的准确性是指数据不包含错误值或异常值；完整性是指数据没有缺失值；一致性是指数据在各个数据源中都是相同的。广义的数据质量还包括数据整体的有效性，例如，数据整体是否可信、数据的取样是否合理等。本节中介绍的数据质量分析是指对原始数据值的质量进行分析。没有可信的数据，数据分析将是"空中楼阁"，因此，进行数据分析的前提就是数据质量是可信的。

数据质量分析的主要任务是检测原始数据中是否存在脏数据。脏数据一般指不符合要求，以及不能直接进行相应分析的数据。脏数据一般包括：

（1）缺失值；

（2）异常值（离群点）；

（3）不一致的值；

（4）内容未知的值；

（5）无效值。

通常情况下，原始数据中都会存在数据不完整（有缺失值）、数据不一致、数据异常等问题，这些脏数据会降低数据质量，影响数据分析的结果。因此，在进行数据分析之前，需要对数据进行清洗、集成、转换等处理，以提高数据质量。其中主要的方法是基于数据质量检查结果来审核数据质量，发现数据中可能存在的异常和问题，为根本原因分析、数据纠错和预防错误提供优化的基础。可以通过以下 6 个方面对数据质量进行分析，如图 13-3-1 所示，从而发现潜在的数据问题。

（1）准确性；

（2）一致性；

（3）完整性；

（4）及时性；

（5）有效性；

（6）唯一性。

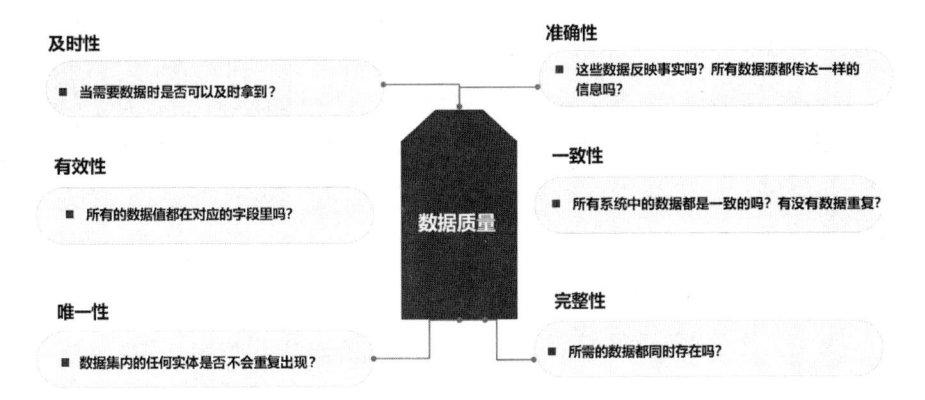

图 13-3-1　数据质量分析指标

13.4　数据质量提升

在企业数字化转型的过程中，数据质量问题成为重要的影响因素之一。对数据进行质量管理及优化也是企业数据治理工作的重点。当前，工业企业在数据质量管理体系建立过程中遇到的问题和难点主要有以下几个方面。

（1）企业系统众多，在数据模板、物料编码等方面没有统一的标准，各系统都自成一套体系，执行工作标准化难度大。

（2）各系统的编码体系存在重复、错误、不一致等现象，且数量众多，数据清洗难度大。

（3）缺乏 IT 技术支持数据标准化管理，没有统一的数据管理、优化系统，数据管理平台建设经验少。

（4）随着企业数字化进程的推进，结构化和非结构化数据越来越多，需要进一步建立业务规则以进行划分。

（5）在建立数据管理系统时无相应的数据质量管理组织，系统上线后无自动化的标准化处理体系。

（6）在进行数据质量管理时未能打破旧思维，存在管理制度松散、执行标准化力度不够等现象。

（7）企业数据质量管理人才缺乏，员工的数据质量管理意识淡薄。

针对企业在数据质量管理、优化过程中遇到的问题，企业需要在内部制定并执行统一、服务业务需求、科学合理的数据质量优化体系，以提升数据的使用率及信任度，挖掘数据价值以满足企业数字化转型的需求。

本节所讲的数据质量提升是指帮助企业将原本杂乱无章的数据转化成有价值的信息的过程，针对各种复杂的企业环境，可以实时、批量改善数据的可靠性、可用性及业务适用性。而这个过程对于企业的任何数据系统或应用程序都适用，其强大的兼容性还支持企业全球化的数据质量管理。可以从以下 5 方面提升企业数据质量，输出有价值的资产。

1. 数据清洗与标准化

数据清洗与标准化可以帮助企业统一和规范数据的各个方面，制定跨行业通用及行业特有的数据标准，规范数据的采集、录入、传输、处理等过程，进一步更正、修复企业系统中的错误数据，并对数据进行归并及整理，使数据应用更方便，企业内的信息交流更高效，加快数据变现的速度。

2. 数据匹配

通过使用在线数据匹配工具，企业可以轻松地把不同来源的数据匹配到统一的编码下。数据匹配帮助企业解决以下问题。

（1）在系统集成时进行数据合并与编码统一，保证系统的一致性。

（2）防止企业重复采购外界数据，减少采购成本。

（3）提取合适的数据用于企业营销，最大化营销效果。

（4）通过对新导入的数据与现存数据匹配，减少重复数据的产生。

（5）帮助企业发现数据关联组织，最大限度地控制风险。

3．数据校验和补充

基于企业对数据完整性的需求，可以引用具有时效性的第三方权威数据资源，如人口统计信息、地理编码、邮政编码等。通过将第三方数据与企业原始数据进行比对，可以确保数据的完整性与有效性。

4．查找和删除重复数据

通过清理信息系统中近似、重复的企业数据（如客户数据、供应商数据等），可以保证数据的一致性和正确性，支持信息系统进行正确的决策和应用。为了提高数据质量，必须要查找重复数据和删除重复数据，从而确保企业有效使用数据。

5．关联与统一服务

基于企业数据库的通用内容对各个数据源进行数据关联，可以识别数据之间的相互关系，进而确定关联规则以符合企业的特定需求，并通过数据关联获得最佳数据记录，形成统一视图，让企业对数据对象有更深的认识。

在企业完成对数据质量的优化后，还需要进行持续的数据质量监管：企业往往通过数据报告与记分卡来监测以及时管控数据质量。数据质量监管主要起到以下作用：

（1）监控一段时间内数据质量的合规情况。

（2）展示数据质量优化成果。

（3）及时检测数据质量问题。

（4）为数据质量投入成效提供依据。

13.5 数据质量评估

数据质量是分析和利用数据的前提，是获取数据价值的重要保障。业界比较通用的方式是基于完整性、一致性、及时性和准确性 4 个维度来评估数据质量。但如何能真正辅助企业判断数据价值一直以来都是大家在探讨的问题。而在当下，为了应对在数据资产整合、数据标准化管理、数据质量提升等多方面的挑战，各企业也逐渐提出了数据管理能力成熟度评估模型以评估数据质量（见图 13-5-1）。其从企业数据的采集、存储及应用等环节进行全方位的评估，并根据该企业质量管理组织、质量管理工具等多个方面进行评分，然后根据评分的结果生成数据管理能力成熟度等级分布。

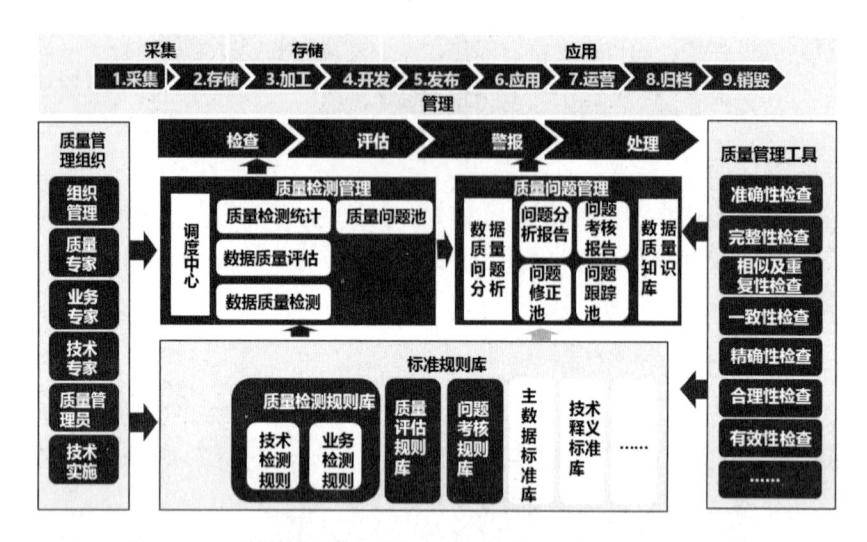

图 13-5-1　数据管理能力成熟度评估模型——数据质量应用范例

通过数据管理能力成熟度的评估，企业可以更加准确地发现自身存在的问题、与相关企业在数据质量管理和应用方面存在的差异，以及自身的优势，从而明确下一步改进的方向，为数据资产的价值变现和提升奠定基础。

本节从数据质量管理的技术指标和业务指标两大部分对数据质量评估进行更深入的分析。

13.5.1　数据质量问题的起因

如今随着数据爆发式地增长，大多数传统企业也开始走上了数字化转型的道路。与此同时，数据中蕴藏的商业价值也逐渐被人们挖掘出来。而大数据类项目都有一个特点：以数据为核心，数据成为产生业务价值和实现业务目标的基石，因此，数据质量就成为影响这类项目的一个极其重要的因素。引起数据质量问题的原因主要有以下几个。

（1）公司 IT 建设：系统建设调整，技术平台升级。

（2）业务需求：表单设计不科学，数据描述不一致。

（3）操作水平：企业操作人员技术水平参差不齐。

（4）控制机制：缺少有效的审核纠错机制。

（5）应用程序：数据完整性要求被忽略，缺乏全面校验流程。

（6）数据交换：数据量大，各系统对数据的标准不一致。

在企业的实际经营中，引发数据质量问题的因素广泛、复杂，涉及企业的信息系统、组织架构、人员、制度流程、企业文化等。因为数据具有多样化和复杂化的特点，在连续采集、高速存储、有效整合、实时分析、多维度呈现等方面，都不是通过简单的数据分析所能解决的，在此可以使用鱼骨图进行定量问题分析。可以分别在信息系统、流程、技术及人员方面分模块进行分析，如图 13-5-2 所示。

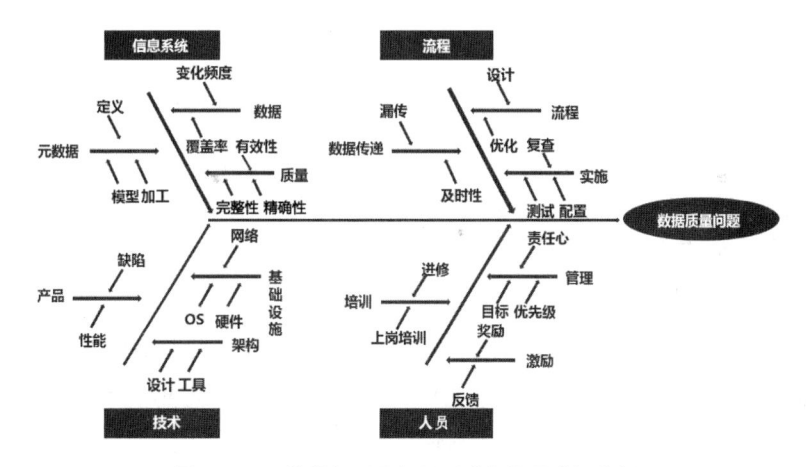

图 13-5-2　将数据质量问题形成鱼骨图进行分析

13.5.2　数据质量管理技术指标

数据质量管理技术指标用于从技术角度对企业数据进行评估，主要包括以下指标，如图 13-5-3 所示。

指标	衡量标准	备注
完整性	记录的空值率	=（空值记录总数/总记录数）× 100%
相关性	外键无对应主键的记录的比率	=（外键无对应主键的记录总数/总记录数）× 100%
唯一性	1 – 主键的重复率	=（1 – 主键重复记录总数/总记录数）× 100%
有效性	1 – 异常值比率	=（1 – 超出值域的异常值记录总数/总记录数）× 100%
及时性	满足时间要求的记录的比率	=（满足时间要求的记录总数/总记录数）× 100%
非重复记录	样本数据非重复记录的比率	=（1 – 样本数据重复记录总数/总记录数）× 100%

图 13-5-3　数据质量管理技术指标

（1）完整性。

完整性是指数据信息不能存在缺失的情况。数据信息出现缺失情况，可能是整个数据记载缺失，也可能是数据中某个字段信息缺失。

（2）相关性。

相关性是指数据之间的关联程度。此项指标主要衡量不同数据元之间的数据的关联程度。

（3）唯一性。

唯一性是指存储在不同系统中的同一个数据是一致的。此项指标主要衡量企业所有系统中的数据是否一致，是否有重复数据。

（4）有效性。

有效性是指数据遵循预定的语法规则的程度。数据应符合其定义，包括如数据的类型、格式、取值范围等。此项指标主要衡量企业系统里所有的数据值是否都在对应的字段里。

（5）及时性。

及时性是指数据从产生到可以查看的时间间隔，也叫数据的延时时长。如果数据的延时时长超出统计的要求，则可能导致数据分析得出的结论失去意义。此项指标主要衡量当需要数据时是否可以即时拿到。

（6）非重复记录。

非重复记录指标用于度量哪些数据是重复数据或者数据的哪些属性是重复的，即企业系统中的数据是否存在多个记录表现为同一实体的现象。

13.5.3 数据质量管理业务指标

数据质量管理业务指标用于从业务角度对企业数据进行评估，主要包括以下指标，如图 13-5-4 所示。

（1）真实性。

真实性是指数据库中的实体必须与对应的现实世界中的对象一致，以样本数据的真实数据为衡量标准。

（2）精确性。

精确性是指数据精度符合业务需要，以样本数据满足业务对精度需求的比率为衡量标准。

（3）一致性。

一致性是指与其他系统（或者系统内部）描述一致的数据的占比，以样本数据在不同存储系统中的匹配率为衡量标准。

（4）可理解性。

可理解性是指数据含义明确和易于理解，以样本数据易于理解的记录比率为衡量标准。

（5）可用性。

可用性是指数据可获得，可满足业务使用，以样本数据可获得记录的比率为衡量标准。

指标	衡量标准	备注
真实性	真实记录的比率	=（1－失真记录总数/总记录数）×100%
精确性	满足业务对精度需求的记录的比率	=（满足业务精度需求的记录总数/总记录数）×100%
一致性	样本记录在不同存储系统中的匹配率	=（1－不同意义记录总数/总记录数）×100%
可理解性	易于理解的记录的比率	=（1－费解的记录总数/总记录数）×100%
可用性	可获得记录的比率	=（可获得的记录总数/总记录数）×100%

图 13-5-4　数据质量管理业务指标

本章精要

数据质量是设计出来的，而不是检查出来的，数据质量可以被管理和提升，就像实体产品质量可以被管理和改进一样。

如今，数据源在不断增多，数据量在不断加大，新需求推动的新技术也在不断诞生，这些都给工业企业的数据质量管理带来了困难和挑战。因此，基于数据质量管理框架的数据质量管理方法，应包含事前计划（数据质量需求分析）、事中检测（数据质量检查和数据质量分析）、事后评估及处理提升（数据质量提升和数据质量评估）4 个阶段。一开始就能获取正确的数据所付出的成本远比获取了错误的数据导致后期需要加以修正所付出的成本要低得多。冰冻三尺，非一日之寒，想要根治数据质量问题还是要靠长期的数据治理。数据治理是没有止境的。

第 14 章

数据安全管理

14.1 数据安全管理概述

构建完整的工业互联网安全体系，是工业企业实施数据安全管理的重要保障。根据行业特点和管理要求，这里将工业互联网安全体系架构分为工业互联网合规保障体系、组织建设、数据安全管控、人员能力、技术工具等，如图 14-1-1 所示。

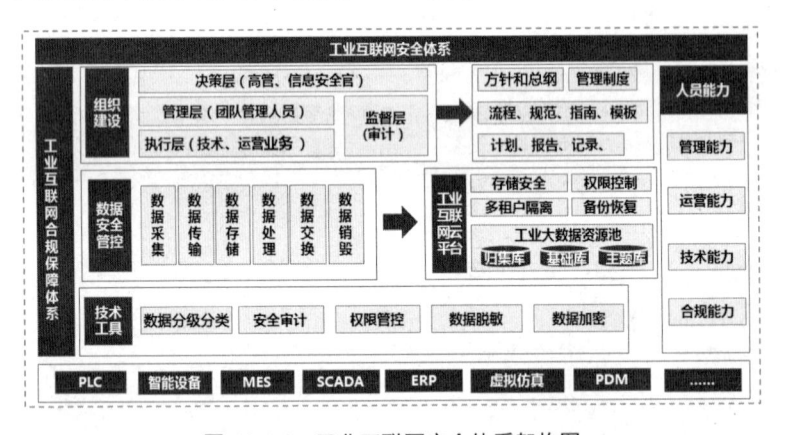

图 14-1-1 工业互联网安全体系架构图

（1）工业互联网合规保障体系：用于构建工业互联网安全体系框架，就是在以法律法规为基础，融合业务需求的同时，通过建设组织能力和使用安全技术工具，进行工业互联网云计算平台和数据安全能力的建设，同时配备相应的安全运营人员，最终实现对工业互联网安全的全生命周期监管。

（2）组织建设：用于建立数据安全组织架构和职责分配，以及沟通协作机制。组织可分为决策层、管理层和执行层 3 层。其中，决策层由参与业务发展决策的高管和数据安全官组成，负责制定数据安全的目标和愿景，在业务发展和数据安全之间进行平衡；管理层由数据安全核心实体部门及业务部门的管理人员组成，负责制定数据安全策略和规划，以及具体管理规范；执行层由数据安全相关运营、技术和各业务部门接口人组成，负责数据安全工作的推进和落地。

（3）技术工具：指与制度流程相配套并保证有效执行的技术和工具，可以是独立的系统平台、工具、功能或算法技术等。需要综合所有安全域整体规划配套的技术和工具，且要与组织的业务系统和信息系统等进行衔接。其中包括适用于所有安全域的通用技术和工具，以及部分阶段或安全域适用的技术和工具。

（4）人员能力：指为实现上述安全组织、制度、技术和工具的建设，执行人员应具备的能力。其中核心能力包括数据安全管理能力、运营能力、技术能力及合规能力。企业可以根据不同数据安全能力建设维度匹配不同的人员能力要求。

（5）数据安全管控：是支撑数据安全能力的数据安全体系框架，为工业互联网云平台中的数据提供安全保障，其中的安全措施覆盖工业大数据的全生命周期。

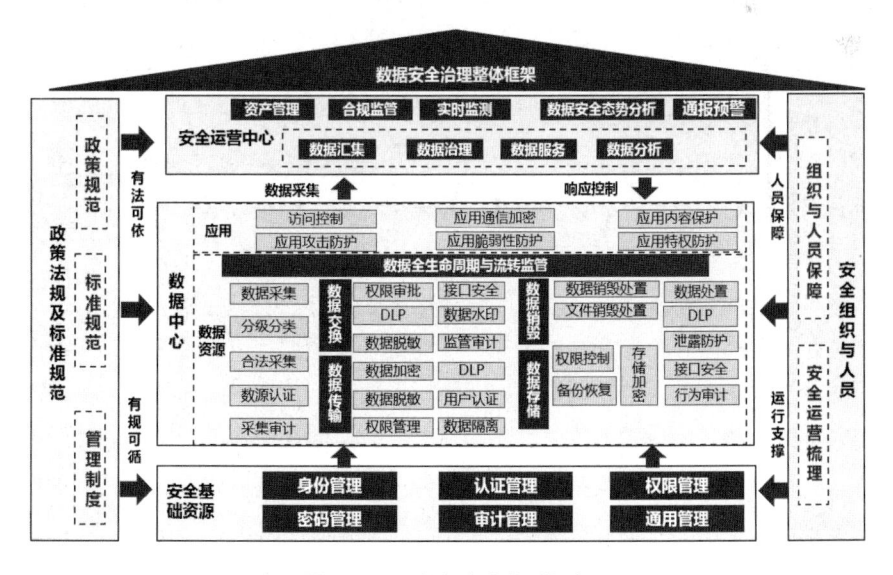

14.2　数据安全体系框架

数据安全体系框架通过 3 个维度构建而成，包括政策法规及标准规范、技术架构层面和安全组织与人员，如图 14-2-1 所示。构建数据安全体系框架，就是在符合政策法规及标准规范的同时，还需要在技术上实现对数据的实时监管，并配备经过规范培训的安全组织与人员。

图 14-2-1　数据安全体系框架

在整个数据安全体系框架中，核心监管技术体现在技术架构层面，包括安全运营中心、数据中心及安全基础资源。安全基础资源通过提供基础技术和工具支撑数据中心，安全运营中心对整个数据中心进行实时的响应控制。

- 安全运营中心的功能包括资产管理、合规监管、实时监测、数据安全态势分析及通报预警。安全运营中心通过采集数据中心中的数据，对数据进行汇聚、分析及治理来实现对整体数据的实时管控，并以监管的角度分析集成数据，实时处理异常情况，保障数据安全。
- 数据安全基础资源的功能包括身份管理、认证管理、权限管理、密码管理、审计管理及通用管理。数据安全基础资源是整体技术框架的支持组件，其在提供最基础的技术保障的同时，以工具的形式保障数据安全。
- 数据中心分为数据资源和应用两个部分，数据资源在支撑应用的同时，覆盖数据生命周期中的 5 个阶段，包括数据的采集、传输、存储、处理、交换、销毁。

（1）数据采集阶段：明确数据采集规范及数据采集策略，完善数据采集风险评估及保证数据采集的合规合法性。在数据采集规范中要明确数据采集的目的、用途、方式、范围、采集渠道等内容，并对数据来源进行鉴别和记录。制定明确的数据采集策略，体现在对采集周期和采集内容的定义，只采集经过授权的数据并进行日志记录。还要对数据采集过程中的风险进行定义，形成数据采集风险评估规范，包括评估方式和周期细节等。

（2）数据传输阶段：使用合适的加密算法对数据进行加密传输，其中主要用到的是对称加密算法和非对称加密算法。对称加密（也叫私钥加密）算法指加密和解密使用相同密钥的加密算法，有时又叫传统密码算法。其加密密钥可以从解密密钥中推算出来，解密密钥也可以从加密密钥中推算出来。主要的对称加密算法有 DES、IDEA、AES、SM1 等。非对称加密算法需要两个密钥，即公开密钥和私有密钥。公开密钥与私有密钥是一对，如果用公开密钥对数据进行加密，则只有用对应的私有密钥才能解密；如果用私有密钥对数据进行加密，则只有用对应的公开密钥才能解密。常用的非对称加密算法有 RSA、ECC、SM2 等。

（3）数据存储阶段：制定存储介质标准和存储系统的安全防护标准。存储介质标准需要覆盖存储介质的定义、质量，存储介质的运输、使用记录及管理，以及存储介质的维修规范。存储系统的安全防护标准需要包括数据备份、归档和恢复，以及对存储系统的弱点识别及维护。

（4）数据处理阶段：明确需要进行数据脱敏的业务场景和统一使用适合的脱敏技术是数据处理的关键。在这个阶段中，要根据不同的场景统一脱敏的规则、方法，评估提供真实数据的必要性和脱敏技术的使用。脱敏技术主要分为静态脱敏和动态脱敏。

静态脱敏直接通过屏蔽、变形、替换、随机、格式保留加密和强加密等多种脱敏算法，针对不同数据类型进行数据掩码扰乱，并可将脱敏后的数据按用户需求装载至不同环境中。其导出的数据是以脱敏后的形式存储于外部存储介质中的，此时存储的数据内容实际上已经发生改变了。

动态脱敏通过精确地解析 SQL 语句匹配脱敏条件，例如，访问 IP、数据库用户、客户端工具、操作系统用户、主机名、时间等，在匹配成功后改写 SQL 语句，将脱敏后的数据返给应用端，从而实现对敏感数据的脱敏。此时存储于生产数据库中的数据未发生任何变化。

（5）数据交换阶段：建立数据交换和共享的审核流程和监管平台。在此阶段要建立数据导入/导出的流程化规范，统一权限管理、流程审批，以及监控审计，确保对数据共享的所有操作和行为进行日志记录，并对高危行为进行风险识别和管控。

（6）数据销毁阶段：对整个数据销毁过程和技术保障措施进行管理。首先，数据销毁要符合企业的数据销毁管理制度、办法和机制，对销毁对象、原因和流程需要明确；其次，在整个销毁过程中要进行安全审计，保证信息不可被还原，并验证效果；最后，针对物理销毁的介质，要进行登记、审批和交接工作。一般在技术上采用删除文件、格式化硬盘、文件覆写和消磁等方法进行数据销毁，且最后要保证数据无法被复原，防止出现数据泄露的风险。

为了实现对数据安全的监控和审计，对数据的分级分类是必不可少的。在对数据分级分类之前，需要通过数据测绘来发现敏感数据，以及数据主要存储的位置。对数据进行结构化分级分类，可以实现对数据资产进行安全敏感分级管理，并依据级别分别部署相对应的数据安全策略，以在数据资产全生命周期过程中保障数据的保密性、完整性、真实性和可用性。

14.3 数据安全防护策略

工业互联网云平台在实现了数据大集中的同时，也导致了数据风险的大集中。如何识别数据风险，进而采取有针对性的数据安全防护措施来缓解、转移、规避数据安全风险，是数据安全防护体系建设必须考虑的。

从数据安全的全生命周期来看，数据的采集、传输、存储、处理、交换、销毁各个阶段均面临着不同程度的风险。

①采集和传输阶段：采集前端存在仿冒、伪造用户信息的行为，导致数据交换与共享平台存在被入侵的风险；传输链路被监听、嗅探，导致数据被篡改、窃取。

②存储阶段：数据库管理员等特权用户越权访问、违规操作、误操作，数据库或文件未加密，导致数据泄露。

③处理阶段：终端用户通过 USB、蓝牙等外部设备发送敏感数据，或通过截屏、拍照等方式窃取数据；内部人员通过应用系统违规窃取或滥用数据；商业智能分析人员越权、违规操作数据。

④交换阶段：传输链路被监听、嗅探，导致数据被篡改、窃取；外部应用系统假冒数据接收对象获取数据；敏感数据被分发给外部单位。

⑤销毁阶段：重要存储介质在维修/报废前缺乏数据销毁管控，未做到安全删除，存在数据泄露风险。

从工业控制系统到工业信息管理系统，再到互联网应用系统，其中的数据流动面临着各种风险。要以工业大数据为核心，构建覆盖数据全生命周期的安全防护体系，则需要在数据采集、传输、存储、处理、交换和销毁环节采取相应的安全防护策略，保障数据安全。目前主要采取的数据安全防护策略介绍如下。

（1）数据识别与分类打标策略：根据数据识别和数据分类的结果对数据进行打标操作。首先通过数据识别分析出每个字段的数据类型，例如姓名字段、身份证字段、邮箱字段等，然后根据数据分类信息，给每个字段打上对应的标签。

（2）数据访问控制策略：对接 LDAP 等第三方身份管理系统，从第三方身份管理系统里同步用户身份信息；根据常见的组织关系对用户进行管理，包括部门、姓名、ID、级别、电话等，为用户认证提供依据。具体实现过程是首先从账号信息表中获取关系型数据库和大数据组件的账号信息。然后逐个绑定账号所属的用户信息，将账号与用户关联。接着定义不同的数据访问权限，包括 4 类：非受控应用、受控应用、不可信应用、可信应用。最后根据用户身份认证结果，结合账号分级分类和数据分级分类，实现基于数据的访问控制功能，避免产生用户越级访问数据的安全风险。

（3）数据库审计策略：主要对用户的数据库操作行为、网络行为监控、网络传输内容进行审计。它不仅能够识别谁访问了系统、在什么时候访问的，还能指出系统正在被如何使用。在判断是否有网络攻击时，审计信息对于确定问题和攻击源很重要。同时，通过系统事件的记录能够更迅速和系统地识别问题，并且它也是事故处理的重要依据，为网络犯罪行为及泄密行为提供取证基础。另外，此策略也会对网络中的潜在威胁者产生威慑。

（4）数据脱敏与加密策略：从保护敏感数据机密性的角度出发，此策略应用于两类场景。一类是在生产环境中敏感数据要在脱敏后展示；另一类是在测试、培训等环境中敏感数据要在脱敏后使用。在进行数据展示时，应用系统需要对敏感数据进行模糊化处理，特别是姓名、手机号码、身份证号码等个人敏感信息。当需要查询原始敏感信息时，需要应用系统进行二次鉴权。业务系统或后台管理系统在展示数据时需要具备数据脱敏功能，或嵌入专门的数据脱敏工具。在测试区进行系统测试或数据挖掘算法验证时，需要对生产数据进行批量脱敏并导入测试环境。针对敏感数据在网络中传输面临中间人攻击、数据窃听、身份伪造等安全威胁的情况，需要采用专线传输或者加密的方式传输数据。

（5）数据防泄密（泄露）防护策略：主要通过数据梳理服务模型（见图 14-3-1）及数据风

险控制框架（见表 14-3-1），来实现数据资产的分类分级及对数据泄密（泄露）风险的控制。

表 14-3-1　数据风险控制框架

序　号	类　别	级　别	管控措施或思路
1	1 类	极度敏感级别	实施严格的技术和管理措施，保护数据的机密性和完整性，确保数据访问控制安全，建立严格的数据安全管理规范及数据监控机制；此类数据严格禁止外传
2	2 类	敏感级别	实施较为严格的技术和管理措施，保护数据的机密性和完整性，确保数据访问控制安全，建立数据安全管理规范及数据标准监控机制；此类数据在满足相关安全条件下，可以外传
……	N 类	低敏感级别	实施必要的技术和管理措施，确保数据在生命周期内安全，建立必要的监控机制；此类数据在满足相关安全条件下，可以外传

数据防泄密（泄露）防护（Data leakage prevention，DLP）策略主要分为终端数据安全防护策略和网络数据安全防护策略。终端数据安全防护策略通常包括敏感数据的识别、威胁监控、日志审计及终端外设的端口管理等。网络数据安全防护策略通常以旁路镜像流量或串联的方式来发现是否有敏感数据在网络中传输，对于网络中传输的低敏感级别数据采取网络审计策略，对于高敏感级别数据采取阻断和告警的安全防护策略。

图 14-3-1　数据梳理服务模型

14.4　数据安全审计

数据安全审计包括以下 6 个方面。

（1）账号审计：根据账号管理要求，要在安全管理平台中实现对应用系统账号的集中管理，实现"一人一账号"，以及账号的创建与销毁要符合企业管理制度，并通过定期开展账号管理审计，防止出现违反账号管理要求的问题。

（2）授权审计：根据账号授权管理要求，系统责任人在安全管理平台中负责对账号权限分类、实现对账号最小化权限控制、保证账号授权到账号责任人，以及通过定期开展账号授权审计，防止出现账号权限滥用和责任人缺失等问题。

（3）认证审计：根据账号认证管理要求，维护人员要在安全管理平台中登录并访问资源，禁止出现绕过安全管理平台直接或跳转访问资源的违规行为，通过定期开展账号认证审计，防止出现违反账号认证的访问要求等问题。

（4）访问控制审计：根据访问控制管理要求，通过制定基于地址、端口等多维度的访问控制策略加强对重要资源的访问控制，实现对重要资源的多层安全防护；通过定期开展重要资源访问控制审计，防止重要信息被泄露。

（5）重要操作审计：根据安全运维操作记录要求，全面记录运维人员的维护操作，通过定期开展重要操作、违规操作审计，防止出现发生安全事故无法追溯到责任人的问题，以及对内部违规行为产生威慑。

（6）敏感信息审计：根据客户信息安全保护管理要求，全面分析业务敏感信息，在前/后台维护中加强对敏感信息的查询、删除、导出等操作行为的安全管控，以及通过定期对敏感信息操作审计，防止客户敏感信息被泄露。

14.5 数据安全风险评估

数据安全风险评估首先要具有综合漏洞扫描能力，涵盖系统漏洞扫描、Web 漏洞扫描、数据库漏洞扫描、基线扫描等功能。综合漏洞扫描服务是以 Web 应用系统、数据库、操作系统、软件的安全检测为核心，以弱口令、端口与服务探测为辅助的综合漏洞探测技术手段，并采用分布式、集群式漏洞扫描，缩短了扫描周期，提高企业长期的安全监控能力。通过 B/S 框架及完善的权限控制系统，可以最大限度地满足用户安全协作的要求。

（1）系统漏洞扫描。

系统漏洞扫描主要用于分析和指出有关网络的安全漏洞及被测系统的薄弱环节，给出详细的检测报告，并针对检测到的网络安全隐患给出相应的修补措施和安全建议；全方位检测系统存在的主机和软件的安全漏洞、安全配置问题、弱口令，以及不必要开放的账户、服务、端口。

（2）Web 漏洞扫描。

Web 漏洞扫描可以帮助用户充分了解 Web 应用系统存在的安全隐患，建立安全、可靠的 Web 应用系统，改善并提升 Web 应用系统抗各类攻击的能力（如注入攻击、钓鱼攻击、信息泄露、恶意编码、表单绕过等）。

（3）数据库漏洞扫描。

数据库漏洞扫描可以帮助用户充分了解数据库存在的安全隐患，通过定期进行安全检测与评估，提升各类数据库的抗风险能力，同时可以协助用户完成数据库建设成效评估、数据库安全事故的分析调查与追踪。

（4）基线扫描。

基线扫描覆盖操作系统、数据库、中间件、防火墙、路由器、交换机等设备类型，支持 Windows 系统中的离线检查，无须对每台设备建立任务，即可一键提取系统配置信息，并可将其导入远程安全评估系统中及出具修复加固建议报告。

另外，工业互联网中产生的数据都被存储于数据库中，因此，需要对数据库进行安全评估服务。服务内容包括自动完成对几百种不当的数据库配置、潜在弱点、数据库用户弱口令、数据库软件补丁等的漏洞检测（风险趋势管理、弱点检测与弱点分析、弱口令检测、补丁检测、存储过程检测）。可以采用数据库漏洞扫描工具帮助用户充分了解数据库存在的安全隐患。通过定期对数据库系统进行安全检测与评估，可以提升各类数据库的抗风险能力。具体包括以下功能。

（1）数据库监测。

建设工业互联网云平台租户的业务数据库监测能力，为用户提供数据库漏洞扫描、弱口令检查、扫描策略管理等能力。

（2）数据库漏洞检测。

漏洞检测：根据当前配置的漏洞库，对数据库进行扫描，判断是否存在相应的漏洞。

安全相关信息展示：对数据库系统中与安全相关的信息进行深入分析、提取，通过列表的形式展现给用户。比如：test1、systest1 是非默认的拥有数据库管理员权限的用户。

（3）弱口令检查。

通过对数据库口令的存在形式（明文、MD5 加密、Hash 加密）、可能的存储地址（数据库表、历史文件、环境变量、配置文件、客户端）、口令的算法（允许的长度、Hash 生成规则）等进行深入的分析，生成其特有的口令字典。根据已经存在的口令字典完成数据库默认账号的识别，以及数据库登录账号长度较短及强度不高的弱口令的识别。内置的口令字典支持用户自定义设置，用户可按需增加、删除或修改口令字典。

（4）扫描策略管理。

策略即数据库检测的依据和标准。通过策略管理可以灵活制定不同的检测标准。可以根据用户的实际测试目的，定制不同的策略，并可以自行添加策略项扩充策略库用于检测数据库的安全漏洞。

（5）检测结果输出。

实时结果展现：在扫描过程中，数据库漏洞扫描工具会实时显示详细的扫描和检测结果。

报告格式：支持 PDF、DOC、XLS、XML 等格式的输出。

报告输出模式：风险报告可定制化。在输出报告前，可以对报告的各部分数据进行设置，并可以定制报告的页眉、页脚、标题等内容。详细的风险扫描报告中包括漏洞名称、描述信息、风险等级、修补建议等。报告中提供了风险等级统计图表和安全风险类型统计图表，用户可以方便、直观地了解数据库漏洞信息。

（6）自身安全控制。

用户管理功能：提供管理员、操作员、审计员 3 种不同的角色，分配给具有不同使用需求的用户，合理管理用户的使用权限，防止对系统的滥用和误用。

屏幕锁定功能：在扫描过程中，如果用户停止操作 10 分钟，则程序将自动锁定屏幕（锁屏时间可配置）。用户可以离开运行扫描系统的机器而无须担心信息被泄露及扫描系统被非法使用。

日志管理功能：具有日志管理权限的用户可以查看所有系统日志。其中提供按照日期检索的功能，并且可以将系统日志导出为 CSV 文件进行备份。

最后，数据安全风险评估会根据用户的各类日志进行综合深度分析，发现潜在的威胁，起到追根索源的目的，并可作为案件的取证材料。

14.6　数据应急保障

工业互联网数据安全事件的应急保障是指对工业互联网数据在存储、传输或使用过程中被泄露、篡改或破坏，可能或已经对工业控制系统、工业信息管理系统和工业互联网系统等造成经济损失或不利影响的事件所采取的应急组织管理、事件先期处理和后续跟踪、事件信息发布等措施。工业企业应根据自身情况，制定数据安全事件应急保障预案，指定专门的部门或人员负责应急处理，明确内部应急处理流程、规定各项应急处理措施和管理应急事件的信息发布等内容。

另外，还需要将第三方机构纳入本机构数据安全事件的应急处理范围内，建立与第三方机构之间的应急处理流程，并监督其落实数据安全管理要求，配合应急预案措施的实施。各成员机构应结合实际情况，有计划、有重点地组织进行应急处理预案演练，不断完善应急处理流程。当发生敏感数据泄露时，应立即采取应急处理措施。例如暂停涉嫌发生账户信息泄露的各类终端、工业控制系统、ERP 系统等运营和生产信息系统，并逐一排查信息泄露点，必要时应联系系统开发方协助调查，初步确定事故发生原因；对涉嫌泄露敏感数据的操作人员进行调查，要求其暂时离岗。如有必要，则应向公安机关报案，并积极配合案件侦破工作，以及采取其他的应急处理措施等。另外，需要尽快落实各项应急措施，防止风险蔓延。在事后，应提出改进措施及整改方案，再进一步进行数据安全漏洞扫描，消除技术漏洞并更正或修补相关管理制度存在的问题或缺陷，做好数据安全风险评估的整改工作。

本章精要

本章介绍了数据安全管理体系框架,企业可以通过政策法规、技术层面和安全组织人员 3 个维度构建数据安全体系框架。

数据安全管理贯穿数据采集、传输、存储、处理、交换、销毁等各个阶段。另外,从数据安全管理的全局考虑,企业需要引入数据安全风险评估方法论和技术措施,制定数据应急保障流程和方法,以便在发生数据安全事件时可以很好地进行风险控制。

第 15 章

数据交换与服务

工业企业经过多年的发展，通常会按照各个阶段及各业务部门的需求，分别采用不同的技术和不同的供应商，分期、分批地搭建一些 IT 系统，如 PLM、ERP、MES、WMS、CRM、SCM 等。一般小企业中有 3~5 个系统，大企业中有上百个系统。这些异构的、离散的信息孤岛，在一定程度上满足了各业务部门内部的协同和信息化管理需求，如图 15-0-1 所示。

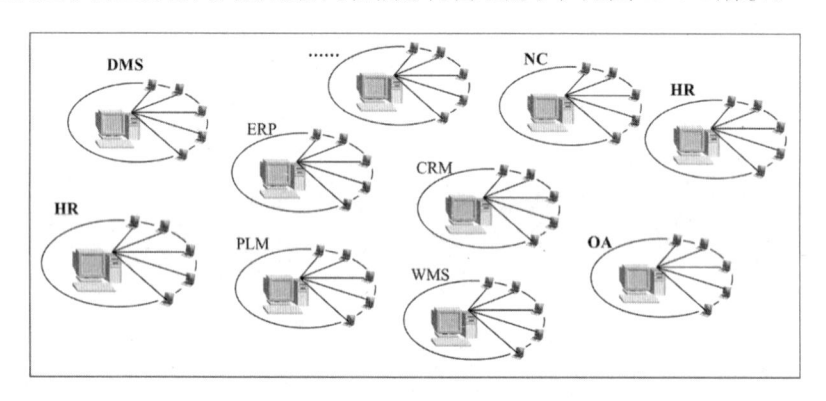

图 15-0-1　信息孤岛式的业务系统

随着企业业务的快速发展，业务管理协作的瓶颈已经从部门内部迁移到部门与部门之间，甚至企业与企业之间，从执行层面迁移到管理层面、战略层面，并且出现了大量跨系统、跨部门、跨组织的业务协同自动化需求。企业需要建设一套企业级的、跨平台的，能够贯穿研发、生产、采购、销售、售后等多个业务过程的统一数据视图，提高数据质量，实现业务数据与流程的同步和逻辑约束，以及数据的可视化和自动化流动，全面支持企业的收益管理、营销创新及决策支持，打造数据驱动流程、流程驱动业务的智能化企业。

如何整合多个业务系统中的数据，以便既快又好地服务于新的业务模式，已成为企业亟待解决的关键问题。

15.1 数据交换与服务的意义

由于企业中的各 IT 系统都独立地维护自己的数据，从而造成大量的数据冗余和不一致情况。对于哪个系统中的信息是准确、最新、可用的，没有人能说清楚。业务数据分别被存放在各业务系统中，需要通过系统集成实现数据交换，进而完成数据整合。只有利用成熟、完善的分析工具和方法，才能实现对业务数据的统一服务和统一管理，实时响应业务需求，保证业务信息的完整，实现统一的业务视图。

数据交换与服务，就是连接各业务系统的信息孤岛，将各业务单元中自有的数据进行共享，供其他业务单元使用，从而将各业务系统的能力进行整合，为企业新的管理模式和业务模式提供灵活、可靠的数据支撑，如图 15-1-1 所示。

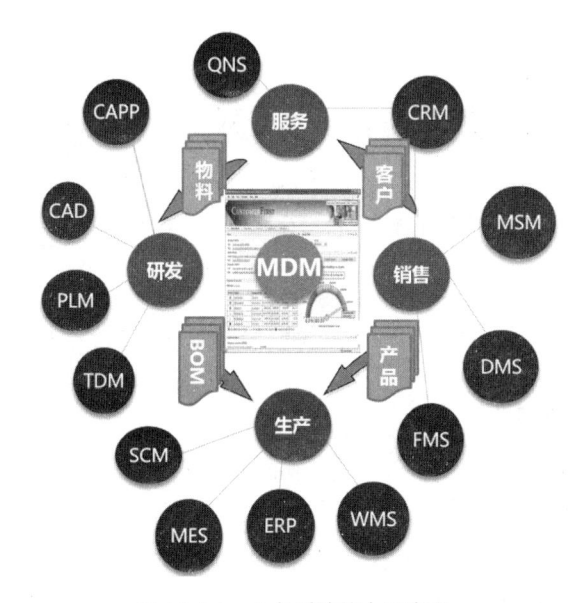

图 15-1-1　业务系统能力示意图

例如，各业务系统将其管理的业务数据（如 PLM 系统中的产品研发数据，ERP 系统中的采购、计划数据，MES 系统中的生产数据等）进行共享，通过数据交换实现工业全要素、全价值链、全产业链的互联互通；通过数据交换实现对数据的感知，通过感知实现业务协同、业务智能。

15.2 数据交换与服务技术演进

数据交换与服务技术发展了很多年，其间的技术也层出不穷，总结下来主要有以下 7 个代表性的技术。

15.2.1 文件共享技术

在企业信息化早期阶段，当多个业务系统需要交换数据时，可以通过文件共享的方式进行数据交换，如导出或手工录入一个系统中的数据文件，再将其导入另外一个系统中。这种方式的缺点是：数据传递不及时，需要人工干预，数据可能出现异常，以至于不安全。

15.2.2 数据库中间表技术

早期的数据库技术是采用中间表的方式实现数据交换与服务的，双方约定一个公用数据库和表，一个系统负责向该表中写入数据，另外一个系统负责从该表中读取数据，从而实现两个系统的数据同步。但随着数据库技术的发展，通过联邦数据或者 DBLink 等技术，可以实现多个系统之间的数据直接传递，如图 15-2-1 所示。

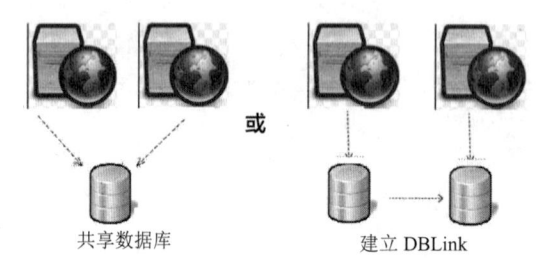

图 15-2-1　数据库中间表技术示意图

15.2.3 点对点接口技术

随着互联网的迅猛发展，以前很多采用 C/S 架构的系统逐步被淘汰，大量的系统都采用了 B/S 架构。随着网络技术、网络运行理念的发展，人们提出了一种新的利用网络进行应用集成的解决方案——Web Service。Web Service 是一种新的 Web 应用程序分支，从简单的请求到复杂的逻辑处理等任务都可以执行。一旦部署了 Web Service，其他 Web Service 应用程序就可以发现并调用它部署的服务。因此，Web Service 是构造分布式、模块化应用程序和面向服务应用集成的最新技术和发展趋势。在 Web Service 技术中最典型的莫过于 SOAP（Sipmle Object Access Protocol，简单对象访问协议）和 REST（Representational State Transfer，表述性状态转移）协议，其中 REST 协议随着微服务技术的兴起，地位已经越来越重要。图 15-2-2 所示为点对点接口技术示意图。

两个系统怎么交换数据？最直接的方法就是调用接口，这是程序员最擅长的方式。如果企业只有 2~3 个系统，接口数量也不多，交换的数据量也不大，就没有问题，调用接口也许是最佳方案。目前接口技术在数据交换与服务领域几乎没有什么缺点，但最大的问题是随着系统越来越多，接口越来越多，服务接口之间的调用总是存在不透明、不规范的操作，尤其是随着信息化的不断深入，这种问题会越来越明显，接口之间会成为一个多对多的网状交换关系，难以管理，如图 15-2-3 所示。

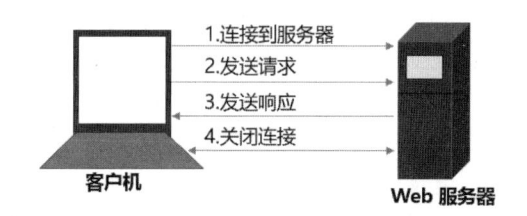

图 15-2-2　点对点接口技术示意图

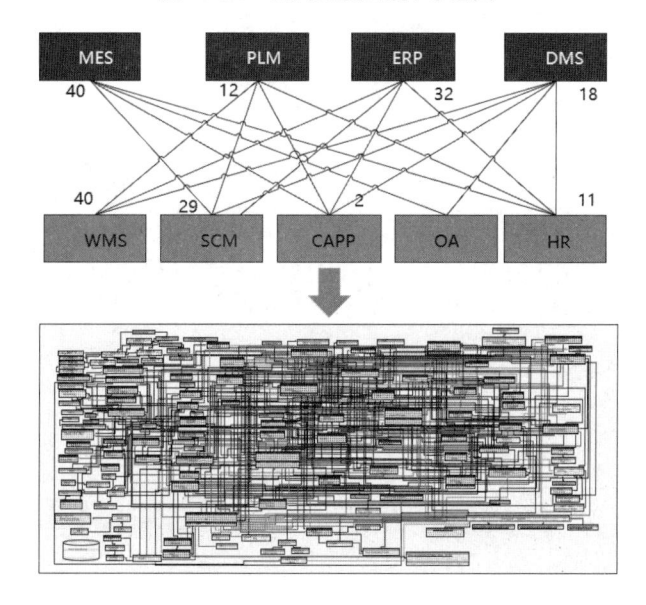

图 15-2-3　蜘蛛网式的接口调用

15.2.4　消息队列技术

随着接口技术的成熟及接口越来越多，接口重用及异步传输等需求慢慢出现，面对各种协议、各种技术框架，如何能让一种接口被其他多种协议直接调用，而不用为相同的服务开发多种协议版本？有时企业需要将大量数据共享到多个业务系统中，点对点的接口技术则显得有些无能为力。这时出现了消息队列技术（见图 15-2-4）。我们日常使用的 QQ 和微信等即时通信软件及电子邮件，都是异步消息传输的典型应用。

需要交换的数据被打包成一个个的消息，然后被放入消息队列中，等待接收方来取。这就跟我们日常生活中取快递包裹一样，快递员将包裹放入包裹存储柜中，收件人有时间了就去取。消息队列是在消息的传输过程中保存消息的容器。消息队列管理器在将消息从它的源中发送到它的目标时充当中间人。消息队列的主要作用是提供路由并保证消息的传递；如果发送消息时接收者不可用，那么消息队列会保留消息，直到可以成功地传递它。消息可以被持久化，这样的机制能够保证消息一定被送达，而且只被送达一次。

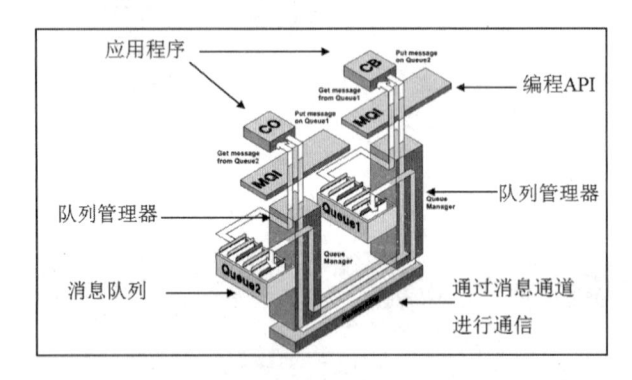

图 15-2-4　消息队列技术示意图

如果把消息队列用公共邮箱的方式来实现，就是将数据打包成一个个的片段（俗称"消息"），并用信封封装好，放到公共邮箱中，收信人根据信件的标签找到源系统传输来的数据（即"消息"）。邮件系统就是一个典型的消息传输系统（见图 15-2-5）。

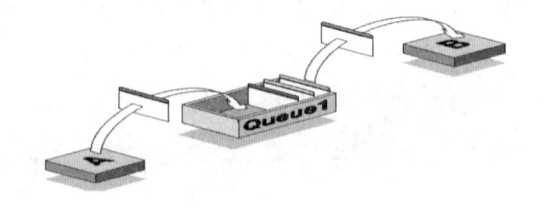

图 15-2-5　消息队列原理示意图

两个系统之间的数据交换虽然可以将数据打包成消息并进行异步传输，但是如果发送方希望及时得到接收方的反馈怎么办？可以设置一个发件箱用于存储发送的数据，再设定一个收件箱用于收集接收方反馈的数据。这样，通过及时获得收件箱的反馈数据并做到同步响应请求，可以满足一些实时性要求高的应用场景（见图 15-2-6）。

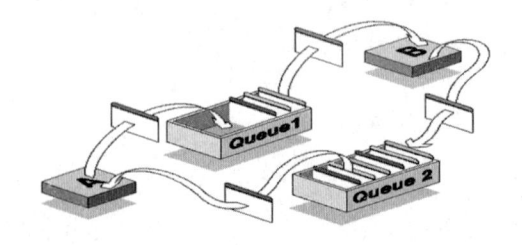

图 15-2-6　设置收件箱用于存储发送的数据

15.2.5 企业服务总线交换技术

1. 从消息队列（MQ）到服务总线（ESB）的演变

消息队列是点对点的传输，要将消息从 A 系统传输到 B 系统，则必须将消息放到 B 系统对应的接收队列中，B 系统自己去取。B 系统的反馈数据，也必须放到 A 系统的接收队列中，A 系统自己去取反馈数据（见图 15-2-7）。

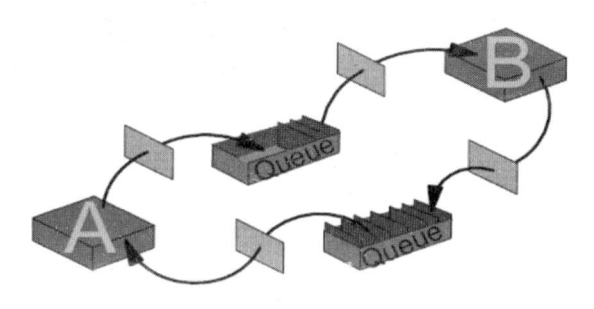

图 15-2-7　消息队列 MQ

此种方式有一个限制条件：A、B 两个系统产生的消息格式一致，接口协议一致（MQAPI），并且会面临以下问题：A、B 两个系统产生的消息格式不一致，接口规范不一致怎么办？A 系统发出的消息需要在传输过程中增加信息后再传递给 B 系统，怎么处理？

2. 从消息队列到消息流

当从 A 系统发送到 B 系统的消息需要加工处理时，中间需要增加消息的处理逻辑，这就是消息流。消息流是企业服务总线技术的核心概念（见图 15-2-8）。

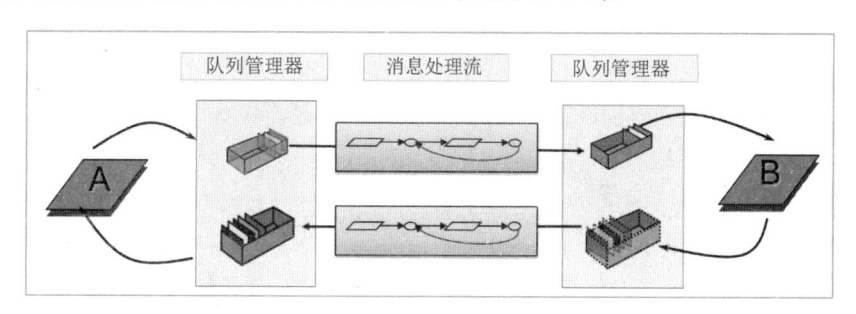

15-2-8　消息流示意图

服务总线技术是基于消息队列而产生的，是消息队列技术的扩展。其目标就是解决接口快速开发和接口泛滥的问题。通过服务总线的协议转换、路由分发等技术，可以很好地控制接口泛滥的问题，保证接口的重用。同时，服务总线提供了快速开发平台，可以辅助技术人员针对大量不同的异构系统进行适配。服务总线中有丰富的适配器可以对接不同的协议，其中还有中间的处理节点，使得接口的开发非常方便、简单。

从图 15-2-9 中可以看出，有了服务总线之后，系统之间的数据交换变得非常清晰明了，系统之间的接口数量大大减少。通过服务总线可以实现对系统之间的数据交换的管理与监控作用。

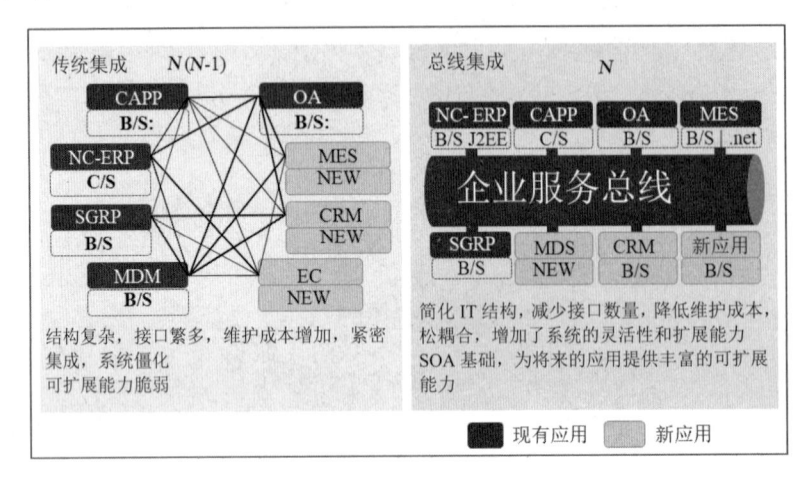

图 15-2-9　ESB 技术示意图

15.2.6　ETL 数据交换技术

ETL（Extract Transform Load，数据抽取、转换和加载）是基于 SQL 数据库复制批量数据的技术。其在数据仓库项目、数据分析项目中被大量使用，应用场景主要是从业务系统的数据库到企业数据仓库。它也是一个批量的流式数据加工工具，用于对数据在转移过程中进行加载、清洗、转换、合并、拆分、补项等操作，以得到更加精确的数据，便于后续进行建模分析。

ETL 数据交换技术的特点：只依赖于数据库底层，必须对两端的数据库表有精确的认知。如果业务系统未开放数据库权限，或者原系统的数据库没有完整的数据库表定义信息，则不能解析数据，从而不能转换、交换数据。

15.2.7　物联网数据采集交换技术

物联网数据的采集及交换是针对物理设备、自动化系统进行的实时数据采集、加工、交换，一般被称为 OT（运营技术）层面的数据交换技术。在该场景下的数据采样频率极高，数据量极大。常规 IT 层面的数据交换技术在这个场景中无法应用，需要综合各种数据交换技术来实现。在物理设备数据采集端，常见的数据采集传输协议有 MQTT（消息队列遥测传输）和 OPCUA（统一架构）协议。MQTT 协议的使用比较广泛，MQTT 与 MQ（消息队列）技术是一脉相承的，采用的也是基于消息主题的发布订阅异步传输机制。物联网数据与 IT 系统中的数据，在数据模型结构上有较大的差别，物联网数据与时间的相关性较强，所以被称为时序数据，其一般只有 3 个字段（参量标签、值、时间），常被称为"竖型"数据结构。而 IT 系统中的数据一般都有多个字段（少则 10 个，多则上百个），并且对时间不敏感，常被称为“横型”数据结构。从 IoT 层面的“竖型”数据结构转换为 IT 层面的“横型”数据结构往往需要进行两次转换（从机器数据转换为技术数据，再从技术数据转换为业务数据），如图 15-2-10 所示。

1 机器数据 —设备驱动库→ 2 技术数据

地址编码	32位编码值	创建时间
D4001	00000000000000000110000000000000	1:00
D4002	00000000000100000000001001011000	1:00
D4003	00000000110000000001111000000000	1:00
D4004	00011000110011011110101100001100	1:00
D4005	00011000110011011110101100001100	1:00
D4006	00011000110011011110101100001100	1:00
D4007	00011000110011011110101100001100	1:00
D4008	00011000110011011110101100001100	1:00
D4009	00011000110011011110101100001100	1:00
D4010	00011000110011011110101100001100	1:00
D4011	00011000110011011110101100001100	1:00

变量参数	值	时间
温度	xxx	1:00
压力	xxx	1:00
瞬时流量	xxx	1:00
累计流星	xxx	1:00
转速	xxx	1:00
功率	xxx	1:00
电压	xxx	1:00
电流	xxx	1:00
报警1	xxx	1:00
开关状态	xxx	1:00
....	xxx	1:00

计算　统计　压缩

3 业务状态数据

系统标示	组织单位标示	分支机构标示	区域标示	设备标示	参数1（温度）	参数2（压力）	参数3（流量）	参数4（转速）	参数5（功率）	时点
xxxxx	xxxxx	xxxxx	xxxxx	xxxxx	xxxxx	xxxxx	xxxxx	xxxxx	xxxxx	1:00
xxxxx	xxxxx	xxxxx	xxxxx	xxxxx	xxxxx	xxxxx	xxxxx	xxxxx	xxxxx	2:00
xxxxx	xxxxx	xxxxx	xxxxx	xxxxx	xxxxx	xxxxx	xxxxx	xxxxx	xxxxx	3:00
xxxxx	xxxxx	xxxxx	xxxxx	xxxxx	xxxxx	xxxxx	xxxxx	xxxxx	xxxxx	4:00
xxxxx	xxxxx	xxxxx	xxxxx	xxxxx	xxxxx	xxxxx	xxxxx	xxxxx	xxxxx	5:00
xxxxx	xxxxx	xxxxx	xxxxx	xxxxx	xxxxx	xxxxx	xxxxx	xxxxx	xxxxx	6:00

图 15-2-10　物联网数据转换示意图

由于物联网数据的采样频率高，所以需要及时处理和转换，不能先存储后处理，因此就出现了“边缘计算”的概念。边缘计算也是一个基于消息的流式数据处理逻辑。常见的物联网流式数据处理引擎是 NODE-RED，它是一个基于 Node.JS 无阻塞技术的工具，由 IBM 开源。图 15-2-11 为一个典型的物联网数据的边缘计算逻辑结构，物联网数据处理的典型逻辑是采集、加工、转换、存储和提供数据服务。我们常见的设备数据展现仪表板并不是直接从设备上读取并展现信息的，而是从物联网平台的数据库中通过 API 读取的。

15.3　工业企业数据交换与服务标准体系架构

数据交换与服务技术发展到今天，已经不是某一个单一技术所能覆盖的范畴，而是一个整体性的解决方案，对于不同层面和不同场景，要有不同的技术作为支撑。IT 层面的数据交换与服务、IoT 层面的数据交换与服务、IT/IoT 层面融合的数据交换与服务，以及企业外部的数据交换与服务等，都需要数据交换与服务。因此，企业需要建立标准的数据交换平台，以及针对不同的层面和场景，建立标准的数据交换与服务体系架构。

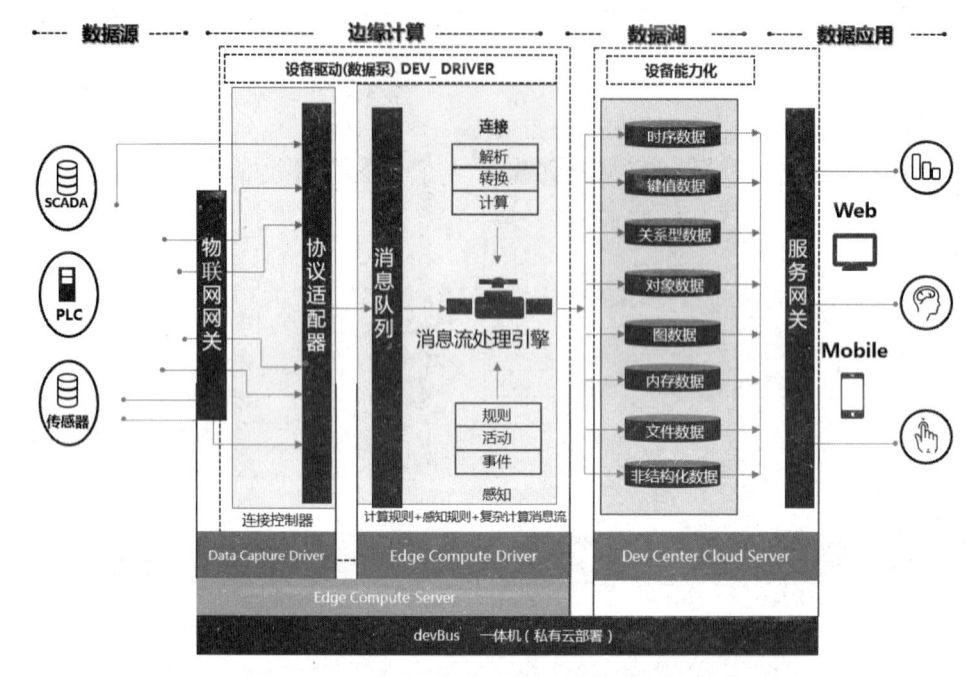

图 15-2-11　典型的物联网数据的边缘计算逻辑结构

图 15-3-1 是企业基于总线的数据交换共享标准体系架构。对工业企业而言，如果需要建立完善的数据交换与服务体系，则应该从以下几点开展。

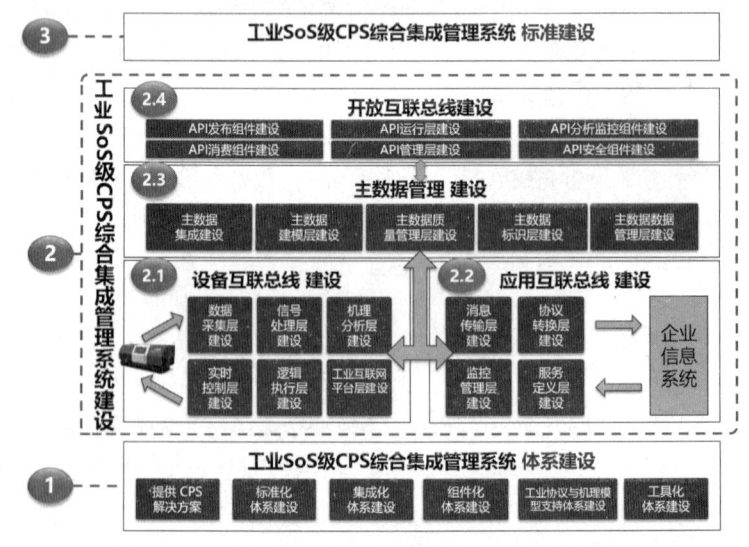

图 15-3-1　企业基于总线的数据交换共享标准体系架构

一是工业 SoS 级（即系统之系统级，是多个系统级 CPS 的有机组合）CPS（信息物理系统，Cyber-Physical Systems）综合集成管理系统体系建设。通过系统体系建设，明确各工业企业 CPS 解决方案的具体要求并提供具体的建设内容，使 CPS 解决方案具备标准化、集成化、组件化、工具化的特性，为企业提供标准化的 CPS 建设方案。

二是工业 SoS 级 CPS 综合集成管理系统建设。通过管理系统建设，实现企业的设备与信息系统之间的互联互通、企业数据的标准化云集成、企业数据对外部的安全开放，促进企业 IT 与 IoT 层面的融合，支持企业智能制造、工业互联网的建设。

三是工业 SoS 级 CPS 综合集成管理系统标准建设。根据项目建设经验，结合国内 CPS 标准建设基础，制定企业内部 CPS 通用要求类、应用类标准规范。

15.3.1 CPS 信息交换模型

对于 CPS 信息交换模型，异构服务经过封装"管理壳"的标准定义后，通过路由调度程序，可智能地将服务传递到任何指定的终端地址。消息通过消息流和队列进行稳定、有效的传输，保证了系统的稳定性和松耦合。

消息由提供方和消费方进行传输，消费方会将自己的消息传递给集成平台。集成平台通过标准的"管理壳"给消息进行统一标准的封装。在将其封装成通用的 Administration Shell 消息后，再通过标准的路由传输组件将消息动态路由到指定的提供方处。在出口处，系统自动将 Administration Shell 消息的标准报文进行解析处理，以提供方所需要的服务格式进行请求。而提供方拿到参数进行相关处理后，将返回的结果同样封装成 Administration Shell 消息的标准报文，进入消息传输层，然后自动返回给消费方。消费方再将其解析成自己认识的业务报文，即可完成一次标准的数据服务共享传输。在整个传输过程中，消息传输层使用的核心组件为消息流及队列服务。其中，通过采用通用技术，使得相同协议的服务共用相同的消息流，节省了消息流的资源空间，提升了消息流的利用率。

15.3.2 设备互联总线

设备互联总线解决的是 OT 层面设备之间，以及设备与控制系统之间的数据连接问题。由于现场设备存在数量多、协议杂、现场情况复杂、数据量小但数据传输频繁等实际问题，因此企业需要一个总线平台处理相关问题。

设备互联总线可以利用标准的物联网协议，诸如 MQTT、MODEL BUS、OPC 等，采用队列等相关技术（如 Kafka）对大量数据进行相关异步传输，再采用相关的流式开发等技术实现边缘计算，最终实现设备层的数据交换与服务，如图 15-3-2 所示。

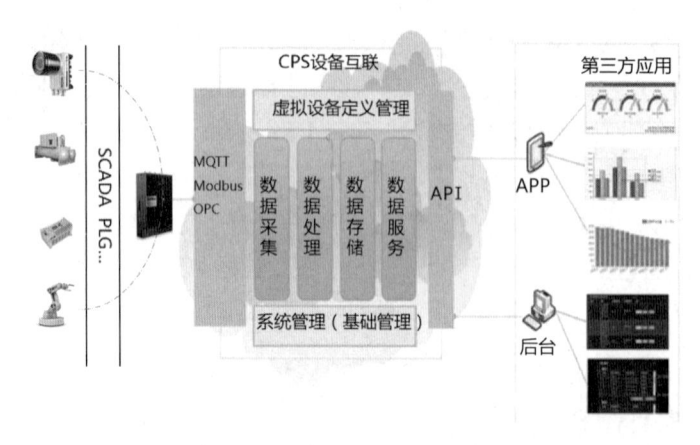

图 15-3-2　设备互联总线示意图

1. 设备互联

首先要针对不同设施、设备的连接方式，采用统一的连接协议，建立连接的标准。这些连接标准会使用不同的通信方式（4G/5G、千兆网等）与连接协议（Modbus TCP、OPC DCOM、MQTT、OPC UA 等），连接不同厂商（西门子、欧姆龙、沃特世、安捷伦、吉尔森等）制造的设备。

设备互联总线中的设备连接，通过数字资产建模及收集设备连接属性，为设备实体建立虚拟驱动，完善知识图谱中的信息采集，定义两个世界中同一实物的数字孪生体。

2. 数据采集

实现数据治理、共享的前提是必须把已经连接好的设施、设备在生产过程中产生的运行数据统一保存在物理存储设备中。随着时间的推移，设备连接越来越多、产生的数据也越来越多，这为以后的大数据分析奠定了基础。在数据采集阶段，业界指定了数据采集格式：以 JSON 数据交换格式作为标准格式。

3. 数据服务

采集来的数据被存储在物理设备中，想要使其可以共享，则必须开放数据服务。数据服务开放标准通过 RESTful 应用接口，提供数据下行通道。数据服务可提供监控设施情况、设备实时运行情况、能耗值、报警信息等功能，监测企业中已实现的生产流程、服务运营流程等业务活动，并辅助产业链实现精细化作业，保障智能化运营可持续进行。

15.3.3　服务总线

服务总线是在应用层面中的用于解决某些业务问题的标准服务平台，其目标是解决业务数据交换与服务中的服务管理、服务开发、服务监控等问题，为企业的业务集成及整合提供标准化的服务管理及运行平台。图 15-3-3 为服务总线平台整体架构。

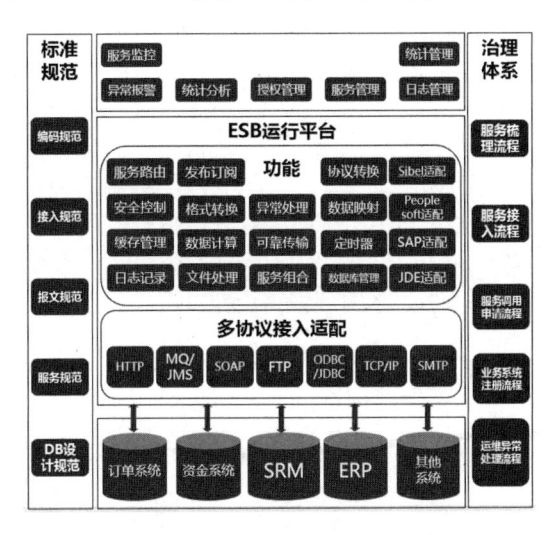

图 15-3-3　服务总线平台整体架构

1．服务管理

当企业中存在大量的数据服务时，如果没有一个标准化的平台对其进行管理，则数据服务将会非常混乱。服务总线提供了一套标准化的管理功能，可以对企业的数据服务或者业务服务进行有序的管理，还可以通过不同的维度查看服务。服务总线对服务的分类、服务的全生命周期管理（见图 15-3-4）、服务的授权等有一套标准的权限管理机制。

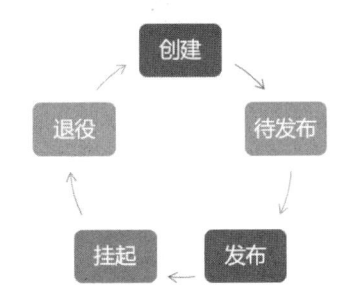

图 15-3-4　服务全生命周期管理

2．服务开发

为了快速满足不同业务场景的需要，随时响应市场需求的变化，企业需要一款快速的服务开发工具，以保证服务的快速开发和重组。通常借助消息流的开发方式，并结合可视化的开发工具及利用不同的开发组件，可以快速实现不同架构的服务开发。

3. 服务监控

服务监控是服务总线的核心。企业中存在大量的异构系统，如果想让服务能适应不同的协议要求，那么服务总线必须要有足够丰富的适配器。同时，服务总线作为企业系统集成的神经中枢，必须要性能稳定，且任何一笔服务交易都要有日志记录，做到服务交易可追溯。

15.3.4 数据总线

数据总线是数据层面的定时或者实时的数据交换和共享平台。其作用是实现企业中各业务系统数据库层面的数据整合，加强数据管理，提高数据质量，最终为企业的智能分析和综合决策提供精确的数据支撑。图 15-3-5 为数据总线平台整体架构。

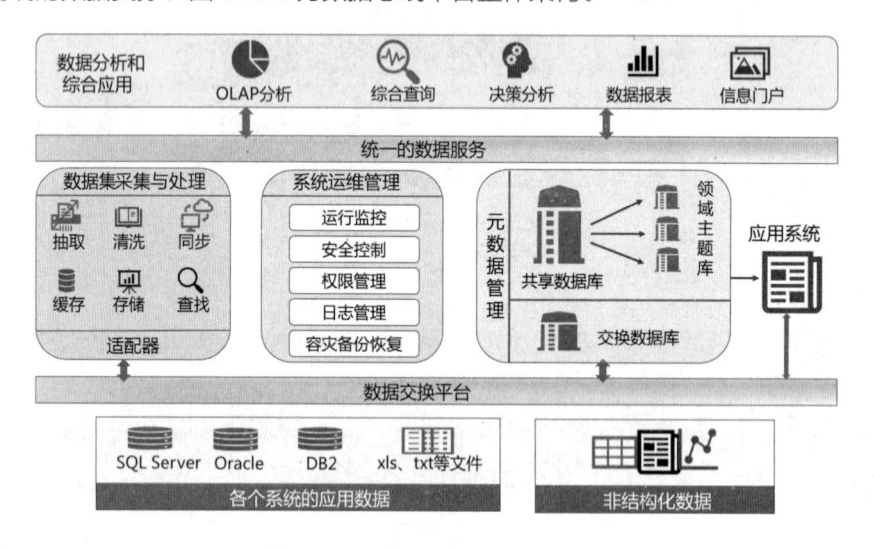

图 15-3-5 数据总线平台整体架构

1. 数据采集

数据总线通过数据交换组件中丰富的数据采集节点对各种类型的数据进行采集，如结构化数据、非结构化数据。采集的数据可以通过相关的数据加工处理形成标准数据，也可以被存储。

2. 数据处理

数据总线提供数据处理节点，对采集的数据可以进行特殊处理，如脏数据清洗、数据计算、数据合并等，同时还可以结合更复杂的业务处理方法对数据进行转换，直接将原始数据加工成标准数据。

3. 数据服务

数据服务是将数据以业务单元为颗粒度对外提供业务所需的服务，如对于供应商，则需要提供供应商查询服务，该服务用于对外提供标准化的企业供应商信息查询；对于月度生产报表，则需要提供月度生产报表查询服务，该服务用于向业务人员提供月度生产报表查询。对于不同的业务需要，需要提供不同的业务服务。因此，当企业中有不同的业务需要时，会需要大量的数据服务来供业务消费。数据服务可以被分解不同的颗粒度，小颗粒度的数据服务可以被重组成颗粒度更大的数据服务。

15.3.5 开放互联 API 网关

API 网关是企业业务服务的管理和运行平台，和服务总线的功能类似，但没有服务总线那么"重"。随着微服务架构的兴起，大量的 API 不断产生，但都处于无管理状态，因此，企业需要一个平台对 API 进行有序的管理，同时能对访问的 API 做到安全控制，这就是 API 网关，如图 15-3-6 所示。

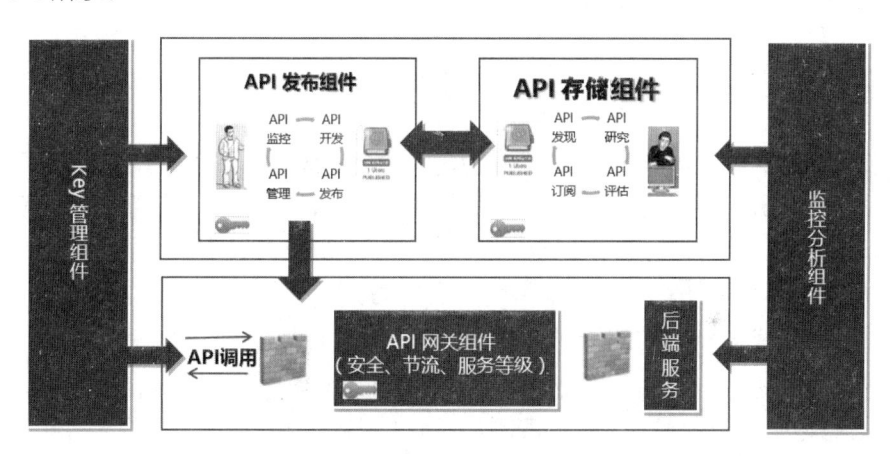

图 15-3-6 API 网关

在图 15-3-6 中可以看到，其中涉及专门的安全认证的 Key 管理组件、API 发布和存储组件，以及 API 网关组件及监控分析组件。这几个组件构成 API 网关的基础功能，保障 API 网关的正常运行，具体介绍如下。

1. 管理控制

管理控制主要包括 API 的发布和管理。在企业中通常由了解 API、接口、文档等技术的人来完成 API 开发，而由了解 API 业务的人进行 API 管理。在大多数商业环境中，API 开发者的职责是不同于 API 发布和管理者的。API 在发布之前有一个开发组件，它有一个结构化的图形用户界面，用于 API 的开发、文档维护及版本维护，也便于进行 API 管理。

管理控制还包括 API 授权管理。消费组件应用程序为 API 发布者提供协同接口来发布和宣传他们的 API，以及让 API 消费者可以自主注册、发现、评价 API，以及使用安全的、受保护的、被认证的 API。

管理控制还包括 API 调用控制。在 API 的调用过程中，可以设置 API 的收费模式、节流控制、熔断机制及相关安全措施。

2. 容器化

随着微服务架构的兴起，很多业务系统均以微服务的方式被部署在容器上，以提高系统的业务安全性及高效性。作为微服务的管理平台，API 网关要能与容器化技术很好地结合。

3. 安全性

大部分企业使用 API 网关进行跨组织的数据交换，尤其是与上下游供应链的数据交换。由于与供应链或者其他生态的数据交换是在互联网上进行的，因此，其对数据交换与服务的安全性要求就比较高，如要有黑白名单的支持、熔断机制、节流控制等。

本章精要

数据交换与服务是数据的价值所在。任何企业不管是想实现互联协同，还是想实现智慧运营，实现企业各个业务环节的数据交换、共享是基础。从企业内部的纵向连接、横向连接、端到端之间的连接，再到外部的生态互联等，都需要数据的传递和共享，只有让数据在各个业务域中都能有序地传递和应用，企业才能实现互联协同和智慧运营。

本章介绍了在各个时期使用的相关的数据交换与服务技术。随着技术的不断发展，数据交换与服务技术将随时变化，但是数据交换与服务的目标是永恒不变的。任何技术的发展都离不开对应的业务场景和业务需要，不同的层面和不同的场景使用的数据共享技术完全不同。采用对应的交换技术，遵循相应的标准规范，借鉴最佳的技术实践，才能将数据交换与服务技术在企业内外使用得更合理、更标准。

第 16 章

数据共享与开放

数据作为信息的载体，其本身的流动就会带来跨领域信息的传递、融合，有助于原有领域知识的普及和新知识的产生，进而催生出更多的数据创新应用。与此同时，数据开放本身也会带来数据交易，从而更好地激发商业模式的升级和发展。综合来看，共享与开放无疑是让数据资源创造价值的关键举措和重要手段。

16.1 数据共享与开放概述

企业数据的共享与开放通常包括"数据共享"和"数据开放"两个概念。数据共享主要指的是面向企业内部的数据流动，其中由数据应用单位提出企业内部跨组织、跨部门的数据获取需求，由对应数据供给单位进行授权，并由信息部门向该数据应用部门开放数据访问权限。而数据开放则指企业向政府部门、外部企业、组织和个人等外部用户提供数据的行为。

在数据共享与开放的过程中，主要参与的角色可以分为 4 种：数据拥有者、数据消费者、数据服务者和数据运营者。

（1）数据拥有者：通常指数据的合法拥有方，在数据共享中，特指信息系统的业务管理部门及单位。其负责在日常业务活动中，组织人员在信息系统中录入数据，或合法获取外部数据并供他人使用。

（2）数据消费者：在数据共享中，指发起数据共享需求申请并使用数据用于开展合法、合规业务的企业内部部门及单位。在数据开放中，指发起数据开放需求申请并使用数据用于开展合法、合规业务的外部单位，包括政府单位、外部企业或个人。

（3）数据服务者：负责在数据拥有者给出的数据资源基础上，根据数据消费者可能的使用需求，提供各类服务，如将原始数据加工为应用产品，提供数据交易过程中的代理服务，针对数据的真实性或有效性提供检验服务，对数据开放过程的合法、合规性提供审计服务等。

（4）数据运营者：负责提供一个支持数据共享与开放的环境，如统一的服务平台、标准化的数据产品等，以及开展以创造经济价值为导向的运营活动，如客户管理、订单管理、营销宣传等。

从实践案例来看，当前主要存在 3 种数据开放业务模式，如图 16-1-1 所示。

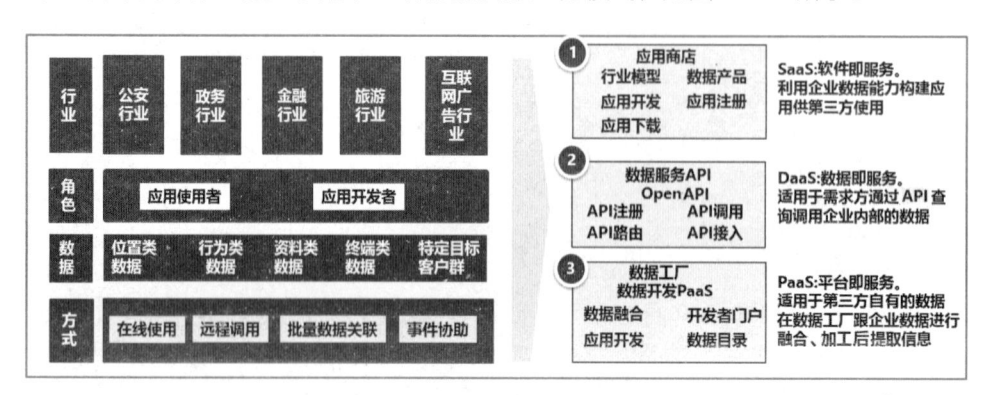

图 16-1-1　3 种数据开放业务模式

（1）提供 SaaS（软件即服务）开放模式，即通过数据共享与开放，开发并发布数据应用，供企业外部用户在线使用。

- 应用的所有权：包括企业内部的应用和合作伙伴的应用。
- 使用方式：企业外部用户在线使用应用。
- 模式：作为数据产品对外定价打包销售。

（2）提供 DaaS（数据即服务）开放模式，即将数据封装为 API，提供给企业内/外部系统或开发者调用。

- 数据来源：企业内部共享的数据、外部开放的数据。
- 使用方式：应用系统或开发者调用。
- 模式：按次计费。

（3）提供 PaaS（平台即服务）开放模式，即第三方将自有数据加入企业提供的开放环境中，与企业数据进行融合、加工后提取其中的信息，满足业务应用的分析需求。

- 数据来源：企业内部共享的数据、外部开放的数据。
- 使用方式：第三方开发者在企业数据中心内访问数据。
- 模式：根据议价合同。

16.2 数据资源目录

数据资源目录是依据规范的元数据描述，对企业的数据资产进行逻辑集中管理的一种方式。数据资源目录中含有各种数据资源的描述信息，便于用户对数据资源的检索、定位和获取，并提供数据资源的应用入口，真正实现数据资源的可见、可管、可用。

数据资源目录的对外服务，主要是面向企业数据的消费者提供企业数据的访问、获取等服务，包括用户对元数据的统一检索，以及对数据的查询等服务。其服务形式包括数据消费者直接登录平台进行数据访问、第三方系统通过接口等方式进行数据获取等。各种访问方式均受平台统一的权限控制，需要进行访问申请。

编制数据资源目录是启动数据共享与开放服务的第一项任务，本阶段的工作成果是后续各项工作的基础。总体来看，面向共享与开放服务的数据资源目录编制工作包括以下内容。

（1）研究数据资源梳理方法：对当前企业现有数据资源进行分析和梳理，制定数据资源梳理的流程和方法，包括梳理目标、梳理范围、梳理原则、组织形式、流程步骤、工作要求等。

（2）编制数据资源目录：按照企业制定的相关数据标准，如元数据标准、数据共享与开放管理标准等，开展企业数据资源的梳理，形成用于共享与开放的数据资源目录。

（3）分析数据集的元数据：针对每一个数据集，分析相关元数据信息，包括但不限于数据集编号、数据集名称、数据集类型（结构化、非结构化、半结构化）、数据集摘要、数据集关键字、数据领域、主题分类、数据更新频度、数据提供方单位、数据提供方地址、数据提供方联系方式等。

（4）确定数据集的数据逻辑模型：数据逻辑模型包括数据项英文名称、数据项中文名称、数据项类型、数据项大小、可否为空、是否主键等。

（5）确定数据集的采集方式：要确定每个数据集通过何种方式进行数据采集，例如，从生产系统采集、从数据中心采集、人工采集上传数据等。

16.3 数据资源准备

数据资源准备是指将未做处理的原始数据经过加工处理（加工内容包括清洗、比对、脱敏、分类、打标签等）后形成可开放的数据集并具备共享与开放条件的过程。

数据资源准备主要分为数据采集、数据加工、数据保密、数据装载和数据发布 5 个过程，下面介绍具体内容及工作要求。

16.3.1 数据采集

本阶段的任务以共享与开放数据资源目录为目标，采集可以用于共享与开放的数据资源。数据采集应实现自动化数据抽取、修正或者补录，为数据存储或数据分析提供基础内容。

自动化数据采集包括如下能力。

（1）支持日、周、月、不定期数据及实时数据的加载入库。

（2）支持信息安全设置，如对数据进行加密、脱敏等。

（3）支持结构化数据处理。

（4）支持非结构化数据处理。

16.3.2 数据加工

本阶段的任务是对已采集的数据进行清洗、转换、比对和质量检查等加工操作，从而使得加工后的数据具备可用性，确保共享与开放的数据能够满足数据消费方的需求。

数据加工操作的主要内容介绍如下。

（1）数据清洗：过滤那些不符合要求的数据，主要包括不完整的数据（如身份证字段为空）或是错误的数据（如字段中存在乱码）。

（2）数据转换：主要对数据进行字段的枚举值转换、空值转换，或是基于规则的计算等。

（3）数据比对：主要对数据进行业务逻辑校验，检查数据的关键数据项是否符合业务规则，或按照统一标准对不同数据集中业务含义相同的数据进行一致性检查。

（4）质量检查：提供检查数据质量的手段。例如，在数据上线时，对数据进行稽核检查，保证数据信息的完整性、合理性。

16.3.3 数据保密

由于数据涉及隐私、机密等内容，在共享与开放的过程中，需要提供安全防护操作，做到有组织、有保障、有分级、有步骤的数据共享与开放。

数据安全防护操作通常有以下 3 种手段。

1．数据权限控制

数据权限控制是指对用户进行数据资源可见性的控制，通俗的解释就是符合某个条件的用户只能看到该条件下对应的数据资源。最简单的数据权限控制就是用户只能看到自己的数据。而在实际的系统环境中，会有很多更复杂的数据权限控制需求，如领导需要看到所有员工的客户数据，而员工只能看自己的客户数据等。

2. 数据脱敏处理

数据脱敏处理是为了防止用户非法获取敏感数据而加设的数据模糊化处理手段，从而保证用户根据其业务所需和安全等级，适当地访问敏感数据。

数据脱敏处理方式包括如下7种形式。

（1）数据替换：以虚构数据代替真实值。

（2）截断、加密、隐藏或使之无效：以"无效"或"*****"代替真实值。

（3）随机化：以随机数据代替真实值。

（4）偏移：通过随机移位改变数据。

（5）字符子链屏蔽：为特定数据定制屏蔽方式。

（6）限制返回行数：仅提供可用于回应的一小部分子集。

（7）基于其他参考信息进行屏蔽：根据预定义规则仅改变部分回应内容。

3. 数据加密处理

数据加密处理是通过技术手段对现有数据进行加密设置，保证数据无法被非授权人员获取、破解。在数据共享与开放的过程中，需要根据数据的敏感度等，使用分级的加密方法：可分别进行不加密、部分加密、完全加密等不同策略。

常规的数据加密处理方式主要有对称加密和非对称加密。

（1）对称加密：具有以下特点。

- 加密和解密使用同一个密钥；
- 加密速度较快；

其缺点是秘钥需要在网络过程中传输，可能会被泄露。

（2）非对称加密：具有以下特点。

- 非对称加密有两个密钥，分别为公钥和私钥，一般用公钥进行加密，用私钥进行解密；
- 非对称加密的速度相比对称加密来说要慢很多。

16.3.4　数据装载

数据装载也就是数据入库。本阶段的任务是将经加工处理后满足数据共享与开放的质量及安全要求的数据，存储至指定的数据库或相关存储环境中。

数据加载包括文件加载、流加载、不落地加载等。数据加载功能具备将采集、处理后的数据源文件保存到不同数据库中的能力，具体的功能描述如表 16-3-1 所示。

表 16-3-1 数据加载管理要求

功能	功能描述
支持多种加载模式与策略定义	具备全量、实时、双加载； 允许灵活定义加载策略； 允许对加载事物提交过程进行自定义配置； 支持在加载过程中断点续传
支持文件落地和不落地两种存储加载	落地加载是将数据源保存在 ETL 物理服务器中而实现的加载。不落地加载是指将数据源写入缓冲池中，不在物理服务器中保存而实现的加载
支持自动和手工两种加载方式	支持数据自动加载的设计与执行； 当数据加载出错时，应提供操作界面以人工干预的方式来重新启动数据的接收和加载
支持多任务并行加载	具备支持数据的并行装载，即支持多个数据库连接同一个装载任务的并发执行
支持加载对象的参数配置	具备加载对象的参数配置功能，将数据加载过程中需要设置的命令、参数、规则进行配置，控件会自动生成相应的可执行代码来完成作业
支持过滤	具备基于数据属性值的过滤加载
支持脚本加载事务处理	在加载实现过程中支持 SQL、HQL、Shell 等不同类别的行为定义脚本，数据加载执行组件将根据行为定义脚本类型调起相应的脚本执行来加载数据
支持加载到异构数据库	支持加载多种数据库接口
提供数据加载作业执行状态监控管理能力	提供丰富的图形化界面设计和监控数据加载过程执行状态
支持数据加载过程的日志记录	支持在数据加载过程中对数据记录条数、开始时间、完成时间、错误信息等进行记录和保存

16.3.5 数据发布

本阶段的任务是将进入指定存储环境的数据资源，通过门户或数据共享与开放平台向数据消费者发布。根据不同的服务形式，数据发布的内容可以包括数据集、元数据、数据文件、数据应用链接、数据开放接口等。

16.4 数据服务

数据共享与开放的实现需要建设数据服务封装能力，通过文件、接口、推送等多种数据服务形式为数据消费者提供灵活、可靠的数据供给能力，提升数据共享与开放的便捷度和流通效率，同时也避免将原始数据完全暴露在数据消费者面前，实现数据的"可用不可见"，并支持运营管理过程中进行的监测、管控及优化处理。

数据服务的主要方式包括以下 8 种。

（1）数据集：数据的集合，通常以表格形式出现。数据集的服务方式就是通过数据库批量导出部分数据明细，并提供给数据需求方。

（2）API 接口：预先定义的函数，提供基于软件或硬件得以访问一组例程的能力。API 接口具备体量轻、使用方式灵活、可管控等优点。众多企业均选择 API 接口为最主要的数据服务方式。

（3）数据报表：根据规定的业务逻辑，通过简单的统计处理，以数据集合或图形的方式将结果展现出来。

（4）数据报告：对数据进行深度加工，并基于数据分析，加上文字或图表解释，将数据反映出的规律和问题展示出来。数据报告提供的是一种知识。

（5）数据标签：对一组数据的基本特性或共同特性的提炼。在数据挖掘或数据分析过程中可以通过数据标签直接获取符合相应特性的数据集。

（6）数据订阅：通过统一、开放的数据订阅通道，使用户高效获取订阅对象的实时增量数据。其主要用于业务异步解耦、异构数据源的数据实时同步，以及包含复杂 ETL 技术的数据实时同步等多种应用场景。

（7）数据组件：具备特定数据处理逻辑的工具，可以根据需要直接处理数据或作为数据应用的调用对象。

（8）数据应用：数据服务的高级形式。数据应用将数据通过功能、程序进行处理后，通过自身的界面展示出来，其可以实现复杂的数据处理和多样化的界面呈现。

16.5　数据共享与开放评价

数据共享与开放是一项涉及多个部门，涵盖业务、技术和管理多个方面的复杂工作，只有建立合理的数据共享与开放过程及效果评价体系，才能有助于理顺数据共享与开放过程中的各种关系，确保数据共享与开放工作高效、有序地开展。为此，企业需要根据系统、科学的理论，结合数据资源的基本特性，以及数据共享与开放的发展目标来建立相关的评价体系。通常来说，可以围绕以下 4 个方面来展开工作。

（1）对数据资源目录的编制过程进行评价，主要从数据资源目录的业务覆盖率、完整性、规范性等方面来评价是否符合相关规定。

（2）对数据资源目录的内容和应用效果进行评价，主要从资源共享与开放工作的落实状况，评价相关执行方的工作成效，包括数据共享与开放的质量、更新频率等。

（3）对数据共享与开放的组织管理能力进行评价，根据管理中最主要的 3 个方面（制度、流程、人员）来建立指标体系，并评价管理举措是否落实。

（4）对数据共享与开放的应用效果进行评价，主要通过数据共享带来的协同效果，或是通过数据开放带来的经济效益等展开综合评价。

本章精要

本章从数据共享与开放的需求出发，介绍相关概念、模式和方法，进而围绕数据资源目录、数据资源准备、数据服务、数据共享与开放评价等工作阶段来介绍相关职能活动和管理要求，以及探讨在数据共享与开放过程中需要解决的关键问题和应对思路，从而帮助企业更好地理解数据开放与共享的过程，更有效地推动数据资源在企业内外部的有序流动，推动各类数据应用的创新发展。

第 17 章

数据管理成熟度评估

通过对本篇以上章节的学习，相信你已经掌握了数据治理体系中各个职能领域的知识，可以根据各章节提供的方法论，结合企业的实际情况进行落地实施。那么，最终会做得怎样？存在哪些不足？在同行业中处于什么水平？如果你也有这样的疑问，那么本章将为你一一解答。通过本章的学习，你可以掌握如何了解企业数据管理现状，识别数据管理能力的不足之处，找准关键问题和目标差距，提出数据管理能力的改进建议和方向，规划未来数据管理路线图，以便更好地利用数据提高业务绩效。

数据管理成熟度评估（Data Management Maturity Assessment，DMMA）模型是企业在提高数据和信息质量方面能够用来描绘和评估其进展的一个重要工具。DMMA 模型是为实现数据资产治理的预期目标而必须采取的一项重要举措。当企业开始将数据视为企业最关键的资产之一时，DMMA 模型提供了一种方法来评估企业数据管理现状及将数据管理上升到所需的最终状态需要做的工作，它与成熟的数据治理规范相对应。DMMA 模型也有助于企业规划近期可行的数据管理方案，尤其是在企业面临严重的资金压力时。

17.1 数据管理成熟度评估模型

目前，国内外已经有很多机构提出数据管理成熟度模型，包括 Gartner 的 EIM（企业信息管理）成熟度模型、IBM 的企业数据治理成熟度评价模型、卡内基梅隆大学的 DMM（数据管理成熟度）模型和我国的 DCMM（数据管理能力成熟度评估模型）。

2008 年 12 月，Gartner 发表了 EIM 成熟度模型，其中由愿景、战略、矩阵、治理、组织（人）、过程（生命周期）和基础设施共 7 个维度组成一个企业数据治理的周期，同时将 EIM 分为 13 个领域的功能参考架构（见图 17-1-1），并给出规范、规划、建设和运行 4 个过程。

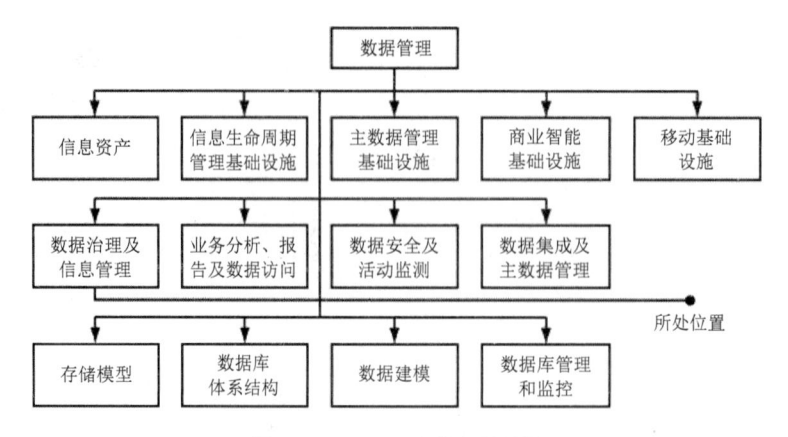

图 17-1-1　EIM 功能参考架构

2010 年 9 月，IBM 发布了数据治理统一流程，其中描述了企业数据治理成熟度评价模型。此模型分为 4 个等级共 11 个功能域。

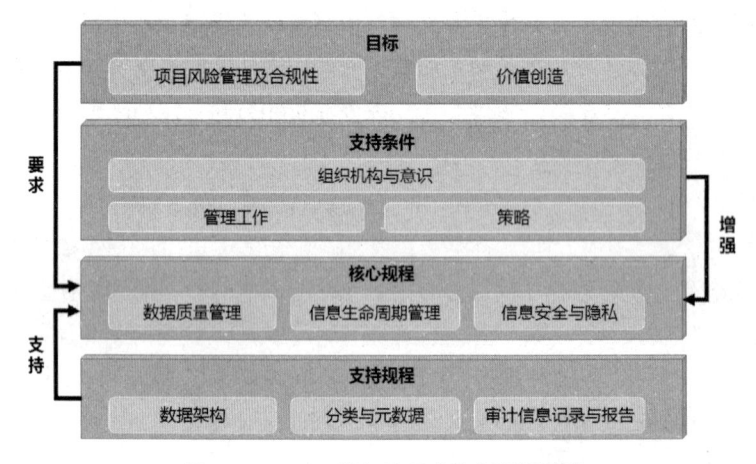

图 17-1-2　IBM 数据治理成熟度评价模型

2014 年 8 月，卡内基梅隆大学参照 SW-CMMI 的理念，推出 DMM（Data Management Maturity，数据管理成熟度）模型。其把数据治理分为数据管理策略、数据质量、数据操作、平台与架构、数据治理 5 个职能域，并指出各职能域的相关关系（见图 17-1-3）。随后其根据每个职能域的特征，又细分为 25 个过程域，并给出具体的评估要求，包括目标、核心问题、能力评价标准定义和要求产出的成果，由此可以对企业的数据治理进行成熟度评估和能力评估。

2014 年 7 月，由 EDM Council 主导发布了 DCAM（The Data Management Capability Model，数据管理能力成熟度模型），其把数据管理能力主要分为数据管理策略、数据管理业务案例、数据管理程序、数据治理、数据架构、技术架构、数据质量和数据操作共 8 个职能域进行评估，如图 17-1-4 所示。

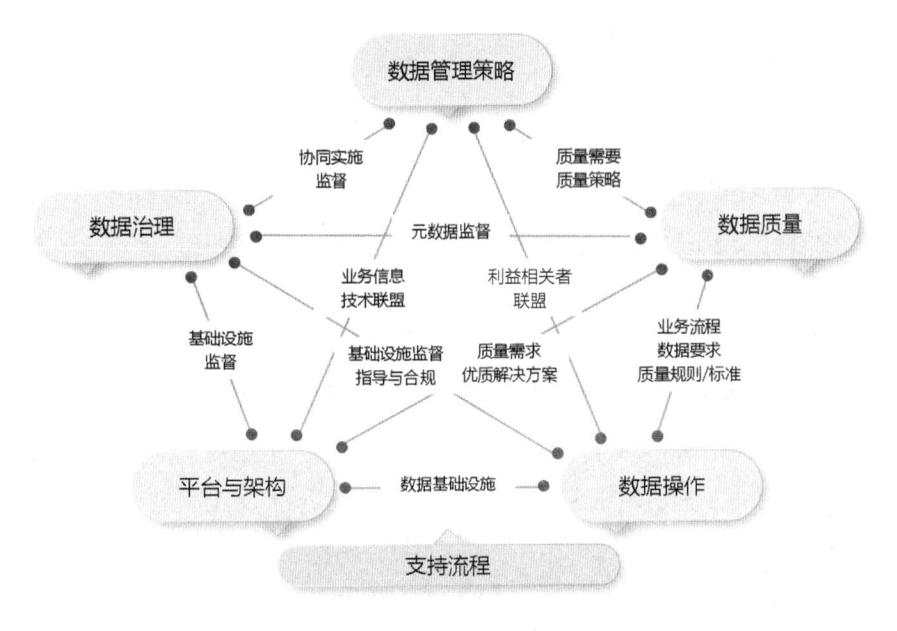

图 17-1-3　DMM 模型各职能域的相关关系

DCMM 在 DMM 模型和 DCAM 的基础上充分考虑国内各行业数据管理发展的现状，并引入相关金融行业的实践经验。DCMM 定义数据管理能力成熟度评价的 8 个职能域为数据战略、数据治理、数据架构、数据标准、数据质量、数据安全、数据应用和数据生命周期，这 8 个职能域又包括 29 个能力项，如图 17-1-5 所示。该模型与其他模型最大的区别是增加了数据标准和数据安全这两个职能域，但没有进一步对每个领域的成熟度进行定义。

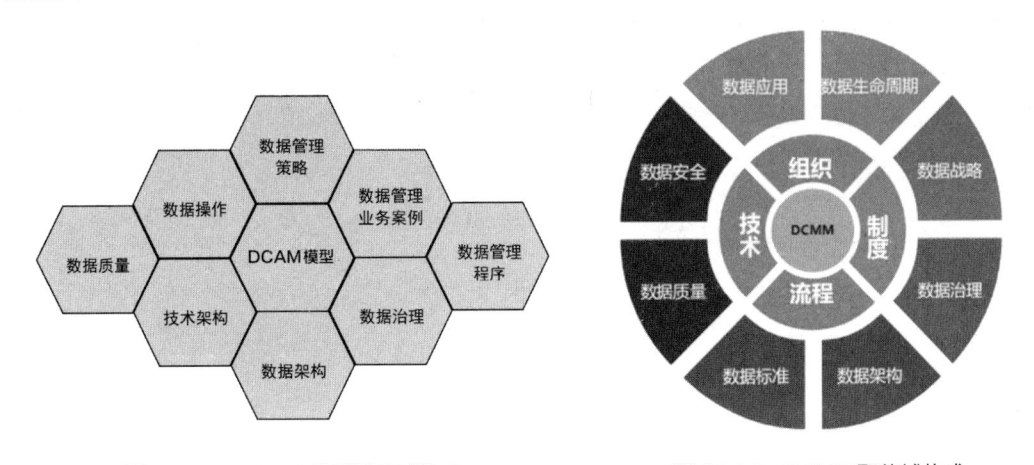

图 17-1-4　DCAM 模型职能域构成　　　　图 17-1-5　DCMM 职能域构成

每个模型都有自己的优势。DMMA 模型是在借鉴成熟模型和先进经验的基础上，结合最新的数据管理理念和标杆企业的最佳实践经验设计而来的。

DMMA 模型包括 8 大领域，具体介绍如下。

（1）数据管控：是数据管理框架的核心职能，是对数据管理行使权利和进行控制的活动集合。数据管控涉及数据管理的组织、战略等多个方面。

（2）数据架构：是用于定义数据需求，指导企业对数据资产进行整合和控制，使数据投资与业务战略相匹配的一套整体规范。

（3）数据质量：指数据的适用性，描述了数据对业务和管理的满足度。

（4）数据安全：指企业中的数据受到保护，没有受到破坏、更改和非法访问，没有泄露。

（5）数据生命周期：指数据从采集、传输、存储、处理、交换与共享到销毁的整个过程。

（6）数据价值挖掘：指通过对企业中的数据进行统一管理、加工和应用，支持企业的业务运营、流程优化、营销推广、风险管理、渠道整合等活动。

（7）数据资产运营：包括数据共享与开放、数据服务等活动，可以提升数据在企业运营管理过程中的支撑辅助作用，同时实现数据价值的变现。

（8）支撑平台：是数据管理的 IT 技术支撑工具，包括数据管理平台、数据治理工具集及大数据平台。构建强大的支撑平台可以提高数据管理的效率，避免线上、线下"两张皮"。

这 8 大领域可以被进一步细化为 30 个评估的核心要素（见表 17-1-1），这些核心要素都是数据管理必不可少的重要组成部分，可以传达评估模型的目标、要求，量化和产出成果。这 8 大领域与本篇前几章所讲的内容并不完全相同，这是因为 DMMA 模型主要评估企业的数据管理能力，所以包括了企业中所有类型的数据。时序数据、指标数据和结构化数据都可以采用相同的方法论。在表 17-1-1 中，之所以将数据架构领域中的主数据和元数据单独提出来，是因为它们所需要的管理能力不同。在当今大数据时代，数据管理对象具有大量、多样等特性，对大数据的治理非人力所能，一定离不开 IT 技术支撑平台。

表 17-1-1　DMMA 模型的核心要素

领　　域	核　心　要　素
数据管控	数据管理战略
	数据管理组织
	数据管理制度
	数据管理绩效
数据架构	数据标准管理
	数据模型

续表

领　　域	核　心　要　素
	主数据管理
	元数据管理和数据目录
	数据分布
	数据集成与共享
数据质量	数据质量需求
	数据质量检查
	数据质量评估
	数据质量提升
数据生命周期	数据需求
	数据设计和开发
	数据运维
	数据销毁
数据安全	数据安全策略
	数据安全保护
	数据安全审计
数据价值挖掘	数据分析
	数据融合
	数据应用
	数据资产价值管理
数据资产运营	数据服务
	数据共享与开放
	数据资产变现
支撑平台	数据治理工具集
	数据管理平台

17.2　数据管理成熟度等级定义

数据管理成熟度分为 5 级，从低到高分别是初始阶段、基本管理、主动管理、量化管理和持续优化，如图 17-2-1 所示。

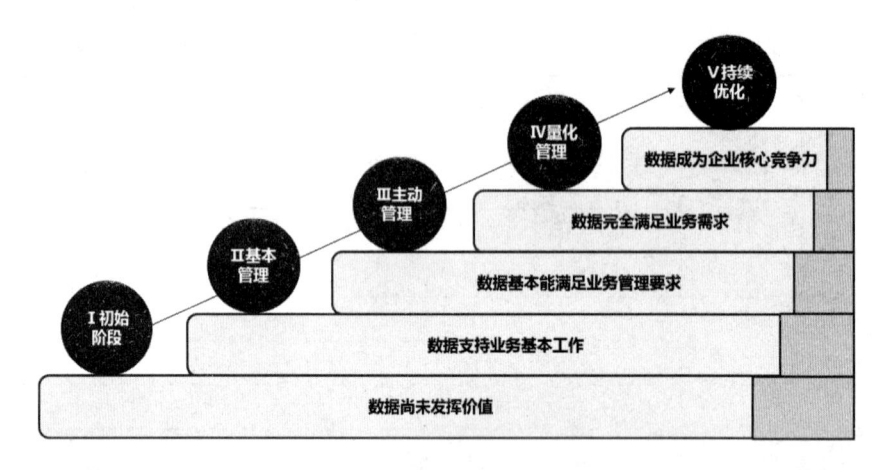

图 17-2-1　数据管理成熟度等级

1．初始阶段：数据尚未发挥价值

（1）业务能力。

①形成基本的报表；

②手工作业，依赖于特殊查询；

③信息超载；

④未能反映真实情况；

⑤事后被动发现问题。

（2）系统能力。

①数据：静态结构化的内容；

②集成：无连接、孤立、非集成的解决方案；

③应用系统：孤立模块、依赖特定的应用系统；

④基础架构：复杂、关系混乱、特定平台。

2．基本管理：数据支持业务基本工作

（1）业务能力。

①具有基本的探索、查询和分析功能，形成基本的报表；

②部分报表可以自动化；

③具有完全不同的工作环境；

④有限制的企业可视度；

⑤出现多种版本的真实情况反映。

（2）系统能力。

①数据：结构化的、有组织的内容；

②集成：有部分集成的解决方案、孤立的解决方案依然存在；

③应用系统：基于组件的应用系统；

④基础架构：层级式架构。

3．主动管理：数据基本能满足业务管理要求

（1）业务能力。

①有脉络的、基于职责的工作环境的导入；

②自动化已提升到一定层级；

③既有的流程和应用系统得到增强；

④具有整合的业务绩效管理；

⑤只有唯一版本的真实情况反映；

⑥经由分析的、实时性的洞察力。

（2）系统能力。

①数据：基于标准的、结构化的内容，以及部分非结构化的内容；

②集成：孤立的系统集成、信息的虚拟化；

③应用系统：基于服务的应用系统；

④基础架构：组件式的、面向服务的架构逐步浮现。

4．量化管理：数据完全满足业务需求

（1）业务能力。

①具有贯通企业内外的、有弹性的、具有适应力的业务环境；

②具有促进战略业务创新的能力；

③企业绩效和运营得到优化；

④战略洞察力。

（2）系统能力。

①数据：无缝连接并且共享、信息与流程分离、结构化和非结构化内容完全整合；

②集成：信息作为一种随时可用的服务；

③应用系统：流程通过各式服务而集成，有序的业务应用系统；

④基础架构：有随时恢复能力的 SOA，不限于特定技术。

5．持续优化：数据成为企业核心竞争力

（1）业务能力。

①基于角色的日常工作环境；

②具有全然融入工作流、流程和系统的能力；

③具有信息激发的流程创新、增强的业务流程和运营管理；

④具有前瞻性的视野，以及预测性的分析。

（2）系统能力。

①数据：所有相关的内部及外部信息无缝连接并且共享，新增的信息很容易导入；

②集成：虚拟化的信息服务；

③应用系统：动态的应用系统组合；

④基础架构：动态的、可重新配置的侦测和回应。

经过数据管理成熟度评估，在由低级别向更高级别的数据管理成熟度提升的过程中，为企业所带来的变化可以描述为以下内容。

- 从被动管理到主动管理；
- 从点解决方案到综合解决方案；
- 从"孤立"的数据到同步的数据（即一致、高质量的数据）；
- 从数据分类和安全级别不一致到数据分类统一和基于标准的安全管理；
- 从短视的传统数据管理到形成企业范围的数据资产全景图。

17.3　数据管理成熟度评估指标

针对数据管理中的每一个核心要素，根据数据管理成熟度级别不同，DMMA 模型中提出了明确的管理要求，设计了合理的评估指标，并设定了明确的评分标准，最终形成了一套完善的数据管理成熟度评估打分表，如表 17-3-1 所示。利用该打分表能够详细了解企业的数据管理能力，并自动化完成成熟度级别评定。

表 17-3-1　数据管理成熟度评估打分表（模板及示例）

管理领域	核心要素	成熟度等级	管理要求	评估对象	可能出处	评估指标	符合度	得分	支撑材料	总体评价	存在不足
支撑平台	数据管理平台	10~20分：初始阶段级	还没有完整的数据管理平台	数据管理工具	平台设计文档、系统演示和运行情况报告	1.已有数据管理平台建设规划；2.具有部分数据管理子系统（有数据管理的部分功能）					
		81~100分：持续优化级	不断推动自身技术创新	平台先进性	平台发版说明、新技术采用情况	1.数据管理平台版本每两个月迭代更新一次；2.平台利用的先进技术（在3种以上）					
……	……	……	……	……	……	……	……	……	……	……	……

17.4　数据管理成熟度评估实施

数据管理成熟度评估工作分为项目启动、培训宣传、评估执行和总结分析 4 个阶段，如图 17-4-1 所示。

项目启动
- 建立评估团队
- 制订评估计划
- 明确项目目标、范围
- 召开项目启动会

培训宣传
- 评估标准介绍
- 评估方法论介绍
- 收集相关资料
- 下发调研问卷

评估执行
- 现场分析
- 面对面访谈
- 总结问题

总结分析
- 成熟度评定
- 完成评估报告

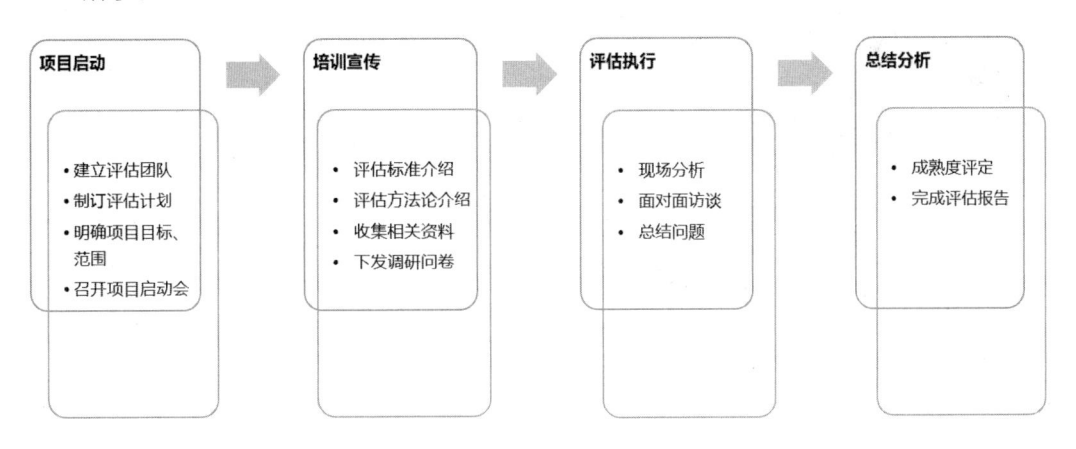

图 17-4-1　数据管理成熟度评估阶段

1．项目启动阶段

项目启动阶段的主要工作是了解企业自身的发展情况，建立评估团队，制订评估计划，并召开项目启动会。项目启动阶段是明确项目目标、范围的阶段，对推动整体评估工作的顺利开展具有重要意义。

2. 培训宣传阶段

培训宣传阶段主要的工作是进行标准介绍，帮助评估人员了解标准的组成、评估的方法和过程、各方面的评估重点等，并且可以指导相关人员开展自评估。

3. 评估执行阶段

评估执行阶段的主要工作是根据自评的情况，在了解相关资料之后，评估人员在现场对数据管理能力评估模型中列出的各方面进行评分，主要方式包括现场分析、面对面访谈等。

4. 总结分析阶段

总结分析阶段的主要工作是根据对企业数据管理现状的了解，进行整体的数据管理成熟度等级分析及完成评估报告。

本章精要

数据是企业未来生存的生命线。打通数据孤岛是消除数据冗余和实现自动化业务流程的先决条件。DMMA 模型是评估企业当前状态所需的工具，它是根据许多世界领先组织的实践经验和其他来之不易的经验创建的，也是业界第一个以数据资产的管理视角设计的评估体系。它综合了传统数据治理与数据资产管理相关的最佳实践，将数据管理相关的支撑工具纳入数据管理成熟度评估范围，也是提升数据管理水平、实现数据治理成功的关键。

第 3 篇 工具篇

第 18 章

数据治理工具概述

工业数据治理需要多种数据治理工具和软件的支撑，包括以数据资产目录为核心的数据资源管理工具、以元数据和数据模型为核心的大数据平台等。这些工具互有侧重，企业需要根据实际需求予以选择。目前，国内外还没有一家企业能提供覆盖工业数据治理全部领域的成熟套装软件，主要原因在于工业领域的数据治理滞后于互联网、金融、电信等领域，国内能够提供工业领域高水平数据治理解决方案的供应商不多。工业领域的数据治理属于数据治理的新兴市场，技术门槛比较高。

本篇对工业数据治理工具平台框架的定义如图 18-0-1 所示。

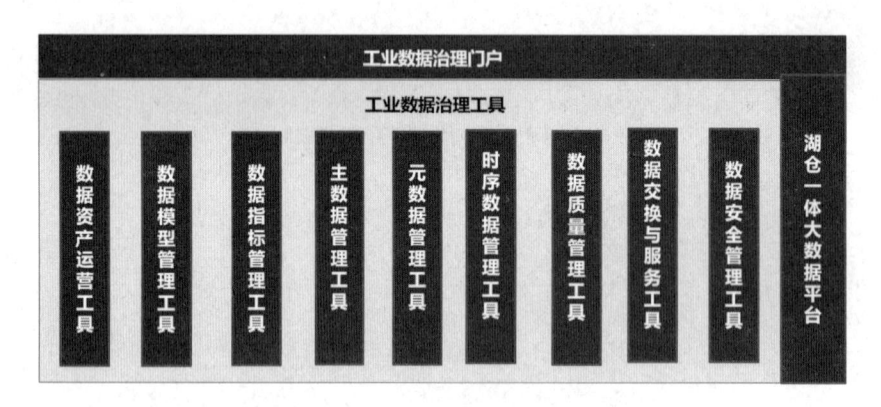

图 18-0-1　工业数据治理工具平台框架图

1. 工业数据治理门户

工业数据治理门户是工业企业数据治理组织的工作平台，用于定义数据治理组织的工作流程和工作标准，包括组织架构、制度规范；发布各类数据标准，包括主数据标准、数据指标标准等；评估数据治理组织绩效和数据质量；查询基于知识工程的知识库。

2. 数据资产运营工具

数据资产运营工具包含数据资产目录和数据资产价值评估。数据资产目录，也被称为数据资产地图。用户可以按照自己的业务需求和企业标准，构建企业级数据资产目录，实现对海量数据进行梳理和归类，以及对数据资产进行全面盘点，为用户提供完整的数据资产视图，并提供数据资产展示、交换和共享。

在工业领域，通过数据资产目录，数据拥有者可以直观、清晰地掌握自己所拥有的信息资源；数据使用者也可以发现自己的数据需求，并发出需求申请。通过对数据资源的梳理与编目，为数据的挖掘分析和开发运用提供了准确、全面的数据支撑。数据资产目录在数据治理解决方案中属于非必选项，但在数据资产管理解决方案中属于必选项。

3. 数据模型管理工具

数据模型管理工具是企业数据模型的管理、比对、分析、展示的技术支撑，用于提供统一、多系统、基于多团队并行协作的数据模型管理，解决企业数据模型管理分散、无统一的企业数据模型视图、数据模型无有效的管控过程、数据模型标准设计无法有效落地、数据模型设计与系统实现出现偏差等多种问题。在工业领域，企业架构与数据架构往往同时构建；核心业务流程、业务对象、业务活动定义先在数据架构中逐步落地，然后映射到数据的逻辑模型，之后落地到物理模型。

4. 数据指标管理工具

数据指标管理工具用于管理数据指标标准，包含数据指标信息维护、数据指标治理及数据指标应用等功能，用于打通数据指标、元数据、数据质量、数据标准各子模块的关系，确保数据接入规范、标准统一，实现数据质量可控、数据可用。

5. 主数据管理工具

主数据管理工具用于定义、管理和共享企业的主数据信息，可通过数据整合工具或专门的主数据管理工具来实施主数据管理。主数据管理工具具备企业级主数据存储、整合、清洗、监管及分发 5 大功能，并保证这些主数据在各个信息系统中的准确性、一致性、完整性。

6. 元数据管理工具

通过元数据管理工具可以了解数据分布及产生过程。该工具是针对元数据管理职能而开发的。元数据管理已经深入数据的物理模型。工业数据领域的元数据管理组件往往根据具体项目来进行定义。

7. 时序数据管理工具

时序数据管理工具用于物联网、车联网、工业互联网领域中的过程数据采集、过程控制，并与过程管理建立一个数据链路，属于工业数据治理的新兴领域。从工具维度看，时序数据管理工具与传统的时序数据库的差异很大，后者局限于车间级的可编程逻辑控制器，而非企业级的可编程逻辑控制器。

8．数据质量管理工具

数据质量管理工具从数据使用角度监控、管理数据资产的质量。它是针对数据质量管理职能而开发的，以实现数据全生命周期的质量管理。其能根据标准规则配置数据质量检查策略，通过调度中心实现数据质量检查，发现问题数据，以及将问题数据分派给相关人员修正，并能根据需要形成数据质量评估报告和问题处理报告等。

9．数据交换与服务工具

数据交换与服务工具是一系列数据技术工具的集合，涉及采集、汇聚、加工、共享等多个环节，是支撑其他数据治理工具的中间件，被广泛应用于源系统的数据采集、系统之间的数据交换、多源头数据的汇聚与加工等，属于 PaaS 层中的一系列组件。对于数据交换与服务工具的搭建，除要考虑技术外，还要考虑到工业数据治理的长远战略。

10．数据安全管理工具

数据安全管理工具是结合信息安全领域的技术手段，保证数据资产在使用和交换共享过程中的安全。其中包括数据采集管理、数据传输管理、数据存储管理、数据处理管理、数据交换和共享管理、数据销毁管理 6 类工具。

11．湖仓一体大数据平台

湖仓一体大数据平台通过对企业内、外部多源异构的数据的采集、存储、计算、分析挖掘、应用与可视化、作业调度、治理等，使数据在企业内部可以被优化管理，在企业外部可以被释放合作价值，是企业数据资产管理和服务的中枢。

湖仓一体大数据平台技术起源于 B2C 互联网平台的应用。在数字化转型的大趋势下，湖仓一体大数据平台在工业领域中迅猛发展。本篇把湖仓一体大数据平台解读为工业数据的应用平台，是数据治理平台服务的对象，因为数据从采集到处理的整个过程中都会产生成本，只有数据被应用才会创造出价值。

数据治理工具是为了更好地确保数据的质量和安全，是湖仓一体大数据平台的基础。为了确保读者更好地理解数据治理工具，本篇特意补充湖仓一体大数据平台的相关内容。

第 19 章

数据资产运营工具

数据资产运营是指把数据作为资产，经过数据的采集、清洗、加工、分析、挖掘，在合规化的条件下进行共享与开放。数据资产运营的目的在于获得收益。通过数据资产运营，不仅可以赋能传统产业，而且可以对企业现有业务模式进行颠覆式创新。数据资产运营是企业数字化转型的核心能力，只有将数据资产在全社会流通，实现数据融合，才能使数据的商业价值最大化。

企业应该加强对数据资产的盘点、筛选、甄别、编译、存储、清洗、加工及分析、挖掘，让数据资产满足用户的需求，以及将数据资产及时汇聚、整合，并定期更新、注册入库，最终通过数据资产目录将标准化的数据资产对外发布，统一对外提供数据服务，让数据资产方便用户搜索和浏览，易于用户理解和解读。

数据资产运营的核心是促进数据的流通，让数据资产的价值最大化。这就必然需要进行数据资产的价值评估，以便识别核心数据资产，并分析影响数据资产价值发挥的因素，从而制定相应的数据资产运营策略，最终实现数据资产收益的最大化。

高质量、可信任的数据是数据资产运营的基础。数据资产运营的对象是数据资产，目的是数据的资产化，主要手段是数据资产的共享与开放。而数据治理的对象是数据，目的是通过数据的标准化来保障数据的高质量和可信任。因此，数据治理是数据资产运营的支撑，二者既有关联又各有侧重。

19.1 数据资产目录

数据资产目录使得数据资产易于查找、便于理解、值得信任，以及可以更好地满足数据应用需求。企业若将数据视为资产，就需要建立数据资产目录和数据资产清单。工业企业普遍存在数据分散（甚至可能不知道这些数据位于何处）、数据来源途径多、数据不一致等问题，往往会花费很多时间去寻找有意义的、可信赖的数据。

19.1.1 总体概述

数据治理倾向于建立"组织"和"标准":包括成立数据治理委员会,设置数据所有者和数据管理员的角色,制定主数据标准和主数据维护的流程制度。这些活动的重点是实现数据的全生命周期管理。

而数据资产管理则关心更高阶的目标,例如:

(1)扩大数据的可用性和简化数据的可访问性,使更多的数据消费者能够查找、访问和共享数据资产。

(2)标准化数据语义,让数据使用者对共享数据资产有一致性的理解。

(3)实现数据质量的可测量,让用户高度信任数据。

这些数据资产管理目标有一个共同的驱动因素:数据消费或信息使用。如果无法实现这些目标,则会降低企业有效共享和利用数据的能力。

定义企业的数据战略,对数据资产的获取、转换、资产化、共享和隐私保护是大趋势。数据治理趋向于将传统管理中的优先事项(如理解数据资产的使用和统一业务术语),与新兴的评估企业数据前景的关键需求(包括盘点、分类和记录整个企业中的数据资产)相结合,以实现数据的可知、可信和可用。

19.1.2 数据资产目录系统构建

企业拥有大量的、各种类型的、分散在各处的数据资源,如果没有数据资产目录和数据资产清单,那么许多数据资产实际上是被隐藏的。这意味着需要进行数据盘点来识别企业的数据资产并将其分类。数据资产目录的设计采用"业务驱动自顶向下"和"盘点驱动自底向上"相结合的工作思路。"业务驱动自顶向下"是指按照业务视角全面梳理企业的业务价值链、各种业务场景、端到端的业务流程,包括业务流程中涉及的表单、术语、业务数据项等。"盘点驱动自底向上"是指通过现状调研,盘点并提取源业务系统中的数据项,将其作为"果子"挂接到相应的"目录树"上,如图 19-1-1 所示。

数据资产目录需要从多个视角构建。一种是从业务人员角度,通过业务分类呈现,比如人、财、物、产、供、销。另一种是从技术人员角度,通过主题域呈现,如客户、交易、事件等。此外,数据资产目录具备一个很重要的功能:可以利用标签实现更便利的数据搜索和查询,如按部门、系统等。

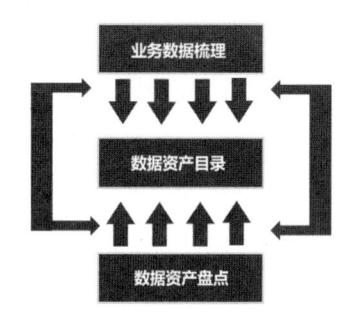

图 19-1-1　数据资产目录构建思路

数据资产目录管理需要一个强有力的系统平台来支撑，需要利用先进的技术来最大化地提升数据资产的自动化、智能化管理水平。

随着涉及保护个人隐私数据的全球性法规越来越多，识别敏感数据正在迅速成为一个刚需。其中至关重要的是确定哪些数据包含有关个人的敏感信息。建立海量的样本库、敏感词库，以及基于 HMM、CRF、Word2Vec 等自然语言处理技术，并结合传统正规表达式构建的复杂模型体系，可以高效识别各类场景中的敏感信息。结合有关数据资产业务敏感性和数据血缘关系，数据管理员可以确定谁是数据资产的用户，以及他们对敏感的数据资产的访问权限，并通过控制来增加数据处理工作流，以防止未经授权的访问。

数据使用者能够通过数据资产目录和标签快捷搜索到最能满足其需求的数据集。数据资产目录可用于共享不同类型的元数据，包括：

（1）描述源系统结构的物理元数据，如表和字段。

（2）描述语义信息的逻辑元数据，如数据库描述、数据质量评估和相关的数据管理策略。

（3）描述如何在各种业务场景中使用数据资产的行为元数据。行为元数据可能是最重要的元数据，因为它可以自动洞察系统中每个对象的活性或者热度。

数据资产目录将传统的元数据管理功能（如业务术语表、结构化元数据管理、对象元数据管理和数据血缘）与人工智能算法结合，通过简化数据发现，自动推断元数据并提高这些推断的准确性，以及提供业务术语表、数据元素定义、数据血缘、数据质量、数据安全等信息的可见性，向用户展示正确的数据资产。如图 19-1-2 所示为数据资产目录系统示例，其中简单地展示了数据资产目录系统的大体效果。

此数据资产目录系统实现了全域数据资产的统一登记和展现，消除了因为信息不对称所导致的不同部门之间数据的重复存储和抓取，完善了底层数据资产的扩充和共享，有力地支持了数据资产的探寻、应用和流通等。

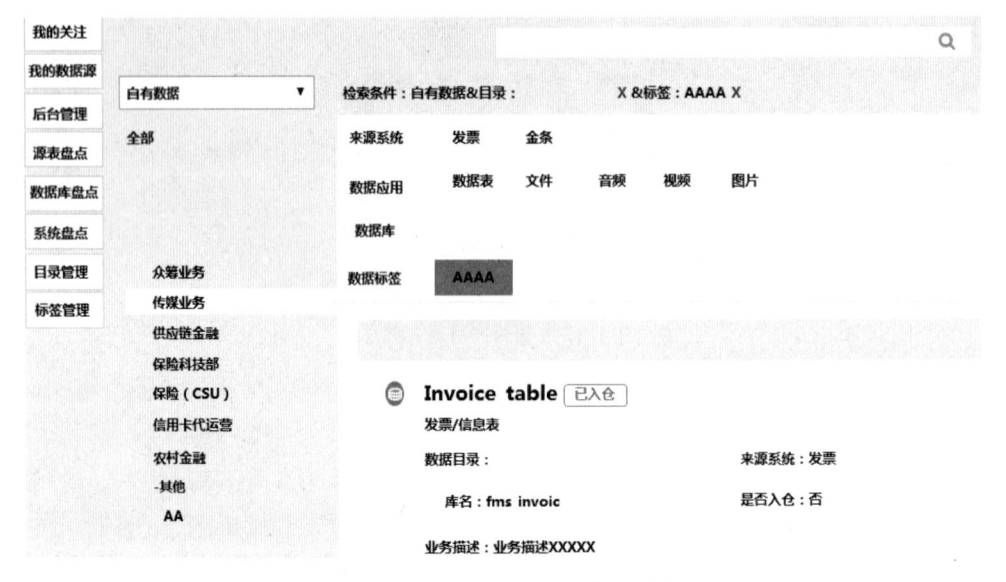

图 19-1-2　数据资产目录系统示例

19.1.3　数据资产目录能力评估模型

数据资产目录能力评估模型有助于企业全面了解数据资产目录的管理现状，指明了达到目标状态的方向和实现路径。数据资产目录能力评估是开展数据资产目录建设的第一步。

数据资产目录能力评估模型定义了企业提高数据资产的利用率所需的 5 种能力。

1. 发现能力

发现能力描述了通过浏览数据资产目录搜索数据资产的过程。支持数据资产发现能力是数据资产目录最重要的功能。对所有可用数据资产进行清晰而全面的概述是提高数据资产利用率和货币化的关键；而支持搜索、推荐和查询功能使用户能够快速识别相关数据资产，并查看样本数据条目及摘要统计信息。

2. 理解能力

理解能力支持用户向数据资产目录添加新条目并使用元数据丰富它们，例如谁拥有数据？为什么收集它？测量单位是什么？如何评估价值？数据资产目录应支持两种元数据的生成方式：手动和自动，例如应该可以自动捕获某些类型的元数据，如数据存储空间占用信息；以及支持手动输入业务定义和数据收集目的描述。

3. 信任能力

信任能力支持用户评估数据的可靠性和质量。有助于让用户对数据集产生信任的 3 种信息是关于数据质量和覆盖范围信息、数据血缘信息及负责人信息（例如数据管理者或数据所有者）。利用该信息，可以让用户使用合适的数据源，并且避免使用可能会产生不良结果的不适当的数据源。

4．协作能力

协作能力支持用户进行任务共享并奖励用户创建和修订描述。例如，如果用户需要有关数据资产的更多信息，那么用户应该能够请求数据管理员添加相关信息。

5．治理能力

治理能力体现了数据资产目录支持和满足法律及企业标准的能力。例如，对访问权限的管理，数据资产目录中应列出所有数据资产并显示示例条目，但也应符合相关的数据隐私法规。因此，除非用户具有相应的访问权限，否则不得显示个人数据的示例条目。

数据资产目录能力成熟度分为 5 个级别，从低到高分别是初始级、主动管理级、基于工具级、优化级和自动化级，如图 19-1-3 所示。

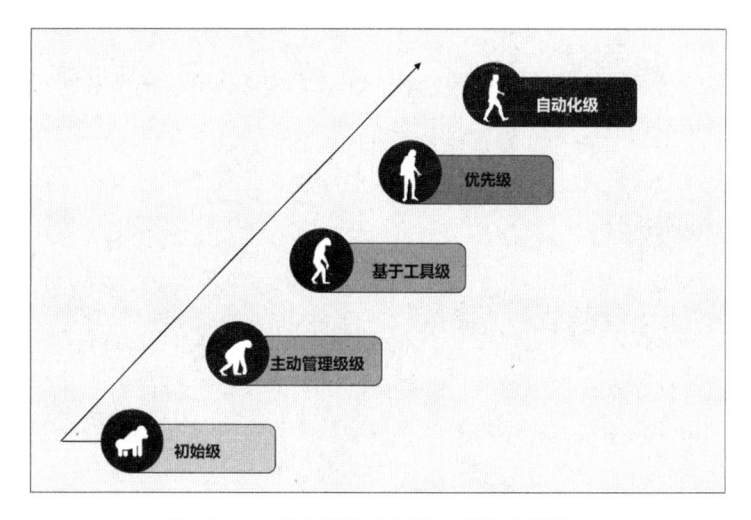

图 19-1-3　数据资产目录能力成熟度等级图

1．第 1 个成熟度级别：初始级

在第 1 个成熟度级别中，企业没有努力集中编制数据资产目录，数据科学家无法集中获得大部分有价值的信息。即使数据分析师知道特定数据资产的存在，但其理解业务环境和数据血缘的唯一方法是联系数据资产所在的业务系统的产品经理或数据工程师。

2．第 2 个成熟度级别：主动管理级

在第 2 个成熟度级别中，存在数据资产列表和文档。企业使用标准化模板记录和维护基本

元数据。用户可以从列表中获取有关数据资产的信息，并且可以使用基本的搜索功能。列表条目更新相对较慢。

3．第 3 个成熟度级别：基于工具级

在第 3 个成熟度级别中，数据资产目录由专门的团队使用和管理。该数据资产目录有助于自动捕获元数据，例如，它可以自动检测和标记账号或姓名。通过高级搜索功能可以更轻松地查找可能相关的数据。

4．第 4 个成熟度级别：优化级

在第 4 个成熟度级别中，大多数数据资产目录都提供了样本数据条目和统计信息。目录中还包含有关自动捕获的数据血缘信息。数据血缘信息有助于让用户信任数据资产，因为它们能够快速确定数据的来源及所有先前的处理步骤。

5．第 5 个成熟度级别：自动化级

在第 5 个成熟度级别中，数据资产目录可以向用户推荐数据资产。对于数据资产目录中的所有数据资产，可以自动生成数据质量和数据资产价值评估结果。通过机器学习算法可以为那些尚未由用户描述的数据资产建立标签和分类。在数据准备环节，访问数据资产的过程大多是自动化的，只有在特殊情况下才需要人为干预。

在实施数据资产目录系统之后，数据资产目录在自动化程度、激励的有效性和工作流程效率等方面都会有一定的提升。

19.2　数据资产价值评估

数据资产价值评估是实现数据资产化的基础。要针对不同的评估目的和数据资产类别设计适用的数据资产价值评估模型，使用户既能了解数据资产的总体价值，也能了解数据资产价值的各部分构成，从而分析出影响数据资产价值的因素，制订相应的数据资产增值计划。

19.2.1　总体概述

数据资产价值评估模型总体上可以分为两类。第一类是非财务方法，即非金融或非经济模型，它不给数据贴上实际的价格标签，因为一些企业只想创建数据质量特征的聚合，以了解它的相对或内在的价值。第二类是财务方法，即从会计实务领域中借用一套金融模型。

1．非财务方法

（1）数据的内在价值模型。

这个模型根本不考虑数据的业务价值，而是考虑数据的内在价值。该模型将数据质量分解为精度、可访问性和完整性等特性，然后对每一个特性进行评分，按最终分数进行统计。对企业来说，更独特的数据更有潜力为企业提供更多的价值。这个模型可以针对企业的需要进行定制，例如，它可以为每个特性分配权重因素。

（2）数据的商业价值模型。

这个模型用于衡量关于一个或多个业务流程的数据特征。例如准确性和完整性被评估为"及时性"，因为即使数据与业务流程相关，但如果不是及时的，那么无法衡量它到底值多少钱。该模型可以根据企业的需要进行定制，甚至适用于非结构化数据或第三方数据等特定的数据。

（3）数据的绩效价值模型。

这个模型更具"实证性"，因为它衡量的是数据随着时间的推移，对一个或多个关键绩效指标（KPI）的影响。以销售部门为例，如果销售人员可以访问竞争对手的定价数据，那么他们可以更快地完成销售额吗？企业可以通过比较获得竞争对手的定价数据的实验组与未获得竞争对手的定价数据的对照组的业绩来进行实验。

2．财务方法

（1）数据的成本价值模型。

该模型用于衡量"获取或替换丢失的数据"的成本。在 2001 年发生"9·11"恐怖袭击事件之后，一家企业想知道如何评价丢失数据的价值，因此其开发了一种方法来量化丢失数据的价值，也即"更换成本"：测量丢失数据对收入的影响及获取数据所需的成本。这也是估值专家评估大多数无形资产的方式，这些资产没有明显的市场价值或正在产生市场价值。

（2）数据的经济价值模型。

该模型用于衡量信息资产对企业收入的贡献。这也是 KPI 模型，但这里不考虑任何给定的 KPI，而是考虑收入。为了更好地说明这个问题，再次回到前面那个销售部门的例子。实验组可以获得竞争对手的定价数据，而对照组则不能。在一段时间内，企业不再关注销售时间，而是关注特定销售人员的收入，这将使企业对这些数据的价值有更好的认识。企业应该考虑购买、管理数据，以及将数据上传到销售人员正在使用的系统中所花费的成本，同时，还应该考虑数据的寿命，例如，竞争对手的定价数据是具有保质期的，应将其纳入价值评估体系中。

（3）数据的市场价值模型。

该模型用于衡量出售、出租或交换企业数据所产生的收入，这是评估数据资产的最佳方式之一。但现在企业面临的问题是大多数数据资产没有"开放式公开市场"，或者没有公开的定价。解决这个问题的方法是弄清楚来自数据交易市场或竞争对手中类似数据的价格，在此基础上考虑设定一定的折扣。当我们出售数据时，我们并不是真的在卖它，而是授权消费者使用它。设定的折扣将根据企业销售数据的次数和其他因素而有所不同。

19.2.2 数据资产价值评估模型

数据资产的价值受到众多变量因素的影响，例如数据内在价值、数据在不同场景下的应用价值。

（1）数据内在价值。

数据只有被应用在具体的场景中，才会体现出价值。因此，在不同的场景中，同样的数据会表现出不同的价值。数据的价值是需要不断被挖掘的。随着我们对不同行业的认知逐渐深入，数据的价值也在不断丰富。我们可能难以穷尽数据在所有行业的价值，但我们可以就数据在某一行业、在当前阶段的价值予以评估。数据的价值受两个主要因素的影响：数据质量和数据应用。

（2）数据应用价值。

数据价格围绕数据价值上下波动。对数据价格的评估可以基于两个主要因素：数据成本和数据收益。数据成本主要是从数据拥有方的角度来考虑的，是数据拥有方制定数据价格的主要出发点。从财务的角度考虑，数据价格应该高于数据成本。数据收益主要是从数据需求方的角度来考虑的，是数据需求方购买数据时愿意付出的最高价格。从盈利的角度考虑，数据价格应该低于数据收益。

1. 数据资产价值评估的理论方法

（1）层次分析法（AHP）。

层次分析法是美国在 20 世纪 70 年代提出的一种将定性和定量分析相结合的多准则决策方法。层次分析法把复杂的问题分成若干个组成因素，并按照支配关系分组形成层次结构，然后通过两两比较，并综合专家的判断，确定分析的结果，具体步骤如下。

①分析各因素的支配关系，建立递阶层次结构；

②对同一层次中的多个元素，关于上一层次中某一准则的重要性进行两两判断，构建比较判断矩阵；

③通过判断矩阵计算比较元素对于该准则的相对权重；

④计算合成权重。

（2）专家打分法（德尔菲法）。

德尔菲法由兰德公司首次使用，后来该方法被广泛采用。这种方法先将所需要解决的问题单独发送给各个专家以征询意见，然后回收并汇总全部专家的意见，整理出综合意见。随后将该综合意见和预测问题再分别反馈给专家，再次征询意见，各专家依据综合意见修改自己原有的意见，再汇总。这样多次重复，逐步取得比较一致的预测结果，具体步骤如下。

①组成专家小组。按照课题所需要的知识范围，确定专家；

②向所有专家提出所要预测的问题及有关要求，由专家做出书面答复；

③各个专家根据他们所收到的材料，提出自己的预测意见；

④将各位专家的第一次判断意见汇总，列出图表并进行对比，再分发给各位专家，让专家比较自己同他人不同的意见，修改自己的意见和判断；

⑤将所有专家的修改意见回收并汇总，再次分发给各位专家，以便做第二次修改。将这一过程重复进行，直到每一位专家不再改变自己的意见为止；

⑥对专家的意见进行综合处理。

2．数据资产价值评估指标体系

数据资产价值评估指标体系如图 19-2-1 所示。

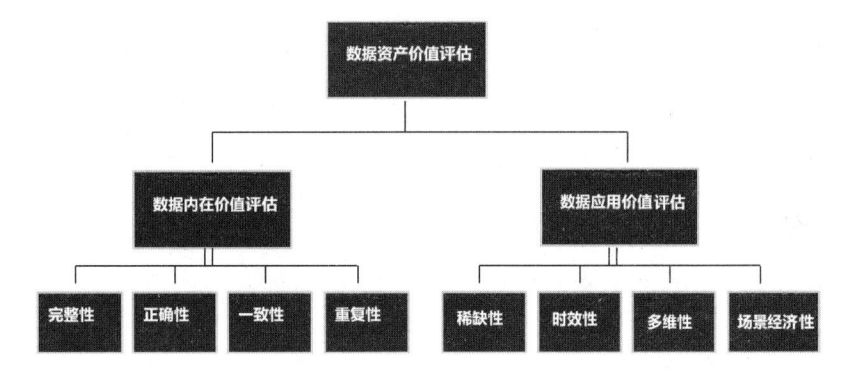

图 19-2-1　数据资产价值评估指标体系

（1）数据内在价值评估。

数据内在价值是数据质量的价值体现，是保证数据应用的基础，是数据资产价值得以实现的前提。随着企业拥有的数据量急剧增加，数据质量问题变得日益突出，将严重影响企业数据资产的价值。数据质量是决定数据价值高低的重要因素。

数据内在价值评估的维度包括数据的完整性、正确性、一致性、重复性，如图 19-2-2 所示。数据内在价值评估能够对企业的整体数据或部分数据的质量状况进行合理的评估，帮助数据用户了解数据的质量水平，进而对数据应用水平予以预测，评估企业数据资产的真实价值。

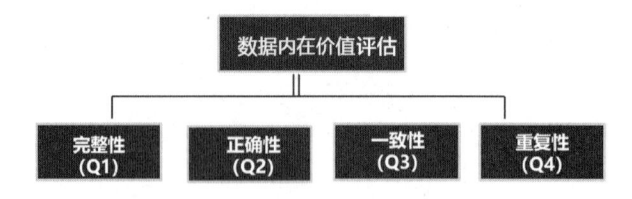

图 19-2-2　数据内在价值评估指标体系

①完整性。

指标解读：描述数据是否存在缺失记录或缺失字段。数据缺失的情况可能是整个数据记录的缺失，也可能是数据中某个字段记录的缺失。

指标评分方法：完整性=数据集中所有满足条件的数据记录数/数据记录总数×100%

②正确性。

指标解读：描述数据是否与其对应的客观实体的特征相一致。任何字段都应该符合特定的数据格式与值域范围。例如身份证号码应该为 15 位或 18 位，移动电话号码应该为 11 位，人的年龄应该为 0~120 岁等。

指标评分方法：正确性=数据集中所有正确的数据记录数/数据记录总数×100%

③一致性。

指标解读：描述同一个实体的同一个属性的值在不同数据集中是否一致。在各个独立的业务系统中，数据不一致的现象大量存在。例如"客户"和"用户"的意义相同，在相关的多个数据表中，这两个术语同时存在。

指标评分方法：一致性=1—数据集中所有不一致的数据记录数/数据记录总数×100%

④重复性。

指标解读：描述数据是否存在重复记录。现实世界中的同一个主体，在不同的数据源中常常有多个表达形式，在语法上相同或相似的不同记录可能会代表现实世界中的同一个主体，因而会对同一个主体造成重复性记录。

指标评分方法：重复性=数据集中所有重复的数据记录数/数据记录总数×100%

（2）数据应用价值评估。

数据的价值只有在应用时才得以体现，数据应用价值是数据资产的核心价值。数据应用价值评估的维度包括稀缺性、时效性、多维性、场景经济性，如图 19-2-3 所示。数据应用价值在不同的行业、不同的应用场景中有所不同。在市场环境中，数据是否被垄断也是决定数据价值高低的重要因素。在不同应用场景中，对数据的时效性要求也不同，有些场景需要实时性数据，而有些场景需要具有较长时间周期的历史性数据。交叉性的多维数据可以为分析者带来更深刻的洞察，因而其价值也更高。

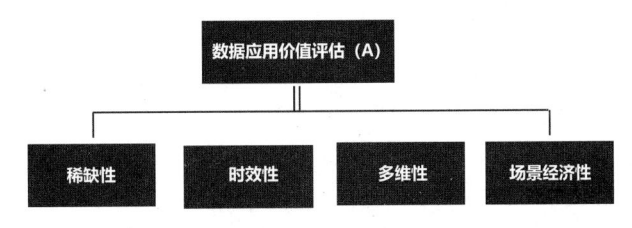

图 19-2-3　数据应用价值评估体系

由于评估数据应用价值的各个维度缺乏具体的数据，也缺乏衡量的标准，更多的是利用行业专家的经验，采用专家打分的方法。因此，可以采用将本维度的经验估值与相对应的最大估值进行比较的方法，得到相对数值，来评估数据应用价值。该数值的最大值为 10。

更为重要的是，数据伴随着应用场景的不同，具有不同的应用价值。同样的数据集，在 A 场景的应用价值为 10，可能在 B 场景的应用价值为 5，因此，必须在具体的应用场景中进行数据应用价值的评估，如表 19-2-1 所示。

表 19-2-1　数据应用价值评估标准表

标　度	含　义
10	表示与最大值相比，具有同样价值
8	表示与最大值相比，该维度的价值低一些
6	表示与最大值相比，该维度的价值明显低于最大价值
4	表示与最大值相比，该维度的价值强烈低于最大价值
2	表示与最大值相比，该维度的价值极端低于最大价值
0	表示与最大值相比，该维度的价值几乎没有
1,3,5,7,9	为上述相邻判断的中值

①稀缺性。

指标解读：描述数据供给方数量的多寡及数据供给的丰富程度。在数据源市场中，当数据供给方数量很少，或者市场上该类型的数据稀少时，相应的数据价值就会较高。

指标评分方法：将数据供给方数量或数据供给的丰富程度与最大的数据供给方数量或数据供给的丰富程度相比较。利用行业内大数据专家的经验，采用专家打分法。

示例：例如个人位置数据，目前只有三大电信运营商及一些 App 厂商拥有个人位置数据，数据源少；相比数据源丰富的个人互联网数据，个人位置数据相对稀少，即稀缺性强，采用专家打分法，稀缺性数值为 9。

②时效性。

指标解读：描述数据的时间特性对应用的满足程度。不同类型的应用对数据的时间特性有不同的要求。通常，实时性应用中的数据时效性较短，而预测性应用中的数据时效性较长。

指标评分方法：将数据集的有效时间与应用所需要的数据有效时间相对比，利用行业内的专家经验，采用专家打分法。

示例：同样的数据集对于不同的应用具有不同的价值。例如个人位置数据，如果将 10 分钟更新一次位置信息的数据集用于旅游商店的实时位置营销，则不能完全满足要求，数据时效性数值为 3。如果将同样的数据集用于景区人流监控，则可以满足要求，数据时效性数值为 10。

③多维性。

指标解读：描述数据集维度的多寡程度。随着企业业务的丰富和数据量的增加，会促使数据维度不断增加。数据维度与数据资产的价值呈正相关关系，更为复杂的多维度数据通常蕴含着更大的价值。

指标评分方法：将数据集的维度与应用所需要的数据维度相对比，利用行业内的专家经验，采用专家打分法。

示例：例如个人交通违章处理数据，对车辆保险应用而言，这个维度的数据基本满足，其多维性数值为 8。但是同样的数据集，对个人信用评估而言，则远远不够，其多维性数值很可能为 2。

④场景经济性。

指标解读：描述在具体场景中数据集的经济价值。由于不同行业的数据规模、数据应用程度等具有差异性，因而不同场景中的数据集的价值会相差很大。

指标评分方法：将数据集在某个场景中的经济价值与在所有场景中的最大经济价值相对比，利用行业内的专家经验，采用专家打分法。

示例：例如，大学生的个人社交数据的经济价值相对较低，其场景经济性数值为 2；"上班族"的个人社交数据的经济价值相对较高，其场景经济性数值为 4；而"上班族"的财务数据的经济价值最高，其场景经济性数值为 8。

2. 数据资产价值评估指标的权重计算

数据资产价值评估指标的权重计算包括以下几点。

（1）构建指标层次结构模型，如表 19-2-2 所示。

表 19-2-2　构建指标层次结构模型

一级指标	二级指标
数据内在价值（Q）	完整性（Q1）
	正确性（Q2）
	一致性（Q3）
	重复性（Q4）
数据应用价值（A）	稀缺性（A1）
	时效性（A2）
	多维性（A3）
	场景经济性（A4）

（2）计算判断矩阵及各级权重结果。

①确定定量的标度及含义。

对于各个指标的权重，采取两两因素比较的专家打分法。在比较两个因素时，需要有定量的标度。这里采用如表 19-2-3 所示的标度方法。

表 19-2-3　定量的标度方法

标　度	含　义
10	表示两个因素相比，具有同样的重要性
30	表示两个因素相比，一个因素比另一个因素稍微重要
50	表示两个因素相比，一个因素比另一个因素明显重要
70	表示两个因素相比，一个因素比另一个因素强烈重要
90	表示两个因素相比，一个因素比另一个因素极端重要
20,40,60,80	为上述相邻判断的中值

②数据内在价值判断矩阵及权重。

- 构造比较判断矩阵。

根据数据专家的意见，按照重要程度对指标进行两两比较，构造数据内在价值判断矩阵，如表 19-2-4 所示。

表 19-2-4　构造数据内在价值判断矩阵

	完整性（Q1）	正确性（Q2）	一致性（Q3）	重复性（Q4）
完整性（Q1）	1	1	3	5
正确性（Q2）	1	1	3	5
一致性（Q3）	1/3	1/3	1	3
重复性（Q4）	1/5	1/5	1/3	1

- 计算权重。

完成判断矩阵一致性检验，然后计算数据内在价值评估指标的权重，如表 19-2-5 所示。

表 19-2-5 计算数据内在价值评估指标的权重

一级指标	二级指标	权　重
数据质量	完整性	$W_1 = 0.32$
	正确性	$W_2 = 0.32$
	一致性	$W_3 = 0.21$
	重复性	$W_4 = 0.15$

③数据应用价值判断矩阵及权重。

- 构造判断矩阵。

根据数据专家的意见，按照重要程度对指标进行两两比较，构造数据应用价值判断矩阵，如表 19-2-6 所示。

表 19-2-6 构造数据应用价值判断矩阵

	稀缺性(A1)	时效性(A2)	多维性(A3)	场景经济性(A4)
稀缺性（A1）	1	1/3	1/5	1/9
时效性（A2）	3	1	1/3	1/3
多维性（A3）	5	3	1	1/3
场景经济性（A4）	9	3	3	1

- 计算权重。

完成判断矩阵一致性检验，然后计算数据应用价值评估指标的权重，如表 19-2-7 所示。

表 19-2-7 计算数据应用价值评估指标的权重

一级指标	二级指标	权　重
数据质量	稀缺性	$W_1 = 0.11$
	时效性	$W_2 = 0.14$
	多维性	$W_3 = 0.31$
	场景经济性	$W_4 = 0.44$

（3）计算数据资产价值评估指标的评分。

①计算数据内在价值得分。

构建数据内在价值评估二级指标的评分标准，如表 19-2-8 所示。

表 19-2-8　构建数据内在价值评估二级指标的评分标准

	指标评分标准	得分计算
完整性（Q1）	Q1=（数据集中所有满足条件的数据记录数/数据记录总数）×100%	$S_1=Q1\times100$
正确性（Q2）	Q2=（数据集中所有正确的数据记录数/数据记录总数）×100%	$S_2=Q2\times100$
一致性（Q3）	Q3=（数据集中所有不一致的数据记录数/数据记录总数）×100%	$S_3=(1-Q3)\times100$
重复性（Q4）	Q4=（数据集中所有重复的数据记录数/数据记录总数）×100%	$S_4=(1-Q4)\times100$

计算数据内在价值评估二级指标得分。以某数据集为例，假设其数据内在价值评估二级指标得分如表 19-2-9 所示。

表 19-2-9　数据内在价值评估二级指标得分

一级指标	二级指标	质量合格率	得分
数据质量	完整性	94.5%	$S_1=94.5$
	正确性	92.05%	$S_2=92.05$
	一致性	7.34%	$S_3=92.66$
	重复性	12.1%	$S_4=88.9$

计算数据内在价值评估一级指标得分。通过加权计算公式得到数据质量得分：

$$S_q = W_1S_1+W_2S_2+W_3S_3+W_4S_4$$
$$=0.32\times94.5+0.32\times92.05+0.21\times92.66+0.15\times88.9$$
$$=92.49$$

② 计算数据应用价值得分。

下面介绍一个具体的应用场景：将个人位置数据应用于旅游景区商家的营销中。

构建数据应用价值评估二级指标的评分标准，如表 19-2-10 所示。

表 19-2-10　构建数据应用价值评估二级指标的评分标准

	指标评分标准	得分计算
稀缺性（A1）	数据供给方数量或数据供给丰富程度，与最大数据供给方数量或数据供给丰富程度相比较	$S_1=[1,100]$
时效性（A2）	将该数据集的有效时间与应用所需要的期望有效时间相比较	$S_2=[1,100]$
多维性（A3）	将该数据集的维度数量与应用所需要的期望数据维度相比较	$S_3=[1,100]$
场景经济性（A4）	将该数据集在某场景下的经济价值与在所有场景中的最大经济价值相比较	$S_4=[1,100]$

计算数据应用价值评估二级指标得分。将某电信运营商的个人位置数据集应用于旅游景区商家的营销中，数据应用价值评估二级指标得分如表 19-2-11 所示。

表 19-2-11　数据应用价值评估二级指标得分

一级指标	二级指标	指标评估	得分（满分 100 分）
数据应用价值	稀缺性	电信运营商的数据评估是主要来源，还会有景区 Wi-Fi 数据，但很少。总体稀缺性强	$S_1=80$
	时效性	该数据集只能 30 分钟提供一次。时效性很差	$S_2=20$
	多维性	只有个人位置数据，缺乏用户消费能力数据及个人爱好数据等。多维性较差	$S_3=50$
	场景经济性	景区商家多为一次性消费，且消费金额较小，因而场景经济性一般	$S_4=50$

计算数据应用价值评估一级指标得分。通过加权计算公式得到数据质量得分（满分为 100 分）：

$$S_a = W_1 S_1 + W_2 S_2 + W_3 S_3 + W_4 S_4$$
$$= 0.11 \times 80 + 0.14 \times 20 + 0.31 \times 50 + 0.44 \times 50$$
$$= 49.1$$

③数据资产价值评估得分。

数据资产价值（S）由数据内在价值（S_q）和数据应用价值（S_a）共同决定：

$$S = (S_q \times S_a)/100$$

在上面示例中，数据资产价值 $S=(92.49 \times 49.1)/100 = 45.41$。

19.2.3　数据资产价值评估工具

在数据资产价值评估模型设计完成后，企业需要反复在实际中进行检验，证明其科学有效，并利用工具将其落地，辅助企业进行数据资产价值评估，提高数据资产价值评估效率。数据资产价值评估平台架构如图 19-2-4 所示。

其中包括数据资产价值评估流程（用户注册、上传数据、数据资产确权、数据质量评估、数据价值评估、数据资产评估和数据资产评估报告），以及底层支撑功能（工作流、权限管理、指标库、评估模型等），最后通过门户统一对外提供服务。

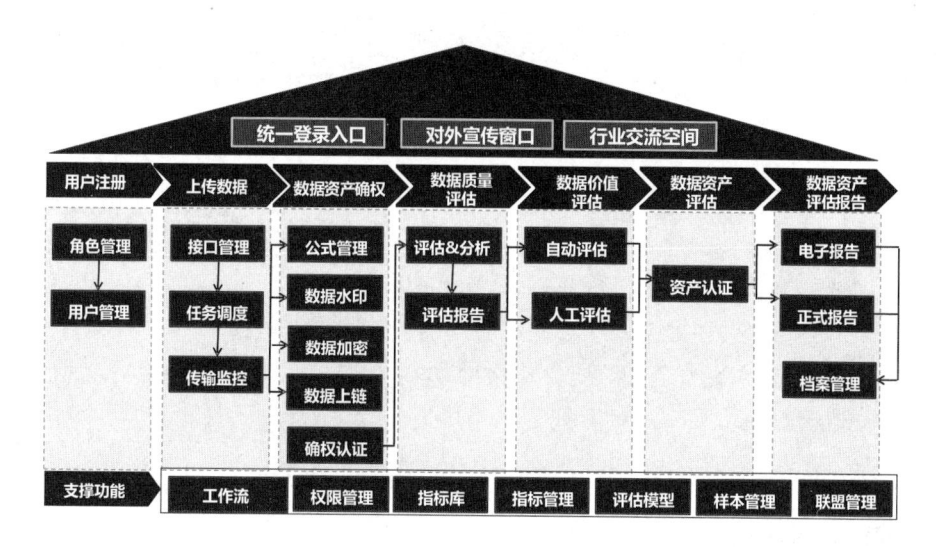

图 19-2-4　数据资产价值评估平台架构

本章精要

　　从数据规划开始，到数据采集、存储、共享、维护、应用、注销，在数据的全生命周期中，数据的价值只有在数据应用环节中才得以实现。数据为什么必须成为企业的资产？因为在当今的市场环境下，获取数据的能力和运用数据的能力更能体现出企业的核心能力。

　　运营数据资产首先要有一个数据资产目录。数据资产价值评估是对数据资产化的过程进行量化评估，用于设定数据资产运营的目标，并对结果进行评估。

第 20 章

数据模型管理工具

20.1 数据模型管理工具概述

针对企业在不同业务发展阶段建设的一个个"竖井式"系统，其中最大的挑战莫过于在系统集成过程中数据模型的不一致。解决这个问题的唯一方法就是从全局入手，设计标准化数据模型，构建统一的数据模型管控体系。数据模型管理工具为企业的数据模型的管理、比对、分析、展示提供技术支撑，解决数据模型管理分散、无统一的数据模型视图、数据模型无有效的管控过程、数据模型标准设计无法有效落地等多种问题。数据模型管理工具需要具备以下基础功能。

（1）数据模型设计：提供对新建系统的正向建模能力，还提供对原有系统的逆向工程能力，通过对数据模型进行标准化设计，能够使数据模型与整个企业架构保持一致，从源头上提高企业数据的一致性。

（2）模型差异稽核：提供数据模型与应用数据库之间自动的数据模型审核、稽核对比能力，解决数据模型设计与实现不一致而产生的"两张皮"现象；针对数据库表结构、关系等差别形成差异报告，辅助数据模型管理人员监控数据模型质量问题，提升数据模型设计和实施的质量。

（3）数据模型变更管控：支持对数据模型的变更管理（提供数据模型从设计、提交、评审、发布、实施到消亡的在线、全过程、流程化的变更管理）；同时，实现对各系统的数据模型的版本化管理，自动生成版本号、版本变更明细信息，辅助数据模型管理人员管理不同版本的数据模型；通过工具可以简单回溯任意时间点的数据模型设计状态，实现对各系统的数据模型的有效管控和管治，强化用户对其数据模型的掌控能力。

20.2　企业级数据模型管控

企业级数据模型管控包含数据架构管控、标准管控、事前模型管控和事后元数据管控 4 个部分，这 4 个部分既协同工作又相互影响，如图 20-2-1 所示。

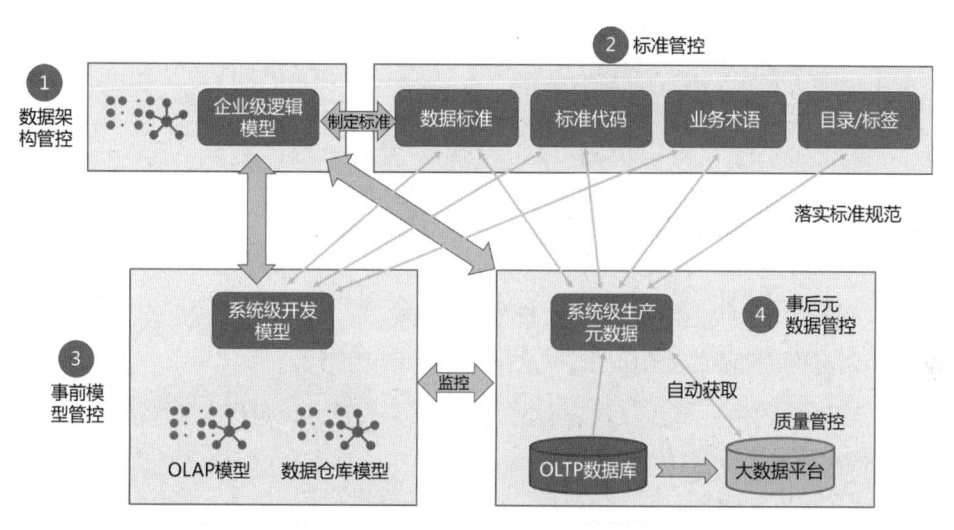

图 20-2-1　企业级数据模型管控

（1）数据架构管控基于企业级逻辑模型，从业务角度进行企业级数据模型的整体架构。在梳理企业级逻辑模型的过程中会涉及数据标准的定义和审批发布。而数据标准体系的建设会为企业级逻辑模型提供有力的支撑。

（2）标准管控主要包括数据标准体系的建设、标准代码管理，以及对业务术语和目录/标签的梳理，将企业需要共同遵循的数据标准整理并发布。数据标准中包括数据的业务和技术属性，所以可以被映射到相应的逻辑模型和物理模型。

（3）系统级开发模型是基于企业级逻辑模型进一步细化扩展而来的，根据系统的不同又被分为应用系统开发模型（OLAP 模型）和数据仓库模型。系统级开发模型通过应用数据标准或者继承企业级逻辑模型中的数据标准实现数据标准的落地。应用系统开发模型作为基线模型，可以对业务系统的元数据进行比对及监控。

对于已有的业务系统，可以通过提取数据库结构模型，参考数据标准，对原有的数据开发模型进行完善，以及通过数据模型基线比对发现元数据的差异信息并进行后续处理。

数据模型管理工具需要具备以下功能。

1. 模型抽取和版本管理

一是自动收集业务系统的数据结构，支持主流的数据库，包括 Oracle、SQL Server、Hive、MySQL 等；并且可以对数据模型进行版本化管理，自动比对数据模型差异，形成模型差异分析报告。二是实现数据标准的统计分析，快速分析信息系统中的数据标准的落地情况。

2. 模型差异报告

对于已经发布的模型，在业务系统升级的情况下，其库表结构也会发生变化。为了保证基线模型与业务系统的一致，数据模型管理工具可以对模型自动检测，当发现不一致的情况时会预警。

3. 模型质量报告

模型开发基本完成后，需要在测试阶段进行模型的评审。

在进行模型评审前需要创建模型基线。评审包含以下内容。

（1）标准的落标引用：模型工具应该自动提供报告，重点检查标准的引用和落地，发现落地标准（简称"落标"）的潜在问题。

（2）自定义标准与词典的评审和转化：模型工具具备自定义数据标准和词典等能力，从而可以提高自定义标准的转化率，完善标准库。

（3）元数据的充足率：模型工具应该自动提供报告，列出没有填写中文名称的字段。

（4）其他模型质量：比如检查模型主题覆盖率等。

4. 模型上线流程

模型的上线需要提交设计文档、测试报告、使用手册等内容，模型的核准环节包含以下工作。

（1）模型生产库基线与封板：根据评审时建立的模型分支，建立模型的生产库基线，并进行封板操作。

（2）模型基线报告：提供模型标准数据字典、标准落标报告、模型质量报告。

5. 新增和变更流程

在实际落标的过程中，当需要新增或修改标准时，应设立模型新增和变更流程。

20.3 数据标准管控

20.3.1 数据标准的发布和工具访问

数据标准是数据模型定义的基础，在定义数据模型的过程中，数据标准的制定需要一些前提条件。

（1）数据标准的技术规范已经准备好。

数据标准应该已经具有详细的技术规范，包括数据元属性及取值范围定义，支持物理数据模型设计，可以直接应用在物理层，并已经建立逻辑数据类型到不同数据库的映射。

（2）数据标准的主题已经准备好。

数据标准的主题其实是数据标准的应用范围和检索目录，具备条件的企业应该设计好逻辑模型，对数据标准进行业务组织。

（3）标准已经权威发布。

数据标准应该已经经过讨论并进行公开发布，具有流程上的正式性和权威性，已经在组织内部充分贯彻。

20.3.2 数据模型设计中的数据标准应用

数据模型是一个很好的数据字典，其向上承接业务语义，向下实现物理数据，不但包含数据字典，还包含业务主题、业务对象、数据关系，以及数据标准的映射。所以，数据模型工具的运用不但是企业数据管理是否成熟的重要标志，也是数据标准落地的重要依托。通过创建一个数据模型工具，可以在开发阶段自动管理数据字典和数据模型，实现以下 3 个数据标准落地操作。

1. 建立数据标准和数据的映射

（1）数据标准落地的属性继承。

一般情况下，数据字段标准在落地时要引用数据标准中的内容，还要包含数据的标准代码。

（2）物理字段的落地衍生。

对于一个数据标准落地的物理字段，如果语义和业务规则没有变化，但是为了满足系统环境需要而加上了特定/限定环境，比如"电话"在供应商的表里叫"供应商电话"，则被称为物理字段的落地衍生。在这种情况下并不需要创建一个新的数据标准。

2．建立代码的标准引用

建立代码的标准引用就是对字段中数据类型的引用代码进行标准化，坚决杜绝手工写代码的情况。

3．标准化命名

标准化命名就是对字段的命名进行标准化。

20.3.3　数据标准应用情况的自动检核

数据模型设计工具记录了当前设计的数据模型库对数据标准的引用情况，并根据每个数据模型对数据标准的引用记录统计数据模型遵从度，以及给出详细的报告，具体包括以下内容。

（1）分析全域数据模型的遵从度分析。

（2）统计哪些字段使用了数据标准。

（3）统计使用数据标准的数据项。

20.3.4　自定义数据标准的发布管理

数据标准通常是在事后制定的，因此，一定会有新的数据没有对应数据标准的情况出现。在实际解决方案中，数据标准可以采用先创建后验证的模式。

通过数据建模工具，开发人员可以提交自定义的数据标准到数据管理平台中。数据模型评审组在数据管理平台对其进行评估，通过验证后可以将其发布到企业级公共数据标准库中，并不断补充及完善企业级公共数据标准库，如图20-3-1所示。

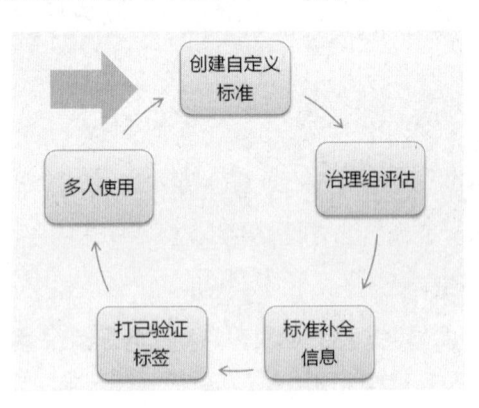

图20-3-1　创建自定义标准

20.4 数据字典的质量检核

通过数据模型质量报告可以对数据模型的规范性和完整性进行检测，包括元数据是否填写、数据标准覆盖率、表和字段的重复率、命名的规范性等。在数据模型的评审环节，此报告是重要的依据。

本章精要

数据模型管理工具负责对企业数据模型的管理、比对、分析、展示提供技术支撑，包括数据模型设计、模型差异稽核、数据模型管控等功能。数据模型管控包含数据架构管控、标准管控、事前模型管控和事后元数据管控 4 个部分。数据模型是一个更好的数据字典，其向上承接业务语义，向下实现物理数据，不但包含了数据字典，还包含了业务主题、业务对象、数据关系，以及数据标准的映射。数据模型管理工具最重要的功能是可以自动收集业务系统的数据结构。

第 21 章 数据指标管理工具

本章介绍如何通过构建数据指标管理工具，为企业的数据指标标准化工作提供落地支撑。通过数据指标管理工具可以将企业梳理的数据指标标准落地，规范企业业务统计分析语言，进而提高企业的数据质量和数据资产价值。

在应用数据指标管理工具时，需要先系统梳理数据指标，形成完整的数据指标体系框架。数据指标梳理的完善与否决定了数据指标管理工具的实施效果。在梳理数据指标的过程中，应结合企业管理指标管理范围，明确各层级数据指标项的责任人，统一实现各数据指标项的定义、口径及取数来源，保证企业各级管理层和决策层能够获得一致的数据指标理解和数据来源，逐步推进企业数据指标体系标准化工作的完善。

通过数据指标管理工具可以快速、准确地分析数据指标，提升企业的数据资产价值。因此，在数据治理过程中，企业需要高度重视数据指标标准的制定和数据指标工具的落地（下文将"数据指标"简称为"指标"）。

21.1 指标库管理

指标库管理并不是一些指标的简单堆积和组织，而是基于业务管理职能的原则建立的。指标库管理关注指标的统一入库管理，包括指标的批量导入与导出、指标录入、指标信息维护、指标申报管理、指标查询、指标发布管理等功能。

（1）指标的批量导入与导出。

指标的批量导入与导出可实现按需选择指标，并导出为指标卡片文件。在指标库中可以根据指标名称、指标体系或指标的版本范围等条件进行指标过滤，用户将指标查询结果以指标卡片格式导出。

（2）指标录入。

指标录入主要是通过手工方式进行指标的添加、提交、审核等操作。

（3）指标信息维护。

指标信息维护分为 3 个区域，包括指标工作区、指标候选库、指标库。

指标工作区用于收集各单位与专业部门对指标的需求，在形成需求状态的指标卡片后，经过审核提交到各单位的指标候选库中。

指标候选库根据各单位与专业部门的需求，对需求状态的指标卡片进行审批后逐级上报，经过定期梳理后形成最终生效的候选指标。

指标库是指企业通过计划部门审批的所有指标的集合。所有在指标候选库中为生效状态的候选指标通过审批后才能进入企业指标库，并被分配唯一的编码和版本号。

（4）指标申报管理。

指标申报管理可实现指标库中指标的生效和失效管理。

（5）指标查询。

指标查询可实现对指标的快速查询、自定义查询。

快速查询：可以在系统查询界面中输入关键字（指标名或其他指标属性），系统根据查询条件模糊匹配出相关指标并显示，还可以对查询结果进行排序，进一步查询。

自定义查询：可以自行选择指标的属性进行组合，支持先选择指标的属性，并设置组合条件连接符，再选择或输入查询值。

（6）指标发布管理。

指标发布管理主要是指手工录入指标并通过审核，在成为正式指标后将其发布使用。

21.2 指标体系管理

指标体系管理包括指标分类库管理、指标体系维护、指标维度管理、指标标准管理、指标分类查询。

（1）指标分类库管理。

指标分类库管理用于定义指标的不同分类、分类之间的层级关系，方便各层级部门从不同的视角管理、使用指标。

（2）指标体系维护。

指标体系维护用于维护指标与分类之间的关系，达到对企业指标库中的指标进行多样化分类管理的目的。通过指标体系维护，可以实现对指标价值链的多视角分析与查询。同时，指标体系维护是指标地图、指标血缘分析等高阶应用功能的基础。

（3）指标维度管理。

指标维度管理用于定义指标与不同维度的层级关系、具体维度与库表字段的对应关系，方便业务人员理解指标的特征，也方便技术人员计算指标不同维度的具体值。指标维度管理包括维度的新增、修改、停用、审核等。

（4）指标标准管理。

指标标准管理主要是对指标标准的管理操作，包括指标标准的录入、查询、分发及指标标准的映射。

（5）指标分类查询。

指标分类查询用于快速定位任何一类指标的具体情况，方便查找和使用指标。

21.3 指标评价管理

指标评价管理通过指标评价、评价报告、问题报告来支撑整个工作。

（1）指标评价。

企业各部门根据评价方法，对指标应用进行评价，并提出改进建议和意见。系统为每个用户提供了指标打分功能，每个用户都能为本部门应用的指标打分，并提出改进建议和意见。系统根据企业计划部门制定的规则进行统计，最后得出指标的评分，作为计划部门改进指标的依据。

（2）评价报告。

评价报告是依据指标评价结果出具的报告，其中统计了指标被不同报表的引用次数。

（3）问题报告。

问题报告是依据指标问题反馈与解决情况出具的报告，其中也统计了指标被不同报表的引用次数。

21.4 指标应用管理

按照企业组织管理维度，指标应用管理分为指标统计报告、指标地图、指标版本管理等。

（1）指标统计报告。

基于企业指标库和指标分类体系（系统会根据指标定义的应用部门进行初始化分配），各部门可按照各自的考核要求，申请指标库中生效的指标进行应用。在指标应用管理中存储了企业指标库中指标的引用关系。

指标统计报告主要从指标应用部门和指标两种维度出发，统计不同类别指标或不同指标被各应用部门引用的次数。

（2）指标地图。

指标地图通过调用元数据地图来实现，可以提供企业指标的全景显示、指标的健康状况。指标地图可以根据指标体系，实现多种视角、多层级的拓扑展现。

（3）指标版本管理。

指标版本管理是按照不同时间、不同分支记录指标的版本状态，支持对不同版本指标的引用、查询、统计。

（4）指标订阅管理。

指标订阅管理可以实现按需订阅指标的功能。

（5）指标查询管理。

指标查询管理可以实现多维度、多条件的查询。

（6）指标分析。

指标分析是通过指标的应用情况对指标问题、指标质量进行分析。分析结果可以导出为分析报告。

（7）指标血缘分析。

指标血缘分析主要用于分析指标的上下游组织关系、映射关系等，让企业能够清楚地掌握指标之间的血缘关系。

（8）指标质量管理。

指标质量管理主要包括指标质量的稽核、指标问题的处理。通过指标质量管理可以解决指标应用过程中出现的问题，提升指标的质量。

（9）指标应用追溯。

指标应用追溯可以让企业详细了解指标的应用情况，并对指标应用中出现的问题进行追溯、处理。

本章精要

数据指标直接反映了企业的生产运营状况，为企业的决策提供数据支撑。随着企业开始进行数字化转型，数据指标的作用越来越重要，数据指标管理中的诸多痛点使得统一指标管理成为企业的普遍需求。通过数据指标管理工具可以实现对数据指标的集中、统一、规范管理，形成数据指标的维护、分发、应用、检查的持续更新的管理闭环，促进数据指标的共享使用和质量改进，为企业业务运营和领导决策提供完整、一致、规范的数据指标服务。

第 22 章 主数据管理工具

在企业的信息化建设过程中，主数据建设已经越来越受到管理者的重视。对主数据的集中管理为企业整合及共享系统中的数据提供了关键的基础支持。因此，构建主数据标准化体系、建立主数据交互和共享标准、实现主数据全生命周期管理，已经成为提高企业信息化建设效益、改善业务数据质量、在高端决策上为企业提供强有力支持的重要途径。

主数据全生命周期管理的理念和应用全面解决了原有主数据管理流程不规范、平台不统一、依靠人工校验效率低的问题，实现了从分散到集成、从局部到全面、从手工（非专业）到专业自动化流程管理的转变，大幅度提高了数据处理的效率，以及主数据应用的唯一性、准确性和规范性。

主数据标准管理、主数据模型管理、主数据清洗管理、主数据全生命周期管理、主数据质量管理、主数据发布与共享是主数据管理工具的核心功能，可用于进行主数据的申请、审批、发布、查询、修改等，并能够提供主数据系统与其他系统的"接口通道"，将主数据同步传递到数据消费系统中。

22.1 主数据标准管理

主数据标准管理是对企业制定的各类主数据标准进行全面、有效的管理，包括标准修订流程管理、标准发布管理等。目前，很多企业对主数据标准的管理还停留在纸面上，对于主数据标准的修订无法及时传达到管理和业务部门，经常存在数据标准修改了，数据模型还没有修改；或者数据模型已经修改了，主数据标准没有同步更新的情况。因此，主数据标准管理能有效规避主数据标准与模型不一致的问题。

22.2 主数据模型管理

主数据模型管理是主数据管理工具的关键功能,主要包括对主数据模型的创建申请、变更申请、审批过程管理,主数据属性的定义与管理,主数据编码的定义与管理,以及各种主数据属性校验规则和约束条件管理等。

22.3 主数据清洗管理

主数据清洗是指发现并改正不完整、不正确和不一致的主数据属性数据元描述,从而提高主数据的质量。主数据清洗是发现并纠正代码数据中可识别错误的最后一道环节,包括检查主数据的一致性,处理无效值和缺失值等。由于主数据代码标准的制定往往滞后于企业的信息化建设,主数据系统通常要从多个业务系统中抽取主数据,这就避免不了有的主数据是错误的、有的主数据相互冲突,所以要按照数据模型定义的规则,把零散、重复、不完整的主数据清洗干净,得到准确、完整、一致、有效、唯一的新的主数据,这就是主数据清洗。

一般来说,通过主数据清洗可以保证主数据的唯一性、准确性、完整性、一致性和有效性。

(1) 唯一性:指主数据不存在重复记录。

(2) 准确性:指主数据与其对应的客观实体的特征相一致。

(3) 完整性:指主数据不存在缺失记录或缺失字段。

(4) 一致性:指同一实体的同一属性的值在不同的系统中是一致的。

(5) 有效性:指主数据的属性数据元满足事先定义的条件或在一定的取值范围内。

如果主数据不能符合以上特征,则会影响到各个应用系统中的数据质量、数据的汇总及分析,以及基于数据的决策,给企业造成不可估量的损失。例如,主数据的不一致会带来业务交易数据的不一致,在不同业务系统中的数据不一致会使系统之间的数据共享变得困难,无法对企业的整体运营情况进行统一的分析和决策。

22.3.1 主数据清洗的内容

对于以下几种情况,需要清洗主数据。

(1) 数据缺失:数据缺失主要有两种情况。

① 一些记录或一条记录里缺失一些值(或者两种情况都有),原因可能有很多种,一般为由系统导致的或由人为因素导致的。当有空值时,为了不影响分析的准确性,要么不将空值纳入分析范围,要么进行补值。将空值纳入分析范围会减少分析的样本量;补值需要根据分析的计

算逻辑，选用平均数、零，或者等比例随机数等来填补。

②缺失一些记录，若业务系统中还有这些记录，则可以通过系统再次导入，若业务系统中也没有这些记录了，则只能进行手工补录或者放弃填补。

（2）数据重复：数据重复主要有两种情况。

①相同的记录出现多条，这种情况比较好处理，只要去掉重复记录即可。

②记录中的某些值重复，比如有两条会员记录，其余值都一样，就是住址不一样，这种情况相对复杂。如果记录有时间属性，则还能判断以最新的记录为准，如果记录没有时间属性，就无从下手了，只能人工判断。

（3）数据错误：数据错误主要是因为没有严格按照规范记录数据。比如异常值，价格区间为[0,100]，却有价格为 180 的记录；格式错误，日期格式被录成字符串格式；数据不统一，有的记录叫北京，有的叫 BJ 或 beijing。对于异常值，可以通过区间限定来发现并排除；对于格式错误的情况，需要从系统层面找原因；对于数据不统一的情况，系统无能为力，因为它并不是真正的"错误"，系统并不知道 BJ 和 beijing 是同一事物，只能人工干预：通过清洗规则表，给出匹配关系，用规则表关联原始表，用清洗值进行分析。更高级的办法是通过近似值算法自动发现可能不统一的数据。

（4）数据不可用：数据虽然正确，但不可用。比如地址写成"北京海淀中关村"，当想分析"区"级别的信息时，还要把"海淀"提出来才能用。这种问题最好从数据源头解决，事后补救只能通过关键词匹配，且不一定能全部解决。

22.3.2　主数据清洗的一般过程

在对主数据进行清洗之前，要先对主数据进行预处理。主数据预处理一般分为两个步骤，第一步是将数据导入处理工具，比如数据库；第二步是分析属性数据元，包括字段解释、数据来源、代码表等一切描述数据的信息，抽取一部分主数据作为样本数据，通过人工查看，先对主数据有直观的了解，为之后的清洗做准备。

下面介绍主数据清洗的核心内容，包括缺失值清洗、格式内容清洗、逻辑错误清洗、非需求数据清洗、关联性验证、干净数据回流。

1．缺失值清洗

缺失值是最常见的数据问题，处理缺失值可以按照以下 4 个步骤进行。

（1）确定缺失值范围：先计算每个字段的缺失值比例，然后按照缺失值比例和字段的重要性，分别制定策略。

（2）去除不需要的字段：将不需要的字段直接删掉即可，但建议每进行一个动作都备份一下数据，或者在小规模数据中试验成功后再处理全部数据，避免删错了数据，导致数据无法恢复。

（3）填充缺失值：对缺失值进行填充，方法有以下3种。

①以业务知识或经验推测填充缺失值；

②以同一指标的计算结果（均值、中位数、众数等）填充缺失值；

③以不同指标的计算结果填充缺失值。

（4）重新取数：如果某些指标非常重要但缺失率又高，就需要向业务人员了解，以重新获取相关数据。

2. 格式内容清洗

有些数据是由人工收集或用户填写而来的，很有可能在格式和内容上存在一些问题，一般来说，格式内容存在的问题主要有以下几类。

（1）时间、日期、数值、全半角等显示格式不一致。

这种问题通常与输入端有关，在整合多种数据源中的数据时也有可能会遇到，将其处理成统一的某种格式即可。

（2）数据中有不该存在的字符。

某些数据中可能有不该存在的字符。最典型的就是数据的头、尾、中间出现空格，也可能出现姓名中存在数字、身份证号中出现汉字等问题。在这种情况下，需要以半自动校验、半人工的方式来找出可能存在的问题，并去除不需要的字符。

（3）内容与该字段应有内容不符。

将姓名写成了性别、将身份证号写成了手机号等，均属于这种问题。但该问题的特殊性在于：不能简单地通过删除来处理，因为成因有可能是人工填写错误，也有可能是前端没有校验，还有可能是导入数据时部分或全部列没有对齐，因此要详细识别问题类型。

格式内容问题是比较细节的问题，但很多分析结果错误都是由此问题引起的，比如跨表关联失败、统计值不全、模型输出失败。因此，务必要注意这类问题与主数据的清洗工作。

3. 逻辑错误清洗

逻辑错误清洗是修正逻辑有问题的数据，防止由于数据错误而导致分析结果错误。逻辑错误清洗主要包含以下几种情况。

（1）去重。

要去除数据表中的重复数据。比如在物料代码中经常存在一物多码的情况，因此在这一步就要标记出重复的数据，以进行数据去重的工作。

（2）修正不合理值。

要修正数据中的不合理值。比如有人在填表时随意填写，不检查，将年龄填成 580 岁，这时就要将数据修正，如果不能修正，则要么删掉，要么按缺失值处理。

（3）修正矛盾内容。

有些数据内容是可以互相验证的。比如：身份证号是 1329321990××××××××，年龄是 18 岁，这时，需要根据字段的数据来源，判定哪个字段提供的信息更为可靠，去除或重构不可靠的字段。

4．非需求数据清洗

非需求数据清洗就是把不要的字段删除。在实际操作中，要具体问题具体分析，在非需求数据清洗中，经常会遇到一些问题。比如，把看上去不需要但实际上对业务很重要的字段删了；某个字段觉得有用，但又没想好怎么用，不知道是否该删；操作失误，删错字段了。对于前两种情况，如果数据量没有大到不删字段就没办法处理的程度，那么能不删的字段就尽量不删，对于第 3 种情况，需要建立数据备份机制，保证数据能恢复。

5．关联性验证

如果数据有多个来源，则有必要进行关联性验证。将多个来源的数据整合清洗是非常复杂的工作，一定要注意数据之间的关联性，不要造成因为数据之间互相矛盾而造成下游系统无法使用的情况。

6．干净数据回流

当完成主数据清洗后，应该用干净的主数据替换数据源中原来错误的主数据。这样不仅可以提高系统中的数据质量，还可以避免将来再次抽取主数据时进行重复的清洗工作。

22.4 主数据全生命周期管理

主数据全生命周期管理是主数据管理工具的核心功能。在创建主数据模型实体后，业务管理流程生成相应的实例化业务功能。主数据管理工具（主数据管理系统）应提供主数据申请、主数据审核、主数据变更、主数据查询、主数据归档等功能。

1．主数据申请

有主数据使用需求的人员应能通过主数据系统在线申请所需的主数据。在申请过程中，通过已定义的模型、数据约束规则、编码规则，能够自动进行主数据的合法性校验，保障申请的主数据的质量，并可以查看主数据的审批进度。主数据申请还应包括以下功能。

（1）支持逐条申请和批量主数据导入两种申请模式。

（2）支持的输入选择有值列表选择和自定义属性表选择。

（3）支持对模板文件的自动校验，根据模板规定的格式导入主数据。

（4）对于批量导入的主数据，支持对模板文件的自动校验，导入后的主数据应能自动校验合法性和逻辑性。

2. 主数据审核

主数据审核功能提供了审批任务清单，审批人员可批量审批主数据，也可逐条审批主数据。同时，在正式审批主数据前，系统可根据规则自动对审批任务清单中的主数据进行合法性预审，并自动告知预审结果。

主数据审批通过后，系统应自动将新的主数据加入主数据库，并变更相应的主数据应用状态。系统可以对审批流程中的各个环节进行有效管理，跟踪监控各个环节的信息，提高审批效率。

对于主数据审核，系统应能实现以下功能。

（1）提供自定义审批工作流程功能，支持对工作流程的版本管理。

（2）提供灵活的主数据编码审批管理流程，根据企业和部门对主数据编码的管理要求，制定相应的管理流程，并可以动态调整流程。

（3）提供自定义工作流程，支持主数据编码的分级分类审批管理。

（4）支持对主数据审核操作流程的监控。

（5）支持根据主数据编码类型、组织机构等维度，进行灵活可配置的工作流程的创建、修改、删除等功能。

（6）支持为主数据编码不同的业务类型配置工作流程。

（7）支持自定义需求的工作流程与用户、用户组及分类授权的挂接。

（8）支持灵活定义与配置审批流程中的审批角色、人员、审批权限。

3. 主数据变更

当主数据标准发生变化时，对于已审核的主数据编码、规则模板、属性信息等内容，系统应进行调整、维护和变更。对于主数据编码、规则模板、属性信息的维护应包括新增、修改、删除和停用。

当主数据发生变更时，系统应进行版本管理。即当主数据的信息发生变更时，系统需要提供主数据变更前后的信息自动对比功能，并记录每项主数据的变更历史版本，自动建立数据变更历史日志。对变更的主数据状态也要进行有效管理，包括申请、审批、发布等过程状态。同时，对主数据的动态变化信息进行全过程自动归档，并建立历史信息追溯机制。

当主数据在应用过程中发生任何改动时，系统应提供通知功能，及时通知主数据管理和应用的责任人。

4．主数据查询

用户应根据授权查询主数据信息。系统的数据查询功能应支持对查询结果进行导出；支持精确匹配查询、模糊查询；支持全文属性模糊搜索和相似度匹配检索，定位数据快速且准确。系统应提供一般查询和综合查询功能，可以满足用户多种查询分析需求。系统的综合查询功能应支持用户自定义查询主数据信息，包括申请、审批、变更历史、分发历史等内容，并可对上述设置进行保存，方便下次调用。

除了查询功能，系统应能根据用户需求，生成各种统计报表，供用户查询分析；同时提供开放功能，供用户自定义报表，用于个性化的查询分析。根据统计方式，可以将报表分为主数据数量统计分析报表、主数据审核统计分析报表和主数据应用统计分析报表。

（1）主数据数量统计分析报表：主要是对已申请的各类主数据的数量进行统计，并对主数据数量的变化进行趋势分析。

（2）主数据审核统计分析报表：主要是对主数据审核效率进行统计和分析，便于发现审核流程中的问题并优化流程，同时可以通过审核效率统计报表对审核人员进行考核。

（3）主数据应用统计分析报表：主要是对下游系统使用主数据的情况进行统计和分析，统计内容包括使用的主数据类型、使用的主数据数量、主数据接收及分发成功或失败的数量等。

5．数据归档

数据归档指以物理的方式将主数据系统中具有较低业务价值的主数据迁移到更适合、更经济、更高效的历史库中。因此，在主数据管理系统中，对于不再使用或无法满足业务需求的主数据可以进行归档及核销处理。归档后的主数据不能被更改，但能被查询及调用。同时，主数据管理系统也支持定期对日志信息进行归档及对多种归档信息的查询。

22.5 主数据质量管理

主数据质量管理是指对主数据在获取、存储、共享、维护、应用和消亡这一生命周期内的每个阶段里可能引发的各类数据质量问题进行识别、度量、监控和预警等一系列管理活动，并通过改善和提高企业的管理水平，使主数据质量获得进一步提高。主数据质量管理是循环的管理过程，其终极目标是通过可靠的主数据，提升主数据在使用中的价值，并最终为企业的数字化转型、管理模式优化、经营决策提供重要支撑。

（1）主数据质量管理的目标和任务。

主数据质量管理不仅包含对主数据质量的改善和管理，还包含对组织的改善和管理。针对主数据质量的改善和管理，主要包括改正和完善主数据分析、主数据评估、主数据清洗、主数据监控、错误预警等功能；针对组织的改善和管理，主要包括确立组织的主数据质量改进目标、评估组织流程、制订组织流程改善计划、制定组织监督审核机制、实施改进策略和评估改善效果等。主数据质量管理可以被划分为 5 个阶段，即定义、测量、分析、改进和控制。

（2）主数据质量管理评估维度。

主数据质量管理评估维度就是主数据质量评估标准，它们衡量了主数据的完整性、规范性、一致性、准确性、唯一性、关联性、及时性和可用性等。对主数据来说，一致性和准确性至关重要。

下面分别针对主数据质量评估和管理质量评估通常涉及的几个维度进行介绍。

1. 主数据质量评估维度

（1）完整性：主要度量哪些主数据缺失或者哪些主数据不可用，例如超出阈值。该维度是对主数据质量的基本度量，例如完整性/填充率、有效性、范围、最大值和最小值。在主数据管理系统中，可以通过自定义校验规则来保证主数据的完整性。

（2）规范性：主要对主数据标准、数据模型、业务规则、元数据和参考数据进行完整性、质量及归档的度量。规范性度量了哪些主数据未按统一格式存储，为主数据质量评估结果提供对比标准。

（3）一致性：主要度量哪些主数据的值在信息含义上是冲突的，是对各种不同的数据仓库、应用和系统中所存储或使用的信息的等价程度的度量，也是主数据等价处理流程的度量标准。满足一致性是不同系统之间进行主数据集成的基础。

（4）准确性：主要对主数据内容的正确性进行度量。要度量主数据的准确性需要将主数据与其所描述的实际对象进行比较，并且评估流程通常需要人工介入，因此效率较低。

（5）唯一性：主要度量哪些主数据是重复的或者主数据的哪些属性是重复的。保证主数据的唯一性能避免主数据冗余，同时也减少出现主数据不一致的潜在可能性。

（6）关联性：主要度量哪些关联的主数据缺失或者未建立索引。

（7）及时性和可用性：主要度量预期时段内的主数据对特定应用的及时程度和可用程度。

由于主数据的数值随时间而不断变化，因此，对该维度的评估、检查需要贯穿主数据的全生命周期，要评估主数据是否是最新且即时可用的，以满足业务需求。

2．主数据管理质量评估维度

主数据管理质量评估主要评估企业的主数据管理流程、资源配置等方面是否符合规范，以及是否严格按照计划执行。具体包括以下维度。

（1）管控流程：此维度用于度量主数据在其全生命周期内的一切资源是否得到了控制和规范，即在主数据的计划、产生、变更直至消亡的过程中，与主数据相关的计划、规范、描述是否受到控制。评估指标包括配置项的细化颗粒度、基线准确度和频度，以及变更流程是否合理完善等。

（2）培训：此维度用于度量主数据的生产者和使用者在主数据的全生命周期内的一切活动是否经过了知识和技能的培训，培训效果是否满足岗位需要；受训的知识和技能是否经过审核和确认，受训的内容是否与企业的文化和价值观一致；培训流程是否合理、完善，等等。

（3）验证和确认：此维度用于度量主数据在其全生命周期内是否得到验证和确认。评估内容包括是否通过验证流程确保主数据满足指定的要求，是否通过"确认"流程保证主数据在计划的环境中满足使用的要求，"验证"和"确认"的流程是否完善。

（4）监督和监控：此维度用于度量产生和使用主数据的流程在主数据的全生命周期内是否真正受控（若信息、技术、计划、流程、制度等脱离监督和监控，则会导致主数据质量降低），以及监督和监控的流程是否完善。

22.6 主数据发布与共享

主数据发布与共享是通过数据中间件，根据预定义的分发服务、参数、服务描述、分发频率，向目标业务系统分发主数据，同时自动创建数据分发同步日志。通过配置抽取规则可以实现从业务系统采集主数据。

应用系统与主数据管理系统之间的交互包括两个方面：一是数据接收，即其他业务系统作为数据源，主数据管理系统接收业务系统发送的数据；二是数据分发，即主数据管理系统作为数据源，业务系统接收主数据管理系统发送的数据。

主数据发布与共享是实现主数据同步和主数据一致性应用集成的关键过程。数据分发需要能够提供自定义分发目标系统、分发频率、分发数据范围、数据同步规则等功能；能够实现对分发日志的自动跟踪和记录；能够支持多种分发方式和分发数据协议，并支持异常处理，例如设定分发失败后重发数据的处理机制，实现全面的主数据监控管理，保证主数据在多个系统之间的完整性和一致性。

1．主数据传输方式

从主数据传输方式来划分，主数据集成有同步传输和异步传输两种方式。

（1）同步传输。

源系统向目标系统发送一条或者一批主数据后，源系统客户端处于等待状态，当目标系统接收主数据成功后，会同时返回处理结果，源系统接收目标系统返回的处理结果后，再开始下一条或下一批主数据的发送，其主数据的交互是实时的。

（2）异步传输。

源系统向目标系统按顺序发送所有待处理的主数据，不需要等待目标系统返回处理结果；目标系统对接收到的主数据进行处理后，另行调用服务返回处理结果；源系统接收目标系统返回的处理结果，其主数据的交互不是实时的。

2．主数据获取方式

从主数据获取方式来划分，主数据集成有主动分发和被动分发两种方式。

（1）主动分发方式。

主动分发方式由主数据管理系统制定分发策略，包括分发目标系统、分发主数据对象范围、分发频次和时间，提供有针对性的主数据内容。在主动分发方式下，目标系统需要支持标准的 Web Services，并具备日志管理、版本管理等功能。

（2）被动分发方式。

被动分发方式由目标系统制定主数据获取策略。在被动分发方式下，服务的调用时间、调用频次均由目标系统自行设定。

3．主数据集成协议

要实现主数据集成和分发策略的标准化，在分散的业务信息系统之间最大限度地保证主数据的完整性、一致性，就需要保证业务系统与主数据管理系统集成接口的统一和规范。现在通用的主数据集成方式是以 SOA 架构为基础，以 Web Services 为传输协议，采用松耦合的方式进行集成。

本章精要

主数据管理工具是主数据全生命周期管理平台，也是主数据标准、运维体系落地的重要保障。本章从主数据标准管理、主数据模型管理、主数据管理清洗管理、主数据生命周期管理、主数据质量管理、主数据发布与共享 6 个部分讲述。主数据管理工具是企业主数据项目建设成功的重要保障，建议企业选择应用成熟、经验丰富的厂商提供的主数据管理工具。

第 23 章 元数据管理工具

23.1 元数据管理工具概述

元数据管理工具用来对数据资产进行有效的组织,可以帮助数据专业人员收集、组织、访问和丰富元数据,以支持数据资产管理的其他各项功能。要管理数据,就必须先了解数据。元数据是了解数据的必要手段,包括数据的业务属性、技术属性和管理属性。

23.2 元数据管理工具组成

元数据管理工具通常包含元数据采集、元数据构建、元数据存储、元数据管理、元数据应用、元数据分析等功能。如图 23-1-1 所示为元数据管理功能架构图。

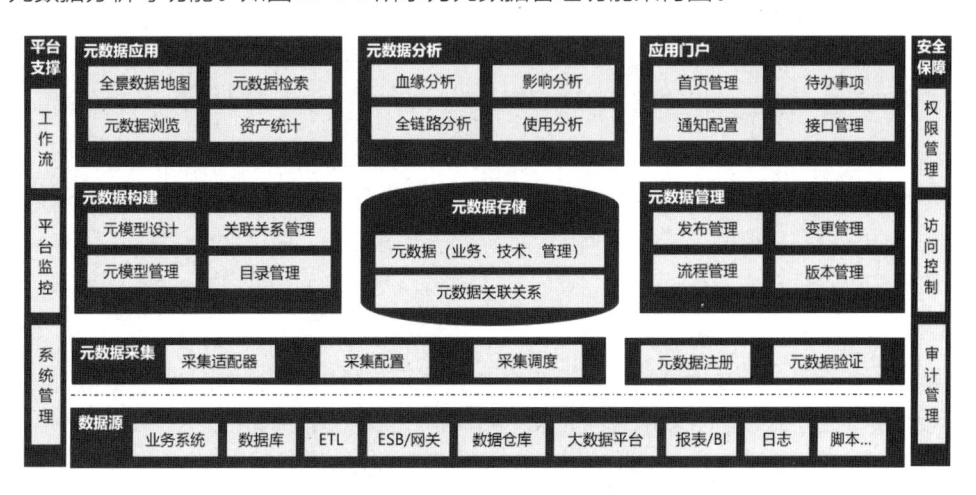

图 23-1-1 元数据管理功能架构图

（1）元数据采集。

元数据采集功能能够适应异构环境，支持从传统关系型数据库、大数据平台、数据产生系统、数据加工处理系统、数据应用报表系统中采集全量元数据。采集内容包括过程中的数据实体（系统、库、表、字段的描述）及数据实体加工处理过程中的逻辑。元数据管理系统根据数据源的连接信息、同步周期及开始时间，定时自动解析、获取并更新元数据信息，保证系统中的元数据信息的及时、有效。

元数据采集模块支持插拔式的采集适配器管理，针对不同的管理对象，采用不同的适配器。通常采集适配器包括关系型数据库适配器、ETL 适配器、大数据平台适配器、存储过程适配器、日志文件适配器、建模工具适配器、报表工具适配器、日志适配器、脚本适配器。这些适配器可以解析上述被管理对象中包含的 SQL 语句，识别其中的数据实体（系统、库、表、字段的描述），以及数据实体加工处理过程中的逻辑。

针对目前大数据平台及数据湖的发展，元数据采集适配器需要对接大数据平台的统一元数据管理工具，例如 Atlas，以获取整体大数据环境中的元数据，而不需要直接对接大数据平台的各个组件，例如 Hbase、Hive 等。

随着企业对数据安全越来越重视，越来越多的业务应用系统并不支持通过 ETL 工具直接采集其数据库中的数据，而是通过接口的方式将数据报送给下游系统。在这种情况下，元数据采集模块需要能够支持传统 ESB 和微服务网关，从注册的接口中解析其数据传递的关联关系。

采集配置是指对采集任务进行参数化配置，包括数据源的地址、类型，访问信息，选取的采集适配器，以及采集周期、数据过滤规则等。

采集调度根据采集配置信息，按照相应时间周期执行采集任务，同时也支持人工采集操作。

（2）元数据构建。

元数据构建主要包括元模型的设计和管理、元数据的关联关系管理，以及元数据目录的管理。

元数据管理工具通常用于对元模型进行设计和管理。可以将元模型理解为存储元数据的数据结构。不同元模型存储的内容也不同，比如，对于数据库表，需要包含表名、列数、行数、分区、主键、外键等技术元数据，也需要包含数据域、业务域、所属业务系统、管理人等业务元数据，以及是否共享、安全级别、采集时间等管理元数据。

元数据管理工具一般会为每种常见的数据类型的元数据内置元模型，并允许用户自由扩展这些元模型的属性，以添加更多的业务元数据和管理元数据。元模型要求支持 CWM 规范，方便与其他管理工具的数据交换。

自动采集来的元数据通常只有技术元数据。从数据库、ETL 工具、存储过程、大数据平台中采集的元数据默认是孤立的，需要通过元数据构建模块进行分析，找出其中的关联关系。

针对自动采集来的技术元数据，需要通过业务调研、梳理并补充业务元数据和管理元数据，形成统一的元数据。为方便元数据的使用。这些元数据可以按照业务、技术、管理等层次结构进行分类管理，形成元数据的分类目录。

（3）元数据存储。

元数据的存储包括统一的元数据（含业务元数据、技术元数据和管理元数据）存储和元数据关联关系存储，通常采用关系型数据库进行存储。目前，新一代的元数据管理工具会采用图数据库以构建知识图谱来表示元数据之间的关联关系，以达到快速检索和分析元数据的目的。

（4）元数据注册和验证。

元数据自动采集是针对已经建成的业务系统。对于新建的业务系统，很多企业在其上线之前，向数据管理部门提交即将上线的业务系统的元数据说明，包括系统自身使用的数据库的物理数据模型，以及与上下游系统的数据交互说明。经审核后，由基础设施管理部门在生产环境中为其创建数据库并开通相应的数据库权限，此时业务部门方能创建自己的数据库模型。

元数据注册就是按照元数据管理工具制定的标准格式提交元数据及关联关系的描述。这类元数据与自动采集来的元数据地位相同，在元数据管理部门审核批准后，即被存储在中央的元数据库中。

元数据验证是将元数据管理工具中存储的元数据，与实际生产环境中的元数据进行对比，并给出是否一致的结论。对于新业务系统注册提交的元数据，在通过审核并在信息系统中创建数据库后，可以验证所提交的元数据是否与实际数据库中的元数据一致。对于已经投产的信息系统，可以验证实际的数据环境是否发生变化，与元数据管理工具中自动采集的元数据或者注册提交的元数据是否一致。这里需要注意的是，元数据管理工具中正式注册的元数据一般只包含对业务系统有明确业务意义的元数据，业务系统中所使用的临时表、管理表不在元数据管理工具的管理范围之内。在进行元数据验证时，需要识别并忽略这些差异。

（5）元数据管理。

元数据管理包括元数据的日常管理和维护、元数据的发布、变更、审核和版本管理。

元数据的日常维护管理包括对元数据进行增、删、改、查等操作，以及对元数据之间关联关系的维护操作。除自动采集来的元数据及关联关系，人工也可以单独或批量增加元数据及关联关系。

元数据发布流程控制元数据发布过程中的审核环节。自动采集或者人工注册的元数据，在经过系统自动识别和人工补充信息后，需要经过元数据管理人员的审核后才能发布，成为本企业正式发布的元数据，提供给有权限的人员使用。

元数据变更流程控制元数据变更过程中的审核环节。任何对元数据进行变更的操作都需要提出申请，并由相关管理人员和变更干系人审核并允许后才能进行。

版本管理支持在发布或变更元数据时跟踪元数据版本信息。在正式发布元数据时会提供版本号和说明信息。数据管理人员不能对正式发布的元数据进行变更操作，当需要变更时，系统自动复制一份元数据信息并处于编辑状态，管理人员可以对这份处于编辑状态的元数据进行各种变更操作，并赋予新的版本信息，然后申请发布。通过发布审核后，此版本的元数据成为新的正式元数据，原有版本退役为历史版本。元数据管理工具可以定义系统需要跟踪的元数据版本数量。

针对元数据管理工具中的发布、变更、审核等流程，可以根据企业实际的应用场景和管理需求，设定不同的审核控制流程，从而加强对元数据的管理，保证元数据管理工具的准确性、时效性和稳定性。对于涉及上下游应用系统的元数据审核，应将上下游应用系统的管理人员纳入审核流程中，确保及时评估和应对上游元数据变更带来的影响。

（6）元数据应用。

元数据应用包括元数据浏览、元数据检索、全景数据地图和资产统计等功能。

元数据管理工具可以按照业务人员比较容易理解的方式组织元数据，也可以按照业务、技术、数据域等组织元数据，比如按照元数据所属的业务部门、下属单位组织元数据，按照企业数据域（如财务域、人事域、项目域等）组织元数据，或者按照技术类型（如数据库、大数据平台、文件等）组织元数据。使用者可以通过直观的图形化界面对以树形结构组织的元数据进行浏览。

元数据管理工具也支持按照关键字、元数据各字段的组合等进行全局搜索，帮助用户快速定位到目标元数据。

全景数据地图是元数据管理工具的重要功能，其从宏观角度展示系统之间的数据流向关系，主要描述企业有哪些种类的数据，有哪些信息系统、哪些数据库、哪些表、哪些字段，这些数据之间的上下游关联关系是什么，数据分布在哪里等问题。

元数据管理工具具备数据资产统计功能，能够按照业务部门、数据域和技术类型等统计企业中的数据信息，包括数据量、数据增量等信息，并以图形化的方式展示各种统计图表，包括饼图、柱图、线条图等。除预先设计好的统计图表外，元数据管理工具还可以根据用户临时检索的数据生成各种统计图表，并支持在移动端和大屏展示。

（7）元数据分析。

元数据分析包括元数据的血缘分析、影响分析、全链路分析和使用分析等功能。

血缘分析是指通过元数据中的表血缘关系和字段血缘关系，记录数据的来源和处理过程，当数据出现问题时，可以追踪溯源，快速定位到问题数据的来源和加工过程，以快速解决问题数据。

影响分析是分析数据的下游流向，当上游系统升级改造涉及数据结构发生变更或者产生数据质量问题时，可以快速定位出元数据的变更会影响到哪些下游系统，并及时通知相关人员，从而减少因上游系统升级给其他下游系统带来的风险。

全链路分析是综合了血缘分析和影响分析，可以对企业所有数据的来龙去脉、处理过程进行统一分析。其一般支持 what-if 假设分析，主要用于元数据变更和数据故障的假设分析。

使用分析主要是对数据的使用情况进行统计分析。通过分析访问频度和数据量，能够识别不同数据的价值。使用频度高的数据、对下游影响大的数据是关键数据，具有较高的数据价值；不常用的数据和孤立的数据价值相对较低。通过使用分析可以对数据的存储分布提供指导建议，并能够以图表的方式展现数据的使用热度。

（8）应用门户。

应用门户是元数据管理工具的用户使用界面，其中包括首页管理、待办事项和通知配置等内容，也包括工具本身的接口，以及与元数据的导入/导出相关的功能。

元数据管理工具为数据提供者、数据管理员、数据消费者提供服务。不同的人员和角色可以根据自己的喜好定义各自的首页展现形式，将最常用的功能放置在首页上，形成千人千面的系统界面。

元数据管理工具的接口包括元数据访问接口、元数据管理接口、数据源管理接口、采集器管理接口、适配器配置接口、系统管理接口等。

23.3　元数据管理工具的架构

元数据管理工具的架构可分为 3 类：集中式元数据架构、分布式元数据架构和混合式元数据架构。

1. 集中式元数据架构

集中式元数据架构（见图 23-3-1）包括一个统一元数据存储库，即将企业中的所有数据的元数据信息从它们各自的来源系统中抽取出来，包括业务系统、建模工具、ETL 工具、数据库系统、数据仓库、大数据平台、报表/BI 工具、配置工具及其他元数据系统，集中存储在统一的元数据存储库中，这样可以保证元数据的高可用性，加强对元数据的统一管理，通过结构化、标准化的元数据信息，提升元数据的质量。

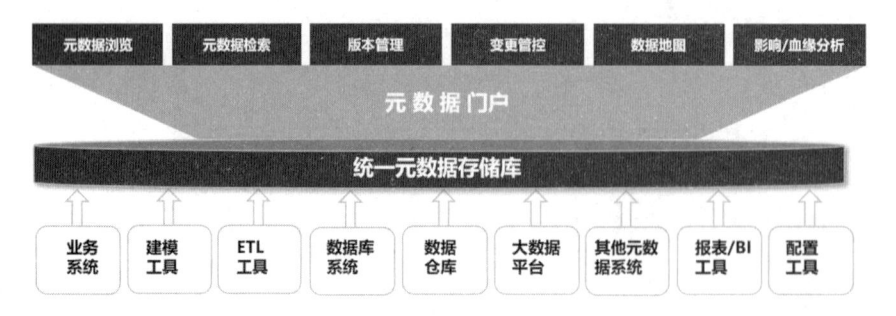

图 23-3-1 集中式元数据架构

集中式元数据架构有如下优点。

- 高可用性，元数据被统一存储，独立于源系统。
- 可实现快速的元数据检索，所有元数据被存储在同一个数据库中。
- 解决了数据库结构问题，使其不受第三方或商业系统特有属性的影响。
- 在抽取元数据时可进行转换、自定义或使用其他源系统中的元数据来补充，提高了元数据的质量，并能反映元数据之间的关联关系。

但是集中式元数据架构也有如下缺点。

- 必须使用复杂的流程来确保元数据在源头中的更改能够被快速同步到统一的元数据存储库中。
- 维护集中式存储库的成本可能很高。
- 元数据的抽取可能需要自定义模块或中间件。
- 验证和维护自定义代码会提高对内部 IT 人员和软件供应商的技术要求。

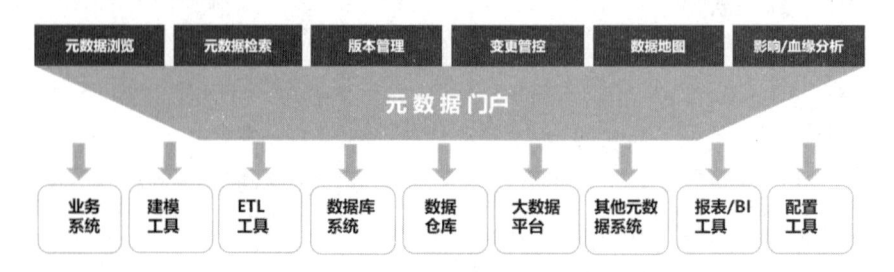

2. 分布式元数据架构

分布式元数据架构（见图 23-3-2）没有统一的元数据存储库，所有元数据仍然被存储在源系统中。但分布式元数据架构维护一个单一访问点，其从源系统中实时获取元数据来响应用户请求。此架构保证了元数据始终是最新且有效的，但是源系统中的元数据没有经过标准化或整合，且查询能力直接受限于相关源系统的可用性。

图 23-3-2 分布式元数据架构

分布式元数据架构有如下优点。

- 元数据总是尽可能保持最新且有效。
- 查询是分布式的，可以提高响应和处理的效率。
- 来自专有系统的元数据请求仅限于查询处理，最大限度地减少了实施和维护元数据所需的工作量。
- 减少了批处理，没有元数据复制或同步过程。

分布式元数据架构有如下缺点。

- 无法支持用户自定义或手动插入的元数据项，因为没有存储库可以放置这些添加项，因此业务元数据和管理元数据无法被保存。
- 需要通过统一的、标准化的展示方式呈现来自不同系统的元数据。
- 查询功能受源系统可用性的影响。
- 元数据的质量完全取决于源系统。

3. 混合式元数据架构

混合式元数据架构是一种折中的架构方案：元数据依然从其来源系统进入存储库，但是存储库的设计只考虑用户增加的元数据、高度标准化的元数据，以及手工获取的元数据。

这 3 类元数据架构各有千秋，具体采用哪种主要依据企业的元数据管理战略。如果为了得到企业的全景数据地图，明晰数据的上下游关系，更好地发挥数据价值，就需要对元数据进行标准化、集中化、统一化管理。目前，企业大多采用集中式元数据架构。

23.4 元数据管理工具的发展趋势

随着被管对象越来越丰富，以及信息技术的不断发展，元数据管理工具也在不断发展之中，主要有以下趋势。

（1）支持更多的元数据种类，传统的元数据管理工具主要支持数据仓库中所涉及的元数据种类，今后将更侧重于对大数据平台、微服务接口、非结构化数据的元数据的管理。

（2）与人工智能技术的结合，主要体现在自动解析元数据之间的关联关系，和对非结构化数据的元数据提取。

（3）使用图数据库存储元数据之间的关联关系，通过构建知识图谱来加快元数据的智能分析。

（4）支持主动元数据的概念，通过 API 接口将元数据传递给更多的上下游工具，通过人工智能技术推动更多的基于元数据的业务操作。

本章精要

元数据管理贯穿数据的全生命周期。从工具层面看，它与各类数据治理工具都有交集；从应用层面看，它属于数据治理的高阶应用，有成熟的理论体系、工具和案例。元数据管理更是支撑数据治理体系的组件和技术工具。

元数据可以用来定义主数据的数据结构和数据模型，数据元的数据格式和取值范围，数据指标的计算公式，以及交易数据的库表结构。

第 24 章

时序数据处理工具

24.1 通用的大数据处理工具的不足

在物联网、车联网、工业互联网兴起之后，大家都想用通用的大数据处理工具来处理其中的数据。现在市场上流行的物联网、车联网等大数据平台几乎无一例外都是这类架构，但这套通用的大数据处理工具的效果如何？可以说有很多不足，主要表现在以下几个方面。

（1）开发效率低：因为通用的大数据处理工具不是单一的软件，需要集成 4 个以上模块，很多模块都不是标准的 POSIX 或 SQL 接口的，都有自己的开发工具、开发语言、配置等，需要一定的学习成本。而且由于数据会从一个模块中流动到另外一个模块中，数据的一致性容易遭到破坏。同时，这些模块基本上都是开源软件，总会有各种漏洞。总的来讲，企业需要搭建一支优秀的团队才能将这些模块顺利地组装起来，因此需要耗费较多的人力资源。图 24-1-1 是基于 Hadoop 的常见的大数据平台架构方案，从中可以看出至少需要 7 个组件才能搭建出大数据平台。

（2）运行效率低：现有的这些开源软件主要用来处理互联网中的非结构化数据，但是通过物联网采集的数据都是时序性的、结构化的。用非结构化数据处理技术来处理结构化数据，无论是在存储还是计算上，消耗的资源都很多。

（3）运维成本高：每个模块，无论是 Kafka、HBase、HDFS 还是 Redis，都有自己的管理后台，都需要单独管理。在传统的信息系统中，数据库管理员只要学会管理 MySQL 或是 Oracle 数据库就可以了，但现在数据库管理员需要学会管理、配置、优化很多模块，工作量大幅增加。由于模块数过多，定位问题就变得更为复杂了。比如，用户发现丢失了一条采集的数据，但无法迅速定位是在哪里丢失的，这往往需要花很长时间，只有将各模块的日志关联起来才能找到原因。而且模块越多，系统整体的稳定性就越低。

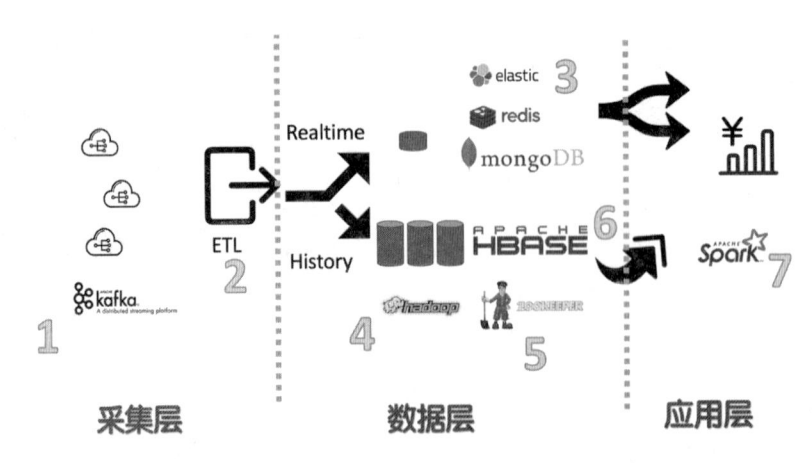

图 24-1-1 基于 Hadoop 的常见的大数据平台架构方案

（4）产品推出慢、利润低：由于开源软件研发效率低，运维成本高，导致将产品推向市场的时间变长，容易让企业丧失商机。而且这些开源软件都在迭代中，要同步使用最新的版本也需要耗费一定的人力。除头部互联网公司外，中小型公司在通用的大数据处理工具上花费的人力资源成本一般都远超过使用专业公司的产品或服务的费用。

（5）对于小数据量场景，系统私有化部署太重：在物联网、车联网场景中，因为涉及生产经营数据的安全，很多系统还是采取私有化部署。而每个私有化部署系统处理的数据量有很大的区别：从几百台联网设备到数千万台联网设备不等。对于数据量小的场景，通用的大数据处理工具就显得过于臃肿，投入与产出不成正比。因此，有的工具提供商往往有两套方案，一套针对大数据场景，使用通用的大数据平台，一套针对小数据场景，使用 MySQL 或其他数据库。但这样会提高研发、维护成本。

24.2　时序数据处理工具应具备的功能和特点

时序数据处理工具（系统）需要具备哪些功能？与通用的大数据处理工具相比，它具备什么样的特点呢？下面仔细分析一下。

（1）必须是高效的分布式系统。工业互联网产生的数据量巨大，比如，全国有 5 亿多台智能电表，每台智能电表每隔 15 分钟采集一次数据，全国的智能电表一天就会产生 500 多亿条数据。这么大的数据量，任何一台服务器都无法处理，因此时序数据处理系统必须是分布式的、水平扩展的。为降低成本，一个节点的处理性能必须是高效的，需要支持数据的快速写入和快速查询功能。

（2）必须是实时的处理系统。对于互联网大数据的应用场景，大家所熟悉的都是用户画像、推荐系统、舆情分析等，这些场景并不需要数据计算具有实时性，批处理即可。但是对于工业互联网大数据的应用场景，则需要基于采集的数据做实时预警、决策，延时要控制在秒级以内。如果数据计算没有实时性，则其商业价值就大打折扣。

（3）需要运营商级别的高可靠服务。工业互联网系统对接的往往是生产、经营系统，如果数据处理系统宕机，则会直接导致停产，无法对终端消费者正常提供服务。因此，时序数据处理系统必须是高可靠的，必须支持数据实时备份、异地容灾，必须支持软件、硬件在线升级，必须支持在线 IDC 机房迁移，否则服务一定有被中断的可能。

（4）需要高效的缓存功能。在绝大部分场景中，都需要快速获取设备的当前状态或其他信息，用以报警、大屏展示等。时序数据处理系统需要提供高效的缓存功能，让用户可以获取全部设备或符合过滤条件的部分设备的最新状态。

（5）需要实时流式计算。各种实时预警或预测已经不是简单地基于某一个阈值进行的，而是通过将一个或多个设备产生的数据流进行实时聚合计算（并且不只是基于一个时间点进行计算，而是基于一个时间窗口进行计算）。不仅如此，其中的计算需求也相当复杂，因场景而异，应容许用户自定义函数进行计算。

（6）需要支持数据订阅。时序数据处理系统与通用的大数据平台比较一致的地方是，很多应用往往都需要同一组数据，因此，时序数据处理系统应该提供订阅功能：只要有新的数据，就应该实时提醒。而且这个订阅也应该是个性化的，容许应用设置过滤条件，比如只订阅某个物理量 5 分钟的平均值。

（7）实时数据和历史数据的处理要合二为一。实时数据被存储在缓存里，历史数据被存储在持久化存储介质里，而且能依据时长，被存储在不同的存储介质里。时序数据处理系统应该隐藏背后的存储介质，给用户和应用呈现的是同一个接口和界面。无论是访问新采集的数据还是 10 年前的老数据，除输入的时间参数不同外，其余都应该是一样的。

（8）需要保证数据能持续、稳定地写入。对于物联网系统，其数据流量往往是平稳的，因此数据写入所需要的资源往往是可以估算的。其中不可控的是查询、分析，特别是即席查询，有可能会耗费很多的系统资源。因此，时序数据处理系统必须要分配足够的写入资源以确保数据能够被写入系统而不被丢失。准确地说，时序数据处理系统必须是一个写优先系统。

（9）需要支持灵活的多维度数据分析。对于联网设备产生的数据，需要进行各种维度的统计分析，比如根据设备所处的地域进行分析，根据设备的型号、供应商进行分析，根据设备所涉及的人员进行分析等。这些维度的分析是无法事先设计好的，而是在实际运营过程中，根据业务发展需求定下来的。因此，工业互联网大数据平台需要一个灵活的机制来增加某个维度的分析。

（10）需要支持数据降频、插值、特殊函数计算等操作。原始数据的采集频次较高，但在具体分析时，往往不需要对原始数据进行分析，而是需要对数据进行降频。时序数据处理系统需要提供高效的数据降频功能。由于很难统一不同设备采集数据的时间点，因此，要分析某个特定时间点的值，往往需要插值才能解决 0 时序数据处理系统需要提供线性插值、设置固定值等多种插值策略。

（11）需要支持即席分析和查询。为提高数据分析师的工作效率，时序数据处理系统应该提供命令行工具或容许用户通过其他工具执行 SQL 查询（而不是非要通过编程接口），并且查询分析结果应该可以很方便地被导出，以及被制作成各种图表。

（12）需要提供灵活的数据管理策略。对于一个大的系统，其中采集的数据种类繁多，而且除采集的原始数据外，还有大量的衍生数据。这些数据有不同的特点，有的采集频次高，有的要求保留时间长，有的需要保存多个副本以保证更高的安全性，有的需要能快速访问。因此，时序数据处理系统必须提供多种数据管理策略，让用户可以根据特点进行选择和配置，而且让各种策略并存。

（13）必须是开放的。时序数据处理系统需要支持业界流行的标准，提供各种语言开发接口，包括 C/C++、Java、Go、Python、RESTful 等，也需要支持 Spark、R、MATLAB 等，方便集成各种机器学习、人工智能算法或其他应用，让大数据处理平台能够不断扩展，而不是成为一个数据孤岛。

（14）必须支持异构环境。大数据平台的搭建是一项长期的工作，其间每个批次采购的服务器和存储设备都会不一样，时序数据处理系统必须支持各种档次、各种不同配置的服务器和存储设备并存。

（15）需要支持边云协同。时序数据处理系统要有一套灵活的机制将边缘计算节点的数据上传到云端，以及根据具体需要，将原始数据、加工计算后的数据，或仅仅符合过滤条件的数据同步到云端，并且可以随时取消同步，可以随时修改同步策略。

（16）需要单一的后台管理系统。单一的后台管理系统便于查看系统运行状态、管理集群、管理用户、管理各种系统资源等，而且能让系统与第三方 IT 运维监测平台无缝集成，便于统一管理和维护。

（17）便于私有化部署。很多企业出于安全及各种因素的考虑，都希望时序数据处理系统采用私有化部署，而传统的企业往往没有很强的 IT 运维团队，因此，时序数据处理系统的安装、部署需要简单、快捷，可维护性强。

24.3　时序数据的采集

时序数据的采集一般都是通过传感器自动进行的，包括光电、热敏、气敏、力敏、磁敏、声敏、湿敏、电量等不同类别的工业传感器。就某一个具体的物理量而言，数据采集是很容易的。但就整个系统而言，数据采集是相当复杂的，具体表现在以下几个方面。

（1）工业数据的协议不标准：在工业生产现实场景中，往往会出现 ModBus、OPC、CAN、ControlNet、Profibus、MQTT 等各种类型的工业协议，而且各个自动化设备生产及集成商还会自行开发各种私有的工业协议，导致在实现工业协议的互联互通时难度极大。很多开发人员在工业生产现场实施综合自动化等项目时，遇到的最大问题即是面对众多的工业协议，无法有效地解析和采集数据。

（2）通信方式不统一：由于历史原因，企业采集的数据往往会通过局域网、蓝牙、Wi-Fi、2.5G、3G、4G 等各种传输方式被传送到服务器中，各种通信方式并行存在导致数据的连接管理变得很复杂。

（3）安全性考虑不足：传统的工业系统都运行在局域网中，安全问题不是考虑的重点。若需要通过云端（特别是公有云）调度工业企业中核心的生产数据，由于事先没有充分考虑安全问题，很有可能造成难以弥补的损失。

根据上述原因，工业企业在实际采集数据时，往往配有工业互联网网关盒子，该盒子支持各种物理接口、通信协议和工业标准协议，将不同协议进行转换，对数据进行安全加密，统一以 MQTT（Message Queuing Telemetry Transport，ISO/IEC PRF 20922）协议或其他协议发往云端。

24.4 时序数据处理工具

和数据采集工具相比，数据处理工具比较统一，下面介绍几个流行的数据处理工具。

（1）以 PI 为代表的实时数据库：从 20 世纪 80 年代起，业界就涌现一批实时数据库（时序数据库的一种），专门用于处理流程制造等行业的实时数据。其中美国 OSIsoft 公司的 PI（Plant Information）实时数据库最典型，它提供了成套的工具，包括实时写入数据、实时计算数据、存储数据、分析数据、可视化数据、报警等系列功能。GE、Simens、Honeywell 都有类似的产品。国内有庚顿、朗坤、麦杰、力控等产品。这些产品在一定程度上满足了工业数据处理的需求，但在测点数量暴涨、数据采集频率不断提高的大数据时代，这些实时数据库暴露出以下问题。

①没有水平扩展能力，对于数据量的增加，只能依靠硬件的纵向扩展来解决；

②技术架构老旧，很多还运行于 Windows 系统中；

③数据分析能力偏弱，不支持现在流行的各种数据分析工具接口；

④不支持云端部署，更不支持 SaaS。

在传统的实时监控场景中，由于对各种工业协议的支持比较完善，实时数据库还占有比较牢固的市场地位，但是在工业大数据处理场景中，因为上述几个原因，几乎没有任何大数据平台采用它们。

（2）InfluxDB：它是美国 InfluxData 公司开发的产品，提供了数据存储、数据查询、数据分析、流式计算等系列功能。其单机版本采用 MIT 许可证，并且是开源且免费的（用 GO 语言开发），但其集群版本收费。目前，该款产品在全球时序数据库榜单上排名第一（截至本书出版时）。在 IT 运维监测领域，该产品由于能与多个数据采集工具及可视化工具无缝对接，方便用户快速搭建一个监测系统，因此拥有相当大的市场份额。但在工业大数据领域，其优势不够明显，用户量还不大。

InfluxDB 的存储采用 Key-Value 和 LSM 技术，支持多列数据写入，而且是 Schemaless 模式的，无须预先定义数据表结构。同时，每条记录可以带有一组标签，便于数据流之间的聚合计算。对于小数据量，其性能表现不错，但对于历史数据查询，其性能欠佳，而且消耗的系统资源过多。相对其他 NoSQL 产品而言，InfluxDB 的数据压缩功能做得很好，能节省不少存储空间。

同时，InfluxDB 是一个独立的软件，其不仅是一个数据库，还具有流式计算、报警等功能，不依赖于第三方，因此其安装部署、维护也相对简单。

（3）OpenTSDB：这是一个 Apache 开源软件，是在 HBase 的基础上开发的，底层存储部分是基于 HBase 的，但其依据时序数据的特点做了一些优化。OpenTSDB 最大的好处就是它是建立在 Hadoop 体系上的，各种工具链成熟，但这也是它最大的缺点，因为 Hadoop 不是为时序数据打造的，导致其性能很一般，而且需要依赖很多组件，安装部署相当复杂。

OpenTSDB 采用 Schemaless 模式，不用预先定义数据结构，因此写入灵活，但每个时间序列只能写入一个采集量，不支持多列写入。每个序列可以被打上多个标签，以方便聚合操作。总的来讲，无论是写入还是查询，OpenTSDB 的性能都很一般，而且系统的稳定性欠佳。但吸引人的是，它支持集群部署和支持水平扩展。

OpenTSDB 只是单一的时序数据库，因此，要完整地处理时序数据，还需要搭配缓存、消息队列、流式计算等系列软件，这使整个架构的设计和维护变得困难。

（4）TDengine：这是来自中国的开源软件，由涛思数据研发并推出。它不仅是一款时序数据库，而且还提供缓存、消息队列、数据订阅、流式计算等系列功能，是时序数据的全栈技术解决方案。而且它不依赖任何第三方软件，安装包只有 1.5MB，这使系统设计、安装、部署和维护都变得极为简单。

TDengine 充分利用了时序数据的特点，因此具有很强的优势，具体表现在以下 5 个方面。

①无论是插入还是查询，性能都很高；

②因为性能超强，所以其所需要的计算资源不及其他软件的 1/5；

③采用列式存储，对不同数据类型采取不同的压缩算法，所需要的存储资源不到其他软件的 1/10；

④无须分库、分表，无实时数据与历史数据之分，管理成本为零；

⑤采用标准 SQL 语法，应用可以通过标准的 JDBC、ODBC 接口插入或查询数据，学习成本几乎为零。

（5）TimeScale：这也是一家美国公司开发的开源软件，采用的是 Apache 2.0 许可证。它是在目前流行的关系型数据库 Postgres 的基础上开发的，因此其接口与 Postgres 完全兼容，而且支持各种复杂的 SQL 查询。因为底层存储部分没有充分利用时序数据的特点，所以其性能一般。它的社区版完全开源，不支持集群，但提供企业版和云服务版。

该软件很受 Postgres 用户的欢迎，但其目前在 IT 运维监测、工业大数据处理这些领域的市场占有率还很有限。

本章精要

时序数据处理被应用于物联网、车联网、工业互联网领域的过程数据采集、过程控制，属于工业数据治理的新兴领域。从工具维度看，时序数据处理工具与传统时序数据库的差异很大。后者局限于车间级的可编程逻辑控制器，而非企业级的可编程逻辑控制器。

企业级的时序数据处理，首先是基于数据架构和数据模型的。数据架构决定了哪些时序数据需要采集，如何处理，用于哪些业务场景；数据模型用于解析时序数据的数据结构。

时序数据处理需要业务部门的更多参与，涉及车间层面的专业技术人员、企业层面的跨领域技术专家和运营管理人员。

第 25 章

数据质量管理工具

在大数据时代，数据质量问题成为影响数据分析和效能利用的"最后一公里"。目前，数据治理、ETL、数据分析、数据集成、数据可视化等领域都已经取得飞速发展，而由数据质量问题引发的数据质量衡量、数据质量检验、数据质量监控、数据质量提升等技术手段仍有较大的发展空间。随着数据价值落地诉求的日益增长，业界重新开始关注与数据质量管理相关的技术并逐步加大投入，以期获得革命性的改进，从而提升数据质量管理的效率，降低数据质量优化的成本。

本章介绍数据质量管理理论、工具、行业实践案例等内容，让读者建立从理论到微观技术实操的完整的数据质量管理认知体系。

25.1 数据质量管理工具概述

数据质量管理平台提出的数据质量策略，从 4 个方面（建立数据质量评估体系、落实数据质量优化流程、监控方案部署、建立具有持续改进机制的系统管理）进行多方位优化和改进，最终形成一套高度灵活的数据解决方案，可以根据企业日益变化的数据条件做出相应的调整，为企业的业务决策提供高质量的数据支持。数据质量管理平台架构如图 25-1-1 所示。

数据质量管理平台的主要功能介绍如下。

（1）数据业务规则及规则库设计：包括字段、表、业务 3 个级别的业务规则处理；独立个性化业务规则库设计；元数据管理，字段级修改历史追踪；协同业务规则库的建设及管理；行业现成业务规则分享。

（2）数据剖析及异常数据处理：包括自动快速分层扫描检测；内置数据管理快速处理机制；字段、记录、表、表之间的关联关系、键值分析；异常数据分析；灵活的业务规则匹配及数据诊断方法。

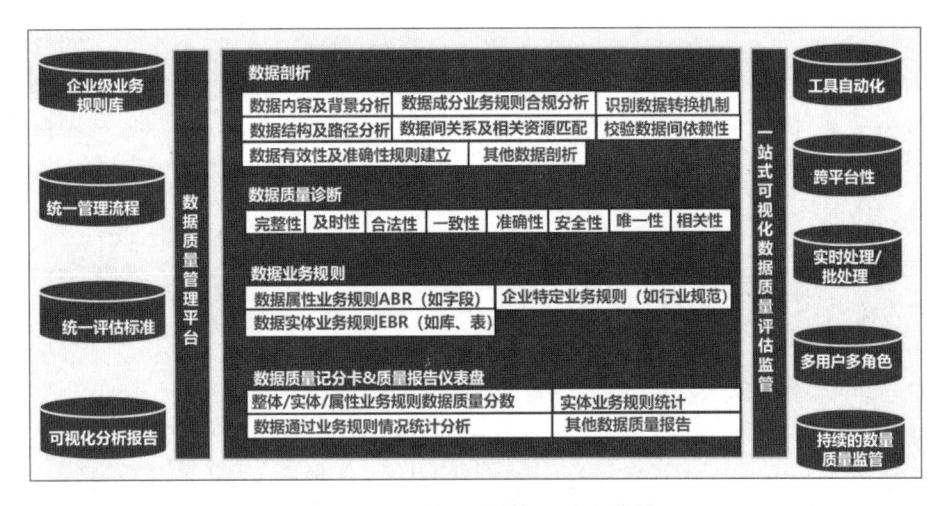

图 25-1-1　数据质量管理平台架构图

（3）集成工具及自动化处理：与业界主要的软件、数据库、业务系统对接。

25.2　数据质量稽核规则设置

数据质量管理平台内置了业务规则中心，它是一个基于网页浏览器的应用，用户可以通过其中流程化的设计来搜索、添加、复制、编辑并删除业务规则，帮助管理并组织业务规则以更有效地监控数据质量状况。通过平台提供的针对具体国家的成熟业务规则，可验证全局、多域数据集，并识别记录其中的复杂关系，具体包括以下优势。

（1）可以针对多种数据源运行业务规则，以同一个数据标准比对数据并追踪一段时间内的数据合规趋势。

（2）可以基于业务需求自定义创建简单或复杂的规则，并能在控制中心实施并管理相关规则。

（3）可以通过向下挖掘数据来回顾数据合规分析结果，若显示有不合规的数据，则意味着这些数据并不符合业务规则的表达标准及阈值水平。

（4）可以在多个项目或数据库中重复实施同一个业务规则，以确保数据集的一致性。

（5）可以配置唯一的优先级，以定义规则的重要性及影响。

（6）可以关联用户自定义的分类进行规则调整，以在一个项目生命周期中配合组织并管理业务规则。

（7）可以重复使用既有的基础业务规则，不需要针对每个数据源重复创建规则。

任何质量问题的改善都建立在评估的基础上，知道问题出在哪里才能实施改进。通过数据质量管理工具，可以对企业各个系统中的数据进行稽核，从而发现问题并通过发布数据质量报告促进数据质量的提高。数据质量稽核管理流程包括获取数据、定义质量规则、创建质量稽核实例、质量稽核任务调度、返回质量稽核结果、获取数据质量报告 6 个步骤，并通过质量评估规则以进行全面的稽核流程，如图 25-2-1 所示。

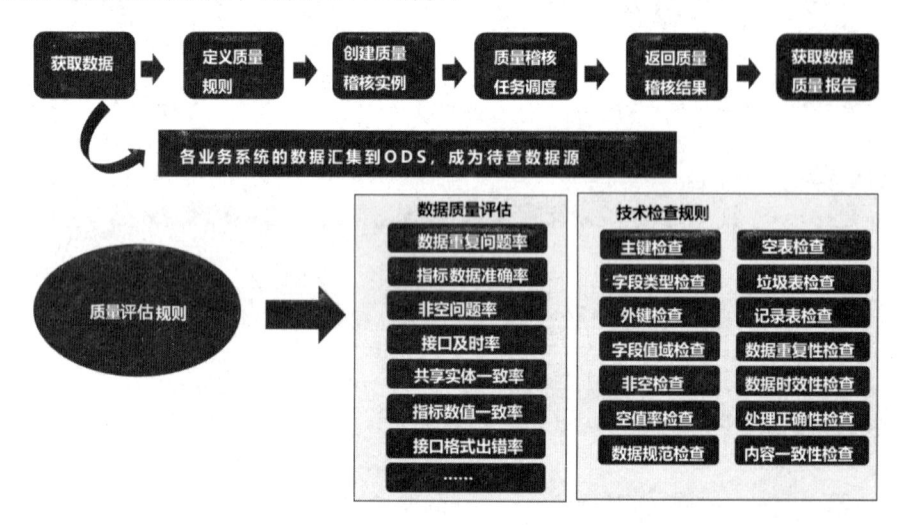

图 25-2-1　数据质量稽核管理流程

25.3　数据质量任务管理

数据质量任务管理平台能将可疑的数据记录发送给企业内部的相关责任方，以迅速解决可能影响企业绩效的数据质量问题。平台的协同门户可以帮助庞大而分散的各个团队管理问题解决方案、异常处理机制，并变更数据质量工作管理方式；自动化工作流程帮助业务团队和 IT 团队基于现有数据共同设计质量流程，并针对需要人工干预的数据质量问题确定解决方案；任务管理平台使各企业能够通过建立透明、可审计的工作流程来加强其条例的合规性。

25.4　数据质量报告

数据质量报告面向业务人员和 IT 人员提供协作型环境，对大批量数据进行剖析、诊断，以评估其质量水平，并输出优化后的数据。通过此报告，用户可以理解数据内部存在的数据域、格式、模式和关系，包括数据的整体情况及完整性、准确性、遵从性、合规性、一致性、唯一性的详细情况。在此报告中，对数据内容进行了详细分析，输出数据表中的空值、与设计不符的内容、存在异常范围的数据、数据格式不正确的内容；对数据关系进行了详细分析，输出表内字段关系分析结果、表间字段链接分析结果；对数据遵从性进行了详细分析，根据业务规则输出量化指标，并在报告的最后输出总体优化内容。

本章精要

　　本章中介绍的数据质量管理工具，可面向所有类型的数据，实现全局性的数据质量管理及处理海量数据，并可轻松与任何平台和应用程序集成，支持多种复杂的数据处理，全面解析、整理、标准化、匹配、强化和监控数据，使业务部门和 IT 部门能够开发、部署、管理业务规则和数据质量流程，从而优化企业数据，发挥数据的最大价值。

第 26 章 数据交换与服务工具

26.1 数据交换与服务工具概述

数据交换指从一个或多个信息系统（源系统）中读取（抽取）数据，并基于一定的业务规则（解析、转换），将数据写入（加载）一个或多个目标系统、企业级数据中心（EDW）或大数据平台中。提供数据交换服务的工具组合被称为数据交换与服务工具。数据交换与服务工具可以将若干信息系统（企业内部的及外部的）中的数据/信息进行整合，完成数据的抽取、集中、加载（ETL），使各个异构系统之间进行数据/信息的传输、共享、互联互通。

数据交换与服务工具具有集成的协议转换、数据加密、数据压缩、数据交换过程监控等多种功能，保证了各系统之间数据的有效交换。在交换过程中涉及的功能调整均通过调整交换平台的应用得以实现，减少了由于功能调整带来的对源系统和目标系统的影响。数据交换与服务工具由一系列负责结构化数据交换的中间件、服务、Web Service 接口，以及大数据（结构化、半结构化、非结构化数据）交换引擎组成，具备数据采集、转换、脱敏、加密、压缩、安全及系统权限管理等功能。

从应用角度看，数据交换与服务工具需具备以下功能。

（1）支持不同地域的服务器进行服务器端连接，能够进行连接策略和加密策略的配置；支持跨越广域网的服务器之间进行透明的请求转发；提供服务器之间的连接保持机制，保证连接不会因为短暂的空闲被断开；提供网络传输压缩功能，以减少应用在网络上的传输量，压缩功能必须是可配置的，对应用是透明的。

（2）支持 IaaS 架构，提供多种高可用性，能够在服务节点之间进行请求转移；在单机模式和多机模式下，提供多种不同的负载均衡算法，包括轮询、权值等；支持有计划地停机，提供可以将业务组件迁移到其他节点的工具，对节点维修后，可以将原有组件迁回并正常运行。

（3）具备事件触发、任务定时、数据触发（当某些敏感数据发生变化时主动触发数据交换）等发起数据交换请求的功能。数据触发服务，即在数据交换过程中，可根据特定情况进行特殊处理的服务。如在业务高峰期间，外部单位向数据交换平台发送大批数据处理请求，为了保证内部核心业务系统的正常运行，数据交换平台在收到请求后并不及时处理，而是在业务空闲期再响应外单位的请求。

（4）具备完善的日志管理机制；对交换任务全过程进行监控和日志管理；具备直观、详细的运行与状态日志，同时还具有日志分析功能，帮助用户调整、优化平台的运行性能。

（5）支持实时数据交换，对于在线交易系统，能在 1 秒内完成交易（从收到请求到处理完成）；对于实时或批量的数据交换业务请求，可以予以响应，支持大量并发处理机制，支持实时与批量数据的均衡调度；对于工业数据，能在 1 秒内完成数据采集和跨网段上传，以保证工艺过程的实时可控。

26.2 数据采集

数据采集就是从源系统中提取数据。工业数据的来源主要有 3 个途径，分别是物联网、Web 系统和传统信息系统。

在工业数据中 90%以上是物联网数据，其中大部分是非结构化数据和半结构化数据。物联网数据的采集方式通常有两种，一种是报文，另一种是文件。在采集物联网数据时往往需要制定一个采集的策略，其中的重点有两个方面，一个是采集的频率（时间），另一个是采集的维度（参数）。

Web 系统是另一个重要的数据采集途径。随着 Web 2.0 的发展，整个 Web 系统涵盖了大量的价值化数据，而且这些数据与物联网数据不同。Web 系统中有结构化、半结构化和非结构化数据，数据的价值密度比较高。

传统信息系统中的数据在工业数据中占比较小，但由于传统信息系统中的数据结构清晰，同时具有较高的可靠性，所以价值密度是最高的。传统信息系统中的数据采集与业务流程关联紧密，需要通过编写专门的系统接口程序来读取各信息系统中的库表，按一定的业务规则生成中间表，传送给目标系统。

数据采集的主要技术路线包括以下 5 种。

1. ETL 采集

ETL 采集是指将数据从源系统通过 ETL（包括数据的提取、转换和加载），按一定的周期（如每天或每小时）传输到目标系统。在转换过程中，需要针对具体的业务场景对数据进行治理，例如进行数据质量监测与过滤、格式转换与数据规范化、数据替换，保证数据的完整性等。

2．实时数据采集

实时数据采集工具包括 Flume 和 Kafka，主要被用于需要流处理的业务场景中，比如，用于记录对数据源执行的各种操作，网络监控中的流量管理、金融应用中的股票记账。在流处理业务场景中，数据采集系统会成为 Kafka 的消费者，Kafka 就像一个水坝，将上游源源不断的数据拦截住，然后根据业务场景做对应的处理（例如去重、去噪、中间计算等），之后将数据写入对应的数据存储中。这个过程类似传统的 ETL，但它是流式的处理方式，而非定时的批处理，这些工具均采用分布式架构，能满足每秒采集数据和传输数百兆的日志数据的需求。

3．互联网数据采集

Scribe 是 Facebook 开发的数据（日志）收集系统，又被称为网络蜘蛛、网络机器人。其用于按照一定规则，自动抓取互联网中的程序或者脚本，支持对图片、音频、视频等文件或附件的采集。除了采集网络中包含的内容，还可以使用 DPI 或 DFI 等带宽管理技术采集网络流量。（注意，要在合法的情况下进行。）

4．数据采集接口

对于企业内部信息系统中的数据，可以通过与软件技术服务商合作，使用特定系统接口等相关方式采集数据。

（1）数据库视图：可以从指定数据库的视图中提取数据。

（2）数据表：可以从指定数据库的表中提取数据。

（3）自定义 SQL 语句：可以用自定义 SQL 语句从指定数据库中提取数据。

（4）Web Service：可以从 Web Service 提供的方法中提取数据。

（5）文件：可以从 XML、Excel、Access、DBF 等文件中提取数据；可以把任意类型的文件从一个地方交换到另一个地方。

5．工业数据采集

狭义的工业数据指企业在生产活动中产生的物联网数据。对于工业数据，可通过各种工业传感器进行采集，再通过 SCADA（数据采集与监视控制系统）、PLC（工业控制系统）、SFC（车间控制系统）进行实时处理，并存储在时序数据库（被部署于工业互联网环境下）中。工业数据的数据量大，价值密度低，数据解析需要专门的业务知识。在采集工业数据时需要解决以下问题。

（1）明确数据采集的目的，如用于设备运行监控、工艺过程控制、在制品质量控制、生产进度控制、生产环境监控等。

（2）了解时序数据库中的数据格式，设计数据采集的策略，定义数据采集标准和数据分析维度。

（3）部署数据采集前置服务器，采集分布于工业互联网中的数据，并传输到企业内网中。

26.3 数据交换

数据交换系统通常包括前置交换、交换传输、交换管理 3 部分功能，在数据交换系统的管理权限的约束下，通过前置交换子系统和交换传输子系统，把需要交换的数据定向传输到接收系统中。

26.3.1 前置交换子系统

前置交换子系统是在工业互联网环境的前端部署的数据采集与数据交换代理服务的节点，通过内置的 Kafka 中间件实现数据采集节点与企业内网之间的数据传输。其主要包括如下功能。

（1）通过内置的服务适配器，实现服务的注册、发现、适配、管理功能。

（2）通过内置丰富的适配器，自定义各种资源交换方式及抽取方式，包括数据库抽取、文件读取、Web Service 接入等。

（3）通过自带适配器的表输入、表输出，以及 SQL 执行器，可以实现数据的双向同步。

（4）通过 ESB 管理监控平台，能够对接入系统及流程进行查看和管理。

（5）具备交换数据缓存功能，能够制定缓存规则。

26.3.2 交换传输子系统

交换传输子系统被部署于企业数据中心的中心节点中，与前置数据采集节点、数据交换代理服务节点通过 Kafka、MQ 消息中间件进行数据传输。其主要功能如下。

（1）以 Kafka、MQ 为消息中间件，保障了安全可靠的数据传输，以及提供各种事务类型，可对数据进行差错处理，实现数据同步及异步传输。

（2）通过 ESB 内置的服务组件，提供 Web Service、FTP、JDBC、MQ、Kafka 等多种传输方式，实现数据库数据、电子表格数据等格式化数据的传输，以及文本、图片、音频、视频等非格式化数据的传输。

（3）可对数据进行分段、分组传输，具有压缩传输数据的功能。

（4）能够实现对交换数据的打包、转换、传递、路由、解包等功能，实现不重、不漏、不错、不丢的高效数据传输。

26.3.3 交换管理子系统

交换管理子系统用于实现对整个数据交换过程的权限配置管理、日志管理、交换信息统计分析、交换服务管理等。其主要功能如下。

（1）通过设计器中的域管理工具，实现对交换服务器、交换节点的管理。

（2）通过管理菜单，对路由信息进行创建、启动、停用等操作。

（3）提供资源订阅/发布管理，实现为各业务部门提供请求/应答、订阅/发布、消息广播等多种数据交换方式的配置管理。

（4）提供多种接入方式，包括 Web Service、FTP、JDBC、MQ 等，满足不同业务部门不同的业务需求。

（5）提供交换信息统计分析功能，能够对交换服务的当前状态及历史记录进行查询。

26.4 数据加工服务

数据加工服务是将经过数据采集、汇聚的数据，进行清洗、转换、加载，以保障采集的数据能被正确、完整、规范地加载到目的地。数据加工服务还可以实现数据整合过程中的异常处理，如处理传输异常、数据加载异常、数据结构与质量异常等。

数据加工服务是企业大数据平台的核心功能，数据清洗、整合、应用就是由多个数据加工服务组成的，其中包括一系列预定义的基础数据处理工作，这些基础数据处理包括以下几项内容。

1．数据抽取

数据抽取就是从业务系统或数据中心中获取业务数据的过程。

数据抽取方式分为两种：一种是全量抽取，一般在数据初始化时使用，将数据源中的数据原封不动地从数据库中抽取出来；另一种是基于时间戳的增量抽取。可根据具体业务设置抽取的时间、频率等参数，主要实现过程如下。

（1）建立数据库连接。

（2）定义一张数据字典表，定义需要处理的任务，其中主要包括业务数据库和目标数据库的表名、字段列表及条件等。

（3）对比源表和目标表的最晚抽取时间，设置抽取数据的时间段为"目标表的最晚抽取时间"—"源表的最晚抽取时间"。

（4）根据设置的抽取频率循环抽取。

2．数据清洗

数据清洗指对抽取的数据进行清洗处理，包括数据过滤、数据去重、类型转换、编码映射、文件拆分与合并、维度转换等功能。

数据清洗的主要任务是进行不一致的数据转换、数据颗粒度转换和转换规则计算。其中不一致的数据转换是数据整合，其侧重于将来源于不同业务系统的相同类型的数据进行统一处理；数据颗粒度转换是对数据进行统一归整；转换规则计算是按照设计的计算规则对数据进行重新计算。

数据清洗支持批量清洗和实时清洗：针对批量离线数据进行分布式并行清洗和转换，针对实时数据进行不落地清洗和转换。

数据清洗主要是针对源系统库中出现的重复、不完整、违反业务或逻辑规则等问题的数据进行统一处理，一般包括空值处理、日期格式转换、数据类型转换等。在清洗之前需要进行数据质量分析，以找出存在问题的数据。

3．数据加载

数据加载主要是指将经过清洗和转换后的数据，准确、及时地存储到不同的基础数据库中。依据数据的加载方式，数据加载可分为文件加载、流加载、压缩加载、不落地加载等。依据数据加载技术的特点，数据加载可分为全量数据加载、流式（实时）数据加载、文件落地加载、内存不落地加载。不同的数据库、不同的加载方式，在数据加载过程中的工作原理基本相同。数据加载包含以下功能。

（1）在默认情况下提供基础的、通用的加载控件，支持将数据源加载到不同的数据库中，以及支持加载的数据接口、文件加载策略或流式策略。

（2）支持全量或实时数据加载方式。全量数据加载方式采用落地加载策略，并且需要结合使用不同平台的加载工具；实时数据加载与实时数据采集必须配套使用，二者之间共享内存，实现同步数据交换，并通过插件机制来屏蔽不同数据源的差异性。

（3）支持在进行数据加载时提交配置参数，允许设定数据文件相关输入路径与加载文件匹配规则等信息，在发现文件、文件获取、加载数据、数据校验等操作流程后进行数据入库操作。

（4）在数据加载实现过程中支持提供 SQL、HQL、SHELL 等不同类别的行为定义脚本，数据加载执行组件将根据行为定义脚本的类型，调用相应的脚本执行来加载数据。

（5）在数据加载结束或失败时，都需要记录操作日志，为后续数据稽核与问题排查提供详细信息。

（6）数据加载触发模式支持自动加载与手工执行两大类型。对于数据的自动加载，当数据加载出错时，应提供操作界面，以人工干预的方式来重新启动数据的接收和加载。

26.5　数据共享服务

数据共享服务应包括数据汇总、分发、查询等基本功能。在大数据中心，数据经过加工后，按用途分区存储（通常会被划分为共享数据区和主题数据区）。共享数据区可以供数据需求方访问。

1. 数据汇总

将源系统中的数据通过数据采集、数据交换和数据加工，汇总到数据中心，并根据数据共享需求，建立一个面向数据共享服务的主题库。

2. 数据分发

数据分发是站在数据中心的角度，主动向各数据使用方提供数据的过程。通过数据共享服务，数据中心可以依照数据使用权限的规则，将数据分发到各个数据使用部门，实现数据共享、信息联动。

3. 数据查询

数据查询是通过统一标准的数据接口，以 XML 为标准数据格式，依据数据存取、访问权限，通过标准的 Web 服务，为各数据使用方按需提供数据访问及查询服务。

4. 维度转换

维度转换是按数据使用方的需求（或视图），对共享数据区中的数据进行维度转换。

5. 数据服务管理

数据服务管理用于定义和管理数据共享服务的流程及策略，对数据服务进行监控管理、用户权限管理、运行日志查看、性能统计。通过数据服务日志可以记录、跟踪数据交换的细节，对数据交换节点进行管理，提供安全策略指南、服务器安全管理配置。

26.6　工业大数据技术平台

工业大数据有 3 个典型的应用方向：第一个方向是设备优化，即提高单台设备的可靠性、识别设备故障、优化设备运行等；第二个方向是针对产品线、车间、工厂，提高其运作效率，包括能耗优化、供应链管理、质量管理等；第三个方向是产业跨界，实现产业互联。

26.6.1 工业大数据的采集

工业大数据具备"多模态、高通量、强关联"的特性。多模态是指，在工业领域中约有上百种不同类型的数据，而且数据模态多样，结构关系复杂。高通量是指，数据持续不断地产生，数据采集频率高，通量大。强关联是指，工业场景下的数据有非常强的工业知识支撑，不同学科之间的数据是在机理层面关联的，而不是在数据字段上关联的。

对于工业大数据的采集，不仅要涵盖已有信息系统中的数据，还要逐步包括半结构化的用户行为数据、网状的社交关系数据、文本或音频类型的用户意见和反馈数据、设备和传感器采集的周期性数据、通过网络爬虫合法获取的互联网数据，以及未来越来越多具有潜在意义的各类数据。具体主要包括以下几种。

1. 海量的 Key-Value 数据

在传感器技术飞速发展的今天，包括光电、热敏、气敏、力敏、磁敏、声敏、湿敏等不同类别在内的工业传感器得到了大量的应用，而且很多时候关于设备的数据要以毫秒级的精度被分析，这部分数据的特点是，每条数据包含的内容很少，但是采集频率极高。

2. 文档数据

文档数据包括工程图纸、仿真数据、设计的 CAD 图纸等，还有大量的传统工程文档。其中涉及的数据有以下几种类型。

（1）信息化数据。工业信息系统产生的数据，一般是以数据库形式存储的，因此这部分数据是最容易采集的。

（2）接口数据。由已经建成的工业自动化或信息系统提供的接口类型的数据，包括 TXT、JSON、XML 等格式数据。

（3）视频数据。工业企业中会有大量的视频监控设备，这些设备会产生大量的视频数据。

（4）图像数据。例如工业企业中各类图像设备拍摄的图片（例如巡检人员用手持设备拍摄的设备、环境信息图片）。

（5）音频数据。例如语音及声音信息（例如操作人员的通话信息、设备运转的音量信息）。

（6）其他数据。例如遥感/遥测信息、三维高程信息等。

工业大数据采集的技术难点主要包括以下几个方面。

（1）数据量巨大。大量的工业数据是"脏"数据，将其直接存储后无法用于分析，因此在存储数据之前，必须要进行处理。而处理海量的"脏"数据技术难度比较高。

（2）工业数据的协议不标准。互联网数据采集一般都遵从常见的 HTTP 等协议，但在工业领域，会出现 ModBus、OPC、CAN、ControlNet、DeviceNet、Profibus、Zigbee 等各类型的工业协议，而且各个自动化设备的生产及集成商还会自己开发各种私有的工业协议，导致工业协议的互联互通难以实现，从而无法有效地进行数据解析和采集。

（3）对已有系统的数据采集难度大。工业大数据采集往往是采集自动化系统上的位机的数据。这些自动化系统的生产商水平参差不齐，大部分系统是没有数据接口的，文档也大量缺失，并且大量的现场系统没有点表等基础设置数据，从而使得这部分数据采集的难度极大。

26.6.2　工业大数据的交换

工业大数据平台通常由"云—管—端"3 部分组成，如图 26-6-1 所示。与 x86 计算机主板中的南桥和北桥相似，工业物联网平台也有类似的概念。在"管"的左边，与外设传感器等相关的部分被称为"南向"，在"管"的右边，与数据处理相关的部分被称为"北向"。南向由各种传感器及 SCADA 系统/PLC/HMI 组成，负责数据的采集。这些数据经过 RTU/DTU、网关或路由器被传输到大数据中心，由北向的工业互联网大数据处理平台进行处理，从而完成监控、告警、预测性维护及数据分析等功能。

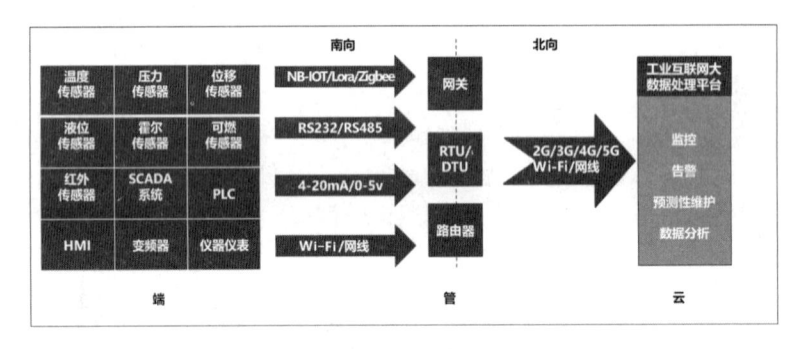

图 26-6-1　工业大数据平台框架

工业大数据平台南向传感器采集的数据具有时间属性，并且自带标签与数值。每条数据代表一个监测指标并且反映数值的变化，同时这些数据又随着时间的延续而无限增长，因此被称为流数据或时序数据。

南向采集数据的设备虽然多种多样，但本质上它们的数据格式都是一样的，都由"timestamp（时间戳）、tags（标签）、metrics（指标）"这 3 部分组成。数据格式看上去很简单，但是对数据处理系统来说有着如下的复杂性。

（1）数据自带时间戳，这意味着数据处理具有实时性。

（2）都是"小数据"，这意味着数据存储系统需要对此进行专门的设计。

（3）数据随着时间的延续而无限增长，这意味着数据具有无限性。

（4）数据到达的速度有快有慢、负载有高有低，这意味着需要灵活、细颗粒度的数据处理资源。

（5）数据可能是有序或无序的，会有持久化需求，以及数据传输的环境可能是复杂的，在这些约束条件下要保证数据处理结果的正确性。

26.6.3 工业大数据的处理

工业大数据平台北向模块负责大数据的处理，不同的应用场景意味着不同的数据处理要求与技术复杂度。要把这些不同的、甚至矛盾的数据处理要求很好地综合在一个大数据处理系统中，对现有的大数据处理技术来说是一个非常大的挑战。例如，无人车的数据处理要求具有毫秒级甚至纳秒级的实时数据处理，而对于一些工业设备的数据处理，则只需要分析历史数据即可。

在物联网技术发展的大潮下，智能手机、PC、智能硬件设备的计算能力越来越强，而企业对数据处理实时响应能力的要求也越来越高，过去传统的中心化、非实时化的数据处理思路已经不适应现在的大数据分析需求。新一代的大数据架构 IoTA 架构可以解决上述问题，其整体思路是设定标准的数据模型，通过边缘计算技术把所有的计算过程分散在数据产生、计算和查询的过程中，以统一的数据模型贯穿始终，从而提高整体的计算效率，同时满足即时计算的需要，以及可以使用各种即席查询来查询底层数据，如图 26-6-2 所示。

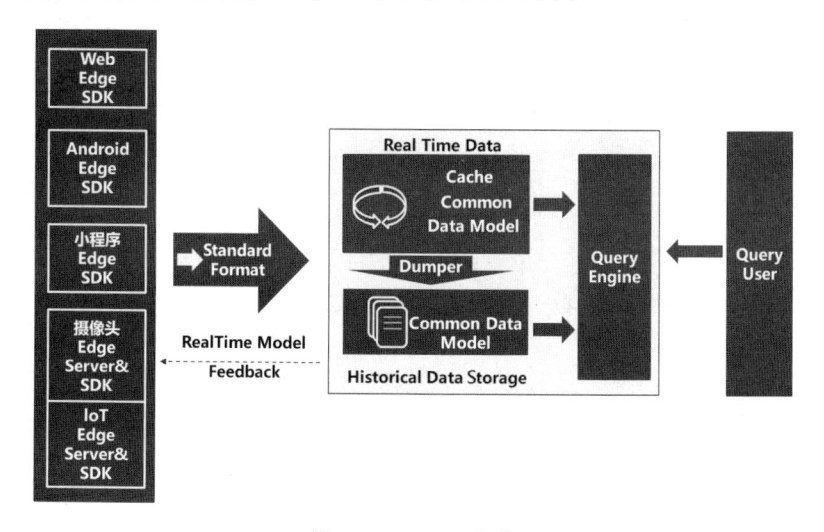

图 26-6-2　IoTA 架构

IoTA 架构的整体技术结构分为以下几部分。

（1）通用数据模型（Common Data Model）：贯穿整个业务始终的数据模型。这个模型是整个业务的核心，可以使 SDK、Cache、历史数据、查询引擎保持一致。通用数据模型可以将数据定义为"主—谓—宾"或者"对象—事件"这样的抽象模型来满足各种各样的查询。以大家熟悉的 App 用户模型为例，用"主—谓—宾"模型描述就是"×用户—事件 1 – A 页面（2018/4/11 20:00）"这种形式。当然，根据业务需求的不同，也可以使用"产品—事件""地点—时间"模型等。模型本身也可以根据协议（例如 QrotoBuf）来实现在 SDK 端定义，而在中央集中存储的方式。此处的核心是，从 SDK 到存储再处理是一个统一的标准数据模型。

（2）边缘服务器和边缘 SDK（Edge Server & Edge SDK）：数据的采集端，它不再是过去简单的 SDK。它在复杂的计算情况下，在设备端就将数据转换为统一的数据模型来进行传送。例如，对于智能 Wi-Fi 采集的数据，在 AC 端就被变为类似"×用户的 MAC 地址—出现—A 楼层（2018/4/11 18:00）"这种形式的"主—谓—宾"模型。对于摄像头采集的数据，会通过 Edge AI Server 被转换成为类似"×的面部特征—进入—A 火车站（2018/4/11 20:00）"这种形式的模型等。对于 App 和 H5 页面采集的数据，只要求是埋点格式即可。

（3）实时数据（Real Time Data）缓存区：这个部分是为了达到实时计算的目的。在接收海量数据时不可能将其实时放入历史数据库，因为那样会出现建立索引延迟、历史数据碎片文件等问题。因此，要有一个实时数据缓存区来存储最近几分钟或者几秒的数据。可以使用 Kudu 或者 HBase 等组件来实现。这部分数据会通过 Dumper 被合并到历史数据中。此处的数据模型与 SDK 端的数据模型是保持一致的，都是通用的数据模型，例如"主—谓—宾"模型。

（4）历史数据存储（Historical Data Storage）区：这个部分保存了大量的历史数据，为了实现 Ad-Hoc 即时查询，将自动建立相关索引，提高整体历史数据的查询效率，从而实现秒级反馈数百亿条数据的复杂查询结果。

（5）Dumper：Dumper 的主要工作就是将最近几秒或者几分钟的实时数据，根据汇聚规则建立索引，并存储到历史结构中。可以使用 MapReduce、C、Scala 等语言把相关的数据从实时数据缓存区写入历史数据存储区。

（6）查询引擎（Query Engine）：提供统一的对外查询接口和协议（例如 SQL JDBC），把实时数据和历史数据合并到一起查询，从而实现对数据的 Ad-Hoc 即时查询。例如，常见的计算引擎可以使用 Presto、Impala、ClickHouse 等数据库。

（7）实时模型反馈（RealTime Model Feedback）：通过边缘计算技术，在边缘端可以做更多的交互，可以通过在实时数据缓存区设定规则来对边缘 SDK 端进行控制，例如数据上传频次的降低、语音控制的迅速反馈、某些条件和规则的触发等；简单的事件处理将在本地的 IoT 端完成，例如，现在已经有很多摄像头本身带有犯罪嫌疑人的识别功能。

IoTA 架构主要有如下特点。

（1）去 ETL 化：ETL 和相关开发一直是大数据处理的痛点，IoTA 架构通过通用数据模型的设计，专注在某一个具体领域的数据计算，从而可以在 SDK 端就开始计算，而中央端只用于数据采集、建立索引和查询，提高整体数据分析的效率。

（2）Ad-Hoc 即时查询：根据 IoTA 架构整体的计算流程机制，在手机端，智能物联网事件在发生之时就被直接传送到云端进入实时数据缓存区，可以被前端的查询引擎查询。此时用户可以使用各种各样的查询，直接查询到前几秒发生的事件，而不用等待 ETL 或者流的数据研发和处理。

（3）边缘计算（Edge Computing）：将过去统一到中央端进行整体计算的数据分散到数据产生、存储和查询端计算，从而使数据自产生即符合通用数据模型的要求。同时，让客户端在传送数据的同时马上反馈，而不需要等所有事件都到中央端处理之后再下发。

采用 IoTA 架构搭建工业大数据平台的难点不是如何封装各种大数据工具和中间件，而是建立贯穿业务始终的数据模型。企业必须遵从数据架构的总体定义，从数据采集端开始系统性地建立贯穿业务始终的数据模型，并体系化开展数据治理的各项工作。

本章精要

数据交换与服务工具是多种工具的组合，可以将其划入大数据平台的范畴。它是服务于数据治理平台和各类数据应用系统的一系列中间件，被广泛应用于源系统的数据采集、系统之间的数据交换、多源头数据的汇聚与加工、将数据加载到目标系统、数据共享应用等方面。对数据的用户而言，数据交换与服务工具是"黑盒"模式的；对企业的信息技术人员而言，数据交换与服务工具是一个保障企业信息系统有序运营、融合数据孤岛、推进数据共享的重要工具，可以将其看作企业信息系统的"神经系统"。

第 27 章 数据安全管理工具

27.1 数据安全管理工具概述

工业互联网数据安全管理需要依托具体的工具来实现。随着技术的发展，软件工具的自动化、智能化程度在不断提高，其在数据安全管理中的作用越来越大。目前，业界很多厂商都开发了相关工具，其中包括数据采集、数据传输、数据存储、数据处理、数据交换、数据销毁等工具。这些工具有的是独立的，有的是相互组合在一起形成包括多种功能的软件平台，其具体意义和主要功能如图 27-1-1 所示。

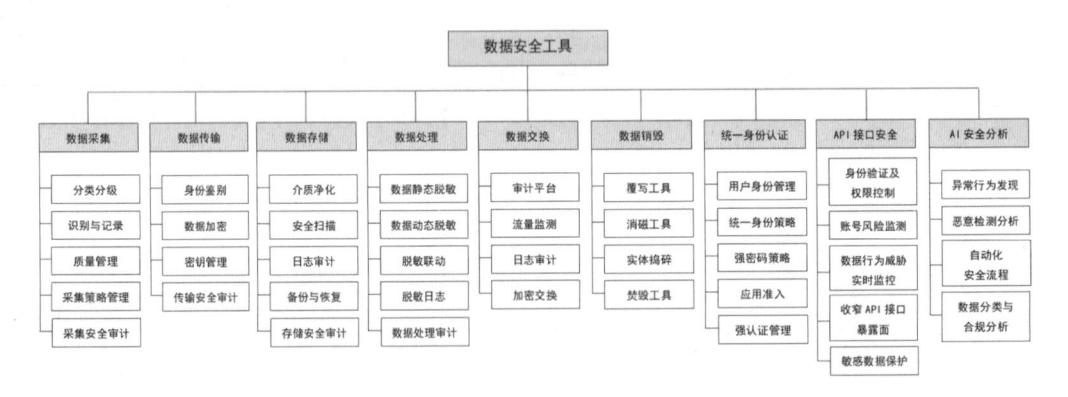

图 27-1-1 数据安全工具

27.2 数据采集安全管理工具

数据采集安全管理工具用来确保数据源的真实性、有效性，并规范数据采集的渠道、数据格式及相关流程和方式，从而保证数据采集的合规性、正当性和执行上的一致性。工业互联网数据采集主要通过传感器与感知技术，采集物联网设备及生产经营过程中的业务数据、外部互联网数据等，并且具有很高的实时性要求。

随着数据与业务逐渐独立，数据来源多样化，数据来源信息变得十分复杂。同时，在数据处理过程中，数据安全也容易受到来自内部或外部的攻击。数据在不同业务之间的流动和处理成为常态。在数据安全事件追溯过程中，数据安全责任主体增多，数据流动环节复杂度增大，安全事件审计确权确责难度加大；另外，数据分享经常是跨组织、跨安全系统边界进行的，这些都使得对攻击行为的追溯变得极为困难。因此，要制定一个完善的数据安全审计方案需要慎重考虑数据的整个生命周期。

27.2.1 数据分类分级工具

在工业大数据时代，企业需要对数据进行分类分级：首先通过对数据的有效理解和分析，对数据进行不同类别和保密级别的划分；然后根据数据的类别和保密级别制定不同的管理和使用原则，尽可能对数据做到有差别和有针对性的防护，实现在适当安全防护下让数据自由流动。通过对识别的数据资产进行分类分级，以及针对不同级别的数据进行策略设置，可以实现对敏感数据的识别和跟踪管理。

1. 数据分类分级依据

（1）根据数据的重要性和对组织可能产生的影响，对数据进行分类分级。

（2）制定组织机构层面的分类分级原则和要求，以及根据数据泄露、丢失、损坏等对组织可能造成的影响对数据进行分类分级。

（3）根据业务场景来完善分级分类细则。

2. 数据分类分级使用的技术工具参考

（1）标签库：根据数据分类分级规则，建立标签库；可以单独构建一个静态库，也可以直接在打标工具/系统后台进行配置。

（2）结构化数据打标：用户在建表时直接对字段标签进行设置，并基于数据库的权限模型对底层数据表的列进行权限控制。

（3）非结构化数据打标：引入自然语言处理、数据挖掘和机器学习等技术，对内容进行识别，并实现数据分类分级。

（4）分类：将生成的分类器应用在有待分类的文档集合中，获取文档的分类结果。由于机器学习技术在文本分类领域中有着良好的表现，其已经成为该领域的主流技术。

27.2.2 数据采集内容及策略

在采集数据时要设置统一的数据采集策略（如采集周期、频率、采集内容等），保证数据采集流程的一致性。并且在采集过程中，要对被采集方授权同意采集的过程和信息进行日志记录。

采集内容包括数据类型/类别、采集内容的来源、采集目的、采集用途、采集方式、采集范围。

采集周期和频率可根据场景制定。

27.2.3 数据采集人员管理

针对数据采集人员的管理主要包括识别采集人员、制定采集人员的操作规范，以及记录采集过程中使用的工具，其中需要注意以下要点。

（1）数据采集人员在采集数据前，应进行身份识别，使用人脸识别、指纹识别等技术可以防止数据采集点被仿冒与伪造。

（2）应设置专人负责数据审核和采集工作。

（3）数据采集人员应明确数据来源、采集方式、采集范围等内容，并记录存档。

（4）数据采集人员应制定标准的数据采集模板，以及数据采集方法、策略和规范。采集策略参数配置应包括采集周期、有效性、检测时间、入口地址和采集深度等。

27.2.4 数据采集安全审计

数据采集是对数据类别和级别进行标注，此过程会对后续的数据处理产生重要的影响，其中通常涉及对元数据的各种操作。所以，此阶段的工作之一就是，确保对元数据各种操作的可记录和可追溯。通过对数据分类分级、采集加密和隔离等操作进行审计，可以确保在整个数据采集过程中对数据的分类分级和防护过程可追溯。

27.2.5 数据源鉴别及记录

数据源鉴别是对收集或产生数据的来源进行身份识别的一种安全机制，以防止采集到其他不被认可的或非法数据源（如机器人信息注册等）产生的数据，即避免采集到错误的或失真的数据。

数据源记录是指，需要对采集的数据进行数据来源的标示，以便在必要时对数据源进行追踪和溯源。

利用数据识别技术或工具（元数据管理、数据血缘管理等），可以标识采集数据来源。

27.3 数据传输安全管理工具

数据在通过不可信或者具有较低安全性的网络进行传输时，容易面临被窃取、伪造和篡改等风险，因此，需要建立相关的安全防护措施，保障数据在传输过程中的安全性。数据传输安全管理工具就是为了保障数据在传输过程中的机密性、完整性和可信任性。

数据传输安全管理工具具体需要具备以下基础功能。

（1）身份鉴别和认证：在建立传输加密通道前，要对两端的主体身份进行鉴别和认证，确保数据传输双方是可信任的。

（2）数据加密：针对需要加密的场景确定加密的方案，通过加密产品或工具落实制度规范所约定的加密算法要求和密钥管理要求，保护数据在传输过程中的机密性和完整性。同时，加密算法的配置、变更，密钥的管理等操作过程应配有审核机制和监控手段。

（3）密钥管理系统：用于实现对密钥生命周期的安全管理。

27.3.1 加密算法

组织应在定义需要加密的场景后，选择合适的算法针对数据进行加密。

加密系统通常包含明文、密文、加密/解密算法及用于加密/解密的钥匙（密钥）。加密算法是一些公式和法则，它规定了明文和密文之间的转换方式。密钥是控制加密/解密算法的关键信息，它的产生、传输、存储等工作是十分重要的。

数据加密的基本过程包括对明文（即可读信息）进行翻译，译成密文或密码的代码形式。该过程的逆过程为解密，即将该代码转换为其原来的形式。

27.3.2 对称加密

对称加密（也叫私钥加密）指加密和解密使用相同密钥的加密算法，有时又叫作传统密码算法，即加密密钥能够通过解密密钥推算出来，同时解密密钥也可以通过加密密钥推算出来。而在大多数对称算法中，加密密钥和解密密钥是相同的，所以，也称这种加密算法为秘密密钥算法或单密钥算法。它要求发送方和接收方在安全通信之前商定一个密钥。对称算法的安全性依赖于密钥，泄漏密钥就意味着任何人都可以对其发送或接收的消息解密，所以密钥的保密性对通信安全至关重要。常见的对称加密算法包括：SM1 和 SM4 算法、DES 算法和 AES 算法等。

SM 算法是国密算法。国密算法即国家密码局认定的国产密码算法。SM 算法主要有 SM1、SM2、SM3、SM4，其中 SM1 算法为对称加密，但该算法并未公开，在调用该算法时，需要通过特定的加密芯片的接口进行；SM3 为信息摘要算法；SM4 为对称加密算法； SM4 的特点是密钥长度和分组长度均为 128 位。在国家推出信息安全战略的大背景下，国密算法得到了越来越多的支持。

27.3.3 非对称加密

非对称加密算法需要两个密钥，即公开密钥（Public Key，简称公钥）和私有密钥（Private Key，简称私钥）。公钥与私钥是成对使用的，如果用公钥对数据进行加密，那么只有用对应的私钥才能解密；如果用私钥对数据进行加密，那么只有用对应的公钥才能解密。因为加密和解密使用的是两个不同的密钥，所以这种算法被称为非对称加密算法。

RSA 公钥加密算法是目前最有影响力的公钥加密算法之一，它能够抵抗到目前为止已知的绝大多数密码攻击，已被 ISO 推荐为公钥数据加密标准。它基于一个十分简单的数论事实：将两个大素数相乘十分容易，想要对其乘积进行因式分解却极其困难，因此可以将乘积公开作为加密密钥。

非对称加密与对称加密相比，安全性更好。对称加密的通信双方使用相同的密钥，如果一方的密钥遭到泄露，那么整个通信就会被破解。非对称加密使用一对密钥，一个用来加密，一个用来解密，而且公钥是公开的，密钥是用户自己保存的，不需要像对称加密那样在通信之前先同步密钥。其缺点是加密和解密花费的时间长、速度慢，并且只适合对少量数据进行加密。

27.3.4 传输安全审计

传输安全审计重点关注传输安全策略的执行情况，对发送方和接收方的设备、接口、通信协议，以及加密方法等信息进行记录，及时发现传输过程中可能引发的敏感数据泄露风险：通过发送方和接收方日志信息可以发现异常传输行为，并及时告警、验证和联动阻断操作。

27.4 数据存储安全管理工具

数据存储安全管理用于解决当数据被存储在介质上时[比如物理实体介质（闪盘/硬盘）、虚拟存储介质（容器/虚拟盘）等]，因对介质的不当使用所引发的数据泄露问题。

数据存储安全管理工具需具备以下基础功能。

（1）介质净化：主要是针对物理实体介质（闪盘/硬盘）进行净化。

（2）安全扫描：定期对重要的数据存储系统的安全配置进行扫描，以保证其符合安全基线要求。

（3）日志审计：采集存储系统的操作日志，识别访问账号并鉴别权限，监测数据使用的规范性和合理性。

（4）数据备份和恢复：数据备份和恢复的技术工具要统一，并做到自动化执行。

（5）备份管理：对已备份的数据要进行安全管理，包括但不限于对备份数据的访问控制、压缩或加密管理、完整性和可用性管理。

27.4.1 数据存储介质管理

数据存储介质是数据存储的载体和基础。数据存储介质并不是越贵越好、越先进越好，要根据不同的应用环境，合理选择数据存储介质。常见的数据存储介质有移动硬盘、可记录光盘、U 盘、闪存卡、闪盘等。

27.4.2 数据存储安全

在过去 10 年中，数据存储设备已演变为多个系统共享的一种资源。非常多的案例都表明，只保护数据存储设备所在的系统的安全已不能满足需要了。目前数据存储设备会被连接到非常多的系统中，因此，必须保护各个系统中有价值的数据，防止其他系统未经授权访问数据或破坏数据。相应地，对于数据存储设备必须要防止未被授权的设置改动，对其的所有更改都要做审计跟踪。

在实践中，建立数据存储安全需要专业的知识，要留意细节，不断检查，确保数据存储解决方案能持续满足业务不断改动的需求。最重要的是，安全的本质是在三个方面达到平衡，即采取安全措施的成本、安全缺口带来的影响、入侵者要突破安全措施所需要的资源三者的平衡。

27.4.3 数据备份和恢复

数据备份是容灾的基础，是指为防止出现操作失误或系统故障导致数据丢失，而将全部或部分数据集合从应用主机的硬盘或阵列复制到其他存储介质的过程。

传统的数据备份主要采用内置或外置的磁带机进行冷备份。但是这种方式只能防止操作失误等人为造成的故障，而且数据恢复时间也很长。随着技术的不断发展，数据量的大大增加，不少企业开始采用网络备份。网络备份一般通过专业的数据存储管理软件结合相应的硬件和存储设备来实现。常见的备份方式如下。

（1）磁带/光盘备份：包括以下两种方式。

①远程磁带库、光盘库备份。即将数据传送到远程备份中心制作完整的备份磁带或光盘。

②远程关键数据+磁带备份。即采用磁带备份数据，生产机实时向备份机发送关键数据。

（2）数据库备份：在与主数据库所在的生产机相分离的备份机上建立主数据库的备份。

（3）网络数据备份：对生产系统数据库中的数据和所需跟踪的重要目标文件的更新进行监控与跟踪，并将更新日志通过网络实时传送到备份系统，备份系统则根据日志对磁盘进行更新。

（4）远程镜像备份：通过高速光纤通道线路和磁盘控制技术，将镜像磁盘延伸到远离生产机的地方，保持镜像磁盘中的数据与主磁盘中的数据完全一致，更新方式为同步或异步。

造成数据丢失和毁坏的原因主要有如下6个方面。

（1）数据处理和访问软件平台故障。

（2）操作系统存在设计漏洞或设计者出于不可告人的目的而人为预置的"黑洞"。

（3）系统的硬件故障。

（4）人为的操作失误。

（5）网络内非法访问者的恶意破坏。

（6）网络供电系统故障等。

为了保障生产、销售、开发的正常运行，企业用户应当采取先进、有效的措施，对数据进行备份，防患于未然。

27.4.4　灾难恢复能力等级划分

灾难恢复能力等级的确定是信息系统灾备建设的重要考虑因素。在《信息系统灾难恢复规范》（GB/T 20988—2007）中将灾难恢复能力划分为六个等级。

（1）等级一：具备基本支持。要求数据备份系统能够保证每周至少进行一次数据备份，备份介质能够场外存放。对于备用数据处理系统和备用网络系统，没有具体要求。

（2）等级二：具备备用场地支持。在满足等级一条件的基础上，要求配备灾难恢复所需的部分数据处理设备，或灾难发生后能在预定时间内调配所需的数据处理设备到备用场地；要求配备部分通信线路和相应的网络设备，或在灾难发生后能在预定时间内调配所需的通信线路和网络设备到备用场地。

（3）等级三：具备电子传输和设备支持。要求每天至少进行一次完全数据备份，备份介质场外存放，同时每天多次利用通信网络将关键数据定时、批量传送至备用场地。配备灾难恢复所需的部分数据处理设备、通信线路和相应的网络设备。

（4）等级四：具备电子传输及完整设备支持。在等级三的基础上，要求配置灾难恢复所需的所有数据处理设备、通信线路和相应的网络设备，并且处于就绪或运行状态。

（5）等级五：具备实时数据传输及完整设备支持。除要求每天至少进行一次完全数据备份、备份介质场外存放外，还要求采用远程数据复制技术，利用通信网络将关键数据实时复制到备用场地。

（6）等级六：具备数据零丢失和远程集群支持。要求实现远程实时数据备份，数据零丢失；备用数据处理系统具备与生产数据处理系统一致的处理能力，应用软件是"集群的"，可实时切换。

由此可见，灾难恢复能力等级越高，对于信息系统的保护效果越好。企业需要对关键数据进行同城和异地的实时备份，保证业务应用能够实现实时切换；同时要制订灾难恢复计划，并定期进行测试，确保各个恢复程序的正确性和计划的有效性。

27.4.5 数据存储安全审计

数据存储安全审计是针对数据存储和读取的动作，以及备份的行为进行审计。通过对数据存储的操作主体、时间、操作类型进行分析，可以发现数据访问者的异常行为并确保配套的数据存储安全策略得到正确和有效的执行。

27.5 数据处理安全管理工具

工业互联网中处理的数据主要是来自工业软件和工业互联网经营管理中的数据，以及外部数据等。此类数据信噪比低，要求数据具有真实性、完整性和可靠性，更加关注处理后的数据质量。数据处理安全管理工具用于降低上述各类数据在分析与挖掘过程中被泄露的风险。

数据处理安全管理工具需具备以下基础功能。

（1）数据脱敏工具。

组织要具备统一的数据脱敏工具，数据脱敏工具应具备静态脱敏和动态脱敏的功能。而且，脱敏工具应与组织的数据权限管理平台实现联动，可以根据使用者的职责权限或者业务处理活动，动态化地调整脱敏的规则。职责权限一般用来决定可以访问哪些敏感数据，业务处理活动则主要决定采用哪些脱敏方式。例如，对于用户敏感数据可以通过遮蔽部分数据等方式实现脱敏。

（2）数据脱敏日志。

数据脱敏工具对数据进行脱敏操作的过程应该保留日志记录，以审核违规或恶意使用数据的行为，防止敏感数据泄露。

（3）静态数据脱敏。

静态数据脱敏一般将敏感数据从生产环境中抽取并脱敏后，用于非生产环境中，如常用于培训、分析、测试、开发等非生产系统的数据库。

（4）动态数据脱敏。

动态数据脱敏常用于生产环境，即在访问敏感数据时即时进行脱敏。其一般用来解决在生产环境中，需要根据不同情况对同一敏感数据进行不同级别脱敏的问题。对于需要共享的生产数据或时效性很高的测试和培训场景，基于网络代理模式的动态脱敏技术，可以实现实时模糊敏感数据。动态数据脱敏可实现对业务系统数据库中的敏感数据进行透明、实时的脱敏。

动态数据脱敏能够更好地保证数据的隐私性。简单来说，动态数据脱敏只是对数据（如姓名、电话号码等）进行简单、粗暴的脱敏处理，即改变数据，并且通常无法返回原始数据。因此，动态数据脱敏在保护数据安全层面只适用于测试、开发环境。在不用提供真实数据的情况下，可以将脱敏后的数据传输给第三方用于测试、开发等，以保障真实数据的安全。

（6）数据处理审计。

在数据处理阶段需要对各个业务接口进行频繁操作，在此过程中通过行为审计工具，可以发现数据处理中存在的风险。另外，数据处理审计的重点任务之一就是，关注数据脱敏处理过程，对敏感数据的相关脱敏操作的记录进行审计，及时发现可能存在的组织机密信息或者个人隐私数据泄露的风险。

27.6 数据交换安全管理工具

数据交换安全管理工具用来解决因非法人员通过非法技术或手段导出非授权数据、敏感数据而带来的数据篡改和数据泄漏等重大事故，控制数据交换中存在的安全风险。

数据交换安全管理工具需要具备以下基础功能。

（1）审核平台。

通过建立数据交换审核流程的在线平台，组织机构内部可对数据交换进行审核并详细记录，确保没有超出数据服务提供者的数据授权使用范围。

（2）日志审计。

针对数据交换日志，建立相应的管理和审计方案，有效记录在交换过程中的相关日志信息，并通过定期开展审计工作发现其中存在的安全风险。

（3）流量监测。

通过工业互联网云平台的服务提供商，把流量数据引到数据汇集资源处，通过威胁情报、预制规则、用户行为分析，发现工业互联网云平台各区域的实时安全状况，并进行告警，为工业互联网云平台的安全运维提供关键预警信息。

（4）加密。

利用数据加密、安全通道等措施，保护数据交换过程中的个人信息、重要数据等敏感信息的安全。

数据交换过程的安全审计是数据安全审计的重点。在数据共享阶段，需要对高价值的数据的导入、导出、共享操作进行持续监控，并且要审计和追溯交换数据是否已经脱敏，是否已经加密，或者保留水印等。

27.6.1 数据导入/导出安全保障

要建立数据导入/导出安全保障的制度流程，首先要建立数据导入/导出安全制度规范，规范数据导入/导出安全策略，然后规范相应的权限审批和授权流程，同时，也需要建立数据导出介质的安全技术标准，保障数据导出介质的使用合法合规。具体介绍如下。

（1）建立数据导入/导出安全制度规范，对各业务中的数据导入/导出场景进行充分、合理的安全需求分析，依据不同的场景，并基于数据分类与分级要求制定数据导入/导出的安全策略，例如访问控制策略、不一致处理策略、流程控制策略、审计策略、日志管理策略等。

（2）建立规范的数据导入/导出权限审批和授权流程，流程中包括但不限于数据导入/导出的业务方、数据在组织机构内部的管理方、相应的安全管理团队，以及根据组织机构数据导入/导出的规范要求需要参与具体风险判定的相关方。

（3）建立针对数据导出介质的安全技术标准，明确导出介质的命名规则、标示属性等重要信息，定期验证导出数据的完整性和可用性。

27.6.2 数据交换安全

在数据交换环节中，业务系统会将数据共享给外部组织机构，或者以合作方式与第三方合作伙伴交换数据。数据在共享后会释放更大的价值，并且支撑业务的深入开展。在数据共享过程中面临着巨大的安全风险，数据本身存在敏感性，若共享保护措施不当，则会泄露敏感数据和重要数据。因此，在本过程中，需要采取相应的安全保护措施，以保障数据共享后数据的完整性、安全性和可用性，防止数据被丢失、篡改、假冒和泄露。

组织机构要制定数据共享原则及数据保护措施，从国家安全、组织机构的核心价值保护、个人信息保护等方面对数据共享中的风险控制提出要求，明确数据共享涉及的机构或部门的相关职责和权限，明确数据共享相关人员的数据保护责任，确保数据使用者对共享的数据具有足够的保护能力，从而保障数据共享安全策略的有效性。

组织机构要对数据共享涉及的数据类型、数据内容、数据格式，以及数据共享的常见场景制定细化的规范要求，以满足数据共享的业务场景需求，提高数据共享效率，把控具体数据共享场景中的风险。

组织机构要建立规范的数据共享审核流程，在审核流程中包括但不限于数据共享的业务方、在组织机构内部的共享数据管理方、数据共享的安全管理团队，以及根据组织机构数据共享规范要求需要参与具体风险判定的相关方，如法律团队、对外公关团队等其他重要的与数据价值保护相关的团队，确保共享的数据未超出授权范围。

组织机构要制定数据共享审计策略和审计日志管理规范，明确审计记录要求，为数据共享安全事件的处置、应急响应和事后调查提供帮助。

针对数据交换过程中涉及第三方数据交换平台的场景，组织机构要制定明确的安全评估要求和流程，以保证该数据交换平台符合组织机构对数据交换过程的数据安全要求。

27.6.3 数据销毁安全管理

在弃置工业计算机或设备前，必须将其中所有的数据彻底删除和销毁，保证其无法复原，以免造成信息泄露，尤其是涉密数据。

下面列出几种企业经常采用的数据销毁方式，这些方式不见得最完美，却是企业在衡量所采用方式的时间、金钱及效益方面后的最佳平衡点。

（1）覆写法。

由于磁带是可以重复使用的，当前面的数据被新的数据覆写时，虽然可以通过软件进行数据还原，但是随着被覆写次数的增多，非结构性数据在被复原时需要的解读时间也越来越长。企业可以通过评估自己是否能够承担数据被复原的风险而选择合适的覆写方式。其中，低程度的覆写就是将磁带或磁盘完全覆写；高程度的覆写则需要符合美国的 DoD 5220.22-M 标准，结合数种清除与覆写程序，让硬盘中的每一条数据都被重复清除与覆写。

（2）消磁法。

磁盘或是磁带等存储介质使用的都是磁性技术，如果能破坏其磁性结构，则其中既有的数据便不复存在。一般企业可以购买小型消磁机进行单卷消磁（但消磁机的磁波高），如果是大量消磁，则委托专门的公司负责会比较迅速、安全。

（3）捣碎法/剪碎法。

物理地破坏数据存储介质实体，让数据无法被系统读出，也是保护数据机密性与安全性的方法之一。

虽然有人质疑用这种数据销毁方式并不安全，但采用此种数据销毁方式的企业，通常会衡量其能承担的最大风险，而且还可以搭配焚毁法进行数据销毁。

（4）焚毁法。

需要淘汰的数据存储介质还可以借由焚毁方式将数据真正化为灰烬。在整个过程中，信息主管需要在现场监督旧数据焚毁状况与进度，落实数据安全的最后一步。

若有人从弃置的数据存储介质中取得数据，对企业来说会存在风险。因此，引进合乎企业最大效益的数据销毁方式，是多数企业必须要慎重考虑的。

（5）安全审计。

数据销毁阶段的安全审计重点关注对数据存储介质和数据的访问行为，并对数据销毁过程进行监控。相关审计信息应该包括数据删除的操作时间、操作人、销毁的方法、数据类型、操作结果等相关信息。

27.7 统一的身份认证系统

统一的身份认证系统是面向工业互联网的多个应用系统，通过提供集中、统一的安全认证服务，形成统一的、安全性高的身份验证中心。其支持用户名/口令、PKI/CA（公钥基础设施/认证中心）数字证书等多种不同强度的用户身份认证方式，提供集中的数字身份管理、认证、授权、审计的模式和平台，从而实现对企业信息资产进行统一的身份认证、授权和身份数据的集中管理与审计。

统一的身份认证系统需具备以下基础功能。

（1）建立基于实名制的统一、权威的用户身份数据源，实现对用户的全生命周期管理，消除账号分散管理，避免因没有统一身份管理策略和强密码策略所面临的风险。

（2）建立集中、高强度的安全认证中心，以统一的安全认证策略和技术保障用户认证安全。

（3）建立应用接入规范和标准，支持当前主流的认证协议和认证技术，支持异构应用集成。

（4）建立或者接入现有审计平台，提供事后追溯甚至事中监测、报警乃至阻断的能力。

（5）除此之外，身份认证系统应具备灵活的配置和扩展能力，能够和第三方身份认证、审计平台进行整合，便于降低实施成本。

统一认证为工业互联网企业的应用系统和用户提供了集中的访问入口，实现了高强度的多因素认证技术，保障应用系统认证安全。

统一接入为工业互联网企业的应用系统提供应用账号和认证集成服务，实现企业人力资源数据和身份认证系统的同步，为集成应用系统提供用户访问的统一接入、联邦认证和单点登录服务。

统一的身份认证系统应对用户、应用系统等的相关操作建立集中式的日志记录，提供基本的安全审计和常用报表功能。根据用户的需要，可以将日志转发给第三方处理或者进行定制化开发，实现更多的功能。

当前，工业互联网采用云部署、容器部署已经成为趋势，所以，统一的身份认证系统需要采用云技术实现系统模块的部署，通过云架构为用户和应用系统提供更健壮的、不间断的服务能力。

27.8　API 接口安全管控系统

API 接口安全管控系统具有面向工业企业的 API 服务叠加统一的身份认证、权限控制、访问审计、监控溯源等安全能力。通过 API 接口安全管控系统，可以在现有工业互联网环境中的 API 无改造的情况下，建设 API 接口安全管控系统的安全机制：一是健全身份验证机制和授权机制；二是实时监控 API 账号登录异常情况；三是执行敏感数据保护策略；四是通过收窄 API 接口暴露面，建立接口防爬虫、防泄漏保护机制。这样做一方面可以确保数据调用方为真实用户而非网络爬虫，另一方面可以保证用户的访问记录可追溯。

API 接口安全管控系统需要具备以下基础功能。

（1）身份验证及权限控制机制：通过应用系统集成 SDK（软件开发工具包），或在工业企业受控于应用系统前部署应用系统安全代理并联动统一控制台，可以为访问用户叠加统一的多因子认证策略，将身份验证结果向后安全传递，完善 API 身份验证机制，并根据用户和应用系统的身份，控制 API 接口的访问权限，防止越权访问。

（2）账号风险监测机制：工业企业应建立账号风险监测机制。这样一方面可以监测账号是否存在单因素认证、弱密码、密码明文传输等脆弱性；另一方面可以建立用户账号登录行为画像，总结用户常规登录模式，发现账号共享、借用等情况并及时预警，然后进行进一步排查；同时，还可以监测异常访问情况，对接口返回超时、错误超限等进行分析，发现异常情况并及时预警。此外，建立账号风险监测机制还可以侦测外部 IP 访问内部 API 接口的情况，减少企业数据外泄的安全风险。

（3）敏感数据保护和数据行为威胁实时监控：帮助工业企业梳理开放 API 涉及的敏感数据，在将其分类分级后，按照相应的策略进行脱敏展示。所有敏感数据的脱敏均在后端完成，杜绝前端脱敏。此外，敏感数据通过加密通道进行传输，防止传输过程中的数据泄露。另外，内部 API 可能存在水平越权、垂直越权、账号滥用等风险，API 安全管控系统通过与安全管理中心或 UEBA 引擎联动，根据工业网络访问行为建立正常行为基线，对短时间内大量获取敏感数据、访问频次异常、非工作时间访问、敏感数据向外发送等异常行为进行监测。

（4）收窄 API 接口暴露面：通过在 API 服务前统一部署 API 安全代理网关，所有调用方通过代理地址对 API 服务发起访问，可以隐藏真实 API 服务地址。API 网关在转发访问请求到真实 API 服务前，会鉴别调用者的身份和权限，默认不转发任何未通过认证和鉴权的请求，从而尽可能地收窄 API 服务的暴露面，减少潜在的高级攻击等对 API 服务造成的风险。

27.9 人工智能技术赋能数据安全

人工智能技术在数据安全的风险检测、预防和响应机制，自动化安全流程，数据分类和合规分析等方面都有应用，并且被广泛应用于工业领域数据安全的各个方面，具体介绍如下。

（1）强化风险检测、预防和响应机制：可以使用机器学习算法检测网络入侵和恶意软件攻击行为，以便及早发现和防止这些攻击。通过深度学习和关联分析模型及算法，可以发现各系统中存在的安全风险和异常的用户行为，在此基础上，可以实现统计特征学习、动态行为基线和时序前后关联等多种形式场景建模，最终让工业用户具有实体安全和应用系统安全分析能力。此技术可作为工业企业 SIEM（安全、信息和事件管理）、SOC（安全运行中心）或 DLP（数据防泄漏）等保障体系的升级，它不但提供了更精准的内部安全威胁异常定位，而且能显著提升对攻击的响应能力。

（2）自动化安全流程：通过机器学习算法可以检测组织系统和网络中的异常行为，并根据异常信息来检测网络攻击，自动形成应对操作，减少数据被攻击的风险。一些安全厂商提供了安全编排与自动化响应平台，以及配套的响应流程，通过灵活编排响应活动并自动审计跟踪，实现了对威胁事件的快速响应；还有一些安全厂商利用人工智能和大数据技术，实现了对海量工业数据进行分析、威胁发现及响应策略等的快速制定。

（3）数据分类和合规分析：人工智能在敏感数据挖掘、图片文件内容实时监控和标记、数据防泄露等方面都有很好的效果。比如某厂商推出用户异常行为分析服务，可以通过机器学习算法自动识别对重要数据的访问、复制、移动等可疑行为，进行场景式用户行为分析（UEBA，User and Entity Behavior Analytics）。其还可以根据特征权重调整、风险自动衰减，以及自动化学习、运维人员反馈等智能机制，实施精准、实时的修复措施，防范重要数据暴露及共享业务中存在的数据安全风险。一些数据分类分级产品，利用人工智能技术提升数据分类分级的精准程度，并且可以自动生成合规报告，提升了数据安全治理的效率；安全厂商使用的分类分级发现系统可以在数据块维度进行多任务并行处理，利用机器学习算法+语义分析生成训练模型，提高数据分类的速度和精度，并提供数据特性及变化趋势的可视化功能。

总之，人工智能技术正在加速与工业企业的智能终端、边缘计算和云网数据中心的创新与融合，不但帮助工业企业提高了数据安全性，而且保护了用户数据的隐私性，同时降低了数据安全风险和人为错误的发生概率。所以，人工智能技术在威胁识别、态势感知、风险评估、恶意检测、不良信息治理、威胁情报分析等方面发挥了独特的优势，体现了更大的价值。

本章精要

　　本章介绍了工业互联网数据安全治理中所使用的具体工具，包括数据采集管理、数据传输管理、数据存储管理、数据处理管理、数据交换和共享管理、数据销毁管理等工具。这些工具有的是单独执行的小程序，比如数据分级打标工具等，有的是相互组合在一起形成包括多种工具集成功能的平台，为数据安全治理过程提供在线的安全服务，例如统一的身份认证系统、API接口安全管控系统和人工智能赋能数据安全等。

第 28 章

大数据平台

在信息化领域中，业务系统和数据分析系统在过去是分开的，分别叫作在线交易系统（OLTP）和在线分析系统（OLAP）。而现在，随着大数据、人工智能等技术的成熟应用，过去的划分方式不再适用于当前的环境，业务系统的功能不再局限于"录单据、跑流程和出报表"；每个业务人员都需要基于数据分析做判断，决定下一步如何处理。以前，业务人员都是根据经验来对业务环节进行沟通、处理、控制的，现在结合人工智能技术，有些业务环节可以实现自动处理。这种系统架构和应用也已经成为一种不可阻挡的趋势。

从另一个角度来看，企业内部的生产经营管理要规则清晰、流程明确、稳定固化，而全球化的市场又对企业提出了灵活多样、敏捷高效的要求，这就要求企业在内部的稳态和市场的敏态之间有柔性过渡方案，因而"大数据平台"的概念应运而生。

大数据平台也为实现业务数据资产化和数据资产价值化提供了数据管理、使用、运营、合规的平台基础，成为数据生产要素市场化的有力支撑。

本章将对大数据平台的演变、内涵、功能架构、团队建设，以及能力评估等方面进行总结，最后结合当下技术发展趋势预测大数据平台的未来发展方向。

28.1 大数据平台的演变与现状

28.1.1 大数据平台的演变

大数据平台这个概念虽然只是近几年才开始被人们熟知和讨论的，但其原型已经伴随着信息化的发展有几十年的历史了。根据数据存储、处理的基本方式和架构的变革，大数据平台大致经过了以下几个阶段。

数据库：单一的业务数据存储系统，支持简单的关联查询，主要被应用于基本的日常事务处理，其功能主要是对数据进行增、删、改、查等。

数据仓库：也称企业数据仓库，是一个面向主题的、集成的、相对稳定的、反映历史变化的数据集合。它将不同来源的结构化数据聚合起来，用于业务智能领域的比较和分析。其包含多种数据的存储库，并且是高度建模的，支持复杂的数据分析、决策支持和动态报表分析等功能。

数据平台（即传统大数据平台）：是为了满足报表和商业智能分析需求而提供数据集服务的平台。其具有初步的对数据进行全面管理的能力，包括数据应用管理、任务监控、资产管理和开发管理。

数据湖：一种可以提取、存储、评估、分析不同类型和结构的海量数据的环境，可供多种场景使用。数据湖以原始格式存储数据，包括源系统中的数据的原始副本及用于报告、可视化、分析和机器学习等任务的转换数据等。其中汇合了结构化数据、半结构化数据、非结构化数据，并且只有在使用数据时才需要进行数据的整理和整合。数据湖可以作为 Hadoop 或其他数据存储系统、集群服务、数据转换和数据集成等数据处理工具的一种复合配置来实施。

数据中台：准确地说，数据中台是企业治理架构中的概念，而不是数据平台中的概念。数据中台是建立在数据仓库和数据平台之上的，为企业提供从数据到业务价值转换的中间层，其主要以应用数据接口的方式提供各种数据服务。

湖仓一体（Lakehouse）大数据平台：是近几年出现的一种数据架构，它把面向企业的数据仓库技术与数据湖存储技术相结合，同时吸收了数据仓库和数据湖的优势，使数据分析师和数据科学家可以在同一个数据存储中对数据进行操作。同时，它也为企业进行数据治理带来了更多的便利，为企业提供了一个统一的、可共享的数据底座。

28.1.2　大数据平台的新内涵

在数据已经成为重要的生产要素，政府与各类企业、组织纷纷开始进行数字化转型的发展过程中，大数据平台有了新的内涵与目标，即为实现数据资产的汇聚流通、合理使用、安全运营，进行可控而有效的全生命周期管理。大数据平台具有数据接入、数据存储、数据管理、数据查询检索、数据分析挖掘、数据输出、数据展示等功能，从而可以对数据资产进行合理的利用和保护，解决实际问题，最终实现其社会价值和经济价值。

28.2　大数据平台的作用与建设

28.2.1　大数据平台的作用

如前所述，大数据平台的作用是对数据资产进行有效管理、合理利用和保护，最终提升数据资产的社会价值和经济价值，具体介绍如下。

（1）为各类用户、群体解决实际问题，只有通过解决实际问题，数据的价值才得以实现。

（2）提升组织内外的工作和沟通效率，提供统一的数据语言和数据工具。

（3）通过对数据资产的利用，带来直接或间接的、可以量化的经济收益。

（4）横向联通组织内外的各种业务系统、数据源，纵向打通业务流程等。

28.2.2 大数据平台的建设思路

大数据平台看似复杂、庞大，但其实施落地的规模可大可小、可繁可简，以组织的业务需要为导向，以成本合理、风险可控为准则，既有自上而下的全局部署、统一规划，也有自下而上的局部实施、量力而行。大数据平台实现的方式也是多样化的，既可以采用开源平台，也可以采用商业级解决方案；既可以部署在私有云上，也可以部署在公有云上。

大数据平台的建设者需要结合实际的业务场景和用户需求，不仅要从技术架构、数据结构上评估，更要从成本、收益、业务价值、易用性、安全性和可维护性等多个角度进行综合评估；既要纵向地在一个系统内部思考问题，也要横向地在多个系统之间权衡。

大数据平台的顶层设计要满足 3 个导向：目标导向，即符合组织发展目标；问题导向，即能够解决已知的业务问题；服务导向，即满足用户的各种功能性和非功能性需求，构建数据服务平台。

大数据平台的建设一般以迭代思维分阶段实施，要不断地夯实基础、优化架构、提高应用服务能力。一方面，要聚焦平台的数据治理、数据安全、数据服务这 3 个重点建设内容，不断夯实数据供给基础；另一方面，随着平台建设的不断深入，数据量的日益丰富，要通过智能化手段，不断丰富数据服务接口、通道和模式，满足不同应用场景下的需要，持续提高信息服务能力。

大数据平台的建设需要各个部门的参与，从规划设计到方案选择、部署实施，再到使用、维护、迭代，需要从管理角度、业务角度、技术角度来共同推动平台的建设。

（1）管理角度：以数据治理和价值开发为抓手，实现新旧数据的连接和协同。

（2）业务角度：以业务数字化、数据业务化为驱动，提升数据多元化和开放性。

（3）技术角度：以"湖仓一体"或数据仓库为中心或底座，提供智能化数据支撑和服务。

28.2.3 大数据平台的建设路径

在一般的实践中，大数据平台的建设路径有纵向和横向两种。

（1）纵向的垂直业务领域建设：针对业务场景开发所需的服务，提供一站式服务。

（2）横向的通用组件建设：抽象通用功能需求，构建服务组件，支持各种业务场景。

这两种路径各有利弊，也没有绝对的分界，可以结合起来实施，具体取决于组织的管理风格、业务需求、团队结构、技术基础、预算投入等。

28.3 大数据平台功能架构

28.3.1 湖仓一体大数据平台的产生和总体架构

多源异构数据的爆炸式增长带来的数据沼泽、信息孤岛等问题，导致产生了大量无用的或陈旧的数据。而数据湖凭借数据存储类型多样和开放访问等优势，解决了多元化数据存储的问题，但其缺乏事务管理支持能力、数据治理能力，从而限制了数据产出。因此，大多数企业选择先将数据提取/加载/转换（ELT）到数据湖，再将其提取/转换/加载（ETL）到数据仓库，打通数据湖与数据仓库之间的管道，以同时获取二者的优势。但这种两层架构的存储成本高、数据一致性和可靠性不足、对高级分析的支持有限。在此基础上，业界提出了湖仓一体的解决方案，即在数据湖上添加高级管理层具化数据仓库功能，实现将多元化数据存储、存储计算资源分离、支持事务管理、丰富的场景分析应用等优势进行组合。

由于湖仓一体大数据平台承载了越来越多的目标功能与价值期待，因此，其所包括的功能模块也越来越复杂、多变，这里将湖仓一体大数据平台通常所包括的功能及基本的层次关系简要地利用图 28-3-1 来概括，并对其中的主要功能模块做简要描述。但在实际的实施过程中，很多模块并非如图 28-3-1 所示的那样泾渭分明，往往是相互交织渗透的，牵一发而动全身。

图 28-3-1 湖仓一体大数据平台的功能架构

28.3.2 数据采集

数据采集，即对企业底层数据和外部数据进行采集和解析，将分散的数据进行整合、统一。数据采集以批量数据采集和实时数据采集为主。

批量数据采集是指定期将数据提取到数据湖层，其采集周期受数据源生产、推送能力和提取数据能力等的影响。实施批量数据采集操作需要考虑源系统可否用于数据获取及可获取数据规模的大小。

实时数据采集是指，在数据产生于源系统时将其导入数据湖层，其多基于 Kafka 队列服务实现。该服务将实时数据流分组并临时存储为用于数据采集的队列，还可捕获数据库中的数据变更。

数据采集主要包括以下功能。

（1）数据复制：即在多个存储设备上存放相同的数据。在某些情况下，如业务高峰期或者灾难发生时，企业需要拥有重复的数据库，这样可以在不同服务器甚至不同数据中心的相同数据库之间分配工作负载，保持业务高可用性和连续性。

（2）ETL（Extract, Transform, and Load，抽取、转换、加载）：抽取（Extract），同时连接企业中各种异质性数据来源；转换（Transform），针对所连接的各种数据来源属性，加以转换、整理、筛选及汇总，以确保数据品质的一致性与正确性；加载（Load），最后将最佳品质的数据加载至单一数据库中，供使用者分析使用。无论是数据逻辑处理、批量数据处理，还是实时数据处理，ETL 都是数据集成与互操作性的核心。ETL 的目标系统是数据仓库。

（3）数据预处理：在进行主要的处理之前对数据进行的一些处理，例如字符运算、过滤、清洗等。

（4）消息总线：用于应用程序之间传递消息的公共通信传输工具和机制。

（5）数据传输：依照适当的规程，经过一条或多条链路，在数据源和数据宿之间传输数据的过程，分为并行传输、串行传输、异步传输、同步传输、单工传输等。

数据采集的来源主要包括以下几个方面：

- 企业 IT 系统，例如 CEM 系统、ERP 系统、MES 系统。
- 运行中的设备、人员、车辆等的时序数据。
- Web 系统的日志文件，例如用户访问了哪些网页、点击了哪些按钮、停留了多长时间等。
- 外部数据，例如爬虫数据、公共数据或外部购买的数据。

数据类型涉及文本、图片、视频等各类结构化、非结构化及半结构化数据。结构化数据的格式一般比较规范，但在实际场景中，结构化数据的质量参差不齐。半结构数据的格式比较规范，如日志文件、XML 文件、JSON 文件等。非结构化数据的格式不规则或不完整，如图片、语音、视频等。在大数据平台中，数据类型多种多样，对于数据采集的实时性要求也不断变化，这就需要针对数据采集的实时性需求、数据采集的类型、数据量等采用不同的方法和技术。

数据采集分为通用数据采集和流式数据采集，其中通用数据采集包括结构化数据采集和非结构化数据采集两类。

通用数据采集包括以下功能。

- 实现对数据源到大数据平台的结构化数据抽取、转换和加载功能；
- 结构化数据采集：支持 HANA、SAP BW、HDFS、Hive、Kafka、Flume、Hbase 等文件类型的数据源；
- 非结构化数据采集：支持 HDFS、Kafka、Flume、Hbase 等文件类型的数据源；
- 支持分布式 ETL 任务执行，任务处理能力可以横向扩展；
- 支持过滤、数学运算、字符运算等数据转换功能。

流式数据采集可以实现对流数据的抽取、转换和加载，支持对应用日志、系统日志及数据库日志文件的增量采集，具体包括以下功能。

- 提供高并发、高吞吐量、低延迟、可容错、可持久化的实时消息系统（如 Kafka、RabbitMQ 等）；
- 提供可扩展的分布式流数据 ETL 处理功能；
- 支持任务失败处理及其断点恢复；
- 支持分级的并发任务调度功能；
- 具备基于 Web 的图形化流定义工具界面，提供任务管理、任务监控功能及界面；
- 具备完善的用户及权限管理功能。

28.3.3 数据存储

大数据平台在数据存储方面所面临的挑战体现在 3 个方面：

（1）存储规模大，通常达到 PB 甚至 EB 量级；

（2）数据类型多，管理复杂；

（3）水平要求高。

在对大数据进行存储与管理时，需要为上层应用提供高效的数据访问接口，并且对数据进行实时、有效的处理。

数据规模大、数据种类多、数据处理速度要求高、数据价值密度低是大数据的一般特征，随之而来的是存储成本和管理成本的不断上升。因此，数据存储管理不仅从技术层面上扩大数据存储容量、提高数据处理响应速度，更通过数据标准化管理、数据质量提升，以及对数据全生命周期的有效管理来提高数据存储的投入产出比。企业可以根据数据的安全级别、时效要求、价值密度、所处生命周期中的不同阶段等特点，采取不同的数据存储策略和管理方式。

湖仓一体大数据平台将存储对象可视化为数据湖，以确保其继承数据湖的多元混合存储机制；同时按数据格式和存储状态将数据湖划分为原始数据区、中间数据区、已处理数据区和存档数据区。数据以离线和实时两种形式被接入原始数据区长期存储，并被保留为原始格式。中间数据区是进行原始数据处理任务的中间阶段，包括数据清洗、过滤、聚合、附加等。保留中间数据区的好处在于可以避免因处理过程重启造成的数据丢失。已处理数据区是数据湖的最高层，其中经过加工转换后的数据将被应用于数据分析任务（例如商业智能分析、报告和机器学习等），以及响应消费需求等。存档数据区用于实现长期的数据存储目标，其中以冷数据存储为主。这类数据一般没有快速检索的需求，因此多采用低价存储技术。

根据存储结构和形式，数据存储的方式主要分为以下 7 类。

（1）关系数据库：是基于关系数据模型的数据库系统。关系数据模型是表示各类实体及其之间联系的、由行和列构成的二维表结构，主要代表有 SQL Server、Oracle、MySQL、PostgreSQL 等。

（2）文件系统：指文件系统管理的物理存储资源不一定直接联接在本地节点上，而是通过计算机网络与本地节点（可简单理解为一台计算机）相联；或是由若干不同的逻辑磁盘分区或卷标组合在一起而形成的完整的、有层次的文件系统。

（3）键值数据库：只在两列中存储数据（键和值），其特性是可以在值列中同时存储简单的（如日期、数字、代码）和复杂的（如未径格式化的文本、视频、音乐、文档、照片）信息。其中主要会用到一个哈希表，这个表中有一个特定的键和一个指针（指向特定的数据）。

（4）文档数据库：将版本化的文档、半结构化的文档以特定的格式存储，比如 JSON 格式。在处理网页等复杂数据时，文档数据库比传统键值数据库的查询效率更高，如 CouchDB、MongoDB。

（5）图数据库：以图结构来表示和存储信息的数据库。图数据库适用于存储社交关系（节点是人）、交通网络（节点是公共汽车或火车站）或路径图（节点是街道交叉路口或高速公路出口）等信息。

（6）时序数据库：指时间序列数据库，它是按时间顺序记录的数据列，在同一个数据列中的各个数据必须是同口径的。

（7）日志系统：为企业或组织的各种系统提供统一的日志采集、分析、存储、索引和查询的整套解决方案，以解决日志分散不方便查看、日志搜索操作复杂且效率低、业务异常无法被及时发现等问题。

28.3.4 数据计算

目前，主要的数据计算模式有以下几种。

（1）批量计算：指对静态数据的批量处理，即在开始计算之前数据已经准备到位。

（2）迭代计算：数值计算中的一种典型方法，被应用于方程求根、方程组求解、矩阵求特征值等方面。其基本思想是逐次逼近，先取一个粗糙的近似值，然后用同一个递推公式，反复校正此近似值，直至达到预先设置的精度要求为止。

（3）交互计算：涉及与用户交互，以及与外部交互和通信的计算。

（4）图计算：图（Graph）是用于表示对象之间关联关系的一种抽象式数据结构，使用顶点（Vertex）和边（Edge）进行描述。顶点表示对象，边表示对象之间的关系。用图描述的数据即图数据。图计算表示以图作为数据模型来表达问题并予以解决的过程。以高效解决图计算问题为目标的系统软件被称为图计算系统。

将数据按照图的方式建模可以获得以往用扁平化的视角分析很难得到的结果。

- 图可以将各类数据关联起来：将不同来源、不同类型的数据融合到同一个图中进行分析，得到原本通过独立分析难以得到的结果；
- 图的表示方式可以让很多问题的处理更加高效：例如最短路径、连通分量等，只有用图来表示才能高效解决。

图计算具有一些区别于其他类型计算任务的挑战与特点。

- 随机访问多：图计算围绕图的拓扑结构展开，其在计算过程中会访问边及关联的两个顶点，但由于实际的图数据具有稀疏性，不可避免地会产生大量的随机访问；
- 计算不规则：实际的图数据具有幂律分布的特性，即绝大多数顶点的度数很小，极少部分顶点的度数却很大（例如在线社交网络中明星用户的粉丝很多），这使得对计算任务的划分较为困难，十分容易导致负载不均衡。

（5）内存计算：以大数据为中心、依托计算机硬件架构、依靠新型的软件体系结构，通过对体系结构及编程模型等进行重大革新，将数据装入内存中进行处理，而尽量避免 I/O 操作的一种新型的、以数据为中心的并行计算模式。

（6）流计算：对处于不断变化的大规模流动数据实时地进行分析，捕捉到可能有用的信息，并把结果发送到下一个计算节点。

根据数据特征和计算特征的不同提炼并建立的多种典型且重要的大数据计算模式和模型，推动了大数据技术和应用的发展。为了与这些计算模式相适应，出现了很多对应的大数据计算技术和工具。在大数据平台中往往需要整合不同的计算技术和工具，以满足不同的运算需求和场景。

湖仓一体功能模块实现了存储和计算资源的解耦，使它们分别使用独立集群，实现存储计算的独立扩展，以支持具有大数据工作负载的并发用户。其计算层内置 Hive、Spark、Flink、Impala 等计算引擎，为湖内数据的集成、处理、分析等提供丰富的计算环境，其中主要包括可支持读写分离的数据仓库中间件、数据 ETL/ELT 过程所需的批处理计算引擎、实时数据分析所需的流计算引擎、内存计算，以及可支持高级分析的机器学习库。

28.3.5 数据分析与挖掘

要发挥数据的价值，就离不开对数据的深层次分析和挖掘。数据分析是将数据转化为洞察力的过程。由于在大数据环境下数据呈现多样化、动态异构、比小样本数据更有价值等特点，因此，需要通过大数据分析与挖掘技术来提高数据的质量和可信度，帮助人们理解数据的语义，以及提供智能查询、人机服务、商务决策等功能。近年来，人工智能中的机器学习、自然语言处理、图计算等技术被大量应用，大数据平台中不仅要嵌入人工智能计算模块，还要建立算法库，对算法进行管理，以便内部使用，还要满足各国对人工智能算法越来越严格的监管要求。

（1）统计分析：按需查询索引以业务需求为导向，理解潜在数据模式并创建 SQL 数据表以查询获取数据、执行分析；商业报告根据具体要求定期生成，并以 App 等方式分发给相关用户，（报告通过挖掘服务层中的数据和预先定义的标准化报告格式来创建），其中提供了跨功能维度的分析汇总；自助 BI 为功能型用户摆脱技术依赖提供可能，不同用户可依托自助 BI 对分析报告进行切片以创建不同的数据视图，满足个性化分析需求；由于基于 SQL 技术的工具无法支撑对数据湖的探索，因此，应由技术型用户探索数据特征并生成特征集，然后建立有针对性的数据模型。

（2）预测分析：是有监督学习的子领域，用户尝试对数据元素进行建模，并通过评估概率来预测未来的结果。预测分析深深植根于数学，特别是统计学，其对预测结果进行测量时，差异是可控的。

（3）规范分析：比预测分析更进一步，它对将会影响结果的动作进行定义，而不仅仅是根据已发生的动作预测结果。规范分析可预计将会发生什么，何时会发生，并暗示发生的原因。由于规范分析可以显示各种决策的含义，因此，其可以建议如何利用机会或避免风险。规范分析可以不断接收新数据以重新预测，该过程可以提高预测的准确性，并提供更好的解决方案。

（4）语义分析：也称文本分析和媒体监控，是从大量非结构化或半结构化数据（如事务数据、社交媒体数据、博客数据和 Web 新闻网站数据）中检索并获得见解的自动化方法，用于感知人们对品牌、产品、服务或其他类型主题的感觉和看法。

（5）非结构化数据分析（Unstructured Data Analytics）：结合了文本挖掘、关联分析、聚类分析和其他无监督学习技术来处理大型数据集。随着更多非结构化数据的产生，非结构化数据分析变得越来越重要。如果模型不具备非结构化数据分析的能力，则无法进行某些分析。但是，如果不能将要关注的元素与无关元素隔离开，则非结构化数据分析也会变得非常困难。

（6）机器学习（Machine Learning）：通过编程使机器可以快速地从查询中学习并适应不断变化的数据集。它可以被视为无监督学习和监督学习方法的结合。无监督学习通常被称为数据挖掘，而监督学习基于复杂的数学理论实现，特别是统计学、组合学和运筹学。

（7）数据挖掘（Data Mining）：是一种特殊的分析方法，它使用各种算法揭示数据中的规律。该理论是统计分析的一个子集，被称为无监督学习，即当算法被应用于一个数据集时，并不知道确切的或期望的结果。数据挖掘是数据探索阶段的一项关键活动，因为它有助于快速识别需要研究的数据元素，识别以前未知、不清楚或未分类的新关系，并为所研究的数据元素提供分类依据。

28.3.6 数据服务

按照湖仓一体大数据平台内数据来源、数据类型及数据消费群体等的不同，数据服务可被划分为 4 类。

（1）数据仓库服务：不仅可以存储在线和历史数据，还可以支持 BI 分析和报告生成，为业务分析需求提供数据查询平台，同时可作为下游数据集市的数据源。

（2）基于 API 的服务：通过各类 API 与外部服务进行交互，通常以 JSON 格式文件为主，此类服务可扩展性最高。

（3）实时数据服务：对接下游应用系统，例如 MES 系统、物联网系统、网站推荐引擎等。

（4）数据共享服务：提供系统之间进行数据共享所需要的控制方式和策略，支持数据以结构化方式共享，该服务通常基于 API 进行。

已处理的数据通过数据服务层可以满足下游用户的使用需求，其中主要提供基于 SQL 技术的数据仓库服务、基于 NoSQL 技术的数据接口（API）和实时数据服务，以及基于数据共享技术的数据共享服务。

（1）SQL 技术：企业根据系统的查询性能和成本优化，可采用两种架构类型的 SQL 数据库作为服务层。对称多处理（SMP）架构包括 SQL Server、Oracle、MySQL 等，此类架构的优势在于速度高、延迟低、故障少，但其高耦合式结构只适用于数据量较少的场景。当数据以 PB 级别扩张时，则需要应用大规模并行处理（MPP）架构，该架构将数据按区块划分且并行独立处理，同时还需要支持系统的垂直和水平扩展，以适用于大数据场景。

（2）NoSQL 技术：包括文本数据库（如 MongoDB），具有高灵活性和可扩展性，支持实时数据访问、键值存储，并可以简化查询，通过数据缓存方式降低访问延迟、提高吞吐量并实现类似于关系数据库的宽列存储,通过表内可灵活调整的列结构和数据库写入模式优化查询速度。

（3）数据共享技术：规定数据发布过程中的相关条款和使用条件、数据共享过程中的访问管理和请求审批,确保数据以受控和结构化的方式在企业内部各领域或外部实体之间流转。

28.3.7 数据应用与可视化

可视化（Visualization）是使用图表或图形来解释概念、想法和事实的过程。数据可视化通过视觉概览（如图表或图形）来帮助用户理解数据。

随着数据可视化技术的不断发展,企业需要提升其商务智能团队的能力,以便在数据驱动的社会中保持竞争力。

可视化技术具备迅速和简化提炼数据流的特点,并为用户提供及筛选海量数据,在实际应用中可以根据具体的情况选用合适的可视化技术。

（1）图表分析：将数据图形化,使人们更加清晰地了解数据的变化及趋势。

（2）管理驾驶舱：指标分析型系统,打破数据隔离,实现指标分析及决策场景落地,通过详尽的指标体系,实时反映企业的运行状态,将采集的数据形象化、直观化、具体化。

（3）人机交互：研究系统与用户之间互动关系的技术,系统可以是各种各样的设备,也可以是计算机系统和软件。

（4）数据展示：把数据和数据挖掘结果用图表的形式展示出来。

28.3.8 作业调度系统

作业调度系统定义了大数据计算和处理的逻辑与规则,对所有任务的执行顺序进行编排管理,实现了任务的有序和高效执行。作业调度系统是大数据平台的核心组件之一,是一个相对复杂的系统,其中涉及的内容繁杂,场景多种多样,实现方案千差万别。根据任务划分维度和触发机制的不同,作业调度系统主要有以下两种。

（1）作业调度系统,其主要目标是：

- 对作业进行分片：将大任务拆分成小任务,然后分配到不同服务器上执行,并且不遗漏、不重复,保证负载均衡、弹性扩容、状态同步和失败后自动迁移任务。
- 精确定时触发任务：及时、准确地触发任务,保障业务的实时性和可靠性。

（2）工作流类作业调度系统,其主要目标是：

- 实现足够丰富、灵活的触发机制,满足更复杂的作业管理和协调机制；
- 实现任务优先级管理、业务隔离、权限管理等机制；

● 实现特殊情况、意外情况下的处置和容错机制,以及监控报警机制。

这两种调度系统的目标不是冲突矛盾的,只是侧重点不同,在实践中也可适当结合,在架构上进行取舍。随着技术的进步,在一个框架中具备两类调度方式也成为可能。

不论具体的调度算法和机制如何,通常作业调度系统具有以下功能。

(1)作业调度:根据算法和计算逻辑,分解和建立计算任务,定义任务之间的依赖关系,优化任务的并行和优先级顺序,调度和触发任务执行等。

(2)系统资源管理:对系统的计算资源进行优化分配,确保合理利用系统资源、负载均衡,保障任务的执行。

(3)监测与应急:监控任务的执行情况,并对特殊、意外情况进行报警,进行自动化异常处置或容错处理。

(4)手动干预机制:允许手动添加任务或重新执行任务,可以很快匹配所依赖的上下游任务,允许修改、调整批处理任务的运行参数等,兼顾任务调度的自动化与灵活性。

(5)任务执行日志:记录任务执行日志,并提供检索、排查等功能。

28.3.9　数据治理

大数据的结构复杂、种类繁多,对管理水平要求高。传统的数据管理方式已不能有效地应对大数据的快速增长,对多分布、多态、异构的大数据进行管理的问题已经不期而至。企业需要对结构化数据和非结构化数据的特征进行分析,并采用不同的管理策略;针对处于不同数据生命周期中的数据,也应采取不同的数据管理策略。同时,对于数据资产的权属、价值评估、安全保障、使用范围和方式等,也有更多的管理需求。通常企业需要针对数据资产制定一套完善的管理方法,并需要有相应工具的支撑。

数据治理层为相关数据管理活动提供了可遵循的规范。数据治理层以保证大数据平台中的数据的可靠性、可访问性和高质量为目标,具体包括以下工具。

(1)数据资产目录工具。数据资产目录工具以数据目录为结构导图,提供数据目录全生命周期管理服务,以及数据资产在组织内的系统维度、主题域维度、业务板块维度等不同视角下的全景分布视图。数据资产目录工具的功能主要包括目录分类、目录编制、目录管理等。

(2)数据模型管理工具。数据模型管理工具负责对企业数据模型的管理、比对、分析、展示提供技术支撑,包括数据模型设计、数据模型差异稽核、数据模型管控等功能。数据模型是一个更好的数据字典,其向上承接业务语义,向下实现物理数据,不但包含了数据字典,更包含了业务主题、业务对象、数据关系,以及数据标准的映射。数据模型管理工具最重要的功能是可以自动收集业务系统的数据结构。

（3）元数据管理工具。元数据管理工具用来对数据资产进行有效的组织，可以帮助数据专业人员收集、组织、访问和丰富元数据，以支持数据治理。元数据管理工具可为数据湖内的数据提供完整性描述以保持其可操作性。以元数据为基础形成数据目录是避免数据沼泽化的关键。现代元数据管理工具起源于数据仓库，在数据仓库中需要将各个源头业务系统中的数据进行汇聚，然后形成贴源层、企业数据仓库明细层及汇聚层，最后生成面向业务专题的应用集市层，提供给报表和 BI 工具使用。在数据汇聚的过程中，需要详细了解数据源及上一级的数据情况，而在报表生成的过程中，也需要了解报表中数据的最初出处，以便进行故障排查。通过元数据管理工具可以形成数据在数据仓库加工流动过程中的全景视图。

元数据管理工具通常包含元数据采集、元数据构建、元数据存储、元数据注册和验证、元数据管理、元数据应用、应用门户、元数据分析、平台支撑、安全保障等功能。

（4）主数据管理工具。主数据管理工具用来定义、管理和共享企业的主数据信息。可以通过数据整合工具（如 ETL）或专门的主数据管理工具来实施主数据管理。主数据管理工具具备企业级主数据存储、整合、清洗、监管及分发这 5 项功能，并保证这些主数据在各个信息系统之间的准确性、一致性、完整性。

主数据管理工具主要包含主数据管理门户、主数据模型管理、主数据维护、主数据质量管理、主数据清洗、统计报表、主数据交换、智能化组件（包含智能搜索、智能推荐、智能匹配与拆分、智能纠错、智能查重、智能清洗）及安全保障等功能。

（5）指标数据管理工具。通过构建数据指标管理工具，可以为企业的数据指标标准化工作提供落地支撑，可以规范企业业务统计分析语言，帮助企业提升数据质量和分析能力，进而提高企业的数据质量和数据资产价值。

指标数据管理工具包含指标库管理、指标体系管理、指标评价管理和指标应用管理 4 项功能。指标数据管理涵盖指标的采集、申请、发布、存储、应用、变更、执行等全生命周期管理过程。

（6）数据质量管理工具。数据质量可定义为数据适合实际使用的程度。高质量的数据是企业做出正确决策的基础。数据质量管理工具中提出的数据质量策略，从 4 个方面（建立数据质量评估体系、落实数据质量优化流程、监控方案部署、建立具有持续改进机制的系统管理）对数据质量进行多方位优化和改进，最终形成一套高度灵活的数据解决方案，并且可以根据企业日益变化的数据条件做出相应的调整，为企业的业务决策提供高质量的数据支持。

数据质量管理工具主要包含数据业务规则及规则库设计、数据剖析及异常处理、集成及自动化处理等功能。

（7）数据安全管理工具。针对数据安全管理，业界很多厂商都开发了相关的工具，其中包括安全采集、安全传输、数据存储、安全处理、安全交换、安全销毁等工具。

数据安全治理中所使用的工具包括数据采集管理、数据传输管理、数据存储管理、数据处理管理、数据交换和共享管理、数据销毁管理 6 类工具。这些工具有的是单独执行的小程序，比如数据分级打标工具等，有的是相互组合在一起形成多种功能的平台，为数据安全治理过程提供在线的安全服务，比如统一的身份认证系统等。

28.3.10 集成开发门户

集成开发门户为用户提供一个业务流程编辑和数据开发界面，以实现业务流程及数据处理任务。通过集成开发门户将大数据处理链路中的各种流程（采集、计算、管理、查询、展示等）和组件简单明了地串联起来，使底层组件对用户来说变得透明，并且可以衔接平台的整体管控能力，贴近业务语言，提高用户开发效率，降低平台使用门槛和学习成本。

集成开发门户中主要包括以下内容。

（1）组件管理：管理存储、计算、查询等组件，并且将组件进行整合、连接；统一组件之间的权限、标准、安全、用户管理等；优化组件的服务体验，简化组件的使用。

（2）集群管理：进行集群的统一部署管控，提高运维效率与稳定性；降低业务耦合度，从用户和业务角度看，使底层技术更加透明，提高系统运维和业务应用的灵活性、容错性和可靠性。

（3）脚本与任务：为用户提供脚本编辑、存储、上线、升级、版本管理及运行环境配置等功能，以及提供脚本的质量、规范管理；通过集中管理脚本与任务，可以对业务流程进行分析、优化、监管，建立数据与业务之间的血缘关系，以及通过机器学习、图计算等挖掘更多业务与数据价值。

（4）用户与权限：对用户登录账户进行管理，提供统一的用户验证、组织部门、工作组、角色、权限、安全管理；提供用户个体界面服务；进行权限分配、授权、管理，以权限作为链接，对数据、业务、用户、角色进行管理。

（5）流程管理：管理大数据平台的服务、运营流程，任务的评审、测试、执行、变更等，以保障大数据平台的整体运行规范与流畅，提高大数据平台的运行效率和稳定性，降低风险和沟通成本。

28.4 大数据平台的主要技术

以上对大数据平台的主要功能模块进行了简要概述，每种功能的实现，既可以由组织自行开发，也可以从现有成熟技术、商用或开源工具中选择。下面对目前常见的工具进行了简要归纳，如图 28-4-1 所示，但由于技术的快速迭代和发展，图中的信息也在不断更新中，仅作为参考。

种类		工具示例
平台	本地	Hadoop、MapR、Cloudera、Hortonworks、Big Insights、HPCC
	云服务	AWS、Google Compute Engine、Azure
数据库	SQL	MySQL(Oracle)、MariaDB、PostgreSQL、TokuDB、Greenplum、Aster Data、Vertica
	NoSQL	Hbase、Cassandra、MongoDB、Redis
	NewSQL	Spanner、Megastore、F1
数据仓库		Hive、HadoopDB、Hadapt
数据采集		Scraper WIKI、Needle base、Bazhuayu
数据清洗		Data Wrangler、Google Refine、Open Refine
数据处理	查询分析	Hive、Impala、Spark、Hana、Drill	批计算	MapReduce、Dryad、Spark
	流计算	Storm、S4、Kafka、Flume	迭代计算	MapReduce、HaLoop、Twister
	图计算	Pregel、Giraph、PowerGraph、GraphX	内存计算	Hana、Dremel、Spark
查询语言		HiveQL、Pig Latin、DyradLINQ、MRQL、SCOPE
统计与机器学习		Mahout、Weka、R、RapidMiner
数据分析		Jaspersoft、Pentaho、Splunk、Loggly
可视化分析		Google Chart API、Flot、D3、Processing、Fusion Tables、Gephi、SPSS、SAS、R、Modest Maps、OpenLayers、Echarts、Power BI、Map Lab

图 28-4-1　大数据平台主要技术及工具

28.5　大数据平台团队建设

28.5.1　大数据平台团队的职能

大数据平台团队的职能根据组织的部门划分、业务架构、组织架构、平台建设路径等情况的不同而各不相同。

从广义上看，大数据平台团队的主要职责包括以下几个方面。

- 结合组织的发展需求，对大数据平台进行定位，从数据范围、数据规模、应用范围、数据价值发挥等方面出发，开展前期业务架构、数据架构、系统架构的规划设计。
- 制定数据管理办法并落实；规划并实现不同功能数据的采集；研究数据质量的检查手段和提升途径并落实；规划数据中心向各模块提供数据的方式。
- 对大数据平台的需求整合、规划、设计、开发、部署、运维、服务等进行全面的管理和协调。

从技术实施角度看，大数据平台团队的主要技术职能包括以下几个方面。

- 大数据平台基础组件的开发和维护，为业务提供 SDK、组件套装或集群服务。
- 开发、维护大数据平台的各个组件和工具。
- 开发、维护各业务系统对数据服务的需求功能。
- 为用户提供各种标准化或定制化的数据服务等。

随着大数据平台在组织中的定位越来越重要，大数据平台团队的职能也在从单纯的技术支持向综合广义的运营管理转变。

28.5.2 大数据平台实施团队的构成

大数据平台实施团队一般由领导层、管理层、执行层构成，涉及各个部门的人员，通常包括以下几个部分。

（1）规划设计组：负责大数据体系规划；制定数据治理标准规范，组织架构等；设计和制定数据业务规范及管理流程，以及平台管控规范和相关制度。

（2）专家组：包括以下两类专家。

- 数据治理专家：拥有深厚的数据治理理论基础及丰富的实践经验。
- 业务技术专家：包括熟悉相关业务和相关业务系统的专家，以及掌握 Hadoop 等大数据领域关键技术且对技术发展方向有深刻见解的专家。

（3）数据管理组：根据规划设计组的规划、制度、流程，制定和细化数据标准、质量规则等，并对执行过程进行日常管理、报告和监督。

（4）数据应用组：根据业务领域的数据分析和应用需求，基于平台建设数据的业务应用场景。

（5）平台建设及运维组：实施大数据平台构建的技术支持组，根据技术分工的不同，又可分为不同的小组。

- 平台搭建小组：负责大数据平台的搭建，平台互联互通能力的开发，平台集成能力、处理能力和服务能力的增强（二次）开发等。
- 数据治理小组：负责完善数据治理工具的增强（二次）开发，其中包括元数据管理工具、数据处理过程控制工具、数据资产管理工具、数据安全工具等。
- 平台管控小组：负责平台管控工具的开发、变更管理、传输管理、自动化测试等。
- 数据安全项目小组：负责平台基础设计及网络安全功能的开发、数据安全及安全监控功能的开发等。

- 监控运维组：负责平台的日常运行监控、运维，以及系统或工具的更新、上线等。
- 技术支持组：负责为数据应用提供技术支持，包括开发支持、培训服务等。

28.6 大数据平台的能力评估

在大数据平台的设计阶段就可以根据组织的特点、业务性质、技术能力来确定本组织内大数据平台能力的评估维度，以便在设计过程中进行平衡，也便于后期评估大数据平台的建设效果。

从技术角度来看，大数据平台主要具有以下 9 种能力。

（1）打通上下游系统和业务流程的能力。

（2）后端集群流量/负载的反馈控制能力。

（3）脚本集成开发、管理能力。

（4）系统权限、数据订阅管理能力。

（5）元数据血缘分析能力。

（6）任务测试/发布的管理能力。

（7）报警、值班、监控能力。

（8）和其他非大数据类业务流程管理体系的联通能力。

（9）数据质量管理、风险监控、合规监管报送等需求的协同能力。

从业务需求和提供服务的角度来看，大数据平台主要具有以下 6 种能力。

（1）存储稳定能力：能可靠、高效、安全、准确地存储数据。

（2）快速响应能力：能快速、便捷地实现业务诉求。

（3）便于查询能力：能让用户方便、快捷地查询想要的数据，并且易于理解、展示、沟通。

（4）用户友好能力：能减少用户学习和使用平台的成本，底层系统、工具技术对于用户完全透明，用户使用门槛低。

（5）因人而异能力：能提供差异化、阶梯式的产品服务。

（6）迭代优化能力：能构建反馈式的产品服务，确保产品具备可持续改进的能力等。

大数据平台的技术能力与成熟度水平固然重要，但平台的服务水平、用户体验、价值产出才是决定平台是否成功的标准。在大数据平台建设的过程中，还需要始终贯穿服务意识和产品思维。

28.7 大数据平台的发展趋势

如今，传统的数据仓库已经不能满足企业的数据分析需求。企业在数据分析方面呈现"五大转变"，即：从统计分析向预测分析转变，从单领域分析向跨领域分析转变，从被动分析向主动分析转变，从非实时分析向实时分析转变，从结构化数据分析向多元化数据分析转变。它们对大数据平台的运算能力、核心算法及数据的全面性也提出了更高的要求。

如今，大数据平台的架构也发生了变化：一是实现了以 Hadoop、Spark 等分布式技术和组件为核心的"计算与存储混搭"的数据处理架构，能够支持批量和实时的数据加载及灵活的业务需求；二是数据的预处理流程正在从传统的 ETL 向 ELT（Extract，Load，Transform）转变。传统的数据仓库集成处理架构是 ETL 结构的，即所需的数据从数据源被抽取出来，经过清洗后被加载到数据仓库中。而大数据背景下的架构体系是 ELT 结构的，其根据上层的应用需求，随时从数据湖仓中抽取需要的原始数据进行建模分析。

大数据平台可以采用云计算服务的架构模式，将数据资源、计算资源、存储资源充分云化，并通过多租户技术进行资源的打包整合与开放，为用户提供"一站式"的数据服务；利用大数据技术，对海量数据进行统一采集、计算、存储，并使用统一的数据规范进行管理，将企业内部所有的数据统一处理成标准化数据；通过挖掘对企业最有价值的数据，构建企业数据资产库，向企业提供一致、高可用的大数据服务。

大数据平台的发展，一方面以信息科技水平和大数据技术的发展为基础，另一方面也受国家政策、数字经济发展趋势、行业需求的驱动。随着社会全面数字化转型已成为大趋势，以及数据生产要素市场化流通的迫切需要，大数据平台将从企业内部的工具平台、业务平台逐步延伸，与上下游企业、外围数据源相融合，形成行业生态级大数据平台，并满足更细化的行业需求、更严格的法规要求和更复杂的技术挑战。图 28-7-1 所示为大数据平台的发展趋势。

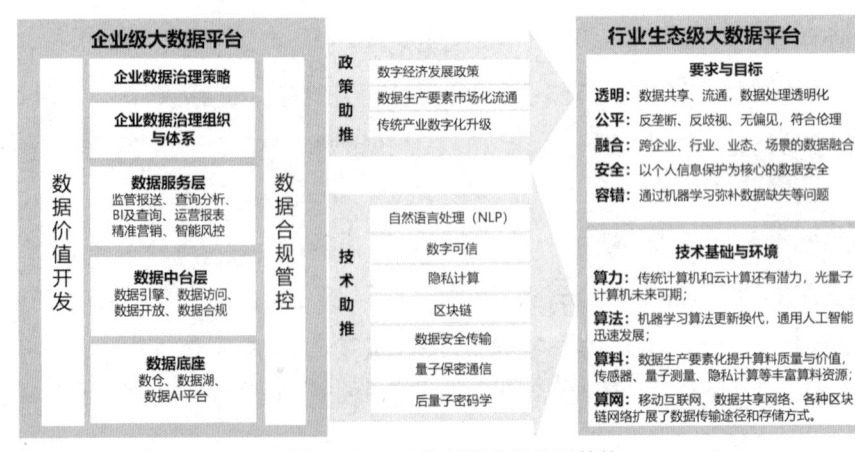

图 28-7-1　大数据平台的发展趋势

28.7.1 数字经济中的发展与安全的平衡

数据本身并不直接产生价值。利用数据解决问题才能创造价值。大数据平台的本质作用是，对各种来源、格式、维度的数据进行处理、分析、挖掘，解决实际中各种层次的需求和问题。大数据平台不再只是组织内的信息存储、传输、计算的基础设施，也不是可以盲目试错的 IT 项目、科技创新工程，而是组织运转的重要场所和平台，是虚拟的运营环境、生产车间。因此，大数据平台的建设、使用、维护、迭代成为整个组织的一项重要工作，是组织正常运转的重要活动。

从安全角度看，国家在规划实施数字经济战略的同时，也在不断加强法律法规建设与市场监管活动，保障数据使用过程安全。个人信息保护、跨境数据安全保护、数据分类分级保护等成为数据安全的重要抓手。用于实现数据"可用不可见，可用不可得"的隐私计算技术、加密传输和安全存储技术、数据跟踪防滥用技术为数据的安全使用提供了保障。

28.7.2 信息与大数据技术的迭代发展

数据的存储、传输、处理所依赖的基础信息技术，以及数据价值分析及挖掘所依赖的大数据技术始终处于快速的迭代发展中，在可预见的未来几年，增强机器学习、通用的人工智能、量子信息等技术的研发应用，都将为大数据平台的技术底座带来更新换代的挑战。这里将大数据平台所依赖的技术归纳为 4 个方面：算力、算法、算网、算料。

（1）算力：由于目前集成电路的摩尔定律已经接近极限，未来，传统计算机的硬件设计将面临很大的困境，需要利用基础物理学、基础数学从硬件角度发展全新的计算技术。目前的计算机算力的突破点将在光子、量子计算机的研发与应用上。量子叠加态让量子计算实现了真正的并行计算，在经典计算机中进行 2^N 次方计算的问题，在量子计算机中仅使用 N 个量子比特并行计算一次即可完成。我国目前已具备量子计算机整机交付能力。近年来也出现了量子计算云平台，为各行业发展所需的并行计算能力提供了硬件基础。

（2）算法：以机器学习为代表的人工智能大数据技术在各行业都得到了广泛的应用，但经典机器学习算法在大数据时代的海量数据处理和分析方面也逐渐显露出局限性，目前在使用主流的人工智能技术处理大数据问题时，还需要大量的人力、算力支持，并且通常依赖大样本数据。计算速度与能力的增速，推动着算法的革新，使得大数据运算不再是以特定算法的特定方式来进行，而是具有随机性以打造真正通用的人工智能模型，让我们进入强人工智能时代。基于量子叠加态的并行计算能力和量子随机数技术，让量子人工智能算法为通用的增强人工智能提供了强大的技术基础。

（3）算网：我们将数据传输与存储统称为算网。从物理层面看，算网是由各种通信网络形成的信息存储与传输载体；从逻辑层面看，算网是由各种数据流形成的合作网络，比如基于互联网形成的各种社交网络，基于云服务形成的应用和存储网络，基于多方安全计算和联邦学习架构形成的数据共享网络，以及基于各种公有、私有、联盟区块链形成的分布式存储和共识网络等。未来，量子通信技术和量子存储技术还将改变网络及存储系统的格局。大数据平台从一定程度上看也是基于一个组织所能控制及触及的算网所构建的，因此需要以网络化、全局化、前瞻性的思维来构建大数据平台。

（4）算料：数据共享技术的运用，传感器、物联网技术的普及，以及未来量子测量技术的发展，极大地丰富了数据资源，也给大数据平台带来了巨大的管理压力：一方面是在横向上数据资产的类型、规模、数量在增加，另一方面是在纵向上数据的质量、时效性、可用性有待提升。

本章精要

大数据平台的概念几经变化、沉淀，经历了理想阶段、理论阶段，现在基本进入了理性发展与落地阶段。大数据平台一方面在数字化转型的趋势下迎来快速成熟发展、大显神通的时代，另一方面也面临着技术快速变化、管理难度加大、管理要求提升、人才紧缺等各种挑战。数字经济的到来已势不可当，大数据平台的建设也成为众多机构、组织、企业必须完成的任务。企业所需要做的就是明确方向，选择一条路径，以开放创新、不断学习的开拓者心态和严谨缜密、笃定务实的工匠精神来建设适合自己的大数据平台。

第 4 篇 实施篇

数据治理的实施是一个系统工程，成功的数据治理首先应该支持企业的发展战略。下图为企业数据治理实施框架。数据治理的首要工作就是确定治理目标、内容、方法等，即要进行数据治理的顶层架构规划与设计；然后在顶层架构规划与设计的基础上，将数据治理的核心举措落地，包括数据资产运营实施、主数据管理实施、元数据管理实施、数据指标管理实施、数据质量管理实施及数据安全管理实施等；最后，数据治理是否能够成功实施，保障措施也是非常重要的。因此，企业在实施数据治理时一定要有组织、制度和工具的保障。

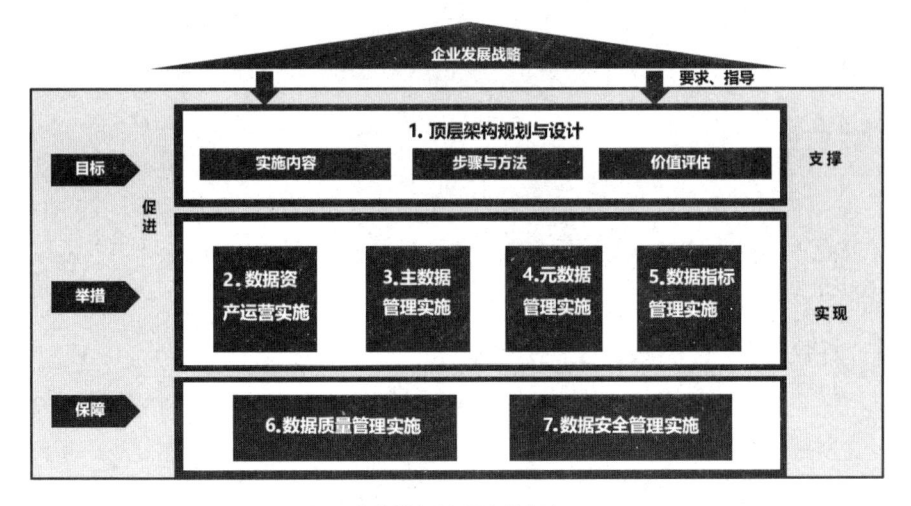

企业数据治理实施框架

第 29 章

数据治理实施策略和路径选择

29.1 数据治理实施内容

当下,很多企业的信息化系统还处于大规模的集中建设期,各项信息系统的建设和优化升级工作正在如火如荼地开展。但是在很多企业中,老旧系统中的存量数据的质量问题非常突出,业务创新和市场营销中的很多数据需求远远得不到满足;而新业务系统上线后,由于数据质量问题而造成的生产问题也时有发生。摆在企业面前的数据治理工作是尽快解决影响信息系统推广和应用效果及业务用户体验的各种数据质量问题。根据企业数据治理面临的不同情况,这里归纳并总结出以下实施策略,作为企业实施数据治理的参考建议。

1. 坚持支持企业战略,突出数据治理绩效

数据治理是实现企业 IT 规划目标的重要举措,需要在继承企业 IT 规划和以往的信息化建设成果的基础上推行,这是从企业的长远利益来考虑的。所以,数据治理的实施一定要与企业的 IT 规划和当前开展的信息化建设相向而行、无缝融合,不能只从数据资源加工处理的角度来实施,并且需要实施厂商对企业的 IT 规划和当前信息建设现状有非常深入的了解和高度承接。数据质量问题与企业的绩效呈现强相关关系。数据就像汽车中的汽油,汽油质量不好,再好的汽车也跑不快。

2. 制订数据治理长期计划,兼顾短期成效

从众多企业的数据治理实践来看,数据治理是一个长期和逐步见效的过程,是战略性的举措,期待一次就能把数据治理工作做好是不现实的,必须要以长期建设的心态来制定实施路线。而在工业企业中,数据质量相关问题很突出,容不得犹豫和拖延,所以从实施操作上看,"小步快跑、以点带面"的短线操作更符合工业企业的现状。从策略上看,数据治理既要兼顾长远目标又要兼顾短期成效,建议选择与有长期服务及数据治理能力的厂商持续合作,因为其能从产品、技术、咨询、实施等各角度提供全面的长期支持。

3．严选数据治理工具，聚焦数据实施能力

"工欲善其事，必先利其器"。数据治理是一项复杂的系统性工程，如果没有有效的工具支撑就开展数据治理工作，则结果可想而知。因此，企业在开展数据治理项目时要引入业界优秀的数据治理工具。数据治理工具的选用和部署只是万里长征的第一步，工具的选用并不是决定成功的关键要素。因为数据治理的落地要依靠对各相关系统的改造和业务人员大规模进行业务数据采集、清洗、更新录入等工作。所以，数据治理成功的关键在于有效协调企业各相关方的资源，将数据治理与业务经营中各信息系统的需求、建设和运维工作中的各环节有效衔接，才能制定出最优的解决方案和系统性的实施方案。因此，在合作厂商的选择上，建议不要过于聚焦对现有工具的对比，而是聚焦在合作厂商在未来 1~3 年的软服务实力上。企业需要的是端对端的软服务，而不是生搬硬套拿来让企业削足适履的硬产品。

4．坚持以解决数据问题为导向，重视对数据治理的全局把控

"冰冻三尺，非一日之寒"，很多企业的数据质量问题积重难返，要彻底解决需要投入大量的时间和资源。数据治理要先治标后治本，首先要解决具体的数据质量问题。在开展数据治理时必须坚持以数据问题为导向，每一步工作都要明确具体解决什么问题，能带来怎样的业务效益。另外，企业也不能只低头解决一些具体的数据质量问题，而忽略了数据治理体系的长期建设。造成数据质量问题的原因有很多，如果只看后果而忽略了原因，那么数据质量问题并不可能得到根治，因此，从治本的角度来看，企业必须要站在 IT 战略和总体架构管控的角度把握数据治理的各项决策，确保不偏离企业的战略方向。从这个层面来说，做好充分的顶层设计才是确保数据治理成功的关键。

29.2 数据治理路径选择

企业数据治理的路径有多种选择：根据组织方式，可选择自上而下的顶层设计模式（简称自上而下模式）或自下而上的各个击破模式（简称自下而上模式）；根据建设策略，可选择从生产系统切入模式和从数据系统切入模式。

1．根据组织方式，分为自上而下模式和自下而上模式

如果企业将数据治理纳入战略规划，且企业高层领导拥有较大的决策权，则可以采用自上而下模式，结合企业业务发展，制定长远的数据治理规划。如果企业的数据管理部门具有一定的独立性，并且具备专业技能和相关经验，则可以采用自下而上模式，以探索数据治理需求为驱动力，通过以解决数据问题为导向，推动企业数据治理的逐步完善。这两种建设路径的解释详细见表 29-2-1。

表 29-2-1　企业数据治理的两种路径

建设路径	建设要点	优缺点
自上而下模式	规划先行,组织体系先行,随后是分阶段、分步骤地建设实施	有体系和节奏,规范性好,适合有分支机构的大型企业;时间和成本投入很大,见效慢
由下而上模式	从具体某一业务需求开始,由点及面,逐渐扩展到组织的其他业务	需求驱动,快速行动,见效快;统一整合比较困难,适合机构和业务不多的中小型企业

（1）自上而下模式的显著特点是"规范、标准先行",通常由数据治理咨询项目开头。这种模式通常包括以下几项重要内容。

①调研数据治理现状：在数据资产盘点、收集调研问卷、现场访谈等基础上展开数据治理现状调研。结合业务场景,充分了解企业当前的数据资产分布情况,有助于企业在展开数据资产管理前掌握业务人员的数据需求。

②评估数据治理水平：通过自身或者专业机构进行数据资产管理评估,帮助企业在实施自上而下模式的数据治理之前了解当前自身数据资产管理的现状,明确存在的问题和潜在的挑战,规划适当的数据资产管理蓝图。

③建设数据治理体系：数据治理是一项跨业务、跨部门的系统工程,实施自上而下模式的数据治理高度依赖高层管理人员的支持和职能集中化的数据资产管理组织。数据治理体系通过明确管理战略、制定管理制度、搭建组织架构等一系列活动,以企业级的全局视角推进数据资产管理的实施。

（2）自下而上模式的显著特点是"问题导向、系统建设先行、快速见效",以解决各业务部门和业务系统数据管理中的问题为出发点,通过使用成熟的数据治理工具,快速搭建数据治理平台,实现对问题的逐个击破,并逐渐探索出全面的解决方案。自下而上模式一般以解决企业面临的主数据管理、数据质量管理两项核心数据管理任务作为切入点,然后逐步扩展到数据模型管理、数据标准管理、数据安全管理等其他数据管理职能。

2. 根据建设策略,分为从生产系统切入模式和从数据系统切入模式

从生产系统切入模式包括大型生产系统开发建设模式、企业数据模型建设模式和主数据建设模式。从数据系统切入模式包括统一数据平台建设模式和数据集市建设模式。

企业在选择不同的数据治理建设路径时,需要考虑数据对于企业的重要性,以及企业目前的数据管理水平。

如果数据是企业重要的业务资源,同时企业已经具备一定的数据治理专业水平和经验,则可以通过从数据系统切入模式,修复数据管理中的漏洞、提升数据服务应用水平,推进数据管理能力建设。

如果企业的数据管理水平并不成熟,那么选择直接从数据系统切入模式有些冒险,选择从生产系统切入模式则较为稳妥,也易见成效。各模式的解释详细见表 29-2-2。

表 29-2-2　数据治理的两种切入模式

建设路径	常用建设模式	建设要点
从生产系统切入模式	大型生产系统开发建设模式	从大型生产系统的开发入手,借助项目建设契机,建立该应用和业务领域数据的企业级标准和质量管控
	企业数据模型建设模式	从企业数据模型出发,在建模的同时建立标准,规范生产环节的数据录入,保证数据质量
	主数据建设模式	从解决主数据的质量和业务协同入手,推动生产环节中的统一编码
从数据系统切入模式	统一数据平台建设模式	以数据仓库、大数据平台等统一数据整合平台为切入点,统一接入各业务、各分公司的数据,统一语义和标准,提升数据质量
	数据集市建设模式	各业务单独建立自己的数据仓库,满足自己的数据分析需求;或者以某个特定的分析主题为切入点进行建设,后续统一对每个业务的数据仓库进行语义和标准方面的规范,实现物理分离,逻辑统一

本章精要

数据治理是一个长期和逐步见效的过程,是战略性的举措,必须以长期建设的心态来制定实施路径。本章主要介绍了数据治理实施策略和路径选择,可作为企业实施数据治理的参考。

第 30 章

数据治理顶层架构规划与设计

数据被称为"未来的新石油",如今已经渗透到企业的战略决策、生产经营和各业务职能领域中,成为企业数字化转型的基础。本章会介绍数据治理顶层架构规划与设计的 3 个阶段:调研与需求分析、顶层架构总体设计、应用场景验证,以及如何加强数据治理管控,强化组织和制度保障,进一步明确数据生命周期过程中的相关权责,实施标准化、规范化、体系化的管理,确保数据生产、使用的全过程受控。

30.1 数据治理顶层架构规划与设计实施内容

企业需要持续深化数据治理的管理工作,围绕数据价值挖掘、数据质量提升及在管理落实过程中的难点及痛点,建立完整的数据治理体系。通过数据治理体系可以实现以下目标:

- 梳理各业务部门在数据治理中的职责,对各类数据资产建立标准,统一数据资产管理流程;
- 搭建数据资产管理平台,编制数据资产管理相关制度,建立数据资产管理组织,为提升企业数据质量奠定基础;
- 逐步建立良好的数据治理文化氛围,提高员工对数据及数据质量工作的重视程度,加强业务部门在数据管理过程中的参与程度;
- 明确各部门在数据治理中的管理范围、管理职责,把数据治理工作融入日常的工作过程中。

数据治理顶层架构规划与设计应遵循但不限于以下指导原则。

(1)统一性原则。企业数据治理顶层架构规划与设计应遵循统一性原则,基于企业整体业务、信息化战略目标,统筹考虑企业信息化建设的其他部分内容,并进行统一规划设计。

（2）实用性原则。企业数据治理顶层架构规划与设计应以贴合业务运营和经营管理的实际情况为出发点，以解决实际需求为导向，进行数据治理体系的规划、设计和建设，确保数据治理体系规划实用可行，为上层创新应用提供有力支撑。

（3）标准化原则。企业数据治理顶层架构规划与设计应遵循标准化原则，根据企业的实际应用需求制定相关的数据治理体系建设标准、规范和指导文件；明确总体规划目标，统一规划思路，提供组织之间的交互公约，稳步推进数据治理体系建设分批、分步实施。

（4）开放性原则。企业数据治理顶层架构规划与设计应遵循业界流行的开放标准，能够充分考虑未来应用发展的需要，使得数据治理体系在企业业务发展的过程中不需要重新进行规划与设计，能够顺利、平稳地向更新的技术过渡。

（5）易推广性原则。企业数据治理顶层架构规划与设计应充分考虑企业现有的信息化基础，在保证先进性、实用性原则的基础上，尽量降低推广难度，并提供切实可行的推广策略和推广方法。

（6）安全性原则。企业数据治理顶层架构规划与设计应遵循安全性原则，符合企业信息化建设安全和等级保护的相关规范，通过技术手段保障数据信息的安全，提高数据安全风险识别和处理能力。

数据治理顶层架构规划与设计主要分为调研与需求分析、顶层架构总体设计、应用场景验证 3 个阶段，如图 30-1-1 所示。

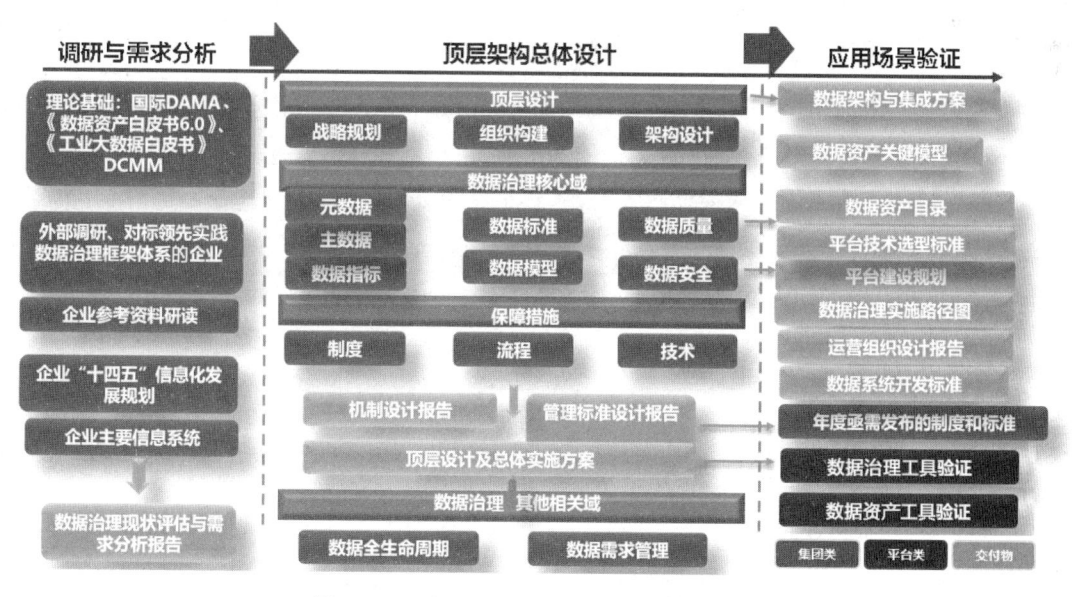

图 30-1-1 数据治理顶层架构规划与设计方法论

1．调研与需求分析

（1）理论基础：《数据资产管理实践白皮书（6.0版）》《工业大数据白皮书》等。

（2）外部调研、对标：领先实践数据治理框架体系的企业。

（3）企业参考资料研读：包括企业信息化发展规划、企业主要信息系统等。

2．顶层架构总体设计

（1）顶层设计：包括战略规划、组织构建、架构设计。

（2）数据治理核心域：包括数据标准、数据模型、数据质量、数据安全、数据指标、主数据、元数据，共7部分。

（3）保障措施：包括制度、流程、技术，共3部分。

（4）数据治理其他相关域：数据全生命周期、数据需求管理。

3．应用场景验证

（1）数据治理工具验证：例如物料主数据、设备主数据系统验证。

（2）数据资产工具验证：例如数据资产目录验证。

30.2　数据治理顶层架构规划与设计步骤和方法

30.2.1　数据治理顶层架构设计总体思路

1．引入DAMA数据管理知识体系设计理念

通过引入DAMA数据管理知识体系设计理念，企业可以建立数据战略体系（见图30-2-1），将数据治理、管理制度、管理应用统一在数据管理平台中，对数据架构体系进行集中统一管理。

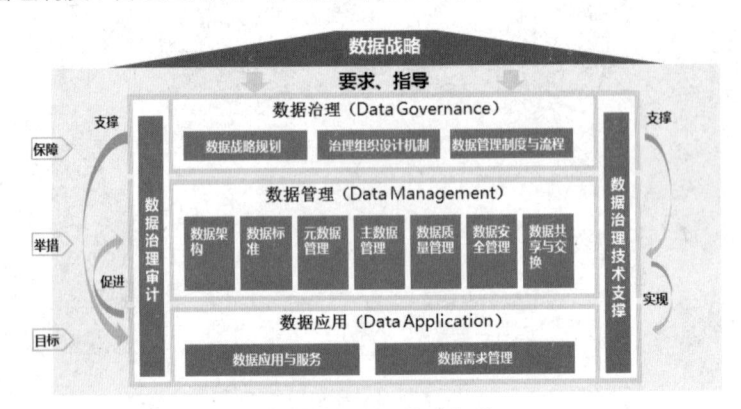

图30-2-1　数据战略体系

2. 调研与需求分析

通过对企业数据治理文档、数据、制度、流程、信息系统运行记录等现状资料的收集，可以让企业员工充分理解企业的战略、管理模式和各主要业务方向，明晰企业发展战略对数据资产管理、数据治理、数据质量、数据运维、组织架构的需求。

企业要厘清对下属单位的数据管控模式，例如企业如何管理数据，通过什么管理等，如图 30-2-2 所示。

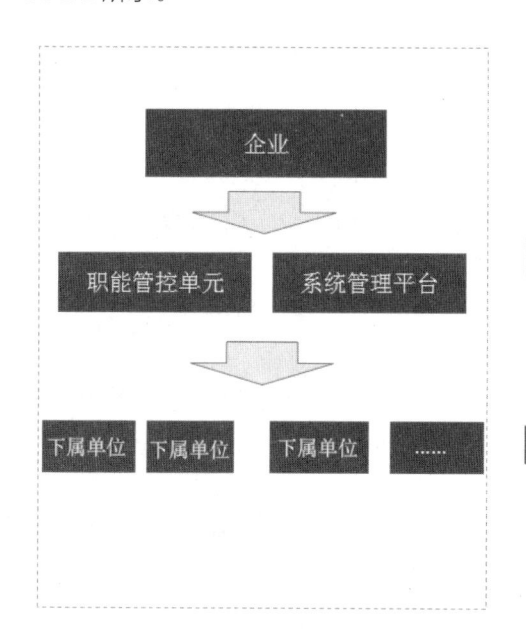

图 30-2-2 企业对下属单位的数据管控模式

企业员工在理解企业数据战略管理目标和要求的基础上，通过调研与需求分析，可以全面了解企业的数据管理现状和业务现状，准确把握现阶段面临的问题与挑战，明确未来企业数据战略的需求和方向。

例如，能源化工企业的生产类数据管理调研与需求分析，首先，要对能源化工企业在生产过程中所需要的物料、介质、耗材等数据的现状进行分析，发现存在的关键业务问题。然后，针对存在的问题提出改善建议，提炼数据资产管理需求，并对企业的数据治理现状进行评估，总结数据治理的关键改进方向。

接下来，从 IT 管控、IT 基础设施、应用系统、数据管理等方面对企业的 IT 现状展开评估，具体包括以下几个方面。

（1）企业现有信息建设和在 IT 方面的历史投入，以及获得的成果；

（2）下属单位现有的信息技术应用及建设历史；

（3）企业数据资产分布、建设情况和投入历史；

（4）数据应用系统的主要执行标准；

（5）数据标准化、安全性和共享能力；

（6）IT 基础设施情况和对数据的开发及利用情况；

（7）IT 管控的组织结构、管理流程。

为确保数据治理规划的先进性，要对先进企业的数据治理模式、信息化发展趋势和领先的实践进行研究，分析企业信息化建设成功的案例。

最后，要总结企业的数据战略、业务和管理现状，以及现有信息化技术，制定企业数据治理顶层架构和技术要求，以及实现数据战略落地实施的指导原则和总体的发展战略。

30.2.2 数据治理顶层架构设计

在进行数据治理顶层架构设计时，需要研究国内主流的数据治理框架，对企业数据管理现状进行充分调研，并形成翔实、可靠的现状分析报告；根据行业特点与企业业务的实际情况，聚焦数据治理，开展企业数据治理开展顶层架构设计与体系规划，明确阶段目标与任务并有序推进，最终形成企业数据治理的实施方案。

国内企业的数据治理理论发展过程是从通用体系/模型、单一领域体系、数据管理（治理）完整理论到行业实践框架，具体内容如图 30-2-3 所示。

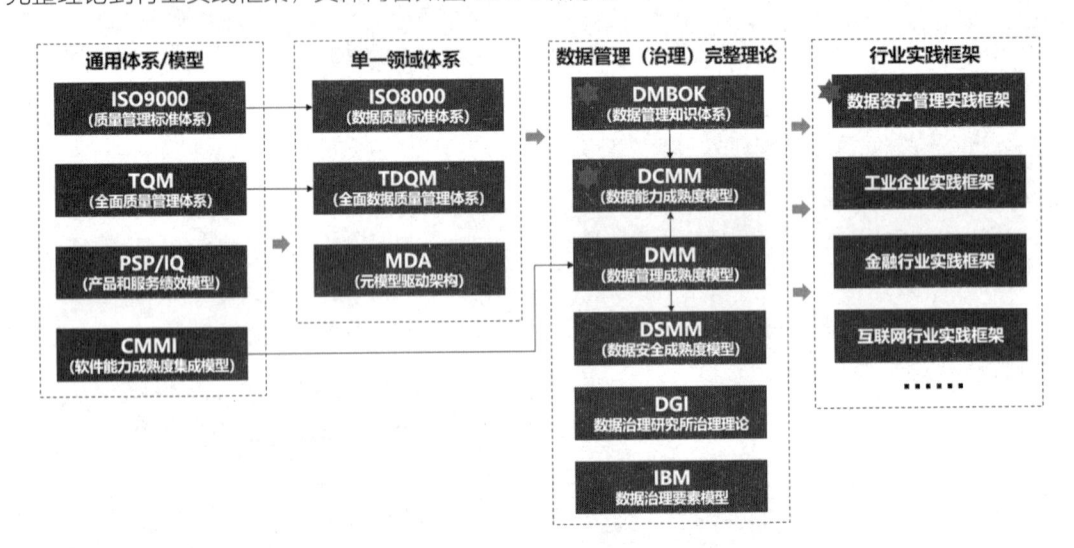

图 30-2-3　国内企业的数据治理理论发展过程

1. 数据治理核心领域设计

数据治理核心领域可分为两个方面：一是核心领域；二是保障机制，如图 30-2-4 所示。其中涵盖数据服务、主数据、元数据、数据质量、数据标准、数据安全等内容。

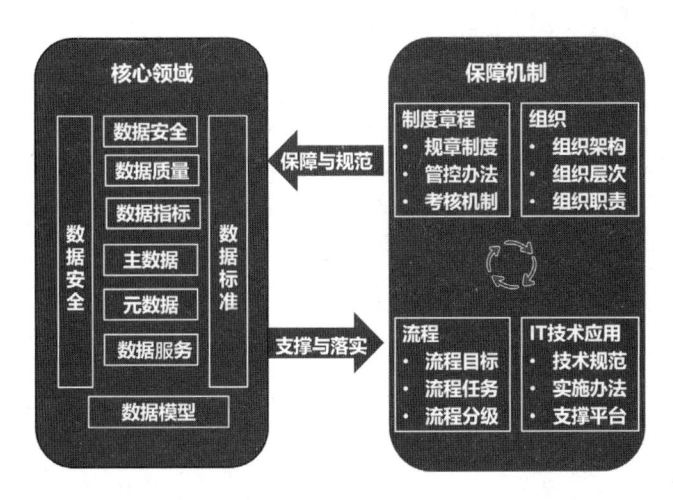

图 30-2-4　数据治理核心领域

这些内容既有机结合，又相互支撑。下面具体介绍其中几种。

（1）数据模型。

数据模型是数据架构中重要的组成部分，包括概念数据模型和逻辑数据模型。优秀的数据模型应该具有非冗余、稳定、一致、易用等特征。逻辑数据模型涵盖整个企业的业务范围，能清晰地记录、跟踪企业的重要数据元素及其变动，并利用它们之间各种可能的限制条件和关系来表达重要的业务规则。

（2）数据标准。

数据标准可以被划分为两类，即基础性数据标准和应用性数据标准。前者主要用于在不同的系统之间，形成对数据的一致理解和统一的坐标参照系统，是数据汇集、交换及应用的基础，包括数据分类与编码标准、数据字典、数据资产地图；后者是为发挥平台功能所提供的标准和规范，以保证数据的高效汇集和交换，包括元数据标准、数据交换技术标准、数据传输协议标准、数据质量标准等。

（3）元数据。

元数据在数据资源目录、数据资产地图中的价值更大。工业企业中的元数据种类繁多、形式各异，对其进行集中管理后，需要提供便捷的使用方式，才能发挥价值。通过用户数据视图、元数据查询等功能提供的元数据细节信息，更适合于具体的人员、部门基于元数据开展相关工作。对于企业中的管理人员等，由于这些用户的关注范围广泛，大量的元数据细节信息不能有效满足该类用户的需要。而数据资产地图一般用于在宏观层面组织数据，以全局视角对数据进行归并、整理，展现数据变化情况、数据存储情况、整体数据质量情况等信息，适合为数据管理部门和决策者提供参考。

（4）主数据。

主数据是企业核心的、最需要共享的数据。企业需要对主数据进行集中管理，并以服务的方式把统一、完整、准确、具有权威性的主数据传送给企业内需要使用这些数据的操作型应用系统和分析型应用系统。因此，对于主数据的管理，可以通过主数据管理系统来实现。在主数据管理系统建设中，要从建设初期就考虑整体的平台框架和技术实现。

（5）数据质量。

数据质量将影响数据系统的应用程度。数据质量较差往往会造成开发出来的数据系统与用户的预期大相径庭。数据质量也关系着分析型信息系统建设的成败。同时，数据资源是企业的战略资源，合理、有效地使用正确的数据能指导企业做出正确的决策，提高企业的综合竞争力。

数据质量管理包含对数据的绝对质量管理、过程质量管理。绝对质量指数据的真实性、完备性、自治性，是数据本身应具有的属性。过程质量指数据的使用质量、存储质量和传输质量。数据的使用质量是指数据被正确使用的情况。正确的数据如果被错误地使用，那么也不可能得出正确的结论。数据的存储质量是指数据是否被安全地存储在适当的介质上，当需要数据时是否能及时、方便地取出。数据的传输质量是指数据在传输过程中的效率和正确性。

（6）数据服务。

数据服务是指充分利用企业内部积累多年的数据，分析、优化行业业务流程。数据使用的方式通常包括对数据的深度加工和分析（包括通过各种报表、工具来分析运营层面的问题）。通过数据挖掘等工具对数据进行深度加工，可以更好地管理服务。通过建立统一的数据服务平台可以实现跨部门、跨系统的数据应用。通过统一的数据服务平台可以统一数据源，加快数据流转速度，提升数据服务的效率。

（7）数据安全。

由于企业中重要且敏感的数据大部分集中在应用系统中，因此数据安全至关重要。如何避免数据被泄露和被非法访问是非常关键的问题。数据安全管理主要解决的就是数据在保存、使用和交换过程中的安全问题，主要包括数据隐私保护、访问权限统一管理、审计和责任追究、制度及流程建立、应用系统权限的访问控制。

2．重视数据标准管理

数据标准管理组织是企业建立的以推动企业数据标准化工作为目标，负责并落实开展数据标准管理工作全过程的组织体系。数据标准管理组织的设置遵循数据资产管理组织体系的相关规定。按照在数据标准管理工作中承担的职责，数据标准管理组织可分为数据标准决策层、数据标准管理部门、数据标准工作组等。

- 数据标准决策层：是企业数据标准的最高决策组织，主要职责是组织制定和批准数据标准规划，审核和批准拟正式发布的数据标准，协调业务和 IT 资源，解决在数据标准编制、落地中的问题，推进企业整体开展数据标准化工作。
- 数据标准管理部门：是企业数据标准管理的日常工作组织，主要职责是组织业务和 IT 部门编制数据标准并上报决策层审批；根据业务需求开展数据标准维护工作；根据数据标准化规划组织业务和 IT 部门开展数据标准落地工作。
- 数据标准工作组：由业务专家和 IT 专家组成，负责在编制和推进数据标准落地工作中解决具体的业务和技术问题。数据标准工作组在数据标准管理部门的领导下开展工作。

在绘制企业数据标准框架体系时，要重点结合企业业务的实际情况，从数据标准化的角度制定数据资产管理标准、数据指标标准等，要涵盖所有相关制度和流程的编制及发布。具体包括如下几项。

（1）数据资产管理办法。

此办法用于研究并构建数据治理理论框架，明确数据治理管理的组织体系和职责，统一和规范数据治理各过程域的管理内容，助力企业提升数据活力，高效运营，挖掘数据资产的价值。

（2）数据标准管理办法。

此办法用于加强企业对数据标准的管理和执行，规范数据标准管理流程，提高企业各业务部门/中心、各分/子公司及其所属单位和技术部门对数据定义和使用的一致性和准确性，夯实数据应用基础，促进信息资源共享。

（3）主数据管理办法。

此办法用于提升主数据管理能力，规范主数据管理工作，明确各责任主体及其职责权利，构建全面的主数据标准化管理、质量管理和安全管理工作体系，打破信息系统之间的交互壁垒，实现重要基础数据的充分共享、高度复用，有效地为业务提供真实、完整、一致、规范的基础数据，为数据管理和应用奠定基础。

（4）数据指标管理办法。

此办法用于确保数据指标治理工作有效开展，明确数据指标管理的组织体系及职责，规范数据指标管理机制和流程，持续推进"体系化、规范化、指标化"的信息化建设，实现信息化发展的量化管理和有效监控，促进信息化水平的提升。

(5)数据运维管理办法。

此办法用于建立数据运维标准体系、明确数据运维管理组织体系及其职责,规范数据采集、数据处理、数据存储等过程的日常运行及维护,保证数据平台及数据服务的正常运行。数据运维管理覆盖数据资产管理运维的全生命周期,确保数据资产管理运维工作人员在实际工作中"有法可依、有制可循",保障数据资产运维各项工作的有序开展。

3. 强化数据质量管理

企业可以通过研究、参考 DAMA 数据管理框架、"数据质量管理十步法"等数据质量管理理论,借鉴行业实践经验,同时通过现状调研和资料解读等方式,立足企业数据管理现状,设计切合企业实际情况的数据质量管理框架。

结合企业数据质量管理提升方向,可以从管理组织、管理制度、规则框架、工作考核 4 个方面,规划数据质量管理框架,推动数据质量的检测和提升。

(1)管理组织。

数据质量管理组织架构应与数据治理体系建设同步。建议数据质量管理组织架构遵从数据治理体系的组织架构设计,由决策管理层、组织协调层、执行层组成。决策管理层是数据治理委员会,一般由网络与信息安全领导小组代行其履行职责;组织协调层是数据治理办公室,一般由网络与信息安全领导小组办公室代行其履行职责;执行层包括业务部门(数据主题管理部门、使用部门和录入部门)、下属单位和信息部门。

(2)管理制度。

通过建设数据管理制度流程,可以将数据管理的理念与工作内容融入企业现有的制度管理体系中,以保障数据管理工作的长效运转。为指导和规范数据质量管理工作的开展,需要从办法、细则、流程和模板 4 个方面对企业内部数据质量管理过程、行为进行规范,制定数据质量管理制度框架,从而保障数据质量。同时,数据质量管理制度框架作为数据管理的一部分,需要从整体上与企业现有的数据管理相关政策、制度、细则保持一致,遵循企业已发布的数据管理政策、制度和细则,并根据数据质量管理的特性进行有针对性的细化和完善。

①办法。

办法主要包括章程、管控办法和考核机制。章程类似于企业的管理条例。该章程阐明数据治理的主要目标、相关工作人员及职责、决策权力和度量标准。管控办法是基于规章制度与工具而制定的可落地的操作办法。考核是保障制度落实的根本,要建立明确的考核制度和相应的针对数据治理方面的考核办法,并与个人绩效相关联。

例如,数据质量管理办法主要明确数据质量管理组织架构,包括参与部门及各部门在数据质量管理工作中承担的角色与职责、数据质量管理内容和步骤,并附有相应的流程和模板。

②细则。

细则是指对办法的细化。

例如数据指标标准定义细则是对数据指标标准的定义进行指导和约束，包括数据指标标准定义及框架、数据指标标准分类和属性说明。

③流程和模板。

流程包括流程目标、流程任务、流程分级。可以根据数据治理的内容建立相应的流程，且遵循本企业数据治理的规则制度。在实际操作中可结合所使用的数据治理工具，建立符合企业的流程和模板。

例如，数据质量管理流程和模板定义了数据质量管理各个方面的工作方法和步骤。建立数据质量管理各项工作的流程和相关模板，可以规范各项工作的开展，明确各个相关部门在数据质量管理中的分工和协作关系。配套的流程和模板主要包括数据质量规则管理流程和模板、质量问题处理流程和报告模板、数据质量问题分析流程和模板、数据质量监控流程和模板，以及数据质量考核流程和模板。

（3）规则框架。

数据质量规则框架是保障数据质量的基本标准，是进行数据质量校验、度量、考核等工作的前提条件。表30-2-1是一个数据质量规则框架示例。

表 30-2-1 数据质量规则框架

序号	属性	属性说明
1	数据质量标准编号	数据质量标准的唯一编号
2	数据标准标号	数据质量标准对应的数据标准项的编号，应当存在于数据标准中
3	数据标准名称	数据质量标准对应的数据标准项的中文名称，应当存在于数据标准中
4	数据质量标准描述	从数据质量标准评估维度的角度，根据评估指标，描述数据质量标准的内容
5	归口业务部门	数据质量标准的责任部门，负责指定、维护与解释数据质量标准。归口业务部门与人力资源部门保持一致。注：这里所说的归口业务部门，以数据质量标准对应的数据标准项的归口业务部门为准
6	业务分类	将数据质量标准按业务属性与特征进行分类。参照同行业的实践经验，数据质量标准中的业务分类共包含 6 类，分别是人力资源域、财务域、物资域、基建域、生产域、营销域
7	归属数据主题	数据质量标准衡量的数据对象对应数据域下划分的数据主题，与数据标准保持一致

（4）工作考核。

数据质量工作考核是数据质量管理制度和数据质量标准能够实施落地的重要保障，因而需要定期评估各单位、各部门的数据质量管理水平，提升相关人员的数据质量管理意识，以及各单位、各部门的数据质量。

应从数据质量管理水平和数据质量健康水平两个维度进行考核，促进数据质量管理制度、标准的执行落地。其中，数据质量管理水平是从组织与推进、制度建设、工作流程 3 个方面进行评价，侧重于各单位、各部门的日常工作和业务过程考核，属于定性评价指标，适用于数据治理办公室对数据治理工作进行总体评价。数据质量健康水平侧重于各单位、各部门的结果考核，属于定量考核指标，适用于各业务部门考核本部门数据质量的健康水平。

4．编制企业数据资产目录

通过数据资产管理可以将数据规范管理和数据处理有机地融合，实现对具体资源数据的元数据描述，支持利用标准化的数据接口及形式丰富的图表展示，快速定制各类数据资产应用，配合数据资产的全面评估，实现对数据资产的"三全"管理：全生命周期、全流程、全景式管理。

通过编制数据资产目录，可查询、追溯、共享数据。

（1）数据资产目录编制。

工业企业的数据资产目录编制方法主要有两种。

①方法一：以系统视角编制。

该方法以企业目前的核心系统为主，将系统功能模块分类，按系统数据主题、实体定义信息、实体分类信息、数据相关方信息、技术信息构建数据资产目录，如图 30-2-5 所示。

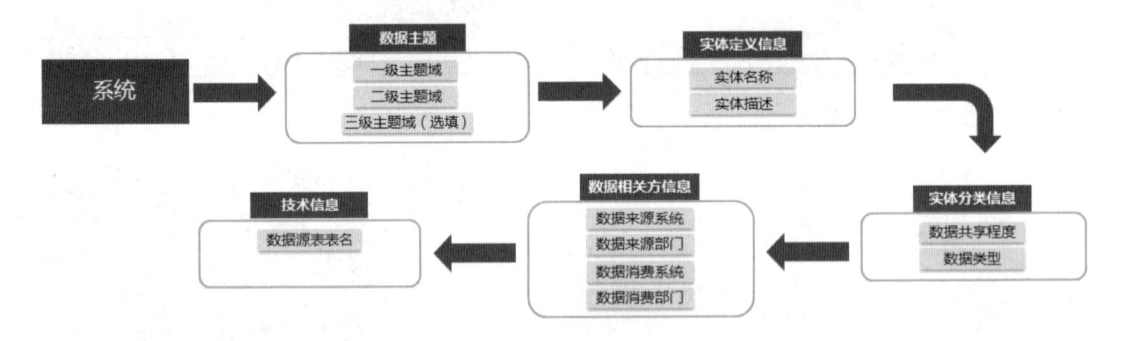

图 30-2-5　数据资产目录编制方法——系统视角

②方法二：以主题域视角编制。

此方法首先构建企业统一的数据域主题（通常可以按照战略发展、业务运营、管理支持抽象一级主题域主题），将企业现有系统按数据驱动方式，划分为各数据主题域。然后，通过抽象实体定义信息、实体分类信息、数据相关方信息构建数据资产目录，如图 30-2-6 所示。

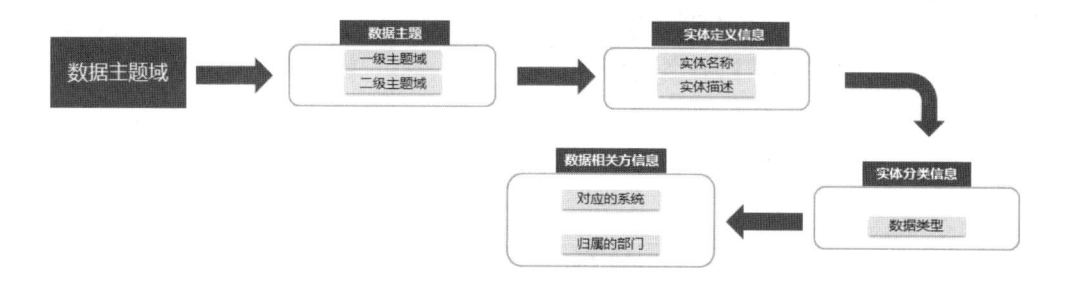

图 30-2-6　数据资产目录编制方法——主题域视角

（2）数据资产目录可视化呈现。

从应用场景出发，利用数据治理工具可以构建数据资产目录视图，使数据关系脉络化、数据资产目录可视化。

根据数据资产目录的实体分布，可以构建数据资产地图，实现对数据资产全生命周期、全流程、全景式的管理，如图 30-2-7 所示。

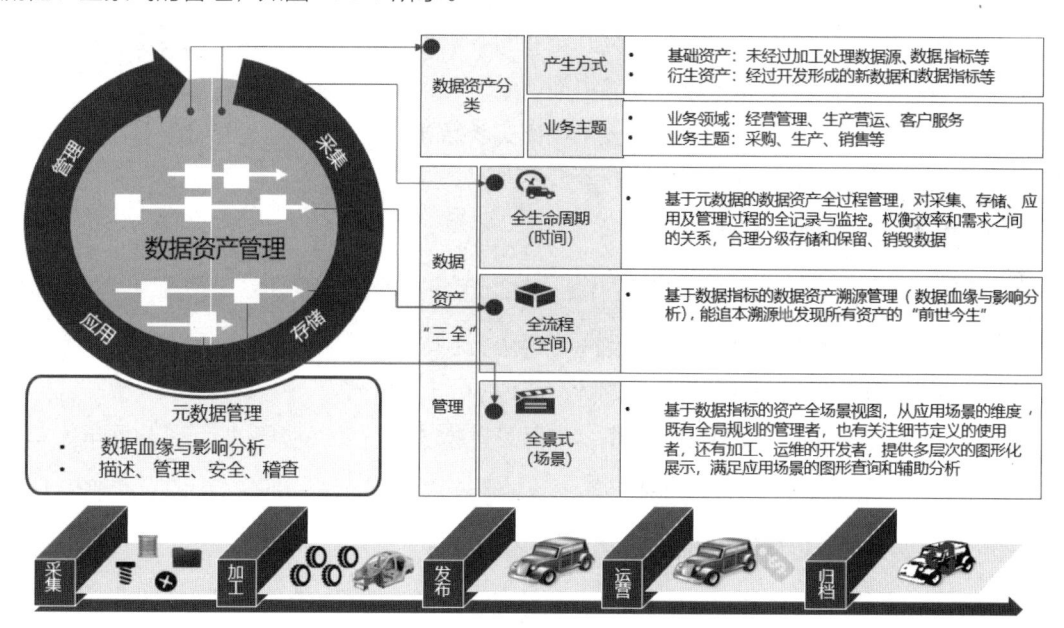

图 30-2-7　数据资产目录展示

5．规划数据治理平台

企业通过规划数据治理平台，可以实现以下目标：

- 逐步建设数据资产库，实现数据资产的整合与共享，推进基础信息的共建与共享，加强对安全、生产、经营、管理等相关系统资源的横向整合和管理，建设企业统一的数据资产仓库及主数据管理平台。
- 打破原有的"竖井式"的数据资产应用管理模式，实现异构数据的标准改造、实时交换、深度共享、集中可用。
- 构建以企业核心数据中心为主，以各核心板块数据中心为辅的两级数据中心，建立企业总部和各核心板块的数据交换和共享机制，增加数据采集和存储的灵活性，提高数据灾备能力，保障企业数据资产的安全。

企业的数据治理平台要从以下 5 个方面来规划。

（1）构建统一的数据治理技术平台。

构建统一的数据治理技术平台包括以下内容。

- 实现基于统一的云平台和大数据平台之上的数据治理平台，对企业战略发展、管理支持、生产运营中的各类数据资源进行统一管理，逐步实现对大数据平台、数据仓库的统一管理。
- 开展数据资产全生命周期管理，提升企业的数据管控能力，营造良好的数据环境，支撑企业的生产操作、经营管理、战略决策，推动企业数据价值的增加。
- 通过与数据治理的组织和职责、框架和模式、标准、规范、流程、审计配套，共同构建企业统一的数据管理体系，实现对数据的闭环管理。

（2）构建全域数据汇聚平台。

构建全域数据汇聚平台，可以支持对企业数据资产的管理，具体包括以下内容。

- 对 BW（商业信息仓库）、大数据平台等进行全域数据汇聚，并在此基础上构建数据治理平台，对企业数据进行系统性的数据治理。
- 通过数据资产管理功能，形成数据资产目录，通过数据资产地图进行可视化展示。

（3）规划数据治理平台的核心功能。

规划数据治理平台的核心功能包括以下内容。

- 建立符合企业现状的数据治理平台，确保实现对各类数据的集中管理；同时满足各类数据管理的功能性和非功能性需求。
- 数据治理平台应包括数据标准管理、数据模型管理、元数据管理、数据资产管理、主数据管理、数据指标管理、数据质量管理、数据安全管理、数据交换和服务管理、知识库管理等。
- 通过数据治理平台，提高企业的数据质量（准确性和完整性），保证数据的安全性（保密性、完整性及可用性），实现数据管理的自动化、流程化、体系化，确保数据安全、准确，实现基础数据的权威性、唯一性、准确性。

为实现企业数据治理的总体目标，支撑数据管控工作，数据治理平台应具备如图 30-2-8 所示的功能。

（4）设计数据治理管理机制。

设计数据治理管理机制包括以下内容。

- 开展数据认责体系建设，成立数据认责管理组织，明确企业数据治理对应的责任主体及各层级组织机构的职责分工、角色权限、人员配置与技能要求。
- 制定数据治理的管理制度、相关绩效考核制度、相关流程，明确数据认责定义。通过项目的实施，对企业管理人员、业务人员及 IT 人员进行相关的培训，提高全员对数据治理重要性的认识，明确数据资产是企业核心资产的意识。

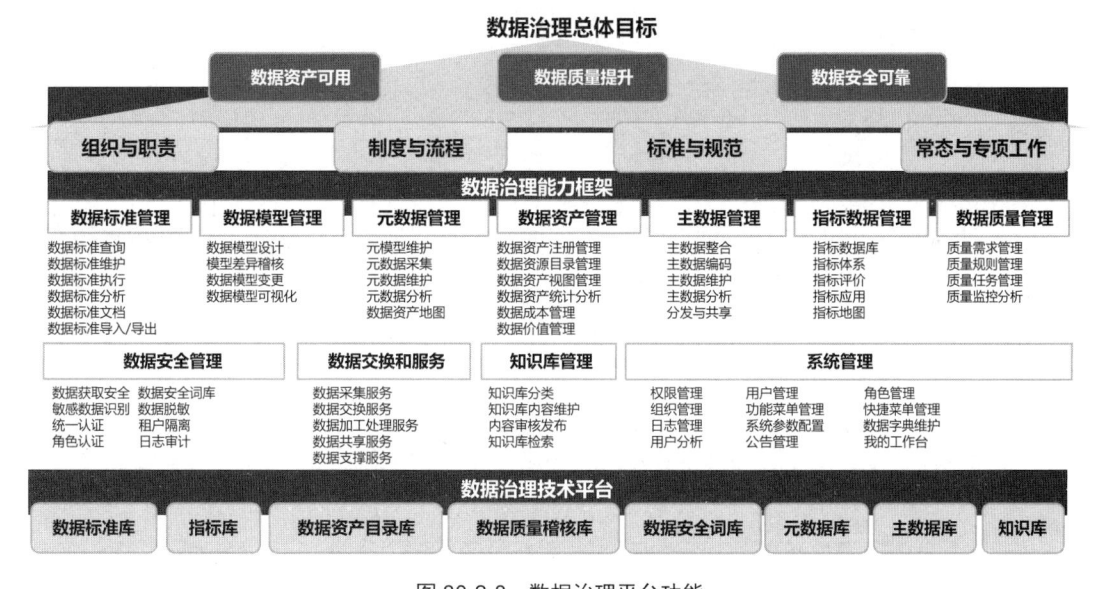

图 30-2-8　数据治理平台功能

（5）构建数据治理相关模型。

构建数据治理相关模型包括以下内容。

- 结合目前较为成熟、先进、稳定的模型算法，分别构建各专业及功能模块的数据分析模型（如安全生产数据模型），推进大数据应用展现模式的创新。
- 建立各专业业务视图,把 ERP 及其他专业系统内的关键数据通过数据集成平台进行获取，并在进行转换后存储在大数据仓库中,然后进行多维度、即席式分析查询,以图形、图表、表格等多种展示形式进行综合展现。

通过以上 5 个方面的规划,可以实现企业数据资产持续增值,驱动企业数字化转型,逐步改变传统的以业务驱动数据建设的方式;通过以数据为中心的运营思维和管理思维的创新,逐步实现以数据驱动企业的业务创新和效益提升。

30.3 数据治理顶层架构规划与设计成熟度评估

数据治理顶层架构规划与设计在业内还没有完善的成熟度评估方法。本节所涉及的评估方法主要是通过对工业企业数据治理过程中常见的问题进行汇总和提炼而得出的,具体内容如表 30-3-1 至表 30-3-5 所示。

表 30-3-1 数据治理顶层架构规划与设计——数据管控域评估情况说明

核心域	评估问题描述
数据管控	数据管理工作相关的岗位、职责不清晰,数据管理组织结构有待完善
	数据管理工作缺乏统一授权,各部门之间的责任和权力不清晰,跨部门之间的数据管理工作协调困难,存在相互推诿、相互冲突等情况,数据管理工作的成效和业务价值难以体现
	数据治理工作缺乏企业层面的统筹管理,各部门分头开展数据管理工作,过于分散,无法开展统一的协同工作,难以形成合力;存在不少的重复工作,造成资源浪费
	企业各部门都发布了与数据管理工作相关的制度,但尚未形成企业级数据管理制度体系;数据管理制度发布后,宣传和贯彻力度不强,且缺乏让制度得以落实的措施和手段
	部门之间的数据管理工作的沟通渠道不通畅,工作流程不清晰,效率低下,数据管理工作难以得到支持、认可和落实

表 30-3-2 数据治理顶层架构规划与设计——主数据域评估情况说明

核心域	评估问题描述
主数据	缺乏企业级的通用数据标准;跨专业数据标准不统一,同一业务对象在不同专业、不同系统中的数据不衔接、不匹配
	实物编码标准不统一:实物编码在全生命周期管理的各阶段形成项目编码、物料编码、设备编码、资产编码等信息;由于编码标准不一,导致资产信息难以关联匹配、跨专业数据共享、应用困难等问题
	主数据覆盖不足,应用不到位;已确定的主数据未在各专业进行有效应用;不同系统分散存储,甚至重复存储同一主数据的情况仍然存在;部分主数据不一致、数据贯通困难
	没有清晰定义核心主数据的权威来源,也未圈定核心主数据的范围,"一数多源"的现象较为普遍,无法保证"一数一源",存在数据不一致的现象
	部分主数据没有明确的归口管理部门,未形成企业级的数据标准管理制度,无法指导数据标准工作的开展,以及推进各项数据标准的构建与管理

表 30-3-3　数据治理顶层架构规划与设计——数据质量域评估情况说明

核心域	评估问题描述
数据质量	未形成有效的数据质量管控体系，无法指导各部门开展数据质量管理工作
	数据中心仅在数据接入及时性方面开展了质量监控工作，对业务之间的数据一致性、完整性还未开展相应的质量监控工作，无法识别业务之间的数据一致性问题，为跨业务域的数据分析埋下数据质量隐患
	缺少统一的数据质量工具支撑，各业务部门在数据质量管理工作中没有统一的数据质量工具可使用，数据质量管理分散，不利于形成统一的数据质量管理习惯与数据质量支持库的沉淀
	数据质量问题偏重于对数据生成后的清洗与校验，缺乏数据生成过程中的业务规则验证，导致数据在源头就产生了质量问题

表 30-3-4　数据治理顶层架构规划与设计——数据安全域评估情况说明

核心域	评估问题描述
数据安全	与数据安全相关的制度、条款以点状方式分布在信息安全管理办法中，未形成统一的、企业级的数据安全管理办法，无法统一指导企业开展数据安全相关工作
	没有明确的数据安全等级划分，业务部门无法确定对外共享的数据范围，数据需求方无法获取所需数据，影响跨业务数据分析工作的开展
	未识别敏感数据的范围及其在企业内的分布情况，对敏感数据的变更及流转缺少监控能力，无法及时发现敏感数据变更与共享给企业带来的潜在危险
	对外报送的数据缺少明确的企业级数据安全管理要求，可能导致潜在的数据安全风险

表 30-3-5　数据治理顶层架构规划与设计——数据架构域评估情况说明

核心域	评估问题描述
数据架构	数据模型应用的力度有待提升。人才储备比较单薄，难以支撑数据模型的有效落地实施
数据架构	数据中心仍然以原业务系统为单位进行数据存储，并未在企业级数据模型的指导下对接入的各业务系统数据按照主题域进行整合，不利于数据资产的开发和利用
	尚没有企业级的、统一的数据资产目录，各部门无法准确掌握当前数据资产的现状
	各业务部门之间以点对点的方式进行数据共享，存在"多头取数"的问题，没有充分利用当前数据中心的数据资源和应用成果
	数据与流程、岗位、系统之间的分布关系有待建立，需要进一步完善数据流转、交互与集成的关系，并加强对数据分布的集中维护、定期更新、策略备份等管理工作
	企业对数据集成与共享缺乏统一的管理，无法获得数据集成关系，造成数据重复、资源浪费
	元数据管理分散在各个业务系统的数据模型中，缺少企业级统筹管理，需要针对元数据创建、存储、整合、控制提供完整的支撑和管理架构

本章精要

本章介绍了数据治理顶层架构规划与设计的方法论,并从数据治理的核心域设计入手,系统地阐述了做好数据治理顶层架构规划与设计需要关注的设计要点,为企业编制数据治理顶层架构规划与设计提供方法论指导。

第 31 章 数据资产运营实施

31.1 数据资产运营实施内容

数据资产运营是指对数据资产的确权、价值评估、共享流通、交易变现等活动进行管理的过程（包括数据资产的确权、购置、营销、服务、结算等），以及对数据资产成本管理（质量评估、价值评估与定价等）的分析、统计、监督等活动。数据资产运营的目的是盘活企业数据资产，通过数据开放、数据交易、数据合作等方式促进数据资产的流通和价值变现。

1. 数据资产成本管理

数据资产成本管理是指将数据资产成本计算方法落实到相关的系统中进行管理，从而自动计算数据资产成本，提高数据资产成本计算的效率。

数据资产成本主要由计算成本和存储成本两部分构成。其中计算成本包括 CPU 成本（cpu_cost）和内存成本（memory_cost），而存储成本主要是指数据占用磁盘空间对应的成本（disk_cost）。

其中，

$cpu\_cost = cpu\ prue \times (cpu \times cpu\_weight)$

$memory\_cost = memory\_price \times (memory \times memory\_weight)$

$disk\_cost = disk\_price \times disk$

各项成本单价计算公式如下：

$CPU\_price = total\_cost \times cpu\_ratio / (total\_cpu \times load\_factor)$

$memory\_price = total\_cost \times memory\_ratio / (total\_memory \times load\_factor)$

disk_price= total_cost×disk_ratio/(total_disk×load_factor)

其中，cpu_ratio、memory_ratio 和 disk_ratio 分别是 CPU、内存和硬盘费用占整台服务器的比率，可根据各项资源采购费用计算得出，建议值分别为 40%、25%和 35%。CPU、memory、disk 分别为 CPU、内存和硬盘的资源使用量。CPU-Weight 和 memory-Weight 为 CPU 和硬盘重量。

资源使用量计算公式如下：

cpu= cpu_seconds×(1+loss_factor)

memory= memory_seconds×(1+loss_factor)

disk= data_size×replicator

其中，load_factor 是资源水位线，推荐将其设定为 80%。

通过计算数据资产成本，可以衡量出计算和存储数据的资源消耗。就像银行账单一样，让用户知晓自己每期的资源费用有多少、花在哪里、是否有问题等，以此推进资产治理，达到降低成本的目的。

2．数据质量评估

数据质量的好坏直接影响数据资产价值的高低，所以，数据资产价值评估必须结合数据质量评估结果。利用演绎推算、内部验证、与原始资料对比、独立抽样检查、多边形叠加检查、有效值检查等方法构建的数据质量评估模型，可以对数据的完整性、一致性、时效性等进行检查，并给出总的评估结果，最后形成数据质量评估报告。

数据质量评估指标如图 31-1-1 所示。

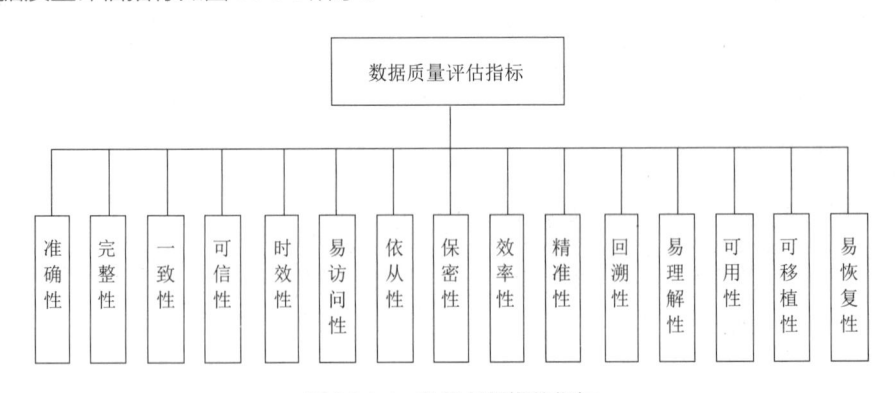

图 31-1-1　数据质量评估指标

- 准确性：用于描述一个值与它所描述的客观事物的真实值之间的接近程度。
- 完整性：用于描述为解决问题所获得的数据的广度、深度和规模。

- 一致性：用于描述数据项遵循预定的语法规则的程度，主要包括参照完整性、数据格式一致性、数据不一致的风险度、结构的一致性、数据值一致性覆盖度、语义一致性。
- 可信性：用于描述数据的可用性及其影响因素，主要包括可靠性、维修性、保障性；常用于非定量条款中的一般性描述。
- 时效性：用于描述数据在一定时间段内对决策具有价值的属性。
- 易访问性：用于描述用户易访问性、设备易访问性、数据格式易访问性。
- 依从性：用于描述数据值依从性、数据格式依从性和技术依从性。
- 保密性：Confidentiality，又称机密性，其与完整性（Integrity）和可用性（Availability）并被称为信息安全的 CIA 三要素。
- 效率性：用于描述数据处理过程中投入的时间与得到的成果之间的关系。
- 精准性：用于描述数据的准确性和精度；主要包括数据值的精确性、数据格式的精确性。
- 回溯性：用于描述数据本身、用户访问的数据和系统依赖的数据的可回溯性。
- 易理解性：用于表示符号、语义、主数据、数据值、数据模型、数据呈现效果和链接的主数据的易理解性。
- 可用性：用于表示数据对用户来说有效、易学、高效、好记、少错和令人满意的程度。
- 可移植性：用于表示将数据从某一种存储方式转换到另一种存储方式的难易程度。
- 易恢复性：用于表示数据丢失、缺失、被改动之后的恢复程度，即数据备份情况。

数据质量评估流程如图 31-1-2 所示，具体介绍如下。

数据质量需求分析 → 确定评价对象及范围 → 选取数据质量评价维度及评价指标 → 确定质量测度及其实现方法 → 运用方法进行评价 → 结果分析及评级 → 质量评估结果及报告

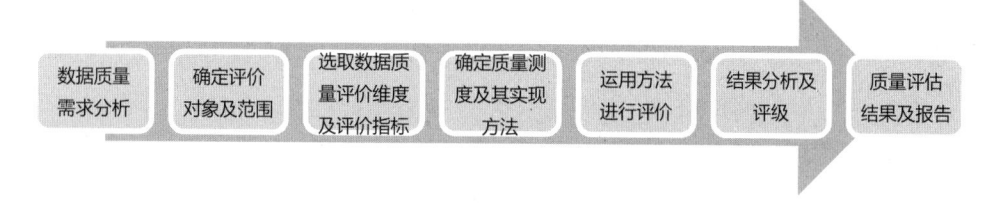

图 31-1-2　数据质量评估流程

- 数据质量需求分析："适合使用"是数据质量研究中被普遍接受的关于数据质量的定义。这一定义是由 Wang 和 Strong 首先提出的。他们通过将数据质量定义为"适合使用"强调数据消费者，并提出对数据质量的判断取决于数据消费者。数据资源不同于实体产品，其具有用途个性化、多样化、不稳定等特点。因此，必须先了解具体业务针对特定数据资源的需求才能建立有针对性的评价指标体系。
- 确定评价对象及范围：确定当前评价工作使用的数据集的范围和边界，明确数据集在属性、数量、时间等维度的具体界限。
- 选取数据质量评价维度及评价指标：数据质量评价指标是数据的具体质量反映，如准确性、完整性、一致性等。它是控制和评价数据质量的主要依据。因此，首先要依据具体业务需求，选择适当的评价指标。同时，要注意新增评价指标的层次、权重问题，以及与其他同层次的指标的冲突问题。
- 确定质量测度及其实现方法：在确定具体的评价指标后，应该根据每个评价对象的特点，确定其度量规则及实现方法。对于不同的评价对象，一般存在不同的度量规则，以及需要不同的实现方法支持，所以，应该根据评价对象的特点确定其度量规则和实现方法。
- 运用方法进行评价：根据前面四步确定的评价对象及范围、评价指标、度量规则及实现方法，完成数据质量评估。评价对象的质量应当通过多个评价指标来评测；单个评价指标不能充分、客观评价某一评价对象的质量状况，也不能为数据集的所有可能的应用提供全面的参考，将多个维度的评价指标组合能提供更加丰富的信息。
- 结果分析及评级：评估后要对结果进行分析，其中包括对评价目标与结果进行对比分析，确定是否达到评价指标；对评价方案的有效性进行分析，确认是不是合适等。最终的质量评估结果将说明数据质量是否能满足实际业务需求。
- 质量评估结果及报告：最后，应将质量评估结果和数据质量评估过程汇总并出具质量评估报告。

3. 数据认责

数据认责的主要内涵是确定数据治理工作各相关方的责任和关系，包括数据治理过程中的决策、执行、解释、汇报、协调等活动的参与方和负责方，以及各方承担的角色和职责等，具体介绍如下。

（1）数据所有者：对数据资产负责，同时对数据管理的政策、标准、规则、流程负责，提供数据的业务需求，分配数据的使用权，解释数据的业务规则和含义，执行关于数据分类、访问控制和数据管理的最终决策，维护数据资产目录并分配数据认责权限。

（2）数据提供者：负责按相关的数据标准、数据制度和规则、业务操作流程的要求生产数据，并对生产数据的质量负责。

（3）数据操作者：主要负责执行数据管理规则，录入各项数据并解决相关的数据问题。

（4）数据管理者：负责落实数据需求，对数据实施管理，保证数据的完整性、准确性、一致性和隐私，负责数据的日常管理与维护。

（5）数据使用者：需要理解数据标准、数据制度和规则，遵守和执行数据治理相关的流程，根据数据的相关要求使用数据，并提出数据质量问题。

数据认责首先要梳理认责的数据项，即明确对哪些数据进行认责管理。

企业中的数据资产中通常包含成千上万的数据项，对数据认责来说这是一个巨大的数量，也意味着巨大的工作量，因此，数据认责不可能一蹴而就，需要分批次地逐步完成。

数据认责讲究策略，可以根据企业业务流程或业务场景的重要性来梳理，这样比较有条理，也不至于手忙脚乱。最重要的还是要将企业业务与企业管理制度相结合，稳步持续开展数据认责工作。

因此，在认责数据项的梳理和筛选上，可以采用"问题+价值"双驱动的策略，即优先对问题多发且对业务价值（影响）较大的数据项开展认责管理，通过责任落实改善和提升数据质量，从而控制和解决问题，支撑业务发挥价值。为此，企业可以建立一套数据问题的归集、分析和管控机制，以及识别高业务价值核心数据项的方法。

其次是梳理认责关系矩阵，即关于数据的各项责任与组织机构、岗位、人员之间的对应关系。而后，将相关数据责任落实到对应的人员的日常工作和数据操作中。数据责任的落实通常可以与数据质量整治工作结合进行，在明确岗位人员数据责任的同时，要同步明确责任落实要求，例如，数据录入责任与数据项录入规范同步执行，通过规范录入行为及纠正录入错误来强化责任意识。

企业在实施数据认责管理时，可以采用自上而下的传统建制模式或者自下而上的敏捷模式：

- 传统建制模式首先进行数据认责管理机制的顶层设计，而后落地实施。实施过程主要是通过制度机制的贯彻、宣传、培训及小范围试点，按既定的认责数据项清单在企业范围推行数据认责管理。
- 敏捷模式则是针对数个业务价值明确的数据项，或者直接针对一个突出的数据问题，在一个很小的组织范围内（通常就是数据问题的多发地）开展数据认责管理，目标就是快速、有效地解决问题，而后再逐步形成可推广的机制设计。此种模式存在的一个缺点是不能从企业整体数据战略上进行规划，往往只是从某一个领域进行规划，从而无法从全局上统揽企业业务数据。

开展数据认责工作一般有两种方式：一种是通过咨询来做数据认责；一种是通过数据认责工具来承载数据认责咨询的方法论，基于认责工具高效地管理认责过程，实现数据认责的工作落地。

数据认责首要的是了解企业内有哪些数据，它们都在哪里，这些数据的状况如何，然后再进行数据认责。

4. 数据资产价值评估与定价

数据资产价值评估是实现数据资产化的基础，也是数据资产定价和数据资产运营的基础。要针对不同的评估目的和资产类别，设计适用的数据资产价值评估模型。数据资产价值评估分为非金融或非经济价值评估和经济价值评估两种方式。通过这两种方式我们既可以看到数据资产的价值，也能够了解构成数据资产价值的各部分，从而可以分析影响数据资产价值的因素，以便制订相应的数据资产增值计划。

（1）非金融或非经济价值评估。

非金融或非经济价值评估涉及以下模型。

- 数据的内在价值模型。这个模型根本不考虑业务价值，而是聚焦在数据的内在价值上。该模型将数据质量分解为精度、可访问性和完整性等指标。其根据每一个指标进行评定，然后按最终分数进行统计。

- 数据的商业价值模型。这个模型用于计算关于一个或多个业务流程的数据特征。例如，准确性和完整性被评估为"及时性"，因为即使数据与业务流程相关，但如果不是及时的，那么它的价值会大打折扣。该模型可以根据组织的需要进行定制，甚至适用于非结构化数据或第三方数据等特定的数据类型。

- 数据的绩效价值模型。这个模型更具"实证性"，因为它衡量的是数据随时间的推移对一个或多个关键绩效指标（KPI）的影响。以销售部门为例，如果企业的销售人员可以获得竞争对手的定价数据，那么他们可以更快地完成销售额吗？企业可以通过比较无法获得竞争对手定价数据的销售人员的业绩（对照组）与可以获得竞争对手定价数据的销售人员的业绩（参照组）来进行实验。

（2）经济价值评估。

经济价值评估涉及以下模型。

- 数据的成本价值模型。此模型衡量"获取或替换丢失的数据"的成本。其通过计算损失的收入及获取数据所需的成本，对数据的价值进行评估。这是估值专家评估大多数无形资产的方式，这些资产没有明显的市场价值或正在产生市场价值。

- 数据的经济价值模型。该模型衡量数据资产如何为组织的收入做出贡献。这也是我们会用到的 KPI 模型，但是在此模型中不考虑任何给定的 KPI，而是考虑收入。为了更好地说明这个问题，让我们再次回到前面那个销售人员的例子。实验组可以访问竞争对手定价数据，而对照组则不能。在一段时间内，我们不再关注销售时间，而是关注特定销售人员的收入，这将使我们能更好地认识这些数据的价值。企业应该考虑购买、管理和将数据上传到销售人员正在使用的系统中所花费的成本，同时，企业还应该考虑数据的寿命，例如，竞争对手定价数据具有保质期，应将其纳入其价值计算中。

- 数据的市场价值模型。该模型衡量"出售、出租或交换"企业数据所产生的收入，这是评估数据资产的最佳方式之一。但问题是大多数数据资产都没有会计师所说的"开放式公平市场"，或者不确定数据在市场上的价格。解决这个问题的方法是了解来自数据交易市场或竞争对手的类似数据的价格，并在此基础上考虑一定的折扣率（折扣率根据企业销售数据的次数和其他因素而有所不同）。当企业出售数据时，并不是真的在卖数据，而是对数据的使用进行授权。

企业要制定数据资产定价策略并在系统中维护，还要设置相应的定价审批流程，严格控制数据资产的价格，以及将具体定价反馈至定价系统中，作为后续的数据资产定价及数据资产价值评估的重要输入。

根据数据资产的特点，可以参考如下 6 种策略灵活报价，以满足不同客户的需求。

（1）按次报价。这种报价方式最简单，适用于小客户或者想试用的客户，按每个标签数据调用次数计费（比如根据市场行情，价格一般是 0.02 元/次）。

（2）组合报价。对客户画像来说，可能根据个别标签数据无法准确刻画出一个客户群，一般需要利用多个标签数据才可以，所以，可以根据客户需求，灵活选择其所需的标签数据，然后制定一个组合套餐，并约定每个套餐调用一次费用是多少。

（3）阶梯报价。为了吸引大客户，可以采取阶梯报价策略，即标签数据调用次数越多，单价越低（比如调用次数为 100 次以下，按 0.02 元/次计费；调用次数为 100~1 000 次，按 0.01 元/次计费等）。

（4）包量报价。这种报价方式是按照一个统一的价格，约定客户可以调用哪些标签数据，并承诺可以调用多少次（为避免无限期拖延，可以适当约定一个期限），比如标签数据的定价若确定为 1 148 元，则可以允许客户调用 10 次或者更多次，具体调用次数可以和客户商谈。

（5）包年（月、季、半年、一年）不限量报价。这也是市场上采用比较多的一种方式，非常适用于数据应用产品，比如对于客户画像数据产品，报价为 3 499 元/月。

（6）包年（月、季、半年、一年）限量报价。这种报价策略类似于手机上网流量包月，比如每年允许客户调用标签数据 100 次，超出部分按次收费，这种方式可以避免因客户无节制地调用标签数据而造成的对服务器和网络的巨大压力。

在报价时，完全可以让客户根据自身的情况，选择其中几种报价策略灵活组合。

31.2 数据资产运营实施步骤和方法

数据资产运营的实施可分为 5 个阶段：机会识别、现状评估与计划、项目执行、监测控制、评估复盘。另外，还要将数据资产运营作为常态运营，如图 31-2-1 所示。

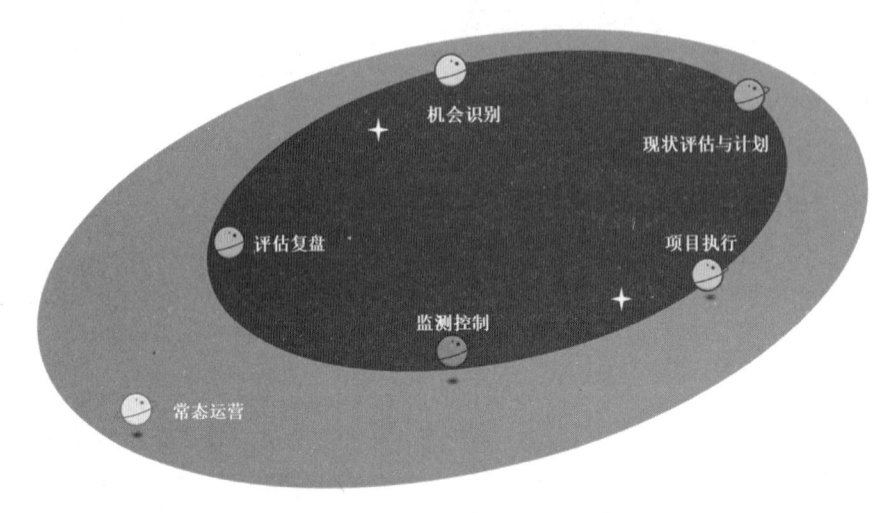

图 31-2-1 数据资产运营的实施阶段

1. 机会识别

数据资产运营的目标是使企业能够满足其客户/用户的服务需求。企业应评估数据资产，并根据客户/用户的需求和期望对其进行分析，从而挖掘数据资产管理的驱动因素和发展机遇。

数据资产运营应坚持以业务需求为驱动，以应用价值为导向。数据资产运营的内容不是越全面越好，关键是挖掘并考虑如何满足业务需求、增加业务价值。该阶段的重点工作包括解读业务战略、调研数据供需双方需求、制定数据战略并绘制实施路线图、明确利益相关方的责任、制订相关资源计划、定义战略执行效果的评定标准等。

2. 现状评估与计划

通过对数据资产运营能力成熟度的评估，企业可以了解当前数据资产运营现状，识别数据资产运营能力的不足之处，提出数据资产运营能力改进建议和方向，规划未来数据资产运营路线图，制订数据资产运营管理行动计划，以便更好地利用数据资产来提高业务绩效。

3. 项目执行

根据数据资产运营管理行动计划，企业可以建立相关数据资产运营专项管理项目，切实提升企业数据资产运营的能力，其中包括但不限于企业数据资产全面盘点、数据资产目录构建、数据资产成本核算、数据资产价值评估、数据资产开放与共享等能力，并以数据驱动业务为导向，开发满足内外部客户需求的数据产品，提供相应的数据服务。

4．监测控制

企业要组建专门的检察和审计团队，制定一系列的策略、流程、制度和考核指标体系，来监督、检查、协调多个职能部门的联合工作，从而优化、保护和利用数据资产，保障数据资产在风险合规的情况下发挥最大的价值。

5．评估复盘

在完成数据资产运营项目后，企业需要事后评估数据资产管理项目取得的效果，分析数据资产运营状况，总结经验和教训，从而有利于后续数据资产管理项目的实施。

6．常态运营

数据资产运营管理并不会伴随着项目的结束而结束。当项目完成后，需要将成果进行沉淀，形成知识库，并完善相应的标准、制度和流程等。然后将数据资产运营管理转为常态运营工作，变成日常例行的管理活动（包括数据资产目录日常维护、数据资产活性分析、数据资产安全管控等）。企业只有在日常工作中维护有效的数据资产目录、保证数据的质量、规避数据安全风险等，才能真正有效地挖掘数据资产的价值，提升企业的竞争力。

本章精要

数据资产运营是数据资产实现价值的重要过程。本章主要从数据资产成本管理、数据资产质量评估、数据资产确权、数据资产价值评估与定价、数据资产服务与计费等方面阐述了数据资产运营的重要内容，同时给出了数据资产运营的实施步骤，为企业实施数据资产运营提供了一条可行的路径。

第 32 章

主数据管理实施

主数据管理的实施不是通过搭建一个主数据管理平台就能达到的，而是一项长期、复杂的工程，涉及主数据管理体系、主数据标准、主数据管理平台、主数据质量和安全、相关系统的升级及改造、数据清洗等多个方面。在主数据管理项目实施中需要依据"快速见效、急用先建"的思路，先整体规划，以主数据模型和主数据标准为基础，以主数据管理平台为载体来开展主数据管理专项工作，确保主数据管理项目的成功。

32.1 主数据管理实施内容

主数据管理实施的内容主要包括成立主数据管理项目建设期组织机构、调研主数据管理现状、进行主数据识别、制定主数据标准、编制主数据管理办法、搭建主数据管理系统、集成主数据管理系统和业务系统、建立运维期组织机构、规范主数据内容等。其中制定主数据标准是基础，规范主数据内容是过程，搭建主数据管理系统是技术手段，建立组织机构和流程是前提和保障。

32.2 主数据管理实施步骤和方法

32.2.1 主数据管理实施步骤

主数据管理实施一般包含项目准备、现状调研与分析、标准体系构建、主数据平台搭建、数据清洗、数据服务集成、运营体系建立 7 个阶段，共 28 个实施步骤，如图 32-2-1 所示。

1. 第一阶段：项目准备

项目准备阶段的主要工作是制定项目章程，即确定项目目标、实施范围、建设内容并制订项目计划；确定项目的组织机构、人员配置、项目的组织资源管理及组织职责；选取组织架构、业务范围类似的优秀企业作为标杆进行对比分析，取优补劣，为主数据管理项目建设提出方向；召开项目启动会。

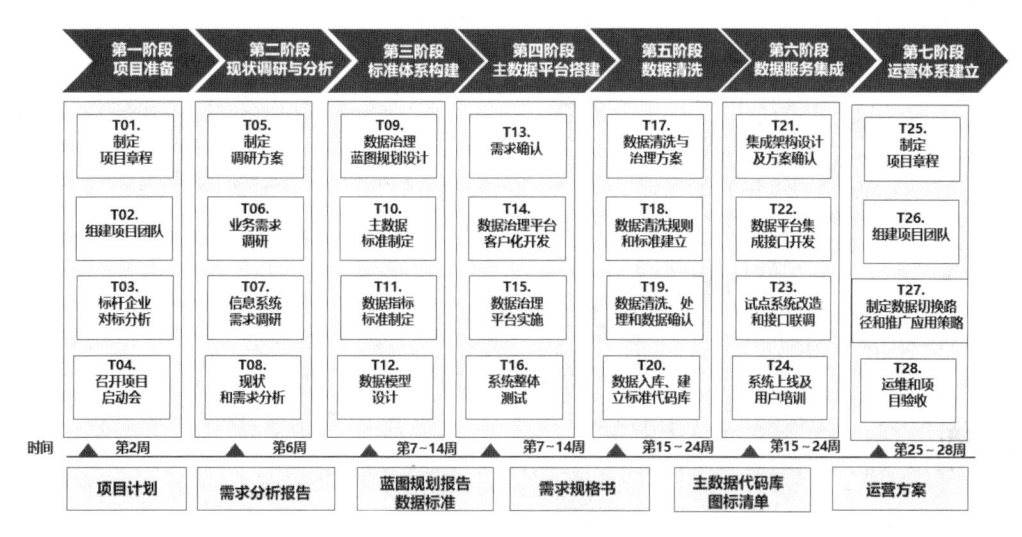

图 32-2-1　主数据管理实施步骤

项目启动会非常重要，其既是动员会，又是分工会，同时也是培训会。项目启动会是实施主数据管理项目良好的开端，项目启动会的顺利召开，可以起到事半功倍的效果，为后续顺利展开工作奠定坚实的基础。

2．第二阶段：现状调研与分析

现状调研与分析阶段的主要工作是制定落地、高效的调研方案，包含调研计划、访谈提纲及项目调研问卷等；通过资料收集、业务需求调研、关键用户访谈等方式了解当前主数据管理现状和主要需求，发现数据相关问题和关注点；同时对企业现有信息系统中的主数据标准、主数据质量现状进行分析，找出需求点；结合企业数据管理应用现状、需求和存在的问题进行差异化分析。

3．第三阶段：标准体系构建

标准体系构建阶段的主要工作是主数据治理蓝图规划设计和主数据标准制定。其中主要包含 4 个架构体系：主数据标准架构、主数据管控架构、主数据质量体系及主数据安全架构。主数据标准包含业务标准（编码规则、分类规则、描述规则等）和主数据模型标准。

4．第四阶段：主数据平台搭建

企业需要搭建主数据平台，通过数据标准文本发布、主数据模型建设、主数据管理流程建设，实现对主数据的创建、审批、发布、修改、归档等进行全生命周期管理，以提高数据质量和改善信息共享现状。

5. 第五阶段：数据清洗

数据清洗阶段的主要工作是根据项目范围和对象制定数据清洗与治理方案；建立数据清洗规则和标准；根据主数据标准对历史主数据进行清洗、排重、合并、编码，保证主数据的完整性、准确性和唯一性；最后形成一套规范、可信任的主数据代码库，建立整体的标准代码库。

6. 第六阶段：数据服务集成

将主数据平台与各个目标信息系统集成，可以实现主数据的采集、分发等交互操作，从而最终实现将主数据服务于业务应用。

7. 第七阶段：运营体系建立

企业要建设主数据管理运营组织，制定主数据管理办法、维护细则、应用考核规范等管理规范，还要建立主数据运维体系。其中主数据运维体系由组织、制度、流程、知识库、平台组成。企业通过组织培训和交流，可以有效地传递知识。关键用户和内部 IT 人员要全职参加主数据管理项目建设，从而在实践中形成主数据管理实施和运维团队。

32.2.2 主数据管理实施方法

主数据管理实施应聚焦关键实施内容，选择合适的方法，按次序、分阶段合理有序地逐步推进。

1. 理需求

通过现状分析及需求调研，企业可以对主数据管理的现状进行诊断分析。通过下发调查表格，收集及分析资料，调研业务现状，访谈关键用户，摸查信息系统应用现状，研究、考察和对标标杆案例，对比企业知识库等过程，可以分析出用户对主数据建设的需求，以及与优秀企业的差距，并在数据标准、数据管理体系、数据质量、数据安全、数据全生命周期管理、数据平台应用等方面提出改进建议。

2. 绘蓝图

在充分理解企业发展战略的基础上，企业可以根据调研分析及主数据管理能力评估结果，按照系统的方法设计主数据蓝图。主数据蓝图主要包括 4 个架构体系：数据标准化架构体系、数据管控架构体系、数据质量架构体系及数据安全架构体系（见图 32-2-2）。

3. 定职责

企业要建立主数据认责体系，还要确定主数据管理工作中各相关方的责任和关系，包括确定主数据管理过程中的决策、管理、执行等活动的参与方和负责方，以及各方承担的角色和职责等（见图 32-2-3）。

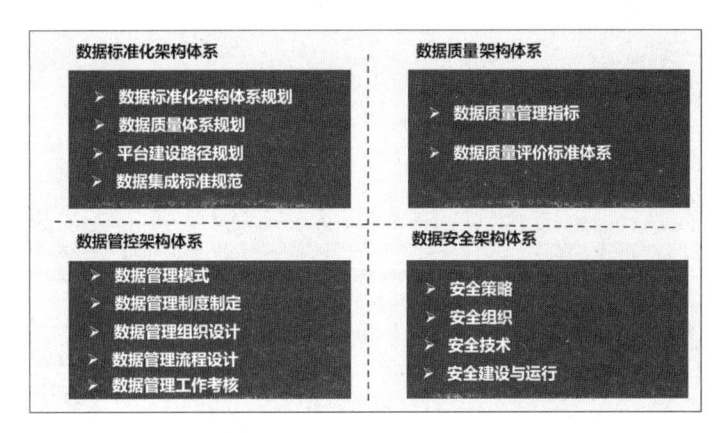

图 32-2-2　主数据蓝图中的 4 个架构体系

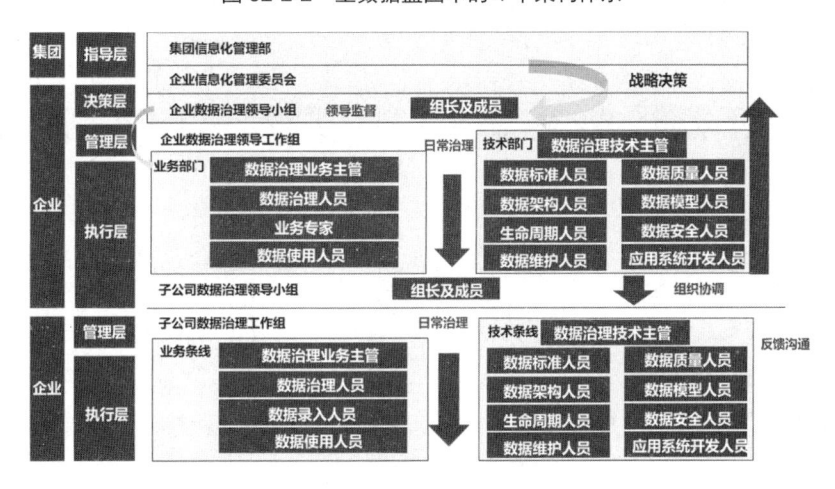

图 32-2-3　主数据认责体系

4．定标准

主数据标准是主数据管理工作的核心内容。只有制定了主数据标准和数据指标标准，才能实现跨组织、跨部门、跨流程、跨系统的数据集成和共享。主数据标准也是打通企业横向产业链和纵向管控的数据基础。主数据标准一般包括主数据分类标准、描述标准、编码标准和管理标准。

5．洗数据

企业要按照主数据标准，梳理和清洗企业在经营活动中产生的各类数据，形成标准主数据代码库。建立主数据代码库的过程是按照一定的清洗规则对零散、重复、缺失、错误、废弃的原始数据进行清洗，通过数据清洗保证主数据的唯一性、准确性、完整性、一致性和有效性，然后通过系统校验、查重及人工比对、筛查、核实等多种手段对主数据代码的质量进行检查，以及通过数据清洗形成高质量的主数据代码库。

数据清洗工作分为 3 个阶段，包括①数据标准宣传培训阶段；②数据收集及清洗阶段；③数据发布阶段，如图 32-2-4 所示。

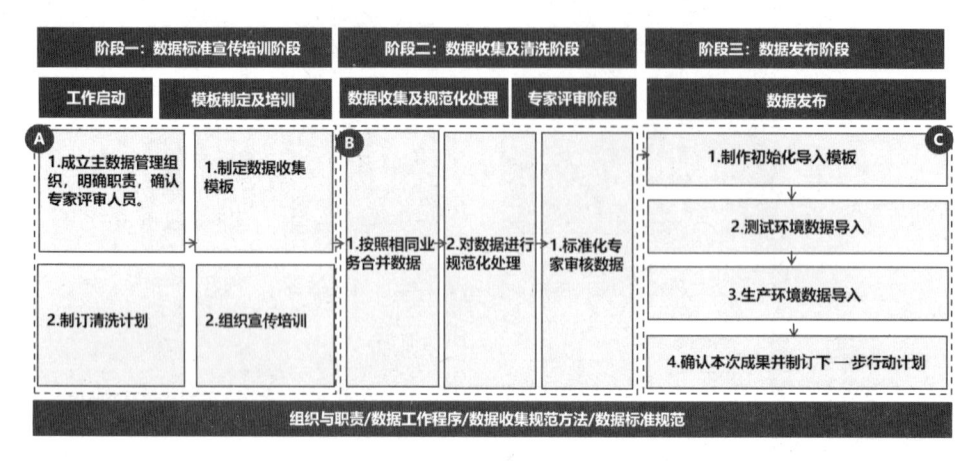

图 32-2-4　数据清洗工作的流程

6. 搭平台

企业要搭建主数据管理平台来发布主数据标准文本，实现主数据全生命周期管理、主数据质量管理和主数据安全管控等。

主数据管理平台是企业数据规划、数据标准落地的载体，也是实现主数据统一标准、统一规则的支撑，还是有效实施主数据全生命周期管理和数据服务的平台，以及实现数据从产生到应用，分层协同、全面治理的核心，如图 32-2-5 所示。

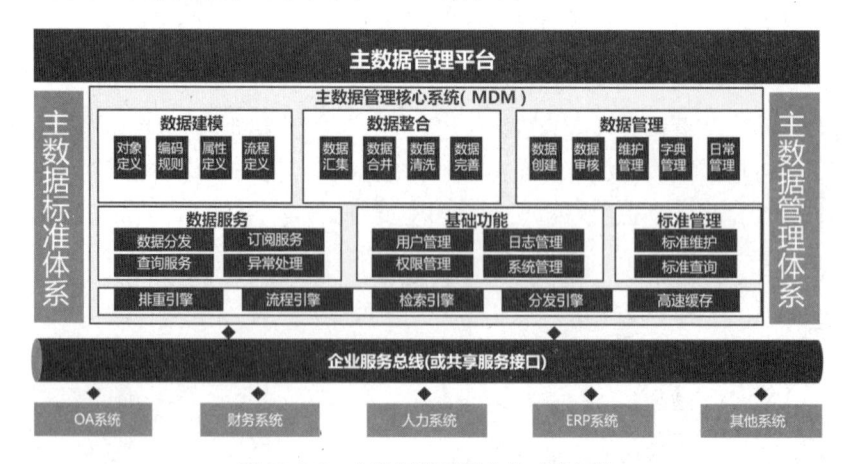

图 32-2-5　主数据管理平台的功能架构

7．接服务

企业需要将主数据管理平台与各个目标信息系统进行集成，以实现主数据的申请、审核、分发等交互操作，从而最终实现主数据在多个系统之间的共享和统一。如图 32-2-6 所示为主数据管理平台集成架构。信息系统集成可以通过企业服务总线（ESB）的方式，也可以通过 Web Service 和 XML 的方式。

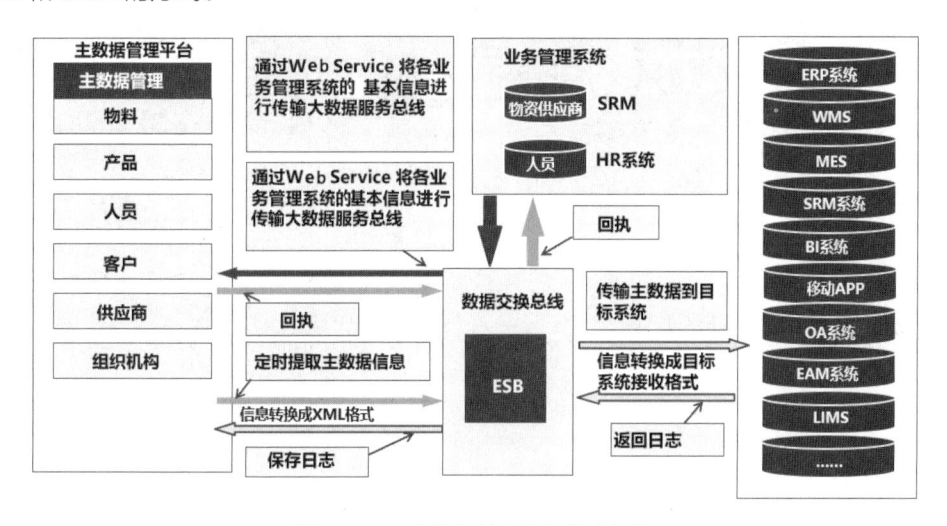

图 32-2-6　主数据管理平台集成架构

8．建体系

主数据管理平台上线运行后，企业需要成立数据标准化运营组织并明确各岗位的职责，结合企业的实际情况制定主数据管理制度（见图 32-2-7）、管理流程及维护细则，以及建立主数据运维体系，为主数据的长效、规范运行奠定坚实的基础。

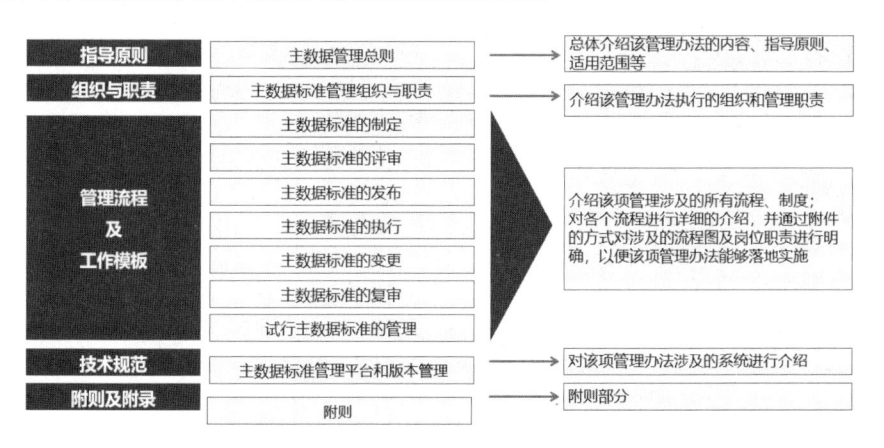

图 32-2-7　主数据管理制度

主数据运维体系由组织、制度、流程、知识库、平台组成。建立适合企业的主数据运维体系，才能确保主数据管理有对应的业务牵头部门负责，如图 32-2-8 所示。

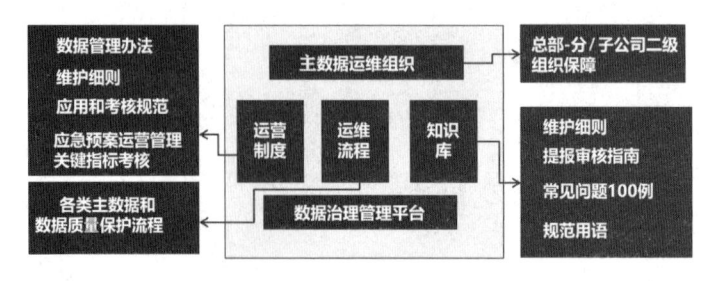

图 32-2-8 主数据运维体系

9. 促应用

主数据应用管理是保障主数据落地和主数据质量非常重要的一环。主数据应用管理主要包含明确管理要求、实施有效的管理、强化保障服务，以及转化和切换存量系统主数据代码等内容。

本章精要

本章详细介绍了主数据管理实施的内容、步骤及方法。对于主数据管理，主数据管理标准制定是基础，规范数据是过程，建设平台是手段，建立组织和流程是前提和保障的核心思想。

第 33 章

元数据管理实施

元数据管理的实施对企业具有非常重要的意义，其可以协助企业管理数据资产，形成统一的数据地图，有助于解决企业的数据孤岛问题。元数据管理的实施也为各部门提供业务数据（如指标、报表定义和统计口径），帮助业务人员理解和使用数据。因此，元数据管理的实施非常重要。

33.1 元数据管理实施内容

元数据管理实施的内容主要包括元数据的需求调研、定义元数据框架、建立元数据标准、搭建元数据管理平台、创建和维护元数据、分发和交付元数据等。

33.2 元数据管理实施步骤和方法

元数据管理的实施步骤主要分为以下 4 个阶段，如图 33-2-1 所示。

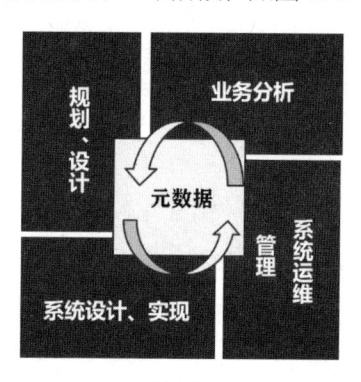

图 33-2-1 元数据管理的实施步骤

1. 第一阶段：业务分析阶段

在业务分析阶段，主要是理解企业的数据治理战略、数据治理组织，以及数据治理制度，进而分析企业在元数据管理上的战略和目标。企业首先要通过业务调研和信息系统调研获得企业的数据应用现状。业务调研采用自顶而下的方法，获取业务所使用的数据，以及业务环节和业务部门之间的数据流动关系；信息系统调研采用自下而上的方法，获取目前企业信息系统中所具有的数据。二者相结合则能梳理清楚信息系统中的数据对业务环节的支持。通过对高层领导的调研可以获得他们对项目的期望目标，进而形成企业完整的元数据管理需求。

2. 第二阶段：规划、设计阶段

在规划、设计阶段，企业需要从元数据管理需求出发，结合 DAMA 国际体系和国内数据治理成熟度模型，依据企业自身的数据治理战略，对元数据管理进行顶层规划设计，明确元数据管理工作的总体目标、元数据制度和流程、元数据工具等，并制定可行的分阶段目标和实施路径。

（1）建立元数据管理体系。

在规划、设计阶段，企业需要根据业务流程和职责范围，制定元数据管理制度和流程，明确元数据的管理组织及其职责，并定义元数据的采集、发布、变更、使用应当遵循的流程，各个业务部门在流程中的角色权限等内容。

（2）建立元数据标准。

企业根据需求调研的结果，以及参照国际标准、国家标准、行业标准、共识标准，形成自己的元数据标准，并且针对不同的数据对象，定义不同的元数据标准。一般元数据标准包括完整描述一个具体数据对象所需的数据项集合，各数据项的语义定义、质量规则及语法规定。目前，在信息领域，通常的元数据管理工具都支持 CWM（公共仓库元模型）标准。

（3）制定元模型。

之后，企业根据确定的元数据标准对元数据进行分类，并确定各类标准的元模型。元模型的定义应遵循标准化、国际化的 CWM。

元模型基本包括以下几类。

①管理类元模型：包括系统资源、人员管理、任务管理等元模型。

②技术类元模型：如关系型数据库、OLAP、接口、ETL、ERWin 等元模型。

③业务类元模型：如指标、KPI、报表等元模型。

④编码规则：如信息分类及编码模型规则。

3. 第三阶段：系统设计、实现阶段

（1）搭建元数据管理系统。

搭建元数据管理系统，可以实现以下功能。

- 对元数据的采集、创建、存储、整合与控制等流程进行集合。
- 实现对元数据版本的控制和追溯、元数据血缘分析、影响分析等。
- 为企业绘制数据地图、统一数据口径、标明数据方位、分析数据关系、管理模型变更。
- 在工具中配置元数据管理组织、人员，制定元数据管理流程和权限控制。

（2）建设及管理元数据存储库。

元数据存储库形成的过程是在企业内部或外部采集并存储元数据的过程，即把从元数据来源库中抽取到的元数据，与相关的业务元数据和技术元数据进行整合，最终存储到元数据存储库中。元数据的抽取有多种方式，可以使用适配程序、扫描程序、桥接程序或者直接访问数据存储库中的元数据。

（3）元数据的交付和分发。

元数据的交付和分发就是将存储库中的元数据分发到最终用户和其他需要使用元数据的应用或工具中。

常用的元数据交付工具和方式包括以下几种。

- 元数据内网（提供浏览、查询、搜索、报告和分析功能）。
- 报告、术语表、其他文档及网站。
- 数据仓库、数据集市和商务智能工具。
- 建模和软件开发工具。
- 消息传输交换。
- 应用程序。
- API 接口方案。

4. 第四阶段：系统运维管理阶段

对元数据的日常运维管理是保证元数据持续优化的基础，其中需要将元数据管理战略集成到元数据管理的生命周期中，确保能及时收集变更过的元数据。企业要制定符合企业管理模式的制度和流程，对元数据的增加、删除、修改等操作进行管理，还要针对业务元数据、管理元数据、库表结构元数据等制定不同的运维策略。同时，企业要开展元数据治理工作，建立正式的角色和职责并分配专用资源（特别是在大型或关键业务领域）。元数据治理过程本身依赖于可靠的元数

据，因此，负责元数据管理的团队可以在创建和使用元数据的过程中对元数据管理原则进行验证和测试。

本章精要

对企业的技术人员而言，元数据管理的实施是通过将分散、存储结构差异大的信息进行描述、定位、检索、评估、分析，实现信息的结构化，为实现自动化信息处理创造了可能，从而可以大大降低数据治理的人工成本；对企业的业务人员而言，元数据管理通过对业务指标、业务术语、业务规则、业务含义等业务信息进行管控，可以协助业务人员了解业务含义、行业术语和规则、业务指标和影响范围等。正因如此，元数据管理已经成为很多大型企业数据治理项目的重要组成部分。

第 34 章

数据指标管理实施

企业通过构建数据指标管理工具可以实现对企业经营数据的精细化管理，使数据指标"数出一家、政归一门"，使企业能够"准确""智能""敏捷"地消费数据，让数据高效赋能业务，充分挖掘数据资产的价值潜力。通过强化数据指标管理工具，可以在企业生产经营等全领域、全过程中推行数据标准化和精细化管理，提高数据质量。

34.1 数据指标管理实施内容

数据指标管理实施是一个系统工程，通常分成三期实现（见图 34-1-1）：第一期为梳理实际指标；第二期为完善实际指标、抽象基本类指标；第三期为配合平台落地。

图 34-1-1 数据指标实施

其中的难点是收集和整理分散在企业各处的数据指标。企业要通过导出系统指标、搜集手工报表指标、问卷调查和现场访谈等形式，尽可能全面地搜集数据指标，并按统一模板进行梳理、归纳和标准化，形成完整的指标库。

34.2 数据指标收集步骤和方法

各类数据指标收集的工作共包括 5 步，如图 34-2-1 所示。

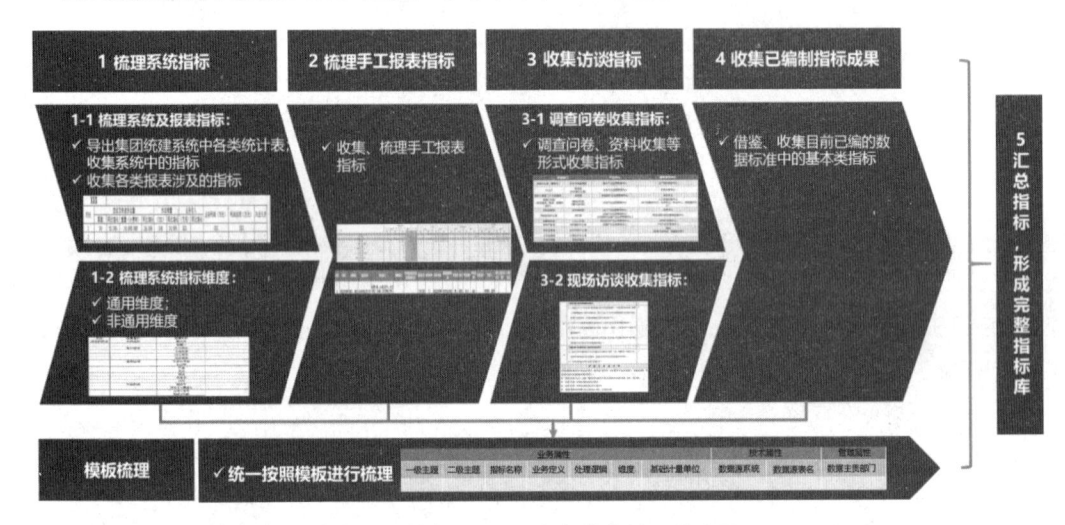

图 34-2-1　各类数据指标收集的工作步骤

1. 第一步，梳理系统指标

（1）梳理系统及报表指标。

首先导出企业各个系统中的各类报表指标，其中主要涉及两类指标。

①系统产生的指标：集团总部统建的 ERP、CRM、SRM 等系统中的指标。

②报表产生的指标：各类报表涉及的指标。

（2）梳理系统指标维度。

对各系统中的指标维度进行收集、整理（例如图 34-2-2 所示的例子），一般包括以下两种维度。

①通用维度：包括 6 个基础维度（时间、空间、组织、业务板块、业务阶段、统计口径），可凭经验及代码表获取。

②非通用维度：通过多种途径获取，包括但不限于访谈、数据分析等，并按重要性进行排列。

来源	维度名称	维度明细
物流管理部	客户类型	新客户
		老客户
	业务板块	合同物流
		工程物流
		化工物流
		冷链物流
	业务区域	东欧及中亚
		东南亚
		东亚
		非洲
		南亚
		欧美澳
		中东
	车辆种类	轴线车
		平板车+普通车
		叉车+吊车
		驳船+拖船

图 34-2-2　梳理系统维度示例

2. 第二步，梳理手工报表指标

由于部分指标存在于手工报表中，所以对手工报表的收集、整理、分析也是一项必要的工作。

3. 第三步，收集访谈指标

（1）通过调查问卷收集指标。

可以通过下发调查问卷、资料收集等形式，收集企业各部门、各板块、各服务支持中心要求二级子分公司、三级单位填报的用来满足业务分析和管理需要的指标。

（2）通过现场访谈收集指标。

可以通过现场访谈的方式来收集相关指标，例如表 34-2-1 所示的例子。

表 34-2-1　访谈示例

序　号	访　谈　示　例
1	部门如何对指标进行管理和使用？（例如是否有专职/兼职人员管理指标？如何对指标内容进行校验、审核？）
2	是否对指标进行了统一定义？如何发布、共享指标给相关部门
3	通常使用哪些信息系统？分别关注这些系统的哪些指标
4	经常编制哪些统计报表（含电子、纸质）和分析报告？分别关注哪些指标
5	您认为以上指标是否能涵盖所有业务范围，并达到业务监管的要求？如不能，请列举不在系统中但实际需要的指标

4. 第四步，收集已编制指标成果

在各类指标收集的过程中，要借鉴和收集目前已编制的数据标准中的基本类指标，并收集项目过程中的报表，以形成实际指标。

5. 第五步，汇总指标，形成完整指标库

在将上述指标按统一模板进行梳理、汇总后，形成完整的指标库。

34.3 数据指标模板

企业可根据自身业务的管理需要，按照指标体系框架进行三级指标的细化、完善和扩展。指标体系扩展的基本步骤如下。

（1）各职能部门根据自身的管理需求，提炼指标，明确指标定义。

（2）依据指标体系分类框架，确定三级指标归属。

（3）详细定义指标，如指标项的来源、数据格式、计算公式、取数口径等。

（4）指标经审批后进行发布。

34.3.1 数据指标项定义

数据指标项包含各类统计数据的指标分类、指标代码、指标名称、指标定义、计算逻辑、指标单位、分析维度、取数频率等。

- 指标分类：针对企业业务将指标分为不同的类，如一级指标、二级指标、三级指标。
- 指标代码：指标对应的代码。
- 指标名称：指标的正式名称。
- 指标定义：对指标进行的解释说明。
- 计算逻辑：若为计算指标，则需列出计算公式。
- 指标单位：指标所对应的计量单位。
- 分析维度：该指标主要的分析维度，通常包含物料维度、空间维度、时间维度、数据层次等多个维度。
- 取数频率：该指标表示在管理上需要提取数据的频率，单位可以为班次、日、旬、月、季度、年等。

34.3.2 形成数据指标卡片及数据指标模板

对数据指标进行梳理后，可以形成数据指标卡片及数据指标模板。

数据指标卡片如图 34-3-1 所示。

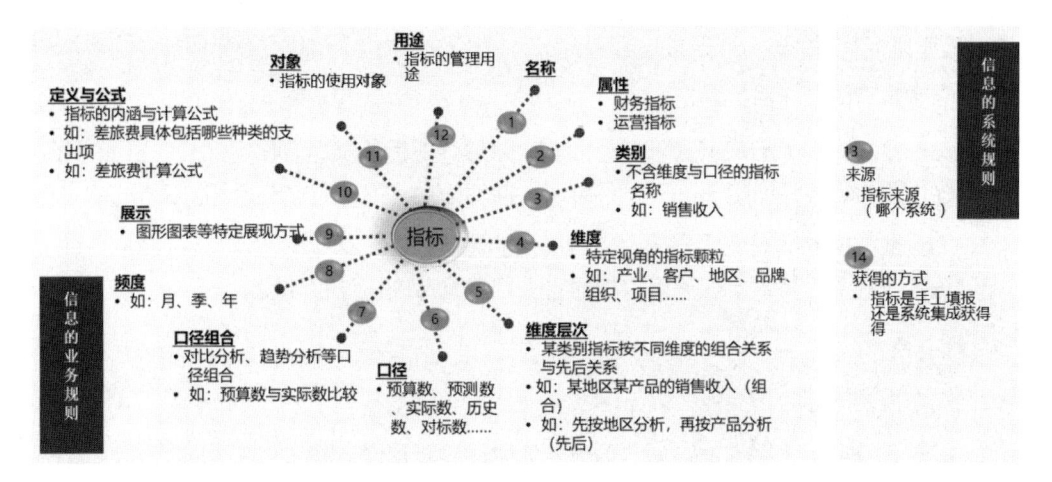

图 34-3-1　数据指标梳理——数据指标卡片（示例）

数据指标模板中包括指标代码、指标名称、业务定义、主题、数据需求提出者、数据使用者、计量单位、上报频度、上报时间、计算公式等内容，如图 34-3-2 所示。

指标代码	指标名称	业务定义	主题	一级主题名称	二级主题名称	数据需求提出者	数据使用者	数据负责人	计量单位	数据类型	单位粒度	精度长度	上报频度	上报时间	时间粒度	数据层次	映射类型	计算公式	数据报表名称
1011 0019	重整装置计划处理量	报告期内重整装置计划完成处理量	生产	炼油和化工板块生产管理	炼油和化工装置加工量	生产经营部	集团总部工作人员	各填单位	吨	数字	集团公司/二级公司/三级单位	2	日/月/年	月报表每月3日前/调度日报统计前一天数据	月计划/年计划	企业上报	直接映射		炼化公司生产指标完成月报表/调度日报

图 34-3-2　数据指标模板

34.3.3　数据需求规划

数据需求规划是对业务数据需求进行汇总、整理、指标化、标准化定义与分解，并将其记录到企业数据仓库的基础指标映射关系中的过程。企业要在总部层面建立有效的数据共享和抽取机制，从而形成一套完整、统一、没有歧义的总部业务分析指标。

数据需求规划是企业数据仓库和分析型应用建设的基础工作，而企业数据仓库的建设，又是满足分析型应用的数据需求的基础。

1. 工作目标

数据需求规划的工作目标是：

（1）对各个业务线上的数据需求进行汇总、整理、指标化及标准化定义，使各业务部门、企业数据仓库项目组在建设相关的应用系统时，能够使用标准的定义交流和对接需求。

（2）为企业数据仓库对上层分析型应用提供的基础指标进行标准化定义和梳理，并指定基础指标到源系统的对应关系，从而可以指导企业数据仓库的设计和建设。

2. 核心产出

数据需求规划的核心产出包括以下内容：

（1）数据分析框架：用于指导企业分析型应用的分步建设。

（2）数据需求规划清单：用于提供经过汇总、标准化定义、无歧义的业务数据需求指标项。

（3）数据标准清单：用于指导企业数据仓库基础指标的设计。

3. 主要收益分析

数据需求规划可以为企业带来以下收益。

（1）提供部门及跨部门的业务数据需求，避免在建设分析型应用时产生不必要的重复建设和资源浪费。

（2）提供业务数据需求的标准化定义，避免在跨部门对接业务数据需求时产生歧义和重复劳动。

（3）支持不同业务线、不同项目组在基于企业数据仓库建设各自的分析型应用时，对企业数据仓库提供优化指导原则。

（4）明晰企业数据仓库基础指标到数据源的对应关系。

本章精要

本章详细介绍了各类数据指标收集及梳理的工作步骤，以及形成数据指标模板等内容。通过数据指标管理项目的实施可以对企业的各个业务线的数据需求进行汇总、整理、指标化、标准化定义与分解，使企业各部门、项目组在建设相关应用系统时，能够使用标准的数据指标定义交流和对接需求。

第 35 章

数据质量管理实施

科学、合理地开展数据质量管理是发挥数据价值的基础，是实现数据业务应用的前提和保障。但数据质量管理不是一蹴而就的，而是需要企业持之以恒地进行。这项工作将数据、数据拥有者、数据管理机构、数据使用者、数据管理平台有机地整合在一起。依据数据在其生命周期各个阶段的特性，建立数据质量控制机制，可以及时发现数据质量问题，不断改善数据质量，从而提升数据的可用性，实现数据更大的商业价值。

数据质量管理实施主要包括以下内容。

（1）严控数据的采集、录入、审核、传输、存储、清理、发布等方面的操作。

（2）统一数据口径，制定数据标准规范。

（3）确保数据在各个环节的一致性，避免数据指标体系相互冲突。

（4）做到一次采集，多处使用。

本章以数据质量管理实施为核心，介绍其中的实施内容、步骤和方法。

35.1 数据质量管理实施内容

数据质量管理实施内容包括如下 4 个方面。

（1）了解数据：通过业务部门和 IT 部门之间的努力协作，评估数据的内容、结构、字段、记录，以及与系统之间的关系。

（2）设计数据标准：了解企业存在的数据及数据服务的需求，编制长期施行的跨系统标准定义和规则。

（3）自动化数据质量：将标准纳入数据集成、迁移和实时流程；补充、扩充数据；使用第三方提供的用户统计信息、企业和行业标准信息。

（4）监控数据质量：要评估结果并不断对规则进行系统性调整，以满足新的业务需求。

35.2 数据质量管理实施步骤和方法

本节介绍数据质量管理实施的步骤和方法，其中详细介绍了数据剖析、数据质量诊断、数据处理规则、数据质量优化、数据质量监管等。如图 35-2-1 所示为数据质量管理实施应用架构图。

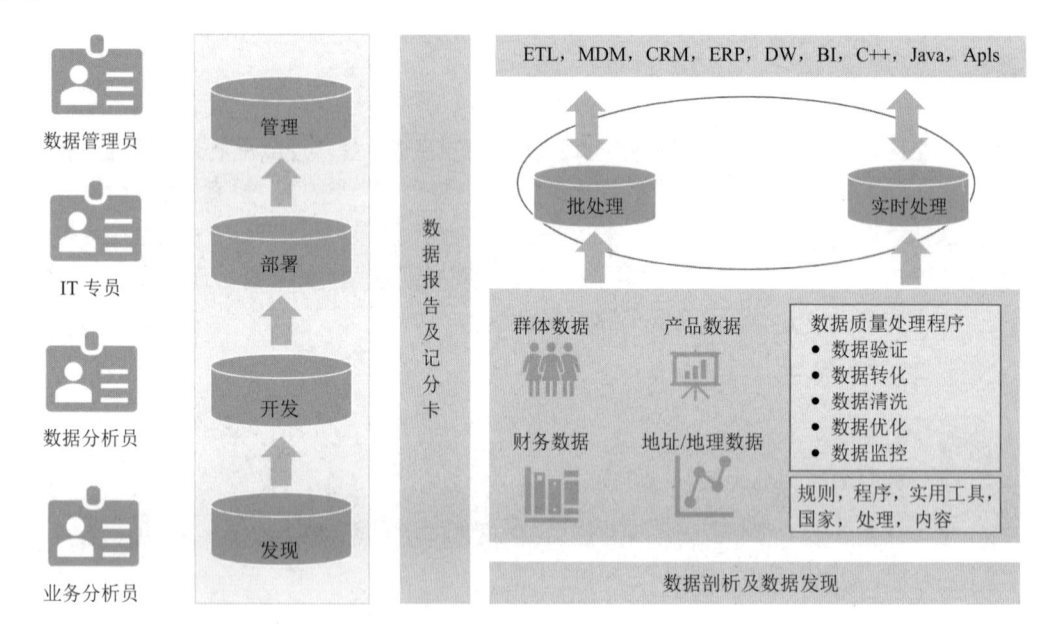

图 35-2-1 数据质量管理实施应用架构图

35.2.1 数据剖析

数据剖析是通过剖析企业特定的数据集，挖掘元数据以获取统计信息，从而帮助企业全面了解数据，并确定这些数据的可用性的过程。一般数据剖析主要分析的内容有最大值、最小值及其他基本统计数据；字段、数据类型和模式/格式的频率数；符合预期的值。某类高级的数据剖析还对字段之间的关系进行分析。数据剖析主要包括以下内容。

（1）数据内容及背景分析。

（2）数据结构及路径分析。

（3）数据成分及业务规则合规分析。

（4）数据之间关系及相关资源匹配。

（5）识别数据转化机制。

（6）建立数据有效性及准确性规则。

（7）校验数据之间的依赖性。

35.2.2 数据质量诊断

数据质量诊断是基于数据剖析的结果来审核数据的质量，用来发现数据可能存在的异常和问题，为根本原因分析、数据纠错和错误预防提供基础。数据质量诊断主要从准确性、一致性、完整性、相关性、有效性、及时性等方面评估数据和质量，发现潜在的数据问题，如表 35-2-1 所示。

表 35-2-1　数据质量诊断维度

指标类型	说 明	衡量标准	备 注
完整性	不存在或缺失的记录的占比。即实体的每个属性都有明确的值，不存在"空"或"未知"的属性	样本记录的空值率	=（空值记录总数/样本记录总数）×100%
相关性	满足外键参照完整性的记录的占比，对于数据库中的某些实体，它们的存在可能要依赖于其他的实体	外键无对应主键的样本记录比率	=（外键无对应主键的样本记录总数/样本记录总数）×100%
唯一性	满足主键唯一性约束的记录的占比，即一个表中的一组属性的值是唯一的	1-主键的重复率	=1-（主键重复样本记录总数/样本总记录数）×100%
有效性	满足在值域和数据有效范围内定义的记录的占比，即实体属性的值要在用户定义的有效范围之内	1-样本记录异常值比率	=1-（超出值域的异常值样本记录总数/样本记录总数）×100%
及时性	满足业务应用的时间要求的记录的占比	满足时间要求的样本记录的比率	=（满足时间要求的样本记录总数/样本记录总数）×100%
真实性	真实记录的占比，即数据库中的实体必须与对应的现实世界中的对象是一致的	样本记录中真实记录的比率	=1-（样本记录中失真记录总数/样本总数）×100%
精确性	满足业务精度需求的记录占比	样本记录满足业务对精度需求的比率	=（样本记录中满足业务精度需求的记录总数/样本记录总数）×100%
一致性	与其他系统（或者系统内部）一致的记录占比	样本记录与其他系统的匹配率	=1-（样本记录中不同意义的记录总数/样本记录总数）×100%

续表

指标类型	说　　明	衡量标准	备　　注
可理解性	含义明确和易于理解的记录占比。即表明记录本身的含义是否简单、明确	样本记录易于理解的比率	=1-(样本记录中费解的记录总数/样本记录总数)×100%
可用性	可获得、可满足业务使用的记录占比	样本记录可获得、可满足业务使用的比率	=(样本数据可获得的记录总数/样本记录总数)×100%

35.2.3　数据处理规则

数据处理规则是基于企业本身的特殊需要而创建、维护的一套企业专属的业务规则。其适用于企业长期的数据质量管理，并能随着企业的发展而添加、变更或删减某些业务规则，确保企业数据符合决策需要。可以基于以下3个方面快速创建或提供开箱即用的数据处理规则，全面规范数据呈现状态，促进企业进行有效的数据管理。

（1）数据属性业务规则（如字段）。

（2）数据实体业务规则（如库、表）。

（3）企业特定业务规则（如行业规范）。

35.2.4　数据质量优化

数据质量优化是帮助企业将原本杂乱无章的数据转化为有价值的信息的过程。针对各种复杂的企业环境，通过数据质量优化可以实时批量改善数据的可靠性、可用性及业务适用性，而且这个过程对于企业中的任何数据系统或应用程序都适用。可以从以下5个方面优化数据质量，输出有价值的资产。

1．数据清洗与标准化

数据清洗与标准化可以帮助企业统一和规范数据的各个方面，制定跨行业通用及行业定制的数据标准，规范数据的采集、录入、传输、处理等过程，进一步更正、修复企业系统中的错误数据，并对数据进行归并整理，从而使企业应用数据更方便，企业内的信息交流更高效，加快数据变现的速度。

2．数据匹配

通过使用在线数据匹配工具，可以轻松地把企业中不同来源的数据匹配到统一的编码下。数据匹配可以帮助企业解决以下问题：

（1）在系统集成时进行数据合并与编码统一，保证系统的一致性。

（2）防止企业重复采购外界数据，减少采购成本。

（3）提取合适的数据用于企业营销项目，最大化营销效果。

（4）通过将新导入的数据与现存的数据进行匹配，减少重复数据的产生。

（5）帮助客户发现数据关联组织，最大限度地控制风险。

3. 数据校验和补充

基于企业对数据完整性的需求，可引用具有时效性的第三方权威数据资源，如人口统计信息、地理编码、邮政编码等。通过比对第三方数据与企业的原始数据，可以确保数据的完整性与有效性。

4. 数据的查重/删重

通过清理企业信息系统中近似重复的数据（如客户数据、供应商数据等），可以保证数据的一致性和正确性，以使企业信息系统进行正确的决策。为了提高数据质量，必须要查找重复数据和删除重复数据，确保企业可以高效地使用数据。

5. 关联与统一服务

基于企业数据库的通用内容，企业可以对各个数据源进行数据关联，识别记录之间的相互关系，进而确定数据关联规则以符合企业的特定需求，并通过数据关联规则获得最佳数据记录，形成统一视图，让企业对数据对象有更深的认识。

35.2.5 数据质量监管

数据质量监管主要应用于数据质量优化流程中。企业在完成数据质量优化后，还需要进行持续的数据质量监管（往往通过数据报告与记分卡来监管），以便及时管控数据质量。数据质量监管主要用于以下情况：

（1）监控一段时间内数据质量的合规情况。

（2）展示数据质量优化成果。

（3）及时检测数据质量问题。

（4）为数据质量投入成效提供依据。

35.2.6 实施数据质量管理时要注意的问题

企业在实施数据质量管理时需要注意以下问题。

（1）从各个业务管理主题对数据质量的需求出发，推动数据质量管理工作。

（2）把分工协作的原则作为设计数据质量管理组织架构、工作流程和沟通机制的基础。这种分工协作的形式具体体现在如下两个方面。

①业务部门负责评估本业务管理主题范围内的数据集合在数据质量上的可用性，并提出对数据质量的要求。

②由数据质量管理团队牵头，协同技术部门和其他相关人员执行针对数据质量问题的优先级划分/评估、解决方案的制定与选择、解决方案的实施、解决状态的审核等多项实际工作。

（3）数据质量管理问题的解决情况必须根据业务的实际需要来衡量，根据统一的优先级评估机制，分阶段解决已发现的数据质量管理问题。

（4）数据质量管理工作不能代替系统开发的测试工作。

（5）数据质量管理工作流程的起点是数据分析人员定期提交数据质量问题报告和系统管理人员定期提交数据质量报告。

（6）随着数据质量管理工作的具体开展，可能会逐步增加新的工作内容，对现有的工作内容可能会有调整，并落实到流程的各环节中，例如：

①根据实际状况对流程的各环节的调整。

②更新后的数据质量标准、指标和参数的使用。

③数据质量问题解决方案的制定、选择、确认与实施。

④对各工作环节需要的数据质量问题报告的适当修订。

⑤对数据质量改善状况评估等内容的逐步引入。

本章精要

数据质量问题从某个角度反映出企业存在的一些问题，而产生问题的原因可能是数据流动问题，可能是业务流程问题，也可能是管理问题等。对数据质量问题的分析可以帮助企业找到问题的源头。而高质量的数据对企业的管理决策、业务支撑都有极其重要的作用。

数据质量是数据治理中非常重要的一把标尺，而数据治理又是当今企业的首要战略之一，只有持续地进行数据质量实施、改进，才能推动数据治理体系的完善，为企业的数据战略提供坚实的保障。

第 36 章

数据安全管理实施

36.1 数据安全管理实施内容

数据安全能力的构建步骤一般是"建立组织架构→应用需求梳理→数据资产梳理→引进数据安全平台技术→建设数据全生命周期管控→支持数据应用→维护数据运营"等。数据安全管理以数据本身为导向,分布在数据安全能力构建的多个环节中。本章主要围绕数据安全管理,具体阐述其实施步骤、主要工具平台的功能,并基于实践经验提出使数据安全管理成功的要素。企业开展数据安全平台建设的具体步骤和实施内容要根据自身情况而制定。

36.2 数据安全管理实施步骤

数据安全管理可参考统筹规划、数据全生命周期监管、稽核检查三个阶段来实施,每个阶段对应的管理职能如图 36-2-1 所示。

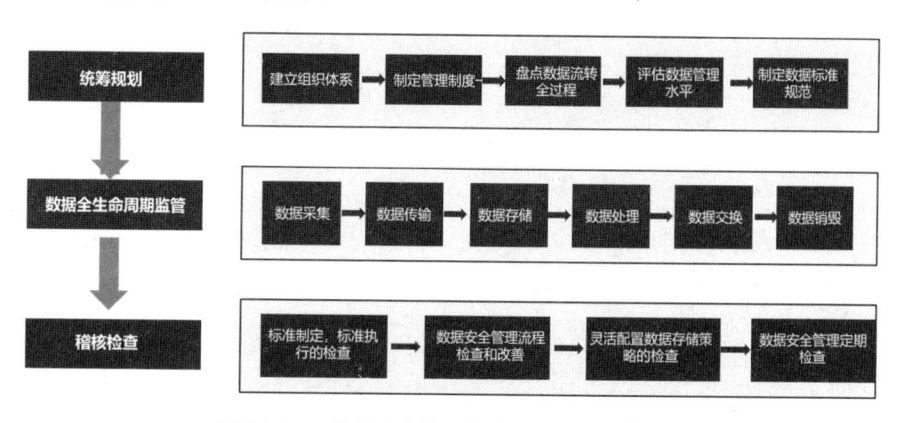

图 36-2-1 数据安全管理各阶段对应的管理职能

36.2.1　第一阶段：统筹规划

数据安全管理实施的第一阶段是统筹规划，即制定数据安全管理战略规划，明确数据安全管理目标，主要包括建立数据安全管理组织和制度作为保障措施，盘点数据流程，制定数据流程相关的标准规范。该阶段的成果是后续工作的基础。

此阶段的工作一般分为以下三步。

第一步，建立组织体系，并根据企业自身情况制定数据安全管理制度，即建立一套独立、完整的关于数据安全管理的组织机构，明确各级角色和职责，确定兼职/专职人员，保障数据安全管理的各项管理办法、工作流程的实施，从而推进工作的有序开展，并逐步打造管理及技术方面的专业人才团队。

这一步的主要交付物包括数据安全管理规划、数据安全管理认责机制、数据安全管理工作指引、数据安全管理考核评价办法。

第二步，结合业务盘点数据流转全过程，评估企业当前的数据管理水平。盘点数据流转全过程是开展数据安全管理工作的前提之一，企业需要分析企业战略及业务现状，盘点企业内、外部数据现状，确立数据安全管理目标，并逐步实施需求调研、数据流程盘点、数据采集及汇聚等专题任务。与此同时，企业还要了解企业的数据来源、数据采集手段和硬件设备情况，以评估自身数据安全管理能力，规划未来数据安全管理能力成熟度的提升方案。

这一步的主要交付物包括数据流转全过程盘点清单、数据安全管理现状评估等。

第三步，制定数据标准规范。企业在建立组织架构、制度体系和盘点数据流程的基础上，结合国际标准和行业标准，围绕数据全生命周期管理，制定相关的数据规范体系（包括数据采集认证和风险评估标准、数据传输加密标准、数据存储标准、数据授权与使用标准、数据安全共享交换标准、数据销毁标准等），可以使数据管理人员在工作中有明确的规则可依。企业应逐步推动相关数据规范和标准的建设，使数据可以有效地汇聚和应用，切实保障数据安全管理的顺利实施。

这一步的主要交付物包括数据全生命周期管理标准办法等。

36.2.2　第二阶段：数据全生命周期监管

如果说第一阶段的重点在于对数据流转全过程的定义、规划、梳理，那么第二阶段的重点就是对第一阶段得到的成果的落地实施，具体包括以下内容。

首先，在搭建数据安全管理平台、完成数据汇聚工作的基础上，根据企业的存量数据基础和增量数据预估，建设或采购必要的数据安全工具，或者引入第三方工具以支撑数据管理工作，切实建立起企业数据安全管理能力。

其次，建立数据安全管理体系，防范数据安全隐患，执行数据安全管理职能。在第二阶段，需要从与数据安全管理相关的业务、技术部门的日常工作流程入手，建立企业数据全生命周期管控能力，包括从业务角度梳理企业数据，检测数据标准实施情况，保证数据标准规范在企业的信息系统及生产环境中真正得到执行。针对关键性的数据安全管理工作，可以借助管理工具，建立数据全生命周期的管理流程，保证相关工作都有专人负责。

第二阶段的主要工作目标是为企业打造核心的数据安全管理能力，同时为企业的数据安全管理部门打造数据管理的工作环境，实现企业数据安全的可管理、可落地。

本阶段的主要交付物包括数据安全管理办法、数据安全管理实施细则等（包括数据采集管理、数据传输管理、数据存储管理、数据处理管理、数据交换管理、数据销毁管理等）。

36.2.3　第三阶段：稽核检查

稽核检查阶段是保障数据安全管理实施阶段中涉及的各管理职能有效落地执行的重要一环。在这个阶段主要检查数据标准执行情况、监管数据生命周期等。

另外，在此阶段需要抓好四个"常态化"。

一是数据安全标准管理检查的常态化。数据安全标准管理是企业数据安全管理的基础性工作。通过数据安全标准管理的实施，企业可实现对数据的统一运营管理。对数据安全标准管理的检查主要从标准制定和标准执行两个方面进行。标准制定的检查的重点是与国家标准、行业标准的一致性，同时参考与本地标准的结合性。标准执行的检查的重点是标准的落地情况，包括数据安全标准的创建和更改流程的便捷性、数据安全标准使用的广泛性。

二是数据安全稽核的常态化。企业要建立一套良性循环、动态更新的数据安全管理流程，制定符合业务目标的稽核规则，明确在数据全生命周期管理各个环节中提升数据安全的关键点，持续评估和监督数据安全与数据安全服务水平，不断调整、更新数据安全管理程序，以保障企业数据的安全。

三是灵活配置数据存储策略的常态化。数据生命周期管理的目标是完全支持企业业务和服务的需求，根据数据对企业的价值对数据进行分类分级，形成数据资产目录，然后制定相应的策略，以最优的服务水平和最低的成本将数据转移到相应的存储介质上，争取以最低的成本提供适当的数据保护、复制和恢复措施。企业借助数据全生命周期管理，不仅能够在整个数据生命周期内充分发挥数据的潜力，还可以按照业务要求快速对突发事件做出反应。

四是数据安全检查的常态化。在大数据时代，数据资产更容易面临被泄露、篡改、窃取、毁损、非法使用等风险。企业应建立数据资产及相关信息系统的保护体系，合规采集数据、应用数据，依法保护客户隐私，提高员工的数据安全意识，以及定期进行数据资产安全检查，以保证数据的完整性、保密性、可用性。

本阶段的主要交付物包括数据安全管理稽核办法、数据安全管理问题管理办法。

36.3 数据安全管理实施框架

工业大数据安全管理实施可参考"风险核查（Check）—数据梳理（Assort）—数据保护（Protect）—监控预警（Examine）"（以下简称"CAPE"）数据安全能力框架。

CAPE 数据安全能力框架（见图 36-3-1）采用以预防性建设为主、以检测响应为辅的思路，以"身份"和"数据"为双中心，设计并构建了覆盖数据采集安全、数据传输安全、数据存储安全、数据处理安全、数据交换安全、数据销毁安全等数据全生命周期的数据安全治理体系，明确了各类业务数据在数据全生命周期各个业务场景下的保障要素。其以合规为基线，以业务流程为导向，结合制度规范，建立了完善的数据全生命周期的安全保障和监管措施。同时，CAPE 数据安全能力框架中还建立了数据安全监测预警、信息通报和应急处置机制，逐步实现从"基于威胁的被动保护"向"基于风险的主动防控"的转变，形成数据安全保障闭环，实现数据的安全可控。

风险核查 Check
通过风险核查让数据资产管理员全面了解数据库资产运行环境是否存在安全风险。

数据梳理 Assort
包含以身份为中心的身份认证和设备识别、以数据为中心的数据识别与分类分级、账号权限的梳理，从而形成数据目录。

监控预警 Examine
通过全方位监控数据的使用和流动，最终形成数据安全态势感知。

数据保护 Protect
基于数据使用场景需求制定并实施相应的数据保护技术措施，以确保敏感数据全生命周期内的安全。

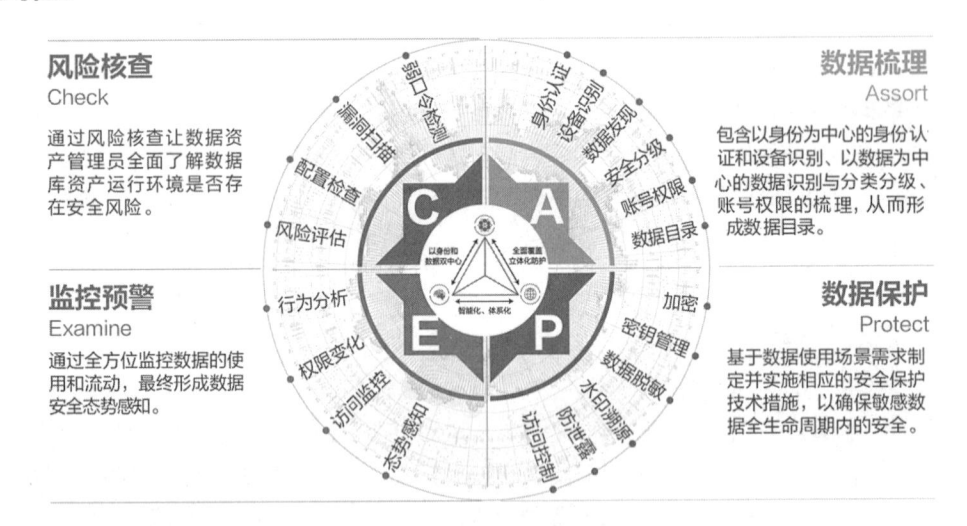

图 36-3-1　CAPE 数据安全能力框架

CAPE 数据安全能力框架是以身份和工业数据为中心，通过可视化技术，以工业控制和工业互联网系统中的数据资产分布、数据流转过程、敏感数据访问详情及数据安全合规等维度展示数据地图、敏感数据访问、数据流向、数据访问热度、数据风险及安全事件处置等内容。CAPE 数据安全能力框架还提供了数据资产发现、敏感数据发现、数据账号权限发现、自动化数据分级分类、数据安全策略集中管理和下发、数据安全事件运营等功能，具有数据安全访问控制能力、风险监测实时告警能力、数据脱敏能力、全生命周期数据审计能力、异常行为分析能力及数据使用过程的 API 多授权管理能力、数据交换共享的合规性监控能力，从而可以实现数据安全管理、技术防护和安全运营的有效协同，构建数据安全风险模型和度量指标体系，完善数据安全态势场景覆盖范围，形成专业化的数据安全管理解决方案，有效解决数据安全风险问题。

1. 实施框架的原则

（1）以"身份"和"数据"为双中心原则。

保护工业数据的目标之一就是防止未经授权的用户对数据进行非法访问和操作。所以，在进行数据防护时需要从访问者的"身份"和访问对象的"数据"两个方面入手。

对于授信的工业企业内部和外部的任何人/系统、设备，都需要基于身份认证和授权，执行以"身份"为中心的动态访问控制。而以"数据"为中心进行数据安全建设，有针对性地保护高价值数据集业务，实施数据发现和数据分类分级是以"数据"为中心防护的首要条件。

（2）全面覆盖立体化防护原则。

在横向上，企业需要全面覆盖数据资源的收集、存储、加工、使用、提供、交易、公开和销毁等行为，采用多种安全工具支撑数据安全策略的实施。

在纵向上，企业需要通过风险评估、数据梳理、访问监控、大数据分析，进行数据资产价值评估，最终形成数据安全态势感知。

另外，企业要通过在组织、制度、场景、技术、人员等方面自上而下的落实来构建立体化的数据安全防护体系。

（3）智能化、体系化原则。

在信息技术和工业环境越来越复杂的当下，仅靠人工方式来管理数据安全效率非常低下。如今，人工智能和大数据技术已经在工业企业数字化转型过程中的价值挖掘方面有了显著的成果，如用户实体行为画像、场景化脱敏算法等。同时，仅靠单一的技术只能解决单方面的问题，必须形成体系化的思维，通过能力模块之间的协同，形成体系化的整体解决方案，并持续优化和改进，从而提升企业整体数据安全运营和管理的质量和效率。

CAPE 数据安全能力框架作为企业数据安全管理的实践指导框架，覆盖了敏感数据安全防护的全生命周期。其以风险核查为起点，以数据梳理为基础，以数据保护为核心，以监控预警为支撑，最终实现数据安全运营、自适应安全支撑能力。

2. 风险核查（C）

风险核查能让企业全面了解数据资产运行环境中是否存在安全风险。通过评估现状，企业能有效发现当前数据库系统中存在的安全问题；通过对数据库的安全状态进行持续化监控，能保持数据库处于安全健康状态。数据库存在漏洞、错误的部署或配置不当都会让数据陷入危险之中。风险核查具体包括以下内容。

（1）数据库漏洞扫描：帮助用户快速完成对数据库的漏洞扫描和分析工作，覆盖权限绕过漏洞、SQL注入漏洞、访问控制漏洞等，并提供详细的漏洞描述和修复建议。

（2）弱口令检测：基于各种主流数据库口令生成规则实现口令匹配扫描，提供基于字典库，以及基于穷举等多种模型下的弱口令检测。

（3）配置检查：帮助用户规避由于数据库或系统的配置不当而造成的安全缺陷或风险，检测是否存在账号权限、身份鉴别、密码策略、访问控制、安全审计等安全配置风险。基于最佳安全实践的加固标准，提供重要的安全加固项及修复建议，降低配置变更带来的风险。

3. 数据梳理（A）

数据梳理包括以"身份"为中心的身份认证和设备识别、以"数据"为中心的数据识别与分类分级，以及对账号权限的梳理，从而形成数据目录。

（1）以"身份"为中心的身份认证和设备识别：网络位置不再决定访问权限，在被允许访问之前，所有访问主体都需要经过身份认证和授权；身份认证不再仅仅针对用户，还将针对终端设备、应用软件等多种身份，进行多维度、关联性的识别和认证，并且在访问过程中可以根据需要多次发起身份认证；授权决策不再仅仅基于网络位置、用户角色或属性等传统静态访问控制模型，而是通过持续的安全监测和信任评估，进行动态、细颗粒度的授权。安全监测和信任评估结论是基于尽可能多的数据源计算出来的。

（2）以"数据"为中心的数据识别与分类分级：在进行数据安全治理前，需要先明确治理的对象。企业拥有庞大的数据资产，应当优先对敏感数据的分布进行梳理。对数据分类分级是数据安全建设中核心且最关键的一步。通过对全部数据资产进行梳理，明确数据类型、属性、分布、账号权限、使用频率等，可以绘制出数据目录，并以此为依据对不同级别的数据采用合理的安全防护手段。

4. 数据保护（P）

数据保护是基于工业数据使用场景需求制定的差异化的、有针对性的数据安全保护动作。这一步的实施更加需要以数据梳理为基础，以风险核查的结果为支撑，在数据收集、存储、加工、使用、提供、交易、公开等不同场景下，提供既满足业务发展需求，又保障数据安全的保护策略，降低数据安全风险。制定并实施相应的数据安全保护措施，可以确保敏感数据在其生命周期内的安全。

数据是流动的，数据结构和形态会在其整个生命周期内不断变化，因此需要采用多种安全工具支撑数据安全策略的实施，其中涉及数据加密、密钥管理、数据脱敏、水印溯源、数据防泄漏、数据访问控制、数据备份、数据销毁等安全防护手段。

5. 监控预警（E）

监控预警是指制定并实施适当的技术措施，以识别数据安全风险。此过程包括数据溯源、行为分析、权限变化和访问监控等。通过全方位监控数据的使用和流动，可以实现对工业数据安全态势的感知。

（1）数据溯源：能够对具体的数据进行溯源（如某人的身份证号），从而刻画出该数据在整个链路中的流动情况，例如被谁访问了、流经了哪些节点，以及其他详细的操作信息，方便事后追溯及排查数据泄密问题。

（2）行为分析：能够对核心数据的访问流量进行数据报文字段级的解析操作，完全还原出用户访问的细节，并给出详尽的返回结果。通过用户行为分析，可以根据用户历史访问信息刻画出一个数据的访问"基线"，之后可以利用这个"基线"对后续的访问活动做进一步的判断，以监测出异常用户行为。

（3）权限变化：能够对数据库中不同用户、不同对象的权限进行梳理并监控权限变化。权限梳理应从实体数据对象和用户两个维度展开，如果用户维度或实体数据对象维度的权限发生了变更，则能够及时反馈给安全管理者。

（4）访问监控：能够监控数据库的活动信息，当用户和数据库进行交互时，系统应自动根据预设置的风险控制策略，进行特征监测及审计规则检测，以及实时监控任何攻击行为或违反审计规则的行为，最终产生预警信号，提前布控。

本章精要

数据安全是数据治理得以成功的重要保障因素之一，本章主要内容包括建立数据安全组织架构、数据安全应用需求梳理、引进数据安全平台技术、建设数据全生命周期管控等；并基于实践经验，对数据安全实施步骤、数据安全实施模式进行了阐述；最后提出了数据安全管理要根据数据成熟度不同等级开展差异化规划，可以参考 CAPE 数据安全能力框架来帮助工业企业快速实施数据安全管理。

第 37 章

数据治理常见误区

众所周知,数据治理是一项长期、繁杂且持续的工作,可以说是数据管理领域中的脏活、累活,很多时候,数据治理实施商做了很多工作,企业却认为没有看到什么成果。大部分数据治理咨询项目都能交上一份让企业足够满意的答卷,但是当企业把咨询成果落地时,因为种种原因,很可能得到意想不到的结果。如何避免这种情况发生是每一个进行数据治理的企业值得深思的问题。

在企业进行数据治理过程中,数据治理实施商会提出数据治理的各种建议:有的提出覆盖数据全生命周期的数据治理;有的提出以用户为中心的自服务化数据治理;有的提出减少人工干预、节省成本的基于人工智能的自动化数据治理。在面对这些建议时,企业一方面要对自身的数据治理现状有清晰的认识,对数据治理的目标有明确的诉求;另一方面还要知道数据治理中各种常见的误区,只有避免进入这些误区,才能把数据治理工作真正落到实处,做到数据更准确,数据更好取,数据更好用,真正地用数据提升管理和决策水平。

1. 误区一:企业需求不明确

企业在进行数据治理时,必定是看到了企业数据存在种种问题。但是做什么?怎么做?范围多大?先做什么,后做什么?达到什么样的目标?业务部门、技术部门、厂商之间如何配合?……很多企业其实并没有想清楚。所以,企业的数据治理难在找到一个切入点。

2. 误区二:数据治理是技术部门的事

产生数据问题的原因往往来自业务,例如,数据来源渠道多、责任不明确,导致同一份数据在不同的信息系统中有不同的表述;业务需求不清晰、数据填报不规范或缺失,等等。很多表面上看像技术造成的问题,如在 ETL 过程中由于某编码变更导致数据加工出错,影响报表中的数据正确性等,其本质还是由业务管理不规范造成的。但是,大部分企业认识不到造成数据质量问题的根本原因,只想从技术维度单方面来解决问题,这样的思维方式导致企业在规划数据治理时，根本没有考虑到建立一个涵盖技术部门、业务部门、管理部门的强有力的组织架构和能有效执行的制度流程，导致效果大打折扣。

3. 误区三：大而全的数据治理

出于对投资回报的考虑，企业往往想做覆盖企业各板块的大而全的数据治理项目：从数据的产生到加工、应用、销毁，实现对数据的整个生命周期的管理；从业务系统，到数据中心、数据应用，其中的每一个数据都能被纳入数据治理的范围。但是，广义上的数据治理范围非常大，包括很多内容，想在一个项目里就全部实施通常是不可能的，而是需要分期、分批地实施。因此，数据治理要从核心的系统、最重要的数据、最容易产生问题的地方开始着手做，才能见到成效。

4. 误区四：数据治理工具是万能的

很多企业都认为，数据治理就是花一些钱，买一些工具，并且认为工具就是过滤器，数据经过过滤，就没问题了。而结果是一方面工具越来越多；另一方面工具在实际上线后，功能复杂，用户不愿意用。其实这种想法是一种简单化的思维。数据治理本身包含很多内容，如组织架构、制度流程、成熟工具、现场实施和运维等，工具只是其中的一部分。企业在进行数据治理时最容易忽视的就是组织架构和人员配置，但实际上所有的活动流程、制度规范都需要人来执行、落实和推动，没有对人员的安排，后续工作很难得到保障。因此，建议企业在进行数据治理时将组织架构放在首位。有组织的存在，就会有人去负责。以人为中心的数据治理工作，才更容易推动、持续做好及推广落地。

5. 误区五：数据标准难落地

很多企业一谈到数据治理，马上就说自己已经有了很多的数据标准，但数据治理为什么还是没有显著成效？数据质量为什么还是很差？这其实混淆了数据标准和数据标准化，数据标准化不仅需要制定各项数据标准，而且需要实现各项标准的落地，将标准贯彻到数据治理的全过程。

6. 误区六：数据质量不能闭环管理

平台建立起来了，数据质量的检核规则也配置好了，数据质量问题也找出很多，但是半年之后、一年之后……同样的数据质量问题依旧存在。造成这种问题的根源在于没有形成数据质量问责的闭环。要做到对数据质量问题的问责，首先需要做到对数据质量问题的定责。定责的基本原则是"谁生产谁负责"：数据是从谁哪里出来的，谁就负责处理数据质量问题。定责之后是问责，问责之后是整改和反馈，然后是对数据质量问题的新一轮评估，直至形成绩效考核和排名。只有形成这种工作闭环，才能真正提升数据质量。

本章精要

本章主要介绍了数据治理中各种常见的误区，只有避免进入这些误区，才能把数据治理工作真正落到实处，做到数据更准确，数据更好取，数据更好用，真正地用数据提升管理和决策水平。

第 5 篇　案例篇

第38章

电力行业：夯实数字化转型基础——南方电网数据资产管理行动实践

38.1 背景介绍

1. 公司介绍

中国南方电网有限责任公司（以下简称"南方电网"）成立于 2002 年，属国务院国有资产监督管理委员会监管的、关系国家安全和国民经济命脉的特大型国有重点骨干企业，负责投资、建设和经营管理南方区域电网。作为肩负国家电力改革使命的"试验田"，南方电网因改革而生、因改革而兴，不断探索，敢为人先。南方电网的数据覆盖面广、连续性高、实时性高、可信度高、主体稀缺、采集自动化程度高，能够准确反映出国民经济的运行，具有巨大的社会效益及经济价值。目前，在南方电网日常业务中，产生了海量的数据，这些数据在业务流程中发挥着巨大的作用，数据价值与业务价值相生相伴。

2. 数字化转型背景

自 2020 年起，我国相继发布多项政策意见，将数据提升到了前所未有的战略高度，正式认证了数据的要素地位，并提出要加快培育数据要素市场。数据作为数字化转型的核心驱动要素，现已成为关键战略性资源。数字化转型已不是企业的"选择题"，而是关乎企业生存和长远发展的"必修课"。

为贯彻落实国家的战略部署，立足新时代的发展要求，南方电网将数字化作为推动公司战略转型的关键路径，明确了公司数字化转型和数字电网建设的总体战略，提出"4321+"数字化框架（见图 38-1-1），加速新一代数字技术与电网生产、运营、服务的深度融合，全面推动电网向数字化、网络化、智能化的数字电网转变，持续提升公司的价值整合能力、资源配置能力、改革创新能力,有力推动了公司的"三商转型"。

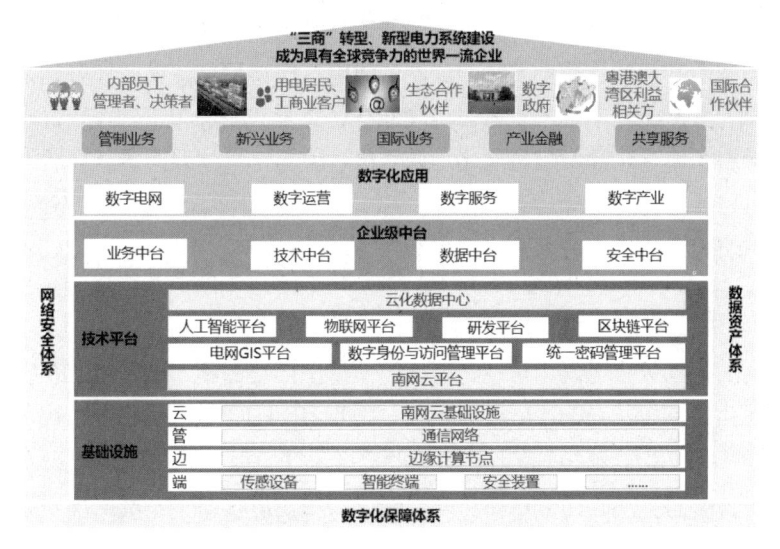

图 38-1-1　南方电网"4321+"数字化框架

同时,南方电网在"4321+"数字化框架的基础上进一步制定总体技术路线,以"云数一体"的方式升级公司数据中心,打造采集、存储、计算、服务全栈式能力,建设实现数据中心组件自动化部署、资源弹性化管理、数据模型统一设计和管控、事务型与分析型数据库一体化管理、数据服务化供给和数据全链路监控的技术能力,切实打通数据壁垒,沉淀公共数据服务,使数据中心成为公司数字化转型和数字电网建设所有平台和应用的统一基础数据底座。如图 38-1-2 为南方电网"4321+"总体技术路线。

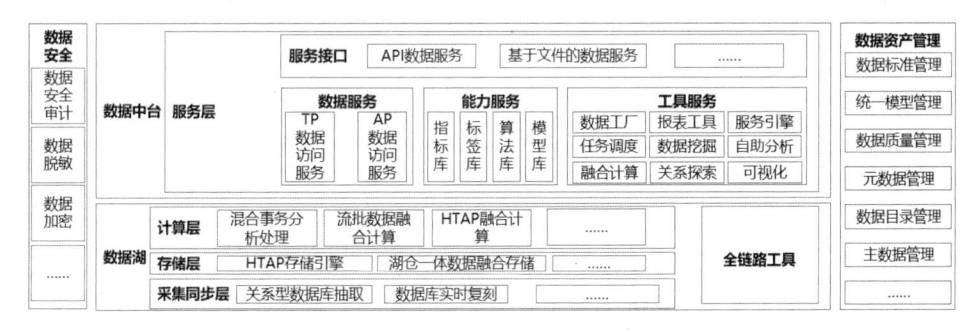

图 38-1-2　南方电网"4321+"总体技术路线

数字化转型离不开数据基础,良好的数据管理能够持续提供高水平、高效率、高质量的数据供给,全面保障数据安全,促进数据流通和共享开放。为不断提升公司的数据管理能力,南方电网结合"4321+"数字化框架与总体技术路线,围绕公司数字化转型需求,在 2010 年以前早期标准化阶段与"十二五"期间一体化系统阶段的建设成果基础上,推进落实了局部治理、体系化建设和资产化、要素化这三个阶段的数据资产管理工作。

其中，体系化建设和资产化、要素化阶段是南方电网数据资产管理工作倍受重视的时期，也是南方电网数据资产管理工作逐步迈向成熟的时期。自体系化建设阶段开始，南方电网明确了数据是企业重要资产的基本理念，并在公司数字化转型战略部署、国家培育数据要素市场要求的推动下，开展了体系化建设与资产化、要素化阶段的一系列数据资产管理工作。

38.2　项目实施

1．抓重点，理需求，明确目标方向

为推进公司加快向数字电网运营商、能源产业价值链整合商、能源生态系统服务商转型，助力公司建成具有全球竞争力的世界一流企业，南方电网围绕数字化转型战略目标，明确了体系化建设与资产化、要素化两大阶段的数据资产管理工作目标，稳步推进公司数字化转型进程。

在体系化建设阶段，南方电网结合公司数字化转型的战略要求，提出了一系列工作目标：

（1）构建覆盖全面、职能完备的数据资产管理体系框架并明确公司数据资产管理战略方向。

（2）优化数据资产管理制度与标准体系，提供统一"标尺"。

（3）促进数据的共享和流通，加速跨专业的数据融合，促进数据资产管理的组织协同，强化数据的安全保障，推动数据的对外开放，探索数据的合作运营。

（4）全面提升数据质量，完善数据质量标准体系，实现对数据的全生命周期质量管理，打造数据资产管理平台，优化数据服务。

（5）实现全公司、全业务、全领域数据资产的可见、可用、可管，对内支撑公司业务的协同和高质量发展，对外培育电力数据生态环境，促进数据价值的全面释放，推动"数字南网"建设，支撑公司向智能电网运营商、能源产业价值链整合商和能源生态系统服务商转型。

在资产化、要素化阶段，南方电网在体系化建设阶段的成果基础上，结合国家数据要素相关政策要求，提出了后续的数据资产管理工作目标：

（1）梳理数据资产管理过程中的合规风险，提出有针对性的防范措施。

（2）明确参与数据资产管理相关方的权利与义务，建立权属管理和凭证管理机制。

（3）构建数据资产价值评估模型，创新构建收益分配模式及利益分配机制。

（4）汇集产业数据资源，拓展数据产品发展规模，以及健全数据产品体系。

（5）建立数据价格管理机制，制定数据资产计量与定价方法。

（6）创新数据产品与商业模式，构建共创、共建、共享的数据要素生态。

2. 重规划，明思路，擘画工作蓝图

针对体系化建设与资产化、要素化两大阶段的工作目标，南方电网遵循：以价值为导向，做好顶层设计；从易到难，夯实高质量数据基础；勇于探索数据价值变现模式，确保企业数据资产"看得见，管得住，用得着"的总体思路，分别明确了不同的阶段使命，并制定了对应的工作框架。

在体系化建设阶段，南方电网数据资产管理工作的重点是围绕持续提升数据资源运营能力和技术平台信息化能力两方面，构建起数据资源的体系化运营能力，让数据发挥出交互媒介的作用，从而支撑公司的高质量发展，如图 38-2-1 所示。

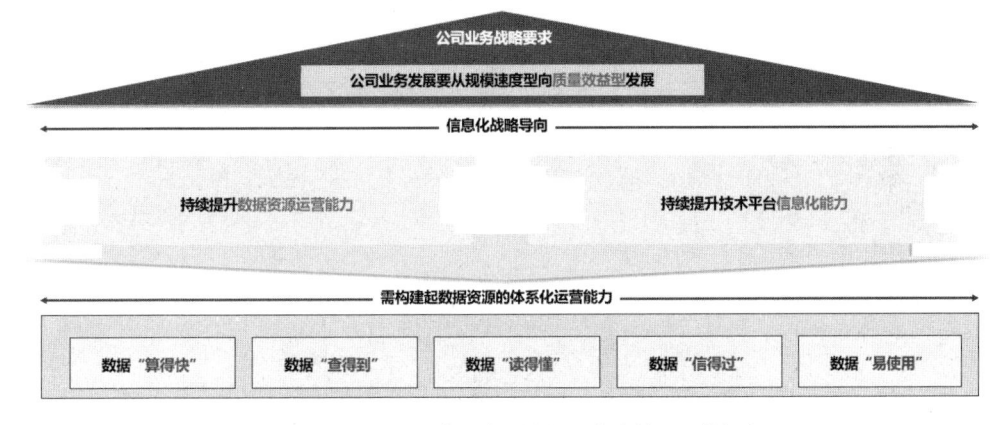

图 38-2-1　体系化建设阶段的数据资产管理工作框架

在资产化、要素化阶段，南方电网数据资产管理工作的重点是围绕构建大数据融合创新应用能力和培育数据价值释放环境两方面开展，构建起数据要素化、资产化流通能力，让数据真正发挥出价值源泉的作用，从而支撑公司的"三商转型"，如图 38-2-2 所示。

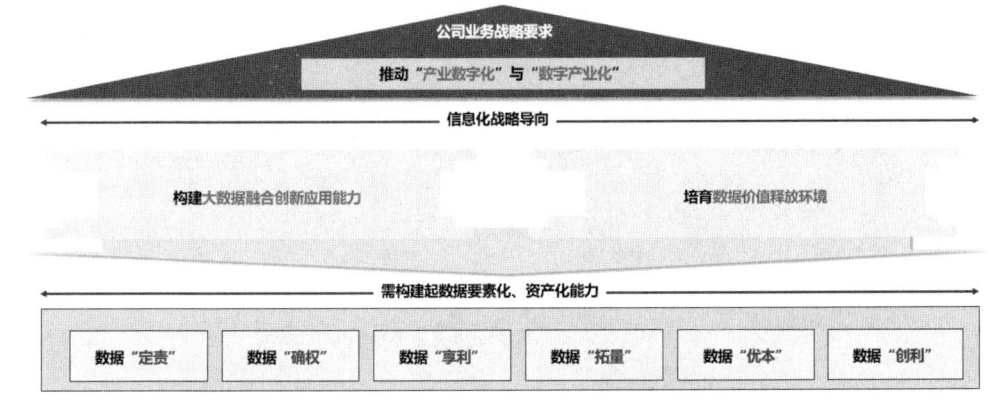

图 38-2-2　资产化、要素化阶段的数据资产管理工作框架

3. 分阶段，促落实，推进工作实施

（1）体系化建设阶段。

①制定数据资产管理专项规划，明确数据资产管理战略方向。

为确保数据资产管理工作符合国家大数据发展纲领，以及南方电网数字化转型与"数字电网"建设的战略要求，南方电网编制并印发了数据资产管理专项规划。同时，南方电网以年为周期，滚动制订各重点领域的行动计划，并通过进展追踪和指标得分追踪，管控和优化调整各行动事项具体落实措施，从而确保数据资产专项规划的各项任务目标的落实。

②构建"四位一体"数据资产管理体系，指导管理工作有序开展。

2018 年，南方电网通过借鉴 DCMM、DAMA 数据管理知识体系框架，以及《数据资产管理实践白皮书》等先进的数据资产管理理念，结合自身战略要求与业务现状，构建了"规划—建设—治理—运营"四位一体的数据资产管理体系框架（见图 38-2-3），规划设计数据管理工作的开展路径，建设完善数据管理的组织、平台和制度规范，以治理持续提升数据质量，以运营发挥数据的价值，保障各单位在统一理念、共同计划的指导下有序开展各项数据资产管理能力建设，推进数据资产管理水平的持续提升。

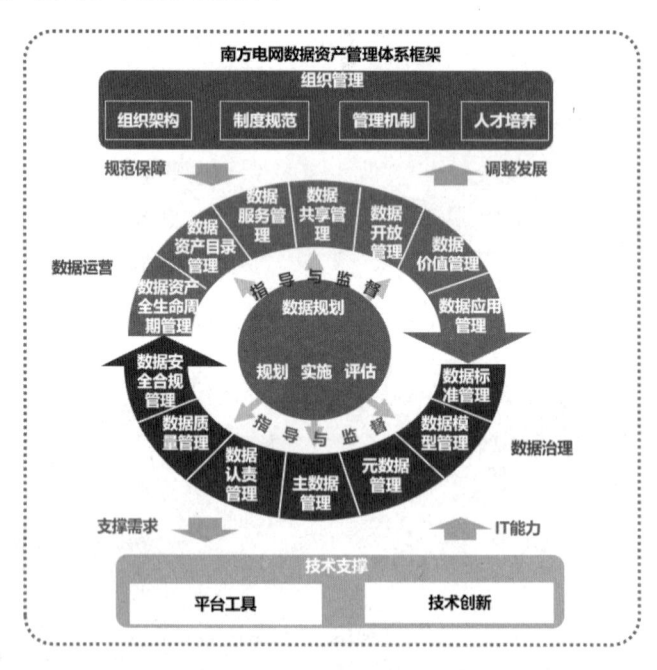

图 38-2-3 南方电网 2018 年数据资产管理体系框架

南方电网的数据资产管理体系框架定义了一套环环相扣、务实可行的管理体系，其中由职能活动和保障手段两部分构成。

其中，职能活动描述了数据资产管理的具体工作，包括数据规划、数据治理和数据运营 3 个领域的 15 项活动，通过界定各项活动的职能定位和内在联系，完整地覆盖了规划期内要实现的数据资产管理工作方向。

而保障手段则定义了职能活动有效开展所应具备的前提条件和支撑能力，包括组织管理和技术支撑两个领域的 6 项手段，通过与职能活动相结合，能够有针对性地提出各种细化管理要求，确保执行过程的准确到位。

③建设数据资产管理制度与标准体系，提供统一"标尺"。

为确保在数据资产全生命周期管理中各干系方"有法可依、有章可循"，南方电网建设了数据资产管理制度体系和数据标准规范体系，保障数据资产管理各项工作的有序开展。

在数据资产管理制度体系建设方面，自 2017 年至今，南方电网构建了"1+N+n"数据资产管理制度体系。其中，"1"是指全网统一的《数据资产管理办法》，"N"是指全网统一的数据资产管理中各领域的管理细则，"n"是指各分/子公司根据实际需要补充和完善的相关配套制度和实施细则。

《数据资产管理办法》是南方电网数据资产管理的总纲领和基本法则，其中明确了南方电网数据资产的公司属性，以及不同管理能力域内重要的纲领条款。各领域管理细则是南方电网数据资产管理的细分规范，其中明确了具体数据资产管理职能领域的管理总则、管理要求、管理内容、管理职责分工、管理流程、奖惩规则。

通过"1+N+n"数据资产管理制度体系，南方电网逐步确立和完善了数据资产管理领域的"法律体系"，有效约束各部门、各级单位的日常工作，全面规范数据资产管理的各项建设，形成统一、明确的"标尺"和"准则"，指导各项工作有序推进。同时，通过数据资产管理平台，南方电网实现各项制度规范和流程的线上化刚性落实，以及基于数据资产管理平台常态跟踪制度的落实。

在数据资产管理标准规范方面，南方电网初步建立了统一的数据资产管理标准体系。其以南方电网六大业务域为基本范围，明确了企业级数据标准的分类规则，编制元数据、主数据、数据接口、数据模型、数据安全等多个领域的标准规范，包括《数据资产定价标准》《元数据标准规范》《主数据标准规范》《数据质量标准规范》《数据认责标准规范》《数据中心接口标准规范》《统一数据模型设计规范》等。其中，《电网企业数据认责管理模型》成为电力行业标准，《电力行业数据资产定价标准》成为能源行业首个数据定价方法。

目前，随着各标准规范的正式印发和深度推广，南方电网的元数据、主数据等多个领域的落地实施工作得到了长效的指导与规范，为数据资产管理标准化和后续工作的有序开展建立坚实基础。

④构建精细化数据资产管理组织协同体系,提高管理工作的执行效率。

为确保数据资产管理工作的强力推进,南方电网构建了精细化的组织协同体系,成立了数据资产管理的领导统筹组织、执行落地组织,构建了企业级组织协调机制,具体介绍如下。

- 建立数据资产管理领导统筹组织。

为加强对数据资产管理的集中领导和统筹组织,优化数据资产管理组织体系,南方电网成立了由首席信息官挂帅的数据资产管理领导小组(见图38-2-4),并将其挂靠在公司网络安全和数字南网建设领导小组(其职能被纳入网络安全和数字电网建设领导小组),并将领导小组办公室设在南方电网数字化部,由各业务部门、分/子公司主要负责人作为小组成员,统筹推动南方电网数据资产管理重大事项,协调部门之间、分/子公司之间的数据资产管理工作。

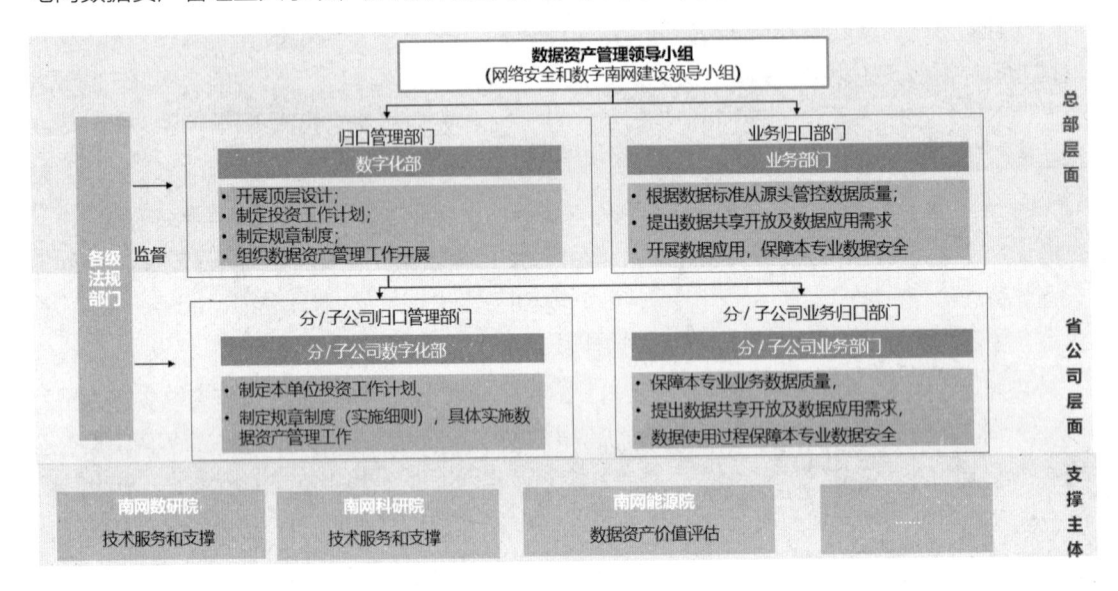

图38-2-4 数据资产管理领导小组

- 建立数据资产管理落地执行组织。

南方电网加强了数据资产管理落地工作网络的建设:由数字化部加强对总部数据资产管理执行工作的监督和管理力度;分/子公司信息中心负责全面落实本单位数据资产管理的具体执行工作。同时,南方电网探索构建数据资产管理虚拟化团队,确定业务部门数据资产管理沟通对接专人,保障数据资产管理在业务侧的落地执行。

- 构建企业级数据资产管理组织协调机制。

南方电网构建了企业级数据资产管理协同工作机制,推动了数据资产管理各项工作的高效开展。南方电网横向建立业务部门与数字化部门的协同联动机制,以业务部门数据接口人的虚拟工作团队为"桥梁",在日常工作中建立数字化部门与业务部门常态协同的合作模式;纵向建立专业内"网—省—地"三级联动机制,以及数据资产管理专业内的"网—省—地"三级组织协同沟通机制,统一专业内数据资产管理工作目标和要求,协调资源配置,及时处理专业问题,确保专业内部高效协作并及时解决一线工作问题。

⑤开展全域元数据梳理,实现元数据标准化。

2018年年底,南方电网对各业务部门、分/子公司进行科学分工,采用"专业责任制",完成面向全公司、全领域、全业务的元数据梳理工作,以及提炼关键信息和关联关系,整理形成《公司元数据清单》。南方电网在此基础上,根据《元数据标准规范》对元数据进行标准化,形成静态的标准化元数据清单,以供各系统参照完成实际调整,并将标准化元数据清单固化进数据资产管理平台的元数据管理模块,从而为各方提供元数据标准清单的查询、查看功能。

⑥梳理主数据全网统一定义,明确唯一来源。

2018年年底,南方电网全面梳理了现有主数据,结合生产运行系统相关人员的实际需求和建议,重新定义了企业核心业务对象,明确了主数据的唯一来源定义、时效性和准确性,形成了《公司主数据清单》,进一步拓展了主数据在全网的应用范围(覆盖公司数据中心及各分/子公司个性化系统),确保在全网范围内实现主数据的统一应用。

2019年,南方电网组织优化了主数据应用生效机制。其通过优化主数据生成、更新和归档机制,实现对主数据对象、属性、责任部门等信息的增加、删除、变更管理,加强对主数据读/写和修改权限管理,保证了主数据修改的一致性和稳定性,并在实际工作中"以用促改",不断优化主数据服务内容和使用机制,提升主数据的可靠性和即时性,保障了对各级单位日常工作的有效支撑。

⑦编制企业级数据资产目录,构建企业数据资产视图。

2019年年初,南方电网在元数据梳理工作成果的基础上,提炼关键信息和关联关系,并根据数据资产目录的构建要求,提供相关业务信息、管理信息等内容,组织各分/子公司开展本单位的数据资产目录编制工作,之后经过汇总、整理形成全网统一的企业级数据资产目录,作为南方电网数据资产应用、维护、运营的基础。在企业级数据资产目录的基础上,南方电网还针对数据内部共享和数据对外开放的实际需要,增加共享类型、共享方式、共享权限等具体管理信息,明确可开放数据的敏感程度及相应的安全保障措施,形成数据共享目录和数据开放目录。

⑧发布统一电网数据模型,解决源端数据质量问题。

2018年至今,南方电网完成了统一的电网数据模型设计与建设,并支撑电网管理、客户服务等业务平台的应用和落地。南方电网还发布了统一数字电网模型基线版本,包含1142个模型(涉及1.2万张表,26万个字段),并开展常态化运营,支撑电网管理平台、客户服务平台建设,为重构企业级业务管理系统平台提供了模型支撑,从而确保数据定义一致、数据有效协同。

同时,南方电网建成了统一的电网数据模型的多级主题目录,完成了各业务域的公共模型和应用模型的设计,并初步完成数据仓库模型的设计和开发,支撑企业级运营管控等各类应用。

基于统一的电网数据模型,南方电网从源端解决了数据不一致问题。统一的电网数据模型涵盖了发电、输电、变电、配电、用电等各个环节,包括设备信息、客户信息、量测信息、拓扑信息和地理信息。为综合停电、状态检修、综合调度等跨业务系统的高级应用提供了交换模型标准,从根源上解决了各业务系统之间由于数据集成和共享标准不一致而导致的数据质量问题。

⑨构建全面数据质量管控机制,实现数据全生命周期质量管理。

2018年,南方电网将全面数据质量管理(TDQM)理论与企业实际相结合,明确了将"全面数据质量管理"作为数据质量管控机制理念,对数据质量进行源头管控。

该机制将数据视为产品,从"事前—事中—事后"实现数据质量全生命周期的管理,如图38-2-5所示。即在"事前"从数据源头建立数据质量核查"准入"机制,拦截"源头污水";在"事中"构建全链路数据质量监控,实现质量问题可定位、可追溯;在"事后"构建全域数据认责体系,形成质量问题处理闭环。

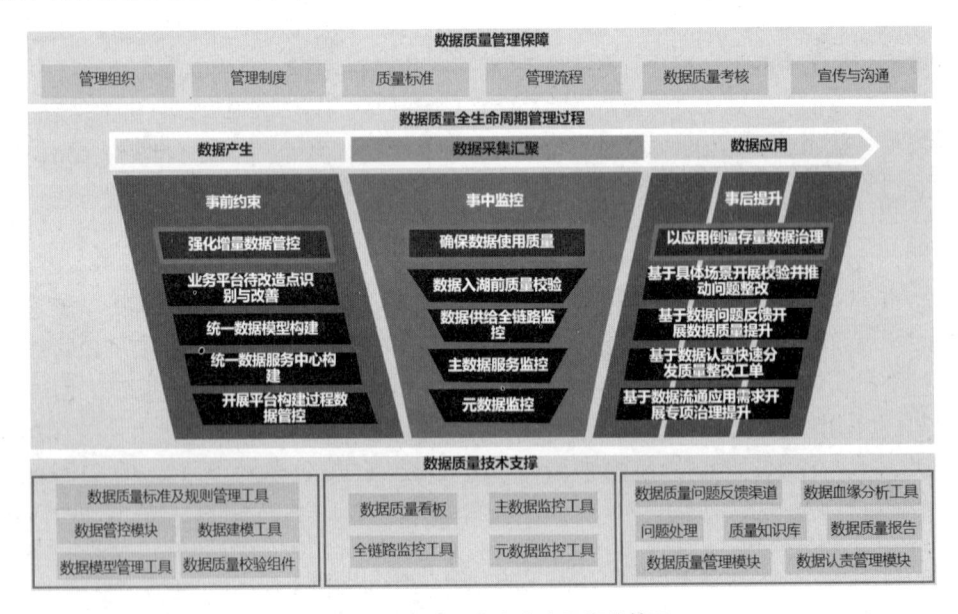

图 38-2-5 数据质量全生命周期的管理

2018年年底,南方电网基本构建了数据质量全生命周期管理的事前管控审查机制。其实现了前向式的数据资产管理,通过对各数据应用项目在需求、设计、开发等环节的输出物进行常态审查，实现对主数据、数据编码、数据标准的集中统一管理，有效解决了数据标准不一致、多头录入或多头管理等问题，提升了数据资产管理的成效。

⑩构建数据安全管理体系，提高数据安全保障能力。

南方电网以各级政策法规和标准规范为主要参考依据，分析在数据生命周期各阶段中企业当前主要存在的数据泄露及数据破坏风险，并根据风险的影响程度及影响范围，明确各类数据生命周期场景下的数据安全技术保护原则，构建南方电网数据安全管理体系及数据安全管控流程，并联动数据安全组件，为南方电网三大基础平台、四大业务平台提供持续、可靠的服务支撑，也为南方电网的数据安全管理提供动态、可信的运行支撑。南方电网基于数据安全管理体系，开展数据安全中台建设，为信息系统提供了平台化、组件化、服务化的数据安全服务能力，推动了数据安全"同步规划、同步建设、同步使用"的"三同步"机制。它们还开展了项目全生命周期的数据安全技术管控，覆盖数据生命周期的各个环节，为南方电网提供数据安全管理、检测、监测、防护、审计能力，实现了数据安全管理、技术防护和安全运营的有效协同。同时，南方电网落实常态化数据安全管理运营，开展实时数据资产全覆盖、全生命周期的数据安全风险态势监控及处置、风险分析研判、运行保障，实现了数据安全常态化保障。

南方电网还构建了"四全式"的数据安全管控体系，打造了"进不来、拿不走、打不开、赖不掉"的四道安全防线。2018年6月，南方电网各分/子公司都已百分之百地完成数据加密系统、数据脱敏系统、数据审计系统的安装、部署及验收，实现核心数据的入口加密、出口脱敏，以及全程审计等数据安全防护措施，在不影响业务、不降低性能的前提下，为企业的数据安全防护构建了全面的综合解决方案。

为了实现数据安全的精益化管理，南方电网开展数据安全分类分级，对数据资产的安全等级进行梳理和细颗粒度划分，实现字段级的数据安全级别判定，为开展数据共享分发、数据要素流通赋能等提供基础支持。截至2020年年底，南方电网印发了《中国南方电网有限责任公司数据安全分级指南》，组织开展了《数据资产安全分级清单》审核，最终形成数据安全分类分级成果，指导南方电网数据共享开放及各项数据安全工作的开展。

⑪优化数据共享开放流程，提高需求响应效率。

2020年年底，南方电网在数据共享目录与数据开放目录的基础上，建立了快速数据共享开放流程；对原来基于数据资产目录的"一事一议"的数据共享开放流程进行了系统性的优化，缩短了数据共享开放的周期，同时细化了数据共享开放过程的数据安全权限管控粒度。

⑫建设数据分析、可视化相关组件，统一开放数据服务。

2020年年底，南方电网建设了数据中心组件服务层，打造了指标库、标签库、模型库、知识库等数据分析、可视化相关的组件，向开发者及用户统一开放数据服务。南方电网以可复用的数据服务,供上层应用调用;以集中的、便捷的数据应用组件,供业务人员探索数据应用创新,孵化数据产品成果,从而大大加速了数据应用构建速度,全面支撑各类业务应用快速构建,敏捷响应前端快速多变的用户需求。

2021年年中,南方电网通过全力推动各业务平台按照共享服务技术路线开展建设,建成服务共享中心并开展常态化运营,实现了4万多项数据服务接口的建设,并将其灵活封装成500多项业务共享服务、7千多项数据共享服务。

⑬持续开展DCMM贯标,打造数据效能量化提升闭环。

南方电网以DCMM国标为参照,以"评估—分析—改进—巩固"为闭环,持续提升自身的数据资产管理能力成熟度。

从2018年至今,南方电网在DCMM理论的有效指导下,经过在两大轮集团级的DCMM贯标评估,不断巩固成果,补全短板,综合提升了南方电网的数据管理水平,并于2022年5月以4.33的高分获评国家数据管理能力成熟度评估最高等级优化级(五级),成为全国第三家获评最高等级(五级)的单位。相比2017年,南方电网整体的数据管理成熟度能力水平实现了大幅的提升。

⑭构建数据资产管理平台,实现业务全流程可监控、可溯源。

为了实现从数据资源管理向数据资产管理升级,南方电网开展了数据资产管理平台的构建和投运,形成了数据资产管理业务流程线上流转能力,让数据资产管理业务流程可监控、可追溯,大大提升了数据资产管理的工作效率。

基于数据资产管理平台(见图38-2-6),南方电网构建了全面、完备的数据资产管理功能模块支撑,建设了数据质量管理、数据认责管理、元数据管理、数据目录管理、主模型管理等主要功能。

图38-2-6 数据资产管理平台

(2)"要素化、资产化"阶段。

2021年,南方电网在研究国内外相关理论的基础上,结合企业实际的生产经营特征和数据价值模式,首次对"电力数据要素"和"电力数据资产"做出了定义,阐述了数据资源、数据要素和数据资产的价值转换关系(见图38-2-7),从而推动从数据资源管理向数据资产价值管理方向演进,奠定了南方电网数据资产管理体系创新与实践的理论基础。

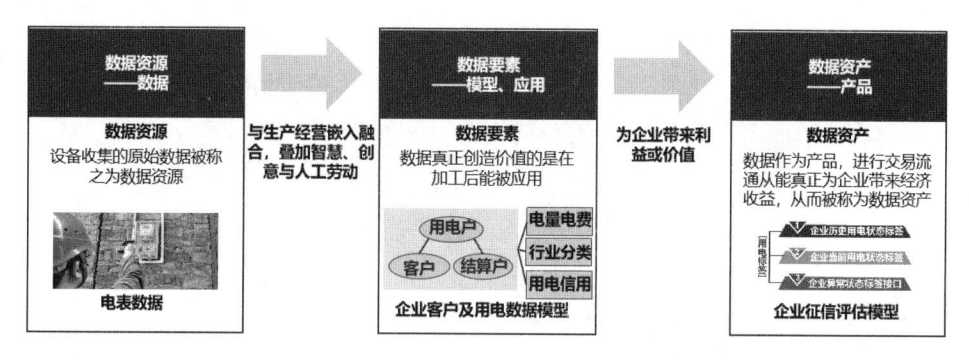

图 38-2-7　数据资源:数据要素、数据资产的价值转换关系

在电力数据要素的相关理论基础上,南方电网开创性提出"责权利、量本利"两条指导主线,提出了"定责、确权、享利"和"拓量、优本、创利"的思想与策略,如图38-2-8所示。

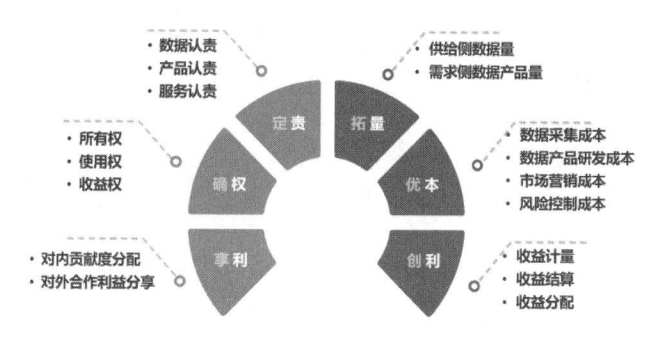

图 38-2-8　"责、权、利"和"量、本、利"的主要内容

2021年,结合南方电网发展现状及面临的实际问题,以数据资产"定责、确权、享利"和"拓量、优本、创利"的管理策略为主线,以创造价值为导向,南方电网创新了数据资产管理体系(见图38-2-9)。其中主要由数据战略、数据治理、数据运营、数据流通、组织保障、技术支撑6个模块共36项管理职能及数据资产全生命周期8个环节构成,通过清晰界定各项职能活动的定位和内在联系,相对完整地覆盖了南方电网的数据资产管理各个领域,实现了数据"要素化、资产化"的跃升。

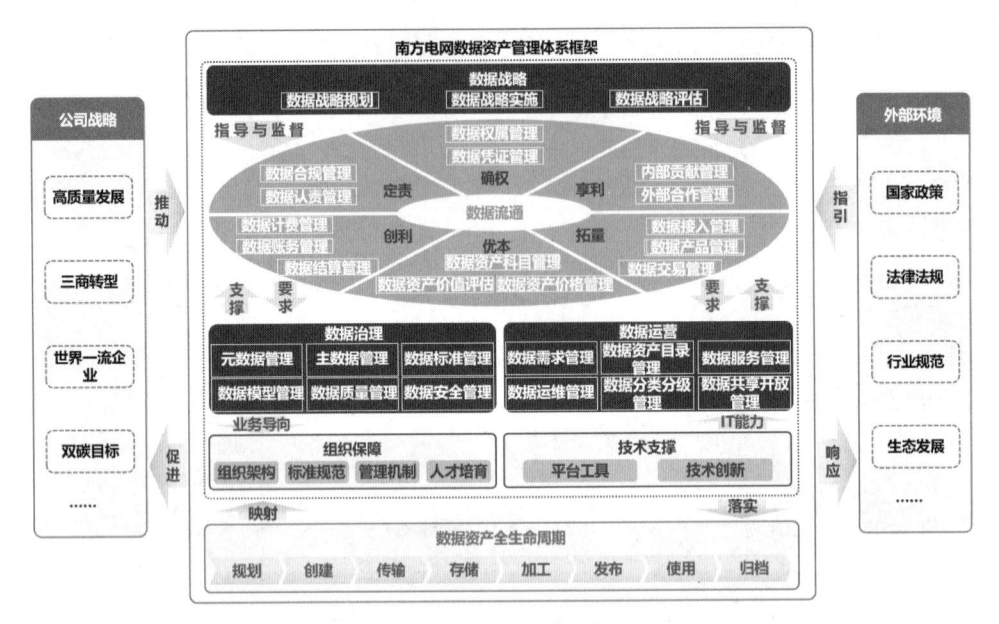

图 38-2-9 南方电网 2021 年"责权利、量本利"数据资产管理体系

"责权利、量本利"数据资产管理体系在原数据资产管理体系的基础上，创新拓展了数据流通领域的管理模块，并明确了相关管理职能。数据流通模块以"责权利、量本利"为核心，明确了开展数据流通、共享、互动、产生价值的一系列管理活动，主要分为"定责""确权""享利""拓量""优本"和"创利" 6 个方面，目标是完善数据内外部流通和价值实现，保障数据对外交易流通的健康、有序发展。

①定责：建立数据认责管理机制。

南方电网明确了数据资产管理的责任范围，划清了数据资产管理的分工边界。其遵循政策法规、行业标准和安全管控要求，梳理数据合规风险并有针对性地提出应对策略和防范措施，清晰定义数据要素发展相关主体的责任，构建了覆盖全主体、全流程、全域的数据认责矩阵，细化数据管理责任，建立数据定责机制。如图 38-2-10 所示，南方电网还建设了涵盖"网省市县"四级组织、囊括"业务、技术"双维岗位，颗粒度到记录级的数据认责体系，实现了对数据管理责任的细化及自动化追踪，以及完成了《全域数据认责管理细则》《全域数据认责作业指导书》《数据认责争议解决流程》和实施考评措施等制度指引。

②确权：探索数据资产权属管理。

数据资产确权是数据要素流通的前提和基础，也是业内长期以来讨论和关注的焦点。南方电网探索了数据权属管理的策略，构建了数据交易增值业务的可为空间。

在数据相关法律法规的指导下，南方电网明确数据流通过程中各相关方的权利与义务，建立贯穿数据资产管理全流程的法律风险管控机制与标准规范，将事后补救变为事前防控，将被动监管变为主动管理，筑牢"合规"屏障。在当前法律框架下，南方电网以价值共创共享为目标，建立多方授权与共识机制，突破了当前数据资产确权难题。

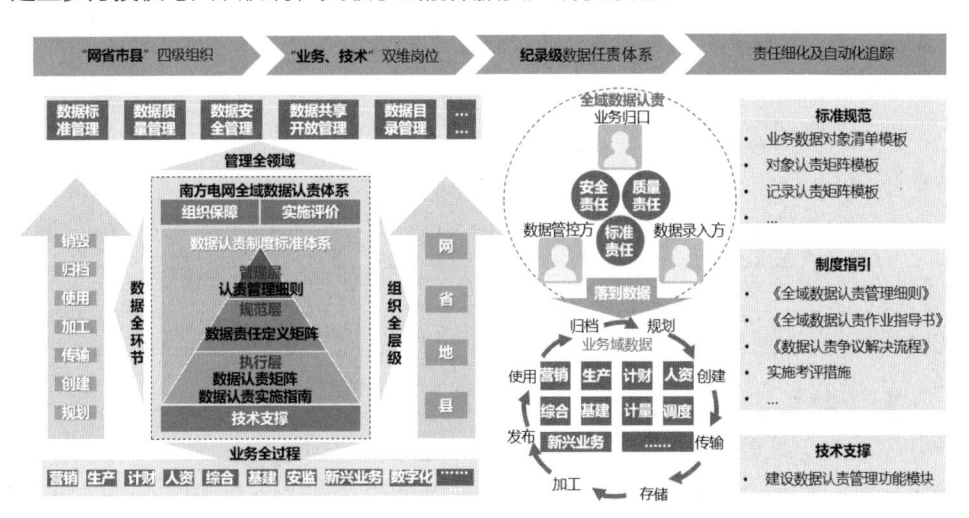

图 38-2-10　南方电网数据定责机制

为了实现数据管理相关工作合法合规，南方电网编制了《南方电网公司数据与知识产权保护合规指引》，通过结合相关法律法规，针对南方电网涉及的具体数据场景及知识产权产品，明确具体合规要求，确保数据主体的利益，同时兼顾南方电网权益，促进南方电网数据应用和发展。

③享利：明确数据利益分配规则。

南方电网构建了配套的数据应用价值评估模型，明确利益分配规则。在数据应用价值评估模型的基础上，南方电网构建了各部门、各分/子公司数据贡献度结算机制，并研究与探索相关主要参与团队及个人的激励模式，鼓励各类参与主体利用数据赋能业务，实现降本增效。

④拓量：拓展数据产品发展规模。

南方电网聚合了全集团的数据资源，拓展了数字产业发展规模；从数据要素数量和范围两个维度出发，汇聚了产业数据资源；通过健全数据产品体系，创新业态模式，加强与产业链、生态圈的互动联系，彰显了南方电网的数据价值，形成了产业规模效益。

⑤优本：首创数据资产定价入表。

南方电网发布了数据资产定价方法，指导集团各层级组织和单位开展数据收益测算。其建设了数据资产价值评估模型，设置数据价格管理机制，制定数据资产计量与定价方法，测算业务投入与产出，优化资源配置，有效提高企业的市场竞争力；发布能源行业首个《数据资产定价方法》，面向银行及社会类数据产品，指导集团各层级组织和单位开展数据收益测算，为数据资产定价提供切实可行的方法指导；通过构建科学合理的数据资产估值和定价机制，为数据价值管理提供支撑保障，促进数据资产市场化的价值判定与变现。

同时，南方电网创新建立数据资产入表管理机制（见图 38-2-11），在行业内率先设立数据资产会计科目；明确数据资产入表确认的规则标准，并制定数据资产入表管控策略与关键管控点。

无形资产统一目录

一级目录	二级目录	目录说明	统筹管理部门
2．数据资产	数据资产	由公司拥有或控制的、能给公司带来效益提升或者未来经济效益的电子数据	
3．土地使用权		按照土地权证上的土地用地分类选择对应二级目录	董事会工作部、生技部

图 38-2-11　数据资产入表

⑥创利：创新数据价值变现路径。

南方电网创新电力数据服务的商业模式（见图 38-2-12），提供多种灵活的数据服务，为用户拓展收入来源。其通过设立市场化的数据交易规则，建立数据计费、数据账务和数据结算管理机制，创新数据服务、咨询服务、合作收益、技术服务 4 种数据产品商业模式，并明确利益计量与分配的方法和原则，最终实现数据资产的价值变现。

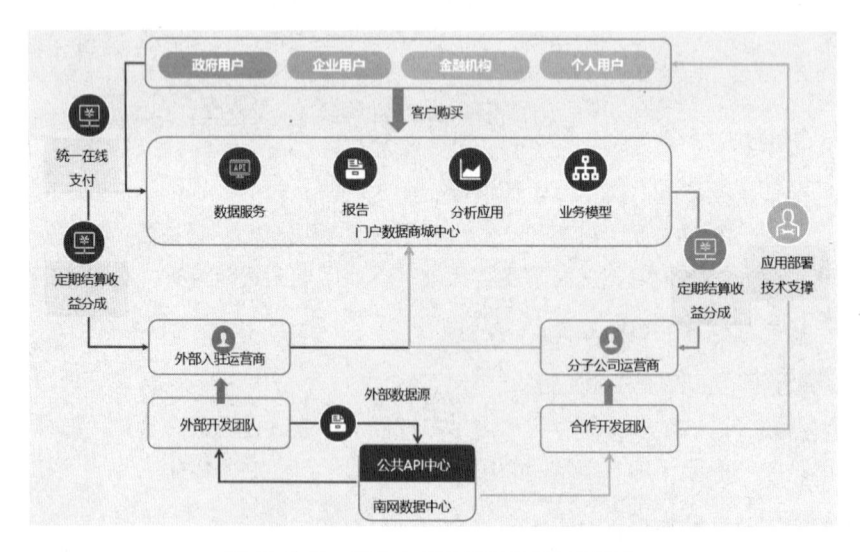

图 38-2-12　南方电网数据服务的商业模式

在数据交易流通模式探索方面，南方电网积极参加广东省"数据经纪人"试点，加强电力数据要素的场景化利用，促进能源行业数字经济供需信任关系的建立，推动数据流通与交易，向全国数据要素市场建设提供"试验田"。

4. 严管控，重闭环，保障工作成效

（1）加强领导、全员参与：在各阶段工作启动前，南方电网数字化部充分调动相关方的工作积极性，为各项工作的有序开展做好思想工作。

（2）统一思想，落实责任：在各阶段工作启动时，南方电网数字化部组织各业务部门及分/子公司数字化部召开数据资产管理工作相关贯彻及宣传会议，向员工传达公司领导的工作要求，明确各项工作的职责分工和目标要求，确保各业务部门和分/子公司切实配合相关工作的实施和开展。

（3）过程管控、强化协同：在各阶段的工作实施中，南方电网数字化部建立了周报和月度例会制度。各分/子公司数字化部作为各项工作的具体负责人和执行人，每周需要及时将本周工作进展提交给南方电网数字化部。南方电网数字化部由专人审核并汇总全平台当周的工作情况。南方电网数字化部每月组织一次例会，各分/子公司数字化部负责人介绍本单位当月的工作进展，讨论其中存在的问题和困难，并协调各分/子公司之间需要协同的事项等。

（4）实施总结，闭环提升：在各阶段工作实施后，南方电网数字化部组织各分/子公司工作组开展总结工作，对取得的经验和待改进的地方进行总结，为后续不断提升数据资产管理能力做好闭环管理工作。

38.3 项目成果

南方电网在全公司范围内推动数据资产管理实践工作，在体系化建设、要素化建设等方面都获得了一系列成果，具体介绍如下。

1. 体系化建设成果

（1）明确数据战略框架，指导数据资产管理工作。

通过本次项目，南方电网结合公司实际业务管理和转型发展要求，制定了数据资产管理框架，开创性地构建了能源行业首个基于"责权利"和"量本利"的数据资产管理体系，为公司开展数据资产管理工作提供了有效的指引。

（2）梳理制度标准体系，明确数据资产管理基线。

本次项目梳理、绘制了南方电网公司制度图谱，以《数据资产管理办法》为总纲领，完成了元数据、主数据等多个领域的管理细则制定，并实现了各项制度规范和流程在数据资产管理平台的线上化刚性落实，确保数据资产全生命周期管理的各干系方"有法可依、有章可循"。同时，南方电网构建了大数据技术标准体系框架，并制定了多个领域的标准规范，包括《公司数据中心接口标准规范》《主数据标准规范》《元数据标准规范》等，指导数据管理各项工作标准化开展。

（3）完成全平台元数据盘点，实现"公司数据颗粒入仓"。

通过本次项目，南方电网完成了面向全公司、全领域、全业务的元数据梳理工作，建立了对元数据的全方位监控、管控，制定了元数据指标量化考核机制，支撑元数据的常态维护更新，并在此基础上建立企业级数据资产目录，实现"公司数据颗粒入仓"，夯实数据资产共享流通基础。

（4）构建企业级数据模型，构建企业数据资产视图。

通过本次项目的实施，南方电网构建了企业级统一电网数据模型和数据仓库模型，完成了统一电网数据模型的多级主题目录建设，初步完成营销域数据仓库模型的设计和开发，形成了公司统一数据视图，并成立了统一的模型管控团队，支撑数据模型管理工作的开展。

（5）提升数据质量，完善数据质量管理全生命周期智能管控机制。

本次项目构建了数据质量管理全生命周期智能管控机制，形成事前约束、事中校验、事后提升的数据质量管理工作闭环，降低了问题数据的产生率，大幅提升了关键数据的准确率，数据质量持续提升，精准支撑业务的开展。

（6）完善数据安全管理体系架构，实现常态化保障。

围绕数据安全管理，南方电网构建了完善的数据安全管理体系，建设了组件化、服务化的数据安全中台，落实了数据安全管理常态化运营工作，形成了比较全面的企业数据安全防护综合解决方案，为数据提供常态、可信的安全保障，并持续改进公司的数据安全管理能力。

（7）健全数据流程机制，提高需求响应效率。

通过本次项目，南方电网明确了"充分共享为常态，不共享为例外"的原则，建立了"无条件共享开放、有条件共享开放"的快速共享、开放流程，缩短了数据共享开放的周期。同时，它们建成"3个1"（有数据有模型一天响应，有数据无模型一周响应，无数据无模型一月响应）高效协同的数据服务和供给机制，保障资源全面协同和上下联动，实现用户数据需求的快速供给，及时响应前端数据需求。

（8）首家集团级参与数据管理成熟度评估单位，实现DCMM最高等级优化级（五级）。

在DCMM理论的有效指导下，经过两大轮集团级的DCMM贯彻标准评估，南方电网的数据管理水平得到了提升。2022年，南方电网总部获评国家数据管理能力成熟度评估最高等级优化级（五级）。

（9）建立数据资产管理平台，实现业务全链路监控。

通过本次项目，南方电网打造了数据资产管理平台的 12 大功能模块，具备了元数据、数据质量、数据资产目录管理、数据运维、数据共享、数据开放等各方面的管理支撑能力，形成科学化、体系化、实用化的数据资产管理技术支撑。

2．要素化建设成果

（1）明确定责对象范围，决定数据管理边界。

南方电网完成了《数据认责管理细则》的修订，构建了覆盖"网省市县"四级认责机制，形成了覆盖"技术+管理"的数据认责矩阵，实现了数据责任的自动化追踪。

（2）制定确权方法策略，构建业务可为空间。

南方电网印发了《数据处理法律风险防范指引》，建立了多方授权与共识机制，实现了贯穿数据资产管理全流程的法律风险管控，并于 2021 年配合广东省政府制发了全国首张公共数据资产凭证，助力广东省数据要素市场化配置改革在全国范围内率先破题。

（3）探索享利原则方法，明确利益分配规则。

通过本次项目，南方电网构建了电网数据应用价值评估体系，设计了能力要素对收益分配影响评估模型，推动了数据资产的价值变现，支撑了多种具体场景中数据要素所贡献的价值程度的核算。

（4）聚合数据资源，拓展产业发展规模。

南方电网完成了对海量的生产数据、业务数据、管理数据，以及能源产业链上下游的数据的汇聚，并开发了一系列数据应用和产品，构建了数据产品体系，推进内部数据应用与对外数据产品的建设。

（5）优化定价方法模型，提升数据资产收益。

南方电网制定并发布了能源行业首个《数据资产定价方法》，面向银行及社会类数据产品进行定价，并在公司本部及各分/子公司范围内推广应用，开拓性地解决电力数据资产交易定价难题，为数据资产定价提供了切实可行的方法指导。

38.4　项目亮点和洞察

本次数据资产管理项目的亮点主要体现在集团化推进、在线化管理、价值化导向、要素化赋能 4 个方面。

1．集团化推进

南方电网基于公司自身特点，创新构建集团化数据管理体系，建立集团级的数据管理组织机制，形成"顶层牵引、横向协同、纵向联动"的工作协同推进体系，并制定集团级统一的数据战略规划蓝图，构建覆盖各层级的"1+N+n"制度体系，从而以集团化推进公司的各项数据管理工作，实现"全网一盘棋，业务全覆盖，人员全参与，制度全支撑"。

（1）顶层设计驱动任务落地。南方电网以公司数据资产管理体系框架和发展蓝图为依据，结合当前业务部门的需求及迫切需要解决的数据问题，拆分并制定切实可行的工作任务，解决实际问题，体现数据资产管理工作的价值。

（2）数据管理制度体系覆盖全流程。南方电网从公司层面制定并下发一系列数据资产管理制度，初步形成"1+N+n"的数据资产管理制度体系，内容覆盖数据资产管理的各个领域和数据生产全过程，为南方电网的数据生产活动建立了明确的基线，为进一步加强实时数据管理建立了基本原则和依据。

（3）点面结合确保高效推进。基于"总部抓总，分/子公司做实"的基本原则，南方电网数字化部统筹各项工作，并直接负责核心、重要的工作，各分/子公司结合自身的实践经验和优势，分别牵头负责相应的工作，确保各项工作的有序开展，达成预期目标。

2．在线化管理

南方电网通过构建统一的数据资产管理平台，提供开展数据业务的技术平台支撑，承载主数据管理、数据质量管理、元数据管理、数据标准管理和数据模型管理等功能，强化公司数据治理、数据运营与数据流通能力，实现企业级综合全面的在线化数据管理，例如实现元数据"T+1"监控和数据共享开放的全流程线上化。

（1）打破数据"黑匣子"。针对"数据看得见摸不着，数据问题难以定位"等问题，南方电网数据资产管理平台首次将公司数据资产从系统后台的"黑匣子"转变为前端可查可看的数据字典，实现数据的可看、可查、可管、可用，为公司数据资产的共享开放打下坚实的基础。

（2）构筑以元数据为核心的数据资产全生命周期管理模式。针对"数据资产管理如何实现端到端的有效管控"等难点，南方电网通过深入开展元数据管理，以元数据为核心，通过覆盖事前、事中、事后的元数据标准和质量管控，实现数据资产全生命周期管理，同时与业务系统衔接，形成良性的管理闭环。

（3）实现一站式数据服务。针对数据资产管理容易出现"两张皮"的现象，南方电网打通技术与业务的关联关系，实现基于数据资产目录的管理工作流程，使得数据资产管理全程可查、可控、可追溯，大大提高了管理效率。

3．价值化导向

南方电网数据管理工作以业务价值为出发点，以满足业务需求为最终目标，形成业务与数据"双轮驱动机制"：一方面以数据为赋能因子，覆盖公司五大战略板块，促进业务变革，支撑数字孪生变电站模型设计，实现"一码通全网、只填一张表、就看一张图、一次都不跑"；另一方面，业务对更高价值的需求反向促进了南方电网数据管理能力的进一步提升，形成双向促进的良性循环。

另外，管理与技术要"两手抓"。数据资产管理不仅仅是技术问题，更是管理问题。南方电网坚持"管理与技术并重"的基本方向，着重解决目前公司在数据资产管理方面尚未理顺的问题，再通过技术能力的升级进一步提升管理效率，形成技术、管理互相促进的良性循环。

4．要素化赋能

南方电网秉承改革基因，将改革突破融入数据工作的血液中：其先行厘清数据管理的"责权利、量本利"，创建能源行业首个数据资产管理体系，创新探索数据资产定价方法与数据资产入表管理机制，发布全国首张公共数据资产凭证，形成数据要素化的先发优势，取得众多数据要素市场化赋能突破。

38.5 数据治理愿景

南方电网将在现有成果的基础上，更加准确地把握数据要素新特点，围绕"智能化治理、基础夯实、模式创新、要素激活"四个方面，持续深化改进和开拓。其未来的数据治理愿景具体包括以下内容。

（1）建设智能化的数据治理方式，推动数据治理和人工智能技术深度结合，运用数据挖掘、机器学习、数据可视化等技术，通过智能化来简化数据治理管控过程，提升数据治理效率。

（2）持续夯实数据资产管理基础，以数据准确性为抓手，聚焦解决数据协同问题，聚焦全域数据资产贯通，强化"全面、准确、快捷、高效"的数据供给能力。

（3）探索数据要素市场化创新模式，持续探索解决在数据要素化发展中面临的财务、法律等难题，通过市场化分配机制、交易流通等机制模式的创新，推动全面营造共创、共建、共享的数据要素化发展态势，充分释放数据要素价值。

（4）激活和释放能源数据生产要素价值，基于能源工业互联网生态服务平台，面向数字政府及行业机构、粤港澳大湾区利益相关方及能源产业链上下游伙伴、能源客户等，打造电力特色数字经济应用，做强、做优数字经济，壮大数字产业，并更好融入数字中国发展。

第 39 章

电力行业：支撑集团产业数字化转型——国家电投集团数据治理实践

39.1 背景介绍

1. 公司介绍

国家电力投资集团有限公司（以下简称"国家电投集团"）是一家以电为核心、一体化发展的综合性能源集团公司。

国家电投集团于 2017 年 12 月成立了集团大数据中心，由集团科技与创新部领导，是集团大数据工作的管理支撑机构与业务运营平台。大数据中心旨在推动新兴信息技术与传统能源电力行业的深度融合，促进技术与商业模式的变革。其当前四条工作主线是"搭建平台、汇聚数据、开发应用、运营服务"。

2. 信息化现状

国家电投集团多年来比较重视信息化工作，为促进企业发展和管理提升，其大力推进信息化建设并取得了明显成效。

根据国家电投集团"十三五"信息化规划，由集团信息公司承担全集团统建信息系统（集团化系统）的建设与运行维护工作（包括应用平台类、数据平台类、云平台类、信息安全类和其他类 5 个类别共 50 多个信息化系统，覆盖全集团的各层级单位）。

各二级单位在使用集团统建信息系统的同时，还根据各自的需求，逐步建立了各自的业务信息系统（自主化系统）。各二级单位自建的各类业务信息系统约 230 个，分别应用在办公文档管理、财务管理、基础应用等方面。集团化系统和各单位自主化系统共同为二级单位的信息化提供了良好的支撑。

3. 数据资产管理现状

国家电投集团的数据资源主要包括以下三大部分：

（1）经营管理类数据，基本为结构化数据，存在于集团统建信息系统及各二三级单位自建系统里面。

（2）生产类数据，以时序数据为主，覆盖集团火电、水电、风电、铝业、煤炭、金融等产业板块，其中新能源方面的数据比较多，接入集控中心的数据点约是传统能源的两个量级以上。

（3）非结构化数据，包括在设计、科研、实验等过程中形成的文本、图纸、图片、视频等数据，这对研究院、设计院与工程公司来说是核心的资产。目前处于运行和建设中的 54 个统建信息系统中的数据总量接近 100TB，加上二级单位约 230 个自建信息系统中的数据及各类生产数据，现存数据总数量超过了 1PB。

目前国家电投集团在数据资产管理方面主要存在以下不足。

（1）国家电投集团各层级单位对数据资产管理不够重视，目前普遍没有把数据当作资产来管理。尽管大家已经意识到了数据的重要性，但是各单位相应的数据资产管理职责尚未完全落实到位，基本都未建立权责清晰的管理组织与制度流程，专职、兼职人员配备严重不足。

（2）数据的管理、技术标准体系不完善，长期存在短板，相关的制度流程还很不完善。国家电投集团建设了数百个信息化系统，但是从集团总部到二级单位层面，普遍没有发布数据标准，大多是直接采用相关的信息化国际标准与行业标准。因为没有完善的数据标准，导致数据质量不高，不能很好地支撑数据分析应用。

（3）数据质量管理水平有待进一步提升。目前国家电投集团的标准体系不健全，数据质量管理缺乏标准依据，有的系统中的数据完全依赖人工填报，缺乏有效的稽核机制；管理制度和流程不完善，数据质量管理工作的开展缺乏常态化机制，跨部门的数据沟通困难；数据质量管理人员配备不足、知识与经验不够、监管方式不全面等；缺乏数据质量管理工具支撑，目前多依靠人为干预；数据质量评价规则库不健全，数据质量的评估过多依靠专家经验。

（4）跨单位之间的数据资源共享困难。目前国家电投集团的大部分业务系统按业务线垂直建设，"烟囱式"的业务系统导致跨单位之间的数据资源共享困难；集团层面尚未建立业务数据开放、共享的机制，这在一定程度上限制了数据价值的挖掘，特别是设备故障样本数据。

（5）数据价值评估体系未建立。鉴于实际困难，国家电投集团拟建立有偿的机制，推进集团内部数据的共享与交易，但因数据价值评估体系尚未建立，难以实施和推动。

（6）数据资产管理专业人才储备不足。国家电投集团虽已明确由大数据中心承担总部层面的数据资产管理职责，由各产业创新中心承担产业内的数据资产管理职责，数据资产管理的职责已落实到部门，但部门内的岗位设置和人员配备尚未完全到位，导致集团的数据资产管理专业人才储备不足，部分二级单位缺乏全职的数据资产管理人员，以致数据资产管理工作对外部运维单位的依赖过大。

4. 数据治理工作背景

国家电投集团于 2019 年从"管资产、管运营"转变为"管资本、管战略"，全集团实施"区域化、专业化"管理，相继成立了光伏、风电、水电、火电、综合智慧能源、环保等产业创新中心，并明确各产业创新中心是集团在本产业的大数据分中心。随着集团管理变革的推进，集团总部将权力进一步下放，对高质量数据的需求进一步增强，国家电投集团迫切需要建立集团数据治理体系，不断提高数据质量，以满足集团经营管理与安全生产的需要，具体包括以下几个方面。

（1）集团数据资产管理的需要。自从进入数字经济时代，数据已经逐渐被当作企业的重要资产来管理。国家电投集团明确要求加强对全集团数据资产的管理，参照国际先进的数据治理理论，建立集团数据资产管理体系，推进集团数据的共享与运营，发挥数据价值。

（2）集团数字化转型发展的需要。近些年，能源、电力企业的数字化转型明显加速，国家电投集团也正在大力推进数字化转型。2020 年，国家电投集团编制了集团数字化发展战略规划，作为对数字化转型发展的支撑。作为"数据—信息—知识—智慧"价值链的基础，高质量的数据是集团数字化转型的根本保障，因此集团需要建设并不断完善数据治理体系与培养相关人才。

（3）提高电厂核心竞争力的需要。随着新兴信息技术与传统能源技术的深入融合，国家电投集团各二级单位都在探索及实践大数据与人工智能技术在电厂安全生产、经营管理中的应用，其实施了不少大数据项目，并在项目中开展了数据治理工作，确保大数据应用开发、测试所需要的高质量数据的需求。

39.2 数据治理工作实践

针对集团数据资产管理存在的主要不足，综合参考国际数据管理协会的《DAMA 数据管理知识体系指南（原书第 2 版）》、国际标准《数据管理能力成熟度评估模型》《数据资产管理白皮书（6.0 版）》，以及国内能源、通信、IT 企业的数据治理实践，国家电投集团结合《国家电投集团大数据建设总体方案》，采用自上而下+自下而上的方法，开展集团大数据治理体系的建设。

自上而下：自上而下是指从集团层面整体设计数据治理的组织机构、管理制度与流程，构建集团数据标准，确保集团数据治理工作的规范性，逐步完善集团数据资产管理。国家电投集团于 2019 年实施了"国家电投集团大数据治理体系规划咨询项目"，从宏观上设计集团的数据治理组织机构、制度与流程，覆盖了元数据、主数据、数据标准、数据质量、数据安全、数据模型、数据共享等主题域，制定并发布了数据管理办法，形成元数据、主数据、数据标准、数据质量、数据模型管理与技术标准（待发布），以推进集团数据治理工作，为二级单位实施提供参考。

自下而上：自下而上是指各二级单位根据工作需要，以应用为驱动，开展数据治理相关工作，并以点带面，逐渐建立本单位的数据治理相关制度流程。自 2017 年起，集团各单位根据自身的业务需求，结合数据应用分析，开展了数据治理工作。集团所属公司五凌电力、广西公司、江西公司、云南国际、黄河公司、上海电力、中电国际、远达环保、信息公司、AE 公司、上海成套院等，在水电、风电、光伏、火电、环保、经营管理方面开展了很有意义的数据治理实践工作，并取得了很多经验与教训，特别是在光伏、风电与水电领域，在后面将重点介绍集团内相关案例。

1. 自上而下——集团数据资产管理体系规划

（1）主要内容。

2019 年 8 月，集团大数据中心正式实施"国家电投集团大数据治理体系规划咨询项目"，开展集团大数据治理体系顶层设计。其中主要包含构建集团数据治理组织体系、制定管理制度与流程、编制数据资产管理总体规划及实施路线图（覆盖元数据、主数据、数据标准、数据质量、数据安全与数据模型 6 个能力域），并在大数据中心、五凌电力中实施试点验证，根据试点验证结果完善规划设计，并给出集团数据治理工作需求分析。

（2）建设目标。

集团数据资产管理的总体目标为建成相对完备的数据资产管理体系，建成集团数据资产管理平台，建立统一的数据标准，完善主数据管理及元数据管理，深化数据模型设计与应用，持续提升数据质量，不断强化数据安全，以数据资产目录建设与管理为抓手，研究并建立数据估值模型，探索集团内部共享数据和对外开放数据的数据资产运营模式，为集团大数据分析应用奠定坚实的基础，实现集团数据资产的增值、保值。

（3）体系架构。

如图 39-2-1 所示，国家电投集团数据资产管理体系架构主要包含 1 套标准体系、1 个管理平台、3 套保障体系、6 个管理域，以确保完成集团数据资产管理的总体工作目标。其中，管理平台是为了支撑数据资源管理工作的顺利开展和落地实施，标准体系是为数据管理体系的建设和落地实施提供规范的参考依据，保障体系是为了支持管理域而实现的一些辅助的组织架构和制度体系，管理域是指落实数据资源管理的一系列具体行为。

需要说明的是，鉴于数据标准的重要性，以及国家电投集团的数据标准是其长期弱项，国家电投集团在数据资产管理体系架构中单独将数据标准分列出来，作为近两年的重点工作进行推进。根据国家电投集团现有的数据管理情况、在已有系统中推动数据管理和应用的初步实践、未来集团信息化发展的趋势，国家电投集团规划并设计了国家电投集团大数据标准体系框架，如图 39-2-2 所示。

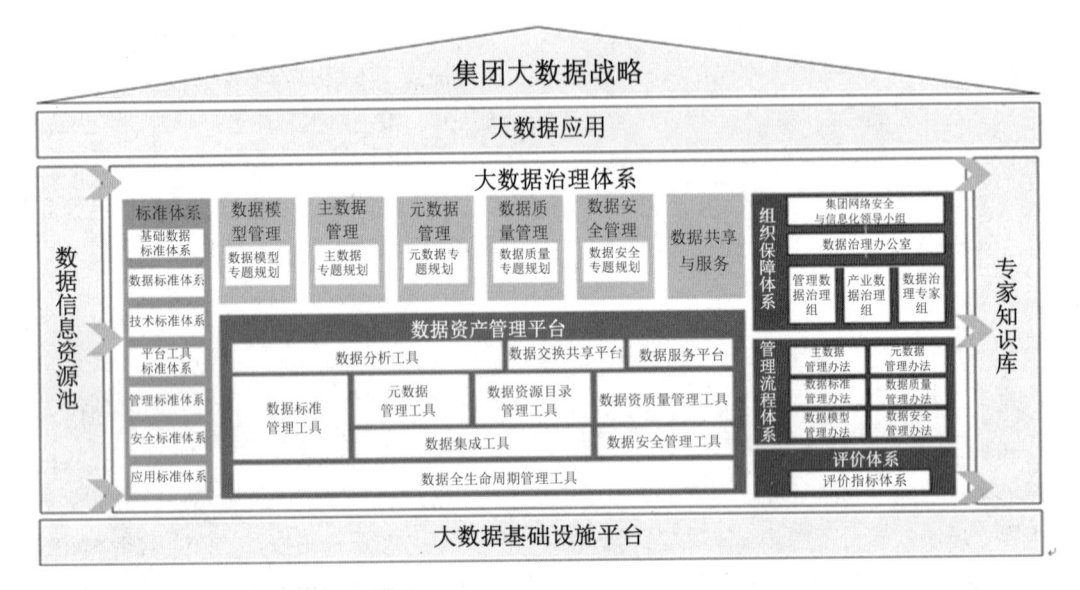

图 39-2-1　国家电投集团数据资产管理体系架构

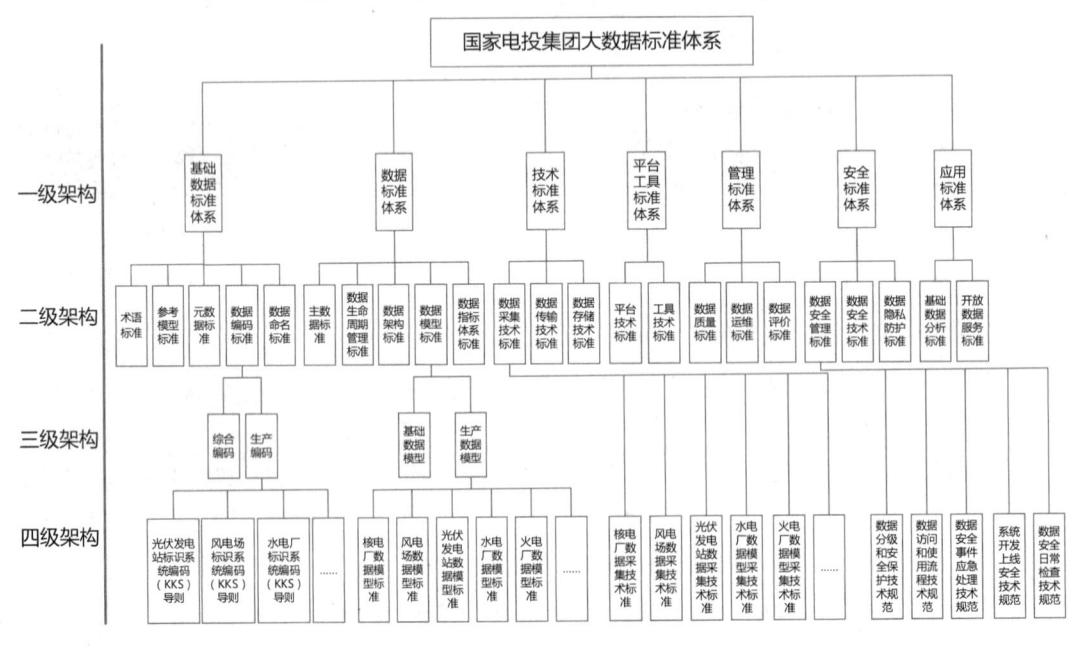

图 39-2-2　国家电投集团大数据标准体系架构图

其中，基础的、通用的数据标准以直接采用国际标准、行业标准为主；与企业产业特点密切相关的数据模型及标准，在借鉴国际标准、行业标准的基础上，编制落地的集团标准。

（4）经验教训。

从集团层面自上而下地整体规划和设计数据资产管理体系的优点是可以从整体视角规划集团的数据治理工作，相对比较成体系，架构比较完整，有利于后续的分步实施；缺点是跨部门、跨单位的组织协调工作量大，难度高，若做得不好，则很容易成为一纸空文。因此，国家电投集团一是在规划过程中深入了解总部、各二级单位在经营、生产中的数据痛点问题，在各个阶段广泛征求各层面的意见，求同存异，形成共识，并持续改进和优化；二是在落地实施过程中，结合集团中不同单位、不同业务的特点，聚焦创造价值，灵活推进，优先在具备条件的业务板块与二级单位中落地实施，绝不搞"一刀切"及强制执行。

2．自下而上——集团生产时序数据治理实践

电力行业是重资产行业（主要以设备形式体现），因此，电力企业在生产经营过程中对设备全生命周期管理非常重视。国家电投集团多年以来积累了大量的生产数据（主要为时序数据），开展时序数据的治理与分析工作，对国家电投集团的电力资产经营管理、安全生产与运营优化有着重大的价值。电厂生产数据来源整体可以被归结为三大类：设备及其在生产、监测、维护中产生的数据；生产业务及管理数据；外部接入数据与生产环境数据。

下面重点介绍国家电投集团的 3 个二级单位在生产时序数据治理方面的典型案例，其中成功的经验与失败的教训可供相关人员借鉴与参考。主要案例如下：

（1）五凌电力数据治理实践——水电领域。

（2）黄河公司数据治理实践——光、风、水领域。

（3）云南国际数据治理实践——风电领域。

39.2.1　五凌电力数据治理实践——水电领域

五凌电力是国家电投集团的水电业务板块中的主要二级单位之一，下辖数十个部门及三级单位。2015 年，五凌电力规划了数据平台建设咨询项目，并编制完成《五凌电力企业公共信息模型（WL-CIM）》及《五凌电力企业基本通信结构规约（WL-BCS）》，为五凌电力开展数据治理提供数据标准。

2018 年，五凌电力开始建设集团水电产业创新中心大数据平台，将 WL-CIM 和 WL-BCS 运用在数据采集、数据编码、数据模型构建等数据治理工作中，并根据应用需求，构建以设备为核心的 CIM 标准，将 CIM 标准与 BCS 标准、KKS 标准充分融合，基本实现时序数据与关系型数据在大数据平台上的整合。

截至 2019 年，五凌电力已完成五凌电力生产业务关系型数据、12 个常规水电厂集控监控数据、2 个试点电厂场站侧时序数据、水调系统数据的采集、编码、数据模型的构建；建成了公司水电站智能决策应用系统，建立了设备故障诊断与健康评估等模型，实现了部分设备的状态精准评估、设备故障智能预警等功能。

1. 工作背景

五凌电力基本建成并打通了公司的信息化系统，覆盖了公司的核心业务，有效支撑了公司的生产经营活动，将"大营销、大生产、大数据"作为其"十三五"信息化战略重点。通过 ERP 等系统的建设，五凌电力已经初步具备数据分析的功能。但由于各信息系统的核心需求、业务模式、方案架构和技术路线都不相同，还存在以下问题。

（1）公司的 ERP 等系统是由不同开发商在不同时间建设的，数据彼此"异构"。

（2）公司通过各种信息系统沉淀了大量的数据，但数据应用仅停留在统计分析阶段，未能对其进行数据挖掘。

（3）业务数据散落于各系统中，存在数据孤岛，跨系统分析难度极大。

（4）各业务系统的数据格式众多，数据统计口径不一，难以进行数据整合。

（5）数据定义、标准不统一，企业内部的各部门之间难以打通和共享。

（6）缺乏对外部数据的利用。

2. 工作思路

五凌电力的数据治理工作思路包括以下内容：采用元数据模型对企业管理数据进行规范和描述；参考 CIM 标准，针对企业自身需求进行裁剪和扩充；编制 WL-CIM 标准，描述企业数据的结构及数据之间的逻辑关系，用于对电力企业数据资产的管理及企业系统之间的数据交换与系统集成。

采用基本通信结构对企业生产量测数据进行统一建模；参考 IEC-BCS 标准，针对企业自身需求进行裁剪和扩充；编制 WL-BCS 标准，描述企业设备的量测数据类型、名称定义及相关参数，使相关系统对数据的定义有着公共、统一的认识。

3. 工作方案

五凌电力的 WL-CIM 标准以五凌电力各业务域的数据资产为输入，遵循数据建模原则，对五凌电力的信息模型进行设计，扩展了数据类近 1000 个、数据属性 5000 多个，实现了各核心业务域的数据标准全覆盖。具体编制步骤如下。

（1）以数据资产卡片为输入，导入 CIM 标准（IEC61970 能量管理系统 CIM、IEC61968 配电网 CIM 标准）。

（2）根据现有业务对 CIM 标准进行合理修改，复用已经存在的模型。

（3）依照 IEC 建模规范和基本词汇表，对未定义的数据资产进行命名及属性定义，通过辅助工具进行规范性检查。

（4）WL-CIM 由完整的一组包组成，沿用 IEC-CIM 包结构，对业务扩展部分按照业务域—子业务域划分包，例如计划经营—BusinessPlan，项目建设—Project 等。

（5）采用 CIM 标准设计工具对 CIM 进行抽象、关联定义，以此构建数据的关联关系和血缘关系。

（6）参考电厂标示系统（KKS）编码对关键系统、设备、部件进行精细化建模。

（7）根据 CIM 标准对非结构化数据定义非结构的 CIM，例如工作报告模型、指导性文件模型。

五凌电力的 WL-BCS 标准以五凌电力各类型发电场站监测数据为输入，遵循企业 KKS 进行研制，扩展了逻辑数据节点，实现了对各量测数据的统一、规范的编码，具体编制步骤如下。

（1）研究 IEC-BCS 标准，包括 IEC 61850-7-4 变电站、IEC 61850-7-410 水电厂、IEC 61850-7-420 分布式能源、IEC 61400-25 风电场等部分。

（2）定义若干个基本物理量（如振动、温度、流量等），对各系统量测数据进行聚类分析，重点识别"同义不同名"的数据。

（3）依据 KKS 标准定义设备逻辑结构及 KKS 数据对象，以及进行数据分类（例如分为公共信息、统计信息、状态信息、模拟信息、控制信息、设定值信息）。

（4）与 IEC-BCS 标准进行查找对照，找到已定义标准的数据对象并引用。

（5）对于 IEC-BCS 标准未定义的数据对象，按照标准约定的习惯与方法进行扩展。

（6）在编制 WL-CIM 和 WL-BCS 标准的过程中，通过设计者自查、项目组审查、专家评审等方式，保证 WL-CIM 和 WL-BCS 标准设计的规范性、合理性。

4．工作成果

（1）WL-BCS 标准适应性设计及落地。

在实际编码中，五凌电力对 WL-BCS（水电）标准进行适应性落地设计，增加了扩展属性。经过完善后的 WL-BCS 标准采用四级结构形式：一级为组织编码，引用五凌电力确定的水电厂组织代码；二级为系统设备分级标示，引用五凌电力 KKS 编码；三级为标准量测名称，引用 BCS 标准；四级为扩展属性：引入数据源+部位+算法属性+单位+数据类型的形式。

五凌电力将 WL-BCS 标准与《五凌电力有限公司水电厂标识系统（KKS）编码导则》深度融合，在大数据平台建立以厂站为基础，以 KKS 为中心的 BCS 数据模型，提供用于数据共享、数据展示、数据挖掘的数据对象。

（2）WL-CIM 标准应用落地。

五凌电力构建了以设备为核心的 CIM 标准，并将 CIM 标准与 BCS 标准、KKS 标准充分融合，实现了时序数据与巡检、定期工作、缺陷、设备异动、工单、定值修改、试验报告等 ERP 数据的关联集成，便于全面掌握设备信息。整体模型结构如图 39-2-3 所示。

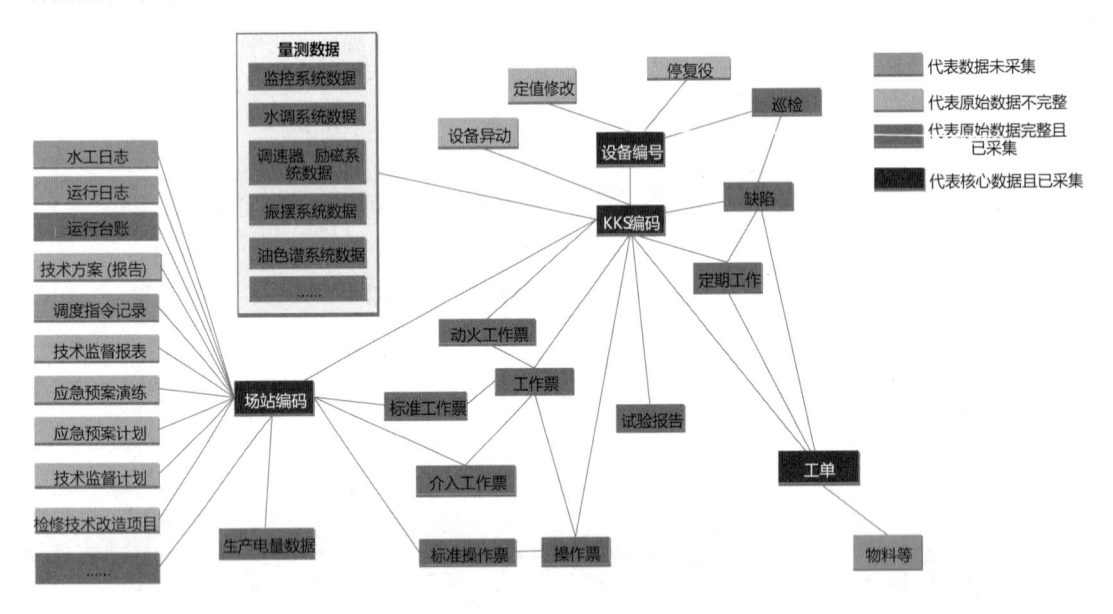

图 39-2-3　五凌电力整体模型结构图

（3）数据采集及编码。

五凌电力已完成 12 个常规水电厂集控时序数据的采集及 BCS 编码对标，以及完成五凌电力水调系统及 ERP 系统的巡检、定期工作等 70 余张结构化数据表的采集及 CIM 标准化。

（4）数据清洗。

五凌电力根据数据类型及结构对采集到的各类数据进行清洗：对时序数据的缺失值采用插补法进行补充；对异常值采用基于正态分布的离群点检测进行过滤；对关系型数据采用基于模型检测的方式进行清洗，为企业应用提供有价值的数据对象。

（5）数据应用。

五凌电力以 BCS 及 CIM 标准化的数据为基础，在大数据平台上构建了多种应用，以服务于安全生产管理。其中 4 层驾驶舱、设备全景信息展示、设备全景视图、三维视图、设备远程状态监测等功能已经全部投入使用，后续会陆续开发设备故障诊断与状态检修智能决策等功能。

5. 工作价值

WL-CIM 和 WL-BCS 标准的建立及标准化应用较好地解决了业务层面的数据资产向计算机相关模型的转换，统一了各业务系统中关系型数据、量测数据，为数据采集、集成、编码、应用及数据资产模型构建提供了坚实的基础。

WL-CIM 和 WL-BCS 标准的建立及实践为国家电投集团的大数据治理探索了方向，有利于集团通过数据驱动激活存量资产潜在价值，实现增量资产高质量发展，从而创造更多的价值以提升企业竞争能力，对集团的数据资产管理体系构建及智慧化企业建设具有重要的意义。

39.2.2　黄河公司数据治理实践——光、风、水领域

黄河公司是国家电投集团中最重要的清洁能源公司之一，其 2019 年的发电量突破 600 亿千瓦时。

1. 工作背景

为促进黄河公司旗下非电产业及相关业务的开展，提升各业务领域的生产效率，黄河公司构建了西宁新能源生产运营中心智能运维平台和西安新能源生产运营中心智能运维平台，以提升电厂资产运营效率。

黄河公司通过结合此平台建设，实施数据治理工作。新能源企业因为生产设备多，其数据测点远比传统的发电厂多得多，数据治理的工作量也大大增加。

2. 工作思路

因为黄河公司的新能源场站比较多并且多建设于不同时期，不同场站的设备厂商、设计方、施工方都不一样，各场站的测点数据原始描述差异很大，以及在前期的建设生产中并没有考虑后期的数字化智能运维，很多与数据相关的工作都需要重新开展，这些导致了开展数据治理的工作量非常大，难度也很高。并且由于新能源数据量巨大，数据治理工作的组织难度也大，还要优先保障安全生产，现场往往很难有足够的人力来配合数据治理工作的开展。对于场站的 KKS 编码，由于传统的人工核对数据点表的工作效率太低，需要定制开发数据编码工具，进行自动编码与稽核。

黄河公司的数据标准化建设总体思路如图 39-2-4 所示。

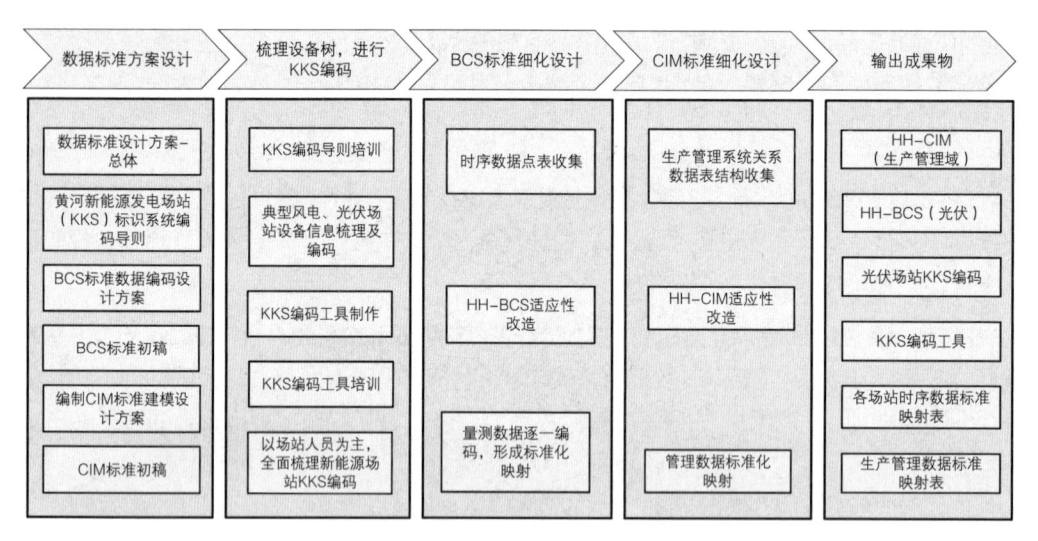

图 39-2-4　黄河公司的数据标准化建设总体思路

3. 工作方案

黄河公司以生产运营中心为主导开展数据治理工作，组织第三方服务商东华软件和场站人员共同实施数据标准化建设，并优先在 1~2 个场站中进行试点验证，然后逐步推广。其主要经历了以下步骤。

（1）场站资料收集及梳理。根据项目的实际情况对数据资产进行调研及整理，包括场站基础信息、各个场站样板机基础信息、设备参数手册、场站接线图册等。

（2）按照"系统—设备—部件"划分，对场站进行建模，并根据已经建好的设备模型及场站的实际情况对场站进行实例化配置，生成场站侧的 KKS 编码。

（3）根据集团及其他二级单位的 CIM 标准，并结合黄河公司实际情况进行定制化修改，形成 HH-CIM 标准，在平台落地实施。

（4）接入 ERP 等生产系统中的设备台账及 KKS 编码等数据，形成黄河公司 CIM 实例。

（5）依据黄河公司 CIM 实例，以集团及其他二级单位实践的 BCS 标准为基础，形成 HH-BCS 标准，并在平台落地实施。

（6）依据 HH-BCS 标准，将数据接入平台。

（7）梳理现有 ERP 等生产、管理信息系统中的结构化数据和非结构化数据，制定转换策略，按 CIM 标准接入。

（8）对 HH-CIM、HH-BCS 标准及平台上的数据模型进行日常维护。

4. 工作成果

尽管难度巨大，黄河公司的数据标准化工作依然取得了阶段性的成果。

（1）数据接入情况：青海区域共接入 19 个光伏电站、5 个风电场、13 个水电厂，共计约 980 万个测点。到 2020 年，预计数据测点可达 4000 万个。

（2）数据标准编制：形成了黄河公司的 HH-CIM 和 HH-BCS 标准，并且正在逐步落地实施。

（3）KKS 实施情况：由于黄河公司的新能源场站设备数量大、设备种类多的特点，其定制开发了 KKS 编码工具，已经完成 23 个光伏电站的 KKS 编制，11 个风电场的 KKS 编制，相关工作还在继续进行。

（4）BCS 实施情况：重新梳理了黄河公司 BCS 基础词汇表及标准属性编码。

5. 工作价值

黄河公司的数据治理工作在行业内非常具有代表性，其价值主要体现在以下 3 个方面。

（1）通过数据标准化工作，显著改善黄河公司的数据管理能力，提升数据质量，为后续开发各种大数据应用工具奠定坚实的基础，不仅提高了黄河公司电力资产的运营效率，而且促进了整个行业的设备设计的改进。

（2）为国家电投集团光伏产业的数据资产管理打下了坚实的基础，为集团其他二级单位光伏场站的数据治理提供了参考价值。

（3）黄河公司接入的新能源场站数据测点多，面临的工作困难及工作量巨大，给数据治理带来了很大的挑战，其中的经验与教训为集团内部的公司、业内同行提供了很好的参考价值。

39.2.3 云南国际数据治理实践——风电领域

云南国际以新能源装机业务为主，其地处高原、高寒、高海拔的高山地区，运行工况复杂，日常运维成本较高。为降低成本，提高效率，云南国际建设了风电机组故障预警及智能分析系统，并依托该系统建设，开展了数据治理相关工作。

1. 工作背景

高原山地的风电场面临的问题是地势复杂、机组分散、运维成本高，运行数据价值无法充分利用，风机功率曲线跌落原因也难以发现；大部件一旦损坏，更换周期长，无法实现故障预警，尤其是齿轮箱、发电机等大部件发生故障时会严重影响风电场的安全运行与经济效益。云南国际与远景集团合作，创新采用数据挖掘及机器学习等技术，开发了 140 多个风电领域算法模型，对风机控制系统、大部件等开展监测及诊断，实现了风机故障预警。其系统架构如图 39-2-5 所示。

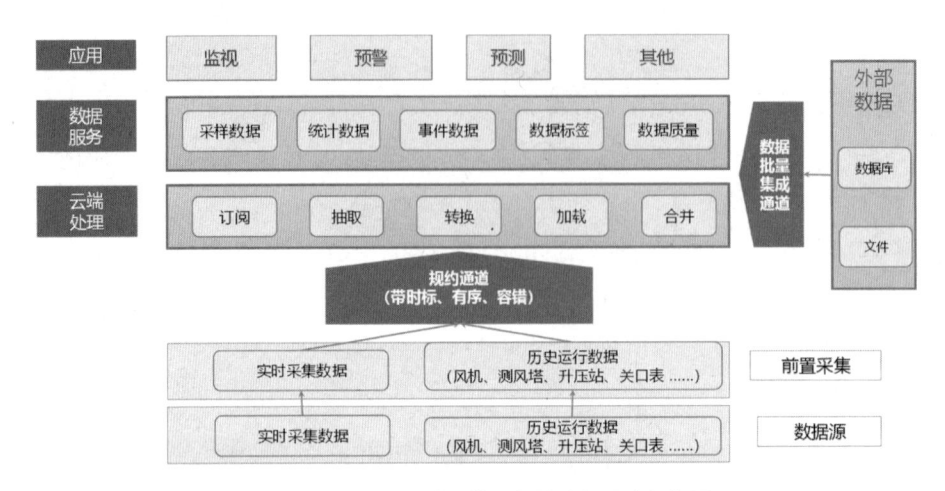

图 39-2-5　风机故障预警及智能分析系统架构图

风机故障预警及分析在实践中非常具有挑战性，具体体现在以下几个方面。

（1）数据获取困难。各风机厂家的后台监控系统、CMS 等辅助监控系统均为各厂家独立开发，且在数据获取层面设有多重技术壁垒。需要逐一与风机设备厂家、辅助监控系统厂家开展技术、商务沟通，打通数据获取通道，才能获取大数据分析所需要的实时数据。

（2）数据标准杂乱。获取到的数据存在数据标准不统一、采集点不统一、点表不统一、分辨率不统一、采集频率不统一、时序不统一等问题，需要在现场核实并在数据中台中对数据进行统一治理。

（3）数据质量差。因现场传感器、传输通道、原有系统存在缺陷等问题，导致获取后的数据质量较差，在数据中台中必须完成高效且精准的数据清洗。

（4）数据值域差异化严重。不同风机厂家、不同机型、不同硬件配置下的同一个测点会因零部件配置不同而造成值域不同，无法进行同一平台、同一模型的数据分析。例如，同一家发电机厂家生产的同型号发电机，因轴承供货商不同，在同载荷、同转速的工况下，正常运行温度区间、温度预警区间、运行温度上限各不相同，需要结合设备实际情况进行差异化的识别、分析。

（5）对风机零部件级别的健康度预警在行业内没有成功案例，跨厂家、跨机型的大数据整合及智能预警应用更是空白，没有可借鉴的经验。

2．工作思路

要实现风机故障预警及分析，必须要有高质量的数据作为支撑。鉴于不同的风机厂家，不同系统中的数据存在差异化，在数据进入平台后，首先要做的就是数据治理：对缺失的数据或者脏数据进行处理，同时也将数据做归一化处理。数据治理的效果将直接影响风机故障预警及分析的有效性、准确性。

云南国际的整体数据治理工作围绕数据采集标准化、模型标准化和应用标准化 3 部分展开。

（1）数据采集标准化。

通信规约标准化：采用统一的规约进行通信。云南国际统一采用 104 规约与南瑞集控系统交互，并通过设定固定的刷新频率发送遥测数据到大数据平台。

传输存储策略标准化：包含场站到数据平台的传输、数据转发、数据过隔离的传输和数据存储等的标准化。

（2）模型标准化。

设备点表标准化：根据 IEC 61400-25 和 IEC 61970 标准，建立风机、光伏、箱变、升压站监控、风功率预测、测风塔、电量等数据点表标准，其中风机按照双馈和直驱建立分类点表，保证风机发送的是标准点表数据，确保设备数据的完整性。

设备状态量标准化：建立统一的 9 种风机状态：正常发电、限功率、环境待命、服务状态、用户停机、技术待命、故障停机、电网故障、通信中断，解决不同厂家风机状态不一致的问题。

设备模拟量标准化：通过建立标准的设备模型，映射不同风机厂家的数据，方便统一分析。

（3）应用标准化。

应用接口标准化：提供 APIM 管理系统，其对外提供标准的数据接口。

指标分析标准化：统一企业指标库、数据算法、应用场景及数据应用流程规范等。

3. 工作方案

云南国际的数据治理工作方案主要包含以下内容。

（1）数据生命周期管理，针对不同类型的数据选择不同的存储策略，例如对于关键的风速、功率等数据进行时序存储并定期清理，报表数据按照日、周、月、年的维度存储等。

（2）给关键数据编码，并作为元数据（固有属性，比如五街 1 号风机）进行存储，元数据与相关设备绑定作为数据的属性标示（比如风速）。

（3）根据硬件情况制定合理的存储策略，包括存储时间长度和存储周期间隔（根据硬件、空间扩展，空间划分）。

（4）所有的数据增加质量标示，对于脏数据增加属性标签，以便上层应用在使用数据时能够快速识别可用数据。

（5）加强数据安全管理，对数据的增、删、改、查操作都建立相应的权限管理。

（6）开展数据审计，对数据的操作留存记录，所有的操作都可查、可审计。

对于新能源电站风机、箱变系统等产生的数据，因设备庞杂，需要进行完整性和有效性评估。具体采用的主要方法有以下3种。

（1）数据清洗及插补。针对核心测点数据（如风速、电量），提供完整的数据插补（后10分钟的风速、电量数据），其余测点数据可以根据实际业务场景自行插补。

（2）风速插补将对后10分钟的数据进行清洗、维护、插补，提供故障数据、无效数据等失效模式识别。

（3）对于无法断点续传的数据，基于累计发电量测点的数据接入后，系统将提供后10分钟的电量数据插补服务。针对不同数据源的电量数据，将提供不同的具体数据服务。

4. 工作成果

云南国际通过搭建风电场数值模型，对孤立数据、错误数据、缺失数据进行了清洗；利用风机各运行数据之间的关系、风机运行数据和风机状态之间的关系，对冗余数据进行了状态估计，过滤了错误数据。

目前，云南国际已经实现的风电系统中常见的数据清洗类型包括电量跳变、风机状态跳变、风速与功率跳变、数据断点重传可能导致的重复记录识别等。

云南国际通过断点续传、边缘计算和数据清洗等技术，确保数据完整率达到100%，数据覆盖率达到100%、数据有效率达到95%、数据一致率达到100%、数据及时率达到99%以上，全面提升数据质量。

同时，云南国际对于数据是否在业务上满足要求、是否可用进行了标记，将不满足业务要求的脏数据（主要包括无连接时间段内的数据、因冰冻等造成的不可用风速数据、不可用的限功率状态数据等）标记出来，以满足后续数据分析应用的需要。

5. 工作价值

云南国际对集控平台采集的大量数据进行分析，并结合数据挖掘及机器学习技术，采用140多个风电领域算法模型，识别并诊断风电机组变桨、偏航等控制系统亚健康问题，提高发电性能，以及对风机主轴、齿轮箱、发电机等大部件进行早期预警服务，分析及发现风机主轴承、齿轮箱等机械传动链存在的问题，评估部件健康度，及时提出维护与检修建议，从而有效降低设备因停运造成的损失等。他们还将预警发现的各类故障信息以工单的方式推送至现场，现场结合实际情况统筹人员、物料和备件的分配，实现生产管理的集约化和共享化。

云南国际通过借助海量现场端的生产数据，并结合风光一体化大数据分析系统，对平台所接入的新能源场站进行远程集中状态监测、故障诊断、发电数据分析预测，从而提高智能化运维水平，减少由于设备故障、功率曲线跌落等原因造成的电量损失。

39.3 经验总结

在各二级单位的数据治理项目的实践过程中，国家电投集团取得了以下成功的经验。

（1）生产部门与信息化部门紧密结合，甚至一体化办公。生产系统的数据治理需要信息化部门与生产部门协作，例如黄河公司、云南国际的数据治理均是由生产部门牵头的，而五凌电力的数据治理则是由信息化部门主导的。

（2）标准先行，以支持"云边协同"为目标，努力做到全集团的数据标准统一。

（3）以设备为中心，并基于中文语义开展数据治理，设备编码遵循 KKS 编码规范，测点与 KKS 编码挂接，以设备—测点模型提供数据服务。

（4）大数据平台提供标准化的数据接口，源端测点编号的改变不应影响到大数据平台下游应用系统的使用。

在以上二级单位开展数据治理项目的过程中，面临的主要难点如下。

（1）场站侧未建设 KKS，且缺少信息化设备清单。

（2）BCS 字典因涉及语义翻译，维护较为困难，质量难以控制。

（3）各场站原始测点描述、设备描述差异较大，难以批量匹配，且场站侧运检设备更新后，并不会及时通知信息化部门。

（4）人工操作中易存在属性匹配错误。

（5）BCS 标准化工作效率提高困难。

（6）难以调集各场站人员集中办公，参与数据标准化工作。

其在发电侧时序数据治理方面的成功有以下几个关键点。

（1）集团统筹建设，确保规则、层级和字典统一。

（2）集团统筹立项，按照型号将设备—测点模型沉淀为数据资产。

（3）建设半/全自动化的编码匹配工具，提高数据编码效率。

（4）从源头把握数据质量，在场站基础建设、设备采购等阶段，完成 KKS 建设，在监控系统建设阶段，完成 BCS 建设。

（5）成立专项数据治理小组，利用各场站人员熟悉现场情况的优势，保质保量完成数据编码工作。

39.4 总结与展望

国家电投集团将数据作为重要资产进行管理，大力推进数据治理工作。他们深刻认识到不做好数据治理，数据质量难以支撑基于大数据分析的应用，不开展基于大数据分析的应用，数据就是负资产。

国家电投集团采用"自上而下+自下而上"相结合的方法，进行数据治理工作，特别是在生产侧时序数据治理方面，做了一些很有意义的尝试和实践。国家电投集团逐步在集团总部各部门、各产业创新中心及具备条件的二级单位中，按照集团数据治理体系规划，进一步落实数据治理组织，制定并发布集团数据质量、数据安全、元数据、主数据、数据模型、数据共享等管理制度流程或标准规范，建立集团数据资产目录，实施一批数据治理项目，并推动建立集团数据共享机制，优先推动生产侧时序数据的共享。

大力推进数据标准化工作，是做好数据质量管理的前提。国家电投集团努力构建以设备管理为核心的数据质量管控体系，优先在风、光、水电领域编制并发布集团基本通信结构、公共信息模型、设备编码等数据标准与规范。国家电投集团在水、风、光领域的主要二级单位中建立起数据质量管控体系，提升数据质量，支撑企业的日常安全生产与经营管理，以及基于大数据分析的应用开发。

第40章

能源化工行业：数据治理助百年油企数字化转型

40.1 背景介绍

1. 公司简介

陕西延长石油（集团）有限责任公司（以下简称"延长石油"）是集石油、天然气、煤炭等多种资源高效开发、综合利用、深度转化为一体的大型能源化工企业。其产业主要覆盖油气探采、加工、储运、销售、石油炼制、煤炭与电力、工程设计与施工、新能源、装备制造、金融服务等领域。

2. 信息化现状

延长石油围绕自身的发展战略和主营业务开展信息化工作，坚持"五统两分"的原则，积极推进以生产、经营为主线的信息化建设与深化应用工作，其信息化现状如下：

（1）在"十三五"期间围绕公司管控需要，从经营管理、综合管理、生产调度3个方面，通过持续完善和深化应用，构建了以数字化为特征的经营管控平台，为企业经营管理提供了重要支撑。

（2）通过强化顶层设计，加强信息化统筹管理，并且在生产制造领域智能化布局方面已取得成效。

（3）结合业务实际，开展物资采供、油库、油站、管网、物流、科研等智能服务系统规划设计和实施应用，促进服务领域智能化发展。

（4）顺应"平台+数据+应用"的信息技术架构应用趋势，持续优化提升已有技术架构，不断完善数据中心、网络等基础设施，为企业信息系统安全、稳定运行提供了有力保障。

目前，延长石油正在启动总体方案设计，旨在全面贯彻落实工信部印发的《工业互联网创新发展行动计划（2021—2023年）》，并结合延长石油的发展战略，借鉴领先企业的建设经验，以推动"油气煤化电"全要素、全产业链、全价值链深度互联为主线，实现各项生产服务资源的优化配置，促进技术变革和业务变革，打造延长石油的竞争新优势。其总体设计方案在贯彻国家、行业、集团数字化转型战略的同时，突出延长石油的特点，体现国内一流的技术水平，具体包括以下内容。

（1）基础设施层建设。在网络建设方面，延长石油开展工业设备网络化改造设计，对边缘设备、接入网关、协议转换等内容进行分析，推动工业设备跨协议互通，实现多元工业数据的采集，提升异构工业网络的互通能力。

（2）平台技术架构建设。其工业互联网平台提供了资源管理、工业数据与模型管理、工业建模分析和工业应用管理等功能。

（3）数据汇聚赋能建设。延长石油围绕数据汇聚赋能，梳理各业务领域数据，设计延长石油工业互联网大数据中心；结合企业现状规划大数据中心的物理架构和逻辑架构，包括集团数据湖和各节点区域数据湖的总体设计、平台选型、部署方式、容灾方式、数据入湖标准及各连环湖之间数据流向等逻辑关系设计。

（4）平台应用建设。延长石油聚焦应用和数据连接，设计延长石油工业互联网平台应用架构，梳理需要连接的生产设备、需要监测的数据点，以及开展各产业链三级以上业务流程梳理；从工业互联网的特定应用场景需求出发，挖掘业务需求，设计整体解决方案，逐步实现从流程驱动转变为场景驱动的业务创新。

3．数据标准化及治理背景

延长石油统一了信息系统的建成和应用，积累了种类繁多的海量数据，其利用、挖掘数据价值并作为分析企业发展、综合竞争力的重要指标。延长石油通过企业级数据仓库及商务智能分析系统建设，采集了集团中关于生产、物资、财务、销售、人力等方面的主要经营数据，构建了集团层决策指标体系，并重点对成油品、化工产品的销售情况进行专项分析，为市场开拓，提升销售运营能力提供数据导向。另外，延长石油还对成油品综合成本进行还原剖析，掌握成本构成因素，从而为进一步优化成本结构提供了重要依据。

但是，辅助决策系统存在业务数据不全面、分析预测不深入等问题，导致集团管理层无法全面、及时了解"已经发生什么、为什么发生、正在发生什么、将会发生什么"。因此，统一管理数据源头，完善企业数据治理体系成为实现企业数字化转型和数字经济发展的重要条件。而实现跨业务、跨二级企业、跨应用系统，提高数据集中存储和跨域数据共享的效率，统一对数据进行组织规划、挖掘价值，是延长石油信息化工作的重点目标。

40.2 工作概况

1. 建设历程

延长石油非常重视信息标准化建设工作，并于 2015 年开始进行数据标准化建设。其数据标准化建设工作按照"业务部门专业牵头，信息部门综合管理，IT 队伍技术支持"的模式，共建立了 10 大类信息标准代码。这些代码被广泛应用于 ERP 及相关信息系统中，为信息系统的建设、集成和信息共享打下了坚实基础，也在油气勘探开发、工程建设、物资采购、炼化生产、销售等企业管理、经营活动中发挥着越来越重要的作用。在 2016 年和 2017 年，延长石油分别在下属单位（炼化公司和榆林能源化工有限公司）中建设专业主数据标准，同期启动数据仓库的一期建设工作。2019 年，延长石油启动大数据服务平台项目建设。

目前，企业上云在集团和二级公司的数据中心中已基本普及，延长石油的主要数据资源已实现虚拟化共享。集团公司制定了延长石油信息化标准指南、物料分类与代码、数据指标标准与规范、信息系统集成等 5 项企业标准，以及组织编制了石油石化行业部分专业数据标准。延长石油通过集团信息化标准管理平台，初步建立了数据标准申请、创建、审核、冻结、解冻等全生命周期管理技术体系，集中管理集团公司的单位、人事、物料、客户、供应商、数据指标等主数据编码，并已完成 100 多万条主数据标准编码，实现了对标准编码的集中管控与分发。在数据交换与共享方面，延长石油通过 OSB 和 PI 两级企业服务总线，实现了 ERP、法务系统、人力资源、物资采购、标准平台、供应商管理、客户管理、综合协同办公等统建业务系统的集成。

2. 信息化标准体系框架

目前，延长石油计划完善其信息化标准规范体系，按照指导性、系统性、适用性、规范性、经济性原则，形成科学、合理的标准规范体系框架，如图 40-2-1 所示。其中主要包括延长石油工业互联网的基础共性标准、网络与联接标准、标识解析标准、边缘计算标准、平台与数据标准、工业 App 标准、安全标准、应用标准等几方面内容，如图 40-2-1 所示。

（1）基础共性标准：主要规范工业互联网的总体性、通用性、指导性标准，包括术语定义、通用需求、测试与评估、管理等标准。

（2）网络与联接标准：主要规范网络互联所涉及的关键技术、设备及组网，包括工厂内网、工厂外网、设备/产品联网、网络资源管理、网络设备、互联互通等标准。

（3）标识解析标准：主要包括编码与存储、标识采集、解析、交互处理、设备与中间件、异构标识互操作等标准。

（4）边缘计算标准：主要包括边缘设备、边缘智能、能力开放等标准。

（5）平台与数据标准：主要包括数据采集、资源管理与配置、工业大数据、工业微服务、应用开发环境，以及平台互通适配等标准。

（6）工业 App 标准：主要包括工业 App 的开发、应用、服务等标准。

（7）安全标准：主要包括控制系统安全、设备安全、网络安全、数据安全、平台安全、应用程序安全、安全管理等标准。

（8）应用标准：包括典型应用和垂直行业应用等标准。

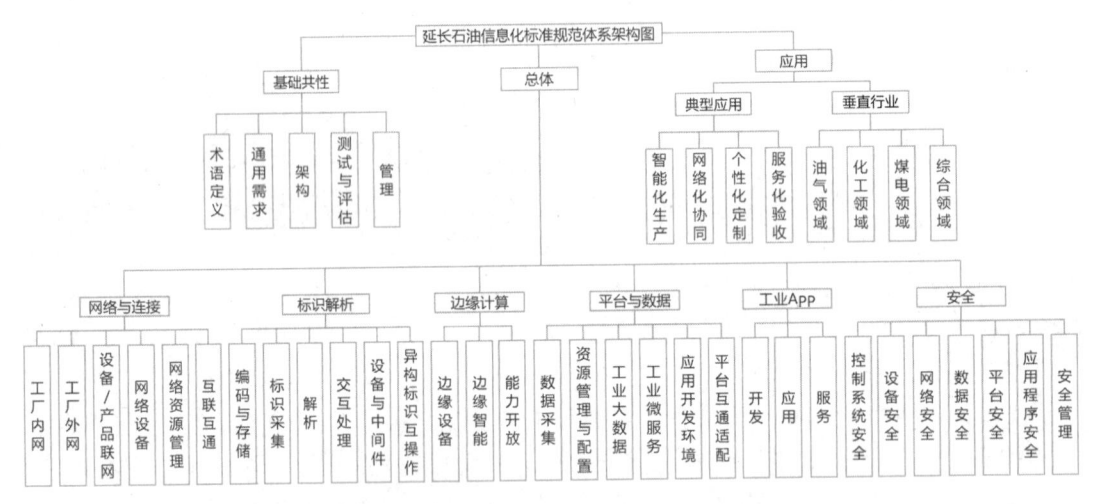

图 40-2-1　延长石油信息化标准规范体系架构图

3. 大数据平台

如图 40-2-2 所示为延长石油大数据平台整体架构。延长石油数据中台计划按照"数据+服务"两项核心内容，构建"一体一主多区"的整体体系，具体介绍如下。

- 一体：即构建延长石油集团级数据能力开放及服务体系。延长石油在数据治理、数据服务等能力基础上，通过建设集团级数据管控所需的支撑能力，覆盖集团及各分子公司所需的服务能力，并通过 PaaS 平台向西安、延安、榆林等地区的分子公司提供能力支撑。

- 一主：即构建延长石油主数据湖。该主数据湖可以提供集团级数据统一采集、处理、存储、计算、分析，以及资源管理等能力，且在逻辑上覆盖及支撑西安地区各分子公司的区域数据湖建设，并按照物理划分、统一管控的原则，进行集中化管理工作。

- 多区：即构建延长石油延安区域数据湖、各个企业区域数据湖。此部分内容按照地理位置进行划分，分别面向延安、榆林等地区的各分子公司，纵向连接各分子公司作业现场，横向连接各分子公司已建及规划建设的系统及平台，按照分子公司的业务需求，构建各类数据的入湖、处理、存储、计算、分析等能力，并按照逻辑隔离的方式，向每个地区的各分子公司单独划分数据湖内的资源，以及通过集团主数据湖中的资源管理等能力，进行统一的监控及分析。

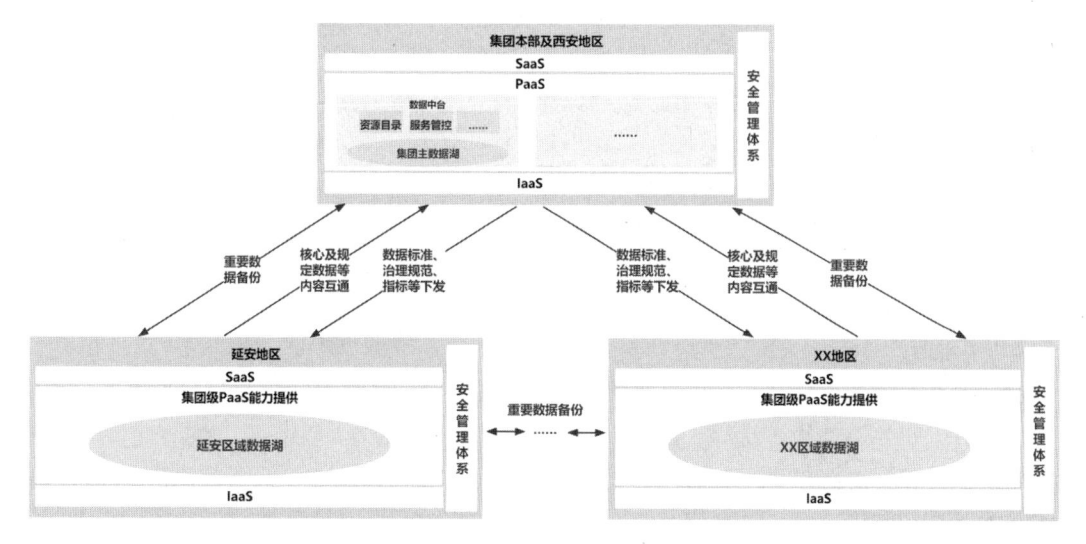

图 40-2-2　延长石油大数据平台整体架构

为实现数据流程规范化管理、数据服务体系化管理、数据开发标准化管理，以及结合延长石油信息化管理相关既有及规划构建的体制机制，延长石油制定了数据标准体系，具体包括以下内容。

（1）技术标准规范：《数据湖入湖标准》《大数据平台数据采集标准》《大数据平台数据处理标准》《数据分层分域标准》《大数据平台数据模型标准》《数据服务标准》《数据开发利用标准》《数据指标体系标准》和《元数据信息标准》。

（2）管理标准：《延长石油数据治理及运营体系》《延长石油数据开发利用管理体系》《延长石油数据运维管理体系》《延长石油数据服务需求管理规范》和《延长石油数据安全管理体系》。

4．工作目标

延长石油的数字化发展战略和目标是健全以制度、组织、流程和文化为内容的数据治理体制，构建以数据资产为核心的数据治理体系，完善以安全管理和安全技术为抓手的信息安全体系，保障企业数字化治理稳步开展和有序运行。

（1）健全数字化治理体制建设，保障数字化治理工作。根据延长石油的"十四五"信息化发展规划、数字化转型发展等相关政策，延长石油从制度、组织、流程和文化等方面，建立健全的数字化治理体制，明确各方职责，强化数据资源共享与沟通协作，打造延长石油数字化建设、治理、运营的有机联动机体，确保数字化治理工作"有制度、有组织、有流程和有文化"地开展。

（2）构建数据治理体系，发掘数据价值。延长石油通过建立数据治理运营体系，结合其所构建的数据治理标准，优化集团内统一搭建的数据资产目录、数据标准规则库、数据质量评估体系、数据共享安全体系等内容，实现数据质量可信化、服务敏捷化、应用自助化、治理精益化；并辅助开展数据的价值挖掘，实现数据治理工作的全流程、全生命周期覆盖。

（3）完善信息安全体系，保障企业安全。延长石油以国家法律法规、相关行业标准为依据，建立企业内部网络与信息化安全管理办法，解决信息安全岗位缺失、安全责任落实不到位等问题。其从安全技术和安全管理两个维度，全面提升延长石油网络与信息安全防护能力，保障集团信息化建设有序、深入推进，以及下属企业生产运营安全、稳定运行。

5. 实施方法

通过多年的项目实践，延长石油形成了一套全面、行之有效的数据治理体系框架，如图40-2-3 所示。延长石油的数据治理体系框架以数据治理总体规划为引领，以数据管控内容为支柱，以数据管理办法、标准、流程和系统为基础，立体化地指导企业开展数据治理工作。其具体实施方法介绍如下。

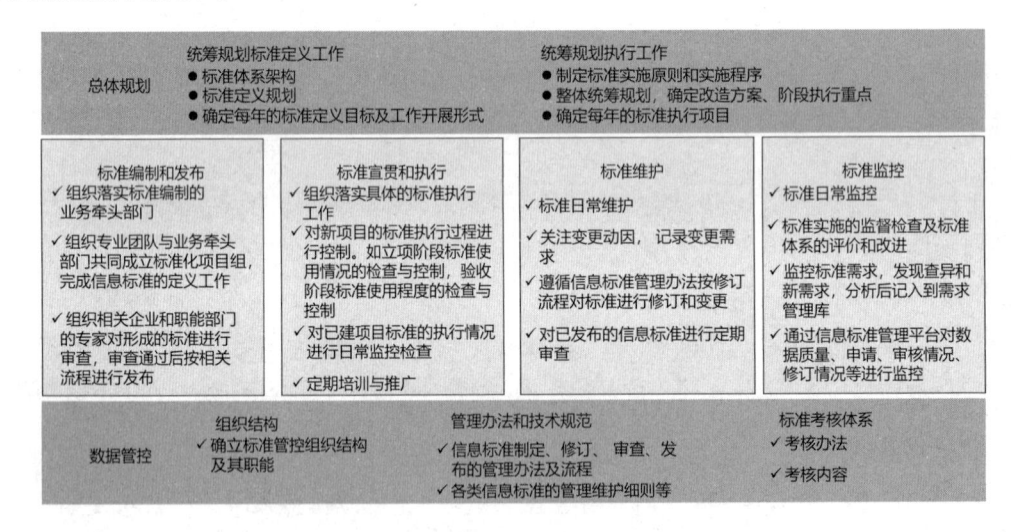

图 40-2-3　延长石油数据治理体系框架

（1）统一数据治理体系。

延长石油通过统一数据标准，形成了数据资源开放目录，构建了一整套数据管理机制，具体包括以下 4 个方面的内容。

一是建全数据治理体系。延长石油借鉴 IT 治理国际标准 ISO 38500 和 DAMA 数据管理理论,并结合其信息化建设成果与经验,制定了延长石油数据资源管理制度;在业务层面明确相关业务数据拥有者和技术支持者,厘清了各部门的数据管理、维护及共享与交换的职责、权利和义务;对数据的生产者、使用者、拥有者和管理者关于使用数据的流程和权责进行界定;结合数据的采集、存储、处理、共享、销毁的全生命周期管理需求,搭建数据工具,全方面健全数据治理体系。

二是开展数据资源盘点工作。延长石油成立工作小组并选取典型的应用场景进行调研,形成数据盘点方法论和相关执行流程及模板;在此基础上,以应用为导向进行数据盘点,明确数据的责任主体、重要性、使用频率、存储地点等属性并进行编码;同时梳理数据中存在的质量问题,形成盘点报告及下一步数据治理建议,作为数据资产目录的输入。

三是整合数据,形成数据资源开放目录。延长石油根据应用场景和数据盘点结果,开发基础数据采集工具,从不同类型的源系统中进行数据探查,并自动获取基础数据;建立数据资源分类标准和分类机制,对采集后的数据资源进行分级、分类;对数据资源属性进行完善,形成数据管理模型、业务模型、技术模型及权限和安全模型;通过数据接入和传输监管实现数据的血缘分析和影响分析;提供对外的数据服务、数据订阅服务及数据评价服务。

四是提升数据安全保障能力。针对网络信息安全新形势,延长石油遵照《中华人民共和国网络安全法》及《延长石油信息安全等级保护》中关于数据安全的有关要求,整合延长石油的信息安全资源,加强大数据安全技术和产品的应用;强化大数据基础设施安全管理、大数据应用安全管理和身份鉴别及访问控制;构建符合延长石油业务特色的大数据安全保障体系,实现数据共享安全。

(2)优化提升统一的大数据服务平台。

延长石油基于前期数据仓库建设成果,初步构建了统一的大数据服务平台,通过整合内/外部数据,提供多元化的数据服务,助力数据资产的开放和运营,具体包括以下两个方面。

一是强化技术产品的功能开发。延长石油以应用为导向,在合理引进国内外先进技术的基础上,对技术服务模式进行创新,形成了技术先进、生态完备的技术产品体系。通过分析自身业务和数据的特点,并结合大数据技术和行业发展趋势,延长石油对自身的大数据应用现状进行全方位、多维度的评估和查缺补漏,加快大数据关键技术产品的研发。

二是整合行业内/外部数据。考虑到能源、化工行业数据的特殊性,并结合应用系统的实际情况及发展趋势,延长石油充分利用内/外部数据,通过大数据服务平台获取来自不同渠道的数据,同时配合分层存储,为企业提供全面的数据共享。

(3)进一步完善数字化治理制度体系。

延长石油以实现数字化转型有关工作的统筹协调、协同创新管理和动态优化为目的，推进数字化转型管理工作与质量管理、信息安全、职业健康管理等体系的融合应用，加快建立延长石油数字化转型闭环管理机制，完善以"数据资产管理"为核心的数字化治理制度体系，统筹推进技术应用、流程优化、组织变革、数据价值挖掘和安全保障建设，保证延长石油数字化转型的整体性、协调性和可持续性。如图40-2-4所示为延长石油数据资产管理制度体系。

延长石油持续完善"集团—板块—子公司"的数字化治理制度体系，在现有信息化制度体系的基础上，进一步优化《信息化管理办法》《信息化项目建设管理办法》《信息系统运维管理办法》《信息安全管理办法》《应用系统开发技术规范》及《数据规范》等制度文件，同时，按照分层设计原则，重点加快构建数据资产管理制度体系，按照不同的颗粒度，实现对数据的"资源化—资产化—考核评估"一体化管理，以保障业务数据化效率，推动数据业务化。

图 40-2-4　延长石油数据资产管理制度体系

40.3　组织保障

延长石油成立了集团公司网络安全与信息化领导小组，在领导小组的统一领导下，按照"五统两分"的原则，建立集团、企业两个层面的信息标准化管理体系，如图40-3-1所示，具体介绍如下。

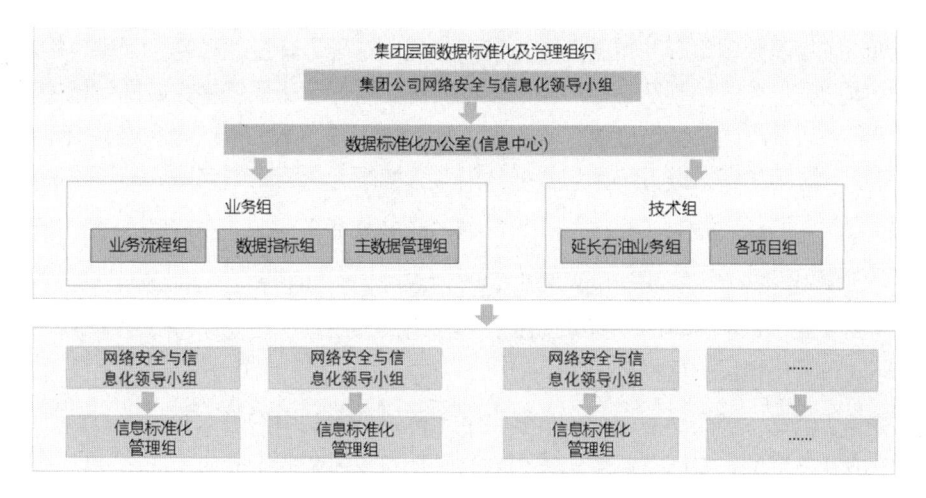

图 40-3-1　延长石油信息标准化管理体系

集团公司网络安全与信息化领导小组对信息标准化工作进行统一领导，确定指导思想、目标和任务，协调解决信息标准化相关的重大问题。

数据标准化办公室设在信息中心下面。信息中心是信息标准化的归口管理部门，负责信息标准化的统一规划、综合管理。

业务组由相关职能部门组成。各相关职能部门作为某类业务流程模板、数据指标和信息代码的制定牵头部门，负责该类信息化标准的需求收集及确认、业务审核、培训宣传及应用情况的监督与检查等管理工作。

技术组主要由项目组组成，负责日常运维和技术支持，与各专家一起提出信息化标准制定的技术方案，负责相关信息化标准在项目中的实施及补充完善。

信息标准化管理组负责对集团统一发布的信息标准在本企业的贯彻落实及应用进行检查，负责本企业信息标准的培训等工作。

40.4　主要成果

1. 延长石油在数据治理领域取得的成果

延长石油在数据治理领域取得的取得了以下成果。

（1）建立了数据治理体系和标准，确保企业各信息系统所使用的主数据唯一、完整和统一；梳理与建立了企业的各项统计数据指标，为企业的决策分析提供及时、准确数据基础；构建了覆盖整个企业范围的信息化标准，建立信息化标准管理组织和规范制度，保障企业信息化建设的方向和质量。

（2）编制了集团公司急需的数据标准，实现了通用基础、单位、财务、人事、物料、数据指标等十大类数据标准的编制及在各单位的贯彻实施；确保了各系统中主数据代码的一致性，有助于保障各信息系统之间信息传输的一致性；为 ERP、物资采购等核心系统提供了统一的数据标准，有利于对相关数据进行统计和分析，为企业的经营决策提供支撑。

（3）确保了企业核心系统（ERP、MES、电子商务等多个系统）的互联，满足集团的信息共享的需求，避免形成"信息孤岛"。

（4）提高了工作效率，减少了数据变换、转移所需的成本和时间，降低了数据的冗余度，提高了信息的有序化程度和存储效率。

（5）提升了信息系统的灵活性，实现了企业范围内数据的平滑性与一致性，极大地提高了信息系统集成的灵活性，降低了新系统的引入时间及减少报表的生成成本。

（6）形成了数据治理方法论，得到延长石油集团内部领导的一致认同，并取得了不错效果，如图 40-4-1 所示。

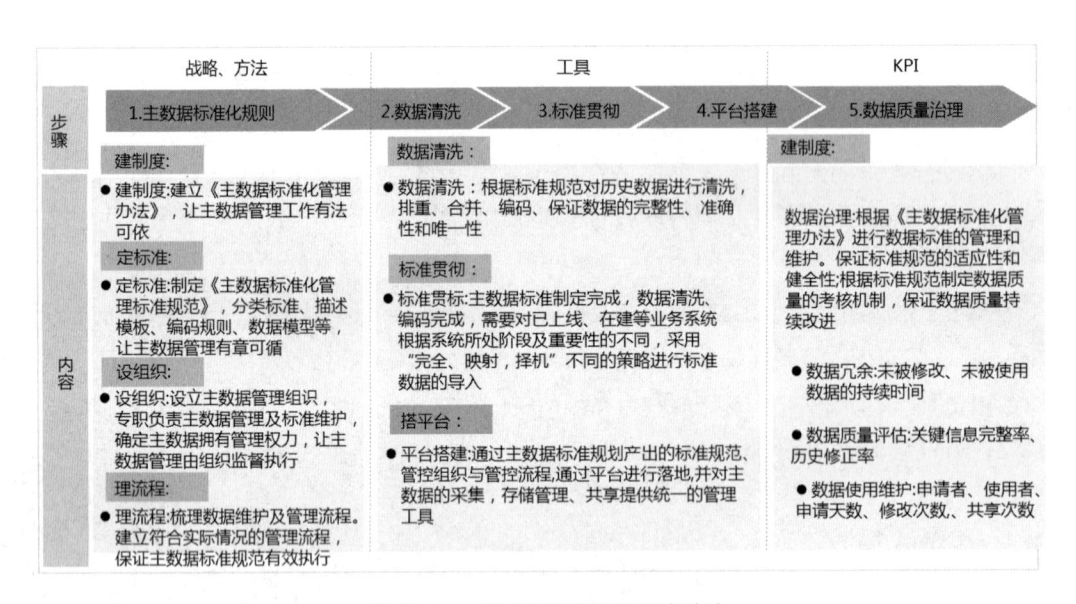

图 40-4-1　延长石油数据治理方法论

2. 延长石油在数据标准化领域取得的成果

延长石油在数据标准化领域取得了以下成果。

（1）初步构建了集团数据标准化体系框架；建立了延长石油集团信息化标准体系，对集团公用的数据信息实现了统一标准、统一源头、统一管理，解决了数据标准不统一、数据不一致、分类口径差异较大等问题。

（2）规范了 ERP 业务模板，建立了勘探开发数据模型标准、生产营运层面的 MES（制造执行系统）工厂模型、炼化生产计划优化模板等。

（3）建立信息代码体系表，统一编制了物料、内/外部单位、财务等共 10 大类约 100 万余条的信息代码。

（4）对集团公司数据指标进行了整体规划，定义了 4000 余项数据指标，保证了数据指标的业务含义定义的一致性、应用规则的一致性。

（5）建立了一套完整的技术标准，制定了开发框架功能规范、开发框架技术规范和开发过程规范。

（6）建立了一套数据标准化制度和规范；制定了《主数据管理办法》《数据指标管理办法》等，保证数据标准的统一管控和统一应用；形成了集团公司数据管理及运行维护体系，确保集团数据标准化管理系统的平稳运行；培养了集团公司的运行维护管理队伍，切实将信息化标准执行贯彻落实到位。

（7）建立了统一的技术平台，搭建了一套统一的信息标准化管理平台，为多个应用系统提供数据共享服务，实现主数据从发布到应用、维护的全过程管控；将各类数据标准及数据明细进行统一管理，为集团公司及下属企业的信息系统提供公共、开放、统一的数据共享服务，为集团公司及下属企业重点系统的集成、业务协同贯通扫清了障碍。

40.5　物资集团数据治理实践

1. 背景介绍

陕西延长石油物资集团有限责任公司（以下简称"延长物资集团"）成立于 2016 年，是陕西延长石油集团公司的全资子公司。延长物资集团的业务涉及各类设备、机电产品、汽车、金属材料、非金属材料、五金交电、仪器仪表、橡胶制品、煤炭、化工产品、化工专用产品、危险化学品等的经营，闲置和废旧物资及设备处理，进出口贸易，国际商务和技术服务代理；仓储，公路货物运输，装卸搬运，国内、国际货代，保税仓储等。延长物资集团坚持专业化方向，创新经营业态，强化支撑，培育核心能力，将自己全力打造成"物资+贸易+金融+装备+产业链"的现代化、专业化的大型物贸集团。

2. 建设目标

延长物资集团以"强意识、建平台、补短板、促管理"为工作思路，全力推进集团公司 ERP（物资）项目、主数据管理项目建设，实现对公司数据标准的集中、统一、规范管理。

通过制定统一的数据标准，延长物资集团建立了统一的数据标准代码库和规范的运维体系，实现对数据的全生命周期管理并提供了标准数据共享服务，夯实了精细化管理的基础。

3. 建设主要内容

延长物资集团通过构建全新的物资管理信息系统，实现了业务过程的信息化、流程和数据管理的标准化和业务运行的规范化，目前，延长石油的物资采供数字化水平达到了业内领先水平。延长物资集团的 ERP 项目和主数据管理项目建设具体内容包括以下 6 个方面。

（1）通过统一管理与共享数据、库存物资共享、积压物资调剂、应急物资共享、废旧物资处置、物资采供预警等众多管理手段，盘活了资金，降低了物资周转成本，实现"降库存、去积压、缩周期"效果。

（2）ERP 系统中的实时数据精准地记录了各级单位、部门多维度的物料消耗情况，为各单位成本控制和预算制定提供了准确的数据依据，在精细化管理方面发挥了不可替代的作用，实现了多维度精准成本核算。

（3）完善了系统的框架标准协议，以及对一级目录、集采目录、内供目录等采购目录的管理，实现了系统对目录—流程—组织的精确匹配与高效流转，为全面支撑物资的集中化、目录化采购打下了坚实基础，实现了多级目录管理自动匹配流转。

（4）实现了全流程管理供应商数据，通过延长易采系统，使供应商可以全程参与商品的上下架、订单管理、询/比价等业务环节，实时追踪各项业务进展；通过阶段性考核评价、订单评价、升/降级管理等功能，构建了多维度、全方位、动态化、可视化的供应商考核评价体系，促进了物资供应水平提升，构建了多维度的供应商画像。

（5）借助大数据分析和可视化展示平台，充分挖掘了数据资产的价值；以管理驾驶舱、主题图表、KPI 一键式指标考核为依托，以数字化赋能业务，为管理决策与战略制定提供了重要的抓手，通过一键式、多维度、多样式的报表体系为管理决策提供了依据。

（6）统一物料编码标准，发挥集采优势，为联合采购物资编码提供技术支持与服务，具体包括以下 4 个方面内容。

- 一是全年审定油田公司、炼化公司、榆能化工公司等单位的消防器材、换热器管束、压力表等联合采购物料编码 30957 条；协助公司物资经营部完成润滑油、潜油电泵、防冻液类物料编码 844 条，完成办公室推送的办公用品物料编码 1370 条。
- 二是杜绝了一物多码、重码、错误数据的发布和使用。全年审核二、三级单位物料编码 73013 条，其中符合编码分类标准和描述标准的编码 61750 条，退回处理分类错误、描述错误、不准确编码 11263 条，编码通过率 84.57%。
- 三是制定了 2022 年物料编码标准化管理工作计划，共梳理物料描述模板 138 个，涉及钢材、润滑油、仪器仪表、消防、工具等 8 个大类，其中已完善、修改 103 个，待修改 35 个。
- 四是全年处理特征量取值申请 6764 项。物料数据标准化实现了延长石油物料数据"数出一源"。

40.6 总结与展望

1．夯实基础建设

未来，延长石油将加快推进新型基础设施建设，发展新一代信息网络，拓展"5G+"在智能油气田、智能工厂、智慧矿山等方面的融合应用，具体包括以下内容。

（1）聚焦云原生、微服务技术，实现延长石油从传统技术架构向新型技术架构的大迁徙。

（2）围绕数据汇聚赋能，推进集团大数据的深度整合及分析挖掘，实现精准营销、精细化运营、智能化决策。

（3）完善集团级和产业板块级网络互联，充分实现"人、机、料、法、环"泛在感知和万物互联，推动基层单位"设备联网、系统上云、数据上线"，加强"云网边端"一体化。

（4）打通各业务的数据壁垒和应用壁垒，支撑延长石油实现先进制造、生产与运营管理优化、供应链协同和智能化管理。

（5）全面推进各单位实现智能制造，推进工业互联网、智能工厂、数字油田、智慧矿山建设，落实数字化应用新模式，催生数字化应用新业态，引领行业发展。

2．健全规章制度

延长石油制定了数据资源保护和开放的制度性文件及信息资源管理办法，加强对大数据知识产权的保护，具体包括以下内容。

（1）制定延长石油数据流通共享规则，推进流通环节的风险评估，支持通过第三方机构进行数据合规应用的监督和审计，保障相关主体的合法权益。

（2）强化对关键信息基础设施的安全保护，推动建立关于数据流动的规章制度和管理机制，加强对重要敏感数据流动的管理。

（3）推动对员工个人数据、企业数据的保护，健全网络数据的防泄露、防篡改和数据备份等安全防护措施及相关管理机制，加大对数据滥用、侵犯个人隐私等行为的管理和惩戒力度。

3．完善保障措施

延长石油还将进一步统一思想，从组织保障、资金投入、队伍建设、项目管理和治理体系等方面采取有力的措施，确保项目高质量落地，具体包括以下内容。

（1）建立健全各级信息化组织机构，畅通上传下达渠道，完善信息化管理体制，实现信息化工作的归口管理。

（2）加强专业化队伍建设，为信息化建设提供人才保障；加大信息化人才培养引进力度，提高信息化技术人员比例。

（3）继续加大资金投入，为信息化建设提供资金保障；紧扣信息化项目规划，抓好信息化的需求把控、计划统筹、立项匹配等工作，做到"精准花、见实效"，将投资落到提升效益、创造价值上。

（4）注重信息化项目全生命周期管理，为信息化建设提供管控保障；建立量化考核标准和评价机制，保证高质量完成各阶段任务目标。

（5）坚持完善治理体系，为信息化建设提供运行保障。严格执行各类标准的贯彻与应用，在信息系统建设与管理过程中，形成上下一体、协调统一的运行机制。

第 41 章

建筑行业：中建三局园区数据治理实践

41.1 背景介绍

1. 单位简介

中建三局数字工程有限公司是"世界 500 强"企业中国建筑集团有限公司（以下简称"中建集团"）旗下中建三局直属的大型建筑安装与数字化服务企业，是中建三局推进产业数字化、数字产业化的重要专业平台。

公司依托中建三局在行业内的引领地位和在信息化方面的领先优势，抢抓机遇、改革创新，专注建筑产业数字化发展，聚焦企业数字化、建造智能化、城市智慧化 3 大领域，重点发展环境能源、智慧交通、机电总承包、智能技术、信息技术 5 类核心业务，打造智慧园区、智慧社区、智慧交通、智慧能源、智慧水务、智慧医疗、数字基建、城市运营 8 大产品线，形成数字产业投资、咨询、设计、建造、运营全产业链，建立从软件开发、硬件生产、系统集成到城市运营的产业发展模式，构建"3 大领域、5 类业务、8 大产品线+N 个应用产品"的产业结构。公司以"搭建未来人居数字空间"为发展使命，以"引领建筑行业数字未来"为发展目标，全力推动建筑业走向智能建造和高端制造，致力成为行业一流的数字化高科技企业。

2. 数字化转型需求

当前数字技术日新月异，并且正加速向建筑行业渗透。中建集团高度重视信息化建设工作，全面开启"中建 136 工程"。中建三局在这场信息技术变革中，主动参与"中建 136 工程"建设，聚焦建造过程和建筑产品两个方面，积极探索智能业务，致力为客户提供智能智慧数字行业软/硬件产品、数字建造领域综合解决方案。

3. 数据治理需求

中建三局的数据治理需求包括以下几项。

（1）强化数据标准执行，深入推动数据治理成果落地。

一是组织业务部门对本系统产生的数据进行检查，梳理业务数据的逻辑关系，明确数据产生的流程源头，规范数据定义、计算规则等，确保各业务系统之间的数据一致、来源唯一，满足企业数据标准要求。

二是对于新建信息系统，做好数据标准评审和数据模型应用，保证系统数据符合局数据标准要求，实现系统之间的数据互联互通。

三是在系统应用过程中持续优化数据标准和数据模型，使其更加贴近业务实际。

（2）全面推进数据治理平台的建设。

一是对全局数据仓库系统进行升级，提高系统的数据采集、计算、挖掘的能力，提供数据分析和数据共享服务等功能，满足总部和下属单位对数据仓库安全、稳定运行的要求。

二是开展全局数据资产管理模块建设，汇集市场营销、商务、供应链、智慧工地、财商一体化系统中的业务活动数据、报表数据，形成统一的数据资产管理模块，为各级业务人员提供统一的数据分析、查询和应用的数据服务入口。

（3）持续做好数据应用（消费）端建设。

持续开展企业经济活动分析、项目经济活动分析、企业运营指标分析等数据应用场景优化和开发，推进推动业务系统在线化优化和改造，替代现有填报式报表系统，实现工程产值分析报表 100% 自动采集、自动生成，减少基层重复填报、多头填报数据。

（4）推进企业知识管理工作。

构建企业知识管理体系，明确知识管理组织架构、岗位职责、评价与考核机制。组织中建三局总部的各部门梳理企业知识资产，建立全局系统化、规范化、标准化的知识分类体系；搭建企业知识管理平台，实现企业知识的自动采集、统一管理、安全分享、智能推荐、赋能业务等。

41.2 愿景目标

1. 运营者运营卓越

中建三局通过智慧园区平台建设，实现一体化运营，使园区内部运营管理联动感知、智能决策和协同响应，突出资源整合、数据共享、业务协同和管理智能，实现高效率建设和运营，逐步形成园区管理服务一体化、集约化、智能化，让园区管理效率更加高效、招商管理更加准确、综合服务更加快捷、管理决策更加科学、交流服务更加贴心。

2．管理者管理高效

智慧园区依托数字化工具，为物业赋能，其中构建的智能化设施基础底座，可以保障园区安全稳定、高效运行。园区运营管理人员通过智慧园区平台和大脑，可以全方位掌控园区的"人、事、物"等各要素的状态，实现快速响应与立体管控。同时，通过对园区管理过程中产生的各种数据进行多维的关联性数据分析，可以提升预测、预警、预防水平，增强管理的有效性，最终使园区的安全管控由过去的单点、被动、补漏性管理全面转变为多维、主动、预防性管理。

3．使用者体验至简

园区企业通过服务平台的各项应用，将服务方式从人工服务向智能化、自主化服务扩展，让园区资源更高效、更透明，运转效率更快捷，企业需求对接更直接，从而推动业务改革与服务创新——从以往的被动式转变成以企业需求为导向的主动式，帮助企业更为合理地配置服务资源，优化服务方式，提高服务质量，全方位地提高用户对企业服务的满意度。

园区企业员工借助智能化设施和数字化服务，让园区生活更便捷。便捷化的服务可以吸引人才，丰富的数字化服务场景，形成活力、高效的文化空间，将人带离紧张的办公氛围，让工作者恢复内心平静，重新焕发活力、创造力和激情。

4．所有者产业增值

智慧园区依托现有的产业定位和资源基础，建立创新载体，围绕入驻企业的核心需求，以空间物业服务为基础，构建了以政策服务、科技金融、人才服务、市场营销及文化环境服务等为主要内容的开放共享生态平台。运营人员可以直接对接企业客户，实现线上、线下服务相结合，推动高效、系统、全方位的产业服务体系的构建，助力区域营商环境和企业生态的高质量发展。智慧园区通过智慧化创新交互体验，营造创新氛围，助力园区可持续发展。围绕更有力的对外宣传、更充分的公众互动等需求，智慧园区被打造成招商引资的门户、信息公开的渠道、服务公众的阵地。

41.3 总体规划

中建三局站在园区全局和战略高度对智慧园区进行顶层设计和统一布局。其按照一个体系架构、一个通用平台、一套园区数据和一套统一标准的理念，统筹规划了包括网络、共性支撑平台及基础信息资源库等在内的统一信息化支撑体系。

1. 业务规划

在园区规划方案设计阶段，中建三局集成园区三维场景、建筑物 BIM 模型、地下空间模型，以及二维矢量和影像等时空信息，通过三维场景分析、地上地下一体化分析，避免规划要素冲突，生成园区规划数据指标，满足智慧园区对规划分析的需求。

在园区规划方案审查阶段，中建三局通过协同编制规划、实时共享数据等汇聚各类规划指标，对项目实现过程进行跟踪、动态评估与实施监督，保证多部门的信息沟通互动与审批协调一致，有效地解决了城市空间规划冲突的难题。他们通过推演园区发展，让空间资源利用更集约、方案更科学、决策更高效。

在园区招商阶段，为解决"规划难"和"招商难"这两个目前行业内普遍面临的问题，中建军三局将园区的规划招商工作由"二维"向"三维"转变，即在实景三维场景下进行建筑、道路、绿化、水电等城市基础设施全方位三维实景展现，展示园区的功能分区及不同建筑的相关招商信息。通过可视化展示产业规模、产业构成、产业配套、企业信息、招商引资等，为园区的规划招商工作提供准确、视角全新的数字化管理基础服务。

2. 数据规划

智慧园区"多规合一"平台的建设目标为以全域现状数据为基础，运用 BIM+GIS 技术，集成各类空间性规划和相关规划，做到"发展目标、用地指标、空间坐标"相一致，形成全域覆盖、要素叠加的一本规划、一张蓝图；逐步实现部门协同、信息共享、项目审批、评估考核、实施监督及服务群众等功能，促进相关部门的信息共享与交互，实现项目的协同审批，提高行政服务效能，促进智慧园区建设，提高园区的数据治理水平。

（1）建立统一的数据库，实现数据共享。

由于智慧园区中的数据涉及不同维度、不同专业、不同阶段，这对于数据管理和数据共享提出了更高的要求，因此，需要制定统一的数据标准，并依据标准建立统一的专业数据库，汇集相关数据，实现基于统一平台的数据共享。

（2）集成"三维空间一张蓝图"，实现空间共管。

智慧园区基于数据共享平台，在现有数据的基础上，叠加规划数据、设计数据和管理数据，形成"三维空间一张蓝图"，并基于蓝图实现空间共管，优化空间格局和功能布局，加强资源要素的精准配置，提升空间治理能力。

（3）协同项目审批，实现业务共商。

智慧园区通过信息共享、项目生成、空间协调及协同审批，实现业务共商，最大限度地"利企便民"，提高园区的管理和服务水平。

（4）定期更新数据，实现动态监督。

智慧园区基于规划核心指标，建立评估考核模型，从多个情景维度对各方案进行量化测度与计算，生成方案对比雷达矩阵图、体征报告等结果，为决策者提供基础的框架。

41.4 项目成果

1. CIM 数字底座

城市信息模型（CIM）以建筑信息模型（BIM）、地理信息系统（GIS）、物联网（IoT）等技术为基础，可以整合城市地上、地下，室内、室外，历史、现在、未来等多维度、多尺度空间数据和物联感知数据。

（1）智慧园区 CIM 建设内容。

智慧园区 CIM 平台建设是基于 GIS 软件、BIM 软件和 IoT 信息源，实现对各类空间数据进行对接、转换与建模的；除通用能力外，还需要面向不同的需求，开发定制更有针对性的功能。园区中包括建筑物、道路、广场、绿地、地下管线、机电设施等不同单元，通过智慧园区 CIM 平台，可以融合园区中的繁多且复杂的信息：使用 BIM 技术建立不同单元的单体信息模型，再借助 GIS 技术将这些单体信息模型加载到园区 GIS 底图中，同时加载 IoT 信息，最终实现通过智慧园区 CIM 平台串联园区"规、管"一体化应用、统筹园区各业务场景智慧化应用。

（2）智慧园区 CIM 平台体系架构。

智慧园区 CIM 平台体系架构包括 3 个层次：设施层、数据层、服务层，具体介绍如下。

设施层：通过在园区范围内布设大量的传感器、智能设施，对园区运行状态进行监测，实时感知园区的运行态势，为园区智能化控制、智能化服务提供硬件基础支撑。

数据层：包括时空基础、资源调查、规划管控、工程建设项目、物联感知和公共专题等类别的 CIM 数据资源体系。

服务层：提供数据汇聚与管理、数据查询与可视化、平台分析、平台运行与服务、平台开发接口等功能与服务。

（3）智慧园区 CIM 技术应用。

智慧园区通过建立 CIM 平台，实现了地上场景、地下场景的真实三维模型表达；建筑、水、强电、智能化等系统的部件三维模型表达及对象标识；数字模型与建筑运行数据的对接；建筑健康环境、能源、人的活动的运行态势的基本仿真和预测推演，如图 41-4-1 所示。

图 41-4-1　智慧园区 CIM 平台

在智慧园区建设中，多种应用以 CIM 平台为底座，整合与搭建了上层业务系统。业务系统对空间信息的展示、浏览、分析、应用的需求由 CIM 平台统一提供。CIM 平台将园区的人、财、物，以及跨部门、跨层级、跨系统的业务组成一个有机整体，促进园区业务全融合。智慧园区建设为园区管理者提供了全空间、全感知、全服务的智慧化管理服务，降低了运营成本，提高了运维效率。

在规划设计阶段，中建三局将总体规划、市政、交通、环保、产业等各项数据全部汇聚到智慧园区 CIM 平台上，实现空间信息共享和规划设计分析，例如日照分析、遮挡分析，并结合地形地势、周边环境、区域内建筑等进行综合分析与可视化展现，实现仿真分析，辅助决策。

在建造阶段，中建三局将项目安全、人员、进度、质量、成本等各项数据全部汇聚到 CIM 平台上，实现对工程项目的全方位掌控。例如，针对进度管控，可将计划进度、实际进度均对接到 CIM 平台的模型构件上，通过构件的颜色变化来区分提前、正常和超期等不同状态，让员工直观地了解项目进展；还可结合人员、事件等综合信息，分析项目进度滞后的原因。

在运营阶段，中建三局将园区招商、产业、人员、安防、能耗等各项数据全部汇聚到 CIM 平台上，实现园区状态可视、业务可管、事件可控，助力园区提供精准服务与高效运营。园区作为城市的重要组成单元，需要为城市管理者提供数据接口，这其中包括基于位置服务信息（其更是城市应急、资源调配、网格化管理的重要数据）。多维度 GIS 坐标系算法准确地提供了运维人员和物品的全视角实时 GIS 坐标位置和行程轨迹信息，为园区的应急指挥、疏散、路径查询和引导提供了数据基础。

2. 智慧园区平台架构

中建三局数字工程有限公司自主研发的智瓴智慧园区平台（见图 41-4-2），采用了"1+3+7"系统框架体系。

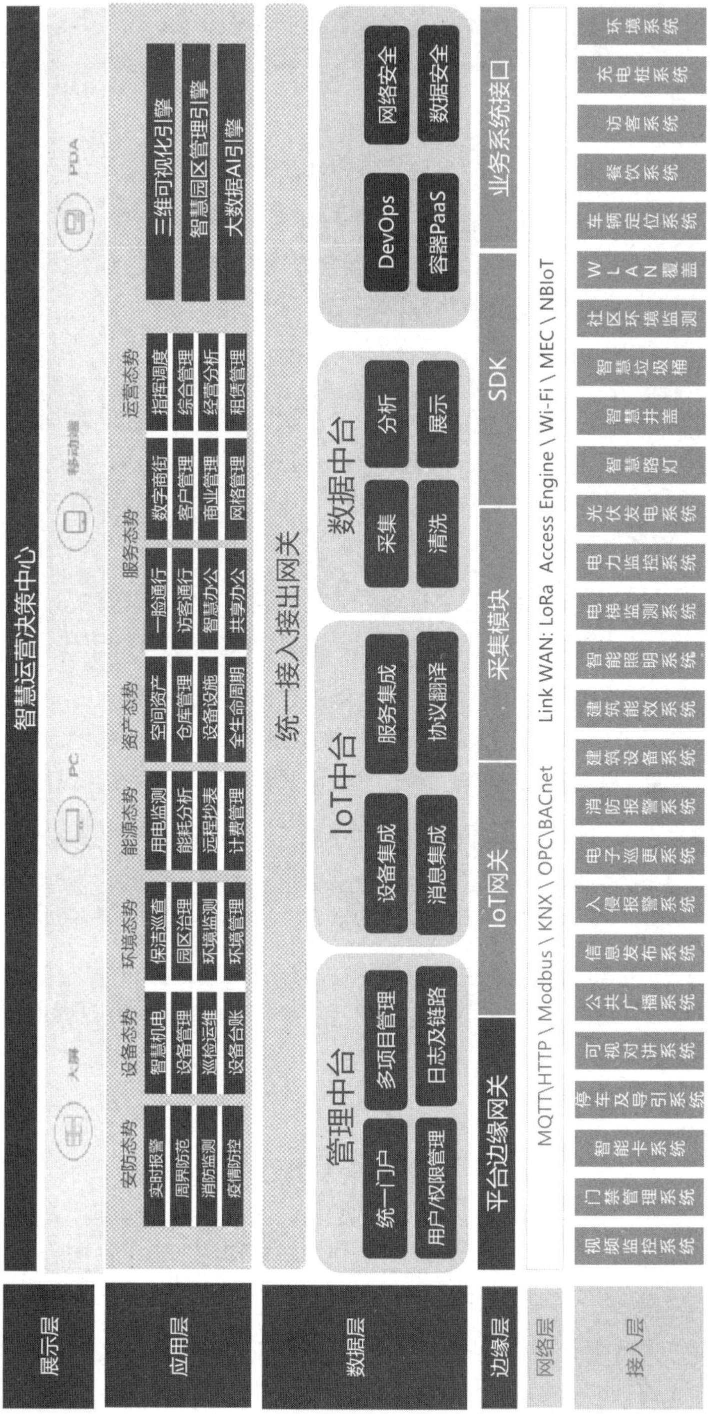

第 41 章 建筑行业：中建三局园区数据治理实践 449

图 41-4-2 中建三局·智筑智慧园区平台

在展示层，构建 1 个中心，即智慧运营决策中心（智慧园区大脑）。

在应用层，构建 3 大引擎和 7 大态势，把最新的数字化科技与园区应用场景融合，并且具备不断横向生长的能力。

在数据层，构建智慧园区数字化平台底座，搭建企业级能力复用平台，聚合智慧园区开发能力，加速各类园区项目部署速度，以统一的 API 网关向场景应用提供强有力的支撑。

在边缘层，通过自主研发的网关配合物联网平台的集成能力，连接网络层和接入层子系统，进行纵向生长，打通空中云平台和地面物联网。

3．大数据平台

中建三局的智瓴大数据平台围绕对数据资源"汇聚、存储、管理、治理、开发、共享、可视化"的发展主线，以消除数据孤岛、规范数据标准、提高数据质量、推动数据流通、挖掘数据价值为目标，助力企业数字化创新，推动产业数字化升级。智瓴大数据平台的各个功能模块介绍如下。

目录管理系统：旨在为各业务方提供标准的数据梳理方案，形成有效的数据架构，功能包括资源类型管理、资源分类管理、目录编制、目录审核/报送及目录上/下线。

数据集成平台：旨在一站式解决异构数据存储互通问题，消除数据孤岛。其为各系统和业务方提供了数据集成的高效通道，可以将业务需要的结构化和非结构化的数据进行统一的汇聚和集成，以及落地到目的数据存储组件，并支持数据的预处理，集成过程监控等功能。

数据资产管理平台：基于数据目录盘点数据资源，以统一数据标准为基础，规范元数据和主数据管理。其通过提供数据资产盘点、数据标准管理、元数据管理、数据资源管理、主数据管理等核心功能，实现"盘点数据资源，规范数据资产，发挥数据价值"的数据管理目标。

数据治理平台：旨在规范数据的生成及使用，发现并持续改善数据质量。数据治理平台可以使零散的数据变为统一规范的数据，提供了数据质量管理、数据规整、数据建模、脚本管理、调度管理等功能。

4．智慧园区大脑

智慧园区大脑是智慧园区建设的"中枢"，其综合集成三维可视化、建筑信息模型、人工智能、大数据等技术手段，通过整合园区内的空间数据、物联网感知数据、业务数据等，以多源数据融合为驱动，实现园区要素实体数字化、运行态势可视化、运维管理集中化和决策管理科学化。智慧园区大脑具体包括以下功能。

总体态势呈现：通过收集园区内的数据，实现对园区运行状态的实时感知，再通过基于数字孪生的三维可视化渲染技术与各种方式进行综合的展示。总体态势呈现为园区管理者和业务运营人员提供全局视角，为重大和突发事件处置提供全面的业务和数据支撑。

运行监测：基于三维的建筑物空间模型和园区内各类传感器，完整展现园区室内与室外、地面与地下的运行形势，从而实现对人员实时位置与运动轨迹的长效监控，以及事件与地点等相关信息的全面挂接。

应急指挥调度：针对各种安全风险，制定相应的应急处置方式，保证园区在发生各种故障或灾难的情况下能够进行基本的运营生产活动，并在故障和灾难过后能够快速恢复生产、运营活动；形成整体解决方案，打造应急处理平台，为平时的应急演习、管控措施、复产评估与辅助决策起到良好的支撑作用。

安全态势感知与分析：以智慧园区整体安全资源的集约化为基础支撑平台，并利用"实时、全样、精准"的安全大数据，建立全程在线、全域覆盖、实时反馈的"指挥地图"，使得智慧园区的网络安全变得可知、可感、可控。

决策支持：基于各种业务数据进行可视化统计分析，通过仿真模拟、空间辅助决策、数据分析决策、节能诊断分析、环境健康诊断分析、AI 图像分析预警等系统，向决策者展示多维度、实时、准确的数据和分析结果，为决策提供依据。

5．数据治理场景

中建三局智慧园区的数据治理场景包括以下 7 个。

（1）安防治理。

安防治理基于监控+人工智能算法，对园区四大要素（人、车、物、房）进行管理，实现一体化调度，构建四重安防保障。

第一重：在园区出入口和楼栋外围增加人脸识别摄像机，对人员进行监测，包括体温检测、陌生人轨迹跟踪等，保障园区人员安全；

第二重：对园区停车位、道路和车辆进行关联对比和分析，包括发现车辆违停、交通要道堵塞，全方位保障园区交通安全；

第三重：对园区的高空抛物、大型物品出入、门禁被损害等行为进行监测；

第四重：对园区房屋进行监测，包括烟雾监测、燃气监测、消防设施监测、建筑主体结构、振动、噪声等的监测。

（2）设备治理。

设备治理基于 IoT + FM（物联网+设施设备全生命周期管理体系），实现设备状态可采集、运行趋势可预测、运维作业可优化、管理风险可把控，从而打造无人值守的智慧园区。

设备治理实现对园区各类设备的动态化监测、预警与管理；展示设备的信息和位置，对设备进行实时在线监测、预警，对重点区域进行实时监控，为设备正常运行保驾护航；在三维模型中显示电梯状态，利用电梯传感器监测电梯运行状态：上下行状态及楼层信息、平层信息、故障信息、困人信息等。

（3）能源治理。

能源治理实现对建筑能耗的监测、统计、分析与对比。对于异常能耗情况，平台推送相关预警、报警信息。通过对能耗的分析和策略控制，有效降低了园区能耗和运营成本，提高了异常状况的快速处理能力。

结合大数据、IoT 技术，能效管理系统可以主动感知办公室或会议室内的人员分布及变化，对末端空调及照明实时动态控制，构建"人来灯亮，人走灯灭"的智慧模式，从而建立以需求驱动的精准供能模式，提供舒适的空间体验、精准的用电预测、高效的能效管理，实现低碳、节能、环保的可持续发展空间。

（4）环境治理。

环境治理基于 IoT + AI 技术，实时监测园区环境参数，基于视频+AI 技术，自动识别园区环境治理问题，实现环境问题零时延处理机制。

环境状况是园区最直观的名片，借助于部署的摄像机，配合 AI 技术，可以将环境实时监测、环境资产管理、绿植计划养护、环境 AI 巡查串联起来，实现品质监管全过程自动化，从而以极少的人力极大地提升园区形象和用户体验。

（5）服务治理。

服务治理为园区企业提供完整的入驻服务，是企业舒心的"后勤管家"；为企业员工提供便捷化服务，提升员工的办公幸福指数；为入驻商户提供信息发布、多渠道支付结算，积累商业业态经营数据。

（6）资产治理。

资产治理借助 IoT 技术对园区企业自有的资产进行标签式管理，具体表现在以下几个方面。

- 通过在资产上加装 RFID 电子标签，在主要出入口安装 RFID 识别设备并联动摄像头，以及结合后端资产管理平台，实现资产信息全面可视、及时更新。
- 让管理者可以实时监控资产的使用和流动情况，实现资产位置实时查询、移动跟踪记录、未授权出入报警、管理统计报表等功能，解决资产数据可视化问题，降低管理人员维护信息的成本。
- 通过建立资产电子台账、资产盘点及资产出入记录等功能，实现对资产的自动化管理。

（7）运营治理。

运营治理可以对园区运营人员的可视、可控、可管，对园区运营商分享经营数据，从而实现园区运营管理和企业综合服务全流程和全场景覆盖；通过综合管理、项目基础数据管理、物业服务管理、物业员工管理和物业综合管理，实现对园区的人、事、物的智能管控；通过对园区建筑空间、业主方、设施设备、物业员工、员工工单的统一管理与调度，为管理层及基层员工赋能，提高物业的管理效率，降低物业运营成本。

6. 数字运营

中建三局智慧园区的数字运营包括以下 5 个方面。

（1）园区经济运营。

园区经济运营涉及以下几个方面

①园区管理者。

中建三局通过智慧化建设，提升园区管理者的服务水平和工作效率，助力招商引资。其通过园区产业经济一张图的全景展示，面向企业、人才、公众进行园区品牌推广，让园区管理者可以从多维度、多层级角度对园区产业经济发展进行观察、追踪并决策；园区产业经济发展出现的问题或者一些发展的关键节点会与园区管理者视角相关联，提示园区管理者关注。

②招商人员。

中建三局为园区招商人员的招商引资提供了充分的论证和精确的数据。其建立了招商引资项目（包括项目管理办法和制度录入及查看，园区资源分布填写，产业发展现状统计，已储备项目投资金额、数量、项目可行性分析报告整理；项目储备汇总统计上报，年度计划任务完成进度查看，工作经费申报等功能），为招商人员提供客户关系管理模块，引导招商人员科学、系统地管理客户资源，同时也为培育客群提供专业化的工具与手段。

③企业服务。

中建三局以企业的角度，展示园区现有企业，特别是重点企业的运营情况，并对已入驻企业进行统计分类，以及结合园区目前的公共服务能力与公共服务资源，创造商务生态系统。展示园区内明星企业，同时介绍各企业中的优秀人才，既能方便园区人才交流沟通，也能体现园区对优秀企业和高端人才的吸引力。

④消费用户。

根据园区业态特性，中建三局给园区的用户提供了完善的配套服务，包含电子食堂、电子商超、线上订餐等一系列生活服务，打造了完善的园区生活服务生态，为园区用户提供了更便利、快捷、舒适的日常配套设施。从长远来讲，通过提供线上满意度调查和用户意见留言板，可以打通用户意见反馈渠道，密切关注园区用户体验，从而收集用户的真实需求，作为改进园区运营质量的依据。

全场景智慧园区让智慧呈现在园区的每个角落，实现了对园区全域的精准分析、系统预测、协同指挥、科学治理和场景化服务，并达成以下价值创造指标，如图41-4-3所示。

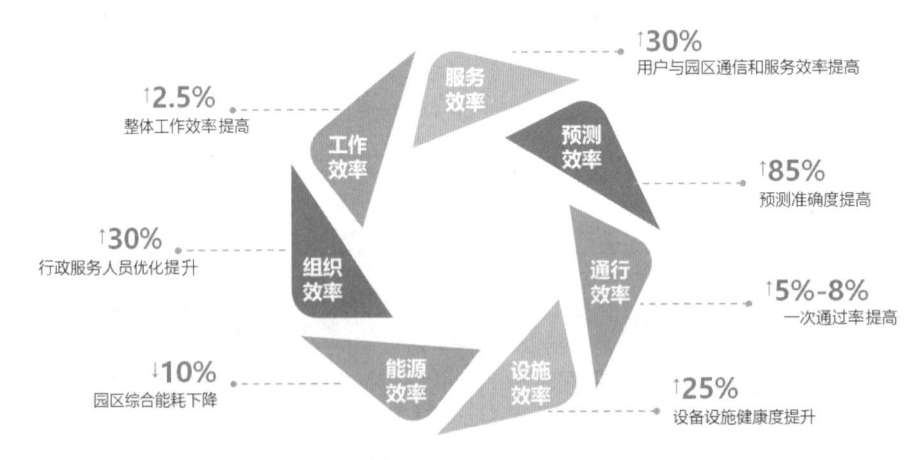

图41-4-3 智慧园区价值创造

（2）树立园区运营标准。

中建三局以市场化标准反向设立智慧园区整体发展目标，并且明确分解运营目标，针对不同层级的目标设立相应的工作任务和工作方法，针对不同的工作职能，细化每一层级的工作要求和内容。这样有利于运营工作的开展和效果评价。构建园区运营指标体系，包括营收、收入构成、财务盈利能力等经济指标，以及园区产业产值、创新孵化能力、金融机构数量、人才聚集水平等园区经营指标，将有利于对园区的经营状况进行衡量，并能在运营中及时调整。

（3）建立绿色低碳园区。

园区环境好坏是对园区水平高低最直观的评判。产业园区作为企业发展重要的载体，应该为企业提供一个良好的办公环境，营造花园式绿色园区。中建三局注重土地的集约利用和物业管理，其在有限的范围内建设更完善、全面的配套设施，引入外部成熟管理团队对园区内建筑的水、电、网、安保、道路等设施进行专业化管理。

（4）打造产业生态。

中建三局以构建产业链为价值导向，整合各类生产要素，形成稳定的主导产业和具有上、中、下游结构特征的产业链。其一方面搭建信息化交流平台，汇聚企业，便于企业之间的商务交流、对接，以及让企业熟悉园区内产业的经营情况和市场方向，助力产业生态圈的形成；另一方面打造良好的产业支撑和配套条件，定期组织企业参加园区企业大会、行业交流会、产品展销等商务活动以进行知识与信息共享，加强园区与企业、企业与企业之间的交流，将资源利用率最大化，共同帮助园区和企业走得更远。

（5）创新孵化服务。

中建三局以应用场景为导向，分模块构建面向多用户的多元服务能力：通过引入服务机构合作伙伴资源，扩展对园区内企业的服务内容；为企业提供通信、IT等软硬件基础设施租用服务，降低企业在该领域的投入成本；有效整合线下资源，形成一站式行政事项/项目申请代办的线上模式，规范服务内容和质量，为企业提供精准的服务内容；通过平台聚合，引入资本服务商，拓展和规范企业的投融资渠道，降低企业的投/融资成本；同时帮助企业推广宣传，丰富企业的新媒体营销手段。

中建三局通过园区管理服务平台，建立健全企业数据采集、业务成果展示等手段，在为政府提供更多信息支持的同时，提高园区及入园企业的影响力。

41.5 未来展望

1. 智慧化运维

未来，中建三局将聚焦过程运维系统的研究和升级，持续推动"智瓴"平台的能力的升级，支撑不同类型建筑产品的智慧运维能力的提升，逐步推动项目的智慧化改造，尽快形成全局一体的智慧园区、智慧社区、智慧水务等智慧产品集群，实现建筑产品的智慧运营能力升级和品牌升级，为打造中建三局科技地产、提高水务环保竞争力、发展智慧城市充分赋能。

2. 强化数据标准

未来，中建三局将继续强化数据标准，具体表现在以下3个方面。

一是组织业务部门对本系统产生的数据进行检查，梳理业务数据的逻辑关系，明确数据产生的流程源头，规范数据定义、计算规则等，确保各业务系统之间的数据一致、数据来源唯一，满足企业的数据标准要求。

二是做好数据标准评审和数据模型应用，保证数据符合全局数据标准要求，实现系统之间的数据互联互通。

三是在系统应用过程中持续优化数据标准和数据模型，使其更加贴近业务实际。

3. 绿色低碳发展

未来，中建三局将联合行业协会联盟、科研院所和大专院校等成立共同体，借全国碳市场启动之际，搭建绿色技术平台，打造绿色产业孵化试验基地；围绕节能环保、清洁生产、清洁能源等领域，布局一批具有前瞻性、战略性的科技攻关项目。在再开发、整治改善及保护这 3

种城市更新项目类型中,中建三局将运用已积累的数字化、智能化、智慧化、低碳化等多项新技术并基于过往项目经验,形成针对性强、贴合项目使用者特性需求的综合解决方案,其中会特别体现城市更新项目的人文关怀能力,达成让居民获得更多幸福感的城市更新目标。

4. 拓展新城建

中建三局将以智慧园区为起点,不断打磨平台功能,夯实数字孪生基座,深入探索基于CIM平台的智慧园区建设、管理、运营模式;持续与政府部门对接,将园区管理职能融入智慧城市的建设体系中,实现智慧园区与城市管理的高度融合,助推城市高质量发展。

第 42 章

钢铁行业：产线时序数据治理实践

42.1 背景介绍

1. 案例背景

目前，一般流程工业的生产制造现场会产生大量的数据，现场操作、点检、工艺、设备的各级技术人员和管理人员既是数据的直接使用方，也是数据赋能应用的迫切需求方。因此，为现场技术人员提供高质量、多维度的产线相关的数据治理；提供适合产线生产数据分析应用的数据产品和服务，引导现场技术人员高效、直观地分析和使用产线数据；通过数据治理实现产线数据和技术人员之间更有效的流动，才是生产数据直接驱动生产数字化转型的关键。

2. 应用背景

某钢厂的连铸机是一台 1930mm 二机双流的板坯连铸机。在板坯浇铸生产过程中，设备精度、工艺控制过程、钢水质量、操作过程等因素的变化，都会对板坯的生产质量、生产产能、生产安全，以及设备使用寿命等造成一定程度的影响。这些生产质量缺陷还经常导致在后续的冷热轧工序中难以稳定控制产品质量。

目前，此钢厂现场对于连铸机状态的监测和判定还是依托于传统方式来实现，监测效率、监测精度、预报警能力等均无法满足高标准和智能化生产和设备管理的要求。

42.2 项目目标

此钢厂实施了产线数据治理项目，目标是建立标准的数据体系，改善组织内部数据管理的过程，确保数据质量及数据的合规性和安全性，具体介绍如下。

（1）产线数据的高质量采集。

实现对来自产线各层级的生产、工艺和设备数据的高质量采集，并在采集数据的同时完成对数据一定程度的预处理和对数据真实性的验证，保证产线数据的真实性、准确性、精确性和时间归一性，为产线数据应用、经验验证等工作的开展提供可靠的数据基础。

（2）产线数据的高质量整合。

在进行高质量数据采集的基础上，运用各类数据归集方法，保证产线数据的关联性、时序性和标准性，为数据运用过程提供高效的数据调用服务；通过各种已归集完成的数据，辅助数据应用过程，提高数据应用的效率与效能。

（3）样例库建立。

为生产制造现场各级人员提供综合生产、工艺和设备的完整数据，同时以产品分类下的生产过程异常特征和结果事件为标志，实现对标志性数据的自定义归集和自动归集；提高有价值数据的收集和整理效率，以及生产制造现场经验和规则的总结效率；使分析过程面向实际生产，以及过程中出现的特征及事件。

（4）生产制造现场经验的数字化及提炼。

在高质量数据和有效样例采集的基础上，提供简单、快捷的产线经验设定方式，同时结合多种专业性分析工具和指导性分析方法，帮助产线中的各类专业人员快速实现分析过程透明化、分析结果可视化，最终实现产线数据探索自由、经验规律总结完善、产线规则可以有效验证的良好产线经验运用体系。

42.3 项目实施

1. 存在问题

此钢厂现有的生产制造现场的数据应用，主要对接的还是业务系统和管理系统的需求，数据的质量、实时性、全面性、关联性都满足不了产线技术人员直接使用数据的需求。

其数据主要存在以下 4 个问题。

（1）数据质量不高。

产线区域的生产数据具有数据来源多样化（PLC、DCS 等）、通信协议多样化（TCP、UDP 等）、数据协议多样化（MODBUS、OPC 等）、网络结构多样化（有线网络、无线网络等）等特点，因此，此类数据在数据收集过程中普遍存在数据精度不稳定、数据时延不稳定、数据完整性无法保证、数据标准无法统一等各类问题。这些都造成了产线基础数据的质量不高。

（2）数据时间范围不统一。

在产线生产过程中，由于数据具有多源性、多维性等特点，大量数据的时间属性范围差异较大，归一化标准的欠缺造成了数据的聚合性、可用性降低。

（3）数据属性缺失。

产线现场人员按照操作、设备、工艺等专业化垂直管理，在赋予数据属性标签、适用范围时界定数据的属性。但是这种方式单一，当数据包含多维应用属性时，不能灵活应对，无法体现数据丰满度，制约了数据赋能的应用。

（4）数据定义不清。

对于产线区域的基础数据，尤其是在 PLC（可编程逻辑控制器）中，存在基础数据定义缺失、定义描述缺失、定义标准不一致、命名标准不一致的现象，造成数据二次利用困难。

2. 解决方案

某钢厂的产线数据治理项目实施框架如图 42-3-1 所示，具体包括以下内容。

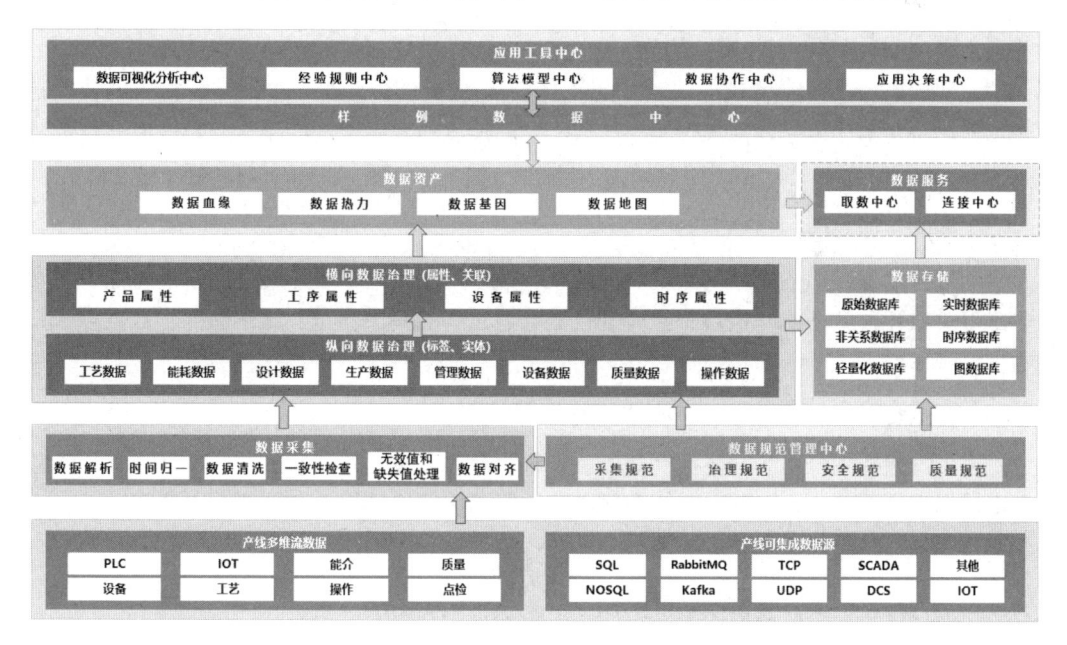

图 42-3-1　某钢厂的产线数据治理项目实施框架

（1）数据采集。

数据采集主要实现对产线区域各种数据的收集、整理，保证收集数据的完整性、实时性、一致性、可用性。产线区域的数据采集涵盖现场生产数据、设备数据、质量数据、操作数据、工艺数据、能耗数据、设计数据、管理数据等。迅速而可靠的数据采集是整个数据治理能够高效、稳定运行的有力基础保证。此钢厂的数据采集具体包括以下内容。

①数据解析：将不同来源、不同协议、不同内容的数据，解析封装成简单、统一、易读的数据格式，降低后续的数据使用成本。

②时间归一：基于基准时间，实现对数据的统一对时，完成时间补偿与时间削减，保证数据的时序性。

③数据清洗：对数据进行重新审查和校验，目的在于删除重复信息、纠正存在的错误，并提供数据一致性。

④一致性检查：根据每个变量的合理取值范围和相互关系，检查数据是否合乎要求，以发现超出正常范围、逻辑上不合理或者相互矛盾的数据。

⑤无效值和缺失值处理：由于生产制造现场环境或人为的影响，数据中可能存在一些无效值和缺失值，需要给予适当的处理。

⑥数据对齐：根据用户的实际需求，提供相应的数据归纳对齐操作，如时间对齐、长度对齐等，确保与用户业务相适配。

（2）纵向数据治理。

纵向数据治理是指根据不同来源的数据，进行数据采集、过滤清洗、时序统一、特征提取、阈值报警和分类存储等一系列基础治理过程，从而提高数据质量、细化数据颗粒度与完善数据定义。

（3）横向数据治理。

横向数据治理是指依托纵向数据治理结果，按照产品属性、工序属性、设备属性、时序属性多维度关联和整合各类产线数据，实现各类数据之间的关系匹配、时序对齐、数据融合，形成数据资产。

（4）数据资产。

数据资产是指由产线所产生和拥有的，能够为产线带来经济利益的，以物理或电子的方式记录的数据资源的集合，其可以实现产线数据的标签化、价值化、可持续、可应用。

数据资产包括数据血缘、数据热力、数据基因、数据地图。

①数据血缘：记录产线各类数据的定义、来源和相关关系。

②数据热力：通过数据被应用的程度，对数据价值进行评估。

数据热力中的评估从度量数据价值的角度出发，评估各维度下数据的有效利用率，包括数据连接度的活性评估、数据质量价值评估、数据稀缺性和时效性评估、数据应用场景经济性评估，并反向优化数据的应用服务方式，最大可能地提高数据的应用价值。

③数据基因：显示数据之间的关联情况，体现了数据之间的紧密程度，包括基础关联关系、收集关系、分析关系、规则关系、应用关系等。

④数据地图：以图形化、属性化的形式展示某一类产品、生产过程或人的行为变化规律。

（5）数据存储。

数据存储是指在数据采集、数据治理、数据应用的过程中保存原始数据、过程数据、结果数据；以及在产线与业务结合的过程和数据服务的过程中保存产生的结构化数据及消费过程数据。

数据存储在保留采集的多维度原始数据的完整性和一致性的同时，也保证数据具有健壮的可治理和应用访问机制；并支持各种开放和标准化的存储格式，让用户可以直接、有效地访问数据。

通过数据存储，也可以整合原始数据库、实时数据库、非关系数据库、时序数据库、轻量化数据库、图数据库等，实现对数据的统一存储、优化存储，确保数据规范统一、数据语义定义统一，使产线区域再无数据孤岛。

① 原始数据库。

在经过数据解析、时间归一化、数据清洗、数据对齐后产生的原始数据，不经过任何后续的数据治理流程，直接存储入库（即原始数据库）。原始数据库保留了数据的原始性和全面性。

② 实时数据库。

实时数据库为最终用户提供了快捷、高效的产线生产数据存储。产线生产实时数据被存放在统一的时序数据库中，产线区域的技术人员无论何时何地都可以看到和分析相关的信息，实现对产线区域的管理，诸如工艺改进、质量控制、故障预防维护等，在业务管理和实时生产之间起到桥梁的作用。

③ 非关系数据库。

当数据之间无关系时，更易于扩展。非关系数据库具有以下优点。

- 具有非常高的读写性能，尤其在大数据量下，同样表现优秀。
- 无须事先为要存储的数据建立字段，随时可以存储自定义的数据格式。
- 在不太影响性能的情况，可以方便地实现高可用的架构。

④时序数据库。

基于时间序列数据的特点，关系数据库无法实现对时间序列数据的有效存储与处理，因此迫切需要一种专门针对时间序列数据来进行优化的数据库系统，即时间序列数据库（也称时序数据库）。时序数据库具有如下优点。

- 有效处理庞大数据。
- 对重复的数据去重，只保留一份数据。

- 节省空间约 50%，有效降低 I/O 延时。
- 使主键索引更有效。
- 时间序列表头分离，不浪费空间。

⑤ 轻量化数据库。

轻量化数据库是通过对原始数据实施不同的抽取、留存及调用策略，按需形成不同频度的数据库，为数据的整合、存储、调用提供最优实践。

⑥ 图数据库。

用关系数据库存储"关系信息"数据的效果并不理想，其查询步骤复杂、响应缓慢，而图数据库的特有设计却非常适合对"关系信息"数据的管理。图数据库具有以下优点。

- 使用图（或者网）来表达现实世界的关系很直接、自然，易于建模。
- 可以很高效地插入大量数据。
- 可以很高效地查询关联数据。
- 提供了针对图进行检索的查询语言。

（6）数据服务。

数据治理的结果可以改变产线区域的"竖井式"数据取用模式，强化产线数据服务优势，增强数据应用的广度和深度，实现 DaaS（数据即服务）。

数据服务主要通过取数中心和连接中心这两大核心服务为用户输出数据。输出的数据可配置各种通信方式和数据格式，并且可无缝连接数字孪生、数据对标、数据工厂、数据挖掘、数字化生产、云端服务等应用。

数据服务主要包括数据交换服务、数据共享服务。数据服务体系采用面向服务的架构，用于实现数据交换、数据整合、数据复制、数据传输、数据共享等功能，支持数据库、数据仓库、非关系数据库、搜索引擎、文件、XML、Web Service、传输队列、消息队列、适配器、内存表等之间的数据交换。

①取数中心。

取数中心为产线技术人员提供灵活的自助式取数服务，包括通用接口规范取数、SQL 语句取数、维度模型取数和自然语言搜索取数等多种形式。取数中心支持经过数据转换、逻辑判断、数据质量检查、异常处理、数据路由、数据的规范化等处理后对数据的抽取；支持在经过数据验证、验算后规范合理的数据抽取；支持全量、增量、实时的数据抽取。

②连接中心。

连接中心，为产线区域提供与业务系统的连接能力。其支持多应用场景数据交换、厂级内部数据交换、平台级数据交换、基于前置机的数据交换；支持全量、批量、实时的数据交换；支持大数据量的数据交换；支持复杂网络环境下的可靠数据交换；支持跨网段、跨产线的数据交换；支持基于通道、文件的加密传输；支持多种数据接口和传输协议；提供数据交换日志；支持断点续传功能。

3. 实施效果

此次的产线数据治理项目取得了以下效果。

（1）高数据采集率。

- L1 数据采集接口上线数据测点 3529 个，L2 数据采集接口采集 11 条电文（1934 个数据项），生成 159 个综合值，采集率达到 100%。
- 元数据信息已整理 5622 个，数据的对应率达到了 100%。

（2）高质量的数据整合。

打通 L1/L2/L3 数据采集接口数据、采集铸机运行数据、模型运行数据、各类检测运行数据、工序工艺质量数据等关联数据，通过对采集数据的时间归一化和有效性验证，建立了工序工艺与设备状态对产品质量影响的关系数据库，为数据的便捷、高效应用创造了条件。

（3）标准的数据规范。

数据规范是贯穿数据治理过程的核心数据处理原则和保证数据质量的基础准则。其中主要包含数据采集规范、数据治理规范、数据质量规范、数据安全规范。

（4）全面的数据主题分类。

在数据治理过程中，根据生产制造现场中实际的数据内容，将数据分为 9 大类主题（标签），以及若干类二级主题（标签），具体介绍如下。

①生产数据：包括来料数据、实绩数据。

②设备数据：包括点检数据、检修数据、设备树、设备测点、设备功能精度、维护标准、设备报警数据。

③质量数据：包括表面质量、离线检化验数据、在线检化验数据、外观尺寸数据。

④操作数据：包括操作设定数据、操作实际数据。

⑤工艺数据：包括工序关系数据、工艺设定数据、工艺标准数据、工艺联络单数据、报警数据、工艺检测数据、模型控制数据。

⑥能耗数据：包括水电气公辅数据。

⑦设计数据：包括精度数据、冷负荷数据、热负荷数据。

⑧管理数据：包括各产线需要接入的管理类数据。

⑨未知数据：包括产线未定义的其他数据。

（5）高效整合数据资产。

数据资产将产线数据规范和产线数据应用进行有机的融合，提供可视化数据资产图谱，着力构建对产线数据资产的"三全"管理：全生命周期管理、全流程管理和全景式管理，实现高效管控和合理应用产线数据资产的目标。

42.4　项目总结

1. 项目成果

此次产线数据治理项目的实施，主要在以下方面取得了成果。

（1）元数据管理体系：通过对元数据的管理，记录了数据的起源、用途和语义等重要信息。这些信息有助于改善数据质量和一致性，同时也有助于数据集成和共享，消除数据用户之间沟通和理解障碍，帮助决策者更好地评估数据价值，实现对数据资产的最大化利用。

（2）数据质量管理体系：此次产线数据治理项目涵盖规划、监督、评估和改善数据质量的所有过程，通过提高数据的一致性、完整性、准确性、可靠性和时效性，为企业提供更准确、可靠、有用的数据资源。

（3）数据分类：根据生产制造实际情况，将数据分为9大类主题（标签），若干类二级主题（标签），主要有生产、设备、质量、操作、工艺、能耗、设计、管理、未知等，实现数据分类标准化。

（4）数据管理组织架构：根据生产制造现场设计适用的数据管理组织架构，明确数据治理项目相关的职能、任务和责任，确保数据治理工作有效开展。

2. 技术创新点

此次产线数据治理项目的实施涉及以下技术。

（1）自动化：数据清理、数据归档、数据复制及数据备份等工作都实现了自动化，从而提高了操作效率，大大减少人工干预时所产生的错误和瞬间增长的工作量。

（2）数据集成：为现场提供全面的数据汇聚治理和数据资源管控能力。数据集成将PLC传感器、第三方汇聚系统、L1/L2/L3/L4数据采集接口等集成，形成规范统一、安全可控、供需清晰的数据中心；实现跨基地、跨厂部、跨产线、跨区域数据共享，有助于真正破除"数据孤岛"与"价值孤岛"。

（3）数据共享：通过实现内部数据共享，团队之间形成了有效的信息共享，从而增强了企业的决策能力。更重要的是，数据共享可以激发整个组织的运营性能，实现更好的业务成果。

（4）数据安全：保护数据免受未经授权的访问、损坏或泄露等不当行为的过程，可以确保数据的安全、一致性和完整性，使企业能够更好地保护其数据资源。例如，数据加密技术、访问授权、访问控制等，都用于保护数据的完整性和机密性。

（5）数据洞察：采用机器学习和人工智能技术构建模型，再通过对海量的数据进行分析以获得有价值的内部数据洞察。从数据中提取有用的信息并将其应用于业务决策中，有助于企业更好地理解客户需求和市场趋势，提高竞争力。

（6）数据质量：确保数据质量可以提高数据作为业务决策支持的可信度和准确度。其中包括数据验证、数据几何等，可自动校验数据。

3. 经济效益

此次产线数据治理项目取得了以下经济效益。

- 结晶器页面波动±3mm 符合率从改造投产初期的 21.54%提升到当前的 71.2%，波动±5mm 以下的符合率从改造投产初期的 78.60%提升到当前的 95.87%。
- 通过系统验证，修改了力矩负荷分配，减少了驱动能源消耗（相应环节节电 10%以上），同时还发现了大量铸机设备、工艺、操作和铸机设计问题。
- 根据现场预估和反馈，改钢率提升效益达到 2763 万元，热轧夹渣率改善效益达到 2487 万元，预计年总经济效益将达到 5250 万元。

42.5　未来展望

未来，钢铁行业的数据治理将会往以下趋势发展。

（1）数据质量标准更加严格：数据质量对企业的重要性愈加明显，未来企业中的数据质量标准将更加严格，并且将趋于标准化、科学化与智能化，从而为企业提供更好的数据支持。

（2）数据保护更加重视：数据保护是数据治理过程中的重点工作。企业应以更为科学、更为创新的方式来保护数据安全和隐私，更好地保护数据资源，使之成为可持续发展的一个重要支撑。

（3）质量管理更加深入：随着企业数据的复杂性不断提高，数据质量管理的方式将变得更加深入。未来，企业可以采取实时数据质量监测、数据预警等系统来保障数据质量，并且完善数据门户，提高数据管理自动化的水平。

第43章

核工业：主数据治理助力中核供应链管理升级

43.1 背景介绍

1. 公司介绍

中国核工业集团有限公司（以下简称"中核集团"）是中央直接管理的国有重要骨干企业之一，拥有完整的核科技工业体系。中核集团的整体经营计划管理、重大项目推进落实、产业发展、采购与招投标管理体系建设、重大生产经营协调等各项中心工作由集团经营管理部负责管理，其下辖采购管理处主要负责全集团的采购管理工作。

中核集团下属的4家单位承担部分集团采购管理工作：供应链公司负责电子采购、电子招投标；兴原认证公司负责供应商资质认证；中核工程咨询公司负责集团采购管理服务支持；集团物资编码运维管理中心负责集团物资编码等主数据的标准化建设和运维。

中国核能电力股份有限公司（以下简称"中国核电"，由中核集团作为控股股东）经营范围涵盖核电项目的开发、投资、建设、运营与管理，以及清洁能源项目的投资与开发。秦山核电是中国核电的物料主数据运维管理部门，兼职履行中核集团物资编码运维管理中心的管理职责。其在数据治理方面秉持不断改进的理念，持续牵头开展中核集团的各级数据治理工作。

2. 治理背景

如今，商业模式的不断变化，使现代企业的竞争模式从传统的"纵向一体化"的职能管理模式，转变为"横向一体化"的供应链管理模式，供应链管理水平开始决定未来企业的竞争力。另外，宏观环境的异常动荡、全球产业链加速重构，因贸易、国际关系所触发的世界经济的不确定性，也提高了我国"稳链、延链、强链"工作的重要性和紧迫性。实施并不断优化供应链战略成为中国经济发展的必然选择，供应链管理也作为新的增长点和新动能逐渐上升为国家战略。中核集团贯彻及落实国家战略部署，充分利用前沿数字技术重塑管理和产业形态，推动世界一流采购管理与供应链体系建设，以数字化、智能化为方向，着力提升集团公司供应链管理水平，促进数字核工业转型升级与高质量发展。

集团经营管理部一方面强化战略引领，一方面稳步推进数字供应链规划建设。其经过研究，形成了以"一核、两翼、三基、四化、五协同"为框架的"12345"供应链优化发展战略，以"打造安全、自主、阳光、高效、先进的核产业采购与供应链保障体系"为目标，坚持"做好核产业链链长"和"智慧供应链赋能产业升级"两条发展路径，深化"组织保障能力、业务标准融合能力、数字资产管控能力"3项基础能力建设，聚焦业务发展"专业化、标准化、集约化、数字化"的定位，促进供应链管理与生产经营形成"战略协同、设计协同、供需协同、创新协同和产融协同"，全面支撑集团公司"三位一体"发展战略和"十四五"发展规划。

同时，中核集团以打造更具灵活性、开放性、共享性的智慧供应链生态信息系统为长期目标，确定了3个阶段的优化发展路径。

- 第一阶段的主要目标是建设和完善供应链基础能力，大致包括组织优化和制度完善、主数据治理与应用，以及既有数据的初步应用。
- 第二阶段的主要目标是"建""用"结合、以"用"为主，加强集团供应链数据贯通和系统集成，实现业务统一、数据统一、平台统一。
- 第三阶段的主要目标是在全面统建集团供应链的基础上，通过充分的数据挖掘，实现数据驱动业务，提升运营能力，创新盈利模式，对内、对外提供高效、高质、低价的采购服务，成为世界一流、行业最佳的企业典范。

43.2 目标现状

1. 目标思路

中核集团以建立健全供应链各类主数据标准与管理体系为主要目标，结合集团采购与供应链系统建设与管理规划，推动数据应用，确保数据、业务、系统、管理的协同。他们将供应链主数据范畴确定为物资主数据、供应商主数据和服务主数据。

其供应链主数据标准体系规划分为以下3个阶段。

第一阶段（2019—2022年）：建成物资主数据标准管控体系，建立数据标准化管理要素和流程；完成全集团物资主数据清洗，建立主数据统建管理系统。

第二阶段（2023年）：完成供应链主数据标准体系规划，制定并发布供应商主数据标准；完成存量供应商主数据清洗，建立供应商主数据运维服务与管理体系。

第三阶段（2024年）：持续优化物资和供应商主数据管理，完善管理体系，升级数据标准；

建立健全服务主数据标准与运维管理体系；实现供应链主数据与集团 ERP 系统的深度集成。

鉴于中核集团的物资主数据治理起步时间较早，且供应商主数据的治理方法基本延续了物资主数据的治理方法，本案例主要介绍中核集团物资主数据治理实践。

2. 基本现状

在"两核"重组后，中核集团下辖 23 家专业化公司和直属单位。不断扩大的业务范围对集团公司的物资主数据管理提出了更高的要求。由于各种原因，中核集团的物资主数据管理没有在集团层面的制度、流程、组织等方面进行统一，同时存在集团公司、中国核建、中国核电 3 套比较成熟的物资编码管理体系，形成了约 228 万条庞大的历史存量数据，且使用情况复杂，管理能力参差不齐。其中主要存在的问题如下。

（1）标准不统一。中核集团虽然发布了统一的物资分类标准，但是多数企业都有自己的物资分类标准，且分类方式差异很大，有按自然属性划分的（如中国核电），有按用途划分的（如原子高科），有按自然属性+管理属性划分的（如核工业总医院）；物资编码规则不统一，有按纯数字无意义编码的（如中国核电、核工业总医院），有按纯数字有意义编码的（如天山铀业、中国核建），有按字母+数字无意义编码的（如四川环保），且各单位的物资分类标准、物资编码位数和含义均不相同；物资描述标准不统一，多数企业没有规范的描述标准，少数企业通过数据管理平台建立了各自的描述标准，但各企业之间的标准又不统一；对物资编码的概念界定不清，物资编码维护过多的管理属性（如安全等级、质保等级、供应商、存储方式等），导致数据管理平台中的数据量庞大，数据修改频繁。这些都造成了物资编码无法在各系统和各成员单位之间高度共享。

（2）物资编码分布不合理。中核集团的物资编码分类分布过于集中，相关分类需要进一步优化。集团物资编码集中分布在材料、设备、电子工业产品、电气、仪表这 5 大类，占比超过了 89%；物资编码小于 20 条的三级分类占比达到了 85%。

（3）保障机制不够完善。在制度方面，虽然中核集团统一发布了《物资编码系统管理和使用办法》，但没有完整的制度体系，落实到各成员单位时，在具体操作上存在困难，各单位的执行力度参差不齐，而且集团存在多套管理制度。在组织方面，虽然中核集团委托了相关单位负责物资编码的运维管理，但没有构建完整的组织机构、资源保障和决策协调体系，管理相对分散，人员能力有待提高。在流程方面，多数企业没有相应的流程制度进行支撑。

（4）数据质量亟待提高，具体表现在这几个方面：缺乏唯一性，不同核心信息系统之间的编码各异，一物多码的情况较为严重；缺乏准确性，部分常用数据的有效性不高、更新不太及时；缺乏完整性，数据相互之间的参照关系不明确；缺乏完备性，信息填写不全面；存量数据庞大，在调研反馈的单位中，具有 10 万条以上数据的企业有 5 家，具有 1 万到 10 万条数据的企业有 11 家，这其中既有企业需求物资多样性的原因，也有编码质量不高、重码和冗余数据多的原因。

物料主数据贯穿于供应链的各个环节。为了满足集团公司采购与供应链业务整合的需求，推进业务标准化和精细化，统一优化集团物料主数据标准、不断完善集团物资编码管理体系势在必行。

43.3 项目实践

1. 标准制定

要建立一套完善的集团公司物资编码管理体系，则需要以物资编码标准和制度为基石，以组织机构、管控流程和管理平台为载体，实现集团物资编码的标准统一、平台统一、管理统一。为实现对集团公司物资编码资源的整合与共享，打通各单位、系统之间的信息壁垒，2019年，集团公司启动了"集团物资分类与编码规则融合专项"工作。

中核集团通过调查研究和数据分析发现，集团目前虽然有多套物资分类标准，但都是以GB7635为基础的。于是，中核集团为实现物料主数据标准统一，采用了以下思路。

- 结合存在多套标准的实际情况，以GB7635、中国核电的《核电厂物资分类和编码规则》（第2版）、《中国核工业建设股份有限公司物资编码手册》（2017年A版）和中核集团的《集团公司物资分类与代码》（2015版）为基础，参考集团内外相关标准体系，对当前物资分类标准进行融合优化、不推倒重建。
- 物资分类总体以自然属性为基本分类依据，以"物资分类码+分类模板"方式达到对物资的标识目的，同时兼顾生产建设经营管理要求和实际使用的需要，并适应信息化建设集成、整合、应用一体化的管理要求，做到实用、适用、方便。

中核集团的物资分类则坚持如下3个原则。

- 兼顾唯一性、一致性、主次性、稳定性：实现一个物料仅能找到一个对应分类；同一大类下的中类或同一中类下的小类的划分维度要一致；对于同一类别下的子类，要将使用频率、价值较高的物料放在靠前的位置；物料分类一经制定，不能随意调整。
- 提高物资分类的通用性，淡化专用概念：在分类编制过程及未来的模板编制阶段，对物资的描述要尽量以物理属性、性能参数等为主要依据，弱化对使用位置、管理属性的需求；对于一些实在无法确定的参数或者厂家保密的物料才考虑是否专用。
- 实现融合性、全覆盖：中核集团现有的几套物资分类标准在新的融合标准中均能找到相应类别，同时根据调研情况对现有标准进行适当扩充。

中核集团的属性模板编制遵循如下原则。

（1）自然属性原则：物资分类以自然属性为原则，因此属性模板编制首先确定物资可描述的、稳定的自然属性。

（2）参照标准原则：在确定自然属性的过程中，可参考相应的国际、国家、行业标准，以满足描述口径的标准化。

（3）属性排序原则：按特征自然属性的重要程度或优先级别，从主到次排序，形成一个逐渐清晰的、完整描述物料的过程。

（4）填选原则：重要的、影响物料描述的关键特征自然属性为必填项，否则为非必填项。

（5）其他原则：有国家或行业标准可遵循的物资，物料模板中不允许体现制造商；不具有通用性或有特殊要求的物资，可以在物料模板中体现型号、图号、件号或制造商等信息。

2019年7月至9月，编制组在遵守以上原则的基础上，向全集团进行了多轮意见征集，不断完善、优化了物资分类和属性模板。通过专家的集中讨论，中核集团编制了2746个小类模板，完成值列表取值数据30余万条，为后续的标准推广和落地应用打下了坚实的基础。2019年10月和11月，经过集团物资分类与编码规则专家预评审会和评审会，最终形成了中核集团物资编码融合标准 Q/CNNC GA 5-2019《物资分类与编码规则》。图43-3-1所示为中核集团物资编码融合标准大类清单。

代码	大类名称	代码	大类名称	代码	大类名称	代码	大类名称
01	钢材	13	密封件	25	通用仪器仪表	37	矿山及工程机械及配件
02	有色金属材料	14	轴承、轴、齿合装置及配件	26	专用仪器仪表	38	新能源设备
03	焊接材料	15	泵及泵配件	27	玻璃仪器、化学试剂	39	其他设备及配件
04	通用化工产品	16	阀门	28	通用设备及配件	40	医疗器械
05	燃料及石油制品	17	管道配件	29	消防器械	41	医药品
06	催化剂、助剂	18	工具及小型机械	30	矿和矿物	42	包装物
07	油漆涂料	19	电工材料	31	核燃料及燃料组件	43	劳保用品及服饰
08	火工产品	20	低压电器元件及附件	32	核燃料设备及配件	44	办公用品
09	天然橡胶、橡胶制品及塑料制品	21	电力电工设备及配件	33	金属加工机械及配件	45	杂品
10	木材、水泥及建筑材料	22	日用电器	34	动力设备及配件		
11	建筑用五金产品	23	通信设备	35	交通运输设备及配件		
12	紧固件	24	电子工业产品及元器件	36	起重输送机械及配件		

图 43-3-1　中核集团物资编码融合标准大类清单

2．平台建设

集团物资编码标准统一后的工作是将标准体系实体化，这就需要依托信息化的手段建设一个高效、易用的物资编码管理平台。中核集团主数据管理系统从2015年投入运行至今，主要承担物资编码和供应商编码的查询、申请、修改、审批、冻结等数据管理业务。随着信息技术的不断发展、数据管理理念的不断提升、《物资分类与编码规则》的发布实施，以及集团公司对物资数据管理要求的提高，经过调研、评估，中核集团对原有主数据管理系统从系统架构和功能上进行了提升，其中主要的优化方面如下。

（1）满足新的统一标准的落地：新的物资编码标准在分类和属性模板方面都会进行优化，同时在特征量管理方面也与原系统的管理方式不同。

（2）优化工作流程：需要灵活配置各种审批流程，同时能够根据需要关联用户单位，以保证集团不同单位的业务需求。

（3）完善统计分析功能：为配合后续相应的考核制度，需要设置更全面、合理的统计报表。

（4）接口集成：平台应具备与集团和各单位的 ERP、ECP，以及各二级单位主数据管理平台等相关系统接口集成的条件，以实现数据的共享和互通。

通过对现有平台的评估，目前集团中存在的两套平台都不能满足集团提升物资编码管理水平的需求。为了集团的整体成本和效益、提升集团物资编码管理能力，以及尽快具备集团物资编码实施条件等，目前，集团物资编码管理中心正在建设一套同时具备数据标准管理、数据生命周期管理、数据交换管理、数据质量管理、数据清洗管理、数据分析管理这 6 大功能模块的统一物资编码管理平台（见图 43-3-2）。

图 43-3-2　中核集团物资编码管理平台

3．体系建设

主数据被清洗及应用之后，需要统一维护，这就需要在集团层面建立统一的运维组织，制定统一的管理制度，设置统一的运维流程。

（1）构建管理组织架构。

为顺利开展集团物资编码管理的相关工作，更好地实现集团物资编码的管理目标，中核集团必须在集团层面建立相应的组织保障，负责物资编码的战略规划、协调推动、标准制定和具体实施。在中核集团的统一领导下，中核集团建立了"中核集团—物资编码运维管理中心—集团各单位物资编码管理机构"三级管理组织机构；同时，设立了集团物资编码统一运维组织（定位为集团物资编码管理的标准制定、平台运维和数据管理服务机构）。2020年5月，中核集团发布了《关于中核集团的物资编码运维管理中心正式运作的通知》，物资编码运维管理中心受集团委托，具体负责集团物资编码的统一管理和运维等相关工作。

（2）构建管理制度体系。

集团物资编码的统一管理必须有相应的管理体系作为保障，按照"归口管理，分工负责"的原则，集团物资编码管理体系分为三个层级：集团层（标准、大纲）、集团物资编码运维管理中心层（程序、细则），以及集团各专业化公司或直属单位层（程序、细则）。

其中，集团层的制度包括集团融合标准《物资分类与编码规则》《集团物资编码管理办法》；集团物资编码运维管理中心层的制度包括《集团物资编码运维管理程序》《集团物资编码元数据管理程序》《集团物资编码培训授权程序》《集团物资编码平台操作手册》等；集团各专业化公司或直属单位层的制度包括《物资编码管理程序》《物资编码标准工作细则》及其他操作手册等。

（3）设计编码管理流程。

为保证集团公司物资编码的质量，确保数据的完整性、唯一性，规范中核集团物资编码的创建及维护，中核集团制定了标准工作流程，包括物资编码的创建、修改、值域的维护等。根据内外部的调研，并结合组织机构和平台功能，项目组以效率最高为原则设计了如下流程。

- 集团物资编码创建流程：各单位可以根据自身情况选择是否需要公司内部审核（见图43-3-3）。
- 模板、值域维护流程：模板和值域是集团物资编码标准化的基础，申请的专业性较高，为了规范流程、保证质量，在设计流程时要求各单位尽量控制权限，归口管理（见图43-3-4）。

4．物资编码清洗

要实现对全集团物资编码的统一管理，就必须要严格按照集团融合标准对历史物资编码进行清洗和转换。为全面推进2019版中核集团融合标准的落地，更好地满足集团公司集中采购、电子采购、电子商城等业务需求，2020年7月，集团公司全面启动中核集团物资编码清洗专项工作。此清洗专项以实现集团物资编码标准统一、平台统一、管理统一、快速见效为总体目标，分为规划、执行、监督、验收4个项目实施阶段，对清洗范围内的近100万条历史物资编码进行了转换；并根据分层分级的原则，帮助部分单位根据自身的业务需求在集团标准的基础上扩展形成本单位的个性化标准，并在原有的业务系统基础上进行改造优化，满足集团物资编码使用和流程要求。各层级专项组共计投入约49000人天，项目主要进程如下。

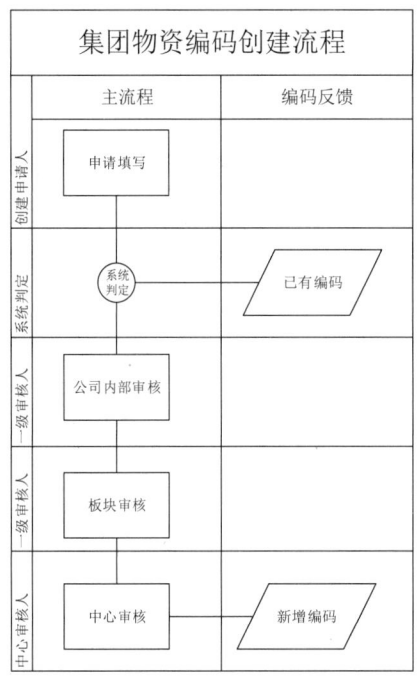

图 43-3-3　集团物资编码创建流程 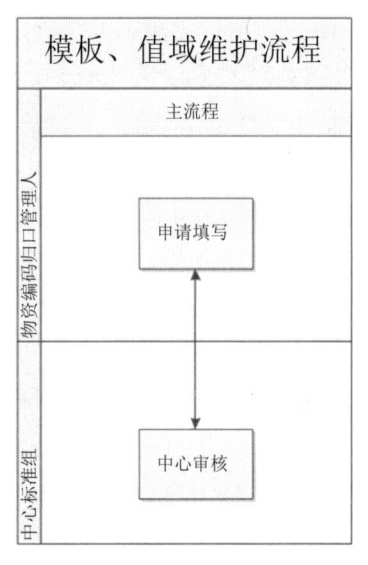　　图 43-3-4　模板、值域维护流程

（1）现状调研。专项组从 2019 年至 2022 年开展了多轮、多种方式的调研工作，在项目实施前、中、后的不同阶段有针对性地开展全集团现状调研，覆盖近 200 家实体单位，内容包括物资编码相关的标准、组织、制度、信息系统、业务流程中的编码应用、专项筹备情况和存在问题等。

（2）技术验证。为验证 2019 版中核集团融合标准的科学性、适用性，确保专项工作的顺利实施，专项工作组选择物资编码应用较深的秦山核电开展集团物资编码清洗的技术路线验证工作，启动"秦山核电通用物资数据标准化专项工作"。集团为该专项工作分别成立机械、电气、仪控 3 个专业小组，依据新版企业标准对相关物资编码进行转换，完成转换后的原物资编码保留不变，与集团编码形成一对多的映射关系。新增编码直接在集团物资编码管理系统中通过申请后生成集团编码，之后通过系统同步至相关业务系统。该专项工作有力地验证了集团物资编码 2019 版企业标准的科学性、适用性，进一步梳理和完善了专项工作流程和相关管理原则。

（3）发布方案。专项工作组在调研的基础上编制并发布了专项工作方案。方案中明确了清洗专项的工作目标、工作范围，确定了清洗工具及总体技术线路，制定了专项工作实施计划，规定了监督、汇报机制，预估了专项工作的风险。方案中明确要求有历史数据清洗需求的专业化公司/直属单位要在集团公司的统一要求下，参考《集团物资编码清洗专项建议工作方案》编制本单位的专项工作方案。截至专项工作结束，合计有 12 家专业化公司/直属单位，以及 42 家具体清洗单位编制并发布了本单位的清洗方案。

（4）实施原则。清洗专项组遵循如下实施原则。

- 技术原则。

严格按照 2019 版中核集团融合标准 Q/CNNC GA 5-2019《物资分类与编码规则》的分类和模板进行数据转换，并形成集团统一物资代码。为了提高清洗过程中问题的解决效率、保证数据质量，建议以集中办公的形式开展；物资编码清洗工作优先按照物资分类进行推进，这样既能避免专项组中的技术人员长线被占用，又能提高数据标准化转换工作的效率。

- 业务原则。

集团融合标准中的物资分类、物资代码及物资描述与各专业化公司现有的规则存在差异，包括但不限于会对各公司的采购、生产、设计等环节产生影响，需要各成员单位对上述可能产生的影响做好充分的评估和准备，事先编制解决方案，确保清洗工作编码的顺利实施。

- 推进原则。

全面启动、统筹安排：以集团各专业化公司/直属单位为责任主体，根据集团统一要求，在物资编码运维管理中心的指导和统筹下，按照共性物资先行开展，同一专业化公司/直属单位统一组织的原则，同时兼顾地域、其他业务需求等因素，开展物资编码清洗工作。

试点先行，逐步推进：首先在业务需求急迫、数据质量较好的单位中开展物资编码清洗试点，同时考虑产业链的上下游关系，根据试点经验，由易到难逐步推进各单位的物资编码清洗、转换。

全面完成，持续提升：通过迭代优化，滚动发展，用 2~3 年完成集团各单位约 228 万条历史物资编码的清洗工作。图 43-3-5 所示为物资编码清洗专项工作的历史数据标准化汇总表。

专业化公司/直属单位	实际清洗总量	生成标准化数据	生成值列表
中核浦原	218426	45493	40314
原子能公司	75187	29545	17465
中国核建	94977	45365	23962
中国铀业	4416	713	2525
工程公司	41787	11310	2768
中核环保	11605	3295	936
中核四0四	45018	2120	14729
中国核电	412359	338747	81156
核动力院	21417	19005	3257
中国宝原	3586	291	88
资本控股	17323	12299	1555
原子能院	22560	983	1127
合计	971661	540434	189882

图 43-3-5　物资编码清洗专项工作的历史数据标准化汇总表

43.4 项目成果

从 2015 年至今，中核集团通过标准优化和推广，在集团初步建立起如下完整的物资编码治理体系，如图 43-4-1 所示。其中取得的主要成果如下。

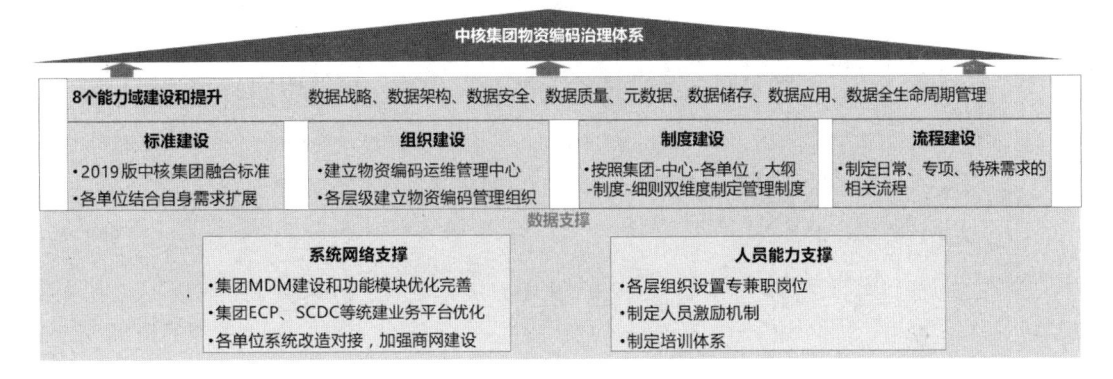

图 43-4-1　中核集团物资编码治理体系

1．标准建设成果

在物料主数据治理工作的逐步开展过程中，专项工作组持续收集汇总、深入调研各专业化公司/直属单位及所属单位编码清洗和实际应用的需求，通过专家会审、讨论决策，最终形成 303 份融合标准优化的决策。这为后续的 Q/CNNC GA 5-2019《物资分类与编码规则》标准升级提供了实践依据。

2．组织建设成果

（1）搭建三级管理组织。

2020 年 3 月，集团公司下发了《关于依托中国核能电力股份有限公司成立中核集团物资编码运维管理中心的通知》，委托中国核电设立中核集团物资编码运维管理中心，开展物资编码管理具体工作。同年 7 月，集团公司发布《中国核工业集团有限公司物资编码管理办法》，明确按照"归口管理，分工负责"的原则，建立集团公司、编码中心、专业化公司/直属单位三级管理体系；同时确定集团公司经营管理部是集团物资编码管理的归口管理部门，编码中心受集团委托，具体承担集团物资编码的管理和运维。

各专业化公司/直属单位按照集团物资编码管理体系建设和清洗专项验收方案的要求，分别建立本单位的物资编码管理体系，明确部门职责，设置专人专岗，加强专岗管理，以及负责物资编码标准在本单位内的推广应用，并建立各单位物资编码管理应用评价和考核体系，保障集团公司物资编码标准和管理目标在本单位的贯彻落实。图 43-4-2 所示为中国核电、中核四〇四物资编码管理组织体系。

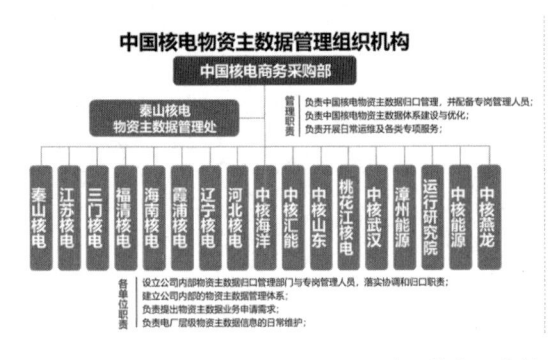

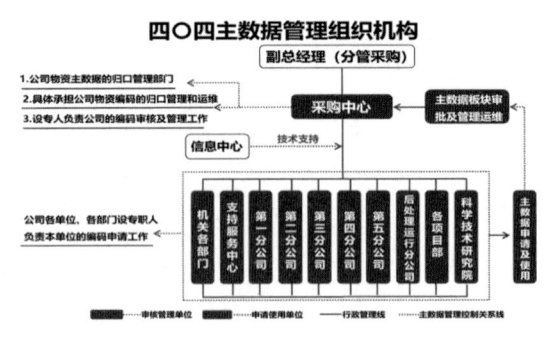

图 43-4-2　中国核电、中核四〇四物资编码管理组织体系

（2）建立培训管理体系。

为规范各单位专项工作按照集团要求统一部署开展，专项工作组编制了专项宣贯推广、清洗实施、案例参考、标准模板等材料共计 60 份，并通过启动会、专项培训、专题交流会等多种渠道持续宣传和贯彻，规范集团物资编码的创建、维护、使用的管理要求与应用流程。

在专项工作的推进过程中，专项工作组还汇总及梳理了业务、系统、数据标准化等问题及解决措施，编制成标准文件《常用问题及应用案例汇编》，并在集团物资编码管理系统的首页发布及定期更新，以便用户便捷、准确地开展物资编码的申请、维护等业务。同时，各专业化公司/直属单位及所属单位在专项工作中，结合集团相关标准材料，积累了数据标准化工作的经验并汇编成本单位的物资编码指导手册。

3．制度建设成果

按照"归口管理、分工负责"的原则，专项工作组建立了"集团—中心—各单位"和"大纲—制度—细则"双维度管控体系。集团公司通过发布《物资分类与编码规则》《中国核工业集团有限公司物资编码管理办法》《中核集团物资编码管理导则》《中核集团物资编码运维管理中心物资编码标准管理》《中国核工业集团有限公司物资编码运维管理》5 份制度文件，明确了集团物资编码管理的内容和原则，规范了集团各层级物资编码的创建、维护、使用的统一管理要求与流程。17 家专业化公司/直属单位依托集团发布的标准管理程序，编制及发布了本单位的物资编码管理办法，并通过专项工作有效实施与运行。

4．系统建设成果

（1）优化集团物资编码管理系统。集团物资编码管理系统于 2020 年 7 月上线。集团公司根据日常运维与专项工作开展过程中遇到的问题和收集的需求，持续完善和优化系统功能。

（2）各单位业务系统改造与对接。中核集团的 22 家成员单位根据专项工作相关方案开展自身业务系统改造，在自身业务系统内建立集团物资编码信息。截至 2022 年 6 月，15 家单位完成与集团物资编码管理系统的接口对接，实现与集团物资编码数据的同步；10 家单位因保密管理要求，通过线下导出/导入的方式实现数据同步。通过统一的集团物资编码管理系统接口规范，集团公司实现了物资编码数据的共享。图 43-4-3 所示为各成员单位主数据系统对接概况。

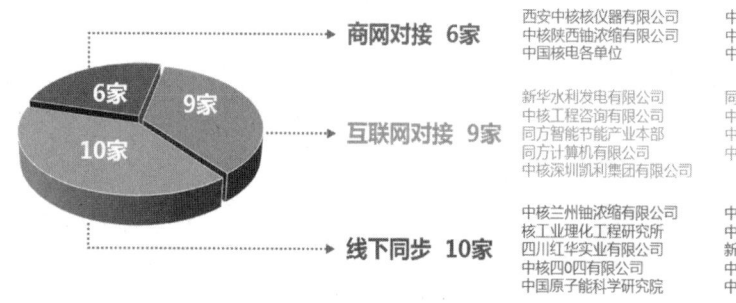

图 43-4-3　各成员单位主数据系统对接概况

通过在全集团开展的集团物资编码清洗专项工作，已有 12 家专业化公司/直属单位完成了系统改造及数据同步。其中有 7 家专业化公司/直属单位通过板块层面的系统完成了编码数据同步，有 5 家专业化公司/直属单位因未建立板块层面的统建系统，直接通过下属成员单位的业务系统完成编码数据同步。集团电子采购平台 ECP 目前支持系统对接和在线填报采购计划。2021 年年底，中核浦原开展了集团物资编码的强制执行试点工作，并且目前已在中核浦原的整个板块执行集团物资编码。

5．数据推广成果

通过对一级集中采购物资编码清单的清洗工作，各单位完成了本单位历史物资编码与集团一级集中采购物资编码清单的映射，推动了集团一级集中采购物资编码的有效落地，提升的集团各成员单位在产业链关键领域、环节的资源掌控和议价能力，提高了集中采购业务运作效率，扩大了集中采购品类的价格优势。

集团部分单位结合自身业务形态和采购特点，积极推动物资编码应用的有效落地，以及寻找突破点，以对采购计划管控、物资标准清单、设计标准化、库存控制、物资全生命周期管理、辅助决策等方面产生更多的价值。比如，中国核电通过映射集团物资编码，将计划、执行、仓储全流程管理与集团 ECP 系统对接。通过建立映射关系，可间接得到集团编码在核电板块业务中的应用情况（包括集中采购、需求汇总、SCDC 供应链指标监控等），为开展中国核电供应链指标分析、打造板块联动的智慧供应链管理体系，搭建了数据通路。图 43-4-4 所示为中国核电物资编码应用流程。

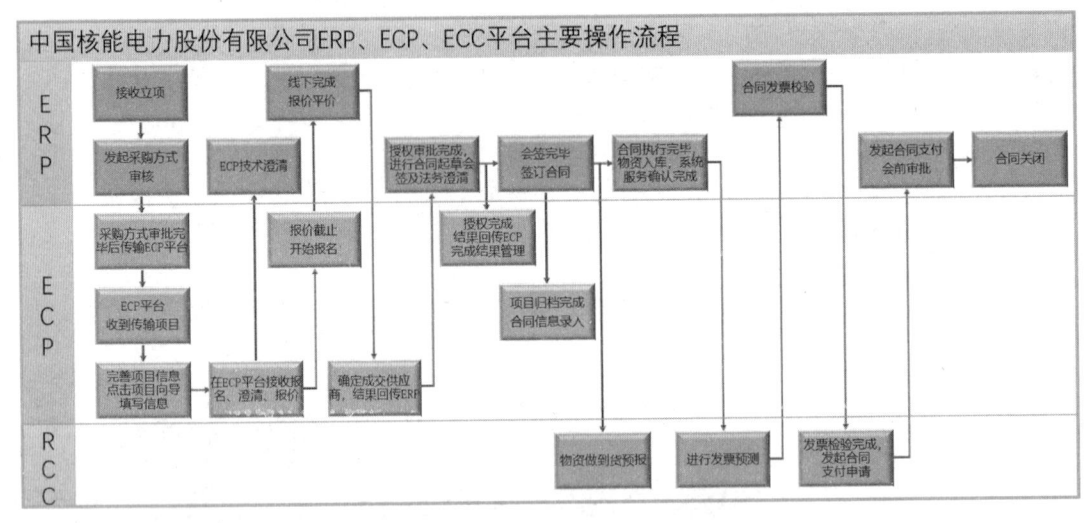

图 43-4-4　中国核电物资编码应用流程

6. 业务驱动成果

集团物资编码清洗的目的在于数据应用。清洗专项工作组高度重视洗用结合，在各个层级的制度中明确了集团物资编码的应用范围要覆盖各单位供应链的各个业务环节，同时通过对各单位业务系统的改造，确保在计划、采购、仓储中直接使用集团编码或与集团编码有映射关系。在清洗专项工作实施过程中，形成了部分集团一级集中采购物资编码清单和二级集中采购物资编码清单，部分单位结合集团物资编码清洗开展了物资标准化工作，相关物资的采购种类和成本明显降低。同时，集团物资编码在集团 ECP、SCDC 等统建平台的深度应用为开展集团公司供应链管理指标分析，打造安全、阳光、高效的中核集团智慧供应链，提供了统一、高质量的数据源，助力集团公司提升供应链管理能力。图 43-4-5 所示为集团物资编码应用流程。

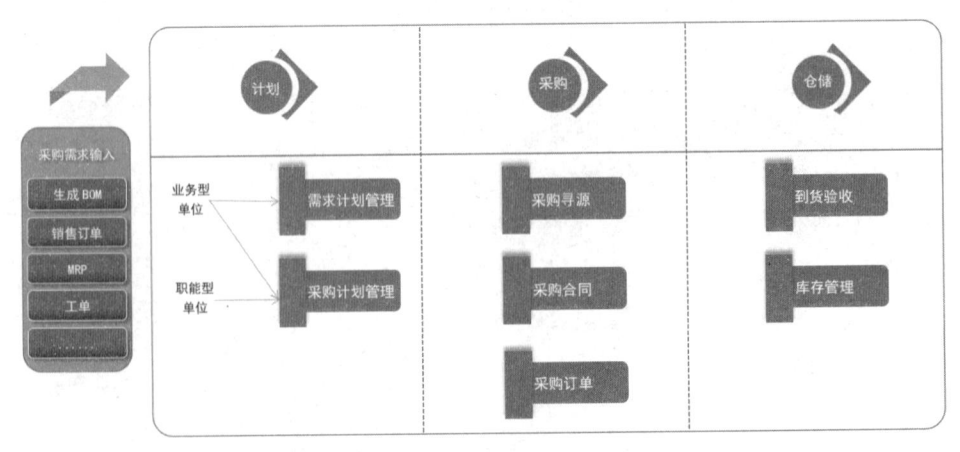

图 43-4-5　集团物资编码应用流程

43.5 未来展望

中核集团物资编码中心通过开展物资主数据治理项目，在数据治理领域建立了一套科学、适用的数据治理体系和数据清洗机制，并通过不断完善和优化，实现了对数据治理全生命周期管理，为中核集团的信息化发展做出了贡献。

当前，中核集团内部已形成了比较统一的供应商管理体系，但因缺乏统一的数据标准，各板块之间的供应商数据（资格、绩效、评价等）还未完全做到开放、共享。中核集团正在进行的供应商主数据治理工作将以数据为载体、以系统为媒介，推动各板块之间供应商数据的互通、共享，并通过数据共享实现对供应商业务情况的分析，为供应链管理提供辅助决策，降低业务风险。

在未来一段时期内，中核集团将进一步通过建立健全供应链主数据管理体系，夯实采购与供应链管理能力，推动以下 5 项重点领域的供应链管理工作。

一是抓供应链安全，优化集团分级分类供应商全生命周期管理，协同推进供应链保障能力提升工作和稳链、固链、强链工作。

二是抓系统建设，基于集团 ERP 供应链模块"先行先试"的采购管理信息系统，完成试点单位系统的开发建设与上线，打造以采购管理系统为业务中心、以 ECP 为前台协同中心、以 SCDC 为数据管控中心的数字化供应链管理体系。

三是抓内部协同，进一步优化集团公司内部采购目录的结构层次、战略类目录产品，聚焦解决产业链关键环节存在的问题。

四是抓"集采、创效"，在 2022 年首次试点设置"集、采、创、效"考核指标的基础上，全面覆盖主要二级板块。

五是抓合规监督，通过监督检查、问题整改、机制完善等工作，持续促进集团公司采购与供应链领域的合规水平再上一个新台阶。

第 44 章

航天行业：军工企业的"三位一体"数据治理体系建设实践

44.1 背景介绍

1. 公司简介

中国航天科工集团有限公司（下文简称"中国航天科工"）是我国国防科技工业和航天事业的中坚力量，航天强国建设和国防武器装备建设的主力军，中国工业信息化发展的领军企业。中国航天科学履行"科技强军、航天报国"使命，着力打造"防务装备产业、航天产业、信息技术产业、装备制造产业、现代服务业"五大主业板块核心竞争力。

北京中天鹏宇科技发展有限公司（以下简称"中天鹏宇"）成立于 1959 年 6 月，隶属于中国航天科工二院（以下简称"二院"），是中国航天科工集团基础数据专业技术分中心、二院基础数据与编码管理中心。其拥有一支由 30 余名专职人员组成的具有较高专业技术水平的团队，在数据治理专业层面具有扎实的理论基础和丰富的实践经验，为集团公司及二院的数据治理体系建设提供了强有力的保障。

2. 数据治理发展历程

近几年，中国航天科工两化融合水平有了显著的提升，其以智能制造、协同制造、云制造技术持续推动企业的转型升级，以期实现"业务全在线、数字化全覆盖、流程全打通"的建设愿景。

中国航天科工具有主体层级多、经营范围广、管理链条长、业务场景多、网络环境复杂等特点。在前期两化融合的推进过程中，其大多关注业务流程梳理、软件系统功能建设及基础硬件资源配置，建设了大量的业务应用系统并产生了海量的经营管理数据和工程数据。但这些数据无法作为资源被有效利用，业务能力无法协同，信息孤岛现象较为普遍。

究其根本，一方面是企业普遍对数据在两化融合中的关键作用认识不足；另一方面是企业数据管理基础薄弱：数据标准不健全，数据源头不统一、数据交互断点多，数据交互成本高、数据质量参差不齐。因此，数据治理成为航天企业推进两化融合过程中一项十分紧迫的基础性工作。

回顾中国航天科工的数据治理发展历程，大致经历了以下 4 个阶段。

- 起步阶段（2009—2014 年）：自 2009 年开始，实施统一物资编码工作，支撑中国航天科工协同供应链系统（SCM）的建设与应用。
- 发展阶段（2015—2017 年）：自 2015 年开始，基于航天云网专有云平台、航天云网平台、智慧企业运行平台的建设需求，逐步拓展基础数据标准化工作范围，建立了 13 类主数据标准。
- 成熟阶段（2018—2020 年）：明确建立了集团级统一主数据运维团队，修订了各类主数据规范，围绕"全面贯标、深化应用、统一运维"的思路持续提升了数据治理能力，逐步形成了基于主数据管理的航天企业"三位一体"数据治理体系，实现了对主数据的统一、集中、规范管理，在支撑业务横向集成、纵向打通、融合创新应用等方面取得了一定的成效。
- 提升阶段（2021 年之后）：对照"数字航天"战略中关于实现数字化"全覆盖"、流程"全打通"、业务"全在线"的总体目标，开始着手构建完善的数据治理体系。建成相对完备的数据资源池，形成数据资源目录，确保数据的准确性、一致性、时效性和完整性，逐步提高数据价值密度，成为中国航天科工关注与实施的重点。

44.2 数据治理体系建设实践

1. 总体架构

企业数据一般被分为通用基础数据、主数据、交易数据、指标数据。主数据是指具有高业务价值的，可以在企业内跨越各个业务部门被重复使用的数据，它是单一、准确、权威的数据来源，是企业数据中的"黄金数据"。

因此，中国航天科工以主数据为切入点，逐步形成了"三位一体"的数据治理体系：一套统一的主数据技术标准体系和管理体系，一个集中的主数据管理平台和一支专职专业的主数据管理团队。

（1）主数据技术标准体系：是实现数据标准化的重要手段，是促进管理要求落地、实现精细化、规范化管理的重要措施。主数据标准体系规定了数据的属性字段、编码规则、数据产生源头、数据申码和审批流程、系统集成接口等内容。按照"业务谁主管、数据谁负责"的原则，由业务归口部门组织制定。

（2）主数据管理体系：是一套以数据治理相关组织及人员为核心，涵盖企业主数据管理的组织、制度、流程、考核等各个方面的运行机制。其本质是通过建立高质量的专业化人才队伍和严明的制度体系来确保数据治理的各项工作在企业内部得以有序推进。它也是数据高质量产生、高效流转和全面应用的重要保障机制，涵盖数据从产生到废止的全生命周期。

（3）主数据管理平台：是数据治理的技术支撑手段，提供了主数据管理所需的标准管理、数据模型管理、数据质量管理、数据安全管理等功能模块，实现了对主数据汇聚、统一编码和分发的管理。

（4）主数据管理团队：是数据治理落地实施与持续推进的关键。通过规划组织体系，建立统一的数据管理专业团队、明确的主数据管理机构和组织保障体系，落实各级部门的职责和可持续的数据管理组织与人员，可以实现业务常态化运行。

2．数据治理实践

（1）构建统一的主数据技术标准体系，实现对主数据质量的有效管控。

主数据主要具有特征一致性、识别唯一性、长期有效性和交易稳定性等特征，这就要求主数据的分类和编码应遵循统一的数据标准。

①制定标准，让主数据管理有章可循。

中国航天科工结合集团公司信息化总体架构，制定并发布了机构、客户、项目、物资、会计科目、人员等13类主数据规范及46类代码主数据标准，其中物资主数据分类涵盖元器件、原材料、标准件等各类产品700余类，属性特征80余个，基本满足了集团公司各单位的科研生产、日常经营管理等业务需求。

②数据清洗，保证数据的完整性、准确性和唯一性。

中国航天科工根据主数据标准规范对历史数据进行清洗，保证了数据的完整性、准确性和唯一性。其中需对已上线、在建等业务系统，根据系统所处阶段及重要性的不同，采用不同的策略进行标准数据的导入。例如，集团在统筹规划、分级构建ERP业务运营一体化平台时，明确提出ERP系统与数据治理同步并行建设，在确保系统上线的同时，保证高质量的标准数据同步上线。

（2）建立高效的主数据管控体系，保障对主数据全生命周期的动态管理。

数据治理是一项复杂的系统性工作，对于主数据管理要做到"统一领导、职责清晰、制度规范、流程优化",具体包括以下内容。

①建立全级次组织责任体系。

按照"业务部门牵头,信息部门统筹,归口管理,分工负责"的原则,中国航天科工建立了一套独立、完整的关于数据治理的组织机构,其中明确了各级角色和职责,划分和确定了数据主责部门和人员的职责分工边界,并建立了数据认责机制。

另外,中国航天科工还成立了专业机构,负责主数据管理和主数据系统运维。集团基础数据专业技术分中心是集团主数据管理及日常运维工作的抓总支撑机构,其拥有50余位数据管理专业人才(专职30人),全面保障主数据管理系统安全、稳定、可靠运行,高效支撑各类信息化系统平台和业务应用系统对主数据的应用。

为了保证数据质量,中国航天科工建立了"持证上岗"机制。其每年定期举办5~6期"集团级数据资源治理"培训班,通过"理论+考试+上机实操"的培训模式,让主数据管理员快速具备数据运维能力,从而培养了一支常态化的专业主数据管理实施和运维团队,指导全级次主数据管理工作的常态化、规范化、流程化。目前,全集团累计培训4000余人次,建立起一支由3000余人组成的主数据管理队伍。

②建立完善的主数据管理制度。

中国航天科工制定了《主数据管理系统运行管理要求》《物品编码管理要求》《ERP物资数据上线检查规范》《物品编码提报审核工作规范》等规章制度,明确主数据管理的各项要求,保障了主数据管理各项工作的有序实施。中国航天科工还发布了《业财一体化管控规范》,提出财务、采购、销售、生产、项目5大业务领域的主数据的具体要求;将主数据集成作为项目立项和验收审核标准,并纳入《信息化项目建设管理办法》;发布了《智慧企业业务管理系统主数据集成标准》,提出业务管理系统与主数据集成的技术标准。

③建立规范的主数据管理流程。

中国航天科工还发布了《主数据管理规范》,规定了集团公司各层级单位中的主数据管理岗位的职责、主数据管理状态、主数据管理流程(各单位申请、修改、传递、使用集团主数据流程),并在主数据系统中予以固化。通过建立规范的主数据管理流程,中国航天科工确保了数据质量和数据安全。

④建立主数据管理评价体系。

集团公司从数据管控过程、数据质量、数据标准的执行情况这3个方面梳理了28项主数据KPI指标,从数据系统及应用集成方面梳理了40余项达标指标,并将这些指标要求分解落实到二、三级单位及主数据管理人员,通过自评估、巡检复查、计划考核、年度达标评估等途径进行持续评价。基于评价考核,各单位逐步加强了主数据管理及应用意识,以及对主数据管理相关责任、标准与政策执行的落实。

（3）搭建集中的数据管理平台，实现主数据的统一管理和分发。

①搭建主数据管理平台。

中国航天科工集团自主研发了集团级一站式数据管理平台产品，功能覆盖主数据标准、主数据质量、主数据清洗、主数据交换、流程管理、主数据全生命周期管理，以实现对主数据的统一、集中、规范管理，提高数据质量和增强信息共享。中国航天科工采用"两级部署、多级应用"的架构模式，即集团本部、各二级单位各部署一套主数据管理系统，下级单位应用集团主数据。

②开展全级次贯标应用。

中国航天科工制定了全级次主数据贯标要求，提出"四同步"原则，即主数据规划及贯标与系统建设同步论证、同步立项、同步实施、同步验收。中国航天科工在推行建立全集团 ERP 系统、财务共享中心、资金管理系统的过程中，通过主数据校验手段倒逼实现全集团范围内的主数据应用和推广。

中国航天科工开展了全级次主数据贯标应用巡检工作，制定了《集团公司主数据建设及应用情况调研工作方案》，并定期走访中国航天科工下属单位，实地调研二级单位在主数据建设及应用过程中遇到的需要集团协调解决的问题等方面，深入了解并协助各单位做好主数据建设与应用工作。

44.3　项目成效

中国航天科工通过"三位一体"数据治理体系的构建与实施，有力地支撑集团公司智慧企业平台建设、业财一体化建设、科研生产数字化体系建设、资金在线监管，保证了经营管理和决策支持中的数据源的一致性、规范性、准确性，有效发挥了数据效能，具体介绍如下。

1. 支撑基于数据驱动的智慧企业建设

（1）支撑智慧企业数据链路打通。

2015 年，中国航天科工提出建设智慧企业的长远发展目标，努力打造"信息互通、资源共享、能力协同、开放合作、互利共赢"的环境，这是支撑集团公司转型升级、二次创业的重大战略举措。集团公司的核心业务与运营初步实现了信息化全覆盖，智慧企业平台与企业内部如 ERP、MES、财务管理、合同管理等支撑了集团公司经营管理的主要信息化系统进行深度集成应用，从而可以获取关键绩效指标或业务数据。业务系统的主数据贯标应用，为集团战略决策提供准确、规范、及时的数据来源，使集团的精细化经营管理水平大幅提升。

（2）支撑业务财务一体化建设。

中国航天科工基于机构、客户、物品、项目、会计科目等主数据在 ERP、财务共享等系统中的贯彻应用，打通了业务流程、管理流程、财务流程，实现了全级次法人单位业务财务一体化运行。

（3）支撑业务合规性管控。

中国航天科工基于客户、银行等主数据在资金管理、合同管理、风控管理等系统中的贯标应用，统筹开展审计预先防范、现金流监控等业务协同与合规监管应用，初步形成"数据—流程—系统"智能风控模式，及时反馈企业经营问题，规避潜在风险，提高企业运转效率。

2．支撑数字化科研生产体系建设

中国航天科工提出构建模型、数据、流程驱动的科研生产新体系。即在基于主数据信息贯通的基础上，打通集团与各单位的科研生产数据集成链路，针对集团科研生产管理过程，规范各级科研生产管理流程，支持科研生产的综合协调、综合调度、综合考核和集团重点项目整体态势的数字化呈现和关键节点的在线管控等业务需求，以及支撑科研生产管理的宏观分析与精细化决策。主数据应用解决了产品及过程数据在组织内部、组织之间的交互断点，实现了设计、试验、生产等的信息贯通。

3．支撑供应链数字化模式落地

中国航天科工依托主数据，实现 ERP 系统、工程基础资源管理系统、采购供应链协同平台等的数据汇聚，形成物资采购大数据中心；通过对物资采购全流程进行实时更新、动态管控，打造高效敏捷、辅助决策的数字化管控模式；通过建立全业务流程、全供应链链条、实物流+信息流+资金流"三流合一"的供应链采选一体化平台，加快提升智能化供应链运行管控水平。

中国航天科工以支撑产品低成本、高质量设计为目标，基于物品主数据，构建工程基础数据资源管理系统；建设元器件选用目录、"三化"资源目录，实现对选用、采购物资目录数字化管理；构建选用评审管理、元器件统型优选管理、元器件智能推荐管理，实现对物资选用的控制；建设知识库并汇集价格、质量、可获得性等多维信息，为设计师提供权威、丰富、统一的设计资源信息，提高数据资源的利用效率。

4．创出数据治理品牌，数字产业化格局初步形成

经过多年实践，中国航天科工已形成"咨询服务+方案设计+系统实施"的系统性解决方案，具备行业领先的主数据全生命周期治理服务能力，曾获得国防科工局"军工行业数据治理及标准化优秀实践单位"、国防科技工业企业管理创新成果三等奖、中国管理科学学会"管理科学奖"等多项荣誉，先后为中国交建集团、集团二级单位等企业定制输出了数据标准体系、数据管理平台实施等综合服务方案。

44.4 未来展望

中国航天科工的"三位一体"数据治理体系是紧密围绕经营管理、工程化应用构建的一套覆盖集团公司全业务领域的数据管理体系，支撑了跨单位、跨系统、跨网络的协同设计、协同制造、协同采购，它是开展数据资产评估和实现数据资产内部运营流通的必要条件，也是实现航天企业数据化能力建设目标的基石。

结合当前国家数字经济发展新形势、新技术，中国航天科工将持续优化、完善数据治理体系，确保数据的准确性、一致性、时效性和完整性，逐步提高数据价值密度，为中国航天科工的数据资产化和要素化奠定基础，在支撑企业数字化转型的同时，打造以数据为第二生产力的新型科技服务产业。

第 45 章

航空行业：基于全局模型的数据赋能业务实践

45.1 背景介绍

航空工业成都飞机工业（集团）有限责任公司（以下简称"航空工业成飞"），创建于1958年，是我国航空武器装备研制生产和出口主要基地、民用飞机零部件重要制造商，国家重点优势企业。

1. 信息化现状

航空工业成飞的信息化建设按照"顶层设计、创新驱动、指标牵引、过程评价"的总体思想，持续提升自身的数字化产品研发能力、数字化先进制造能力、数字化服务保障能力、数字化企业运营能力，夯实数字化基础支撑能力。经过多年在数字化工程项目上面的投资和建设，航空工业成飞完成了基于MBSE（基于模型的系统工程）的正向设计研发体系产品数据管理系统，基于全三维数字样机的数字化设计与仿真系统，基于柔性、敏捷、高效、协同智能制造能力体系的数字化制造与仿真系统，面向车间运营的制造执行管理系统，面向企业运营的综合管理系统等相关信息系统的建设。同时，在数据化技术研究方面，航空工业成飞探索研究了工业物联、大数据分析、元宇宙、区块链、云原生、人工智能、数字孪生等新兴信息技术，加速了企业数字化转型的进程。

2. 数据治理需求

在开展数据治理工作之前，航空工业成飞经过多年的信息系统建设积累了大量的数据，但是由于各业务系统是分阶段建设的，各数据库是孤立设计的，公司出现了烟囱式的信息孤岛，业务流程之间存在信息断点，数据质量差，数据的采集、清理、存储、分析的难度大，无法为公司的生产经营活动提供决策依据，具体表现在以下几个方面。

- 数据标准不统一，数据责任不清晰，数据信息不完整，数据传递不及时，端到端的飞机研制生产流程无法全面贯通；
- 各业务系统中均存储了物料、制造领域的数据，导致基础数据源头不唯一，企业没有一个及时、一致、真实、可靠的视图来描述数据信息；
- 随着业务系统不断增多，各业务系统之间的数据集成关系越来越复杂，数据集成与共享困难；
- 由于信息系统分散开发，导致数据库孤立设计、分别建库，数据库数量多，数据质量差，治理难度大；
- 难以将数据转化成支撑决策和科研生产的有效信息，数据价值未得到有效发挥。

为了强化数据的应用，构建数据驱动的管控能力和全面的风险预警能力，支撑企业高效、精准决策，企业需要建设优质、权威、安全的数据底座，着力构建企业全域基础数据库及主题模型库，以及采用统一的建模方法，实现对企业数据资源的规范采集、深入分析和实时展示，形成可视化管控中心，支撑对业务流程的完善和优化，真正实现用数据赋能业务的过程。

45.2 工作历程

1. 战略规划

航空工业成飞以数字化转型为目标，策划并实施了一系列的数据治理行动，其着力构建安全可信的数据空间，推进数据战略的发展，践行用数据为业务赋能的要求。

航空工业成飞的数据治理的总体思路是面向新一代产品的研制，承接"数字新成飞"的规划，基于"业务、数据双中台"的模式，采用"业务数据化、数据资产化、资产业务化"的企业数字化转型方法论，构建自主可控的航空制造业数据空间，形成优质、共享、敏捷的数字生态，引领业务的创新和升级。

航空工业成飞的数据治理的建设目标是对齐业务转型目标，定义可执行、可实现、可衡量、能见效的数据战略，驱动业务模式创新，实现"提质增效"，协同用户共同创造价值，构建全域数据模型，建立权威、完整、优质的数据底座，提供精准数据服务，促进数据的共享共用、价值发掘，通过数据赋能新型能力，驱动业务数智融合、转型提升。

航空工业成飞的数据管理的建设方法融合了 IDEF 方法、TOGAF 架构、CRISP-DM 方法等，并创建了航空产品研制 DFD 全局数据建模方法，解决了数据的全局性、权威性、连续性、资产化问题：

- 基于 TOGAF 架构设计企业数据架构，通过"大图像+结构化"方法，完成了企业全业务域、全流程业务对象识别、全局数据模型构建，解决了数据的全局性和权威性问题；
- 基于 IDEF 方法，通过贯通系统，集成人员之间的信息交流或描述系统开发过程中的设计部分，构建了企业全局数据流图、全局数据集成关系，解决了数据的连续性问题；
- 基于 CRISP-DM 方法，通过将开放的、可自由调整的数据挖掘标准过程和方法融合于航空工业成飞的数据应用场景中，解决了数据的资产化问题。

航空工业成飞的数据管理总体架构是从数据技术、数据业务、数据生命周期这 3 个维度构建的，见图 45-2-1。

- 数据技术维度：由业务数据化、数据资产化、资产业务化构成；
- 数据业务维度：按照公司流程架构中的业务域统一策划和建模；
- 数据生命周期维度：根据数据生命周期和飞机研制过程，以 xBOM 数字线索为核心进行全局设计、全域关联。

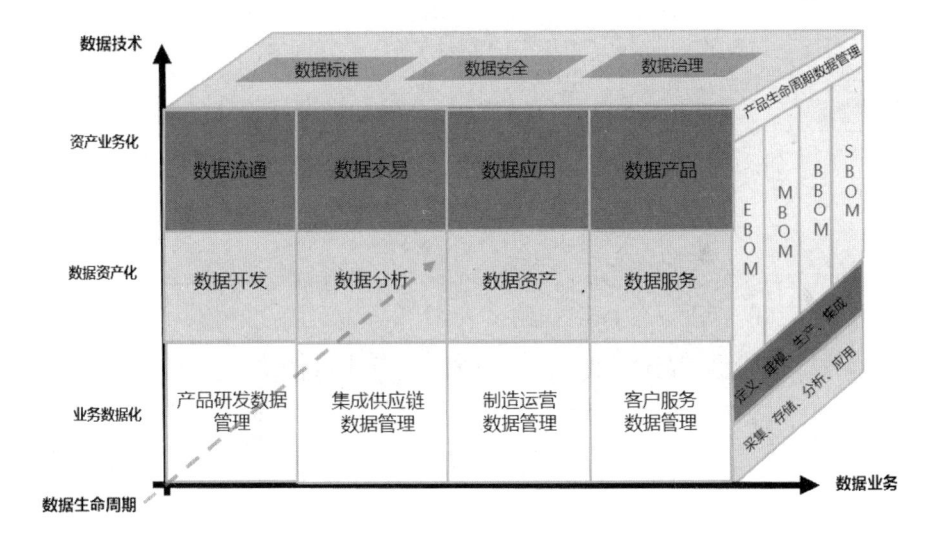

图 45-2-1　航空工业成飞的数据管理总体架构

航空工业成飞数据管理的规划阶段包括数据定义与设计、数据产生与集成、数据分析与应用。

2. 数据平台

航空工业成飞的数据平台建设整体方案分为 3 层：

- 底层为可信数据空间，以全局数据库为支撑，以数据资产为目标，形成企业的全局数据模型及数据资产统一管理。

- 中层为数据流通平台，以数据流通为基础，实现数据安全、可信的流转，通过数据开发提升数据价值，为企业数据赋能提供支撑。
- 上层为数据交易运营平台，形成航空产业链数据交易市场，孵化数据应用，促进数据价值变现，实现数据驱动的管理向业务赋能。

下面对这 3 层进行具体介绍，见图 45-2-2。

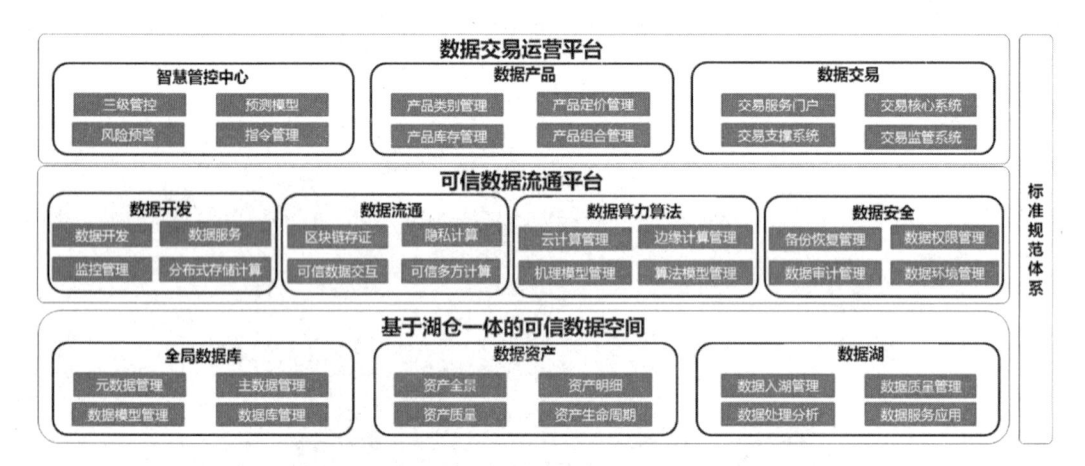

图 45-2-2　航空工业成飞的数据平台建设整体方案

底层基于湖仓一体的可信数据空间的建设依据统一的标准、方法、工具。其中基于统一的数据模型构建的反映数据血缘关系、支撑全域主干应用系统的企业级业务数据库，通过建立全局数据库管理机制，实现了应用与数据的有效分离，确保了企业对数据的掌握。

中层可信数据流通平台建立的一套可持续"让企业的数据用起来"的机制，是结合企业特有的业务模式和组织架构，实现了面向场景的数据流通和数据开发，持续提供优质的数据为业务赋能。

顶层数据交易运营平台面向业务孵化数据产品，聚焦并承接企业决策层的核心业务管理诉求，构建了企业级智慧管控中心。

3. 组织保障与统一管理

航空工业成飞建立了成飞公司数据管理委员会、公司数据治理团队、部门数据治理团队三级数据管理组织，构建了数据责任人体系，明确了"业务谁主管、数据谁负责"的原则。其数据管理业务总体归信息化部门管理，并建立了专业的数据管理团队，主要工作内容包括：根据国家、行业、集团的数据管理要求，开展数据架构规划，制定数据管理目标与计划，组织开展全局数据定义，规划应用系统中的数据设计，组织开展专项数据治理，监控评估数据质量，提出整改意见，定期进行数据管理情况汇报等；通过数据漫画、专题培训、技术交流等方式开展全员数据培训；在数据治理、数据分析、信息获取等方面提供全线数据服务。

4. 数据文化

为强化各级员工对数据治理的理解，普及数据作为新生产要素对企业数字化转型的重要作用，公司数据治理团队策划了 3 期数据漫画，生动、形象地展示了数据治理的作用。他们还组织了 15 名国内知名专家开展了 1000 余人次的数据理论培训，促进了数据思维的全面普及。航空工业成飞还举行数据建模大赛，3 年来，参赛的队伍共有 567 支，参赛人数约 1500 人，评选获奖作品 120 余项。比赛围绕批量产能提升、专业能力提升、质量问题优化、运营模式转型 4 大方向，由各部门一把手及 CIO 出题。各参赛队伍锐意创新，运用"数据+模型"突破技术难点，驱动业务转型升级。

45.3 项目成果

1. 数据治理体系

航空工业成飞构建了包含数据治理方法、数据治理组织、数据治理流程、数据治理标准"四位一体"的数据治理体系，如图 45-3-1 所示。

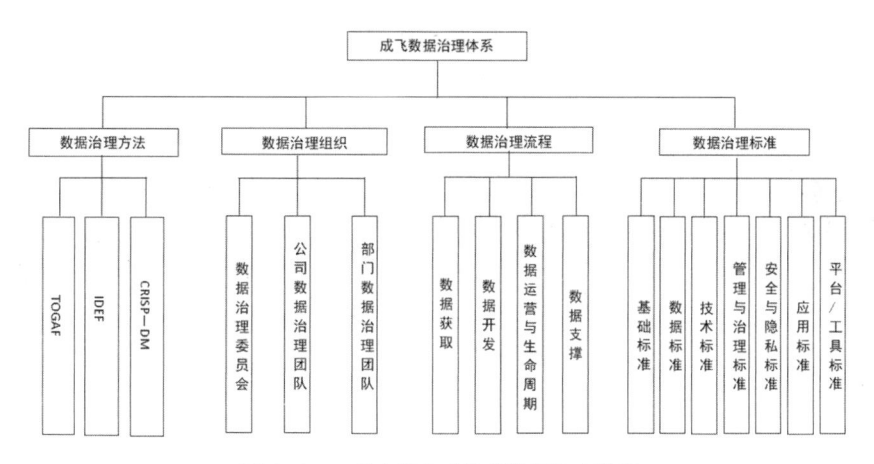

图 45-3-1 航空工业成飞的数据治理体系

航空工业成飞基于 DFD 全局建模方法建立了由流程架构向数据架构推导的层次模型，揭示了业务流与数据流转换的内在联系；研发了节点式架构特征数据快速映射方法，以及首次构建了面向飞机研制全过程的全局数据模型，使得数据断点数量减少 60%，业务对象转化率达到 100%。

航空工业成飞的三级数据管理组织架构有力地保障了从数据架构规划到数据管理活动落地的执行，以及专项数据治理的开展和数据应用场景的策划。航空工业成飞通过建立数据治理组织和机制，支撑公司信息化架构的构建，具体包括以下内容。

- 建立了数据治理组织，支撑公司信息化架构的建设和运营，从而使得流程的运行更加高质量、高效率。
- 构建了覆盖数据架构、数据获取、数据开发、数据运营与生命周期、数据支撑、数据治理流程，支撑数据业务活动规范的开展。
- 建立了公司统一的数据标准，实现对公司数据的整合管理，以及对数据标准的统一管理的目标。数据标准规范体系是以上数据运营模式落地的有力支撑，航空工业成飞策划并设计了数据标准体系框架，从基础、设计、技术、治理与管理、安全与隐私、应用、平台/工具 7 大方向策划数据标准 80 份，主编或参编国家标准 2 份、航空工业集团标准 2 份，充分保障了总体方案的规范执行。

航空工业成飞的数据标准化应用案例被纳入了全国信标委《工业大数据管理及应用实践》案例集，以及四川省大数据标准化应用案例集。

2. 数据治理效果

航空工业成飞围绕企业数据的现状和存在的问题，以数据生命周期的各个环节为牵引，从"定、存、通、治、用"5 个方面开展数据治理行动，在数据建模与标准、基础数据共享与数据集成、数据流通与交易等方面取得了一定效果的基础上，支撑了飞机产品研制、生产采购、经营决策等业务增值。

（1）全局建模，标准统一。

航空工业成飞基于全局数据建模，对产品数据管理、数据资源管理、制造运营管理、客户服务管理、人力资源管理、财务管理、计划管理等企业级应用系统进行业务数据模型梳理、数据模型设计、数据库实施，贯通了产品从设计、工艺、制造到售后服务的数据链路，实现了端到端流程的数据贯通，完成了 4400 余项模型定义与入库，构建了统一的数据定义和企业数据源，形成了优质、高效、权威的数据底座。

航空工业成飞还构建了元数据、主数据、全局数据模型标准，以及建立了复杂航空装备数据治理体系。其发布了《全局数据库标准准则》《元数据命名规范》《主数据设计规范》《数据架构设计技术规范》《概念数据模型设计规范》《逻辑数据模型设计规范》等相关标准，揭示了数据与业务双向流转机制，构建了面向飞机设计、制造、生产和保障等过程的全局数据模型，实现了对业务架构和数据架构的一致表达。

（2）基础数据唯一、一致，促进数据集成共享。

航空工业成飞制定了主数据统一编码、变更、同步及共享集成等一系列要求，支撑了公司权威主数据的构建。并且他们依照标准形成了"一主四副"的主数据同步机制，实现了主数据系统与业务系统的集成、数据共享，提升了数据的权威性和一致性，并可以与主设计单位、主成品供应单位进行主数据同步应用。

航空工业成飞构建的主数据系统，实现了对主数据的统一管理。他们将主数据治理的标准化方法与业务流程相结合，实现了 66 万条主数据的入库管理及与系统集成，形成了科研生产需要的高质量基础数据资源库，保证了企业主数据的权威、统一的流转，打通了资源采购、入库、工艺设备选型、能力平衡、维修定检、报废全过程，实现了将主数据的采集和共享深入到业务流程，从业务端驱动主数据管理，形成了管理和应用的有机协同。

（3）建成数据中台，支撑数据分析应用。

航空工业成飞强化数据应用，发挥数据价值，实现了将公司 200 余个业务系统共 30TB 的结构化数据纳入管理，提供数据服务 435 个，总计调用数据 3379761 次。他们通过数据中台开发了飞行参数判读、人员画像、飞机备件预测等数据应用场景，有效推进了大数据的应用；通过数据中台构建了数据图谱平台，可实现对工业数据的关联查询。通过数据图谱查询数据之间的关联，支撑数据的关联关系分析，提升查询效率，促进企业全局数据资源分析及管理。在数据图谱平台中也可以查询及展示工业知识关系、企业标准等数据关联关系及知识，提升数据利用率。

航空工业成飞还统一了工业大数据采集、存储等标准，构建了设备分类及采集参数模型库。工业大数据作为制造业生产中的重要资源，蕴含了巨大的价值。航空工业成飞针对工业大数据发布了《设备数据采集规范》《数据存储技术规范》《数据预处理技术规范》等相关标准，规范了工业设备数据采集接口协议要求，明确了数字化设备采集参数的基本要求，为工业设备数据的采集及新购数字化设备提出了明确的指导。并且其面向不同工业数据的类型，提出了时序存储、结构化存储和非结构化存储及转换的要求。航空工业成飞以数字化设备"应联尽联，应采尽采"为目标，将公司全部的数字化设备接入工控网，采集了 7600 余项参数，推进了数字化车间的建设进程，为后续的工业大数据挖掘和分析奠定了基础。

（4）促进数据流通交易，持续赋能业务。

航空工业成飞依托大数据平台中的权威数据资产及以内部虚拟货币为载体的区块链权威确权体系，打造了数据交易中心（见图 45-3-1），首批定价数据资产 100 余项，价值达到近 500 万元"飞币"。

航空工业成飞利用数据交易平台实现了企业内部数据的交易与流通。其面向领导关注的重点场景及业务领域的痛点需求，构建了每日数据分析场景（已完成 148 项场景构建），保证用户可以实时掌握场景的开发及发布情况，以及查看最新的场景信息，驱动业务发现及整改问题。针对重点关注场景，航空工业成飞形成相应的执行结果验证措施，采用数据"回头看"方式对业务治理情况进行验证，并形成新的分析报告，促使业务的变革和优化。

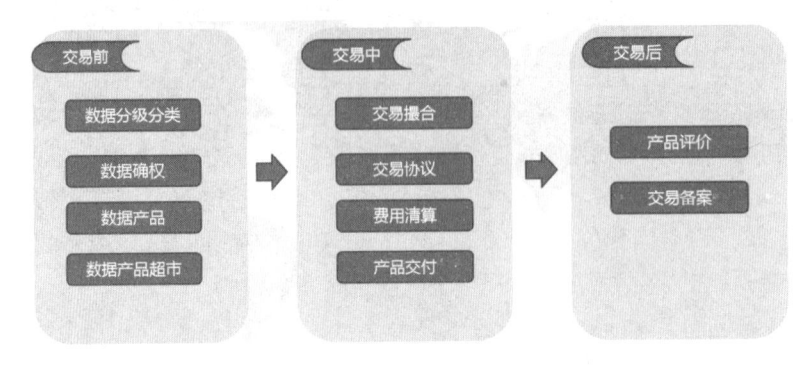

图 45-3-1　数据交易中心

（5）支撑飞机产品研制。

军用飞机是一种复杂的武器装备产品，其研制生命周期中的核心业务活动包括飞机设计、工艺设计、生产计划下达、物料采购、制造执行、试验试飞、服务保障等关键步骤。完成一架飞机的制造需要历时数月，并且需要全国各地多厂所、多供应商协同完成。在协同研制过程中，除需要产品的设计资料、实物部件或物料的协同外，同时需要进行数据的协同与贯通。航空工业成飞通过统一的数据标准，构建全局数据模型，开展全局数据库实施，建立 xBOM 数据管理体系和能力框架，打通了 EBOM—MBOM—BBOM—SBOM 数据传递链路，并以某型号飞机为应用对象进行验证。

航空工业成飞建立了以 xBOM 为支撑的正向工艺设计体系，克服了数据多源的"弱点"，并实现了 EBOM 数据实时共享，解决了并行协同的"堵点"。他们将工艺规划、生产准备等活动提前至设计阶段同步开展，打通了全局变更的"断点"，实现了设计/实物状态实时可控、可追溯，形成了"技术状态更改—技术通报实施"的闭环管理，推进了一体化供应链管理，解决了线下协调的"痛点"；将平台和网络外延，消除了外场服务的"盲点"，使飞机整体研制周期缩短 10%，有力地保障了飞机的快速研制和批量生产。

（6）支撑生产和采购。

①围绕生产制造排产核心问题，构建过程跟踪调控及智能预测模型。

零件和成品管理是供应链管理中的难题，航空工业成飞采用多维融合生产场景对供应链生产过程进行跟踪，并对各阶段产生的问题进行辅助决策。

基于生产场景业务数据，以及对日常生产调控决策的收集，在发生因零件缺件等情况导致生产进度延后时，相关系统通过大数据关联分析，计算历史决策关联度，并与当下条件进行对比给出相应的建议，然后基于管理人员的最终决策结果，在重新计算历史决策经验后对结果进行迭代优化，最终实现让系统自行进行决策。

零件生产是航空工业成飞生产的基础。零件生产计划一般按照年度进行任务分派，即先统计历史每日专业厂商的生产量，之后利用线性回归算法，以年度计划、工作日历为影响因子，预估未来每日的产量；基于对历史数据的挖掘及结合最新工序计划执行情况，可以预测未来的产量；将每次预测正确的结果继续纳入模型训练，持续进行权值优化，直至模型达到 85% 的准确率。

通过零件生产预测，生产管理部门可以掌握零件生产趋势，为智能排产提供有力的支撑，从而可以合理安排零件的生产节奏，提高零件生产的均衡性，解决部分厂商产能释放不平衡，生产节奏不合理的问题。

②基于质量控制的设备故障预测及风险预警，提升质量控制能力。

针对高档数控机床维护难，现有的维修专家知识数据库不适合智能化故障预警和诊断的问题，航空工业成飞开展了基于设备运行状态监测的故障预警与诊断技术的理论与应用研究，并开发了数控机床底层运行和现场生产线环境的在线和远程监控应用系统，实现了高档数控机床的在线和远程故障预警和自动诊断功能，有效降低了设备的故障率、设备故障判别成本及因故停工的成本，改善了高档数控机床维护难的问题。

航空工业成飞通过车间摄像头采集的视频图像，基于人工智能机器视觉技术，构建了车间数字孪生风险预测模型，以识别装配车间各站位工作状态，并将结果动态反馈至生产系统中，解决了当前因工作区域与信息采集区域分割造成的实物流与信息流不一致的问题；通过识别人员安全帽状态，对全厂所有安全生产区域进行扫描，检测工人是否正确佩戴安全帽，并对违规行为进行告警，从而降低了车间生产的安全风险。

③基于主数据的供应商统一管理和物料统一编码管理。

供应商资源信息贯穿采购需求分析、供应商认证与选择、合同履行全流程，同时也是贯通供应商从准入到退出业务链的核心数据，其数据质量直接影响采购业务及产品质量管理等业务的精准决策及高效运行。

航空工业成飞基于主数据实现了供应商核心数据管理，并通过供应商主数据平台及数据资源的共享，实现了对供应商进行统一编码，以及向航空工业成飞下属企业的推广应用及延伸，带动了产业链中的企业的主数据治理体系的协同共建、价值共创。航空工业成飞创新构建了供应商信息协同及溯源治理机制，有效推动了对供应商数据的溯源治理。通过本次治理，供应商资质信息更新不及时导致的超期情况得到了极大的改善，资质超期供应商数量降低了 37.87%。通过对供应商主数据及资源池中无效数据的清洗及对"僵尸"供应商的清理，资源池中的供应商数据量由原来的 20000 家精简至 2000 家，数据量压缩了 90%；同时，基于协同平台的供应商信息注册、资质预警及联动变更机制，改变了原有线下供应商信息沟通的模式，有效提升了信息沟通效率，大大降低了供应商信息管理成本。

（7）支撑企业经营决策和风险预警。

航空工业成飞构建了"平战一体、常态运行，平时好用、战时管用"的企业决策指挥中枢，形成了企业智慧管控中心。

管控中心搭建了指标体系，构建了面向对象的主题模型和面向指标的维度事实模型，从业务域识别指标体系中指标描述的业务对象，以及识别计划、合同、零件等公司级核心数据主题；建立了主题数据库，梳理了基础属性，创建了标签属性，再基于主题数据仓库技术构建了面向指标的维度事实模型。管控中心累计上线 1276 个场景，形成 3000 余个指标，构建预测指标 200 个，实现了管理透明化、决策科学化。管控中心践行数据驱动管理理念，实现对复材、部装、总装、试飞等车间的运行进行监控，细化生产现场管控的颗粒度，形成了制造企业运营管控治理的新范式。

管控中心还建立了企业风险识别模型，基于各业务域中大量的业务数据，对其中影响风险的特征进行筛选与处理，形成模型的自变量；然后将风险发生标识作为模型的因变量，应用机器学习算法对数据特征进行训练，形成预测模型，并对生产过程中符合风险特征的指标进行风险判别。

智慧管控中心对各个业务域进行管控，具体介绍如下。

- 供应链管控通过业务与数据的结合，实现了对整个生产链条的精细化、数字化管控：小到零件生产，大到转厂交付，都可以实时进行监督查看，并对中间环节所产生的问题及风险进行及时处理，这为管理层了解生产情况提供了有效的途径，优化了管理手段，提升了生产运作管理的统筹性和全面性。
- 质量管控对各项目的质量指标实现了每天自动统计，并将每个质量指标的发生值与目标值进行比对，对超过既定目标值的质量指标进行及时预警，代替了项目人员每周、每个月、每个季度的手工统计汇总，而且可以让项目人员对整体现状进行实时的掌控及监督。
- 人力管控是对公司整体的人才队伍进行系统性的分析及展示。公司各个层级的人员都可以在人力管控中找到自己所属的定位。人力管控通过多维度、多视角的分析，辅助领导对公司整体人才战略规划进行调整及部分计划的下发进行决策。

3. 创新经验

航空工业成飞的数据治理项目面向新产品研制，基于"业务、数据双中台"模式，采用"业务数据化、数据资产化、资产业务化"的企业数字化转型方法论，构建了自主可控的航空制造业数据空间，形成了优质、共享、敏捷的数字生态，引领业务创新升级。

针对面向企业精细化管控的多维指标梳理难，指标可用性不高的问题，航空工业成飞提出了指标体系构建方法，并创新地结合层次分析法对各层级指标进行主题的组织与选择，从而建设了统一的多维指标体系，以及构建了管控中心指标库，以满足企业精细化管控的要求。

针对企业产品研发、生产制造、服务保障等业务域运营风险难以快速识别的问题，航空工业成飞构建了风险判别模型，其中采用机器学习与数据建模相结合的方式开展对关键风险特征的训练与优化，实现对风险的预警，并通过安全邮件发送预警信息，建立企业运营风险快速识别及快速通知的管控模式。

在标准的编制及执行过程中，航空工业成飞采用"顶层策划，边行边试"的方法，覆盖了产品研制过程中的数据采集、存储、建模、应用等多维度，并在项目实施过程中进行标准贯彻验证，对标准进行迭代优化，实现标准的可落地、可执行。航空工业成飞与兄弟单位形成团体，协同编制标准，并进行多轮评审、意见征求与迭代修改，提升标准的质量，让标准普适性更好，推广性更强。

围绕公司运营数据，航空工业成飞开启"今日数据"工作：通过数据分析发现业务问题，驱动业务开展治理和优化；以问题为导向策划 12 项专项数据治理工作，重点对设备能效、试飞判读、供应商管理等方面进行数据治理，实现了业务的高效、优质运行。

2020—2022 年，航空工业成飞连续 3 年举办数据建模大赛，在全公司范围内普及数据文化，激发了员工自主创新的热情，其中产生的成果在实际业务中得到了广泛的应用，并获各单位的一致好评。

航空工业成飞以用促治，在公司内形成最佳实践，在集团内形成行业典范。此次数据治理项目让航空工业成飞形成了"业务+流程+IT+数据"的四轮驱动。他们以数据赋能业务的应用成效及从中发现的业务问题，来反向推进数据治理行动的开展，切切实实产生了业务价值，并形成了良性循环，在公司内部形成了数据治理的最佳实践：

- 在试飞领域，开展了飞行参数大数据自动判读研究，基于时序数据模型构建多源异构的优质飞行参数数据集，缩短了飞行起落异常判读时间。
- 在工业设备大数据领域，构建了飞机三段对合孪生场景，通过采集定位器数据，并实时通过数字孪生技术展示飞机对合的进程和姿态，提前发现对合问题。
- 通过"今日数据"推送场景，发现"库存积压""成品价差"等业务问题，完成了近百次业务优化。

4. 应用价值

航空工业成飞通过实施本次数据治理项目，取得了以下成果。

- 探索了一套"业务数据化、数据资产化、资产业务化"的企业数字化转型方法，构建了自主可控的航空数字工程数据空间，形成了权威、连续、优质的数字生态，支撑了其数字化转型。
- 解决了企业数据标准不统一、数据责任不清晰、数据信息不完整、数据传递不及时、数据集成与共享困难等问题，打通了"存通治用"脉络，实现了数据治理效果的大幅提升和数据资产的增值。
- 公司智慧管控中心建设完毕后，屡次获得上级领导、行业专家的高度评价。该系统作为航空工业成飞数字化、信息化建设的重要阶段性成果，以及公司经营生产的过程管控和指挥决策的指挥中枢，进一步展示和凸显了航空工业成飞在航空武器装备研发制造方面的管理能力和信息化建设的软实力，有助于进一步提升航空工业成飞的客户形象，以及企业的美誉度。
- 航空工业成飞的数字化转型形成了一套方法、理论及软件产品，并对外销售，其中实现的数字经济规模突破亿元。

45.4 后续规划

未来，航空工业成飞将以数据资产化为目标，基于湖仓一体的可信数据空间，建立可信数据流通平台和数据交易运营平台，形成航空产业链数据交易市场，孵化数据应用，促进数据价值变现，真正实现从"让数据用起来"到"让数据产生价值"，让数据驱动的管理向业务赋能。

第46章

重型装备制造行业：数据标准，装备中国
——中国一重的数据标准化管理项目

46.1 背景介绍

1. 公司介绍

中国一重集团有限公司（以下简称"中国一重"）是中央管理的国有重要骨干企业之一，是国家创新型试点企业、国家高新技术企业。其拥有重型技术装备国家工程研究中心、国家能源重大装备材料研发中心、国家级企业技术中心。

中国一重主要为钢铁、有色、电力、能源、汽车、矿山、石油、化工、交通运输等行业及国防军工提供重大成套技术装备、高新技术产品和服务，并开展相关的国际贸易，主要产品有核岛设备、重型容器、大型铸锻件、专项产品、冶金设备、重型锻压设备、矿山设备和工矿配件等。

中国一重坚持新发展理念，按照高质量发展要求，以供给侧结构性改革为主线，加快推动传统产品的优化升级，在做强做优装备制造与服务板块的基础上，积极拓展新兴战略产业，努力建设成为世界一流产业集团。

2. 行业特点及信息化建设背景

中国一重属于离散型装备制造业中的重型机械行业，其特点是产品类型多，产品结构复杂（产品少则由几千个零件组成，多则由几万个零件组成），覆盖的工艺类型多，生产工艺流程长及制造周期长。由于中国一重的客户对产品的需求各异，经营人员、产品和工艺设计人员共同参与经营活动，并需要与用户进行长时间的技术交流。虽然其产品复杂，但市场要求产品设计周期越短越好。

中国一重的生产形式决定了其信息化实施工作与其他企业有很大的差异，其产品和生产特

点如下。

（1）产品品种多、生产数量少、规格多变，按客户订单进行设计，定制化生产；产品各部件之间的时序约束关系和成套性要求严格，关键设备的能力平衡和利用率是生产与控制的关键环节。

（2）产品结构复杂、生产周期长、重复作业占比低，较难采用流水线或专用工装设备生产。为了保证按期交货，一般难以在技术资料全部准备齐全后再开始生产，而是边设计，边生产，边修改。

（3）产品质量难以控制。虽然企业会采用全面的质量管理体系，但生产中存在的质量问题常常会造成工期延误，打乱生产计划，致使制造成本上升，不能及时交货。

（4）成本难以动态监控。产品是根据订单组织生产的，产品工艺成本及构成需要在完成产品设计、工艺编制，以及形成物料清单、工艺线路、工时定额后才能确定；产品定额成本的控制视项目而不同，并且数据量大，这导致成本控制困难。

（5）对交货期要求严格，且每次订单上所需要的产品同以往生产的产品都有区别，虽非全新产品，但可能在设计、尺寸、形状上有新的变化。需要根据交货期，以订单中的独立需求为对象下达工作令号组织生产。

（6）生产组织困难。大型单件产品在完成产品设计和工艺编制后，才能制订出较为合理、可行的生产计划和作业计划，因此生产准备周期较长。在生产组织中也不可避免地存在如下问题：生产资源冲突难以避免，产品总装不能有效配套，物资供应难以保证等。

由于以上这些产品和生产特点，导致离散型装备制造业的信息化建设和整合难度大。因此，离散型装备制造业的信息化建设应以提高企业竞争力为宗旨，以实现产品设计信息化、生产过程自动化、管理现代化、决策科学化为目标，以企业的信息流、资源流、业务流融合统一为途径，以提高产品性能、产品质量、缩短产品研制和生产周期，以及提供优质和及时的服务等为落脚点，分层次、分类型推进，分阶段、分目标落实。

3. 数据治理背景及必要性

中国一重在"十三五"规划期间建设的数据标准化平台，将通用基础、财务、人员、内部单位、外部单位、物料、生产这7类主数据进行规范化管理，提高了主数据的质量，为公司平台化整合和系统的互联互通打下了坚实的基础。随着技术的迭代升级和公司数字化转型工作的推进，中国一重对数据治理提出了更高的要求。如图46-1-1所示是中国一重在"十四五"规划中的数字化转型规划架构图。

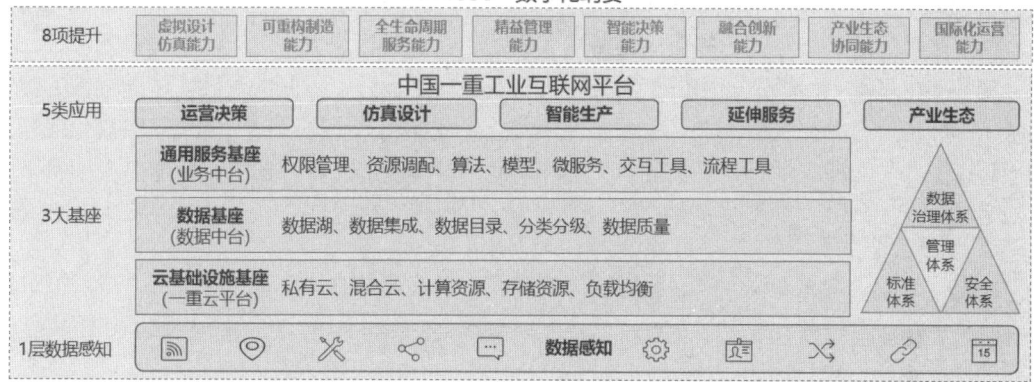

图 46-1-1　中国一重在"十四五"规划中的数字化转型规划架构图

（1）数据已经成集团数字化转型成功的关键抓手。

当前信息化技术和业务融合趋势不断推进，数据资产已经成为中国一重下一步数字化转型成功的关键抓手。高质量的数据对中国一重来说是战略性资产，但要使数据具有价值，则需要确保数据可信任，并具有安全性、可访问性、准确性、共享性和及时性。因此，中国一重需要从数据治理着手，制定集团公司整体数据管理规则、流程和政策等；同时，通过引入云计算、大数据、人工智能等关键技术，建设集团公司统一的数据平台。中国一重围绕集团关键业务场景构建数据资产，如主题数据、专题数据、业务指标、业务画像、风控模型等，为集团公司进一步围绕数据资产开展数字化运营和开展信息化系统优化奠定坚实的基础。

（2）信息孤岛和信息化重复建设是信息化工作中始终要解决的问题。数据治理有助于减少信息孤岛、避免信息化重复建设，具体主要体现在以下几点。

①保证系统数据统一标准、统一管理。中国一重的信息系统是"竖井式"的：往往一个生产数据有多个源头，从而造成了数据不一致、不统一、不准确等现象。通过数据治理可以实现对各类数据统一标准、统一管理。从数据创建、修改、应用等多个关键环节进行控制，可以确保数据"一数一源"及"一物一码"。

②提升数据质量，为系统集成提供基础保障。中国一重将一致的、唯一的、标准的数据发送给各信息系统，确保异构的信息系统中的数据的正确性和标准性，以及各信息系统应用的数据标准一致，并在此基础上实现系统的集成工作。

③提高数据的复用性，降低信息化建设成本，缩短建设工期。中国一重构建了全集团的标

准数据资源库，其中保存着各类标准的数据。当企业新建系统时，可以快速应用已有数据，无须重新收集、分类、整理数据，降低了信息化建设的成本和缩短了信息化建设的工期。中国一重于 2017 年开始建设数据标准化平台，在 2021 年进行数据标准化平台的升级，具有良好的信息化基础。其数据标准化平台已经在线运行多年，涉及营销、生产、人力资源、办公、运管等核心业务系统的建设与运营，并且已经覆盖了集团主要业务板块，为进一步构建集团"一云一湖"的数字化基础平台和下一阶段集团数字化转型奠定了良好、稳固的基础。中国一重的数字化队伍初步形成，并在主要的二、三级单位中设立了数字化转型办公室，明确了数字化战略方向和管理工作。而信息中心则承担数字化战略落地和服务职能，有一定的人才储备。

4．数据治理难点分析

质量、成本、交货期和新产品开发速度决定了企业的竞争力，离散型装备制造业对设计数据、产品数据、营销数据及制造数据依赖程度比较高。中国一重在其信息系统建设过程中，主要面临以下 4 个方面的困难。

（1）产业链条长、多业态并存。中国一重的业务链路较长，覆盖从研发到销售全产业链。其中的生产工艺包括炼钢、铸造、锻造、热处理、粗加工、调质、精加工、装配等，辅助生产工艺包括焦化、制氧等。在各个工艺流程中沉淀着大量的复杂数据。另外，离散型装备制造业的生产具有典型的多规格、多品种、小批量，甚至单件定制或按订单定制的特点，并且其中涉及的零部件品种及规格多，产品结构复杂，这使得中国一重的业务流程固化且更加复杂。中国一重典型产品制造过程图如图 46-1-2 所示。

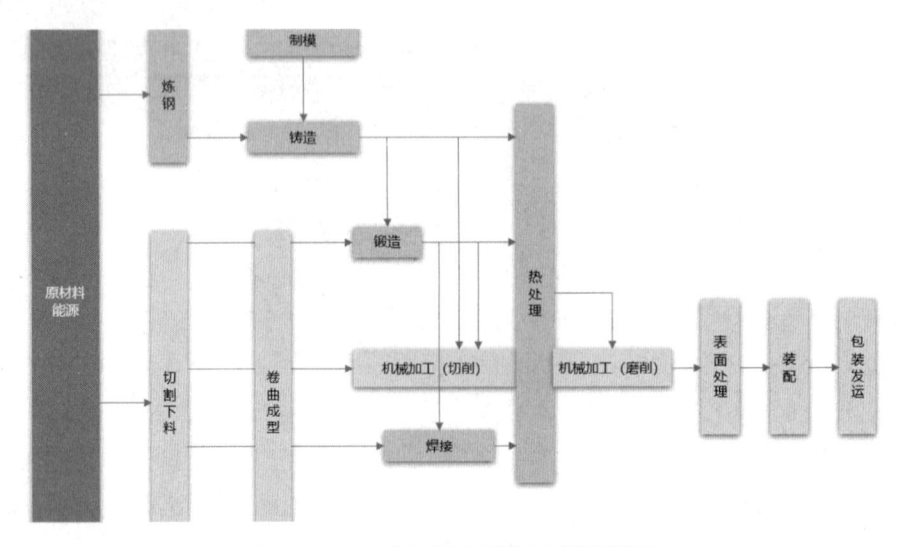

图 46-1-2　中国一重典型产品制造过程图

（2）不同形态的生产车间的数据管理需求不同。离散型装备制造业的每个生产车间的生产对象和加工工序都不同（如装备制造板块的生产过程包括炼钢、模型、热处理、焊接、机械加工、装配、包装、运输等），因此具有以下特点：

- 生产过程经常处于边设计、边生产、边修改的状态；
- 对 BOM（物料清单）数据的分段发布、并行管理和汇总能力的要求强；
- 生产过程难以达到稳定状态，需要较强的生产应变能力；
- 客户需求变化大，动态变更频繁，对响应速度的要求高；
- 工艺计划与生产过程密切关联，需要实时跟踪。

（3）数据采集自动化程度低。中国一重各生产单位的自动化程度都不同，目前，其大部分生产车间都还没有引入自动数据采集技术，只有部分数字化车间的数控机床联网系统可以直接从数控系统中获取生产信息和机床运行状态信息。

（4）系统集成困难。中国一重早期建设的业务系统集成性不高，有的是在某一个系统中产生并维护部分属性后被传递到其他系统中使用的，在使用过程中会扩展属性，甚至会改变原来已有的属性，造成各系统数据不一致，系统集成困难。随着集团公司信息化进程的不断推进，各业务系统的持续运行，产生了大量的数据，但分散的业务数据让决策者无法总览全局，传统的查询统计功能限制性又强，复杂的数据环境及数据不规范、不完整、不一致等造成了数据质量差。

（5）数据可信性和一致性的要求高。随着中国一重加速推进数字化转型，其对数据质量的要求也更高了，一般会聚焦于与业务流程相关的特定场景，更关注造成业务流程中存在问题的根本原因和偏差。而数据挖掘、人工智能技术都会聚焦于对业务的理解，可以面向业务做定制化、精细化的算法管理，因此这些技术在消费数据时质量容错空间非常小，对数据可信性和一致性要求程度越来越高。

46.2 数据治理概况

1. 数据治理目标

中国一重的数据治理项目将按照统一规划、分步实施的原则，对标行业领先实践，聚焦云计算、大数据、人工智能等新技术，与公司经营管控和业务发展深度融合，重点挖掘数字化运营的应用场景、解决方案设计和实施落地。其整体方案将依托架构先进、资源共享、应用智能的企业架构 IT 能力，实现统一数据湖、统一大数据平台、统一数据治理、统一业务运营，支撑中国一重业务的高质量运营。具体包括如下内容。

（1）建设公司统一的数据治理体系。

中国一重将依托业界领先的数据治理方法论和重型装备行业数据治理的最佳实践，系统梳理公司数据治理体系和能力框架，涵盖数据治理的政策指引、组织、流程及工具平台，初步构建公司数据治理基本能力，形成数据治理平台；从业务全流程角度，汇聚生产、成本、质量、能源、设备等领域的数据，实现跨专业数据的融合与互通。

（2）建设公司统一的大数据平台。

中国一重将基于公司现有业务平台，从业务全流程角度，建设统一的数据集成平台，汇聚生产、成本、质量、能源、设备等领域的数据，实现各场景下的数据集成；构建让公司数据统一、完整、清洁的数据湖，汇聚生产、成本、质量、能源、设备等领域系统中的原始数据，提升自身的离线数据、实时数据和批处理数据的加工能力，及人工智能建模能力，完成各领域的数据主题库建设；建设对应的模型库、指标库和标签库、风险模型等数据资产，构建公司数据资产库。

2. 数据治理过程

数据治理要从基础的主数据治理着手。经调研分析，中国一重的物料主数据管理主要存在以下问题：

- 数据分类不科学，描述不规范，存在大量重码、错码、废码。
- 计量单位不准确，同类物资计量单位不唯一，数据质量不高，编码利用率低等。
- 其他（通用基础、财务、人员、内部单位、外部单位、生产）6 类主数据存在编码不统一、描述不规范、入口不唯一、流程不规范等问题，以及各业务系统各自为政。

2017 年 6 月，中国一重启动数据标准化管理平台建设项目。通过此项目，将围绕中国一重各项业务和现有信息系统，在集团范围内建立一套科学、适用的主数据标准和管理流程，为中国一重的信息共享和管理奠定信息标准基础。

物料主数据标准化是数据标准化项目中实施的重点与难点。中国一重的物料涉及范围广，纵向细分深入。项目组经过研究，决定从下属各单位中抽调 50 名专业人员组成中国一重物料主数据标准化组，并下设 9 个专业小组（配套件组、金属材料组、专项产品组、设备备件组、工具组、冶金炉料组、化工材料组、电器仪表组、产品组）。经过 1 个月的集中办公，他们共同制定了中国一重的物料主数据标准，如图 46-2-1 所示。

接下来是物料数据清洗，其中涉及集团的各项业务，技术性强、数据量大。物料数据清洗历时 3 个多月，共清洗库存物料数据 6 万余条。为了让数据标准化成果能够用得起来、用得方便、用得好，2018 年年初，中国一重采用一种全新的方式对将要设计的产品进行预先清洗，这样既不影响设计部门的工作效率，又能让数据标准化成果得到深入和快速应用。据统计，在数据清洗阶段，中国一重共计清洗了 12 万余条物料数据。同时，在此阶段中，中国一重结合其业务特点和数据标准化应用体会，将大家遇到的问题进行整理和汇总，创新性地编制出了《物料分类说明及提报指南》和《数据标准化管理平台应用100问》，极大地提高了工作效率。

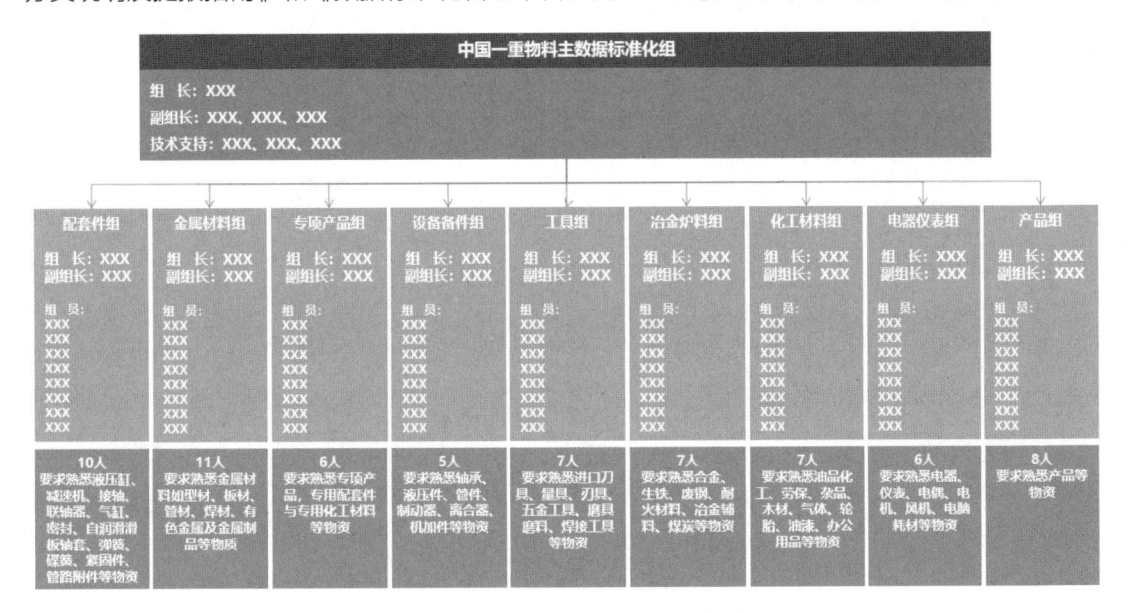

图 46-2-1　物料主数据标准化组及业务分工

数据标准化平台的建设和应用，需要由专业、稳定的运维队伍来完成。中国一重的领导高度重视，提前组织、抽调中国一重物资仓储部领导全职担任数据标准化运维组组长，并组建了由8人组成的专职物料编码审核小组，分别负责物料编码审核。

2021年5月，中国一重成立了由29人组成的数据质量提升专项工作组，历时6个月，完成产品主数据梳理6万余条、完善数据储备10万余条、实现PLM物料数据配码31万余条，制定并发布了《产品数据标准化管理规范》《数据标准化运维管理原则》。其数据标准化平台升级版于2021年9月上线，大幅度降低了主数据新增量，提高了设计、工艺人员的工作效率。

2022年，通过多年的数据治理，中国一重集成业务系统数据库，通过数据抽取和数据挖掘技术，根据营销、采购、财务、人力资源、质量5个业务领域的管理主题，建立了中国一重管理驾驶仓，统一展示公司运营活动的状态信息，强化公司数据化运营。

46.3　数据治理成果

中国一重的数据治理项目主要取得了以下成果。

1. 建立数据标准

中国一重建立了以下数据标准。

（1）建立《主数据标准》，涵盖通用基础、财务、人员、内部单位、外部单位、物料、生产共 7 大类主数据，以及规范编码规则、分类规则、描述规则等，对数据的新增、修改、审核、冻结、解冻等流程进行规范化管理。

（2）建立《数据标准化平台接口规范》，规范各业务系统与主数据系统的接口规则。

（3）建立《数据标准化运行管理办法》，规范数据运维的职责划分、管理流程和考核。

（4）编制《数据标准化管理平台操作手册》《数据标准化管理平台应用 100 问》《物料分类说明及提报指南》等辅助文档，有利于数据标准化平台的推广及应用。

2. 形成标准数据资源库

通过近 5 年的努力，数据标准化项目形成通用基础类主数据约 4000 条，会计科目主数据近 2000 条，银行主数据约 16 万条，内部单位主数据近 800 条，外部单位主数据 2.6 万余条，银行账户主数据 1.7 万余条，人员主数据 2 万余条，物料代码主数据 31 万余条，生产类主数据近 2 万条，共计 56 万余条主数据。

3. 实现业务系统集成

中国一重以数据标准化管理平台为核心，完成主数据管理系统与集中采购系统、供应链管理系统、人力资源系统、全面核算系统、费用报销系统、研发设计系统、生产管理系统、协同办公系统等的集成，实现了数据源头唯一，数据标准一致，数据规范共享。图 46-3-1 为中国一重主数据管理系统集成对接情况。

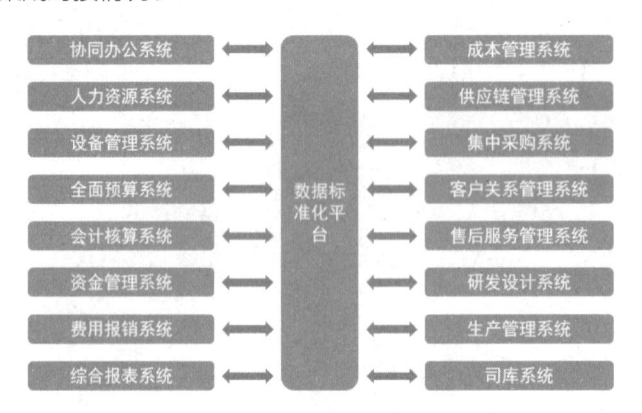

图 46-3-1 中国一重主数据管理系统集成对接情况

通过主数据与各业务系统的深度集成，中国一重实现了物料主数据的全流程、全生命周期管理，有效降低了库存、采购成本与管理成本，提高了工作效率。

4．搭建运维体系

数据治理并不能通过企业的单一部门来完成，需要 IT 部门与业务部门的协作，而且必须始终如一地进行协作，以改善数据质量，从而为关键业务提供支持。数据标准化管理平台的建成只是数据治理的开始，还需要对数据质量进行持续管控，因此，中国一重组建了数据标准化运维组。由 15 名业务专家组成的数据标准化运维组按数据类别进行分工，其中，8 名物料专家专职负责物料主数据的分类和审核工作。数据标准化运维组每个月在集团范围内对主数据的运行情况进行通报，主要反馈数据总量及变动情况、各单位主数据的提报通过率、存在或需要注意的问题等，督促各单位认识到数据的重要性，不断提高数据质量。

5．实现数据分析

数据是中国一重的重要资产，必须要从中获取业务价值。中国一重通过数据挖掘、数据抽取技术，根据营销、采购、财务、人力资源、质量 5 个业务领域的管理主题，建立管理驾驶舱，让决策层实时掌握公司运行情况。图 46-3-2 为中国一重管理驾驶舱人力资源分析展示图。

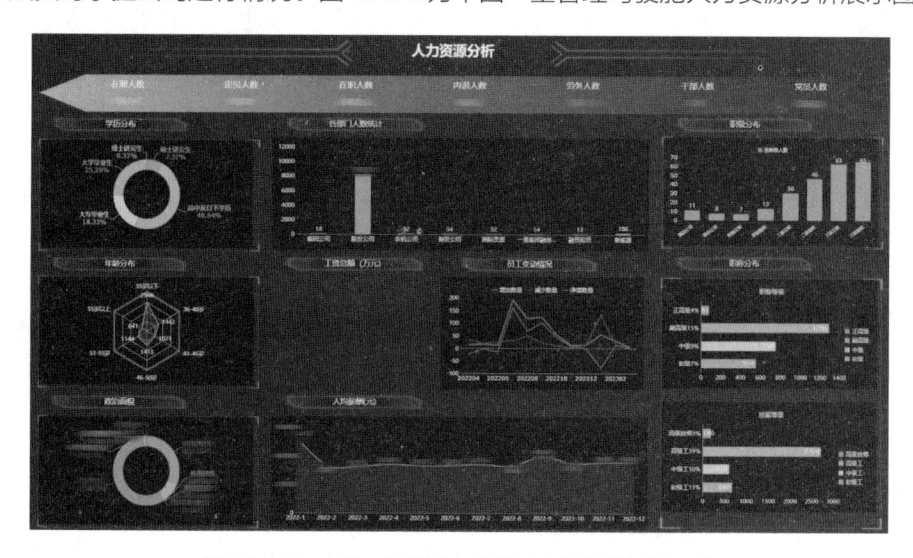

图 46-3-2　中国一重管理驾驶舱人力资源分析展示图

46.4　总结与成效

1．项目总结

（1）要从思想上真正理解主数据的长远价值，并让各级领导和员工足够重视，特别是让集团管理层直接参与和支持，将对数据治理项目的成败起到关键作用。

（2）数据标准化管理项目是标准化与信息化高度集成的项目，特别是在标准和规则制定前期，既要考虑规则的前瞻性和规范性，又要考虑信息化落地的可行性和方便性。

（3）制定的物料标准要包括物料分类和物料描述模板，不能只考虑各自部门的岗位需求，要站在集团整体层面统筹把控，这样建设的标准才有生命力。

2. 主要成效及展望

数据标准化管理平台是企业信息化建设的基础性平台，对企业信息化的建设质量、应用效果和数据分析起到支撑和决定性作用，能够规范企业编码、消除信息孤岛、提高数据质量，这也是系统集成的前提。

通过规范通用基础、财务、员工、内部单位、外部单位、物料、生产这 7 类主数据，使得集团能够集中化管理数据，在分散的系统之间保证主数据的一致性。从 IT 建设的角度看，主数据管理可以增强企业 IT 架构的灵活性，构建覆盖整个集团范围内的数据管理基础和相应规范，以更灵活地适应业务需求的变化。

通过建立数据标准化管理平台，中国一重实现了集团各类信息数据的统一标准、统一管理，实现了在整个集团的数据资源共享。通过统一、集中、规范的数据标准化管理平台，中国一重提高了数据质量及数据决策分析的效率，实现了各单位、各系统之间的互通互联，切实加强数据的共享服务能力及标准化水平。

通过建立数据标准化管理平台，中国一重的主数据治理已经达到行业领先水平。在大数据时代，数据已经成为企业的核心资产，主数据治理的成功只是数据治理的开端。下一步，中国一重还将持续推进数据治理工作：

一是充分利用已有的数据治理成果，助力集团数字化转型和智能制造升级，提升集团的信息化水平，促进集团高质量发展。

二是继续深化应用，整合业务系统，消除业务系统之间的壁垒，打通业务流程。

三是加强对数据的综合利用，加快推进工业大数据分析平台的建立，使业务数据化、数据资产化、资产价值化、价值最大化。

四是加强对数据质量的管控，在制度、组织、管理流程、人力资源等各个方面给予支持，不断提升数据质量。

第47章

交通物流行业：数据治理助力中国外运数字化转型

47.1 背景介绍

1. 公司简介

中国外运股份有限公司（以下简称"中国外运"）是综合物流服务供货商，服务网络覆盖全国并遍及全球主要经济带。中国外运的主营业务包括货运代理、专业物流、仓储、码头服务、物流设备租赁、船舶承运、汽车运输和快递服务等，形成了以专业物流、代理及相关业务、电子商务3大板块为主的综合物流服务体系，为国内外客户提供端到端、高品质的全程物流服务。

2. 企业现状

作为国际物流行业头部企业，中国外运一直非常重视信息技术的运用和提升，其通过不断加大投入，持续推进信息化建设，并取得了丰硕的成果：各级信息化组织逐步健全，基础设施不断加强；信息技术应用已经渗透到海运、空运、陆运等业务，以及人力资源、财务、客户、运营管理等领域。这些信息化建设成果在各自的业务领域中发挥了重要的作用，也为中国外运的数字化转型升级提供了很好的基础。

近些年来，数据作为企业的重要资产越来越被重视，成为驱动传统企业数字化转型的新动力。如何实现数据融合，以及如何实现企业内部数据协同和企业外部数据开放与共享成为关键课题。为此，中国外运明确提出数字化战略，并构建了企业级数据仓库，先后部署了业务综合分析平台（BI）、业务可视化平台、大数据平台和统一业务结算管理系统，目的是通过整合和开发利用数据，实现业务运营数字化和管理决策数字化，从而提升企业的运营效率和市场竞争力。

然而，中国外运在实践中遇到了很大的困难，主要是因为存在严重的数据问题，导致数据难整合、难利用，无法满足企业数字化转型的要求，难以发挥数据价值。这些数据问题主要包括以下 4 个方面。

（1）数据标准不统一。

在以往的信息化工作中，信息系统大多都是在不同阶段针对不同业务需求建设起来的，虽然一些业务系统内部已经形成了一些局部、独立的数据标准，但是不同业务系统之间未能形成统一的数据标准。各系统都是基于自己的需要定义数据代码、数据规格和语义的，致使不同系统之间的数据标准存在很大的差异，难以实现数据融合和数据共享。比如港口数据，有的系统用 Unicode 标准，有的系统用自定义的标准，这就造成了数据缺乏统一标准而无法融合。

（2）数据不一致。

各系统中的数据都是自成体系、分散管理的，公用的主数据也不例外。这就造成了不同系统对同一个业务实体的数据描述不一致、数据代码各异等情况。此时，无法对不同源头的数据进行归并，无法消除数据冗余，从而给数据融合和数据共享带来难以解决的困难。比如客户数据，每个系统都有不同的客户代码、客户名称和描述信息，当将数据集中到 CRM 系统中后，则无法对来自不同系统的客户数据进行合并，无法消除一个客户有多条重复记录所带来的数据冗余，无法满足客户授信管理和客户分析的要求。

（3）数据家底不清。

企业内部业务系统众多、数据分布广泛。由于缺乏统一的数据管理，分散在各系统中的数据都被封闭在系统内部，数据不开放，系统外的用户无法看到数据，致使企业无法知道企业整体有哪些数据，这些数据分布在哪里，数据的状况怎么样等，家底不清、数据不透明，对数据整合和开发利用形成了巨大的障碍。

（4）数据质量不高。

企业对数据质量缺乏有效的管理，对数据采集、数据传输、数据存储、数据转换处理等缺乏质量控制，导致数据质量参差不齐，数据的完整性、准确性和有效性低，存在诸多数据垃圾，难以发挥数据的价值。

3. 探索解决之道

产生以上问题的根源在于企业缺乏统一的数据标准和有效的数据治理，因此，为解决这些问题中国外运从以下两个方面着手：

- 一是根据自身的实际情况选择主数据驱动的数据治理模式，并于 2016 年启动了主数据管理项目，于 2019 年年底完成了整个项目的实施工作；
- 二是实施数据资产盘点，积极构建企业数据资产目录。

通过主数据管理项目的成功实施，中国外运构建了完整的主数据管理体系，搭建了主数据管理平台，实现了对主数据的统一管理，很好地解决了数据标准不统一、数据不一致等问题，有效提升了数据质量，并取得了明显的数据治理效果。通过数据资产盘点项目的实施，中国外运摸清了"数据家底"、建立了数据底账，通过构建六级数据资产目录和全景视图，实现了数据完全可视，并为实现全产业链的深度集成、智能协作、安全可靠，以及信息系统的互联互通、资源整合和信息共享提供基础保障。

本案例主要介绍中国外运主数据管理项目及数据资产目录项目的实施过程、成果。

47.2 主数据管理项目实施

中国外运主数据管理项目于 2016 年启动，分为规划设计和建设实施两个阶段进行。其中规划设计阶段主要是梳理需求、设计实施方案、编制管理体系框架；建设实施阶段主要是"定标准、搭平台、整数据、推应用"。经过 3 年多的时间，此项目已于 2019 年年底完成了全部实施工作，具体介绍如下。

1. 总体规划设计

中国外运主数据管理项目的总体规划设计于 2016 年 9 月启动，于 2016 年年底完成，该阶段围绕主数据标准体系、主数据管理平台、主数据管理和服务体系进行了详细的调研和规划。规划内容主要包括以下 5 个方面。

（1）分析企业业务经营和管理现状，梳理并规划数据管理范围及业务边界，识别数据源头，编制现状调研报告。

（2）从特征一致性、识别唯一性、长期有效性、交易稳定性这 4 个方面进行识别，确定主数据范围，对现有主数据进行梳理和清理，形成统一、规范的主数据标准体系表（见图 47-2-1）。

（3）基于数据治理和数据资产管理知识体系与业界最佳实践，设计主数据管理平台建设总体方案，包括主数据管理功能框架、功能模块、功能点、功能机制及数据交换与集成等。

（4）规划实施策略和方法，包括主数据实施的方法论、分期实施范围、组织计划、阶段步骤、阶段成果及风险控制等。

（5）根据主数据管理要求，从组织、流程和管理规范等方面对主数据管理和服务体系的构建提出建议。

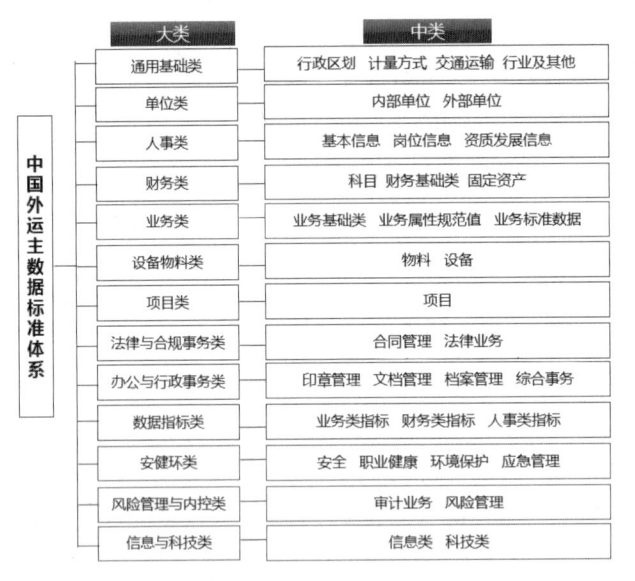

图 47-2-1　中国外运主数据标准体系表

2. 主数据管理平台建设实施

中国外运按照总体规划设计要求，以业界成熟的产品为基础，并根据自身需求进行扩展，搭建了集数据采集加工、数据存储、主数据全生命周期管理、主数据服务等为一体的主数据管理平台。主数据管理平台的功能架构如图 47-2-2 所示。

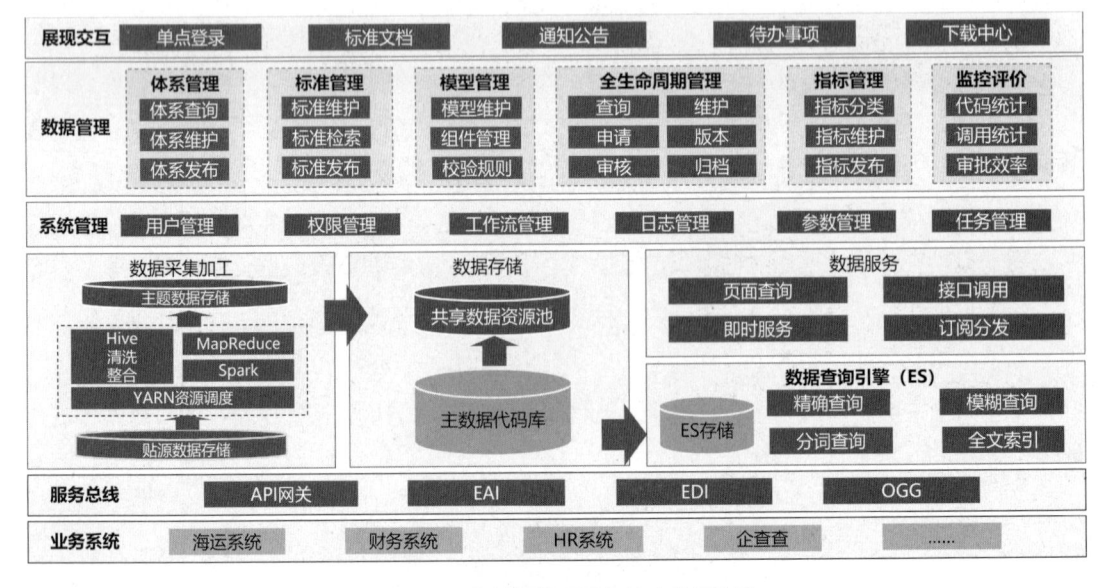

图 47-2-2　主数据管理平台的功能架构图

主数据管理平台建设包括以下实施要点。

（1）采用业界成熟的主数据管理平台产品，开发并部署主数据管理平台的基础功能，包括展现和交互、数据管理和系统管理等。

（2）利用数据采集工具（OGG、Sqoop等）和大数据平台，构建集数据采集加工、数据重构、数据存储和数据服务为一体的数据采集处理通道。

（3）完成主数据代码库、只读库、ES存储的搭建，完成主数据的查询、申请、调用、同步和ES智能检索5种服务的开发及部署。

3．主数据实施

主数据实施是构建主数据代码库、实施主数据管理的重要环节。每类主数据实施都必须按照实施流程进行，包括构建数据管理模型、清洗存量数据、数据加载入库、配置数据接口和服务方式等。其中具体工作介绍如下。

（1）制定和完善各类主数据代码标准，包括主数据业务标准、主数据管理标准和主数据技术标准。

（2）选择外部通用标准（ISO、Unicode、IATA、GB/T等），寻找各类通用基础数据，并配置数据采集方式。

（3）开发及实施各类主数据的数据模型，配置各类主数据管理流程，以及开发各类主数据共享服务接口。

（4）实施数据清洗和主数据代码入库，清洗历史数据60多万条，查找和整理标准数据100多万条，加载入库主数据代码150多万条。

4．主数据的应用推广

主数据是数据标准的载体，是统一数据标准、确保核心业务数据一致性的重要保障。主数据只有被使用，标准才能被执行，数据才能被管控。因此，做好主数据的应用推广，对于体现主数据管理的价值至关重要。主数据的应用推广工作分为总部试点和全面推广两个阶段进行。

（1）总部试点。

总部试点以总部统一建设的集中管理系统和统一业务平台为主，率先按照主数据管理要求对接及引用主数据。在总部试点应用中要检查主数据质量和应用效果，验证主数据各项服务接口的功能和性能，检验主数据管理与业务系统的协调性。通过总部试点应用可以不断优化主数据服务功能，提高主数据的完整性和数据质量，优化主数据运维管理和服务体系，为主数据的全面应用推广做好充分准备。

（2）全面推广。

全面推广针对整个企业各层级展开。一般集团化企业层级多，下属单位多，业务系统也多，这给主数据的全面应用推广带来很大的挑战。为了确保主数据的应用推广成功，全面推广分为以下4个步骤。

第一步是前期准备，包括成立应用推广工作组，负责组织培训和宣讲，对重点部门进行需求调研，制订详细的应用推广实施计划。

第二步是应用推广方案确定，包括需求搜集及整理，确定每个系统的主数据范围和对接方式，编制应用推广的总体方案。

第三步是应用推广实施，包括业务系统数据对接开发，数据清洗等。

第四步是应用推广验收，包括验收系统对接功能、数据落地和应用效果验收。

5. 构建主数据管理运营体系

构建主数据管理运营体系包括建立组织、配备人员、制定管理制度、规范管理流程、明确管理职责、完善管理机制，形成主数据负责部门牵头、主数据运维团队密切配合的主数据管理和服务保障体系。具体包括以下内容。

（1）制定并发布主数据管理办法和主数据运维管理细则，明确主数据管理要求，规范各类主数据的申请、审核、入库的流程。

（2）组建主数据管理和服务组织，并配置相关人员。企业总部成立主数据管理团队，根据需要配备主数据维护人员、技术服务人员和各部门主数据审核人员，各下属单位指定主数据管理和服务专员。

（3）建立主数据维护、考核机制，从时效性、准确性和完整性等方面进行考核，确保主数据维护和管理的质量和效率。

47.3 数据资产目录项目实施

中国外运通过充分利用其在交通物流领域的天然优势，汇集内部不同板块中的物流数据，同时吸纳外部关键数据，以技术平台搭建、数据共享交互、数据应用试点为切入，形成汇聚"海、陆、空、铁"全运输模式的数据资产，构建了中国外运数据资产目录。

1. 项目目标

此次项目的目标是按照数据资产管理办法，定义相关数据资产标签；梳理并完成第一阶段数据资产目录；形成数据资产运营体系。

2. 实施方法

此次项目的实施主要包括数据资产设计、数据资产开发、数据资产运营三大部分，如表47-3-1 所示。

表 47-3-1　实施步骤

阶　　段	方法步骤
数据资产设计	（1）整理业务系统中表/视图清单和各字段的备注信息； （2）标识主题域、主数据字段、码表字段，整理出对应的主数据表和码表； （3）以主要的数据实体对象为抓手，整理出业务表、主数据表之间的逻辑关系； （4）设计 ODS 层（命名、同步策略）； （5）设计 DWD 层（命名、转换（1:1 关系可形成宽表、引入主数据属性、翻译码表）、更新策略）； （6）设计 ASD 层（命名、选取需要的字段、各公司同类数据的汇总方式、更新策略）
数据资产开发	（1）大数据平台上的数据开发入湖，对外接口开发； （2）上述系统数据库的元数据抽取（可与（1）同时工作）； （3）数据资产目录整理（将有业务价值的数据表打上资产标签（包括主题、分类、管理组织等））
数据资产运营	（1）开发数据入湖后，日常抽取任务监控； （2）检查关键字段的数据质量，如有问题，则需统一格式、统一标准、空值控制等操作； （3）更新数据资产内容和对外服务工作

3. 数据资产目录建设及运营方法论

数据资产目录建设及运营分为 5 个步骤。

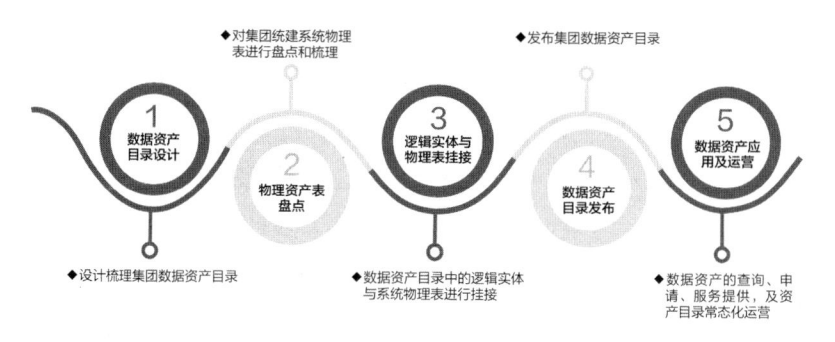

图 47-3-1　数据资产目录建设及运营方法论

第一步：数据资产目录设计，其中 L1~L3 级为集团数据主题域设计；L4 级为业务对象设计；L5 级为逻辑实体设计；L6 级物理表及属性盘点。

第二步：物理资产表盘点。

第三步：逻辑实体与（数据盘点）物理表挂接。

第四步：数据资产目录发布。

第五步：数据资产应用及运营。

4. 设计、梳理数据资产目录的要点

企业一般都拥有大量的、各种类型的、分散在各处的数据资源，如果没有数据资产目录和数据资产清单，那么其中许多数据资产实际上都是隐藏的。这意味着需要一个数据盘点过程来识别并分类企业数据资产。中国外运的数据资产目录的设计采用"业务驱动自顶向下"和"盘点驱动自底向上"相结合的工作思路。

- 业务驱动自顶向下是指按照业务视角全面梳理企业业务价值链、各种业务场景、端到端业务流程，包括业务流程中涉及的表单、术语、业务数据项等。
- 盘点驱动自底向上是指通过现状调研，盘点并提取源业务系统中的数据项，作为"果子"挂接到相应的目录"树"上。

图 47-3-1 为中国外运梳理的数据资产 6 级目录（示例）。中国外运在设计、梳理数据资产目录时，总结了以下要点。

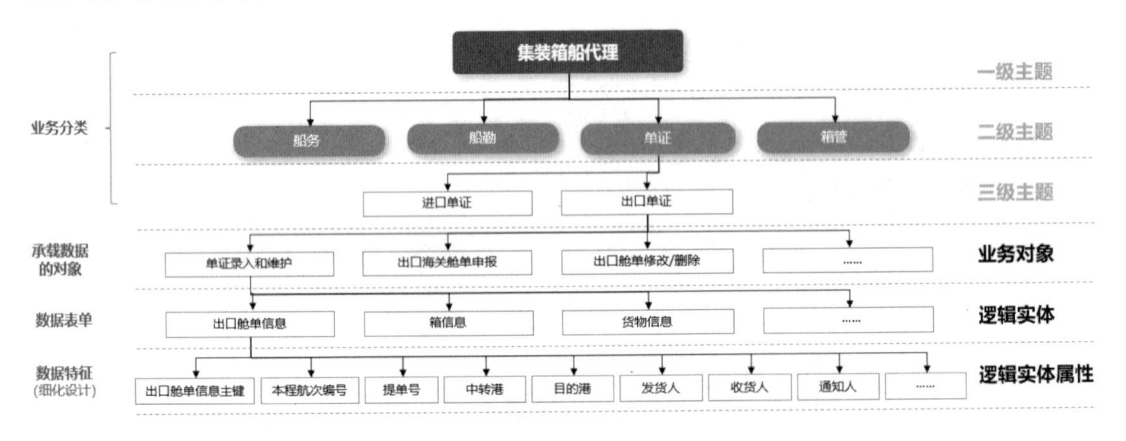

图 47-3-2　数据资产 6 级目录（示例）

（1）要点 1：数据盘点和梳理。

为保障数据的真实性、准确性和及时性，获取真实的原表数据，从生产数据库到只读数据库采用全量原表对接的方式；利用数据实体及关系梳理、数据探查和问题分析等切实有效的方法，将数据治理前移到业务系统中，真正实现源头治理；盘点梳理工作覆盖系统功能图收集、数据实体业务范围圈定、基础数据/主数据梳理、业务字段与主数据关系匹配、码表数据梳理（码值维护）、数据关系图梳理等。

（2）要点 2：数据主题定义和目录框架搭建。

主题域是从数据的本源出发，站在企业全业务的整体视角，形成集团统一的数据视图可以指导并应用于企业各类信息化建设、数据指标体系搭建、数据资产目录构建。业务对象是业务领域中某种具有连续性和标识的人、事、物的对象，用来统一企业重要的业务概念，是业务人员之间，以及业务人员与系统人员之间沟通的桥梁、识别系统范围和关键信息的依据、明确信息定义和关联关系的基础。业务对象对应数据概念模型中的概念实体。数据资产目录通过系统平台六级方式进行展示，便于高层领导和数据专家对企业数据资源分布情况一目了然。

（3）要点3：逻辑模型设计。

逻辑实体是数据资产目录对数据进行归并的重要环节；其"左边"连接业务对象，"右边"连接物理表。逻辑模型设计以业务数据盘点为主，以系统数据盘点为辅（见图47-3-2）。业务数据盘点以识别业务原始凭证为切入点，以主题域、业务对象为主线，梳理业务详单及附件，以及标识每个原始凭证的输入和输出关系，并按业务对象的顺序进行编号，形成原始凭证清洁清单。系统数据盘点是识别业务与物理表的匹配关系，对数据类型（创建/新增、修改/更新、引用/只读）进行标识，并进行数据溯源。二者结合对逻辑实体的表和字段进行归集。逻辑模型作为企业核心资产用于指导后续系统开发和设计。

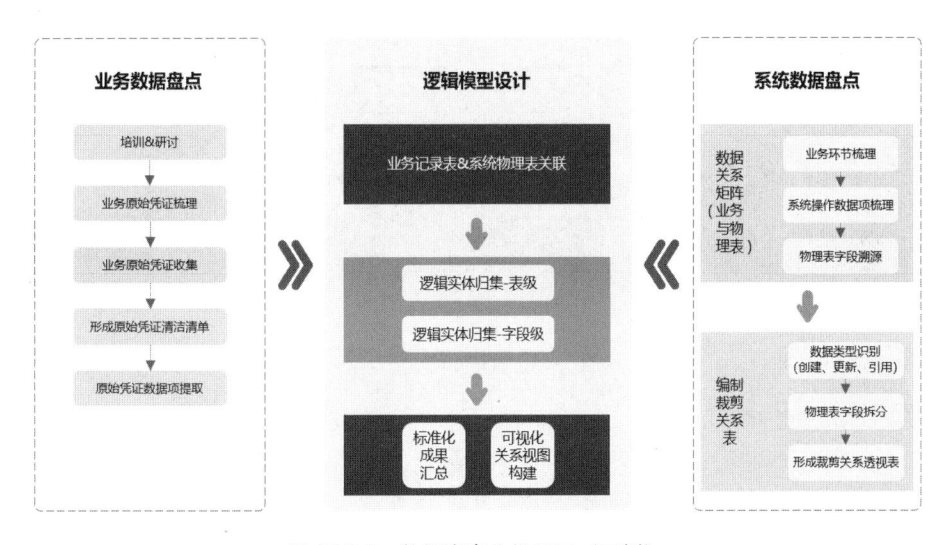

图 47-3-2　数据资产 6 级目录（示例）

5. 盘点方法：物理资产表盘点

数据资产盘点指的是建立数据的"台账信息"，像管理有形资产一样对数据进行管理。数据资产盘点主要从数据资产名称、数据资产描述、数据资产权威系统、数据资产主责部门等方面对数据进行规范性描述，以建立各类角色对数据的统一理解与认识。数据资产盘点主要包括有效数据资产识别、数据资产信息维护等阶段，如图 47-3-3 所示。

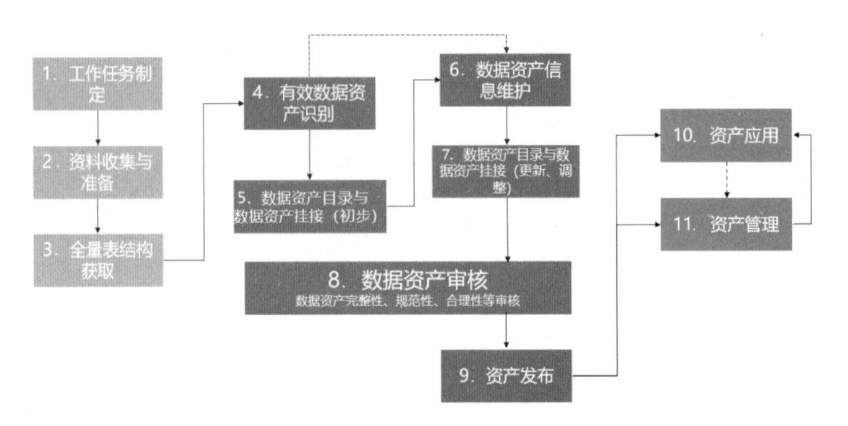

图 47-3-3　数据资产盘点方法

6. 逻辑实体与物理表挂接，建立映射关系

在数据资产目录项目过程中，还建立了业务信息与实际生产系统物理库表的映射关系，如图 47-3-4 所示为逻辑实体与物理表挂接，建立映射关系。

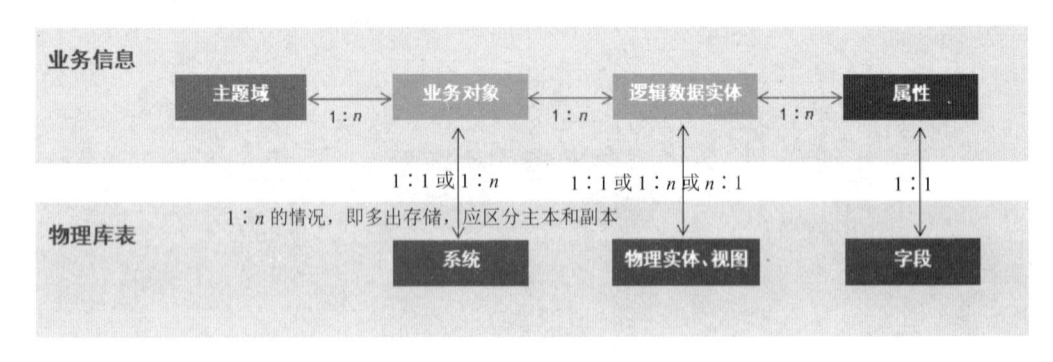

图 47-3-4　逻辑实体与物理表挂接，建立映射关系

7. 数据资产目录发布

在进行数据资产盘点及目录挂接后，可以发起数据资产发布申请，当审批通过后，在数据治理平台的集团数据资产目录板块中会发布，供所有人查询，并可按需提供数据服务。对于集团数据资产目录用户可以申请具体数据的查看。

8. 数据资产应用及运营

业务人员、系统开发人员通过查看数据资产目录，可以了解集团数据资产情况，对于所需数据，可以提交数据服务申请；数据资源服务组统一按需创建数据服务；数据服务创建完成并发布后，供相应需求方使用，也可供其他方了解、复用。

47.4 项目成果

中国外运的主数据管理项目及数据资产目录的实施，主要取得了以下成果。

1．解决了主数据标准、主数据统一的问题

（1）统一主数据标准。

在实施主数据管理项目之前，中国外运的主数据没有统一的标准，数据代码和数据字段定义只要满足系统的需求即可，各系统之间的差异很大且相互独立。在实施自主数据管理项目之后，中国外运统一了主数据标准，并按照13类主数据构建了主数据标准体系。其中，主数据标准包括数据代码和属性标准、主数据管理标准和主数据应用标准。数据代码和属性标准对数据代码、唯一标示、数据项、数据关联、数据来源等方面进行规范；主数据管理标准对主数据管理职责、管理流程和管理质量等方面进行规范；主数据应用标准对主数据应用范围、应用方式、应用质量要求等方面进行规范。

（2）统一主数据。

在实施主数据管理项目之前，中国外运中的各类基础数据和主数据都是由每个系统自行管理的，没有严格的管理流程和统一的管理要求，主数据质量参差不齐、可用性差，难以形成统一的主数据代码库以支持主数据的一致性。在实施主数据管理项目后，中国外运搭建了统一的主数据管理平台，将所有（共13类）主数据由分散管理变为集中管理，统一标准、统一流程、统一质量要求，并通过集中的主数据代码库统一提供主数据共享服务，彻底消除各系统之间主数据不统一的问题。

2．实现了主数据管理一体化协同

针对主数据的不同管理模式，中国外运将主数据管理平台与业务系统及数据来源系统完美集成，对主数据的申请、创建、审核、入库、起用、修改、停用、归档等实现全生命周期一体化协同，具体包括以下几个方面。

（1）将主数据申请前移至业务系统中，实现业务需求与后端管理的协同。

中国外运在主数据平台中对主数据进行集中管理。但需求往往来自业务，因为业务是主数据的消费端，能及时感知主数据是否满足业务。中国外运将主数据申请前移至业务系统中，并通过主数据申请服务接口连通主数据平台，让业务人员可以在业务系统操作界面中按需提交主数据创建和修改申请。这样一方面很好地解决了业务人员在面对业务操作和主数据申请时来回切换系统带来的不便，大幅度提升了用户体验；另一方面将主数据申请和应用在业务端形成闭环，对于大量不需要人工审核的主数据，实现无感管理。

（2）打通参考数据源，实现主数据自动匹配和采集。

对于依赖参考数据的主数据（比如客户主数据，需要引用企业工商数据、征信数据等），引用参考数据的方式会直接影响主数据管理的质量和效率。通过人工查找及录入数据不但效率低下，还容易因误录、错录带来数据质量隐患。通过接入第三方提供的可靠的数据源（如企业征信数据），系统可自动在线匹配和引用数据源中的数据，实现数据处理自动化，不但简化了人工操作，提高了效率，还避免了数据质量隐患，并且在实践中的应用效果非常好。

（3）专职专责，实现数据管理质量和业务管理的协同。

主数据管理并不是简单的数据管理，往往还受业务管理的约束。如何协调好两者之间的关系，是在进行主数据管理时必须要处理好的问题，否则就会产生管理冲突。中国外运通过对主数据管理设定了两个重要角色：主数据维护人员和主数据审核人员，很好地解决了这个问题。

主数据维护人员是专职数据操作人员，并对数据质量负全责。所有主数据都必须通过主数据维护人员进行采集、核对、录入，其他人员无权操作数据。

主数据审核人员是代表数据管理责任单位行使数据审核批准权的人员，对入库数据是否适用于业务负责。所需要有入库审核的主数据，必须由主数据审核人员确认通过后才可入库。这样既确保了主数据管理的质量，又兼顾了业务对主数据的反向约束，责任清晰、分工明确。

（4）主数据自动更新和人工更新协同，确保主数据常用常新。

对主数据进行更新及修改是维持主数据的重要手段，为了提高主数据的更新效率，中国外运充分利用技术手段，实现主数据自动更新，如客户主数据的每条记录在第一次被调用时，系统会自动触发更新机制，以确保主数据的时效性为 T+1。

（5）主数据自主采集，实现源头管理和数据汇集协同。

对于源头在业务系统中的主数据（如员工、内部组织主数据等），中国外运将此类主数据管理前移至业务系统中，通过系统改造使这些业务系统既能满足业务需求，又能满足主数据管理的要求，从源头上做好主数据管理。

考虑到业务系统中的数据结构与主数据的存储结构存在很大的差异，需要经过复杂的整理、加工和裁剪处理才能满足主数据的存储要求，中国外运采用主数据预处理装置来完成数据采集、加工的工作，很好地解决了此问题。这种方式充分解耦，摆脱了数据接口方式在接收数据时受制于数据源系统的业务逻辑，也消除了数据交互异常带来的影响，极大地提高了数据管理的独立性、灵活性和需求扩展性。同时，由于实现了数据源之间的关联，数据异常排查更便捷，解决问题的效率也更高。其中，主数据汇集功能架构图如图 47-3-1 所示。

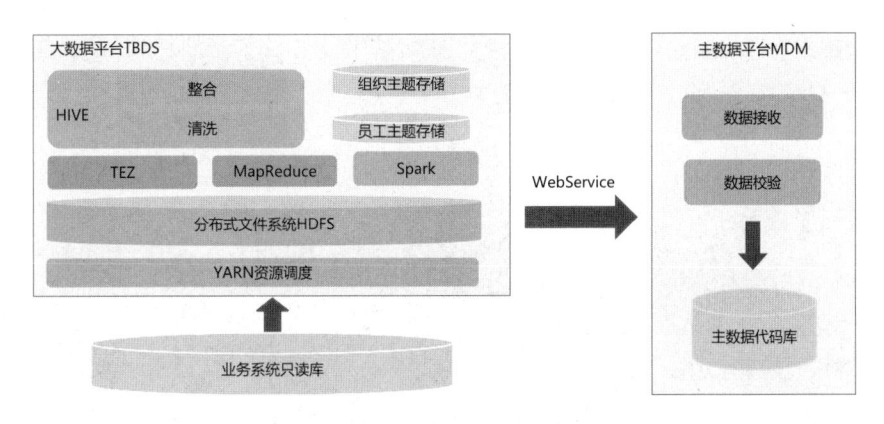

图 47-3-1　主数据汇集功能架构图

3．完成了主数据清洗，彻底清除数据垃圾

在实施主数据管理项目以前，中国外运的各类主数据都被存放在各业务系统中自行管理，从而导致了大量的数据冗余和数据垃圾，严重影响了主数据的质量和使用效率。主数据管理项目通过大量的数据清洗工作，将各业务系统中积累的数据垃圾彻底清除，对数据之间的关联数据和缺失数据进行补全，并将清洗后的数据进行加工、整理和完善，汇集到主数据代码库中。具体包括以下工作。

（1）彻底清理业务关联方数据，解决了以前不知道客户有多少、不知道客户是谁、不知道客户是否存在等问题，保证了客户数据唯一、真实、完整、有效。

（2）彻底清理内部的组织数据，规范各类组织的代码标准，厘清不同组织树之间的关联，解决了以前组织口径无法统一、不同组织树之间没有关联的问题。

（3）彻底清理与员工相关的基础数据，将原来分散管理的 HR 系统中的员工数据、邮件系统中的员工数据和统一的用户员工数据进行集中清理，用员工 ID 建立强关联，实现了与员工相关的基础数据的统一。

（4）对各业务系统中的业务基础数据进行清理，彻底清除了非标准数据，实现了业务基础数据的统一。

4．建立主数据质量管理和监控机制

为了确保数据质量，主数据管理项目对主数据的管理有着严格的要求，具体包括以下内容。

（1）每类主数据都指定由专人负责维护和审核，确保责任落实到人。

（2）采用的数据必须可信，不允许有未经证实的数据源对主数据进行添加和修改。

（3）采用自动校验管理机制，对数据标准和质量进行检查和把控。

（4）尽量采用系统自动处理，减少人工处理带来的差错。

（5）制定数据质量 KPI，对数据质量达标情况进行考核。

（6）对主数据维护进行监控，并通过主数据监控大屏进行展示，如图 47-3-2 所示。

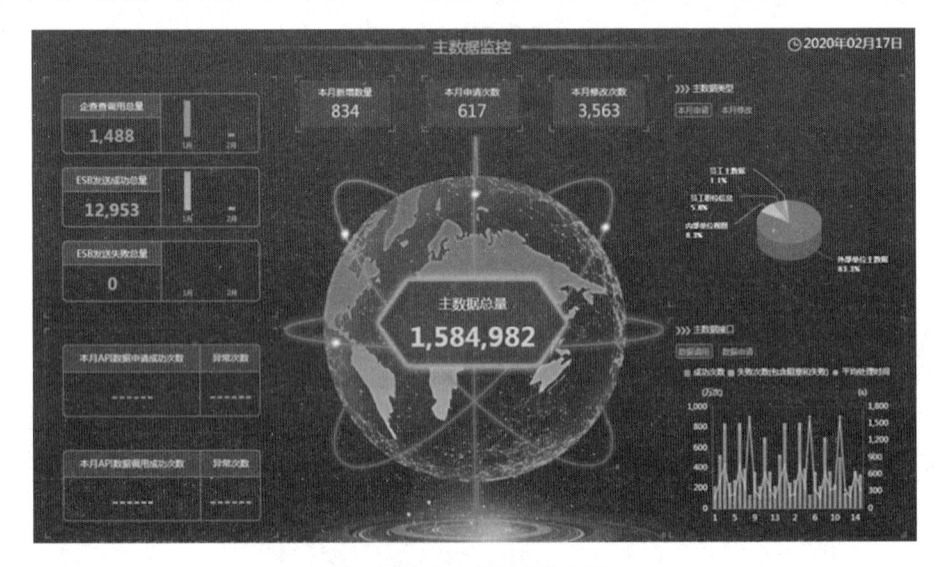

图 47-3-2　主数据监控大屏

5. 完成了数据资产盘点，摸清了数据家底

（1）数据寻源：通过从 63 个系统清单中筛查、开放检验，最终圈定了与核心业务相关的 24 个系统。

（2）数据梳理：基于在数据寻源阶段圈定的 24 个系统，探查、识别了数据库中的 9040 张物理表，最终筛查出了有梳理价值的 1480 张物理表。

（3）元数据治理：基于梳理的物理表进行属性信息的全口径解析和中文语义标识，共计规范 52315 项字段。

（4）数据矩阵：耗时 3 个月，识别出数据资产目录物理表及筛选活跃属性；并对"大台账"表单进行业务逻辑拆解，还原真实业务数据。

（5）业务盘点：开展专家级研讨会议 20 余次，收集业务凭证材料 320 余个，形成清洁原始凭证清单 55 个。

（6）逻辑实体抽象：从业务层面抽象定义逻辑实体 84 个。

（7）数据归集关系表：对抽象定义的 84 个逻辑实体与相关系统进行数据归集，遵循求同存异的原则，关注共性数据，保留差异性数据，并可视化展示。

6. 构建数据资产目录，呈现数据全景视图

（1）数据主题域设计：从数据的本源出发，站在企业全业务的整体视角，设计船代（集装箱船代理）、货代（货运代理）业务数据主题域。

（2）搭建 6 级目录：目前录入数据治理平台的数据资产目录包括一级主题 2 个（L1），二级主题 7 个（L2），三级主题 17 个（L3），业务对象 90 个（L4），逻辑实体 85 个（L5），逻辑实体属性字段 1500 多个（L6），并通过系统平台进行展示，便于高层领导和数据专家对企业数据资源分布情况一目了然，如图 47-3-3 和图 47-3-4 所示。

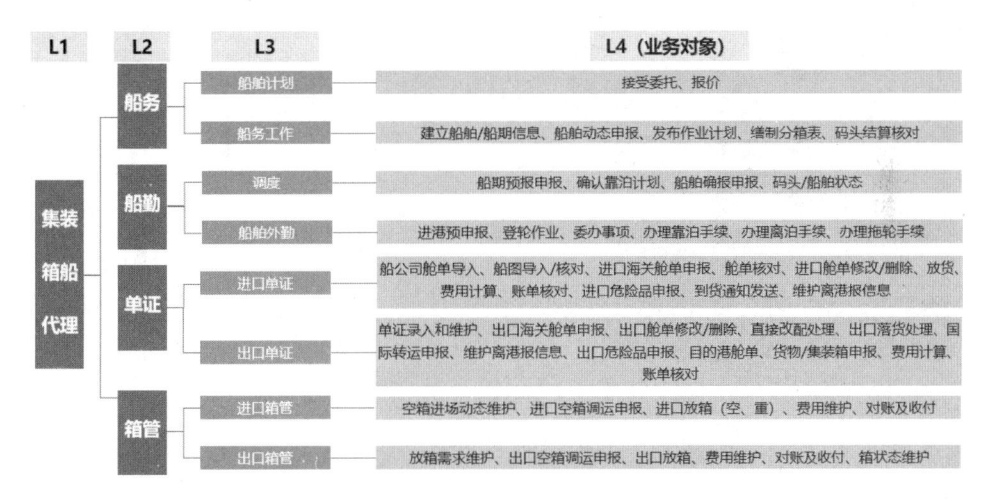

图 47-3-3　中国外运船代数据主题及业务对象成果

图 47-3-4　中国外运货代数据主题及业务对象成果

47.5 未来展望

主数据管理是企业数据治理的重要内容和核心基础，经过 3 年的建设及实施，中国外运的主数据管理项目实施已基本完成，主数据管理和应用已经达到较高的水平。但是，主数据管理和数据资产盘点仅仅是中国外运实施全面数据治理的第一步，接下来中国外运将按照企业数字化、平台化战略落地的要求，构建统一的数据治理平台（总体架构见图 47-4-1），全面推进数据治理工作。

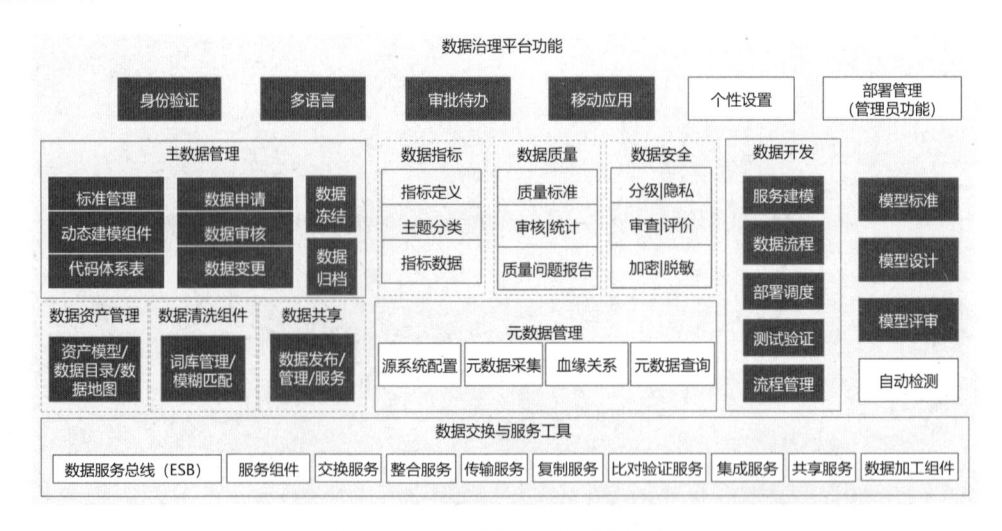

图 47-4-1　数据治理平台总体架构

未来，中国外运将继续遵循"盘、规、治、用"总体思路，建立以数据资产目录、数据标准规范、数据质量治理为核心，以数据成熟度评估为保障，有效服务于数据应用的数据管理体系，提升数据管理、数据标准化、数据融通共享、数据资产管理 4 大能力，将数据深度应用，发挥显著数据价值，让数据成为业务创新的重要驱动，有力支撑企业战略发展，具体包括以下内容。

一是开展数据资产盘点，建立集团统一数据资产目录。建立集团统一数据资产目录是数据开放共享的关键，通过数据资产盘点，全量收集、整理统建系统中的数据资产信息，实现对集团数据资产统一标准化管理与应用，是开展数据资产管理与服务的基础。

二是开展数据资产在各应用系统中的应用。提供数据资产目录查询界面，通过数据服务方式向应用系统提供所需数据，可以提升已有数据资产在各个应用系统中的复用率，有效减少数据寻源、数据重复开发的工作量；提升数据资产应用价值，解决企业数据资产查找难、应用难、管理难等问题，可以实现企业数据价值挖掘及数据资产变现升值，以及数据资产的"应用和管理"的稳步前进。

第 48 章

多元化集团：越秀集团以数据为驱动，提升产品和服务竞争力，支撑高质量发展

48.1 背景介绍

1. 公司简介

广州越秀集团股份有限公司（以下简称"越秀集团"）于 1985 年在香港成立。经过 38 年的发展，越秀集团打造了"穗港两地双轮驱动"的模式，并已形成"4+X"现代产业体系：以金融、房地产、交通基建、食品为核心产业，同时发展造纸等传统产业和未来可能进入的战略性新兴产业。

在"2022 中国企业 500 强"榜单中，越秀集团位列第 262 位，排名相比 2021 年上升 37 位。越秀集团还获评"2022 中国 100 大跨国公司"（位列第 11 位），以及"2020 中国服务业企业 500 强"（位列第 124 位）。越秀集团控有越秀资本、越秀地产、越秀交通基建、越秀房托基金、越秀服务、华夏越秀高速 REIT6 家上市平台。

越秀集团的战略目标是"做稳做强做大金融，做强做优做大地产，稳定发展交通，大力发展食品业，产业扶持金融，金融更了解产业"，将越秀集团打造为创新驱动、产融结合、具有强大投融资能力和核心竞争力的国际化企业集团。

2. 数字化现状

越秀集团从 2018 年开始，通过"越秀 195 工程 1.0"推动集团信息化建设，初步实现其信息化发展愿景。"越秀 195 工程 1.0"信息化建设通过 1 个创新技术平台和 9 大共性应用平台建设等，使信息化成为支撑集团管控和业务发展的手段，基本达成"提质增效、信息安全"这个基础目标，以及"支撑管控，业务协同"这个核心目标，并为第二阶段的逐步实现"引领创新"

这个最终目标夯实基础。其中的具体成果介绍如下。

（1）共性系统建设基本完成，财务、人力、投资、产权等共性系统在主要板块上线，有效支撑集团管控体系的落地，管理规范性和管理效率均显著提升，基本达成"降本增效、业务协同"的目标。

（2）数据基础逐步巩固，深化推广集团主数据系统，推动数据标准化建设，进一步提高主数据质量，为数据分析及应用打好地基。

（3）数据分析及应用取得重大突破，完善集团 BI 平台框架，分阶段完成集团管理驾驶舱项目速赢版本和最终版本的上线，实施经营分析、对标分析和风险分析等分析主题，初步挖掘数据价值，支撑经营管理和风险分析。

在"十三五"期间，越秀集团的信息化建设以"建设升级、创新孵化"为主题，并已基本达成阶段性目标，与行业发展差距进一步缩小，但离集团的整体战略目标仍有不小的差距。在"十四五"期间，集团在继续夯实已有成果的基础上，加快"敏捷服务、深化创新"，加大数据分析平台、数据中心和技术平台的建设。

为此，"越秀 195 工程 2.0"数字化建设围绕"业务协同、引领创新"这个更高的战略目标，结合集团数字化转型战略要求，将以数字化底座打造、技术创新和数据中心建设为重点工作，进一步夯实信息化基础，加快培育企业的数字化技术能力。

在业务 100%线上化的基础上，越秀集团大力提升业务数字化水平，通过数据赋能业务，持续驱动业务创新，具体表现在以下 3 个方面。

（1）建立集团互通、外部生态连接的触点体系，利用数字化、物联网等技术提升客户体验。

（2）以数据为基础，推进业务高效运营，数据与业务实时联动，利用大数据、人工智能技术提升业务洞察。

（3）建立混合云、AIoT 等先进基础设施（数字化底座），全面接入新技术，降低业务上线成本。

3. 面临挑战

基于集团业务发展的实际情况，在集团数字化转型的过程中，为充分发挥数据生产要素的价值，越秀集团在数据标准统一、数据质量管控、数据资产管理、数据互联互通等方面面临困难。

（1）数据标准统一难。

在集团数字化建设的过程中，业务系统通常是根据不同的业务需求在不同阶段建立的。虽然有些业务系统已经形成了局部、独立的数据标准，但是，不同业务系统之间缺乏统一的数据标准，各系统都定义了不同的数据代码、数据语义、数据规格。这种数据标准的不一致性导致不同系统之间的数据标准差异非常大，难以实施数据融合和数据共享。例如，在城市基础数据方面，SAP 系统中的数据使用 3 位编码，而其自定义开发的系统则采用国标编码，造成了数据因缺乏统一标准而无法融合的问题。

（2）数据质量管控难。

在集团数字化建设的过程中，缺乏统一的质量检核和问题处理机制，在发现并反馈数据质量问题后整改不及时；缺乏数据采集标准，输入数据不一致，存在因业务流程规则变更、业务流程执行错乱等导致的数据错误；数据分析指标颗粒度和维度与业务的贴合度还有待提升，数据指标标准不统一，数据指标定义不够清晰，导致数据同名不同义、同义不同名，质量不满足需求等问题；缺乏数据质量规则确认机制、质量检核机制和问题处理机制，数据质量问题整改不及时。

（3）数据资产管理难。

在集团数字化建设的过程中，数据标准和数据资产体系待完善，缺少清晰的数据使用协调机制，导致数据流通困难，业务不能及时、按需获得数据支持；在建设应用系统时，各部门根据自身的业务需求设计数据模型，导致数据的使用存在源头不一致、标准不一致，以及业务底层指标溯源及系统数据穿透偏弱；数据应用路径不清晰，缺乏统一的数据指标和数据标签体系，虽然沉淀了大量数据却无法有效流动和应用。

（4）数据互联互通难。

在集团数字化建设的过程中，集团需要进行跨产业的数据共享。要实现数据互联互通，需要从总部层面整体推进，通过数据和业务双重驱动，以打破部门数据壁垒，促进人员协同，实现数据流、业务流、信息流的有机统一。

4. 解决之道

在越秀集团业务数字化过程中，其面临复杂的情况：

- 业务规模大、产业链长、关联性强，即业态复杂；
- 生产经营和业务单元分布广、多维矩阵管理，即体系复杂；
- 基础设施要求多样、类型多，即结构复杂；
- 应用层次多、关联紧密，即架构复杂。

这些情况决定了集团数字化建设在遵循一般方法的基础上，要从多方面、多角度、多层次进行分析和研究，找出集团数字化建设的关键要点，制定对应的方案，以满足业务数字化需求。为此，越秀集团明确了"以客户为中心，建设 1 个数字化底座，提升 9 大共性应用平台数字化水平，全面赋能与促进业务，协助集团产业数字化转型，实现"业务驱动、提质增效、安全可控和生态协同，进而达成引领创新"的战略目标。

在"越秀 195 工程 1.0"信息化建设过程中，越秀集团通过建设 9 大共性应用平台，实现了业务线上化、流程线上化，以及集团化管控和内控管理的真正落地，最终形成了以核心业务为主线的业财一体化的数字平台。

在"越秀 195 工程 2.0"数字化建设过程中，越秀集团加快推进数字化转型，强化数据要素对模式创新和效能提升的赋能，推动数字产业化创新发展。其通过"悦数通"等产品深化业务数字化，促进数据之间的互联互通，形成天然联动，从而实现以数据驱动企业创新发展的新模式，为集团高质量发展贡献力量。

48.2　整体方案

在"越秀 195 工程 2.0"数字化建设阶段，越秀集团通过建设"悦数通"数据创新型应用（见图 48-2-1），赋予了集团新的管理思想，构建了一系列个性化的数字化管理应用。在悦数通中，可以一键访问集成的报表中心、主数据、数据资产、外部数据、数据研发、自助分析等数据应用。这里为业务人员提供了一站式的数据服务，可以充分实现对数据的"搜""看""用""探""挖"，激活数据的动能，释放应用的能力。其中报表中心（悦分析）包含数据速览、常用报表、数据订阅、报表收藏和分享等功能。外部数据应用（悦观察）集中提供外部数据查询和分析服务，并为业务系统提供外部数据标准接口。数据资产管理平台（悦资产）集中管理集团数据资产和数据标准，实现对数据标准的全链路管理。主数据应用实现对集团主数据的统一管理、统一编码，沉淀"黄金记录"，实现了"车同轨、书同文"的效果。数据自助分析平台（悦探索）提供低门槛、可视化、全自动的数据自助分析能力，让数据被用起来，用数据解决实际业务问题。数据研发技术栈应用（悦数研）为集团数据研发人员提供一体化的数据研发规范和工具，帮其定制化打造各类业务应用，满足快速响应业务的发展需求。

图 48-2-1　悦数通

48.2.1 悦数通

越秀集团本着统一规划、统一建设、统一标准、统一技术、分级管理的原则，有效利用大数据平台建设形成的基础设施，充分运用大数据、移动互联网等新一代信息技术，搭建了集业务数据、外部数据、数据资产、数据运营、数据监测等于一体，实现数据资讯互通、全面汇集的综合数据应用"悦数通"，提高了大数据平台整体服务水平。

1. 功能设计

悦数通具备创新性、稳固性、开放性、可扩展性的框架结构。其中整合了众多数据管理渠道，合理组织仪表板、电子表格、数据填报、自助取数等数据展现管理功能，为用户提供一站式数据服务（其设计方案见图 48-2-2）。悦数通的功能设计具体可概括为：形成"三个集中"，实现"三个一体"。

图 48-2-2　悦数通设计方案

一是形成数据集中，实现一键互通：统筹整合大数据平台、BI 报表、外部数据、数据资产、主数据等模块，实现统一入口、统一身份认证，规范数据管理流程；实现对集团数据报表的快速发布、快速响应，提高数据管理效率和服务水平。

二是形成资源集中，实现一屏融合：建成纵向连接、横向联通的数据资源展现功能，打通业务数据、元数据和外部数据；建立标准对接、传输稳定、安全可控的数据查询机制；实现核心业务数据和各类重要信息的融合汇集，并以可视化形式集中展示，为辅助领导决策提供信息支持。

三是形成功能集中，实现一体分析：合理配置文件搜索、数据预测预警、图形展示等工具库和方法库，实现智能搜索、统计分析、任务进度管理等功能；围绕集团数据需求，提供个性化在线数据查阅与挖掘分析等服务。

悦数通以"样式统一、风格统一、架构先进、使用流畅、互动友好、千人千面、服务用户、智慧运营、管理方便、运维快捷"为目标，坚持根据亲密性原则、对齐原则、对比原则、用户体验原则来设计集团大数据产品方案。

2. 功能实施

悦数通使用一体化架构体系，在现有各系统的架构体系上，新增全局负载均衡设备，通过统一域名代理将各个异构系统进行集成；同时在全局负载均衡设备上进行 SSL（安全套接层）加/解密，实现对客户端的安全访问及内部网络的高效访问。

悦数通采用数据报表、数据大屏、自助分析等可视化分析组件作为前端交互组件，除提供系统监控、权限多级管理及多维数据分析等功能外，还支持自服务式报表设计和数据分析，快速将数据可视化。在数据交换接口规范方面，悦数通采用了 Web Service、Web API、XML 国际标准，具备良好的开放性。其后台采用微服务架构+主流前端技术架构，使用 Java 技术及中间件技术实现。

悦数通充分考虑到今后纵向和横向的功能扩展及应用系统的集成，其系统构架合理，具有较高的安全性：提供安全手段防止任意对象对系统的非法侵入、攻击、篡改，避免操作人员的越级操作，具备页面、信息数据的防篡改功能，并能实现在被篡改后及时予以恢复。

3. 应用成效

悦数通为悦秀集团带来的最显著的价值是赋能业务、降本增效。自其投产以来，运行稳定，为全集团提供了高效、便捷的一体化数据应用平台。用户在集团内网可以直接登录或跳转到各个数据展现页面，使用其中的各类数据应用，降低了学习和使用成本，提高了数据使用效率。通过"数字越秀"大屏，可以实时展现越秀集团及下属板块的经营概况、业务布局、市场动态等信息。

悦数通被正式推广以来，越秀集团通过线下集中培训及线上教程相结合的方式，已为集团总部 10 多个部门及下属企业的 400 多名员工成功培训了相关功能的使用。现在，悦数通的日均登录用户数已稳定在 1000 多人，越秀集团内部数据的使用效能和数据分析自主性得到显著的提升。

48.2.2 悦分析

悦分析以"服务、管控、协同、创新"为理念，其系统中构建了高层战略决策指标体系。该指标体系涵盖了投资分析、财务分析、经营分析、客户分析、人力分析、风险分析、审计分析和培训分析等 12 大类数据分析领域，满足各业务线管理人员对自身业务经营分析的需要，并且赋能一线。

1. 方案设计

悦分析可以将多个业务系统中的数据自动采集，集团领导通过其中的驾驶舱数据看板即可快速掌握下属企业的经营状态。数据看板包括经营、对标、财务、风险、人力、培训、审计等多模块，通过其中的指标异常预警集团领导可以快速发现异常业务。集团领导通过单击下钻按钮，可以跳转到具体的数据页面，精准定位业务问题，辅助分析决策。

悦分析具体包括以下功能。

（1）规范业务数据，提升业务数据质量。即对业务数据链路进行梳理，并规范数据质量，对业务经营充分发挥数据价值。

（2）梳理经营管控指标体系，及时反映业务运营情况。即统一指标口径，确保数据获取途径统一，保障指标的一致性和准确性。越秀集团建立了适合越秀的数据指标库（见图48-2-3），将数据指标通过资产管理固化，持续提升指标自动化对接比率。

图 48-2-3　数据指标库示例

（3）集成下属企业个性系统和集团共性系统的关键管控指标数据，通过对信息和数据的整合、统计、分析、展示，强化对板块经营管理全貌的跟踪监控，为集团及各部门领导的管理和决策提供支持，提升集团管控质量及效率。

（4）通过多维数据分析，快速应对多用户、多渠道的业务分析需求，实现精细化管理运营；通过对核心业务建立业务看板，及时掌握业务进展；从经营分析、行业对标、预警监控等多个场景实现数据分析与监管，协助管理团队提升数据获取和经营能力。

2. 应用成效

结合越秀集团的管控目标，悦分析构建了关于战略、风险、财务、人力资源、投资、资本动态等 12 项分析主题和应用场景，并建立了指标之间的关联，实现对指标集中动态管理、分解和追溯，满足集团总部、下属企业对业务整体和多维度的分析需求，实现"智慧"管控、全局把控及宏观决策。

例如，悦分析中的风险监控功能针对每个数据预警对标项，进行了深入一层的剖析，解构出这个指标出现的问题，问题的根源和影响因素有哪些，这些影响因素近期的情况又如何，从而对地产业务风险数据进行线上管理，提升集团管理效能。

当然，精细化运营不会是数字化建设的终点，基于大数据平台实践落地的悦分析只是数据应用的起点，越秀集团将力争在经营分析、对标分析等基础之上，积极探索数据对于企业经营产生的新价值，寻找新的数据价值提升模式，以更多样化的方式实现数据价值的输出。

48.2.3 悦观察

悦观察以"安全用数、高效用数、优质用数"为目标，整合现有外部数据资源，建立外部数据管理机制，充分、高效地挖掘外部数据价值，为全集团下游系统及业务用户有序提供高质量、稳定、多元的外部数据服务。

1. 方案设计

悦观察通过大数据平台统一整合外部数据源，构建外部数据加工与存储中心，以及 4 大功能模块：数据服务、数据观察（企业观察、金融观察、地产观察、舆情观察）、数据运营、数据工厂，实现外部数据服务共享、数据内容可视化查询，打造集团统一的外部数据应用管理平台。

（1）数据服务：扶持数据服务的统一申请与管理，实现数据服务的自助查询与一键开通。

（2）数据观察：提供各类观察、数据即席查询、数据浏览器应用查询能力；聚焦业务场景，以结构化的方式展现外部数据资产，提高数据易用性，降低学习和使用外部数据的成本，不断挖掘外部数据价值，为业务赋能。

（3）数据运营：提供基于全域的数据流向、数据资产分析报表，以及支持供应商、应用订单和账单统计，同时内置数据检索功能，可实现企业综合信息查询。

（4）数据工厂：支持内外部数据接口的统一注册，并可便捷地编排封装为数据服务，然后发布到数据服务目录中。对于外部数据的引入，定期收集需求、统一核定预算、统一申请费用，按照"最小必须、不重不漏"的原则做好成本控制。将外部数据供应商入围审批和资料模板标准化，以提升外部数据的审批效率。

越秀集团为支撑不同场景下的业务查询需要，在建设悦观察的 PC 端功能的同时，也开发了其移动端功能，从而可以方便用户检索和分析主题数据，提炼关键数据并开发数据查询页面，为业务用户提供便捷的数据查询方式和数据查询能力，解决不同场景下业务用户的数据查询诉求。

2. 应用成效

悦观察通过对外部数据的引入、应用、共享和退出进行闭环管理，让用户可以在安全合规的前提下，将外部数据应用于智能风控、智能运营、智能决策等业务场景。

在悦观察平台中，当使用外部数据时，其按照"无需求不接入，超范围不接入"的原则进行审核，审核通过后再统一接入外部数据。在使用数据前，其会与用户签订数据共享及授权协议，明确数据使用安全的责任与义务，确保数据的存储及应用安全。

在评估外部数据时，数据管理部门牵头制定相关评估模板，并组织各数据使用部门结合其使用场景对外部数据在数据合规、数据质量、数据服务、使用效果等方面进行评估。悦观察平台在综合评估情况后适时执行外部数据退出工作，从而促进数据资产的有效更新迭代，提升数据资产的质量。

48.2.4 悦资产

为落地越秀集团数据治理要求，建立较为完备的管理平台和管理体系，越秀集团构建了面向业务的，全体系、全流程的数据资产管理平台（悦资产）。通过悦资产，可以将数据资产、数据模型、数据的使用情况可视化展现，同时勾勒出数据的血缘关系和流向，让越秀集团实现全线上化、流程化开展数据治理工作。

1. 方案设计

悦资产具有以下功能。

（1）数据标准管理：以主数据、基础数据、指标数据为起点，完善越秀集团数据标准建设；落实数据采集标准、数据建模标准、数据规范定义、元数据标准、数据服务标准 5 大类标准；保障数据的内外部使用和交换的一致性和准确性的规范性约束。

（2）数据质量管理：通过数据的完整性、规范性、一致性、准确性、唯一性、及时性管理衡量数据质量，满足业务运行、管理与决策的要求，保证数据应用效果；结合大数据底座技术来衡量、确保和提高数据质量，包括引用基础数据标准的定义作为数据质量规则；预定义数据质量的数据波动检测规则，并形成标准数据质量规则模块，在业务人员需要使用的时候，能够直接使用配置；可视化配置数据表跨表检查的数据质量规则；定制数据质量报告的展现模板，并支持通过邮件方式发送数据质量报告。

（3）元数据管理：为获得高质量、整合的元数据而进行的规划、实施与控制行为，包括对元模型的增、删、改、查及版本发布功能，对元数据的增、删、改、查及版本管理，元数据分析应用，元数据检核、血缘分析、影响分析、关联度分析、数据地图等功能，并提供导出和收藏功能，将分享结果进行留档。

（4）数据资产管理：通过数据资产盘点了解集团总体数据规模和分布情况，实现业务数据线上化且可以及时管控；通过数据标准、数据质量、元数据三管齐下，实现数据治理流程线上化，数据分类自动化和数据资产可视化，构建面向业务的全体系、全流程的数据资产管理平台（见图48-2-4）。通过数据资产管理平台支持数据看得见、管得好、用得好。

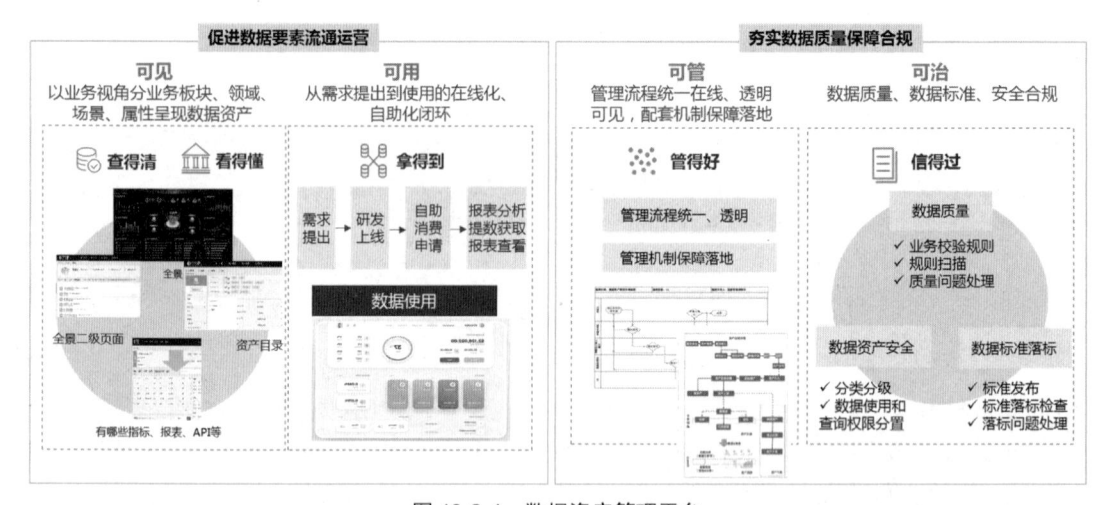

图 48-2-4　数据资产管理平台

2. 应用成效

通过悦资产，越秀集团取得了以下成效。

- 从无到有构建了一整套完整的线上数据资产管控体系，让集团数据灵活流转，为各个业务场景提供数据支撑。
- 通过平台进行元数据管理、数据标准制订及落地，并对数据质量进行检测及整改监控，实现数据治理流程线上化。
- 自动采集元数据，保证了采集内容的及时性和完整性，为后续数据治理工作打下良好基础。
- 基于元数据信息和集团职能全景图，构建了数据分类目录，打造了数据管理平台门户，实现了数据分类自动化和数据资产可视化，保证了分类的准确性和实时性。

（1）整合数据资产，建设数据地图。

越秀集团凭借悦资产的数据资产血缘关系识别和全链路展示功能，高效满足了不同应用场景的数据资产查询和分析需要，并支持业务人员和技术人员快速、精准定位数据，切实提升数据获取和服务效率。此外，相关人员在使用数据的过程中，还可以通过数据地图的评价功能，快速反馈问题，而运维人员则会将不同问题分配给对应的专业人员进行处理，从而有效提升数据的使用效率。

（2）提升研发产能，缩短交付周期。

越秀集团基于悦资产，对表结构、文件接口、数据标准、指标口径、特定代码等信息实现了集中管理，并结合研发流程有效保障了数据资产的及时性与有效性，使数据调研变得更加容易。同时，通过在悦资产中对各上下游系统调用数据进行统一管理，上游数据变更可以自动通知到下游系统，使越秀集团在释放大量人力资源的同时，有效避免了人工操作时通知不及时、通知遗漏等情况的发生。

48.2.5 主数据

越秀集团的主数据指那些描述越秀集团核心业务对象或实体的数据，是集团所有经营管理业务运行的基础。这些主数据长期存在并且被重复应用于集团的多个业务部门和信息系统中。越秀集团采用集团总部和板块两级主数据管理平台：集团主数据管理平台侧重管理集团共性系统使用的管理支撑类主数据及集团级可共享应用的主数据；板块主数据管理平台侧重管理各板块的个性化主数据。

1. 方案设计

（1）主数据标准制定：参照国家标准、行业标准及标杆企业最佳实践等，在现有各主数据标准基础上，根据调研情况，协调组织业务部门进行数据标准研讨，新增与调整各主数据标准，清晰定义各属性含义和值域范围，形成一系列更科学、合理的主数据标准体系；此外，以服务方式，将统一、完整、准确、权威的主数据整合、分发至集团共性系统及下属企业个性化系统中，为集团和板块数字化项目的顺利进行提供保障。

（2）主数据管理体系建立：搭建"集团—板块—业务平台公司"三级主数据管理组织，明确各级主数据管理小组、主数据管理岗、主数据运维岗和联合专家小组的职责；制定主数据管理流程和三级运营体系，常态化主数据申请、审批、整改，以及需求申报等运营工作，以及实现主数据管理流程化、制度化、主动化。

（3）主数据系统实施：通过集团主数据管理平台（见图 48-2-5）统一管理主数据，规范主数据业务标准和技术标准，保证数据的准确性，提高数据质量；完成与集团 SAP、ERP、人力、财务等 9 类共性系统，以及板块个性系统和采购管理、客户及会员等系统的应用和数据集成。

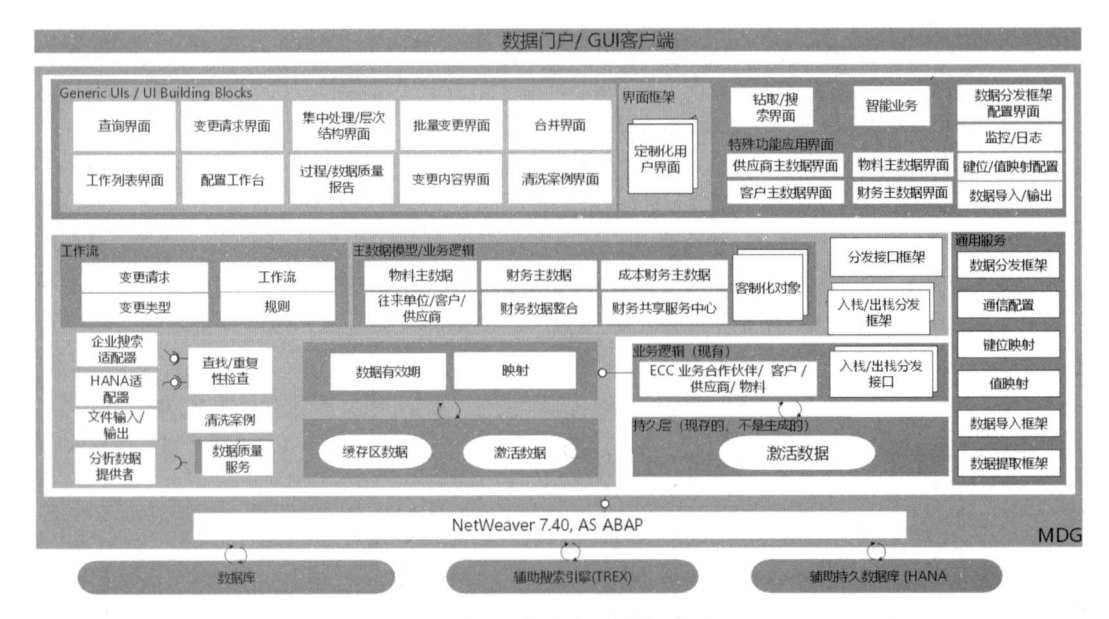

图 48-2-5　集团主数据管理平台

（4）主数据质量管理：清洗组织范围内各主数据的存量历史数据，进行跨业务数据标准研讨，按照最新主数据标准对主数据进行初始化，确保集团和板块的上下游系统内的主数据（含基础参考数据）的编码、名称、定义、规则、格式、版本等保持一致，消除不同系统、不同部门对主数据理解，以及使用过程的不一致，保证数出同源、准确完整、及时可靠。

2．应用成效

越秀集团的主数据管理涵盖人力、财务、客户、供应商、物料 5 大领域的共 15 项共性主数据，沉淀了超过 270 万条"黄金记录"，实现了对全集团主数据的标准管控。同时，越秀集团建成了完善的主数据治理体系，并在集团公司和下属企业中持续贯彻和落实。该体系明确每项主数据的责任部门、运营管控模式、管理流程与制度，为后续数据治理、数据分析、新业务系统搭建提供数据标准支持。

越秀集团基于业务的个性化定制开发需求，通过实施主数据管理系统，实现了集团主数据管理功能定制化，并且提供主数据查询、申请、冻结等功能，直接缩短主数据查询及编码维护时间。主数据管理系统还与超过 80 套系统中的异构数据进行有效集成（见图 48-2-6），为业务部门提供标准的主数据管理功能。

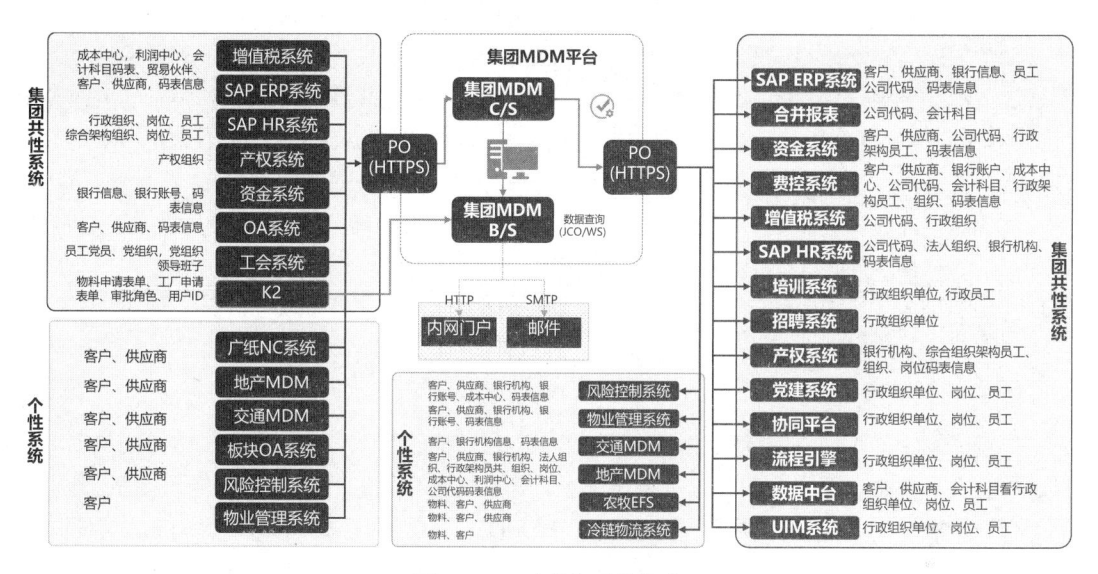

图 48-2-6　主数据系统集成

在集团层面，主数据管理系统扩大了集团共性主数据的覆盖面，推动了主数据标准的贯彻和优化，实现了对集团主数据的统一建模、维护采集、清洗分发与监控，不断提高数据质量，优化数据治理体系。在板块层面，越秀集团建立并优化了板块及业务平台自身的主数据管理体系，完成了集团共性系统与板块个性系统的对接，打通了数据之间的连接，实现数据的标准化、规范化、统一化、共享化，促进业财一体化。

48.2.6　悦探索

越秀集团的业务种类多、地域分布广，因此，对数据应用的需求也千差万别，很难通过提供若干的固定报表、数据模型、预测模型和业务分析场景满足所有部门的要求。因此，越秀集团一方面要建立灵活的数据存储及分级使用机制，通过推送数据和服务的方式满足用户的要求；另一方面要提供灵活、可配置的数据分析展示工具，以及用户自助服务功能，满足集团总部和下属板块对数据应用的个性化需求。

1. 方案设计

悦探索是集数据准备、数据处理、可视化分析、数据共享与管理于一体的完整解决方案，其创造性地将各种"重科技"轻量化，使用户可以更加直观、简便地获取信息、探索知识、共享知识。悦探索具体包括以下功能。

（1）数据源管理：悦探索技术团队将数据库中的数据链接到自助分析工具中，然后做好悦探索的底层开发框架，并通过数据资产管理模块做好指标标准和指标目录管理，让业务人员可以快速找到想要的指标。

（2）数据标准处理：悦探索将数据库的库表字段转换为业务人员可以理解的名称，运营人员通过选择数据源、字段名称、计算方式，就可以配置出自己想要的图表。

（3）数据看板制作：业务人员在台悦探索中看到的是处理过的数据，通过拖动维度、指标、过滤条件这些指标，可以完成看板的制作。看板可以被显示成类似的 Excel 报表，也可以被显示成常规的柱状图、折线图、饼图等。

（4）看板发布分享：业务人员将制作的数据看板在悦探索发布后，每个看板界面中会生成一个分享链接，支持业务人员导出、分享看板数据。

2. 应用成效

在悦探索中，用户只需拖曳鼠标便能制作出丰富多样的数据可视化报表，以及自由地对数据进行分析和探索。每一个业务人员都能从中充分了解并利用他们的数据，也可以自己处理数据、分析数据、辅助决策、提升业务效果。悦探索实现了 3 种数据协作与共享模式。

- 主题协作：将数据集、组件、仪表板融合到分析主题中，通过实现分析主题的协作，从现自助的数据集、组件、仪表板的共享查看与共享编辑功能。
- 数据共享：独立的支持公共数据模块。在公共数据中，包括管理员添加的基础数据集，如 DB 表、SQL 数据集等，还支持用户将"我的分析"中的数据集发布到公共数据中。经过"用户申请发布数据集—管理员审核—审核通过—发布至对应文件夹"这一流程，可以实现数据共享。
- 仪表板共享：在制作完数据分析的仪表板以后，可以通过创建公共链接供别人访问、申请发布到目录节点或者直接分享给其他人查看。

48.2.7 悦数研

遵循"业务导向、数据驱动、管理先行、循序渐进"的工作原则，越秀集团建设了数据资产化应用解决平台——悦数研。

1. 方案设计

悦数研的核心功能包括数据采集加工、数据模型设计、数据存储和研发、数据安全保障等。

（1）数据采集加工。

数据采集加工是指从各种数据源中收集和提取数据，包括结构化数据、半结构化数据和非结构化数据。数据采集是大数据平台建设中非常关键的一步。

越秀集团中的数据来自各种渠道，有的来自内部的系统，有的来自外部的数据源，如社交媒体、传感器等。针对不同的数据源，需要采用不同的采集方式和技术：数据采集方式包括批量采集、实时采集、增量采集等；数据采集技术包括 ETL 及流数据处理等。企业可以根据数据的数量和复杂度，选择适合的采集技术，以提高数据采集效率和数据质量。另外，企业还要保证数据采集安全，以实现数据的安全性和完整性。

（2）数据模型设计。

悦数研的功能包括：统一数据接入，统一数据建模；针对多数据源的特性建立统一的数据标准模型，并利用两级标准映射机制，统一不同数据源中的数据，实现不同数据源向大数据平台的数据汇集；保障所涉及的数据全部覆盖，从数据质量、数据标准和元数据等角度，建立元数据和数据标准，以及数据管理流程。

（3）数据存储和研发。

悦数研在数据存储和研发方面采用了以下技术。

- 利用 Hadoop 大数据技术提高数据存储、计算能力和响应速度，将结构化数据、非结构化数据、实时数据及其他外部数据存储于 Hadoop 生态系统中。
- 采用 Hadoop 分布式存储和分布式计算模式，以及为应对海量数据的存储需求，采用内存计算进行数据计算，并确保每台机器节点同时运行计算任务。
- 提供了可视化、标准化、规范化和自动化定义数据的规范建模功能，而非传统手写 SQL 代码的方式，从而避免不一致的统计指标计算口径。
- 可视化构建数据仓库模型，在提交逻辑表后便自动生成相应的智能黑盒调度任务，实现自动化数据生产。
- 针对部分传统方法性能不佳的情况，使用 MapReduce、Spark 来分析大批量的数据，提高数据分析效率及容错性，支持海量维度特征管理与建模，以及算法并行化。

越秀集团以 Flink 开源框架为基础，搭建了实时计算处理平台。平台可以对实时数据的接入进行元数据封装。用户可以通过可视化配置方式完成实时数据流处理（见图 48-2-7）。

（4）数据安全保障。

越秀集团的大数据平台利用 Kerberos、Sentry 等技术，建立分离的用户账户管理机制，实现了对大数据应用体系内各子系统的统一账户管理；通过用户账户与数据库账户分离，并为用户分配相应的角色和权限，实现了客户数据和业务数据的使用可控；通过完整的授权、监控机制，全面掌握数据使用情况，充分保障数据安全与用户隐私。为了保护用户隐私，大数据平台又充分利用数据和联邦学习，让分散的各参与方在不向其他参与者披露隐私数据的前提下，协作进行机器学习的模型训练。

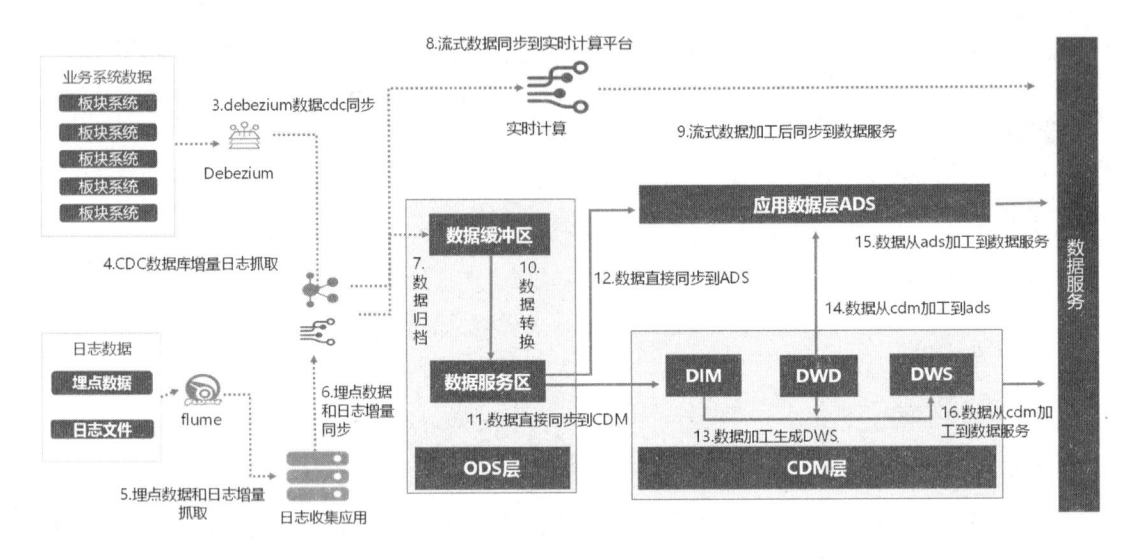

图 48-2-7　实时计算处理平台

2. 应用成效

越秀集团搭建了全集团共享的数据应用体系，实现了以人力系统、财务系统、ERP 系统为核心的 50 套系统的数据共享，以及集团内外部不同类型数据的集中存储和关联；构建了超过 1500 多个指标的经营分析、风险管控和绩效分析体系，实现了绩效分析、指标预警预测、辅助决策、专题分析等应用；通过大数据技术底座管理客户约 1000 万人，实现了对客户人群的洞察，提升了营销转化能力；构建了风险监控、业务分析、客户服务、经营决策、外部数据应用、客户资源管理、不良资产估值等多个数字化应用场景。

越秀集团以大数据平台中的大量用户数据为基础，采用 ID-Mapping 核心技术，将客户数据的关键要素抽象成图计算用的"点"和"边"，用图计算判定同一个"对象"，从而构建一个个无向连通图，生成 ID 映射字典（这个 ID 映射字典就是客户中台管理客户 ID 的桥梁，其可以将不同孤岛中相同的"客户"数据串联起来）；通过收集用户社会属性、消费习惯、偏好特征等各个维度数据，进而对用户进行标签化处理，并使用"对象—类目—标签"的树状方式组织数据，建立跨多个计算存储资源的前/后台类目体系；通过对这些特征进行分析统计，挖掘潜在价值信息，从而抽象出一个用户的信息全貌。

结合集团自身的业务特点和发展现状，从应对实际情况出发，越秀集团以安全能力建设为核心思路，面向主要风险设计整体数据安全架构。其通过将多种安全能力组合和结构性设计形成纵深防御体系，并努力将安全工作前移，建立起具备实战对抗能力，可以有效应对高级威胁、持续迭代演进的主动安全防御体系。

48.3 创新成果

大数据平台为越秀集团的数字化转型提供了大量的案例，可以对客户数据和业务数据进行拓展、整合和优化，将内部数据和外部数据整合起来，形成更加全面、完整的数据视图。此外，大数据平台的运营综合考虑了各方利益与需求，对用户使用数据的行为进行可控化、规范化和智能化，从而提高服务用户的能力、业务创新的能力、管理科学决策的能力等，构建了大数据资产生态链，形成了长期可持续发展的数据运营模式。

1. 大数据技术应用

越秀集团基于越秀云搭建的大数据技术体系融入了最新的技术，其采用分层设计的模式，系统基础架构、数据源管理、数据技术及研发、数据分析应用均遵循国际通用标准设计及部署，各自独立，可灵活组合、配置及扩展，技术领先，体现了一定的实用性和创新性，具体功能介绍如下。

- 满足多种类型数据的采集与处理能力。越秀集团业务复杂，需要处理的数据种类多，传统数据库不支持非结构化数据的存储，原始票据、合同文本、现场图像、传感器、社交网站等数据均未进行采集或纳入分析范围内，影响数据分析和应用的深度，因此，建设大数据平台可以支持多种数据类型的采集和处理。

- 具备海量数据存储与计算能力。传统数据处理技术难以在极短的时间内完成海量数据处理，难以满足实时数据计算的需要。因此，越秀集团计划搭建集大数据采集、大数据存储、大数据计算、大数据挖掘和应用开发服务等为一体的大数据技术体系，解决数据存储、计算速度及系统性能问题，并在此基础上构建大数据分析挖掘应用，帮助企业实现可视化洞察。

- 实现数据安全共享能力。越秀集团的大数据平台采用了多租户管理模式，各业态独享大数据计算资源，可以做到互不影响；另外，数据存储和查询隔离，避免了数据泄露。大数据平台还建立起总部和下属企业之间、产业链上下游之间的信息交互通道，有助于产业升级和经济转型，具有较强的复用性及在其他企业中的推广价值。

2. 数据资产管理

越秀集团通过数据资产建设让用户形成"建资产、用资产"的意识；满足不同用户的需求，让访问者有归属感。其数据资产管理包含操作视角（管理层、业务人员、技术人员）和组织视角（集团、下属企业），具体包括如下内容。

- 数据资产目录管理：提供向导式的数据资产地图，让用户更快、更便捷地查找和查看数据资产；业务人员通过目录可以查找数据资产，并可以查看到自己和其他部门共享开放的数据资产，以及通过目录、数据资产详情、数据资产归属、数据血缘链路加深对数据资产的理解；业务人员可以对数据资产进行收藏、加入个人专辑、评论等互动操作。

- 数据资产管理：对原始的元数据进行筛选，并将数据资产（包括表、标签、报表、指标、API 等资产元数据信息）挂载到对应的数据资产目录中；补充数据资产的业务信息（包括业务标签、安全等级、归属部门、可见范围等信息）并执行上架动作，形成权威、可消费的数据资产。

- 数据资产消费管理：业务人员在看到数据资产后，可以通过数据资产发起用数需求，并可以进行自助化分析，实现"看数、用数一键完成"；业务人员在提交消费申请后，系统将与 K2 流程引擎集成，形成集团内统一的数据资产消费审批流程。数据资产消费管理模块中提供了打通 BI 自助分析、工单系统等各种数据资产消费通道的能力，以数据分析师和业务人员为核心，保障从数据资产到数据资产消费的全链路流程畅通。

- 数据质量管理：实现全域数据质量检验，包括数据仓库、提供数据来源的业务系统、进行数据消费的数据应用等系统；支持研发流程质量保障，支持代码检查/固定任务触发等研发质量校验；支持阻断，防止质量问题扩散；支持内置模板全面覆盖；支持整改工作质量提升，支持异常监控告警、质量整改建议、异常数据归档查询等功能。

3. 挖掘数据应用场景

越秀集团总部及下属企业通过进行数据需求调研与应用场景诊断，并基于深度、全面的摸底成果，以及业界数字化转型实践，明晰各业务场景内容和实现价值，列出业务场景的实现前提条件，打造板块联动、逐步完善的数字化应用场景蓝图，为数据驱动业务的数据业务闭环模式指明方向和路径。

越秀集团首先通过建设总部数字化项目，实现总部数字化能力构建，推动业务数据化、数据资产化、资产价值化，支撑"智慧决策""精益管理"和"协同服务"，打造"智慧越秀"的数字化中枢；然后统筹全集团资源，推动下属企业的数据规划落地，引领全集团数字化业务协同并进，逐步实现数据资产的可感知、可洞察、可预测、可协同、可共享、可统筹。

48.4 项目亮点

越秀集团基于大数据平台构建的各种数据应用，实现了对外部数据的集中存储和关联分析，提高了企业的数据获取能力和响应速度，丰富了数据分析应用手段，充分挖掘了数据价值，在越秀集团的财务管控、人力分析、风险控制、客户服务、经营决策等方面发挥了重要的作用。

1. 项目效益

越秀集团基于大数据平台构建的各种数据应用具体取得了以下效益。

（1）通过集团统一建设大数据平台，统一管理数据资产，实现了多源数据采集、数据管控、数据共享与交换、数据分析、数据挖掘、数据服务等核心功能，推进了对业务数据的整合、利用、共享，进一步挖掘数据价值，以及达成降本增效的目标：避免大数据底座重复建设，降低系统建设投资成本和数据运维成本，提升运行管理效率。

（2）通过大数据服务分析市场，减少试错成本、运维成本，提升了用户的体验；通过对需求客户与合作伙伴数据的抓取、对比、分析，在最短的时间内，找到最佳的服务方案，提高了供需双方的匹配效率，节省运营成本。

（3）在业务前端，通过大数据平台，实现人、货、场相互联动，形成闭环，赋能越秀集团的金融、地产、交通和食品的业务；通过透析产品及会员数据，构建消费者画像、消费趋势等，用数据赋能线下的销售中心或者门店，打造智慧营销。

（4）在管理后端，通过大数据平台，整合集团内部数据和外部数据，并开展经营分析、销售分析、商品复盘分析、决策支持等，从而可以进行快速的策略调整，实现管理、业务决策智慧化。

2. 未来展望

越秀集团具有多级法人、多层组织结构，具有机构庞大、人员众多等特点：在业务经营上，横跨多个行业，并涉及行业内上下游的多个产业；在组织管理上，强调资本运作、战略管理、风险控制和集团资源的整合；在组织分布上，下属企业跨地域分布。未来，越秀集团的数字化建设在遵循一般方法的基础上，要从多方面、多角度、多层次进行分析和研究。其提出统一数字化底座战略，创新数字化应用，使集团数据不再成为孤岛，不用重复投资建设，即通过数据收集、数据存储、数据计算、数据建模、数据可视化、智能应用等相关技术，构建统一的大数据平台，为越秀集团数字化转型提供更加全面、高效的数字化转型解决方案，以及为提高集团运营效率、业务价值和开拓新业务提供数据支撑，实现赋能业务创新与客户协同。

同时，越秀集团将持续完善数据治理体系，继续深入探索提升数据资产价值的有效路径：

一是明确权责，提升管理成效，确立数据确权规则、流程，常态化管理机制，以及发布数据确权管理制度，开发数据确权功能，推动数据确权矩阵的发布和矩阵管理向线上化转型。

二是落实数据安全责任，促进数据共享，优化算法模型，推动流程建设，落实数据安全智能化分类分级。

三是强化数据资产运营，持续完善"以用促治"的迭代循环，以及数据运营机制，进一步释放数据价值，让数据更好地服务于灵活多变的业务场景。

第 49 章

煤炭行业：大海则煤矿数据标准体系及数据湖建设

49.1 背景介绍

1. 公司简介

中煤陕西榆林能源化工有限公司（简称"中煤陕西公司"）积极推进信息化、智能化建设，并且先后荣获多项荣誉。其智能工厂建设被工业和信息化部评为"全国智能制造 63 家试点示范企业之一"。中煤陕西公司下属的大海则煤矿作为蒙陕基地的重要组成部分，是近年来中煤集团投资建设的最大矿井，并于 2020 年被列为"国家首批智能化示范煤矿"。

大海则煤矿项目是中煤陕西公司煤化工项目的配套资源矿井，也是中煤集团打造"蒙陕亿吨级煤炭基地"的重要支撑。

大海则煤矿矿井建设规模为 2000 万吨/年，服务年限为 114.6 年。大海则煤矿的投产将为中煤集团陕北能源化工基地建设及中煤陕西公司煤电化一体化发展提供战略保障。

2. 企业现状

中煤集团经过多年的智能化开采技术研发和生产实践，初步形成了"自我设计、自我研发、自我制造、自我建设"的智能化建设能力（部分矿井实现了工作面少人智能化开采模式），以及初步构建了"以底层智能化装备智能感知为基础、以设备群组协同控制为核心、以远程监控综合调度为手段、以信息传感和智能决策为突破"的智能化建设关键技术路径并示范应用。而大海则煤矿在生产运行过程中产生了大量的结构化数据、研究成果报告、专业化图形资料，同时，随着物联网技术在煤炭行业中的应用，海量的实时数据被采集入库，对数据的管理和应用提出了较大的挑战。

近期，中煤集团将"大海则煤矿智能化建设关键技术及工程示范"作为集团公司重大科技专项进行立项，要求其尽快被组织实施，真正实现煤矿高质量发展和煤炭智能化技术，引领行业发展。

大海则煤矿的智能化建设一直都是稳扎稳打的，但是随着时间的推移，也陆续出现了一些待优化项，尤其是在数据整合、数据治理、数据分析应用等方面遇到了瓶颈，具体介绍如下。

（1）数据集成共享难。

大海则煤矿的数据被分散在各个系统中，且数据关系复杂，难以共享，不能满足业务数据应用的需求；花费了大量时间开发的各种报表被分散在不同系统中，未被统一管理，这导致不同报表中同一指标的数据不一致，特别是来自不同厂家的各类工控设备采用了不同的传输协议，更加增加了数据集成的难度。

（2）组织人员支撑难。

在项目建设之初，其中涉及的组织结构还未确立，每个岗位只有少数员工支持现场业务，还有一部分人员是从集团内部抽调的员工，所以在 IT 人员数量、员工专业技能及经验上存在不足。同时，由于信息化、智能化系统建设数量多，建设厂商庞杂，并且水平参差不齐。以上这些人员组成了大海则煤矿智能化建设的核心力量，其中既懂业务又懂数据管控与治理的综合人才特别稀缺。他们很难找到足够多、足够专业的人员组成专门的数据治理组织委员会来管控各个环节。

（3）业务模型标准建立难。

在项目建设之初，由于缺乏专业的业务人员来配合数据治理团队，各大信息化、智能化系统建设需要的一些公共数据模型无法被确认，借鉴的其他煤矿的数据模型也不是非常匹配大海则煤矿的实际业务，这导致大海则煤矿信息化、智能化系统建设没有统一的数据模型标准作为指导，阻碍了数据模型标准体系的建设，增大了标准规范实施的难度。

（4）质量问题处理难。

大海则煤矿搭建了多套不同的业务系统，其中的业务种类繁多，数据问题类型复杂，虽然在中期建立了数据模型标准，但先期建立的信息化系统的数据质量不高，仅凭人工判断处理难度大。这让本就缺乏专业人员的大海则煤矿，更是难以快速、精准地辨别并处理数据质量问题。

（5）跨越领域协同难。

在项目建设之初，在大海则煤矿的管理层面，数据管控的工作内容很广，跨越多个部门，缺乏相关的管理制度和流程，导致数据响应不及时，数据准确性差，出现问题时不明白原因、不知道找谁、不清楚如何处理、不知如何改善，协调沟通困难；在大海则煤矿的技术层面，由于数据整合涉及的系统范围实在太广、太杂，其缺乏人力、物力将数据治理工作中的元数据、数据标准、数据质量等领域打通，难以实现高效的联动与协同。

（6）数据分析应用难。

在项目建设后期，大海则煤矿的组织机构基本确立。在建设数据分析应用时，某些业务岗位的员工无法提出准确的需求，而领导层提出的数据分析需求有限，导致无法找出比较多的可以辅助提升业务的智能化场景需求。

2．探索解决之道

为了将大海则煤矿建设成为安全、高效、绿色、智能的世界一流矿井，在 2020 年年初至 2022 年年底，中煤集团统筹规划了一系列的具有先进技术的智能化项目。其中，"大海则煤矿数据标准体系及数据湖建设项目"是众多智能化项目建设的基础。该项目主要致力于以下 3 个方面内容建设。

一是大海则煤矿作为新建矿井，从建设之初就需要建立数据标准管控体系来规范新建的信息化、自动化系统的数据标准，实现各系统的数据源头统一。通过建立数据标准管控体系，大海则煤矿可以持续对信息化系统进行管控，使得新增系统、系统升级的数据模型都有章可循，确保大海则煤矿的数据准确、可靠、好用。

二是大海则煤矿搭建了统一的数据湖，实现实时采集和集中存储大海则煤矿 ERP、OA、MES 等各信息化管理系统中的结构化数据，安全监测人员定位、矿压矿震、工业视频等工业物联网的非结构化数据。

三是大海则煤矿依托数据湖，通过建设数据分析、数据挖掘模型，实时分析数据，挖掘历史大数据，搭建决策分析管理系统，建设生产、经营、安全、机运四大业务板块主题分析，支持大海则煤矿实现生产安全、经营管理等数据化运营和智慧化管控。

中煤陕西公司按照"总体规划、分步实施、因地制宜、效益优先"的总体要求，坚持"前瞻性、先进性、可靠性、实用性、开放性"的设计原则，打造了安全、高效、绿色、智能的现代化智能绿色矿山；将物联网、云计算、大数据、人工智能、自动控制、移动互联网等与现代矿山开发技术相融合，开发了具备感知、互联、分析、自学习、预测、决策、控制功能的完整智能系统，建设了开拓、采掘、运通、洗选、安全保障、生态保护、生产管理、经营决策等全过程智能化运行的智能煤矿，开创了煤矿行业"完整智能系统、全面智能运行、科学绿色发展"的全产业链运行新模式、新标杆。未来，大海则煤矿将被建设成以"本质安全、高产高效、绿色环保、智能科技"为代表的新型智能化矿井。

49.2 项目实施

1. 建设目标

大海则煤矿以构建数据湖为目标，进行数据标准体系、数据管控体系、数据湖能力建设的技术研究，并在数据湖之上构建了一个具有煤炭行业特色的人工智能分析平台。其通过建立煤炭行业智能技术应用体系，为煤炭勘探开发、安全生产管理提供智能化的分析手段、高效的智能计算基础服务与丰富的智能化业务应用。此次项目总体包含以下 5 个步骤。

（1）对数据标准设计方法论、数据湖关键技术和大数据分析平台关键技术进行调研，评估、验证它们与煤炭业务的适配性，形成方法论和技术选型，并基于数据湖进行大数据分析平台相关技术的研究与应用。

（2）根据数据标准设计方法论选型结果，对标煤炭业务，对不符合或不满足的部分进行补充及完善；设计方法论的整体流程及各流程环节所需的模板样式，以及进行数据湖和大数据分析平台的总体架构设计；根据技术选型结果，进行技术架构设计、逻辑架构设计和部署架构设计。

（3）对已选定的开源技术进行研发，对已选定的商业组件进行集成，并完成对应的功能验证。做好服务器资源准备及初始化工作，并进行平台部署。

（4）选择典型业务场景，完成数据标准的实际落地。

（5）依托数据标准开展决策分析应用工作，内容包括经营管理、监测监控、安全生产 3 个模块，以支持煤矿高级管理人员日常决策使用。

2. 数据标准实施

数据标准实施包括以下要点。

（1）业务系统进行数据标准调研分析（见图 49-2-1）、业务分析、资料分析等工作，以及对企业业务进行梳理、分析、理解，基于企业业务情况完成业务模型设计。

专业域	一级业务	二级业务	三级业务	四级业务	业务活动
安全	本质安全双预控				
		风险管控			
			风险辨识任务		
				风险辨识计划	
				专业风险辨识	
				分管领导审核	
				矿长审核	
				风险评估报告	

图 49-2-1 数据标准调研

（2）对于业务模型采用自上而下的设计方式，对企业业务进行业务域、业务级别划分，明确最终业务活动，形成企业业务标准和规范。如图 49-2-2 所示为业务模型设计流程。

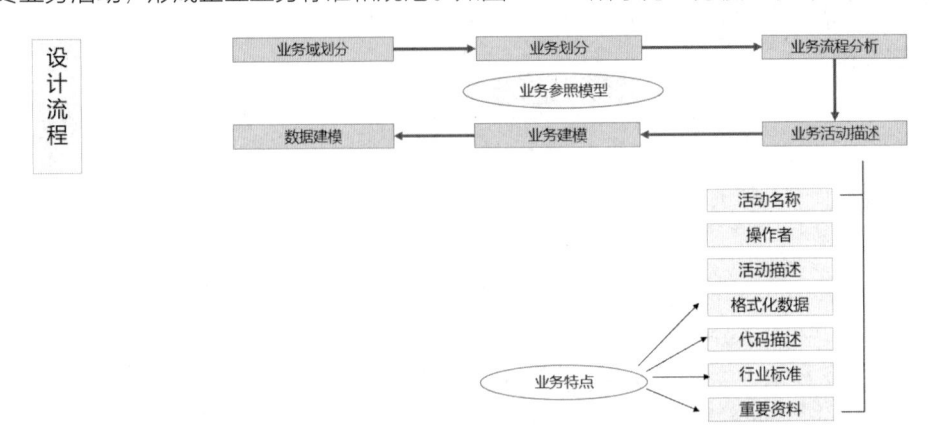

图 49-2-2　业务模型设计流程

（3）以智能化矿山的业务模型为基础，遵循数据编码与数据分类整体框架，形成统一、完善、适用的数据标准规范。

（4）推动落实数据标准在智能化矿山范围内的统一定义、存储、管理和使用。

3．数据湖平台建设实施

大海则数据湖平台总体分为数据集成中心、数据管控中心和数据服务中心 3 个部分，如图 49-2-3 所示为数据湖管理平台功能架构图，主要功能如下。

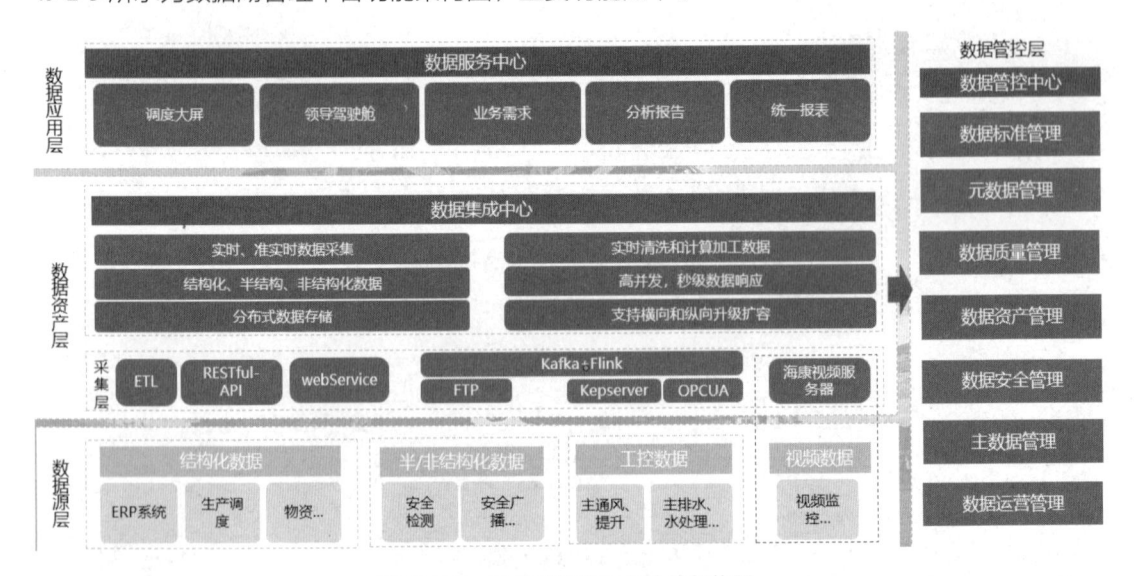

图 49-2-3　数据湖管理平台功能架构图

（1）数据源管理包含数据源的注册登记、浏览查询、索引信息管理等功能，可实现各类结构化、半结构化、非结构化及工控实时类数据源的注册管理，支持 Oracle、MySQL、SQL Server、FTP、MongoDB、HBASE、GBASE、OPC UA 等多种数据源的管理。

（2）数据处理包含数据开发、任务调度、监控统计、基础配置等功能，可实现对各种来源的数据进行抽取、转换、加载。

（3）数据管控主要包括数据标准管理、元数据管理、数据质量管理、数据安全管理等模块。除此之外，数据管控中心提供了数据门户，可实现数据权限管理和数据管控的分析和监控。数据管控不仅仅对数据湖中采集汇总的数据进行管控，也对各管理系统、生产系统、安全系统中的原始数据进行管控，从数据源头把控数据质量。

（4）数据服务包括服务定制、服务发布、服务申请、服务审核、服务计量等功能模块，并对服务进行管理和监控，实现通过数据湖对外提供数据服务。原则上，数据湖中的所有数据必须通过数据服务中心以 RESTful 接口对外统一发布。

3．数据入湖及标准落地

（1）数据入湖。

数据入湖即协调各个业务系统，采用贴源接入的方式，统一接入包含集团 ERP 系统、物资管理系统、智能运销系统、安全双控系统等中的数据。此部分总计接入 43 个系统中的数据表。

（2）元数据采集。

元数据采集是在数据采集之前或与数据集同时进行的，其根据数据库类型，通过响应的元数据采集适配器进行数据采集，实现对集团 ERP 系统（业财一体化、企业绩效、员工管理）、物资管理系统、智能运销系统、本质安全管理系统、矿灯管理系统、水文监测系统、安全监测系统、井下定位信息管理系统、机电设备管理系统、生产调度管理系统等的元数据的采集。

元数据被采集后，先被保存为最新的元数据，如果系统已完全上线并完成验收，则将其发布成定版元数据。

（3）元数据变更订阅。

定版元数据、订阅元数据、侦听元数据发生变更的情况，以及元数据在平台中进行的修改操作全部被记录下来，生成统计信息并可查询。同时，可以对业务系统的元数据变更设置提醒功能，防止因业务系统的数据或数据表发生变化而影响数据湖中的数据的准确性。

（4）元数据提取。

在筛选核心数据后，通过对元数据进行提取，可以提取数据的技术标准，并根据数据业务含义，补充数据的业务标准（如洗煤厂产量，其业务定义为"洗选加工完成后产生的煤量"，采集频度为"天",统计时间"8:00-第二天 7:59"),为数据标准定制做支持。

(5)数据标准输入、导入。

在数据标准定制完成后,将其通过手动录入或者以 Excel 文件形式导入数据湖。

(6)定版数据标准发布。

将维护好的数据作为最新的数据标准予以保存,当最新的数据标准经过业务部门负责人审核并通过后,即发布成定版数据标准。定版数据标准可查询和检索。

4. 数据质量管理体系实施

分析本期项目采集业务系统中的数据的质量,尤其是通过手工填报数据的系统,需要针对可能出现的及时性、准确性等数据质量问题搭建数据质量模型,并定期自动生成数据质量分析报告。对快到填报期还未填报的数据予以提醒,对到期未报的和填报错误的数据予以提示,督促及时补报和整改。如图 49-2-4 所示为数据湖质量检查类型。

序号	规则类型	描述
1	空值检查	检查字段是否为空,支持检查组合字段
2	重复值检查	检查重复数据
3	值域检查	检查数值字段的取值范围
4	枚举值检查	检查字段是否在枚举值之内,支持自定义枚举值范围
5	数据格式检查	检查字段的数据格式是否规范,其中内置身份证、手机号码、电子邮箱、时间日期等多种数据格式,还支持自定义格式

图 49-2-4　数据湖质量检查类型

可基于历史检查结果,生成数据质量报告,分析数据质量问题,指明数据质量整改的方向。

5. 数据安全实施

在数据入湖过程中,需要给部分敏感数据设置标签,如人员联系方式、住址、薪酬等涉及个人隐私的数据,还要给总产量、总能耗等一些涉及企业商业机密的数据设置敏感级别,以及对数据进行加密或是脱敏处理,确保核心数据安全。具体的数据安全实施包括以下 3 个方面。

(1)数据脱敏。

对于敏感级别不高的数据,如人员联系方式,在数据库层面不加密或脱敏,让使用者通过数据资产接口仍能获取完整数据,但在展示数据时,要设置过滤条件,采用脱敏方式(如手机号中间的 6 位数字用*号显示)展示。

(2)数据加密。

对于部分核心机密数据,则需要采用数据库加密,即通过预设的密钥,采用 SM4、AES 等加密算法进行加密。这类即使是通过数据资产接口获取甚至直接访问数据库的方式获得的数据也是加密数据。只有具有数据查询权限的人员，才可以通过平台密钥还原查看真实数据。

（3）敏感数据监控。

要对敏感数据进行监控管理，了解敏感数据的调用情况。

6．数据资产目录实施

建设数据资产目录可以解决业务部门取数困难、分析无门的问题，以及实现将多个数据资产编目并发布至数据资产门户。通过业务部门可以直接查看已有数据资产，并通过数据申请/审批等环节获取相关数据权限，为一线业务人员提供数据支持，实现数据共享、数据交互，充分发挥数据资产的价值。

大海则煤矿从业务、数据和形态 3 个视角进行数据分级分类，其数据资产目录层级示意图如图 49-2-5 所示。

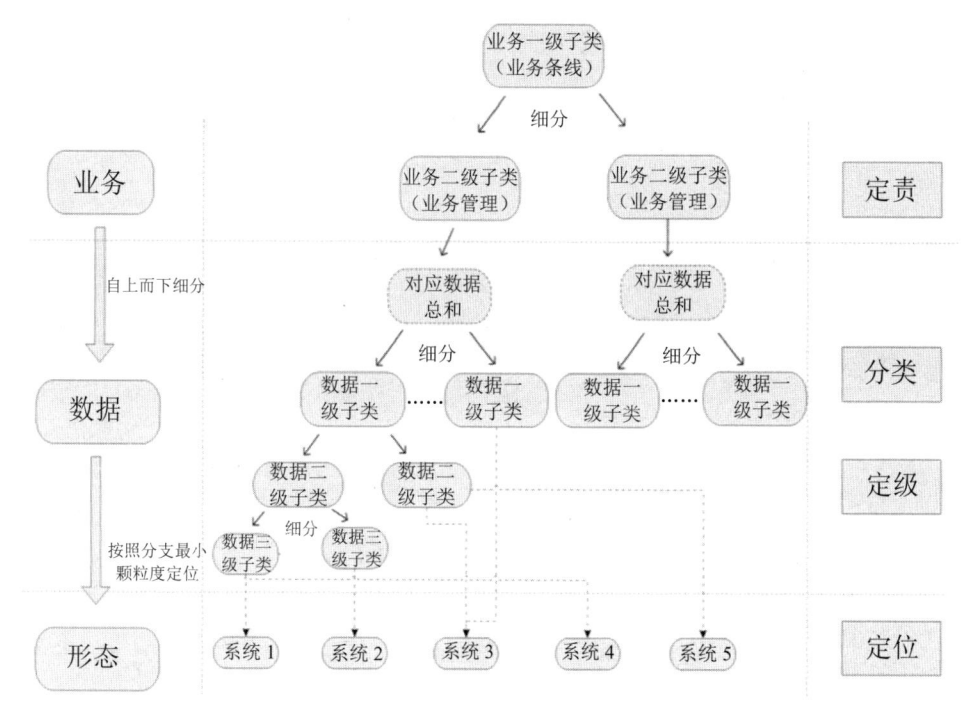

图 49-2-5　数据资产目录层级示意图

在业务视角，先按业务条线和子类进行数据拆分；

在数据视角，可以将数据向下再进行拆解分类。数据角度的第一个层级应该是业务主题域，而不是纯粹的数据角度。

数据分类从主题域不断细分，直到最细颗粒度。一般来说，在数据资产目录里，要能看到详细的样例数据，并能申请 API 访问权限。在这个时候，需要对数据进行分级，便于进行权限分配和安全管控。

在形态视角，数据最终是要在系统中以数据查询、报表分析、大屏展示等各种形态应用的。

7．决策分析应用

（1）指标标准分析调研。

决策分析应用以满足煤矿高级管理人员（包括矿长、生产副矿长、安全副矿长、机电副矿长、经营副矿长）及总工程师的数据需求为目标，依托数据标准细化建设内容，包括安全、生产、机电、经营 4 个模块，通过调研确立应用指标，为数据仓库构建、4 大模块报表和两个领导驾驶仓展示提供决策支持。

- 安全类数据标准需要覆盖安全管理、安全检测、井下人员定位、应急救援等业务。
- 生产类数据标准需要覆盖生产调度、生产管理等生产类业务。
- 机电类数据标准需要覆盖设备管理、能耗管理等机电业务。
- 经营类数据标准需要覆盖采购、党建、人力、物资管理、协同办公等经营类业务。

（2）数据仓库建设。

图 49-2-6 为大海则煤矿的决策分析数据仓库架构，图 49-2-7 为其煤矿业务流程。

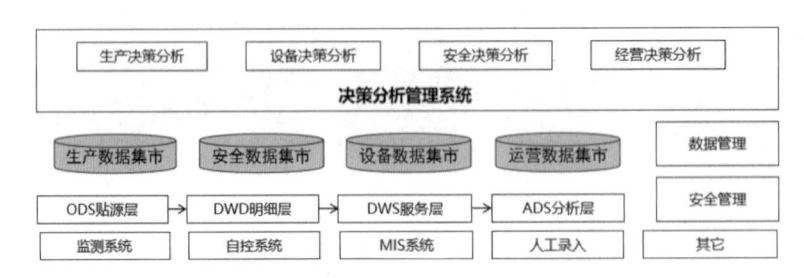

图 49-2-6 决策分析数据仓库架构

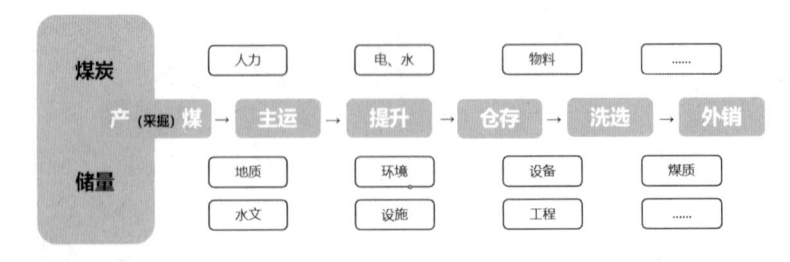

图 49-2-7 煤矿业务流程

为实现高效数据采集和存储尽可能多的数据，大海则煤矿将尽可能多的能够提高业务还原度的数据存放在数据湖中，为后续的数据分析和业务迭代做准备。除此之外，整个数据仓库规范编制遵从传统数据仓库建设理念：

- 聚焦煤矿业务流程，确保数据仓库用于组织优先级最高的业务并解决业务问题。
- 以始为终，根据业务优先级和最终交付的数据驱动数据仓库的创建。
- 采用全局性的思考和设计，局部性的行动和建设，让最终的愿景指导体系架构，通过项目快速迭代构建增量交付，从而实现更直接的投资和回报。
- 总结并持续优化，以原数据为基础，通过汇总和聚合来满足需求并确保性能，但不替换细节数据。
- 提升透明度和自助服务。上下文包含元数据的信息越丰富，数据消费者越能从数据中获得更多的价值；向利益相关方公开其集成数据集的流程信息。

49.3 项目成果

随着大海则煤矿的数据湖数据标准体系及数据湖建设项目的实施，在项目建设初期所遇到的难点逐一得到了解决，并获得了以下成果。

（1）实现业内首个煤炭安全生产、经营管理、监测监控等业务数据资源"全汇聚"。

大海则数据湖将煤矿安全生产、经营管理、监测监控等多源异构的数据资源融合汇聚。其通过自主独立研发的多种可视化拖拉拽组件，不仅支持常用关系型数据库、文件、消息等的数据读取，以及监测监控等工业数据的快速读取及建模，还支持自定义扩展组件和扩展数据字段来满足各种复杂的数据汇聚需求，解决了煤炭行业核心业务数据融合难的问题，打通了多源异构数据共享难的壁垒，实现了全业务数据的汇聚，形成了自上而下、规范统一、功能强大的数据湖底座。

在数据湖入湖实施过程中，共计接入了业务系统 43 个，其中包括数据库类型数据、接口，文件类型数据和工控类类型数据，如表 49-3-1 所示。

表 49-3-1　接入系统总览

序号	系统名称	对接数据类型	序号	系统名称	对接数据类型
1	集团 ERP 系统	Web Service	23	中央水泵房	OPCUA
2	主数据管理系统	API	24	火车外运	MySQL
3	物资管理系统	Oracle	25	机电设备管理系统	MySQL
4	智能运销系统	MySQL	26	生产执行系统	PostGreSQL
5	班前考勤	MySQL	27	智能化选煤厂	MySQL

序号	系统名称	对接数据类型	序号	系统名称	对接数据类型
6	安全双控系统	MySQL	28	智慧化辅运	MySQL
7	一卡通考勤机	API	29	通信录	MySQL
8	闸机（电气常州院）	API	30	考勤系统	MySQL
9	矿灯管理系统	API	31	矿压监测系统	FTP 文本
10	水文监测系统	MySQL	32	地质保障系统	SQLServer
11	安全监测系统	API	33	安全广播	FTP 文本
12	井下人员定位系统	API	34	井下车辆管理系统	API
13	设备诊断	API	35	无纸化会议	MySQL
14	主通风	OPCUA	36	水资源	WebService
15	主运	OPCUA	37	刀表产量信息	API
16	主提升	OPCUA	38	3D 料位仪	timescaleDB
17	洗煤厂	OPCUA	39	竖管监测	MySQL
18	综采	OPCUA	40	企业门户	MySQL
19	水处理	OPCUA	41	CAD 图纸	文件
20	电力系统	OPCUA	42	质检报告	文件
21	副提升	OPCUA	43	电液控	OPCUA
22	主排水	OPCUA			

（2）填补国内没有完整煤炭业务数据标准体系的空白。

大海则煤矿基于能源行业通用数据标准设计方法论，结合煤炭行业的业务管理和科研特点，研究出符合煤炭行业业务的数据标准设计方法论，并基于该方法论自上而下梳理煤炭行业的业务架构，合理划分业务主题域，设计形成煤炭行业的业务数据标准体系，填补国内没有完整煤炭业务数据标准体系的空白，满足煤矿智能化建设对数据统一性、标准性、规范性和扩展性的需求，助力煤矿数据治理落地建设，为煤炭企业实现数据驱动和智能化建设提供支撑，并解决大海则煤矿建设初期遇到的"业务模型标准建立难"问题。

目前，数据湖已应用 17 个业务系统数据标准，累计 1043 条标准。如图 49-3-2 所示为数据标准成果展示。

（3）实现业内首个基于分布式存储技术的混合存储架构下工控数据和业务数据的混合建模。

大海则煤矿将煤矿监测监控、经营管理、安全生产等数据，基于分布式存储技术的混合存储架构，利用数据仓库分层建模规范，对以监控监测为代表的工控数据、以经营管理为代表的结构化数据和以安全生产为代表的非结构化数据等进行混合建模存储；攻克了"存储简单、使用难"这个问题，并按照"最合适存储原则"对不同类型的数据采用不同的存储技术，在分布式存储的技术上，形成混合存储架构，构建煤炭行业经营决策、生产执行、安全监控"一盘棋"的数据支撑。

一级子主题	二级子主题	三级子主题	四级子主题
安全管理	机 01	空气压缩 01	
		绞车 02	
		提升 03	立井 01
			斜井 02
		主排水 04	
		主通风机 05	
	环 02	气体类 01	瓦斯监测 01
			粉尘监测 02
			粉尘监测 03
			火灾监测 04
			高温监测 05
			通风数据 06
			束管监测 07
		固体类 02	顶底板监测 01
			矿压监测 02
			地表沉陷监测 03
			矸石山/边坡 04
			尾矿库 05
			冲击地压（岩爆）06
		液体类 03	水文 01
			气象 02
			水害 03
			尾矿库 04
			露天矿 05
		其他 04	快速装车数据 01
			煤与瓦斯突出预警 02
			工业视频 03
			调度通讯数据 04
			井巷、硐室监测 05
			矿区环境监测数据 06
			瓦检员巡更监测 07
			职业病危害监测 08

图 49-3-2　数据标准成果展示

（4）实现煤炭行业首个"应用服务全统一"的先进解决方案。

大海则煤矿基于监测监控、经营管理、安全生产等数据，依托大数据和云计算技术，提出了"应用服务、统一管理"的思想，即在一个数据湖平台上对所有的应用服务进行统一的创建、申请、发布，使用同一种技术路线共享服务的全生命周期管理。

大海则煤矿解决了"生产业务数据分散，共享交换能力薄弱"的问题，提高了对共享应用服务的监控与统计能力，使得管理层能够对多系统之间的数据共享做到精细化管控。

（5）形成质量规则定义、检核、整改、度量反馈的闭环机制，增强对矿井关键数据进行智能识别与整改纠错的能力，从而全方位提升矿井数据质量；解决了大海则煤矿建设初期遇到的"质量问题处理难"问题。

（6）项目以煤矿管理数十个应用的数据源为基础，以数据仓库为核心，构建生产、安全、机电、经营 4 个数据集市，建立完整指标体系，从多个维度洞察煤矿生产、管理和经营全过程，评价影响正常生产的多种因素，为矿长、生产副矿长、总工程师等煤矿高管提供决策支持，提升煤矿智能化水平，促进大海则煤矿减人增效、降本增效；完成了近千条指标分析处理，解决了大海则煤矿建设初期遇到的"数据分析应用难"问题。

（7）通过大海则数据标准和数据湖的落地实施，实现矿山各信息系统、设备及传感器数据的高效接入，提高工作效率50%以上，减少人力、物力成本。

（8）通过对机电设备的振动、温度等参数进行实时大数据分析，对设备的异常工况进行预警，为设备的维修管理提供准确、可靠的依据，从而节约维修费用，避免重大事故发生。系统可将计划外停机时间减少达70%，延长电机使用寿命达30%，并将能源效率提升多达10%。

49.4 未来展望

大海则煤矿作为中煤集团乃至全国范围内的特大型煤炭生产基地，具有较强的行业影响力；本次项目融合了各类先进技术和先进设计理念，为大海则煤矿的发展提供持续支撑能力，并且具有广泛的行业示范效应与推广价值。本次项目建设，改进了矿山的综合自动化及信息化管理水平，有助于实现矿山的规范管理，提高安全生产能力，降低事故发生率，同时为矿山节能生产提供依据及措施，成为建设科学、安全、节能绿色矿山的必要条件。

随着煤矿智能化水平的提升和系统的不断演进，未来，大海则煤矿可以在以下几个方面改进和提升系统。

将知识库逐步升级为知识图谱，实现更深入的业务洞察，并提供智能推荐、自然语言查询等功能，提供更强有力的决策支持。

随着指标、模型库、算法库、知识库的日益稳定和丰富，可以形成多种基础库，并且可以灵活定义、配置、自定义运用，最终实现千人千面的、可提供更有针对性的数据应用服务。

随着指标库的丰富，决策分析应用可以由当前适用于高管，逐步扩展到适应于中层、基层，甚至普通员工，从而扩大数据应用范围。

随着本项目的实施，可以有效促进煤炭行业的转型升级，实现我国煤炭行业由劳动密集型向技术密集型的转变。

第 50 章

战略投资行业：国投集团的数据标准化管理实践

50.1 背景介绍

1. 公司介绍

国家开发投资集团有限公司（以下简称"国投集团"）成立于 1995 年 5 月 5 日，是中央直接管理的国有重要骨干企业之一。国投集团逐步形成了"股权投资—股权管理—股权经营"和"资产经营与资本经营相结合"的独特运作模式。

国投智能科技有限公司是国投集团数字经济产业中的战略投资平台和信息化综合服务平台。其依托股权投资领域的专业管理经验和国投集团多样化的资源优势，重点投资数字经济产业重要基础设施、核心技术和高端装备等符合集团战略的重要领域。

2. 信息化现状

国投集团 10 多年的信息化建设历程主要分为 3 个阶段：信息化起步阶段（2003—2009 年）、信息化快速发展阶段（2010—2015 年）、信息化优化改革阶段（2016 年以后）。按照"总部、子公司、企业分级管理"的信息化建设思路，其信息化系统已覆盖到企业其他管理的各个领域，有力地促进了企业管理水平的提高，但是其中也存在一些需要调整的方面和问题，具体包括以下几个方面。

①国投集团整体缺乏完善的信息化标准和架构体系（包括信息化相关标准和架构的策略、组织、流程、体系及相关技术手段）不利于集团统筹信息化规划和建设，以及子公司实现应用系统"小集中"的目标。

②国投集团的整体信息化能力成熟度不足，IT 建设和运维能力相对较弱，IT 服务相关能力缺失，需要进一步提高相关能力，才能满足未来成员企业的信息化建设和运维需求。

③国投集团总部的管理系统在功能支持、技术等方面已不能匹配于国投集团"成为具有全球竞争力的世界一流资本投资公司"的定位：横向上存在信息孤岛、业务"竖井"等问题；纵向上集团总部管理类系统向下推广的力度不足。

④国投集团中没有统一的数据集成平台，缺少相关的数据管理技术和工具；各业务部门从各自的需求出发，独立建立了一系列专业数据库并积累了大量的历史数据与经营管理资料。

为实现集团的战略目标，国投集团共完成3次集团信息化规划。

2004年，国投集团组织制定了《国家开发投资公司信息化建设总体规划》，明确了公司信息化发展战略，确定了公司信息化建设的内容、方法、步骤，规划了八大类应用系统的信息化建设目标。

2010年，国投集团制定并印发了《国家开发投资公司（2010—2015）信息化总体规划》，规划了母/子公司信息化建设的蓝图和计划，并针对各业务板块的信息化建设，设计了《行业信息化建设指导意见》。

2018年，国投集团启动《国投集团信息化规划（2018—2021）》编制，理顺了集团信息化治理体系，明确了集团2018—2021年的信息化建设路径，以及以数据集成为主，向板块"小集中"发展的思路。

国投集团的信息化工作始终坚持服务于公司发展战略，坚持"总体规划、分步实施、注重基础、务求实效、稳步推进"的指导思想，并以规划为目标，以测评为抓手，以标准为指引，以制度为准则。通过持续不断地建设与优化，国投集团的信息化已覆盖到集团管理的各个领域，有力地促进了集团管理水平的提高。相信随着大数据及云技术的普及，信息化将在集团未来的发展中发挥更大的作用。

3. 数据治理背景

伴随着大数据技术的发展，数据资产化成为日益明显的趋势。国投集团的数据资产管理仍然存在数据质量难以保障、数据垃圾难以处理、数据转化效率低下等管理痛点。如何充分挖掘数据是提升国投集团数据管控能力的关键，也是难点。

随着各类业务系统的上线运行，系统之间的信息交换和实时集成的难度越来越大，集团成员企业之间的信息交互也越来越频繁。由于各系统之间的数据标准不统一，导致不同系统之间的数据集成困难，各系统之间的数据无法实现快速、高效地交互，难以满足集团对各层级、各类型数据的抽取、转换、分析等管控要求；另外，数据规范性较差，数据不一致、不完整的现象普遍存在，各系统中的数据分散，数据质量不高，难以满足集团构建综合数据平台的要求。

要及时、有效地沟通信息，建立长效的数据管理机制，实现数据标准化，就需要建立完整的数据治理管理体系。

50.2 工作概况

国投集团的数据治理项目于 2015 年正式启动。经过充分的调研和分析，国投集团确立了以"主数据建设模式"作为国投集团数据标准化及数据治理实践的重要切入点，搭建了集团统一的数据标准体系，制定了集团通用类数据标准与各板块专业的数据标准，建立了数据编码规范、数据管理流程、数据指标和数据管理体系标准。

国投集团通过建设主数据管理平台，固化和落实了数据标准和管理体系，实现了对数据全生命周期的统一和规范管理，提高了集团对数据的管控能力，加强了国投集团对投资企业经营决策的数据支撑力度。

1. 建设历程

自 2015 年国投集团启动数据治理及国投交通板块试点工作以来，通过近几年持续不断的推广与深化工作（2017 年启动国投矿业板块的数据治理推广，2018 年启动电子工程院板块的数据治理推广，2019 年启动国投生物板块的数据治理推广等工作），国投集团将全面落实各项数据标准，在国投贸易、中成集团等板块中贯彻应用。国投集团的数据治理项目主要经历了以下几个阶段。

（1）体系建立阶段。

国投集团根据管理现状，首先确定了集团总部统一管理平台、统一通用标准，以及"板块公司试点先行，再逐步推广"的建设思路，即集团总部搭建了统一的数据治理平台及数据管理体系，制定了统一的通用类数据标准。板块公司要严格执行集团通用的数据标准，并在集团统一的标准体系下自建个性化的板块标准体系。

（2）平台实施阶段。

制定完标准体系和通用数据标准后，国投集团梳理了数据治理平台的功能需求，并结合成熟的数据治理平台产品，搭建了国投集团数据治理平台，实现标准体系的落地和对数据全生命周期的管理。

（3）板块试点阶段。

根据数据治理思路，在建成集团数据标准体系和数据治理平台后，国投集团选择了需求相对迫切、基础相对成熟的国投交通公司进行板块试点。国投交通公司严格执行集团通用数据标准，并建立了国投交通公司的 4 类板块专用的标准。经过试点，国投集团后续在矿业、生物、电子工程院等企业中进行推广实施，为国投集团"统一建平台、集团管通用、板块管专用"的数据治理模式进行了验证，也为后续推广及实施积累了经验。

（4）优化提升阶段。

国投集团的数据治理平台在集团总部和试点单位中上线运行一年左右，收集到了用户在使用中提出的新需求，结合数据治理体系和平台在实际运行中存在的问题，集团总部牵头对数据治理体系和平台进行了优化：一是完善及修订标准体系和标准；二是完善平台功能和优化服务接口；三是通过集成对接将集团统管系统都纳入主数据管理；四是通过进一步的数据清洗提升数据质量。

（5）板块推广阶段。

结合在集团总部及试点单位中得到的经验，国投集团制订了"板块推广计划"。截至2019年，其已经先后在国投矿业、国投电子工程院、国投生物板块中推广实施数据标准体系和数据治理平台，后续计划在国投贸易、国投电力、中成集团等板块中进行全面推广。同时在推广的过程中，国投集团也继续对数据治理平台进行优化及完善，集成对接各个业务系统，实现数据的统一集中管理。

2. 工作框架

国投集团的数据标准化工作框架如图50-2-1所示。其中的具体内容包括以下4个方面。

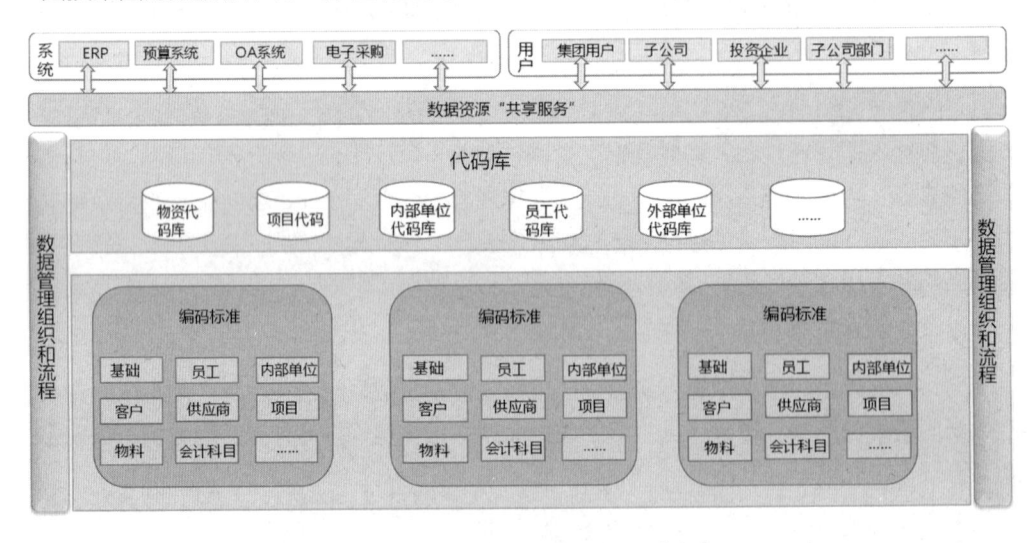

图 50-2-1 国投集团数据标准化工作框架

（1）规划并设计国投集团信息标准化体系，制定主数据相关标准。

（2）通过搭建数据标准化管理平台，固化和落实数据标准和管理体系，实现对主数据全生命周期的统一和规范管理。

（3）制定标准化管理组织与规范，实现对主数据的统一、集中、规范管理，提高对主数据的管控能力，为信息系统建设提供标准和规范保障。

（4）为总部各部门、各企业、各系统提供高质量、高效的信息化标准数据支撑及主数据服务。

3．工作目标

国投集团的数据标准化及数据治理的工作目标包括以下几个方面。

（1）以主数据建设模式为切入点，建立国投集团统一的数据标准体系；打通各业务链条，统一数据语言，统一制定数据标准，实现数据共享，使数据资产价值最大化。

（2）统一业务信息定义，消除理解歧义；提升系统开发及实施的效率，实现资源共享，支撑战略协同。

（3）构建准确、唯一、权威的数据来源，统一数据规范，进一步提高企业数据质量和数据资产价值，全面增强企业的核心竞争力。

（4）为国投集团信息系统建设和深入应用提供标准和规范保障，为各单位、各部门、各系统提供高质量、高效的信息化标准数据支撑，推动信息系统的深度集成、数据共享和深化应用。

4．实施方法

如图 50-2-2 所示，国投集团数据标准化及数据治理方法论框架主要包括制定标准、建代码库、搭建平台、代码转换、运维体系共 5 部分。其中制定标准是基础，建代码库是过程，搭建平台是技术手段，运维体系是保障，代码转换是实现工具。

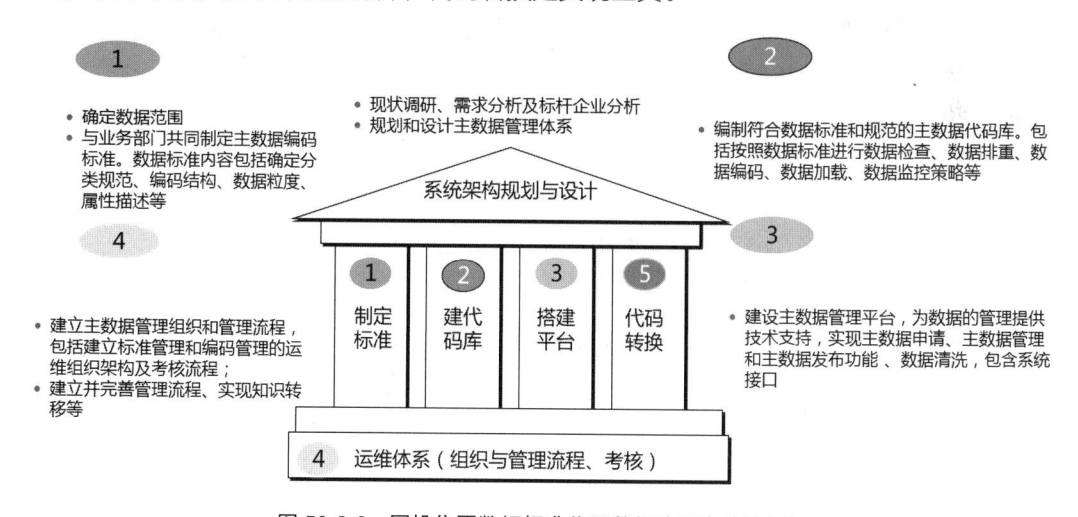

图 50-2-2　国投集团数据标准化及数据治理方法论框架

50.3 组织保障

在国投集团信息标准化领导小组的统一领导下，国投集团按照"归口管理，分工负责"的原则，建立总部、子公司、投资企业 3 个层面的数据标准化管理体系。

1. 信息标准化委员会

信息标准化委员会是国投集团信息标准化工作的领导机构，由集团总部各部/室和重点子公司的管理层人员组成，主要职责包括以下几项。

（1）组织和协调集团信息标准化工作，对重要事项进行把关和决策。

（2）审定集团信息标准化相关制度、办法及信息化标准规范，经集团总裁办公室批准后发布实施。

（3）听取信息标准化相关工作汇报，并进行指导。

2. 信息标准化办公室

信息标准化办公室是国投集团信息标准化工作的日常协调和管理机构，由集团总部各部/室的人员组成，主要职责包括以下几项。

（1）制订信息标准化工作计划，经批准后协调组织实施。

（2）按照集团要求，协调和组织具体事项的落实。

（3）协调和组织各职能部/室做好物流业务板块相关标准制定（或修订）和集团层面相关标准制定（或修订）的协助工作。

（4）协调和组织各项信息化标准的应用、推广和实施。

（5）督促及检查信息标准化各项工作的落实。

（6）负责与集团信息标准化办公室的日常工作联系和沟通协调。

3. 信息标准化工作组

信息标准化工作组是为编制信息标准而组建的临时工作组织，根据标准化工作性质的不同，分为信息标准化工作组和技术标准化工作组。信息标准化工作组一般采用项目工作组的形式，完成信息标准的编制工作。

50.4 项目成果

国投集团的数据标准化及数据治理工作取得了以下成果。

1. 数据治理成果

随着国投集团信息化工作的稳步推进，其数据治理工作也在有序进行。在项目顶层设计上，集团总部设计了统一的数据蓝图，在各板块及子公司层面还制定了分板块的数据蓝图和标准，对内向所有板块进行推广，对外向投资企业及其他企业进行交流和推广。在顶层数据蓝图战略的指引下，国投集团对数据架构和标准进行了详细设计，建立了统一的数据管控组织、制度及规范，以及数据质量问题处理流程，并通过统一的数据治理平台进行落地，满足了国投集团对数据集中管控的需求，为国投集团的经营和管理工作提供了全面、可靠、准确、及时的数据服务，促进了国投集团的精细化管理和长效运营。

（1）数据蓝图。

国投集团设计了统一的数据蓝图，主要目标是建立健全的数据管理体系，统一数据标准和数据架构，提升集团上下利用数据资产的效率，让企业既能知晓"过去与现在是什么"，又能清楚"为什么"及"将来会发生什么"。

数据蓝图主要包括 4 个部分。

①建立健全的数据管控体系：明确数据治理组织、人员、职责、流程及工具等；建立专业化的数据集中管理组织，并建立各业务部门、数据管理组织和项目组之间的数据沟通机制。

②统一数据标准：基于业务内容和业务逻辑划分数据主题域，为数据应用打下坚实的基础；以现有主数据标准为基础，对基础类数据和分析类数据制定标准和规范，在数据集成时发挥纽带作用；建立数据质量标准化管理机制，保障数据质量。

③统一数据架构：设计集团与各子公司的统一数据架构，以实现数据集成；基于集团业务，规划企业数据交换平台、数据服务总线等中心化的集成平台，指导数据集成。

④服务决策支持：扩大数据获取范围，提升数据获取的时效性，开发系统的数据统计分析功能，强化数据深入应用；针对不同层级的管理人员和业务人员，提供有针对性的数据信息和展现场景以支持决策分析。

基于以上内容，国投集团规划了一套统一的数据管理体系框架，使企业数据"看得见、说得清、管得住"，从而可以充分利用企业数字资产，创造和提升企业业务价值。

（2）数据治理架构。

国投集团规划了统一的数据治理架构，包含 3 个核心部件：主数据管理系统、数据仓库和数据交换层。建立数据仓库和数据交换总线并应用大数据平台技术，可以满足高层管理者、管理部门、外部监管及各子公司等不同层面的需求（见图 50-4-1）。

（3）数据标准。

国投集团也建立了统一的数据标准（一整套的数据规范、管控流程和技术工具），用以确保企业中的各种重要信息（包括战略、投资、资产、项目、人力资源等）在全集团内外的使用和交换都是一致、准确的。国投集团的数据标准主要包含基础类数据标准和分析类数据标准。

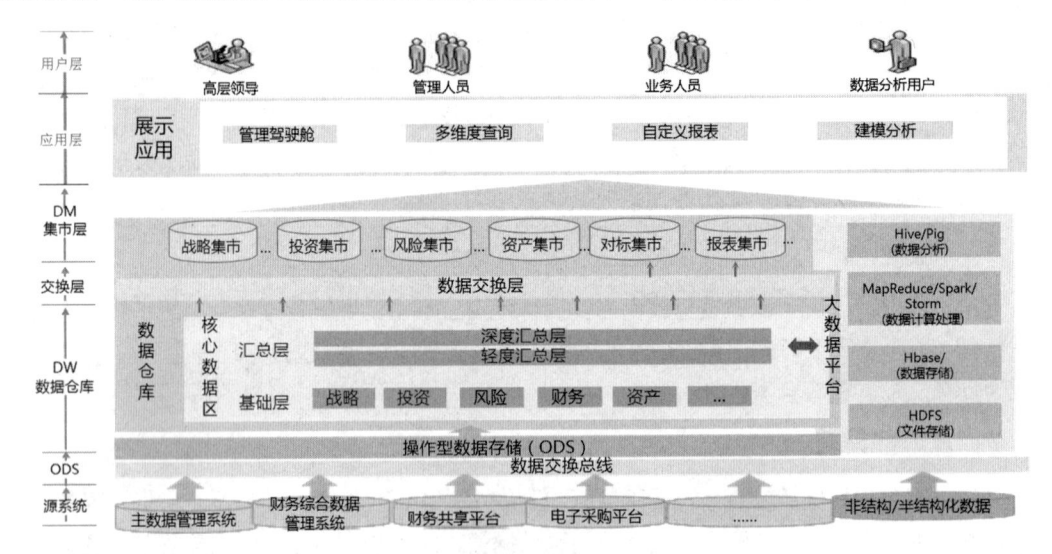

图 50-4-1　国投集团的数据治理架构图

基础类数据指在日常业务过程中所产生的具有共同业务特征的基础性数据，如战略、投资、项目、人力资源等数据。

分析类数据指为满足国投集团内部管理需要及外部监管要求，在基础类数据的基础上按一定统计、分析规则加工后的数据。

国投集团建立的数据标准主要包括以下内容。

①建立了 100 多万条基础类数据标准信息代码库。

国投集团建立了信息代码体系表，统一编制了物料、内/外部单位、财务类、各板块专用等 15 个数据类型，截至 2019 年 6 月，共形成了 100 多万条数据标准信息代码库，为国投集团总部及下属企业的核心业务系统提供了标准化的数据服务，如表 50-4-1 所示。

表 50-4-1　国投集团信息代码体系表

序　号	数据名称	数据内容	代码数量（条）	备　注
1	通用基础类	行政区划、计量单位、语种等	17684	集团通用
2	财务类	会计科目、报表项目、部门段、银行等	180195	集团通用
3	外部单位类	客户、供应商	46333	集团通用
4	内部单位类	编码规则、主数据机构、视图信息等	5858	集团通用

续表

序　号	数据名称	数据内容	代码数量（条）	备　注
5	项目类	编码规则、项目名称等	767	集团通用
6	员工类	编码规则、主数据结构等	29022	集团通用
7	物料类	物料分类、描述模板、取值附表等	715199	集团通用
8	数据指标类	分类标准、指标维度、编码规则等	422	集团通用
9	港口基础类	港口概况、港域情况、港口运营情况	679	交通专用
10	基建类	工程项目、单项工程、单位工程等	103	交通专用
11	安健环类	安全、环保、职业健康、应急管理	649	交通专用
12	铁路基础类	机车车辆、工务工程、通信信号、供电	91	交通专用
13	设备设施类	装卸机械、铁运设备、船舶等	3470	交通专用
14	矿业专用类	产品段等	717	矿业专用
15	电子院项目类	编码规则、电子院项目名称等	6473	电子院专用

②定义了1万多项数据指标。

国投集团对总部的数据指标进行了整体规划，按照自上而下的梳理方式，从财务、人力资源、生产经营等业务领域中定义了1万多项数据指标，保证了业务定义和概念的一致性、应用规则的一致性，如图50-4-2所示。

图50-4-2　国投集团的数据指标体系

（4）数据管控。

国投集团搭建了统一的数据管理组织，并发布了一套数据管理制度和规范，以及制定了《主数据管理办法》《主数据维护细则》等，保证对数据标准的统一管理和应用。

数据管理组织是数据管理体系中最重要的因素，它负责制定并管理数据标准，提出各系统的数据质量要求，监测正在进行的数据管理行动，并从数据的角度对信息系统项目提出指导建议。数据管理组织是否有完整及合理的角色定义、是否有高层领导的参与，是整个数据管理体系成败的关键。国投集团建立的数据管理组织包括数据管理指导委员会、数据责任部门、数据管理部门，具体介绍如下。

①数据管理指导委员会（网信安全与信息化领导小组）由集团公司领导牵头，同时包含各职能部门领导，是数据管理最高权力机构，负责数据管控战略、数据管理授权、预算审批。

②数据责任部门为虚拟机构，由集团公司、各板块（子公司）、投资企业共三级体系组成，每级都设立数据管理负责人（可以全职或兼职），主要负责以下工作。

- 明确本部门相关数据需求及解释相关数据的业务规则。
- 提出本部门相关数据的质量要求。
- 提出本部门相关数据标准的变更需求。
- 数据管理效果反馈。

③数据管理部门为信息化相关部门（即国投集团运营部和数字国投事业部），职责范围包含数据标准和数据质量的管理工作。

国投集团运营部主要负责：

- 制定并维护标准化体系。
- 设计并落实相关制度和流程。

数字国投事业部（由10~15位专业人员负责数据管理工作）主要负责：

- 统一收集数据标准需求，统一制定集团数据标准并推动落实。
- 收集数据质量问题，牵头制定数据质量提升方案并推动落实。
- 日常数据生成及维护。

（5）数据质量。

国投集团制定了统一的数据质量管理要求及流程。只有高质量的数据才有应用的价值。在数据质量管理中，需要对数据进行持续监控，并在此基础上快速定位数据质量的源头和范围，以及采取针对性的解决措施。

①数据质量管理的目标。

国投集团的数据质量管理目标是统一数据质量管理体系，统一数据质量度量、执行的规范化步骤，为企业数据质量管理的落实提供技术平台支撑。

②数据质量管理工作内容。

数据质量管理以主数据和共享数据为核心，涉及以下 4 个方面内容。

- 数据质量状况分析：引用系统内置度量规则和检核方法，对系统表、字段进行多角度的数据质量检核及评估，为数据分析、数据状况调研提供数据分析报告，对系统中的关键业务数据的质量情况进行全方位把握。
- 数据质量持续监控：确保为将来提供准确、一致和及时的数据，使数据始终符合业务规则，确保企业数据始终保持最高的质量，并防止随时间的推移导致数据质量下降。
- 快速定位数据质量问题的影响范围：通过元数据关联关系分析功能，可以定位问题数据出错的源头和受影响的范围，及时通知关联方，降低由数据问题带来的影响。
- 基于企业对数据质量问题处理的要求，灵活制定数据质量问题的处理流程，便于对问题数据进行处理和清洗。

③数据质量问题处理流程。

国投集团在具体的数据质量问题处理过程中，通过发现、分析、验证和解决、评估 4 个步骤，使数据质量得到不断提升。国投集团日常的数据质量问题处理流程如图 50-4-3 所示。

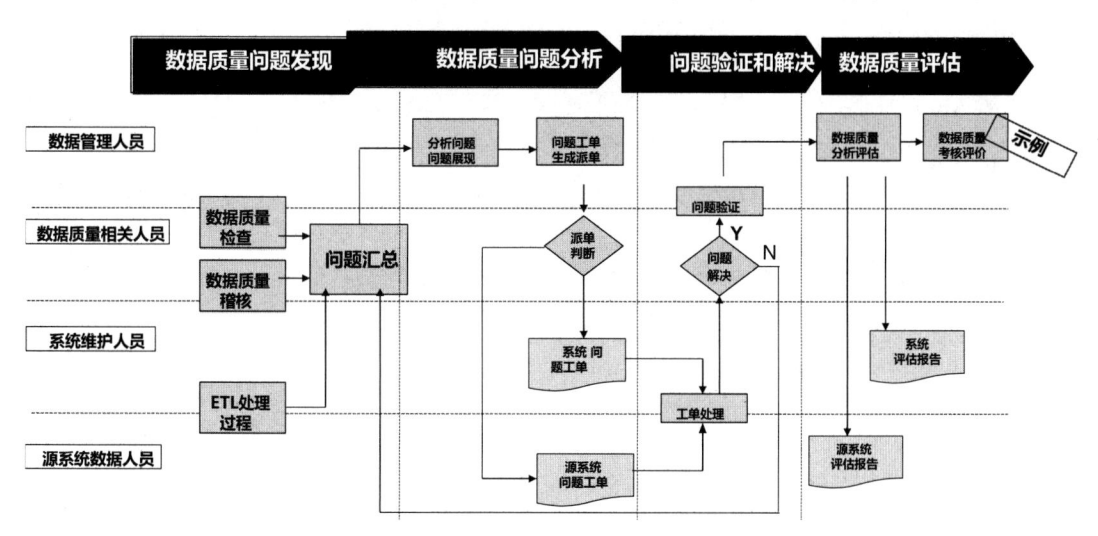

图 50-4-3　国投集团数据质量问题处理流程图

（6）管控平台。

国投集团建立了统一的信息标准化平台，为国投集团总部 20 多个应用系统及各分/子公司提供了全面、准确、高效的数据共享服务，实现了对基础数据从发布到应用、维护的全生命周期管控。此平台具有企业级数据存储、整合、清洗、分发及监控共 5 大功能，具有良好的可扩展性和灵活性。图 50-4-4 为国投集团信息标准化平台架构。

图 50-4-4 国投集团信息标准化平台架构

2. 板块推广实施成果

为了切实有效地贯彻国投集团的数据治理成果，使总部、子公司、控股企业联动，国投集团启动了在各板块推广及实施数据标准的工作。

通过在各板块中的推广，以及加强数据标准及运维培训，国投集团取得了以下成果。

- 提高了各分/子公司对数据标准化管理的重视及参与程度，为全面提升国投集团的数据治理和数据服务水平奠定了良好的基础。
- 巩固了集团数据治理成果，将数据标准应用到整个集团范围内的各板块中，为各信息系统的互联互通，系统之间的数据集成提供了更好的专业化服务。
- 通过在推广实施过程中的数据服务优化，实现业务服务增值，为管理层提供完整、一致、准确的数据分析决策辅助支持，为国投集团整体业务向更高层次提升打下了良好的基础。

国投集团在 4 个板块中的推广实施工作简介如下。

（1）国投交通。

国投交通控股有限公司（以下简称"国投交通"）是国投集团的全资子公司，是对港口、铁路、油气管道等综合交通基础设施及现代物流项目进行控股、参股经营的投资控股型公司。

在国投集团总部的数据标准体系和数据治理平台建成后，国投集团选择了需求相对迫切、基础相对成熟的国投交通公司进行板块试点。国投交通严格执行集团通用的数据标准，并建立了国投交通4类板块专用的数据标准（基建类、安健环类、港口基础类、物料类）。同时其启动信息资源规划项目，通过对国投交通的业务需求和数据需求的调研与分析，以及开展信息资源规划，解决国投交通在业务过程中面临的"有哪些数据""数据存储有多少""数据流中的血缘关系""如何找到我需要的数据""如何使用数据"和"数据的生产进度"等问题。此项工作为绘制企业数据地图、实现"一数一源"、统一数据口径、标明数据方位、分析数据关系、打通上下游数据继承关系断层、维护数据质量和实现业务逻辑可视化打下了坚实的基础。将来以此项工作为前提建设的国投交通数据仓库，可以有机地实时汇总所有信息系统生成的数据；再通过数据挖掘，可以为国投交通的管理和经营提供全方位的数据支持和服务，为国投交通的信息化向集成提升、创新突破阶段发展奠定基础，构建国投交通业务和IT融合的企业架构。

（2）国投矿业。

国投矿业投资有限公司（以下简称"国投矿业"）是国投集团专业从事矿产资源及其相关产业投资的全资子公司，经营范围主要包括油气、金属、非金属等矿产资源和可再生资源、危险废物资源、新能源、建材及相关配套产品设施的投资开发。

基于国投交通板块成熟的推广经验，国投矿业在严格执行总部通用数据标准的基础上，梳理出矿业6大类的数据标准（设备物资类、安健环类、项目类、数据指标类、矿产资源类、生产类）。通过编制国投矿业的统一数据标准体系，统一数据标准代码库，实现了对数据"源头"的集中管理，改变了原有基础数据分散管理的现状，为业务报表编制、数据统计分析提供便利条件；建立了基础数据共享的"桥梁"，为主营业务系统集中化部署与集约化运营管理奠定了数据基础。

（3）电子工程院。

中国电子工程设计院有限公司（以下简称"电子工程院"）创建于1953年，2009年被并入国投集团。电子工程院以设计为龙头，服务范围涵盖前期咨询及规划、环境和节能评价、工程设计、项目管理、工程监理、工程承包、工程检测评定等全过程，可在工业工程、民用建筑、节能环保新能源等诸多领域，为国内外客户提供优质、全面的工程服务。

电子工程院的数据标准体系推广策略是严格遵循总部通用类数据标准，其中需求最大的是单位类数据标准。由于电子工程院是工程服务单位，涉及众多的客户、供应商，客户和供应商基本信息的准确性、合法性对于后期的工程监理、检测评定结果至关重要。因此，按照总部单位类数据标准，电子工程院引用外部工商数据源（企查查）清洗所有单位类历史数据，确保客户和供应商数据的准确、真实、有效、完整；建立了统一的数据运维体系，并配备了信息员和审核员，利用统一的数据标准化管理平台针对供应商类数据进行全生命周期管理，确保了数据的质量和时效性，为企业全面风险管控和统计分析奠定了数据基础。

（4）国投生物。

国投生物科技投资有限公司（以下简称"国投生物"）是国投集团的全资子公司，主要负责统筹国投集团生物能源业务的科研管理、投资经营管理，是国投集团发展燃料乙醇等生物能源产业的责任主体和市场主体。

国投生物板块的数据标准化项目推广策略是在符合国投集团总部统管要求的基础上，建立国投生物板块特有的标准体系。从 2019 年开始启动，其已完成：生物板块特有设备分类，安健类环、原料类、成品类数据标准的建立，数据清洗及数据初始化，并通过企业服务总线实现与 ERP、MES、OA 等系统的无缝集成。后续国投生物也会逐步建立数据管控组织、流程、规范等，保证信息系统中数据编码的唯一性与正确性，提高数据质量和增强信息共享，针对生物板块特有数据，实现全生命周期管理。

50.5　工作价值

在《国家开发投资公司 2010—2015 信息化总体规划》的指导下，围绕国投集团的各项业务和现有信息系统，国投集团在集团范围内建立了一套科学、适用的数据标准和管理流程，并通过主数据管理系统进行落地，实现对数据的全生命周期管理，为国投集团的信息共享和管理奠定了信息标准基础，具体包含以下 5 个方面的工作价值。

（1）助力集团实现"建设具有全球竞争力的世界一流资本投资公司"的愿景目标。

国投集团的信息化规划是以"建设具有全球竞争力的世界一流资本投资公司"为目标，集团信息化管理和建设的重点在于信息化治理、数据治理、IT 基础设施建设、网络与信息安全建设等工作。其中数据治理是推进集团数字化转型的重要抓手，对于规划企业数据架构、数据标准，建立集团数据资源管理体系，提升集团化管控能力具有重要的战略意义。

（2）支撑集团加速推进数字化转型，打造国有资本投资企业标杆典范。

国投集团通过统一的数据治理，规划了数据架构和数据标准，探索大数据、移动应用、智能决策等技术在集团信息化建设中的应用，以及企业 IT 基础设施架构及集团云平台，推进了集团数字化转型。

（3）推动数据治理架构落地，夯实集团数据治理地基。

国投集团的数据治理架构分为治理、管理和应用 3 个层次。数据治理对集团新的信息化治理架构的落地具有积极的推动作用，也将对集团的信息化资源优化配置提出建议。

（4）夯实集团信息标准体系，完善集团化管控策略和模式。

实现"数据集成"目标，既是实现集团总部系统之间数据横向集成的需要，也是实现集团总部、子公司、控股投资企业之间数据纵向集成的需要。国投集团通过建立数据资源管理体系，实现了数据资源的及时、准确、共享，为国投集团以后利用数据资产提升集团总部掌握全局、动态分析、风险预控的能力打好基础。

（5）辅助应用优化，助推集团统管系统落地。

数据管理要做的就是从企业的多个业务系统中整合核心、最需要共享的数据，集中进行数据清洗和数据丰富，并且以服务的方式把统一、完整、准确、具有权威性的数据分发给各个业务系统、业务流程和决策支持系统等。结合应用生命周期管理过程，国投集团持续不断地进行数据治理，并辅助进行统管系统和板块专有系统的应用优化。同时，集团的 OA 系统、法律、财务共享平台等应用的推广，使得集团能够进行集中化数据管理，构建覆盖整个集团范围内的数据管理基础和相应规范，以及更灵活地适应各个企业的业务需求变化。

50.6 经验分享

在大数据时代，数据成为资产已经是行业共识，越来越多的企业将"数据价值挖掘"作为重要的战略方向。从 IT 建设的角度来看，通过主数据管理可以增强企业 IT 结构的灵活性，构建覆盖整个企业范围内的数据资产管理基础和相应规范，并且更灵活地适应企业的业务需求变化。

国投集团在数据治理的实践过程中，通过加强内部宣传、贯彻及培训，提升了员工的数据治理意识；通过与行业内其他企业的交流，总结数据治理经验；通过将数据治理的方案和成果积极推广至集团内和投资企业中，实现数据治理分析和经营管理过程的联动；通过用数据发现问题、调整问题、预测问题，让信息化建设呈螺旋式上升，持续支撑业务良好运转，扩大影响范围，推进业务的不断升级与创新。

1．内部宣传、贯彻及培训

国投集团分别对管理层人员、关键用户、系统管理员等进行分层级、分角色培训，并将数据标准进行宣传及贯彻。

2．外部沟通与交流

（1）行业会议。

作为投资行业的龙头企业之一，国投集团积极参与编制《主数据管理实践白皮书（1.0 版）》，并在行业交流大会上进行经验分享。国投集团的数据治理工作作为实践案例被行业所认可。

国投集团的数据标准化项目所取得的成果丰硕，在 2019 年大数据产业峰会上，国投智能与国投交通联合提交的"国投集团数据治理实践案例"荣获 2019 年大数据"星河奖"——优秀数据资产管理实践奖,在 2019 年中国国际大数据产业博览会"第三届数据标准化及数据治理优秀评选"活动中荣获"数据治理优秀实践奖"。

(2)行业内数据标准化项目分享交流。

国投集团的数据标准化及数据治理的实践经验也不断在投资行业中进行分享与交流,包括陕西省投资集团有限公司、安徽省投资集团控股有限公司、黑龙江辰能投资集团有限责任公司、河南省国有资产控股运营集团有限公司、深圳市投资控股有限公司等;同时,国投集团的数据治理经验也不断被投资行业以外的企业学习。

3. 经验总结

通过与行业内外其他企业的分享与交流,国投集团总结了数据治理经验,这也为其他企业进行数据标准化及数据治理开拓了思路,避免了在实施过程中一些问题。其中以下几点特别值得其他企业借鉴。

(1)领导重视,全员参与。

数据治理涉及企业管理组织、业务流程、管控流程、人力资源等各个方面,是一项复杂的系统工程,只有引起企业领导层的高度重视,得到各级员工的认可,才能有效执行,否则会事倍功半。因此,在数据治理体系建立过程中就应该动员全体员工积极参与,增加员工对数据治理体系的认知度,并在数据治理体系建立后,通过培训、座谈、考核、推广,扎实分级、分业务域贯彻标准等多种形式让员工多方面了解及掌握。

(2)循序渐进,自上而下。

由于数据治理涉及面广,因此,想在数据标准化体系建立的过程中一蹴而就是不可能的。集团管控型企业可以借鉴"集团总部建通用,下属板块建专用"的模式,分级管理,先试点、后逐步推广。国投集团正是通过在推进总部通用数据标准及板块专用数据标准的过程中逐步规范各管理线的方式,取得数据标准化管理的成功。

(3)组织保障,考核激励。

数据治理的复杂性,决定了其实施过程必然是一项耗时、耗力的艰巨任务。这就需要企业投入必要的资源,包括在企业内部成立管理领导小组、执行小组等组织,并且由企业内的权威部门来牵头推进,深度参与,负责各自标准的制定和对数据把关,发动业务部门参与数据清洗,确保数据质量。同时可将这些工作纳入企业绩效考核体系中,对体系建立及实施人员进行充分的激励。

(4)持之以恒,持续改进。

数据治理需要企业耗费较长的时间，是一项长期工程，要提前做好整体规划，分期实施，逐步推广。随着企业内/外部环境及战略的变化，还需要对数据标准进行不断调整，以适应企业的发展要求。在企业发展过程中，企业管理模式没有最好的，只有更适合的。

（5）顶层设计，平台落地。

数据治理涉及业务的梳理、标准的制定、数据的监控管理、数据的集成等工作，复杂度高、探索性强。因此，在进行数据治理时，要采用系统的方法做好顶层设计工作。国投集团按照"整体规划，分步实施，先基础，后深化"的总体原则，通过统一的数据治理平台进行落地，并实现与各应用系统的接口集成，保证数据源头的统一。

附录 A

工业英文缩写术语表

[1] 5W1H：WWWWWH，原因（Why）、对象（What）、地点（Where）、时间（When）、人员（Who）、方法（How）

[2] ADM：Architecture Development Method，架构开发方法

[3] AGC：Automatic Generation Control，自动发电控制

[4] AHP：Analytic Hierarchy Process，层次分析法

[5] AMP：Advanced Manufacturing Partnership，先进制造伙伴计划

[6] AVC：Automatic Voltage Control，自动电压控制

[7] BCS：Basic Communication Statute，基本通信结构规约

[8] BOM：Bill of Material，物料清单

[9] BPM：Business Process Management，业务流程管理

[10] C2M：Customer-to-Manufacturer，用户直连制造

[11] CAPE：数据安全能力框架的简称，C（Check）：风险核查；A（Assort）：数据梳理；P（Protect）：数据保护；E（Examine）：监控预警

[12] CAPP：Computer-Aided Process Planning，计算机辅助生产计划

[13] CDO：Chief Data Officer，首席数据官

[14] CIM：Common Information Model，公共信息模型

[15] CIO：Chief Information Officer，首席信息官

[16] CPPS：Cyber-Physical Production System，信息物理生产系统

[17] CPS：Cyber-Physical Systems，信息物理系统

[18] CRM：Customer Relationship Management，客户关系管理

[19] CRUD：增加（Create）、读取（Retrieve）、更新（Update）删除（Delete）

[20] CTO：Chief Technical Officer，首席技术官

[21] CWM：Common Warehouse MetaModel，公共仓库元模型

[22] DaaS：Data-as-a-Service，数据即服务

[23] DAMA：Data Management Association International，国际数据管理协会

[24] DCMM：Dada Management Capability Maturity Model，数据管理能力成熟度评估模型

[25] DCS：Distributed Control System，集散控制系统/分布式控制系统

[26] DDL：Data Definition Language，数据定义语言

[27] DDM：Dynamic Data Masking，动态数据脱敏

[28] DFFT：Data Free Flow with Trust，可信赖的数据自由流通

[29] DGI：The Data Governance Institute，数据治理协会

[30] DLP：Data Leakage Prevention，数据防泄密（泄露）防护

[31] DLT：Distributed Ledger Technology，分布式账本技术

[32] DMMA：Data Management Maturity Assessment，数据管理成熟度评估

[33] DMS：Database Management System，数据库管理系统

[34] EBOM：Engineering BOM，工程物料清单

[35] EDW：Enterprise Data Warehouse，企业级数据仓库

[36] ERD：Entity-Relationship Diagram，实体关系图

[37] ERP：Enterprise Resource Planning，企业资源计划

[38] ESB：Enterprise Service Bus，企业服务总线

[39] ETL：Extract-Transform-Load，数据抽取、转换、加载

[40] HSE：健康（Health）、安全（Safety）和环境（Environment）三位一体的管理体系

[41] IaaS：Infrastructure-as-a-Service，基础设施即服务

[42] ICT：Information And Communications Technology，信息与通信技术

[43] IT：Information Technology，信息技术

[44] KKS：Kraftwerk-Kennzeichen System，电厂标示系统

[45] MD：Master Data，主数据

[46] MDM：Master Data Management，主数据管理

[47] MES：Manufacturing Execution System，制造执行系统

[48] MQ：Message Queue，消息队列

[49] MQTT：Message Queuing Telemetry Transport，消息队列遥测传输协议

[50] ODS：Operational Data Store，操作数据存储

[51] OLAP：On-Line Analytic Processing，联机分析处理

[52] OLTP：On-Line Transaction Processing，联机事务处理

[53] OMS：Order Management System，订单管理系统

[54] OT：Operation Technology，运营技术

[55] PaaS：Platform-as-a-Service，平台即服务

[56] PBOM：Plan BOM，计划物料清单

[57] PDM：Product Data Management，产品数据管理

[58] PEST：政治（Politics）、经济（Economy）、社会（Society）、技术（Technology）

[59] PLC：Programmable Logic Controller，可编程逻辑控制器

[60] PLM：Product Life-cycle Management，产品生命周期管理

[61] PMS：Production Management System，生产管理系统

[62] RFID：Radio Frequency Identification，射频识别

[63] SaaS：Software-as-a-Service，软件即服务

[64] SCADA：Supervisory Control And Data Acquisition，数据采集与监视控制系统

[65] SCM：Supply Chain Management，供应链管理

[66] SDM：Static Data Masking，静态数据脱敏

[67] SFC：Shop Floor Control，车间控制系统

[68] SOA：Service-Oriented Architecture，面向服务的架构

[69] SRM：Supplier Relationship Management，供应商关系管理

[70] SWOT：优势（Strengths）、劣势（Weaknesses）、威胁（Threats）、机会（Opportunities）

[71] TOGAF：The Open Group Architecture Framework，开放组体系结构框架

[72] WMS：Warehouse Management Systems，仓库管理系统

[73] PRISM 设计原则：包括性能和易用性、可重用性、完整性、安全性和可维护性

[74] SAN：Storage Area Networks，磁盘和存储区域网络

[75] RACI：Responsible，Accountable，Consulted，Informed，即责任、负责、咨询和知情

[76] DBA：Database Administrator，数据库管理员

[77] GDPR：General Data Protection Regulation，通用数据保护条例

[78] SMART 原则：明确的（Specific）、可衡量的（Measurable）、可达到的（Actionable）和有时间规定的（Time）

[79] SAM：Strategic Alignment Model，战略一致性模型

[80] AIM：The Amsterdam Information Model，阿姆斯特丹信息模型

[81] EDM 委员会：Enterprise Data Management Council，企业数据管理委员会

[82] DSMM：Data Security Capability Maturity Model，数据安全能力成熟度模型

[83] PDCA 循环：计划（Plan）、执行（Do）、检查（Check）和处理（Act）

[84] BS：Brain Storming，头脑风暴法

[85] CDC：Change Data Capture，更数据捕获

[86] DT：Digital Transformation，数字化转型

[87] IIoT：Industrial Internet of Things，工业物联网

[88] EA：Enterprise Architecture，企业架构

[89] LDM：Logical Data Model，逻辑数据模型

[90] PDM：Physical Data Model，物理数据模型

[91] CDM：Concept Data Model，概念数据模型

[92] OI：Operational Intelligence，运营智能

[93] ACID：原子性（Atomicity）、一致性（Consistency）、隔离性（Isolation）和持久性（Durability）

[94] BASE：基本可用（Basically Available）、软状态（Soft State）和最终一致性（Eventual Consistency）

附录 B

数据治理 221 个重要名词术语

序号	名词术语	定　　义
1	数据	指任何以电子或者其他方式对信息的记录,纸质的档案信息及其他书面形式对信息所作的记录也属于数据。在计算机科学技术中,"数据"是客观事物的符号表示,指所有可输入到计算机中并可被计算机程序处理的符号的总称;在管理科学技术中,"数据"是描述事件或事物的属性、过程及其关系的符号序列,比如自然语言符号、科学符号、数字及图形图像等
2	数据管理	指为了交付、控制、保护并提升数据和信息资产的价值,在其整个生命周期中制定计划、制度、规程和实践活动,并执行和监督的过程。其目的在于充分有效地发挥数据的作用
3	数据治理	指为保证数据的可信、可靠、可用,满足业务对数据质量和数据安全的期待所采取的一系列举措,也是围绕将数据作为企业资产而展开的一系列的具体化工作,以及对整个企业的业务、数据、信息化建设、组织架构等信息的认知、理解、梳理、重定义的过程。此过程主要包含组织为实现数据资产价值最大化所开展的一系列持续工作,诸如明确数据相关方的责权、协调数据相关方达成数据利益一致、促进数据相关方采取联合数据行动,即通过有效的数据资源控制手段,对数据进行管理和控制,以提升数据质量,进而提升数据变现的能力
4	大数据	指传统数据处理应用软件无法处理的太大或太复杂的数据集。不过,目前大数据往往是指使用预测分析、用户行为分析或某些其他高级数据分析方法从大数据中提取价值,而很少仅指代特定大小的数据集。虽然现在可用的数据量确实很大,但这已不是这个数据生态系统本质的特征
5	工业大数据	指在工业领域中,围绕典型智能制造模式,从客户需求到销售、订单、计划、研发、设计、工艺、制造、采购、供应、库存、发货和交付、售后服务、运维、报废或回收再制造等整个产品全生命周期各个环节所产生的各类数据及相关技术和应用的总称。工业大数据以产品数据为核心,极大延展了传统工业数据范围,同时还包括工业大数据相关技术和应用
6	信息	指具有时效性的、有一定含义的、有逻辑的、经过加工处理的、对决策有价值的数据流
7	智慧	指通过人们的参与对信息进行归纳、演绎、比较等手段进行挖掘,使其有价值的部分沉淀下来,并与已存在的人类知识体系相结合,这部分有价值的信息就转变成知识

序号	名词术语	定 义
8	知识	指人类基于已有的知识，针对物质世界运动过程中产生的问题，根据获得的信息进行分析、对比、演绎找出解决方案的能力。这种能力运用的结果是将信息的有价值部分挖掘出来，并使之成为知识架构的一部分
9	数据资源	指对一个企业而言所有可能产生价值的数据，包括自动化数据与非自动化数据。数据资源也是企业生产及管理过程中涉及的一切文件、资料、图表等数据的总称。它是对数据进行加工处理，使数据之间建立联系，并具有了某些意义，贯穿于企业管理的全过程
10	数据资源管理	数据资源管理就是寻找手段，以有效地控制数据资源，并提升数据资源的利用率
11	数据资产	指由组织（政府机构、企事业单位等）合法拥有或控制的数据资源，以电子或其他方式记录，例如文本、图像、语音、视频、网页、数据库、传感信号等结构化或非结构化数据，可进行计量或交易，能直接或间接带来经济效益和社会效益。在组织中，并非所有的数据都构成数据资产，数据资产是能够为组织产生价值的数据资源。数据资产的形成需要对数据资源进行主动管理并形成有效控制
12	数据资产管理	指对数据资产进行规划、控制和供给的一组活动职能，包括开发、执行和监督有关数据的计划、政策、方案、项目、流程、方法和程序，从而控制、保护、交付和提高数据资产的价值。数据资产管理必须充分融合政策、管理、业务、技术和服务，确保数据资产保值、增值。其核心思路是把数据对象作为一种全新的资产形态，并且以资产管理的标准和要求来加强相关体制和手段
13	数据要素	指在生产和服务过程中作为生产性资源投入，创造经济价值的数据、数字化信息和知识的集合。数据要素包括对原始的数据集、标准化数据集、各类数据产品以及以数据为基础产生的系统、信息和知识等
14	数据要素化	指数据资源通过与生产经营嵌入、融合，叠加智慧、创意与人工劳动后转化为数据要素的过程。例如，对于企业发电量数据，将其加工成企业用电状态标签，用于企业用电风险分析等，对内产生价值
15	标准	指通过标准化活动，按照规定的程序，经协商一致制定为各种活动或其结果提供规则、指南或特性，供人们共同使用和重复使用的文件
16	标准化	指为了在既定范围内获得最佳秩序，促进共同效益，对现实问题或潜在问题确立共同使用和重复使用的条款，以及编制、发布和应用文件的活动
17	标准体系	指对于在一定范围内的标准按其内在联系形成的科学的有机整体。标准体系表是一种标准体系模型，通常包括标准体系结构图、标准明细表，以及标准统计表和编制说明
18	数据标准	指保障数据定义和使用的一致性、准确性和完整性的规范性约束。对企业而言，数据标准就是对数据的命名、数据类型、长度、业务含义、计算口径、归属部门等，定义一套统一的规范，保证各业务系统对数据的统一理解、对数据定义和使用的一致性
19	数据标准化	指企业或组织对数据的定义、组织、监督和保护，借助技术工具来促成数据标准得以在 IT 系统和业务领域实施的整体过程。通过数据标准化，企业的各种重要信息，包括产品、客户、机构、账户、单据、统计指标等在企业内外的使用和交换都是一致的、准确的。数据标准化是一项带有系统性、复杂性、困难性、长期性特征的动态管理工作，是对标准的某种程度上的落地

序号	名词术语	定义
20	数字经济	指以使用数字化的知识和信息作为关键生产要素、以现代信息网络作为重要载体、以信息通信技术的有效使用作为效率提升和经济结构优化的重要推动力的一系列经济活动
21	工业互联网	指新一代信息通信技术与工业经济深度融合的新型基础设施、应用模式和工业生态，通过对人、机、物、系统等的全面连接，构建起覆盖全产业链、全价值链的全新制造和服务体系，为工业乃至产业数字化、网络化、智能化发展提供实现途径，是第四次工业革命的重要基石。工业互联网不是互联网在工业领域的简单应用，而是具有更为丰富的内涵和外延。它以网络为基础、以平台为中枢、以数据为要素、以安全为保障，既是工业数字化、网络化、智能化转型的基础设施，也是互联网、大数据、人工智能与实体经济深度融合的应用模式，同时也是一种新业态、新产业，将重塑企业形态、供应链和产业链
22	信息技术（IT）	Information Technology，IT，是主要用于管理和处理信息所采用的各种技术的总称。它主要是应用计算机科学和通信技术来设计、开发、安装和实施信息系统及应用软件。信息技术也常被称为信息和通信技术（Information and Communications Technology，ICT），主要包括传感技术、计算机与智能技术、通信技术和控制技术
23	信息化	指用现代通信技术和计算机技术处理信息的过程。信息化是数字化转型的前一阶段，也是工业互联网开展的基础
24	IT治理	指制定关于IT投资、IT应用组合和IT项目组合的决策，从另一个角度看，还包括硬件、软件和总体技术架构。IT治理的作用是确保IT战略、投资与企业目标、战略的一致性。COBIT（Control Objectives for Information and Related Technology）框架提供了IT治理标准，其中仅有很少部分涉及数据和信息管理
25	数字化	指将许多复杂多变的信息转变为可以度量的数字或数据，再以这些数字或数据建立起适当的数字化模型，并将其转变为一系列二进制代码，引入计算机内部，进行统一处理
26	运营技术（OT）	OT，Operational Technology，是使用硬件和软件来控制工业设备的实践方法。OT包括在制造业、能源、医药、建筑管理和其他行业内使用的专业系统
27	智能化	指事物在计算机网络、大数据、物联网和人工智能等技术的支持下，所有能满足人的各种需求的属性。智能化是在数据化基础上应用智能技术，全面提升类似人类的感知、记忆、思维、学习、自适应和行为决策的能力。其主要特征有：以人类的需求为中心，能动地感知外界事物与环境，按照与人类思维模式相近的方式和给定的知识与规则，通过对感知数据的智能处理和分析，给出更科学合理的结果，从而对随机性的外部环境做出决策并付诸行动
28	数字化转型（DT）	DT，Digital transformation，指通过先进的云计算、人工智能、大数据、物联网、移动互联网手段，对信息系统中海量信息进行处理和挖掘，产生新的业务价值，并改变原本的商业模式。其以企业转型升级和创新发展为主要目标，主要侧重于以数字技术为引领打造数字新能力，推动传统业务的创新变革，构建数字时代新商业模式，开辟数字经济新价值和发展新空间，以达到提高企业竞争力的目的。可以将数字化转型简单概括为"利用数字化技术进行创新的过程"。数字化转型是信息化的拓展，是信息化的下一阶段，其包含工业互联网内容
29	工业物联网（IIoT）	（IIoT Industrial Internet of Things，被定义为一组设备和应用，允许大企业创建从核心到边缘的端到端连接环境。其中还包括传统的物理基础设施，如集装箱和物流卡车，以收集数据，对事件做出反应，并在智能设备的帮助下做出更明智的决策

序号	名词术语	定　　义
30	数字化平台	数字化平台是一种为供需及相关主体提供连接、交互、匹配与价值创造的媒介组织,是一种基于数字化技术的新型资源配置方式;也是基于新一轮科技革命涌现出的以互联网、移动互联网、物联网、大数据、云计算、人工智能及智能设备等为支撑的平台
31	数字化转型应用场景	是企业数字化转型的微观业务活动单元,指在某一时空环境下,聚焦业务执行、生产经营痛点及难点,从业务视角、用户视角出发,通过人、物、业务、技术、数据、管理、文化等元素的集成,系统开展的一系列数字化融合创新活动,从而实现预期目标和价值创造
32	数字化安全	指为数据处理系统建立和采用的技术和管理方面的安全保护措施,保护计算机硬件、软件和数据不因偶然和恶意的原因遭到破坏、更改和泄露。其中涉及传统网络信息安全的概念,包含网络设备安全、网络信息安全、网络软件安全
33	数据处理	包括数据的收集、存储、使用、加工、传输、提供、公开等,形成了对数据全生命周期的覆盖
34	数据运营	指数据的所有者通过对数据进行分析和挖掘,把隐藏在海量数据中的信息作为商品,以合规化的形式发布出去,供数据的消费者使用。数据运营是数据治理从专项工作转变为企业日常经营管理体系的推进过程和实施策略,包含数据需求、数据运维、数据共享、数据服务、数据分类分级、成熟度评估等
35	数据流通	指通过数据共享、数据开放或数据交易等流通模式,推动数据资产在组织内外部的价值实现
36	数据管理能力成熟度模型(DCMM)	DCMM,Dada Management Capability Maturity Model,数据管理能力成熟度模型,《数据管理能力成熟度评估模型》(GB/T 36073-2018),一个对组织的数据管理、应用能力的评估框架,其中定义了数据管理领域的八大能力域:数据战略、数据治理、数据架构、数据标准、数据质量、数据安全、数据应用、数据生存周期,以及 28 个能力项、445 项指标和 5 个成熟度等级。通过数据能力成熟度模型,组织可以清楚地定义数据当前所处的发展阶段及未来发展方向
37	数据安全能力成熟度模型(DSMM)	DSMM,Data Security Capability Maturity Model,数据安全能力成熟度模型,《信息安全技术 数据安全能力成熟度模型》(GB/T 37988—2019),该标准旨在衡量一个组织的数据安全能力成熟度水平,其中定义了组织机构持续实现安全过程、满足安全要求的能力等级的评估方法,可以帮助、促进行业、企业和组织发现数据安全能力短板。DSMM 包括 4 个安全能力维度、5 个层级,以及数据安全过程维度对应的 30 个过程域。DSMM 是从组织建设、制度流程、技术工具、人员能力 4 个安全能力维度的建设进行综合考量的
38	CMMI 数据管理成熟度模型	由 CMMI(能力成熟度模型研究所)开发的 CMMI-DMM(数据管理成熟度模型)。该模型为以下数据管理领域提供了评估标准:(1)数据管理战略;(2)数据治理;(3)数据质量;(4)平台与架构;(5)数据操作;(6)支撑流程等
39	EDM 委员会的 DCAM 成熟度模型	企业数据管理委员会(Enterprise Data Management Council)是总部设在美国的金融服务行业宣传组织,它开发了数据管理能力评估模型(Data management Capability Assessment Model,DCAM)。DCAM 描述了与可持续数据管理项目开发相关的 37 项能力和 115 个子能力。评估重点关注利益相关方的参与程度、流程的形式及展示能力的组件
40	IBM 数据治理委员会成熟度模型	IBM 数据治理委员会由 55 个组织委员会成员组成。委员会成员合作定义了一组通用的可观察和期望的行为,组织可以通过这些行为评估和设计自己的数据治理项目。该模型的目的是通过经过验证的业务技术、协作方法和最佳实践,帮助组织实现数据治理中的一致性和质量控制。该模型围绕以下 4 个关键类别组成:

序号	名词术语	定义
		结果：数据风险管理和合规、价值创造。 使能因素：组织结构和认知、政策、管理。 核心内容：数据质量管理、信息生命周期管理、信息安全和隐私。 支持内容：数据架构、分类和元数据、审计信息、日志记录和报告
41	斯坦福数据治理成熟度模型	该模型是由斯坦福大学开发的。它并不是一个行业标准。该模型关注的是数据治理，而不是数据管理，但它为全面评估数据管理奠定了基础。该模型区分基础部分（意识、形式化、元数据）和项目部分（数据管理、数据质量、主数据）。在每个部分中，该模型都清楚地说明了人员、政策和能力的驱动因素，而且阐明了每个成熟度级别的特征，并为每个级别提供了定性和定量的测量
42	Gartner 企业信息管理成熟度模型	Gartner 发布的一个企业信息管理成熟度模型，该模型建立了评估愿景、战略、度量、治理、角色和责任、生命周期和基础架构的标准
43	数据战略	指组织开展数据工作的愿景、目的、目标和原则，包括数据战略规划、数据战略实施和数据战略评估。数据战略是一个用数据驱动业务，为了实现企业业务目标而制定的一系列高层次数据管理战略的组合，指导企业开展数据治理工作，指明企业数据应用的方向
44	战略一致性模型（SAM）	SAM，Strategic Alignment Model，抽象了各种数据管理方法的基本驱动因素。模型的中心是数据和信息之间的关系。信息通常与业务战略和数据的操作使用相关。数据与信息技术和流程相关联，这些技术和过程支持可访问数据的物理系统。围绕这一概念的是战略选择的 4 个基本领域：业务战略、IT 战略、组织和流程，以及信息系统
45	阿姆斯特丹信息模型（AIM）	AIM，The Amsterdam Information Model，与战略一致性模型一样，从战略角度看待业务和 IT 的一致性。阿姆斯特丹信息模型共有 9 个单元，它抽象出一个关注结构（包括规划和架构）和策略的中间层
46	数据战略规划	指在所有利益相关者之间达成共识的结果。数据战略规划从宏观及微观两个层面确定开展数据管理及应用的动因，并综合反映数据提供方和消费方的需求
47	数据战略实施	指组织完成数据战略规划并逐渐实现数据职能框架的过程。在数据战略实施过程中会评估组织数据管理和数据应用的现状，确定与愿景、目标之间的差距；依据数据职能框架制定阶段性数据任务目标，并确定实施步骤
48	数据战略评估	在数据战略评估过程中，应建立对应的业务案例和投资模型，并在整个数据战略实施过程中跟踪进度，同时做好记录供审计和评估使用
49	数据管控	用来明确相关角色、工作责任和工作流程，确保数据资产能长期、有序、可持续地得到管理。数据治理包括数据治理组织、数据制度建设和数据治理沟通 3 个二级域
50	数据治理制度	为了保障组织架构正常运转和数据治理各项工作的有序实施，需要建立一套涵盖不同管理力度、不同适用对象、覆盖数据治理过程的管理制度体系，从"法理"层面保障数据治理工作有据、可行和可控。数据治理制度的框架分为数据政策（管理规定）、管理办法、管理细则和操作规范共 4 个梯次
51	数据政策	指企业数据治理的纲领性文件。数据政策是最高层次的数据管理制度决策，是落实数据资产管理各项活动必须遵循的最根本原则，描绘了企业实施数据战略的未来蓝图

序号	名词术语	定 义
52	总体规定	从数据资产管理决策层和组织协调层视角出发,包含数据战略、角色职责、认责体系等,阐述数据资产管理的目标、组织、责任等
53	管理办法	指从数据治理管理层视角出发,规定数据治理管理各活动职能的管理目标、管理原则、管理流程、监督考核和评估优化等
54	实施细则	指从数据治理管理层和执行层的视角出发,围绕管理办法相关要求,明确各项活动职能执行落实的标准、规范和流程等
55	操作规范	指从数据治理管理执行层的视角出发,依据实施细则,进一步明确各项工作需遵循的工作规程、操作手册、管理规范、技术规范或模板类文件等
56	数据二十条	2022年,《中共中央 国务院关于构建数据基础制度更好发挥数据要素作用的意见》发布,又称"数据二十条"。"数据二十条"提出构建数据产权、流通交易、收益分配、安全治理等制度,初步形成我国数据基础制度的"四梁八柱"
57	数据治理组织	指对组织在数据管理和数据应用方面行使职责规划和控制,并指导各项数据职能的执行,以确保组织能有效落实数据战略目标。合理的数据治理组织是确保数据战略目标能够达到的组织保障,各种管理制度、规范都必须依赖组织架构才能顺利施行。通过良好的数据治理组织架构可以理顺各部门之间的数据管理协作关系,保障管理机制顺利执行,并且促进数据治理工作的开展和延续
58	数据文化	指企业各个层级人员对数据治理工作具有一致的价值观行为及态度,他们愿意推进及支持对于数据的使用,并认为数据可以作为企业做出决策的驱动力
59	数据素养	data literacy,是具备数据意识和数据敏感性,能够有效且恰当地获取、分析、处理、利用和展现数据,并对数据具有批判性思维的能力
60	数据伦理	伦理是建立在对错观念上的行为准则。伦理准则通常侧重于公平、尊重、责任、诚信、质量、可靠性、透明度和信任等方面。数据伦理指如何以符合伦理准则的方式获取、存储、管理、使用和销毁数据
61	企业架构	EA,Enterprise Architecture,指对企业事业信息管理系统中具有体系的、普遍性的问题而提供的通用解决方案,是基于业务导向和驱动的架构来理解、分析、设计、构建、集成、扩展、运行和管理信息系统。复杂系统集成的关键是基于架构(或体系)的集成,而不是基于部件(或组件)的集成。企业架构包含业务架构、应用架构、数据架构、技术架构。指导企业架构的方法有Zachman Framework、TOGAF、FEAF及Gartner方法,其中Zachman Framework是把企业架构应该包含哪些东西说得最完整、最清楚的一个
62	数据架构	是一套规则、政策、标准和模型,用于管理和定义收集的数据类型,以及如何在组织及其数据库系统中使用、存储、管理和集成数据。数据架构是实现数据规划的载体,是揭示业务本质、描述公司数据关系的全景视图,是统一数据语言、理顺数据关系、消除信息孤岛、建立数据互联的基础
63	数据目录	是数字化转型、构建数字孪生的基础;是数据共享、服务的基础;是数据资产化、数据资产运营的基础。数据目录可分为数据资源目录、数据共享和开放目录、数据资产目录和数据服务目录
64	数据资源目录	指依据规范的元数据描述数据资源,站在全局视角对所拥有的全部数据资源进行编目,以便对数据资源进行管理、识别、定位、发现、共享的一种分类组织方法,从而达到对数据的浏览、查询、获取等目的

序号	名词术语	定 义
65	数据资产目录	指对数据中有价值、可用于分析和应用的数据进行提炼而形成的目录体系。数据资产目录构建的角度应该是管理的角度，并根据不同数据资产管理范围的划分，由不同的角色进行管理。编制数据资产目录可以给出业务场景和数据资源的关联关系，降低员工理解系统数据的门槛
66	数据服务目录	对数据服务依据规范的元数据描述，按照特定的业务场景进行排序和编码的一组信息，用以描述各个数据服务的特征，以便于对数据服务的使用和管理。数据服务目录的建设是基于组织内已梳理的数据资产目录，以业务场景、应用场景为切入，以业务需求、应用需求为导向进行编制。数据服务目录主要分为两类，一类是数据应用服务，包括指标报表、分析报告等可以直接使用的数据应用；另一类是数据接口服务，提供鉴权、加密、计量、标签化等
67	数据共享开放目录	可以明确数据资源共享、开放的范围与条件，方便数据跨部门、跨单位、跨组织产生价值
68	数据分类	按照选定的属性（或特征）区分分类对象，将具有某种共同属性（或特征）的分类对象集合在一起的过程
69	主题	指在较高层次上将企业信息系统中某一范围的分析对象的数据进行整合、归类并分析。它属于一个抽象概念，每一个主题对应一个宏观分析领域
70	主题域分组	企业顶层信息分类，通过数据视角体现公司最高层面关注的业务领域
71	主题域	提供了模型的高阶视图，是类的逻辑分组。每个主题域对应某一领域所涉及的类对象，并在较高层次上对该领域内的数据进行完整、一致的描述。主题域扩展可以根据客观对象、业务关注点定义新的数据对象范围。 主题域通常是数据仓库中联系较为紧密的数据主题（Subject）的集合，可以根据业务的关注点，将这些数据主题划分到不同的主题域。主题域下面可以有多个主题，主题还可以划分成更多的子主题
72	业务对象	指业务领域重要的人、事、物，承载了业务运作和管理涉及的重要信息，是简单的真实世界的软件抽象。 成为业务对象必须满足3个条件：一是由状态和行为组成；二是表达了来自业务域的一个人、地点、事物或概念；三是可以重用。 业务对象可以分类为： 实体业务对象：表达一个人、地点、事物或者概念。它是根据业务中的名词从业务域中提取的，如客户、订单、物品。 过程业务对象：表达应用程序中业务处理过程或者工作流程任务，通常依赖于实体业务对象，是业务的动词。 事件业务对象：表达应用程序中由于系统的一些操作造成或产生的一些事件
73	逻辑实体	指现实世界中客观存在的并可以相互区分的对象或事物。它是描述业务对象的某种业务特征属性的集合。就数据库而言，实体往往指某类事物的集合。可以是具体的人、事物，也可以是抽象的概念、联系。数据实体对象往往包含指标数据、交易数据、主数据及参考数据等
74	属性	也被称为数据项，描述了所属业务对象的性质和特征，反映了信息管理最小颗粒度（可以简单理解为表单中的字段）。如果数据项较多，则可以增加一个"数据项分类"的层级，对数据项进行分类管理

序号	名词术语	定 义
75	源数据	指直接来自源文件（业务系统数据库、线下文件、IoT等）的数据，或者直接复制源文件的"副本数据"。源数据本质上是指"数据"本身，强调数据状态是"创建"之后的"原始状态"，也就是没有被加工处理的数据
76	数据源	指数据的来源，也是数据产生和生成的源头。数据源包括内部数据源和外部数据源两大部分。其中内部数据源根据数据产生来源的不同又可以分成两类，一类是业务操作中采集的原始数据，也称基础数据（是指企业运营活动中产生的原始数据，或者进行过简单的清洗处理，但不通过计算得到的数据）；另一类是基于业务规则对原始数据加工后生成的结果数据，也称衍生数据。外部数据源指由于企业业务发展的需要，从企业外部政府部门、企事业单位、商业机构等获得数据的来源，如气象数据、经济数据等
77	数据项	数据项是数据不可分割的最小单位。数据项的名称有编号、别名、简述、数据项的长度、类型、数据项的取值范围。数据项是数据记录中最基本的、不可分的数据单位，是具有独立含义的最小标识单位
78	数据元	也称数据元素，是组成实体数据的最小单元，或称原子数据，用一组属性描述定义、标识、表示和允许值的数据单元，数据元由3部分组成：对象、特性、表示
79	元数据	描述数据的数据，主要是描述数据属性的信息，用来支持如指示存储位置、历史数据、资源查找、文件记录等功能，包括业务元数据、技术元数据和管理元数据
80	元数据管理	是关于元数据的创建、存储、整合与控制等一整套流程的集合。元数据贯穿数据资产管理的全流程，是支撑数据资源化和数据资产化的核心
81	数据字典	指对数据的数据项、数据结构、数据流、数据存储、处理逻辑等进行定义和描述，其目的是对数据流程图中的各个元素做出详细的说明。数据字典是描述数据的信息集合，是对系统中使用的所有数据元素的定义的集合
82	数据地图	以数据搜索为基础，提供表使用说明、数据类目、数据血缘、字段血缘等工具，帮助数据表的使用者和拥有者更好地管理数据、协作开发。数据地图功能可以实现对数据的统一管理和血缘的跟踪
83	数据血缘	又称数据血统、数据起源、数据谱系，指在数据的全生命周期中，数据从产生、处理、加工、融合、流转到最终消亡，数据之间自然形成一种关系。其记录了数据产生的链路关系，这些关系与人类的血缘关系比较相似，所以被成为数据血缘关系
84	数据血缘分析	作为数据血缘的应用方式，不是单纯的一种技术手段或一个工具，而是一个贯穿数据生命周期的过程，涉及流程、技术、产品等多维度的内容。一般数据血缘分析被分为三大模块：数据血缘建设、数据血缘分析、数据血缘可视化。数据血缘分析针对数据流转过程中产生并记录的各种信息进行采集、处理和分析，对数据之间的血缘关系进行系统性梳理、关联，并将梳理完成信息进行存储
85	数据模型	指对现实世界数据特征的抽象，用于描述一组数据的概念和定义。数据模型是一套规则、政策、标准和模型，用于管理和定义收集的数据类型，以及如何在组织及其数据库系统中使用、存储、管理和集成数据。它提供了创建和管理数据流，以及如何处理整个组织IT系统和应用程序的方法。数据架构是实现数据规划的载体，是揭示业务本质、描述公司数据关系的全景视图，是统一数据语言、理顺数据关系、消除信息孤岛、建立数据互联的基础

序号	名词术语	定 义
86	数据模型管理	指在企业架构管理和信息系统设计时，参考逻辑模型，使用标准化用语、单词等数据要素设计数据模型，并在企业架构管理、信息系统建设和运行维护过程中，严格按照数据模型管理制度，审核和管理新建和存量的数据模型
87	主题域模型	是一系列主要主题域的列表，共同表达企业中最关键的领域
88	概念数据模型	CDM，Concept Data Model，是用一系列相关主题域的集合来描述高阶数据需求。概念数据模型仅包括给定的领域和职能中基础和关键的业务实体，同时也给出实体和实体之间关系的描述。概念模型用于信息世界的建模，是现实世界到信息世界的第一层抽象，是数据库设计人员进行数据库设计的有力工具，也是数据库设计人员与用户之间进行交流的语言
89	逻辑数据模型	LDM，Logical Data Model，是对数据需求的详细描述，通常用于支持特定用法的语境中（如应用需求）。逻辑数据模型不受任何技术或特定实施条件的约束。逻辑数据模型通常是从概念数据模型扩展而来的。逻辑数据模型设计包括分析信息需求、分析现有文档、添加关联实体、添加属性、指定域、指定键等6个步骤
90	物理数据模型	PDM，Physical Data Model，描述了一种详细的技术解决方案，通常以逻辑数据模型为基础，与某一系统硬件、软件和网络工具相匹配。物理数据模型与特定技术相关
91	数据分布	指针对组织级数据模型中数据的定义，明确数据在系统、组织和流程等方面的分布关系，定义数据类型，明确权威数据源，为数据相关工作提供参考和规范。通过数据分布关系的梳理，可以定义数据相关工作的优先级，方便指定数据的认责管理人，并进一步优化数据的集成关系
92	数据流向	是建立组织内各应用系统、各部门之间的集成机制，通过公司内部数据集成相关制度、标准、技术等方面的管理，促进公司内部数据互联互通。数据流向体现了系统各环节输入和输出的信息项，数据通过系统交互及存储的路径，从数据传递和加工的角度，体现控制流和数据流的方向
93	数据集成与共享	指在组织内各应用系统、各部门之间建立的集成共享机制，通过组织内部数据集成共享相关制度、标准、技术等方面的管理，促进组织内部数据的互联互通
94	数据质量	指在特定的业务环境下，数据满足业务运行、管理与决策的程度。数据质量是保证数据应用效果的基础
95	数据质量管理	指运用相关技术来衡量、提高和确保数据质量的规划、实施与控制等一系列活动。衡量数据质量的指标体系包括完整性、规范性、一致性、准确性、唯一性、及时性等
96	数据质量规则	指判断数据是否符合数据质量要求的逻辑约束，其中包括单列、跨列、跨行、跨表数据质量规则。数据质量规则一般以业务属性（即数据列）为对象，以数据质量规则类型为颗粒度进行设计和应用
97	数据质量需求	是度量和管理数据质量的依据，需要依据组织的数据管理目标、业务管理的需求和行业的监管需求并参考相关标准来统一制定、管理。数据质量需求需要明确数据质量目标，根据业务需求及数据要求制定来衡量数据质量的规则，包括衡量数据质量的技术指标、业务指标，以及相应的校验规则与方法
98	数据质量检查	指根据数据质量规则中的有关技术指标和业务指标、校验规则与方法，对组织的数据质量情况进行实时监控，从而发现数据质量问题，并向数据管理人员进行反馈
99	数据质量分析	指对数据质量检查过程中发现的数据质量问题及相关信息进行分析，找出影响数据质量的原因，并定义数据质量问题的优先级，作为数据质量提升的参考依据

序号	名词术语	定 义
100	数据质量提升	指针对数据质量分析的结果，制定、实施数据质量改进方案，其中包括错误数据更正、业务流程优化、应用系统问题修复等，并制定数据质量问题预防方案，确保数据质量改进的成果得到有效保持
101	PDCA 循环	PDCA，即 Plan（计划）、Do（执行）、Check（检查）和 Act（处理），是由美国质量管理专家休哈特博士首先提出的，由戴明采纳、宣传而获得普及，所以又称戴明环。PDCA 循环就是按照 PDCA 的顺序进行质量管理，并且循环进行的科学程序
102	鱼骨图	问题的特性总是受到一些因素的影响，通过头脑风暴找出这些因素，并将它们与特性值一起，按相互关联性整理而形成的层次分明、条理清楚，并标出重要因素的图形，就叫特性要因图。因其形状如鱼骨，又叫鱼骨图
103	头脑风暴法	BS，Brain Storming，一种通过集思广益、发挥团体智慧，从各种不同角度找出问题所有原因或构成要素的会议方法。BS 有四大原则：严禁批评、自由奔放、多多益善、"搭便车"
104	数据安全架构	是企业架构的一部分，描述了在企业内如何实现数据安全以满足业务规则和外部法规。数据安全架构涉及用于管理数据安全的工具、数据加密标准和机制、外部供应商和承包商的数据访问指南、通过互联网的数据传输协议、文档要求、远程访问标准、安全漏洞事件报告规程
105	数据安全管理	指通过采取必要的措施，确保数据处于有效保护和合法利用的状态，以及具备保障持续安全状态的能力。数据安全管理是在数据安全标准与策略的指导下，通过对数据访问的授权、分类分级的控制、监控数据的访问等进行数据安全的管理工作，满足数据安全的业务需要和监管需求，实现组织内部对数据生存周期的安全管理
106	数据安全策略	是数据安全的核心内容。在制定数据安全策略的过程中需要结合组织管理需求、监管需求，以及相关标准等统一制定
107	数据安全审计	是一项控制活动，负责定期分析、验证、讨论、改进数据安全管理相关的政策、标准和活动。审计工作可由组织内部或外部审计人员执行。审计人员应独立于审计所涉及的数据和流程
108	加密	Encryption，将纯文本转换为复杂代码以隐藏特权信息、验证完整传输或验证发送者身份的过程。加密数据不能在没有解密密钥或算法的情况下被读取；解密密钥或算法通常单独存储，不能基于同一数据集中的其他数据元素进行计算。加密有 3 种主要方法：哈希加密、对称加密、非对称加密
109	数据安全（4A+E）	（1）访问（Access）：使具有授权的个人能够及时访问系统。 （2）审计（Audit）：审查安全操作和用户活动，以确保符合法规和遵守公司制度和标准。信息安全专业人员会定期查看日志和文档，以验证是否符合安全法规、策略和标准。这些审核的结果会定期发布。 （3）验证（Authentication）：验证用户的访问权限。当用户试图登录到系统时，系统需要验证此人身份是否属实。除密码这种方式外，更严格的身份验证方法包括安全令牌、回答问题或提交指纹。在身份验证过程中，所有传送过程均经过加密，以防止身份验证信息被盗。 （4）授权（Authorization）：授予个人访问与其角色相适应的特定数据视图的权限。在获得授权后，访问控制系统在每次用户登录时都会检查授权令牌的有效性。 （5）权限（Entitlement）：权限是由单个访问授权决策向用户公开的所有数据元素的总和

序号	名词术语	定义
110	数据需求	是公司对业务运营、经营分析和战略决策过程中产生和使用的数据的分类、含义、分布和流转的描述。数据需求管理是指识别所需的数据，确定数据需求优先级并以文档的方式对数据需求进行记录和管理
111	数据服务	指通过对企业内外部数据的统一加工和分析，以及结合不同需求方的需要，以数据分析结果的形式对外提供跨领域、跨行业的数据服务。数据服务的提供可能有多种形式，包括数据分析结果、数据服务调用接口、数据产品或数据服务平台等，具体服务的形式取决于企业数据的战略和发展方向
112	数据生命周期	包括数据规划、创建、传输、存储、加工、发布、使用、归档和销毁9个环节
113	数据规划	明确并收集各业务域对数据、数据应用和产品的需求，规划企业的数据资产构成与管控要求，定期制定企业数据发展规划等具体工作。数据规划是数据资产管理成为企业战略核心任务应用的重要部分
114	数据创建	包括对企业内部数据的采集，以及对外部数据的采购。数据采集管理一是对手工录入的数据、系统自动生成的数据、自动化设备获取的数据进行全面采集与统筹管理；二是根据业务需要提出外部数据需求，并通过合法、合规渠道采购
115	数据传输	指依照适当的规程，经过一条或多条链路，在数据源和数据宿之间传送数据的过程。数据传输分为并行传输、串行传输、异步传输、同步传输、单工传输
116	数据存储	指将数据以某种格式记录在计算机内部或外部存储介质上。数据存储的对象包括数据流在加工过程中产生的临时文件或加工过程中需要查找的信息
117	数据发布	是将加工形成的衍生数据、数据应用、数据产品在相应的系统和平台进行上线的环节；是数据资产可以使用的标志与前提
118	数据使用	指将发布后的数据资产进行使用的过程；包括数据应用、运营及数据产品的营销、交易、运营
119	数据归档	是处理退役数据资产的环节，指将暂时不使用的原生数据进行备份、暂存等处理，以及将不再使用或失去价值的数据应用和数据产品从相关平台进行下架的过程
120	数据销毁	指计算机或设备在弃置、转售或捐赠前，必须将其所有数据彻底删除，并无法复原，以免造成信息泄露
121	数据退役	指对历史数据的管理，即根据法律法规、业务、技术等各方面需求，设计历史数据的保留和清除策略，执行历史数据的归档、迁移和清除工作，确保企业对历史数据的管理符合外部监管机构和内部业务用户的需求，而非仅满足信息技术需求
122	数据加工	指将采集的数据进行加工处理后形成衍生数据及对内提供数据应用和对外提供数据产品的过程：通过数据清洗、抽取、融合、分析、开发等方式形成定制应用、数据服务、分析图表、业务模型、分析报告等数据产品
123	数据整合	指把在不同数据源中的数据进行收集、整理、清洗、转换后加载到一个新的数据源，为数据消费者提供统一数据视图的数据集成方式
124	数据装载	也就是数据入库，指将经加工处理后满足数据使用需求的数据，存储至指定的数据库或相关存储环境中

序号	名词术语	定 义
125	数据交换	指从一个或多个信息系统（源系统）中读取（抽取）数据，并基于一定的业务规则（解析、转换），将数据加载至一个或多个目标系统、企业级数据中心（EDW）中
126	数据挖掘	指从大量的数据中，通过统计学、人工智能、机器学习等方法，挖掘出未知且有价值的信息和知识的过程
127	数据应用	指对于数据的使用，使其发挥价值。其中涉及3个领域：数据分析、数据开放共享和数据服务
128	数据应用管理	指以数据价值发现为目标，根据特定的业务需求和场景，对数据按照一定的逻辑进行加工处理，最终形成多种形式的程序或结果数据并产生价值的过程
129	数据分析	指根据分析的目的，用适当的统计分析方法及工具，对收集来的数据进行处理与分析，提取有价值的信息，发挥数据的作用
130	数据共享	指打通组织各部门之间的数据壁垒，建立统一的数据共享机制，加速数据资源在组织内部流动
131	数据开放	指公共数据资源的开放，对企业而言，数据开放主要是指披露企业运行情况、推动政企数据融合等
132	数据服务	指通过对企业内外部数据的统一加工和分析，结合不同需求方的需要，以数据分析结果的形式对外提供跨领域、跨行业的服务。数据服务的提供可能有多种形式，包括数据分析结果、数据服务调用接口、数据产品或数据服务平台等，具体服务的形式取决于企业数据的战略和发展方向
133	数据运维	指数据平台及相关数据服务建设完成并上线投入运营后，对数据采集、数据处理、数据存储等过程的日常运行及其维护过程。数据运维保证了数据平台及数据服务的正常运行，为数据应用提供持续可用的数据内容
134	数据开发	指将原始数据加工为数据资产的各类处理过程
135	数据开发管理	指通过建立开发管理规范与管理机制，面向数据、程序、任务等处理对象，对开发过程和质量进行监控与管控，使数据资产管理的开发逻辑清晰化、开发过程标准化，增强开发任务的复用性，提升开发的效率
136	数据设计和开发	是设计、实施数据解决方案，提供数据应用，持续满足企业的数据需求的过程。数据解决方案包括数据库结构、数据采集、数据整合、数据交换、数据访问及数据产品等方案
137	术语	指关于命名概念的一个或多个单词
138	术语管理	具体说明了术语最初是如何定义和分类的，以及一旦开始被不同系统使用之后该如何维护。应通过使用治理流程来管理术语。术语管理包括在受控词汇表中建立术语之间的关系
139	业务术语	是组织中业务概念的描述，是组织内部理解数据、应用数据的基础，也是业务部门和数据部门沟通的桥梁。定义良好的业务术语标准和业务术语字典可以实现对业务术语、元数据的追踪，方便数据治理人员查询使用。 业务术语管理指在组织内制定统一的管理制度和流程，并对业务术语的创建、维护和发布进行统一的管理，进而推动业务术语的共享和组织内部的应用。通过对业务术语的管理，能保证组织内部对具体技术名词理解的一致性
140	业务术语表	指通过信息系统、数据集成工具，或者元数据管理中的业务术语管理功能发布的企业通用的业务术语定义，经技术人员认可将其与数据进行关联、管理和使用，疏通业务和技术人员的认知障碍

序号	名词术语	定义
141	参考数据	指可用于描述或分类其他数据，或者将数据与组织外部的信息联系起来的任何数据。最基本的参考数据由代码和描述组成，但是有些参考数据可能更复杂，还包含映射和层次结构。在很多企业中，常常把参考数据称为配置性主数据，或者公共代码
142	主数据	指满足跨部门业务协同需要的核心业务实体数据。主数据长期存在且应用于多个系统，描述整体业务数据的对象，例如客户、商品、供应商。主数据相对交易数据而言，属性相对稳定，准确度要求更高，可唯一识别。主数据管理是一系列规则、应用和技术，用以协调和管理与企业的核心业务实体相关的系统记录数据。通过对主数据值进行控制，企业可以跨系统地使用一致的和共享的主数据，提供来自权威数据源的协调一致的高质量主数据，降低成本和复杂度，从而支撑跨部门、跨系统数据融合应用
143	指标数据	指组织在战略发展、业务运营和管理支持各领域业务分析过程中衡量某一个目标或事物的数据。指标数据一般是由指标名称、时间、指标数值等组成的。指标数据管理指组织对内部经营分析所需要的指标数据进行统一规范化定义、采集和应用，用于提升统计分析的数据质量
144	内容	指文件、档案或网站内的数据和信息。内容通常基于文件所代表的概念，以及文件的类型或状态来管理。内容也有生命周期，在其完整的生命周期中，有些内容成为组织的档案，但正式档案应与其他内容区别对待
145	内容管理	Content Management，包括用于组织、分类和构造信息资源的流程、方法和技术，以便以多种方式存储、发布和重复使用这些资源。内容可以被正式地管理（严格存储、管理、审计、保留或处置）或通过临时更新的方式进行非正式的管理
146	文件	Documents，是包含任务说明，对执行任务或功能的方式和时间的要求，以及任务执行和决策的日志等的电子或纸质对象。文件可用于交流并分享信息和知识
147	文件管理	包括在文件和档案的整个生命周期中控制和组织它们的流程、方法和技术。文件管理包括电子和纸质文件的存储、编目和控制
148	档案	只有部分文件才能成为档案（Records）。档案可以证明所做的决策和所采取的行动是符合程序的；可以作为组织业务活动和法规遵从的证据。档案通常是由人来创建的，但仪器和监控设备也可以提供数据来自动生成档案
149	档案管理	Records Management，是文件管理的一部分；管理档案有一些特殊的要求。档案管理包括整个档案的生命周期：从档案的创建或接收到处理、分发、组织和检索，再到处置
150	语义模型	Semantic Modeling，是一种知识建模，描述了一系列概念网络（有关的想法或主题），以及它们之间的关系。语义模型包含语义对象和语义约束。语义对象是模型中表示的事物，它们可以具有基数和域的属性，以及标识符。语义约束表示 UM 中的关联或关联类模型，这些模型有助于识别模式和趋势，并发现可能看起来不相干的信息之间的关系。通过这样做，它们会帮助实现跨知识领域或主题领域的数据集成
151	基础数据	指在企业开展生产、服务、管理等过程中获取的、具备高业务价值的、企业级共享使用的原生数据。基础数据可分为主数据和交易数据。基础数据具有定义一致性、业务稳定性、识别唯一性、长期有效性，是各类生产管理业务的准确、权威的数据来源

序号	名词术语	定 义
152	交易数据	指在日常业务开展过程中实时产生或交互的业务行为和结果型数据,又称事务数据,也称为业务数据。交易类数据对实时性要求较高,主要作用是支撑业务的办理流程。相对于主数据,交易数据具有短期或瞬间的特点,例如采购订单和销售订单。 交易数据来自以下 3 个方面。 第一,业务交易过程中产生的数据,例如计划单、销售单、生产单、采购单等,这类数据多数是手动生成的。 第二,系统产生的数据,包括硬件运行状况、软件运行状况、资源消耗状况、应用使用状况、接口调用状况、服务健康状况等。 第三,自动化设备所产生的数据,如各类物联网设备的运行数据、生产采集数据等
153	衍生数据	由基础数据通过转化和计算产生的数据,一般也称为指标数据、分析数据或者统计数据
154	主题数据	指为了进行面向主题的分析或加速主题应用的数据。主题数据也是根据数据分析需要,按业务主题对数据所做的一种组织和管理方式
155	统计数据	指对数据按照一定的计算和统计规则进行加工处理,用于满足企业内部管理、业务决策及外部监管需求,以及支持报告和报表的生成。统计数据又称报告数据、指标数据、分析数据、报表数据,一般由指标名称、时间和数值组成,如维度数据、指标数据、分类数据、标签数据等
156	时序数据	指时间序列数据。它是按时间顺序记录的数据列,在同一个数据列中的各个数据必须是同口径的,要求具有可比性。在工业企业中,实时数据是时序数据的一种,如设备运行监测类数据、安全类监测数据、环境监测类数据等
157	规则数据	指结构化描述业务规则变量(一般为决策表、关联关系表、评分卡等形式)的数据,是实现业务规则的核心数据
158	外部数据	指组织引入的外部组织或个人拥有处置权利的数据
159	异常数据	是不满足数据标准、不符合业务实质的客观存在的数据
160	热数据	指需要被计算节点频繁访问的在线类数据,比如半年以内的数据,用户经常会查询它们,适合放在数据库中存储,比如 MySQL、MongoDB 和 HBase
161	温数据	指非即时的状态和行为数据,也可以简单理解为把热数据和冷数据混在一起就成了温数据。如果整体数据量不大,也可以不区分温数据和热数据
162	冷数据	指离线类不经常访问的数据,用于灾难恢复的备份或者因为要遵守法律规定必须保留一段时间,比如企业备份数据、业务与操作日志数据、话单与统计数据。冷数据通常会被存储在性能较低、价格较便宜的文件系统里,适用于离线分析,比如机器学习中的模型训练或者大数据分析
163	数据指标	也称为指标数据标准,它是衡量目标的方法,即预期中打算达到的指数、规格、标准,一般用数据表示,例如销售收入、活期存款金额、委托贷款余额等。数据指标一般分为基础指标标准和计算指标(又称组合指标)标准:基础指标一般不含维度信息,且具有特定业务和经济含义;计算指标通常由两个以上基础指标计算得出。 数据指标管理是指通过对企业若干个核心和关键业务环节相互联系的统计数据指标的全面化、结构化和层次化的系统化构建,满足企业对找指标、理指标、管指标、用指标的需要

序号	名词术语	定义
164	维度	指从不同的视角描述一个事物的特征。它是一个判断、说明、评价及确定一个事物的多方位、多角度、多层次的条件和概念。一般来说,维度具有离散化取值的特性,即取值可以枚举。常用的维度包括时间、空间、组织、业务板块、业务阶段等
165	原子指标	也叫基础指标,和度量的含义相同,是基于某一业务事件行为(基于业务过程/流程)下的度量,是业务定义中不可再拆分的指标,具有明确业务含义的名词,如交易(动作)、笔数(度量)、交易金额、交易用户数等
166	复合指标	指建立在原子指标之上,通过一定运算规则形成的计算指标集合(二次逻辑计算),如平均用户交易额、资产负债率等。复合指标可以通过3种方式得到:(1)由基础指标计算得到;(2)由基础指标和复合指标计算得到;(3)由复合指标再度计算得到
167	衍生指标	也叫派生指标,是基础指标或复合指标与一个或多个维度值相结合产生的指标,如月计划调运量、月日均销售量、交易金额的完成值等。衍生指标可以通过两种方式得到:(1)由基础指标和维度组合得到;(2)由复合指标和维度组合得到
168	业务规则	是指导企业开展业务的一组指令、指南和法规。其描述了业务应该如何在内部运行,以便成功地与外部世界保持一致。业务规则通常规定了主数据格式和允许的取值范围
169	命名规范	主要指能够完整准确表述业务含义且名称符合行业内的通用命名习惯
170	代码标准	主要指国内或国际公认的标准化组织发布的代码标准或规范
171	技术规范	指对标准化的对象提出技术要求,也就是用于规定标准化对象的能力。当这些技术规范在法律上被确认后,就成为技术法规。技术规范是标准文件的一种形式,是规定产品、过程或服务应满足技术要求的文件。它可以是一项标准(即技术标准)、一项标准的一部分或一项标准的独立部分。其强制性弱于标准
172	商业智能(BI)	BI,Business Intelligence,是将来自企业的不同业务系统(如ERP、OA、BPM等,包括自己开发的业务系统软件)的数据用现代数据仓库技术、线上分析处理技术、数据挖掘和数据展现技术进行数据分析以实现商业价值
173	运营智能(OI)	OI,Operational Intelligence,是一种通过仪表捕获和分析数据,利用网络和多种类型的机器对机器的交互分析发展的一门学科
174	在线分析处理(OLAP)	OLAP,On Line Analytical Processing,将预先计算完成的汇总数据,储存于魔方数据库(Cube)中,并针对复杂的分析查询,提供快速的响应
175	联机事务处理(OLTP)	OLTP,On Line Transaction Processing,是传统的关系型数据库的主要应用,主要包括基本的、日常的事务处理,例如银行交易,也被称为面向交易的处理系统,其基本特征是原始数据可以立即传送到计算中心进行处理,并在很短的时间内给出处理结果
176	数据库	是一种按照数据结构来组织、存储和管理数据的仓库,支持简单的关联查询,主要应用于基本的、日常事务处理。其功能主要是对数据进行增、删、改、查等
177	数据类型	是一种分类,它指定变量具有哪种类型的值,以及哪种类型的数学、关系或逻辑运算数据类型是一种分类,它规定了变量或对象在计算机编程中可以包含什么。数据类型具体可细分为原始类型及构造类型。原始类型包括整型、浮点型、布尔型、字符串型等。构造类型包括枚举、结构体、集合等。数据类型定义参照CIM标准执行

序号	名词术语	定 义
178	数据库 ACID	指在可靠数据库管理系统（DBMS）中，事务（Transaction）所应该具有的 4 个特性：原子性（Atomicity）、一致性（Consistency）、隔离性（Isolation）、持久性（Durability）。这是可靠的数据库所应具备的几个特性。 原子性：所有操作要么都完成，要么一个也不完成。因此如果事务中的某部分失败了，那么整个事务就都失败了。 一致性：事务必须时刻完全符合系统定义的规则，未完成的事务必须回退。 隔离性：每个事务都是独立的。 持久性：事务一旦完成，就不能撤销
179	数据 BASE 类型	随着数据增长规模空前，数据新增种类繁多，以及记录和存储非结构化数据的需要，读优化型业务负载的需要，以及后续在横向扩展、设计、处理、成本及灾难恢复方面有更大的灵活性需要，这些需要都走向了与 ACID 正相反的一方。 BASE 应时而生满足了这些需求。 基本可用（Basically Available）：即使节点发生故障，系统仍然能保证一定级别数据的可用性。虽然数据可能过时，但系统仍然会给出响应。 软状态（Soft State）：数据处于持续流动的状态，当给出响应时，数据不保证是最新的。 最终一致性（Eventual Consistency）：数据在所有节点、所有数据库上最终状态是一致的，但并非每时每刻在每个事务里都是一致的
180	关系型数据库	主要指采用关系数据模型的数据库系统。关系数据模型是表示各类实体及其之间联系的、由行和列构成的二维表结构。关系型数据库的主要代表有 SQL Server，Oracle，Mysql 和 PostgreSQL
181	非关系型数据库	又被称为 NoSQL，主要指那些非关系型的、分布式的，且一般不提供 ACID（数据库事务处理的 4 个基本要素）的数据存储系统，主要代表有 MongoDB、Redis 和 CouchDB。通常有 4 类非关系型数据库有文档数据库、键值数据库、列数据库和图数据库
182	文档数据库	文档型数据库可以被看作键值数据库的升级版，允许之间嵌套键值，在处理网页等复杂数据时，文档型数据库比传统键值数据库的查询效率更高，如 CouchDB 和 MongoDB
183	键值数据库	只在两列中存储数据（键和值）的一种数据库，其特性是可以在值列同时存储简单的（如日期、数字、代码）和复杂的（未格式化的文本、视频、音乐、文档、照片）信息。键值数据库主要会使用到一个哈希表，这个表中有一个特定的键和一个指针指向特定的数据
184	列数据库	用来应对分布式存储的海量数据。键仍然存在，但是它们指向了多个列。这些列是由列家族来安排的，如 Cassandra，HBase
185	图数据库	是一种以图结构来表示和存储信息的数据库。图数据库最适用的应用场景是社交关系（节点是人）、交通网络（节点可以是公共汽车或火车站）或路径图（节点可以是街道十字路口或高速公路出口）
186	时序数据库	指时间序列数据库，它是按时间顺序记录的数据列，在同一个数据列中的各个数据必须是同口径的
187	数据仓库（BW）	Data Warehouse，是一个面向主题的、集成的、相对稳定的、反映历史变化的数据集合，用于支持管理决策。数据仓库是对数据库在概念上的升级，可以说是为满足新需求而设计的一种新数据库，需要容纳更加庞大的数据集

序号	名词术语	定义
188	数据中心	是企业用来在特定的网络基础设施上传递、加速、展示、计算、存储数据信息的媒介，是业务系统与数据资源进行集中、集成、共享、分析的场所
189	数据湖	一种将来自不同数据源、不同数据类型（结构化、半结构化、非结构化）的数据，以原始格式存储进行存储的系统，并按原样存储数据，而无须事先对数据进行结构化处理
190	湖仓一体化大数据平台	是新出现的一种数据架构。湖仓一体化大数据平台就是把面向企业的数据仓库技术与数据湖存储技术相结合，为企业提供一个统一的、可共享的数据底座
191	数据中台	是一个企业治理架构中的概念，而不是一个数据平台的概念。数据中台是建立在数据仓库和数据平台之上的，为企业提供从数据到业务价值转换的中间层，其主要以应用数据接口的方式提供各种数据服务
192	ETL	ETL（Extract, Transform and Load，提取、转化和加载）的基本过程是数据集成与互操作性的核心。 抽取（Extract）：同时连接企业中各种异质性数据库来源。 转换（Transform）：针对所连接的各种数据来源属性，加以转换、整理、筛选及汇总，以确保数据品质的一致性与正确性。 加载（Load）：最后将最佳品质的数据加载至单一数据库中，供使用者分析使用。 ETL的目标系统是数据仓库
193	ELT	ELT：Extract, Load, Transform，其允许在数据加载到目标系统后再进行转换；用ELT的方式将数据加载至数据湖中，这在大数据环境中是很常见的。ELT的目标系统是数据湖
194	变更数据捕获	CDC-Change Data Capture，一种通过增加过滤来减少传送带宽需求的方法，其中只包含在特定时间范围内更改过的数据。作为变更数据捕获过程的一部分，对数据也可以用标记或时间戳等标识符来标识。变更数据捕获可以是基于数据的或是基于日志的
195	结构化数据	指以关系型或单一数据属性，如银行卡号、日期、财务金额、电话号码、地址、产品名称等作为数据对象。结构化数据是一种数据表示形式，按此种形式，由数据元素汇集而成的每个记录的结构都是一致的并且可以使用关系模型予以有效描述
196	非结构化数据	没有预定义的数据模型，使用户能够理解其内容或其组织方式，也没有标记或结构化为行和列。非结构化数据有多种格式：文字处理文件、电子邮件、电子表格、XML文件、事务性消息、报告、图形、数字图像、缩微胶片、视频和音频。纸质文件中也存在大量非结构化数据。其具有数据格式多样、数据冗余度高、数据规模大等特点
197	半结构化数据	指介于完全结构化数据（如关系型数据库、面向对象数据库中的数据）和非结构化数据（如声音、图像文件等）之间的数据
198	数据底座	是企业统一的数据平台，也是数据的逻辑集合。其由数据湖和数据主题连接两层构成，集成企业内部各个业务系统数据及外部数据，为业务可视、分析、决策等数据消费提供数据服务
199	数字孪生	一种数字化理念和技术手段，它以数据与模型的集成融合为基础与核心，通过在数字空间实时构建物理对象的精准数字化映射，以及基于数据整合与分析预测来模拟、验证、预测、控制物理实体全生命周期过程，最终形成智能决策的优化闭环。其中，面向的物理对象包括实物、行为、过程；构建孪生体涉及的数据包括实时传感数据和运行历史数据；集成的模型涵盖物理模型、机理模型和流程模型等

序号	名词术语	定　义
200	人工智能	指通过智能机器延伸、增强人类改造自然和治理社会的能力的科学与技术。人工智能兼有科学与工程的属性。首先人工智能是一门科学，能更好地解释智能的本质、回答智能能否计算，以及如何计算等科学问题。其次人工智能是一项工程，通过实现机器对于人类智能的模拟，从而解决需要人类智能才能解决的问题
201	机器学习	指机器通过统计学算法，对大量历史数据进行学习，进而利用生成的经验模型指导业务。机器学习是一门多领域交叉学科，专门研究计算机怎样模拟或实现人类的学习行为，以获取新的知识或技能，重新组织已有的知识结构，并使之不断改善自身的性能
202	数据可视化	指数据以图形的形式展现，有助于直观地显示原始数据背后蕴含的信息
203	数据编织	一种新兴的数据管理和处理方法，也是一种跨平台的数据整合方式。其能够基于网络架构而不是点对点的连接来处理数据，实现从数据源层面到分析、分析结果生成和应用的一体化数据层。数据编织的价值在于通过内置的分析技术进行学习，主动提出有关数据应该在何处使用和进行更改的建议，减少数据管理工作量，从而可以有效解决数据孤岛激增而人才供给不足的问题
204	数据资产凭证	是承载数据要素的电子化凭证，是为了明确数据资产，记录数据权属，以数字化形式记录的载体
205	数据权属登记	指对数据主体的权属进行登记，并将权属信息在确权与使用过程中永久保存，以确保能证明数据主体对数据的所有
206	数据认责	用于确定数据资产全生命周期相关各方的责任和关系。数据认责应全面覆盖数据生命周期各环节、组织内各业务域及各数据管理领域，细化责任、数据颗粒度和落实颗粒度，采取由上至下、由浅至深的策略，逐步实现全面的数据认责
207	数据合规管理	是数据管理的基本保障，对数据资产的全生命周期管理起到基础性支持作用。数据合规管理就是识别合规风险，制定防范策略，建立相应的规范和管控机制等。数据合规管理的根本目标是为数据作为生产要素能够顺畅加速流通提供底线规范
208	数据分类分级管理	指准确描述组织的数据类型，并对组织内的数据实施有效的分类分级，按类别正确开发利用组织内的数据，实现对数据价值的最大挖掘和利用的管理活动
209	数据确权管理	数据确权指明确数据各个主体之间的权力和义务关系。数据确权管理是通过法律手段为数据资产进行权属管理
210	数据资产凭证管理	指对数据资产凭证的收集、整理、保管、检查、统计
211	数据应用价值评估	指对数据进行加工处理并产生价值的过程的评估
212	数据产品管理	指以数据价值发现为目标，根据特定的业务需求和场景，对数据按照一定的逻辑进行加工处理，最终形成多种形式的程序、结果数据或根据数据产品形成的结果性文件等
213	数据定价管理	是对数据资产的价格制定、调整和执行进行有效的组织领导、协调和监督的总称。数据定价管理以定价为基础，指导数据产品促销策略与规则，通过营销活动对数据产品进行促销，以及确定并管理数据产品成交价格
214	数据成本	包括数据采集、存储和计算的费用（如人工费用、IT设备等直接或间接费用），以及运维费用（如业务操作费、技术操作费）等

序号	名词术语	定 义
215	数据资产价值评估	是数据要素流通的关键基础，指通过基本估算和财务估算等多种方法对数据本身的价值进行评估，通过评估数据的价值识别高价值数据
216	数据结算管理	以数据对外交易实际收益为基础，从产品服务提供、流通运营支持程度等维度，按照市场化的方式进行收入结算与分配的管理
217	数据交易	指交易双方通过合同约定，在安全合规的前提下，开展以数据或其衍生形态为主要标的交易行为
218	数据交易管理	指对外提供有偿的数据流通服务的过程，包括交易主体、交易规则、交易流程、交易标准、交易订单、交易制度及运营模式
219	数据价值	狭义的数据价值是指数据的经济效益；广义的数据价值是指在经济效益之外，考虑数据的业务效益、成本计量等因素。数据价值主要通过数据资产的分类、使用频次、使用对象、使用效果和共享流通等维度计量。数据价值取决于数据应用场景，同样的数据在不同的应用场景中产生的价值是不一样的
220	数据价值评估	指通过构建价值评估体系，计量数据的经济效益、业务效益、投入成本等活动。数据价值评估是数据资产管理的关键环节，是数据资产化的价值基线
221	数据的利益相关方	数据的生产者：通过业务交易或事项产生数据的人或组织。 数据的拥有者或控制者：数据价值和经济利益的获得者